社内諸規程作成・見直しマニュアル

3訂版

特定社会保険労務士 岩﨑仁弥 著　TMI総合法律事務所 監修

CD-ROM付

日本法令

３訂初版　はじめに

前版の刊行が2018年１月でした。そして今日までのその短い間に職場を取り巻く環境は大きく変化しました。当時はようやく形が見えてきたばかりの「働き方改革」は、いままさにその渦中にあります。当時施行されたばかりの改正個人情報保護法は、国際的に高まるプライバシー保護の流れの中、再度の改正が検討されています。そして何より、平成が終わろうとするいま、時代は大きく変わろうとしています。感度の高い経営者達は、時代が変わるときこそビジネスチャンスがあることを知っています。いままさに社内ガバメントを再構築し、新しい時代に向けて再スタートをする時期であることを知っています。

そのためでしょうか。当社（株式会社リーガル・ステーション）のメイン業務である社内諸規程コンサルティングに対する依頼は、増加してきています。社内諸規程コンサルティングの仕事は、単に内容をみるリーガル・チェックだけではありません。どの規程が、どの法律に紐付き、またその法律に基づくガイドライン（指針）がどのように示され、その運用基準が法令の主務官庁がどのように考えているか、といった上質な一次情報をお客様にお知らせする必要があります。それがないと自社にあったカスタマイズができないからです。そのほかにも用字・用例をどのように統一するか、配字をどのように整えるか、に関する相談もあります。それは、読みやすさ、わかりやすさに繋がるからです。社内諸規程は、会社の方針を示す羅針盤であり、日常業務のマニュアル作成の源です。そのため、常に時代に併せて磨きをかけておく必要があります。そのようなことに気がついた経営者の方が増えていることを心強く思うとともに、当社がその僅かでもお手伝いができれば幸いです。

本書は、このように培ってきたコンサルティングのノウハウを少しでも多くの人に伝えられるよう、大幅な加筆を加えました。旅費規程、慶弔休暇規程のように他社との比較、世間相場が気になる規程については、できるだけ多くのデータを提供しました。また、行政が示すガイドライン、モデル規則などは、できるだけ取り込んでみました。本書で示した各種モデル規則は、スタンダードモデルとなるよう心がけました。

本書の作成に関し、半年以上の期間にわたりお付き合いいただいた日本法令の八木正尚さんに感謝いたします。最後の最後まで緻密な校正を重ねて下さった社会保険労務士の水沼直美さん、各種統計データの収集や様式類の作成を手伝ってくれた当社職員の一同、そして、何より公私にわたり私を支えて下さった特定社会保険労務士、当社代表取締役の中西恵津子さんに重ねてお礼申し上げます。ありがとうございます。

2019年４月

特定社会保険労務士／職場マイスター　岩﨑仁弥

改訂初版　はじめに

会社を取り巻く状況は大きく変化しつつあります。それは、経済情勢やグローバル化といった要因だけではありません。「従業員の働き方が変わる」という会社内部からの変化要因が大きいのです。

政府は2017年３月28日、働き方改革実現会議の最終会議を開き、同一労働同一賃金等の非正規雇用の処遇改善や残業時間の罰則付上限規制などを盛り込んだ「働き方改革実行計画」を決定しました。今後10年かけて当該実行計画が推進され、我が国の雇用ルールが大きく変化することが予想されます。働き方や職場環境が激変する世の中では、社内規程が果たす役割も重要性を増します。初版において私は、社内諸規程が果たす役割として「説明責任」「組織の透明性」「ルールの明確化」を掲げさせていただきましたが、一層重視される時代に入ったといえます。

従業員の働き方は今後は、ジョブ型指向を強めるでしょうし、会社と従業員との契約関係も明確になっていくでしょう。終身雇用は崩れ、外部労働市場が活性化し従業員は自らのキャリアアップのため、会社を選択するようになるでしょう。そんな時代では、社内のルールが「暗黙の了解」で成り立っているような会社は選ばれないでしょう。コンプライアンス意識が高く、体系的に社内諸規程が整備され、暗黙知を形式知にして共有化を進める会社に魅力を感じるのではないでしょうか。

これから訪れる新しい時代に向けて、おそらく数少ないであろう社内諸規程一つひとつの条文に解説を加えた本書が、少しでもお役に立つことになれば幸いです。

本改訂に当たっては、不正競争防止法、個人情報保護法、育児・介護休業法といった主要法令の改正にぶつかり、改定作業には大変な時間を費やしてしまい、余りに膨大な作業量に何度も投げ出したくなりました。辛抱強く私の原稿を待ってくださった日本法令の水口鳴海さんにお礼申し上げます。お陰様で法改正は最低限は網羅できたと思いますし、「時間外労働・休日労働協定」に関しては、労働政策審議会建議の内容も盛り込み、早ければ2019年４月にスタートするであろう時間外労働の絶対的上限規制にも対応できるようにしてみました。

なお、膨大かつ難解極まる改訂作業となった「個人情報取扱規程」については、初版に引き続き監修作業を引き受けてくださったTMI総合法律事務所の諸先生方に大変お手伝いいただきお礼申し上げます。そして、当社の社会保険労務士の水沼直美さんには、いつもながら緻密な校正をしていただき感謝いたします。そして最後に多忙な中で公私にわたり支えていただいた特定社会保険労務士の中西恵津子さんに深く感謝いたします。

2018年１月

特定社会保険労務士／職場マイスター　岩﨑仁弥

初版　はじめに

SR（Social Responsibility）の時代といわれ、すべての企業に高い倫理性が求められるようになってきています。一方で、働く人たちは従来にも増して自社を客観的・冷静な目で評価するようになりました。このような現代においては、「説明責任」、「組織の透明性」、「ルールの明確化」が企業経営にとって重要な鍵となるのではないでしょうか。まさしく社内諸規程の重要度が高まる時代がやってきたといえます。

筆者は、従前より、コンサルティング業務の範囲について、就業規則にとどまらず社内諸規程全般を対象としてきましたが、就業規則以外の社内諸規程については、参考となる法律や指針等が明確でなく、「何を参考にして作成したらよいのか、どのように見直しをしたらよいのか、わからない」という声を多く聞いてきました。そのため、社内諸規程の作成・見直しについて総括的・横断的にまとめてみたいという構想は以前から持っていたものです。しかしながら、就業規則以外の諸規程を体系的に整理し、かつ、すべての条文に対し解説を加えた書籍を求めてみたものの、なかなか適当なものが見つからなかったのが現状でした。

このようなこともあって「ならば自分で作ってみてはどうか」と無謀なことを思いついたのは、一昨年のことです。思いついたのはよいのですが、本日一通りの作業を終了するまで何度後悔したことでしょう！　実際に手がけてみると概ね２年近くのプロジェクトになってしまいました。まずは、最後の最後まで辛抱強く編集作業に携わっていただいた日本法令の吉岡幸子さんに御礼申し上げます。

本書は、利用頻度の高いと思われる社内諸規程を収録するだけでなく、各条文すべてに解説を加え、また、何を根拠に条文を作成したかのかもできるだけ示すことを方針としました。したがって、沢山の方々の協力なくしては完成し得ないものでした。参照にすべき法令が多岐にわたり途方に暮れる中、快く監修作業を引き受けてくださったTMI総合法律事務所の諸先生方の協力は、本当に有り難いものであり、改めて感謝いたします。

そして、チームを作って執筆に協力いただいた特定社会保険労務士仲間の青木英治さん、関根よしゆきさん、前川美樹さんの尽力も忘れることはできません。また、当社の社会保険労務士の水沼直美さん、中小企業診断士の安生基さんにおいては、多忙な日常業務の合間を縫って細部にわたる校正をしてもらいました。ここに記して謝意を表します。最後に、予想以上に長期間に及んだ執筆中においても、公私にわたり支えていただいた特定社会保険労務士の中西恵津子さんに深く感謝いたします。

2013年５月

特定社会保険労務士　岩﨑仁弥

目　次

1　就業規則　／69

2　規程管理規程　／137

CD-ROM

3　文書管理規程　／161

CD-ROM

9　特定個人情報（マイナンバー）等取扱規程　／449

10　モバイルPC・スマートフォン取扱基本規程　／535

11　モバイルPC取扱マニュアル　／551

12　車両管理規程　／573

13　借上社宅管理規程　／623

CD-
ROM

18　通勤手当支給規程　／803

CD-ROM

19　国内出張旅費規程　／819

CD-ROM

20　国外出張旅費規程　／867

21　慶弔見舞金規程　／891

CD-ROM

本書の利用方法

各モデル規程においては、偶数頁に「モデル規定」「参考規定例」を配置し、奇数頁にこれらに該当する解説文を掲載しました。

モデル規程の条文見出しと解説文の見出しを一致させ、更に解説文には網掛けで小見出しを加え、項目の検索がしやすいように工夫しました。

モデル規程は、用字用語を含め、いわゆる法令様式に準じたモデルとしましたが、解説については、より親しみやすい表記を心がけました。

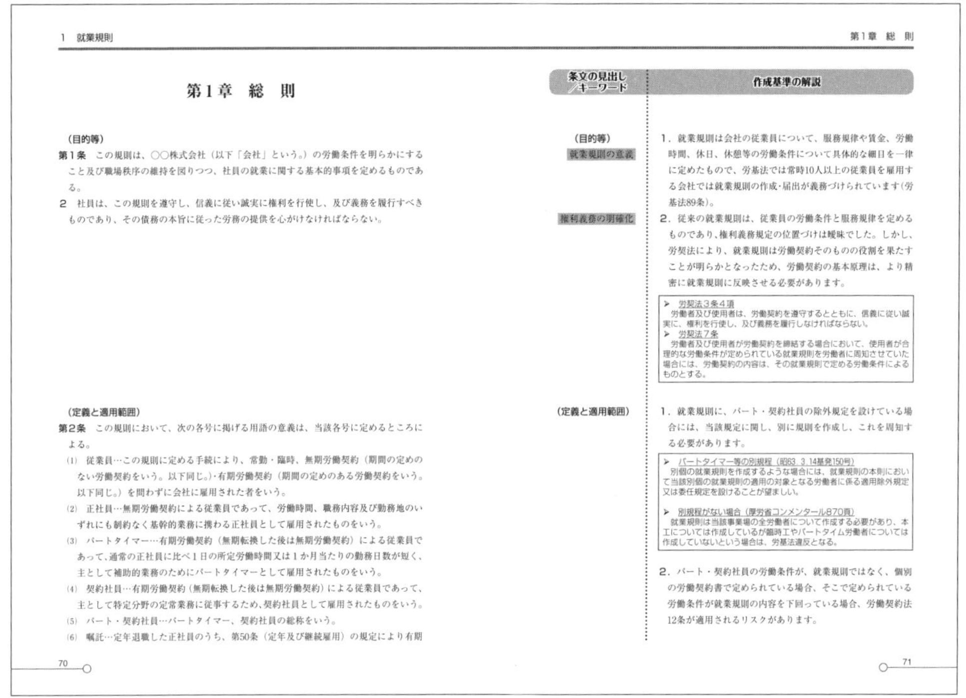

1　就業規則

第1章　総　則

（目的等）

第1条　この規則は、○○株式会社（以下「会社」という。）の労働条件を明らかにすること及び職場秩序の維持を図りつつ、社員の就業に関する基本的事項を定めるものである。

2　社員は、この規則を遵守し、信義に従い誠実に権利を行使し、及び義務を履行すべきものであり、その債務の本旨に従った労務の提供を心がけなければならない。

（定義と適用範囲）

第2条　この規則において、次の各号に掲げる用語の意義は、当該各号に定めるところによる。

(1)　従業員…この規則に定める手続により、常勤・臨時、無期労働契約（期間の定めのない労働契約をいう。以下同じ。）・有期労働契約（期間の定めのある労働契約をいう。以下同じ。）を問わずに会社に雇用された者をいう。

(2)　正社員…無期労働契約による従業員であって、労働時間、職務内容及び勤務地のいずれにも制約なく基幹的業務に携わる正社員として雇用されたものをいう。

(3)　パートタイマー…有期労働契約（無期転換した後は無期労働契約）による従業員であって、通常の正社員に比べ1日の所定労働時間又は1か月当たりの勤務日数が短く、主として補助的業務のためにパートタイマーとして雇用されたものをいう。

(4)　契約社員…有期労働契約（無期転換した後は無期労働契約）による従業員であって、主として特定分野の定常業務に従事するため、契約社員として雇用されたものをいう。

(5)　パート・契約社員…パートタイマー、契約社員の総称をいう。

(6)　嘱託…定年退職した正社員のうち、第50条（定年及び継続雇用）の規定により有期

70

第1章　総　則

条文の見出し／キーワード	作成基準の解説
（目的等） 就業規則の意義	1．就業規則は会社の従業員について、服務規律や賃金、労働時間、休日、休憩等の労働条件について具体的な細目を一律に定めたもので、労基法では常時10人以上の従業員を雇用する会社では就業規則の作成・届出が義務づけられています（労基法89条）。
権利義務の明確化	2．従来の就業規則は、従業員の労働条件と服務規律を定めるものであり、権利義務規定の位置づけは曖昧でした。しかし、労契法により、就業規則は労働契約そのものの役割を果たすことが明らかとなったため、労働契約の基本原理は、より精密に就業規則に反映させる必要があります。 ➢　労契法3条4項 労働者及び使用者は、労働契約を遵守するとともに、信義に従い誠実に、権利を行使し、及び義務を履行しなければならない。 ➢　労契法7条 労働者及び使用者が労働契約を締結する場合において、使用者が合理的な労働条件が定められている就業規則を労働者に周知させていた場合には、労働契約の内容は、その就業規則で定める労働条件によるものとする。
（定義と適用範囲）	1．就業規則に、パート・契約社員の除外規定を設けている場合には、当該規定に関し、別に規則を作成し、これを周知する必要があります。 ➢　パートタイマー等の別規程（昭63．3．14基発150号） 別個の就業規則を作成するような場合には、就業規則の本則において当該別個の就業規則の適用の対象となる労働者に係る適用除外規定又は委任規定を設けることが望ましい。 ➢　別規程がない場合（厚労省コンメンタール870頁） 就業規則は当該事業場の全労働者について作成する必要があり、本工については作成しているが臨時工やパートタイム労働者については作成していないという場合は、労基法違反となる。 2．パート・契約社員の労働条件が、就業規則ではなく、個別の労働契約書で定められている場合、そこで定められている労働条件が就業規則の内容を下回っている場合、労働契約法12条が適用されるリスクがあります。

71

モデル規程の活用方法

ここで提供するモデル規程は、現時点での最新の法令解釈から最善と思われる筆者なりの方向性を提示したものです。したがって、すべてこれに従わなければならないというものではなく、あくまでも「たたき台」です。会社が置かれている状況はさまざまであり、すべての会社にあてはまるモデルを提供することはできません。

モデル規程を採用するに当たっては、最大公約数であるモデル規程をカスタマイズし、各会社にあったオーダーメイドの社内規程として利用していただく必要があります。そのために必要な情報は解説文にあります。ぜひとも解説文を含めて熟読し、各会社にぴったりの社内規程を作成していただきたいと思います。

～本書における法令等の略称～

略称	正式名称
労基法	労働基準法
労契法	労働契約法
安衛法	労働安全衛生法
安衛則	労働安全衛生規則
労災保険法	労働者災害補償保険法
育介法、育児介護休業法	育児休業、介護休業等育児又は家族介護を行う労働者の福祉に関する法律
育介則	育児休業、介護休業等育児又は家族介護を行う労働者の福祉に関する法律施行規則
[通]平21雇児発1228第２号	育児休業、介護休業等育児又は家族介護を行う労働者の福祉に関する法律の施行について（平21.12.28職発1228第４号、雇児発1228第２号）
均等法	雇用の分野における男女の均等な機会及び待遇の確保等に関する法律
高齢者法	高年齢者等の雇用の安定等に関する法律
適正把握ガイドライン	労働時間の適正な把握のために使用者が講ずべき措置に関するガイドライン
パート・有期雇用法	短時間労働者及び有期雇用労働者の雇用管理の改善に関する法律
労働者派遣法	労働者派遣事業の適正な運営の確保及び派遣労働者の保護等に関する法律
有期雇用特別措置法	専門的知識等を有する有期雇用労働者等に関する特別措置法
労組法	労働組合法
番号利用法	行政手続における特定の個人を識別するための番号の利用等に関する法律
情報公開法	行政機関の保有する情報の公開に関する法律
電子帳簿保存法	電子計算機を使用して作成する国税関係帳簿書類の保存方法等の特例に関する法律
個人情報保護法	個人情報の保護に関する法律
個人情報保護令	個人情報の保護に関する法律施行令
個人情報保護規則	個人情報の保護に関する法律施行規則
行政機関個人情報保護法	行政機関の保有する個人情報の保護に関する法律
独立行政法人等個人情報保護法	独立行政法人等の保有する個人情報の保護に関する法律
公文書管理法	公文書等の管理に関する法律
感染症予防法	感染症の予防及び感染症の患者に対する医療に関する法律
道路交通則	道路交通法施行規則
自賠責法	自動車損害賠償保障法
国家公務員給与法	一般職の職員の給与に関する法律
旅費法	国家公務員等の旅費に関する法律
旅費法支給規程	国家公務員等の旅費支給規程
組合法	国家公務員共済組合法

序

きちんとしたルールを整備するために

Ⅰ. 規程整備が求められる社会的変化

(1) はじめに

各種の法制度の改正、企業活動のさらなるグローバル化、企業を含むさまざまな組織の社会的責任に関わる国際規格であるISO26000の策定など、昨今の企業を巡る国内外の環境変化にはめまぐるしいものがあります。

また、2017年３月に策定された「働き方改革実行計画」、及びそれを受けて成立した「働き方改革を推進するための関係法律の整備に関する法律」の施行に基づく各種労働法制の改正により、今後10年間で我が国の雇用慣行はまったく様変わりすることが予想されています。

このような中、企業からの相談では、「ルールを作ってきちんとしたい」といった案件が増えています。昨今はとかく緊急・例外的な出来事が多いのですが、原理原則となるルールがきちんとしていないと応用的な対応はできません。企業もこの点に気がついてきたのではないでしょうか。

社内諸規程とは、一定の行動規範やミッションを「文書」という形でとりまとめたものですが、すなわち「会社経営の軸」であることが意識されてきたのだと思います。

■ 企業の軸と時代の変化

<軸を決める→軸を定めるのが社内諸規程>

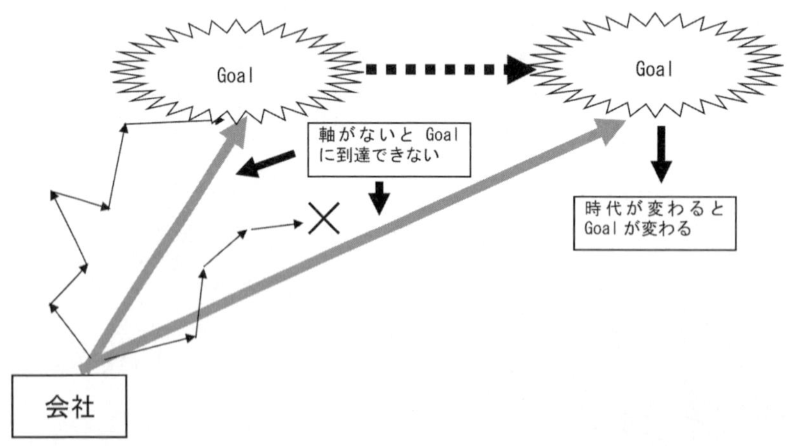

⑵ SR（Social Responsibility）の時代への対応

「持続可能な社会」（現在の活動を継続しても、将来のニーズを満たすことが可能な社会）の発展に向けて、あらゆる組織が自らの社会的な責任を認識し、これに従い行動することが求められています。

とりわけ企業は、所得や雇用の創出など、経済社会の発展になくてはならない存在であり、社会や環境に与える影響が大きいことから、従来から「企業の社会的責任（CSR: Corporate Social Responsibility）」という用語が用いられてきました。しかし現在では、企業にとどまらずさまざまな組織においても持続可能な社会への貢献につき責任を果たすべきであるという考え方が国際的に広まってきており、「社会的責任」（SR: Social Responsibility）という用語が用いられています。

企業においては、その社会的責任への対応が、社会的な企業の評価や評判等に影響するようになり、ひいては資金調達にまで影響を与えることもあります。いわゆる企業のコンプライアンスを規律するのが社内規程ですが、その役割は、近年ますます高まってきているのです。

社会的責任については、国際規格である「ISO26000」が、2010年11月に発行されました。もともとCSR規格として検討されていましたが、2004年の、「社会的責任を果たすべきなのは企業だけではない」とするISOの高等諮問委員会（SAG）の勧告に基づき、より普遍的なSR規格として開発することになったものです。

特徴として、認証を目的とした品質管理に関するISO9000や環境マネジメントに関するISO14000と異なり、同規格はガイダンス文書（手引書）として活用するために作られている点が挙げられます。要求事項を挙げて適合性評価を行うというものではなく、組織は、規格の内容を参考に自主的にSRに取り組むべきという思想がその背景にあります。

この規格は2012年３月にはJIS規格化もされています。規格の内容を参考に自主的にSRに取り組むという点からは、広い視点における社内規程の基軸の一つとなるものです。このガイドラインでは、特に重要な項目が次の７項目にまとめられています。このようなドキュメントの場合、項目は重要度の高いものから配置されるものなので、このガイドラインでは、①、②…の順で重視していることがわかります。筆者は、その中でも①、②に注目します。会社のルールを隠すことなくすべて開示して説明する場合、社内規程の果たす役割は重要と考えます。

■ 社会的責任を果たすための７つの原則

① 説明責任：組織の活動によって外部に与える影響を説明する。

② 透明性：組織の意思決定や活動の透明性を保つ。

③　倫理的な行動：公平性や誠実であることなど倫理観に基づいて行動する。
④　ステークホルダー（その組織と利害関係をもつ個人、グループ）の利害の尊重：様々なステークホルダーへ配慮して対応する。
⑤　法の支配の尊重：各国の法令を尊重し遵守する。
⑥　国際行動規範の尊重：法律だけでなく、国際的に通用している規範を尊重する。
⑦　人権の尊重：重要かつ普遍的である人権を尊重する。
財団法人日本規格協会『やさしい社会的責任－ISO 26000と中小企業の事例』

(3)　SR（Social Responsibility）が求められる時代背景

1　大手企業の不祥事の顕在化

平成に入ってから伝統ある有名企業の不祥事が、相次いで報道されました。不祥事の多くが法令違反から生じ、従来では表沙汰にならなかったことも、内部からの通報で明らかになっています。法令違反に対する目が、他の企業に対してだけでなく、自社に対しても厳しくなってきたといえます。その理由として、正規従業員の割合が低下し、終身雇用制も崩れつつある中、滅私奉公的な愛社精神ではなく、客観的で冷静な視点で自社を評価するようになってきたことが挙げられます。

2　法改正の影響

企業経営に関する法律については、製造物責任法の制定や株主代表訴訟制度に関わる商法の改正などにより、企業の自己責任の強化や透明性の一層の向上が要請されてきています。

また、2016年より本格スタートしたマイナンバー制度（社会保障・税番号制度）では、各企業も制度の担い手（個人番号関係事務実施者）として、制度運用に協力し、従業員の個人番号を安全に管理する義務が求められます。これと並行する形で改正個人情報保護法が2015年９月に成立（全面施行は2017年５月30日）したほか、2018年5月にはEU内のすべての市民と居住者のために、個人データのコントロール権を取り戻し、保護を強化することを目的とするGDPR（EU一般データ保護規則）が施行され、経済のグローバル化とあいまって企業の情報セキュリティレベルは、より高度なものが求められる時代に移りました。

3　ICTの進展

近年のICT（Information and Communication Technology：情報通信技術）の進展により新しいタイプの企業倫理の問題が生じてきているほか、企業のマネジメントにおいても従来と異なった手法が求められているため、常に新しい発想でルールを見直し続ける必要があります。

一方で、近年は、企業の内部不正による情報セキュリティ事故が原因で、事業の根幹を脅かされるようなケースが目立ってきており、職場環境の整備も含めた情報の安全管理対策が求められるようになってきています。

4 会社法における内部統制

「内部統制システム」とは、組織の業務の適正を確保するための体制を構築していくシステム全般を指す用語ですが、現時点では、会社法により、一定規模以上の企業のみを対象としています。しかし、中小企業であっても、特定の大企業の傘下にあれば何らかの関わりを持つことになり、取引先等の関係からも一定水準の内部統制システムが求められることも考えられます。規程整備の一つの大きな目的が企業の内部統制にあることから、その概要を知っておく必要があります。

会社法でいう「内部統制システム」には、次のようなものがあります（会社則100条１項）。

☑ 会社法における内部統制

1．取締役会設置会社で委員会設置会社以外の場合

①　取締役の職務の執行に係る情報の保存及び管理に関する体制

②　損失の危険の管理に関する規程その他の体制

③　取締役の職務の執行が効率的に行われることを確保するための体制

④　使用人の職務の執行が法令及び定款に適合することを確保するための体制

⑤　当該株式会社並びにその親会社及び子会社から成る企業集団における業務の適正を確保するための体制

2．取締役会設置会社で監査役設置会社以外の場合

①～⑤（1．と同じ）

⑥　取締役が報告すべき事項の報告をするための体制

3．監査役設置会社の場合

①～⑤（1．と同じ）

⑥　監査役がその職務を補助すべき使用人を置くことを求めた場合における当該使用人に関する事項

⑦　前号の使用人の取締役からの独立性に関する事項

⑧　監査役の⑥の使用人に対する指示の実効性の確保に関する事項

⑨　取締役及び使用人が監査役に報告するための体制その他の監査役への報告に関する体制

⑩　前号の報告をした者が当該報告をしたことを理由として不利な取扱いを受けないことを確保するための体制

⑪　監査役の職務の執行について生ずる費用の前払又は償還の手続その他の当該職務の執行について生ずる費用又は債務の処理に係る方針に関する事項
⑫　その他監査役の監査が実効的に行われることを確保するための体制

この中で社内規程を策定するうえで重要な要素が、①、②、④といえるのではないでしょうか。

すなわち、①は情報管理（レコーディングマネジメント）、②はリスク管理（リスクマネジメント）、④はコンプライアンスということです。この3要素を文書化し、従業員に説明し、周知するものが社内規程といえます。

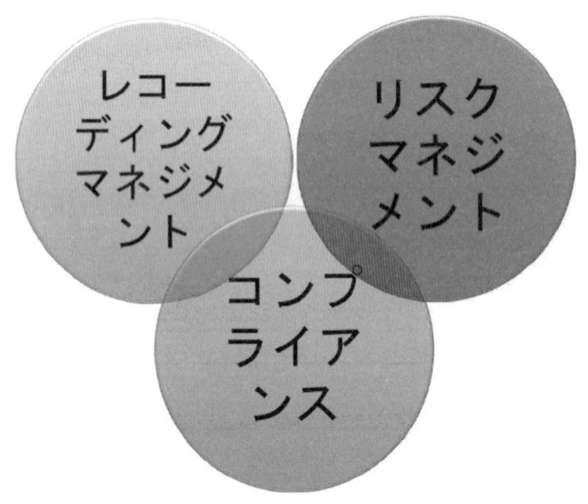

5　金融商品取引法における内部統制

「金融商品取引法」において、株式上場企業の不祥事防止のため、一定の企業に対し、事業年度ごとに、「内部統制報告書」（当該会社の属する企業集団及び当該会社に係る財務計算に関する書類その他の情報の適正性を確保するために必要なものとして内閣府令で定める体制について、内閣府令で定めるところにより評価した報告書）の提出を義務づけています（提出先は内閣総理大臣）。

内部統制報告書については、公認会計士又は監査法人の監査証明を受ける必要があり、2008年4月以降に開始する事業年度から、財務諸表に関する監査のほか、会社が評価した内部統制の評価過程の監査が行われています。

6　行政の企業経営に対する対応の変化

我が国の行政は「箸の上げ下ろしまで」という言葉に代表されるように、物事を始めるに当たってさまざまな規制や制約を企業に課してきました（「事前規制」）。これが昨今の規制緩和という流れの中で、「事後規制」へと変化しています。各企業が自由に物事を進めてよい代わりに、その進め方や結果に法違反があれば、直ちにサンクションが課せられることになります。企業が払う代償は事前規制の時代に比べると大きくなっています。

> 規制のタイプを、事前規制、事後規制の強弱という観点から分析すると、次の４つのタイプに分類され、それぞれメリット・デメリットがある。
> 事前規制と事後規制の類型化（法政大学諏訪康雄名誉教授の分析による）

■ 規制のタイプ

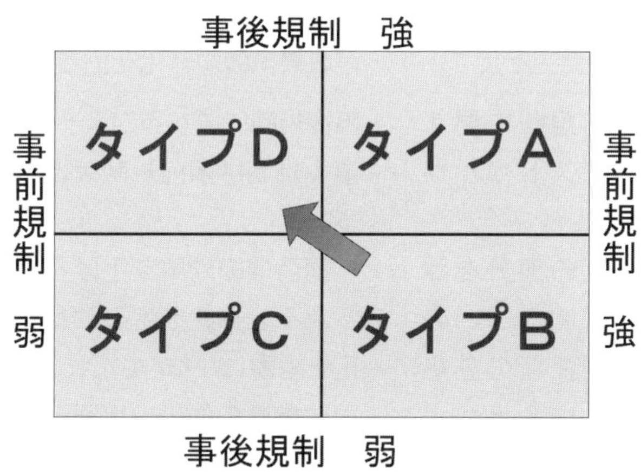

タイプ		メリット	デメリット
A	事前：強 事後：強	・規制の徹底により、禁止すべき行為をよく抑制し得る	・徹底すればするほど運用コストが大きくなる ・運用で手を抜けば不公平感を高めルールへの信頼（順法精神）を低下させる ・関係者の創意工夫を削ぐ
B	事前：強 事後：弱	・事前規制があるので行為規範を示し得る ・事後規制をあまりしないので運用コストが大きくなり過ぎない	・規制が尻抜けになる ・事後規制が弱いのでルールの裏をかく者が続出し正直者が馬鹿を見ると皆がルールを建前視してしまう ・ルールの建前化を防止しようとインフォーマルな手法（行政指導等）に頼るとルール運営が不透明になる ・事前規制の存在が関係者の創意工夫を削ぎかねない

C	事前：弱 事後：弱	・コストが低くすむ ・関係者の創意工夫の余地が大きい ・効率と公正が均衡する社会ルールの自生を促す	・適切な社会ルールが生まれないといわゆる弱肉強食の密林法則がばっこしかねない ・被害者に対する適切な対応措置がとれないと不公平感と不信感が高まり社会を不安定にするおそれがある ・結果的に被害者や社会のコストをかえって高くする可能性がある ・行政機構の弱体化を招きかねない
D	事前：弱 事後：強	・事前規制に要するコストがかからない ・一定の部分を除き規制がないので関係者の創意工夫の余地が大きい ・事後規制ルールが行為規範となる	・事後規制に要するコストがしばしば大きい ・事後規制は事前規制ほど徹底できないことが多い ・一罰百戒の効果を上げるため制裁措置を高めると不公平感を生みかねず、また違反者の更正を阻害しかねない ・司法機構の強化の反面として行政機構の弱体化を招きかねない

※１：アメリカはタイプDの社会で、事前規制が発達していない代わり、懲罰的損害賠償等事後のサンクションを工夫していると言われている。
※２：日本の規制は、事前規制が強く、事後チェックが弱いタイプＢが多い。司法機能も弱く、行政的な処分も甘く、一旦許認可等を受けた後のチェックが十分でない。また、事前規制で間に合わない部分を不透明な行政指導に頼ることにより、裁量行政の問題もある。さらに、事前規制が創意工夫を削いでいるという問題もあると言われている。

我が国の行政の在り方は、タイプBからタイプDへと移行しつつあるといわれています。しかしながら、基準がないまま物事を始めて後から罰則をくらうことになれば、逆に新たな企業活動が萎縮する結果にもなりかねません。そこで行政は、事前規制と事後規制のバランスをとるべく規制の基準を「指針」（ガイドライン）という形であらかじめ公表しておくということが行われています。各種社内規程を策定する場合には、まずはアクセスすべき一次情報元は、主務官庁のWEBサイトであり、そこに掲載されている各種ガイドラインということになります。

社内諸規程を整備する際、極めて広範囲な法律に目を通す必要があります。しかし、必ずしもそれぞれの法律の専門家になる必要はありません。それぞれの法律には、主務官庁があり、これらの官庁のWEBサイトを探し、「指針」「ガイドライン」をキーワードに検索すれば、良質な一次情報にアクセスすることが可能となります。

II. 会社が守るべき法令の再確認

(1) 法律改正と社内規程との関係

コンプライアンスが重視される昨今、法律の改正が相次いでいます。従来あった曖昧な企業統治の在り方では許されず、社会的責任がより強く求められてきています。また、政府は「働き方改革実行計画」の名のもと、我が国の雇用慣行を抜本的に見直そうという計画も進行しています。改正があれば社内規程の見直しが必要です。最近はインターネットで簡単にひな型を入手することができます。しかし、何の検証もなく、従来の規程に文言を次々と書き加えていたのでは、いびつな規程になるだけです。「何をどう変えてよいかわからない」というのが正直なところでしょう。「どう変えるのか」ではなく、「なぜ変える必要があるのか」に注目していただきたいものです。すなわち、「なぜ法改正が行われたのか」に注目するのです。

(2) どのような法律が企業経営とかかわってくるのか

区　分	法律名	主務官庁
株主等との約束を守るための法律	①　会社法 ②　金融商品取引法 ③　商法	法務省 財務省、金融庁 法務省
取引先、同業他社、消費者との約束を守るための法律	①　独占禁止法（私的独占の禁止及び公正取引の確保に関する法律） ②　不正競争防止法 ③　PL法（製造物責任法） ④　消費者契約法 ⑤　特定商取引法（特定商取引に関する法律） ⑥　金融商品販売法 ⑦　下請代金支払遅延等防止法（下請法）	公正取引委員会 経済産業省 消費者庁 消費者庁 消費者庁（連携：経済産業省） 消費者庁 中小企業庁（連携：公正取引委員会）

	⑧　個人情報保護法（個人情報の保護に関する法律）	個人情報保護委員会
	⑨　番号利用法（行政手続における特定の個人を識別するための番号の利用等に関する法律）	内閣府、総務省、国税庁
従業員との約束を守るための法律	①　労働基準法	厚生労働省
	②　労働安全衛生法	厚生労働省
	③　最低賃金法	厚生労働省
	④　賃金の支払の確保等に関する法律	厚生労働省
	⑤　労働時間等設定改善法（労働時間等の設定の改善に関する特別措置法）	厚生労働省 厚生労働省
	⑥　労働契約法	厚生労働省
	⑦　高年齢者雇用安定法（高年齢者等の雇用の安定等に関する法律）	厚生労働省
	⑧　男女雇用機会均等法（雇用の分野における男女の均等な機会及び待遇の確保等に関する法律）	厚生労働省
	⑨　パートタイム労働法（短時間労働者の雇用管理の改善等に関する法律、今後法改正により、「短時間労働者及び有期雇用労働者の雇用管理の改善等に関する法律」に変更予定）	厚生労働省
	⑩　育児・介護休業法（育児休業、介護休業等育児又は家族介護を行う労働者の福祉に関する法律）	厚生労働省
	⑪　確定拠出年金法	厚生労働省
	⑫　確定給付企業年金法	厚生労働省

(3)　社内規程を作成するに当たって見ておきたい政府のガイドライン

企業活動と密接な関係のある法律については、各省庁において「指針」（ガイドライン）を作成し、各省庁のHPで公表しています。また、その概要等をパワーポイント等でわかりやすく図解した資料等も入手することができます。

III. 既存の社内諸規程の整備のポイント

(1) 規程整備の意味

1 組織的経営と社内規程

企業が、一定規模以上の大きさとなり、そのうえで組織的かつ効率的に動いていくためには、様々な社内規程が必要となります。企業規模が拡大すれば、従業員一人ひとりの力量のみで日常業務を回していくことは難しく、組織力による経営が必要となります。このような状況においては、各部門間の業務内容や職務の遂行方法は多様化してくるため、一定の軸のもとで組織が運営できるような「統制」の仕組みが必要です。

一方で、労働力の流動化が進み、従来のようなOJT中心の人材育成では間に合わない状況もあります。そのような中、社内諸規程の形骸化は、外部環境と社内規程の間にズレを生じ、業務効率・生産性が低下するなどの問題が発生するリスクがあります。

2 行政機関の文書主義

行政機関における行政事務においては、「文書に始まり文書に終わる」という言葉があるように、文書化（Documentation）が求められます。情報は文書にしなければ、組織体全体で活用可能な記録にすることはできません。担当者個人の記憶だけに頼っていては組織的な活動はできません。事案の処理は、すべて文書によるという「文書主義の原則」は、ことのほか行政では、強く認識されていますが、民間組織においても学ぶべきものです。

> 行政機関の職員は、第１条の目的の達成に資するため、当該行政機関における経緯も含めた意思決定に至る過程並びに当該行政機関の事務及び事業の実績を合理的に跡付け、又は検証することができるよう、処理に係る事案が軽微なものである場合を除き、次に掲げる事項その他の事項について、文書を作成しなければならない。
> (1)〜(5)（略）
>
> 公文書管理法第４条より

3 文書主義による内部統制

組織内における統制方法は、口頭による伝達では間に合いません。意思の齟齬が大きくなり、ひいては、企業そのものが、部門毎にバラバラの方向性で走り始めるといったことにもなりかねません。このような事態を回避するためには、一定の行動規範や統制方法のルールを「文書」という形でとりまとめ、これを周知する必要があります。このことにより、業務の標準化が図られ、日常の業務の中で適宜規程を見直していくことにより、規程そのものが最善の業務マニュアルとして活用することもできるようになります。

なお、規程は、条・項・号で成り立つ条文形式で書かれることが多いですが、これは規程が階層的に秩序立てられた箇条書きの文書であることを示しています。そこで、規程を作成するときは、条文一つひとつの配置にも気を遣いながら、回りくどい表現や細かすぎる内容は避けたいものです。

4　内部統制の基本

内部統制の基本となるものは、第一に、経営陣の事業に対する姿勢、経営理念や行動指針ですが、次に従業員の倫理観、誠実性、能力等も重要です。どんなに立派な社内規程を作ったとしても、これを運用するのは、その組織に属する従業員であるためです。すなわち、会社と従業員全員が一定の倫理観のもと、誠実に業務を遂行する企業風土を涵養することが、重要なポイントです。

5　早めに着手することの意義

「当社は、まだ規模が小さいから規程の整備は後回しでよい」。このような意見を聞くこともあります。

しかし、企業規模がある程度のものになってから、一気に規程を整備するのは結構大変です。小さい企業であっても、日常業務においてはさまざまな事象が起き、その都度何らかの対応をしているはずです。行き当たりばったりの対応では、業務が回らないので、何らかの形でのルールが残っているはずです。これらをこまめに収集しておいて、テーマ別に分類して、文書で残しておきましょう。これも立派な社内規程なのです。条文スタイルにするとか、平仄（ひょうそく）をどうするとかは後回しでよいので、ルールをテーマ別に分類し、項目立てをし、箇条書きで記録しておくことです。これを積み重ねていけば自ずと社内規程集ができあがっていくのです。

(2)　規程の整理の視点

社内規程は、体系化して整備することが重要です。しかし、中には、体系化するほど規程が作られていないという意見もあるでしょう。そのような場合であっても、将来的な体系化を見越して全社の社内規程の全体像を設計しておいたほうがよいでしょう。企業は、ある日突然業務を拡大したり、新たな事業を開始することがあります。その際、大急ぎでさまざまな規程類を作成しようとしても、全体像の把握ができていない中で行えば、似たような規程が各部門でできあがってしまうといった事態が起こります。となると部門間でルールが異なってきてしまい、複数部門にわたる決裁を行う際、迅速性と責任の明確性に問題が生じます（いわゆる「縦割り」のデメリット）。また、決裁の際の審査内容が重複してしまい無駄な労力が生じます。このような事態を防止する意味でも早いうちに規程の体系化を心がけるとよいでしょう。体系化といっても難しいことではありません。グループ分けとレベル分けです。

1　グループ分け

まず、規程類を次の表のようにグループ分けしてみましょう。右欄に入る規程が１つもなくてもかまいません。順次規程を整備し、埋めていけばよいのです。

このことにより、各部門間で似たような（そして微妙に異なる）規程ができてしまわないように、新しい規程を作成する場合に、部門間でよく調整することが可能となります。

なお、このグループ分けの区分は一例であり、自社なりのルールに基づいて、一番やりやすい方法を考えていくとよいでしょう。

■ 規程のグループ分けの例

規程のグループ	内　容	規程例
基本規程	定款や取締役（会）に関する規程といった経営の基本的事項について定めた規程です。	定款 株主総会議事運営規程 取締役会規程 監査役監査規程 株式取扱規程 インサイダー取引防止規程 コンプライアンス基本方針
組織関連規程	会社の経営組織に関する事項について定めた規程です。	組織規程 職務分掌規程 内部監査規程 稟議規程（ワークフロー）
総務関連規程	総務関連業務のうち、諸規程や文書管理方法といった事項について定めた規程です。	規程管理規程 文書管理規程 印章管理規程 社宅管理規程 車両管理規程 慶弔見舞金規程 防災管理規程

情報関連規程	個人情報の取扱いなど、情報の管理等に関する事項について定めた規程です。	情報セキュリティ基本方針 リスク・マネジメント基本方針 情報管理規程 コンピュータシステム利用規程 営業秘密管理規程 個人情報保護方針 個人情報保護規程 マイナンバーに係る基本方針 マイナンバー取扱規程
経理・財務関連規程	経理処理のルールや財務の取扱い等に関する事項について定めた規程です。	経理規程 売掛金取扱規程 現・預金取扱管理規程 固定資産管理規程 資金運用規程 予算管理規程 投資運用規程
人事関連規程	就業規則及びこれに関連する諸規程で、職場における働き方、人事、福利厚生等に関する事項について定めた規程です。	就業規則 パートタイマー等就業規則 人事考課規程 給与規程 退職金規程 出張旅費規程 通勤手当支給規程 役員退職慰労金規程 育児休業、介護休業等に関する規程 安全衛生委員会運営規則 労働災害付加給付金規程 従業員研修規程 ハラスメント防止規程 表彰規程 懲戒規程

2　レベル分け

グループ分けが終わったらそれぞれの規程について「レベル分け」を行います。つまり、社内規程を一定のランクで区別し、どこまでの範囲を定めるのか、どこまでの決裁を要するのかを区分するのです。

国の法令でも、このレベル分けは重要な意味を持っています。社会のルールは、法律によって定められているのですが、法律の制定には国会の決議が必要です。また、時代の流れにあわせてこれらを適宜見直し改正する場合も同様です。2017年３月１日現在の法律の数は1,967本（憲法、政令、省令、規則等を含めると8,307本。総務省行政管理局のデータより）といわれていますが、その数は年々増える一方です。加えて法律の改正には大変な労力と時間がかかるため、何でもかんでも法律で決めていたら国会議員が何人いたとしても間に合いません。そこで法律では大枠の原理原則を定め詳細は政令や省令に委任するという手法がとられています。

例えば、労基法37条では休日割増賃金率を「２割５分以上５割以下」として範囲だけを定め、具体的な率は政令で「３割５分」と定めています。政令は内閣が定めるものであり、国会の議決を経る必要がないため、比較的フレキシブルな改正が可能になるのです。

■ 法令の世界におけるレベル分け

区　分	制定主体	内　容
法律	国会	「国権の最高機関であって、国の唯一の立法機関」たる国会が議決したもの
政令	内閣	法律の規定を実施するための基本ルールを定めたり、法律の委任に基づき、その委任の範囲内で法律の所轄事項を定めたりするもの
省令	各省	法律・政令を施行するため、又は法律・政令の特別の委任に基づいて、各省の主任の行政事務の内容について定めたもの
告示	各省大臣等	当該機関の所轄事務について、法律、政令、省令の規定等に基づく処分の内容その他の事項を外部に公示するもの

社内規程も同様です。最初から何から何まで１つの規程で定めてしまおうとすると規程を作ること自体が仕事になってしまい、結局挫折しかねません。社内規程は、大枠の原理原則、いいかえるなら当該企業における「軸」を定めることが重要なのです。軸がしっかりしていれば、さまざまなルールを加えていってもすぐにはブレることはありません（ブレ始めたら規程を改定すればよいのです）。軸の部分は議論すべき部分を限定し、濃密に検討し、トップがその方向性を決定します。運用細則は、事務方が自分たちで運用しやすいように決定権を委任します。企業規模が小さいうちは、何もかもトップダウンということも可能でしょうが、組織というものは、トップダウンとボトムアップの組合せです。社内規程も次表のようにレベル分けをし、一部のものについては、決定権者を役割分担させていきます。

レベル分けは、変更の可能性の多寡、経営への影響性の大小の総合判断となるでしょう。最初は２区分とし、各部門の独立性が高まってくれば３区分とする方法も考えられます。

■ 規程のレベル分けの例（決済区分は会社の組織形態ごとに異なってくる）

レベル	名称の例	決裁区分の例
レベル１の規程	規程	取締役会で承認（ただし、株主総会の決議事項となっているものは株主総会）
レベル２の規程	規則、細則、基準	各部門が起案して代表取締役が決裁、取締役会に報告
レベル３の規程	要領、マニュアル、ガイドライン	各部門が起案して規程管理部門（一般には総務部）の長が決裁、代表取締役に報告

3　グループ分けとレベル分けの組み合わせ

■ グループ分けとレベル分けのマトリックスのイメージ

規程のグループ	所轄部門	レベル1 取締役会決定	レベル2 代表取締役決裁	レベル3 管理部門長決裁
総務関連規程	総務部	規程管理規程 文書管理規程 印章管理規程 ： ：	― 業務文書に関する基準 印影に関する基準 ： ：	規程管理簿作成マニュアル 文書収受マニュアル 印章管理簿作成マニュアル ： ：

4　下部規程への委任（レベル分けのメリット）

下部規程への委任は、国の法令の世界でも行われています。すべてのルールを国会決議が必要とされる法律に定めてしまうと、法律自体が膨大なものとなってしまい、改正の手間を考えると実質上の管理は不可能になってしまいます。

次の例は、労働基準法における下部規程への委任の例です。法律（労働基準法37条）で、まず時間外労働・休日労働をさせた場合には、割増賃金の支払が必要であることを定め、その割増賃金率の範囲を定めています。

そして、具体的な率については、「政令で定める」と委任して、割増賃金政令において、時間外労働については「２割５分以上」、休日労働については「３割５分以上」と、具体的に定めています。さらに、これに深夜労働が加わった場合はどうなるのかなど、更に詳細なルールは施行規則に定めています。

■ 法令の世界における下部規程への委任の例

◎労働基準法第37条（時間外、休日及び深夜の割増賃金）
　使用者が、第33条又は前条第１項の規定により労働時間を延長し、又は休日に労働させた場合においては、その時間又はその日の労働については、通常の労働時間又は労働日の賃金の計算額の２割５分以上５割以下の範囲内でそれぞれ政令で定める率以上の率で計算した割増賃金を支払わなければならない。

◎労働基準法第37条第１項の時間外及び休日の割増賃金に係る率の最低限度を定める政令
　労働基準法第37条第１項の政令で定める率は、同法第33条又は第36条第１項の規定により延長した労働時間の労働については２割５分とし、これらの規定により労働させた休日の労働については３割５分とする。

◎労働基準法施行規則第20条
　法第33条又は法第36条第１項の規定によつて延長した労働時間が午後10時から午前５時（厚生労働大臣が必要であると認める場合は、その定める地域又は期間については午後11時から午前６時）までの間に及ぶ場合においては、使用者はその時間の労働については、第19条第１項各号の金額にその労働時間数を乗じた金額の５割以上（その時間の労働のうち、１箇月について60時間を超える労働時間の延長に係るものについては、７割５分以上）の率で計算した割増賃金を支払わなければならない。

5　全体との整合性

形式の不統一が生じるのは、規程の全体像が定まっていないことが原因であることが多く、結局のところ形式が統一されていない規程は、得てして中身も統一されていません。最近よく見かけるのが、いわゆる「コピペ」による不統一です。インターネットであちこちから切り貼りした規程は、みればすぐにわかります。そして、全体を通しての検証が行われていないため、あちこちで矛盾が生じています。

規程の一部に手を加えたときは、必ず、全体を読み返し、他の箇所との整合がとれているかどうかを確認する習慣を付けましょう。

6　メンテナンスしやすくなる各種規程の整理ポイント

①　規程が多くなってからの整理は大変。少ないうちから始めておく。

②　整理するときは、「グループ分け」「レベル分け」を意識する。

③　②により、会社における規程集の全体像を設計しておく。

④　各部門間で似たような（そして微妙に異なる）規程ができてしまわないように、新しい規程を作成する場合には、部門間でよく調整する。

⑤　条文スタイルになっていなくても共通のテーマにおけるルールがあれば、ひとまとめのルールとして整理しておく。

Ⅳ．条文の書き方等の基本ルール

⑴　条文階層

社内規程は、社内の規範を文章化したものですが、理解と検索に資するよう「階層的な箇条書き」で記載するのが一般的です。その場合、法令文のルールを準用するとよいでしょう。

> 1　法令には、題名を付ける。
> 2　法令を本則と附則とに分け、本則には本体的規定を置き、附則には本則に付随する内容を定める規則を置く。
> 3　本則は、原則として、条に分ける。
> 4　条は、原則として、その内容を簡潔に表す見出しを付ける。
> 5　条は、その規定する内容により、項に分け、二項以上の項を設ける場合には、第２項以下に項番号を付ける。
> 6　法律の本則における順序は、原則として、その法律全体に通ずる目的規定、定義規定等の総則的規定、その法律の立法目的を直接的に実現するための実体的規定、この実体的規定に付随するいろいろな雑則的規定、罰則規定の順序とする。
> 7　複雑な長い法令は、本則を、適宜、章、節等に区分する。
> 8　章、節等の区分のある法令には、本則の前に目次を付ける。
> 9　附則は、原則として項に分け、場合により条及び項に分ける。
> 10　附則においても、必要に応じ、項（条及び項に分けられた場合には、条）に見出しを付ける。
>
> 「前田正道編『ワークブック法制執務』ぎょうせい」より

法令文の構成単位は次のとおりです。条文が多い場合は、内容の体系に応じて「章」で区分します。更に細分するときは「節」「款」を用います。

１　条

規程の基本的な構成要素となります。つまり、規程の意味内容をまとめた最初のグループということです。「条」には、条文番号が付けられ、それぞれの独立した「条」を「規定」といいます。例えば、「第○条の規定」というように用います。条文番号は、「第１条」「第２条」というように連番を付していきますが、これを「条名」といいます。

①　条文見出し

条文の内容を簡潔に要約して、条名の上の行（縦組みでは、その条の右肩にかっこ書きで付したものが「条文見出し」です。条文見出しの配置は条名の上に配置する方法のほか、右横に配置する方法があり、それぞれ、「外見出し」「内見出し」といいます。

■ 外見出しと内見出し

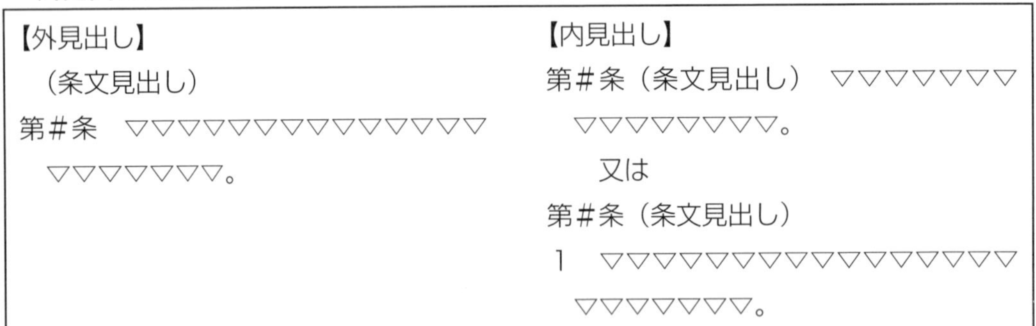

【外見出し】	【内見出し】
（条文見出し） 第＃条　▽▽▽▽▽▽▽▽▽▽▽▽▽▽ ▽▽▽▽▽▽▽。	第＃条（条文見出し）　▽▽▽▽▽▽▽ ▽▽▽▽▽▽▽▽▽。 又は 第＃条（条文見出し） 1　▽▽▽▽▽▽▽▽▽▽▽▽▽▽▽▽▽ ▽▽▽▽▽▽▽▽。

②　段

条文を項で分ける（段落分けする）までもないが、一文では書き表せないときは、複数の文で一段落を構成することがあります。また、分割された項を複数の文で構成することもあります。この場合、２つの文で構成されていた場合、最初の部分を「前段」、後の部分を「後段」といいます。また、３つの文で構成するときは、最初の部分を「前段」、真ん中の部分を「中段」、後の部分を「後段」といいます。

③　本文・ただし書

条や項が２つの文で構成される場合において、後段が「ただし、」で始まる場合、その後段のことを「ただし書」といい、前段を「本文」といいます。本文が原則を示し、ただし書が例外を示します。

2　項

一個の条を、その内容に応じていくつかの項目に分けるときは、項目ごとに改行して条文を書きます。このような場合の１つ１つの項目を「項」といいます。いわば、文章の段落のことです。項の数には制限はありませんが、あまりに多いときは条を分けるとよいでしょう。なお、公式ルールでは、項番号はアラビア数字で「２」から振り始めますが、「１」から項番号を振るルールもあります。

3　号

条や項の中で、いくつもの項目を箇条書きで並記する場合には、それぞれの項目に連番を付していきます。これを「号」といいます。号番号は、「（１）、（２）、（３）…」と括弧付きの数字（縦書きの場合は漢数字）を付していきますが、これを「号名」といいます。

4 号の細目

号の中で更に細かく箇条書きを用いる場合は、それぞれの項目を「号の細目」といいます。本書のモデル規程では、丸数字を用いていますが、法令文では、「イ、ロ、ハ…」を用います。

細目を更に階層化することがあり、その場合は、上位から「類」「目」となります。通常はあまり使うことはありません。

⑵ 配 字

1 条文構成と配字

条文構成ごとに配字を決めることにより、見栄えよい読みやすい条文となります。

2 「配字」とは

「配字」とは、条文の文字をどのように配置するかというルールのことです（Word等をお使いの方は、「インデント」と言ったほうが、なじみがあるかもしれません）。いったん配字を定めた場合、文字はすべてこのルールに従って配置しなければなりません。Word等で配字を「段落設定」であらかじめ定めておき、スタイルごとに登録しておくと、効率的に条文を作ることができます（インデントのほか、センター寄せ、フォント等もスタイル設定が可能です）。配字を変えることにより条文のイメージや読みやすさが変わってきます。

① 公式ルールの組み方（■は「字下げ」「スペース」を、■は「ぶら下げ」を表す）

※：章名を「中央寄せ」にすることが多く行われているが、公式ルールでは「３字下げ」

■■■第３章■所定労働時間、休憩、休日
■（所定労働時間）
第２０条■会社の所定労働時間（休憩時間１時間を除く。以下同じ。）は、１週間につ
■いては４０時間以内とし、１日については８時間とする。ただし、パートタイマー
■等については、個別労働契約により定めることがある。
２■始業時刻及び終業時刻は次のとおりとする。
■⑴■始業時刻…午前９時００分
■⑵■終業時刻…午後６時００分

② ①に余裕を持たせた組み方（ぶら下げを多くとる）

※：章名を「中央寄せ」

> 第３章■所定労働時間、休憩、休日
> ■（所定労働時間）
> 第２０条■会社の所定労働時間（休憩時間１時間を除く。以下同じ。）は、１週間につ
> ■■■いては４０時間以内とし、１日については８時間とする。ただし、パートタイマー
> ■■■等については、個別労働契約により定めることがある。
> ■■２■始業時刻及び終業時刻は次のとおりとする。
> ■■■(1)■始業時刻…午前９時００分
> ■■■(2)■終業時刻…午後６時００分

③ 見出しを条名の横に置く組み方（第１項に連番が振られる）

※：内見出しの例。ここでは、第１項に連番を振っているが、振らない場合もある。

> 第３章■所定労働時間、休憩、休日
> 第２０条（所定労働時間）
> １■会社の所定労働時間（休憩時間１時間を除く。以下同じ。）は、１週間については
> ■４０時間以内とし、１日については８時間とする。ただし、パートタイマー等につ
> ■いては、個別労働契約により定めることがある。
> ２■始業時刻及び終業時刻は次のとおりとする。
> ■(1)■始業時刻…午前９時００分
> ■(2)■終業時刻…午後６時００分

3　テンプレートには「スタイル」を設定しておく

就業規則の配字は、「章」「節」「条」「条文見出し」「項」「号」「号の細目」ごとにパターン化することができます。また、それぞれの連番の符号も決めておきます。これらのルールはすべてスタイル機能で整理しておくと見栄えのよい就業規則を作ることができます。

① 配字パターン１（外見出し）

名称	例	インデント等
題名	□□□□□規程の題名	左5字
章名	□□□第＃章□章の題名	左3字
条文見出し	□（条文見出し）	左1字
条（1桁）	第＃条□▽▽▽▽▽▽▽▽▽▽▽▽▽▽▽▽▽▽▽▽▽▽▽▽▽▽ ■▽▽▽▽▽。	左詰め ぶら下げ1字

条（2桁）	第##条□▽▽▽▽▽▽▽▽▽▽▽▽▽▽▽▽▽▽▽▽▽ ■▽▽▽▽▽。	左詰め ぶら下げ1字
項	2□▽▽▽▽▽▽▽▽▽▽▽▽▽▽▽▽▽▽▽▽▽▽▽ ■▽▽▽▽▽。	左詰め ぶら下げ1字
号	□（#）▽▽▽▽▽▽▽▽▽▽▽▽▽▽▽▽▽▽▽▽▽ □■■▽▽▽▽▽▽▽▽	左1字 ぶら下げ2字
細目（類）	□□□①□▽▽▽▽▽▽▽▽▽▽▽▽▽▽▽▽▽▽▽▽ □□□■▽▽▽▽	左3字 ぶら下げ1字
細目（目）	□□□□ア□▽▽▽▽▽▽▽▽▽▽▽▽▽▽▽▽▽▽▽ □□□□■▽▽▽▽	左4字 ぶら下げ1字

※：本書のモデル規程は、基本的にこのスタイルをとります。ただし、章名（節名を含む）は中央寄せ、条文見出しと条名がゴシック体になっています。また、条文番号、項番等は、数字１桁は「全角」、２桁以上は「半角」としましたが、公式ルールではいずれも「全角」を用います。号は、見やすさを優先し配字を変更しています。

② 配字パターン２（外見出しのまま、左余白を多くとるパターン、圧迫感が少ない）

名称	例	インデント等
題名	規程の題名（18P　MSゴシック）	中央寄せ
章名	第＃章□章の題名（14P　MSゴシック）	中央寄せ
条文見出し	□（条文見出し）	左１字
条（１桁）	第＃条□▽▽▽▽▽▽▽▽▽▽▽▽▽▽▽▽▽▽▽▽▽ ■■■▽▽▽▽▽。	左詰め ぶら下げ3字
条（2桁）	第##条□▽▽▽▽▽▽▽▽▽▽▽▽▽▽▽▽▽▽▽▽▽ ■■■▽▽▽▽▽。	左詰め ぶら下げ3字
項	□□2□▽▽▽▽▽▽▽▽▽▽▽▽▽▽▽▽▽▽▽▽▽ □□■▽▽▽▽▽。	左2字 ぶら下げ1字
号	□□□（#）▽▽▽▽▽▽▽▽▽▽▽▽▽▽▽▽▽▽▽ □□□■■▽▽▽▽▽▽▽▽	左3字 ぶら下げ2字
細目（類）	□□□□□①□▽▽▽▽▽▽▽▽▽▽▽▽▽▽▽▽▽▽ □□□□□■▽▽▽▽	左5字 ぶら下げ1字

細目（目）	□□□□□□□ア□▽▽▽▽▽▽▽▽▽▽▽▽▽▽▽▽▽▽▽▽▽▽▽▽▽▽▽ □□□□□□□■▽▽▽▽	左6字 ぶら下げ1字

③　配字パターン3（内見出しで第1項から付番を振るパターン）

名称	例	インデント等
題名	規程の題名（18P　MSゴシック）	中央寄せ
章名	第＃章□章の題名（14P　MSゴシック）	中央寄せ
条	第＃条（条文見出し）	左詰め
項（複数）	1□▽▽▽▽▽▽▽▽▽▽▽▽▽▽▽▽▽▽▽▽▽▽▽▽▽▽▽▽▽▽▽▽▽▽▽ ■▽▽▽▽▽▽。	左詰め ぶら下げ1字
項（1項のみ）	□□▽▽▽▽▽▽▽▽▽▽▽▽▽▽▽▽▽▽▽▽▽▽▽▽▽▽▽▽▽▽▽▽▽▽▽ ■▽▽▽▽▽▽。	左2字 ぶら下げ1字
号	□（＃）▽▽▽▽▽▽▽▽▽▽▽▽▽▽▽▽▽▽▽▽▽▽▽▽▽▽▽▽▽▽ □■■▽▽▽▽▽▽▽▽▽▽▽	左1字 ぶら下げ2字
細目（類）	□□□①□▽▽▽▽▽▽▽▽▽▽▽▽▽▽▽▽▽▽▽▽▽▽▽▽▽▽▽▽▽ □□□■▽▽▽▽	左3字 ぶら下げ1字
細目（目）	□□□□ア□▽▽▽▽▽▽▽▽▽▽▽▽▽▽▽▽▽▽▽▽▽▽▽▽▽▽▽▽ □□□□■▽▽▽▽	左4字 ぶら下げ1字

4　ガイドラインの配字ルール

政府が出している指針は、条文形式でないものがあります。このようなものでも統一的な配字ルールが存在します。基本規程は条文形式だが、要領や細則は通常の文書形式としている会社もありますが、このような場合にも基本となる配字ルールを定めておくと、読みやすくなり、作成や改定も効率的になります。

項目の細別は、次のような符号が用いられます。ただし、項目の少ない場合は、「第1」を省いて「1」から用います。

■ 項目の階層

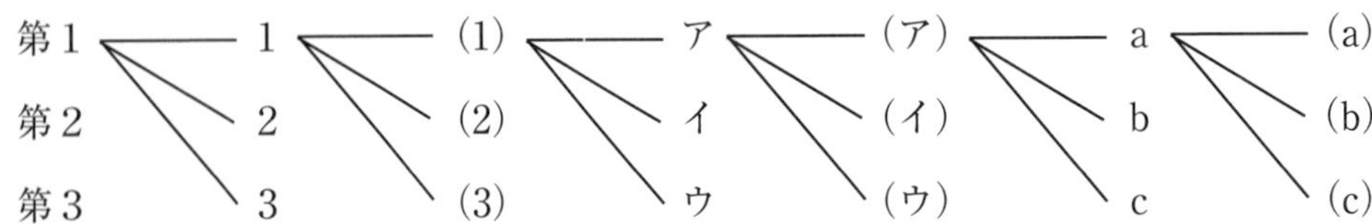

■ 配字の例

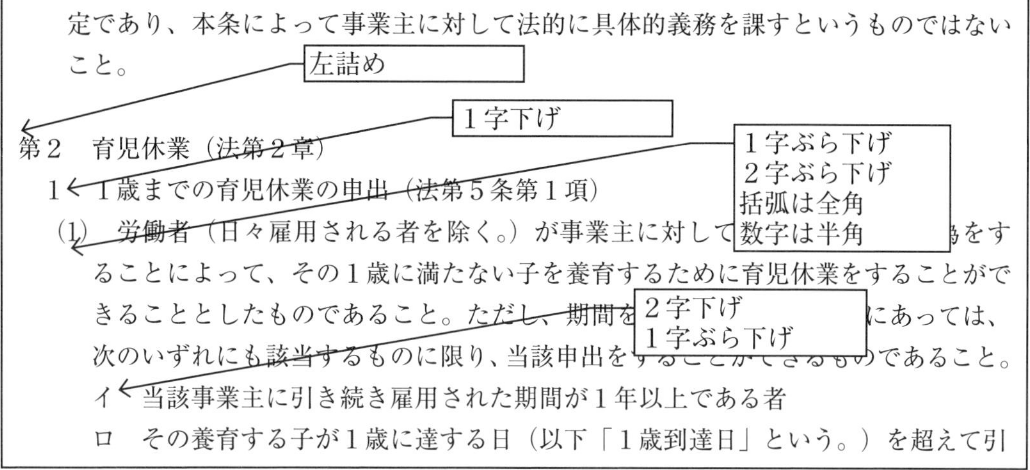

⑶　区切り符号

区切り符号、特に句読点の打ち方については、統一的なルールが定まっておらず、「我流」「ローカルルール」が混在し頭を悩ますところです。しかし、公用文については経験的にいくつかのルールが確立されており、ある程度の整理が可能です。本書のモデル規程は、できる限り公用文に合わせるようにしています。

1　句点「。」

① 文末には原則として句点を打ちます。

② 号表記（箇条書き）において、完結する字句が名詞形のときは、原則として、句点を打ちません。ただし、「こと」「とき」で終わるときは句点を打ちます。よって「もの」で終わるときは原則どおり句点を打ちません。

③ 号表記（箇条書き）において、句点を打たない場合であっても、その号の中で更に字句が続くときは、先の字句には句点を打ち、最後の字句には句点を打ちません。

④ 号表記（箇条書き）において、名詞形以外で終わるとき（「…を除く。」など）は、句点を打ちます。

⑤ 条文中のかっこ内で完結する字句が名詞形（体言止め）のときは句点を打ちません。

⑥ 条文中のかっこ内で完結する字句が動詞形のときは句点を打ちます。

☑【②～④の例】

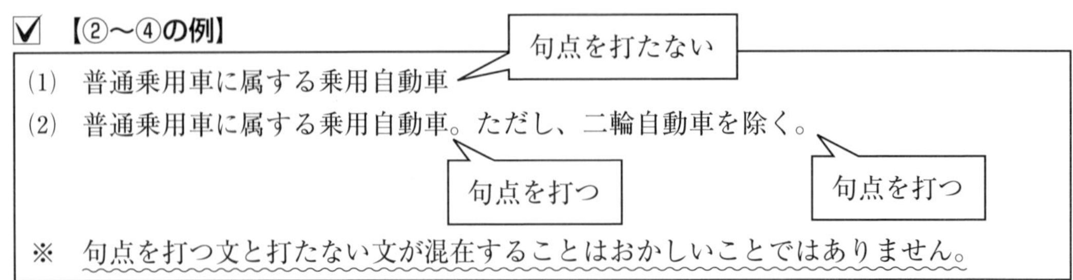
(1)　普通乗用車に属する乗用自動車
(2)　普通乗用車に属する乗用自動車。ただし、二輪自動車を除く。
※　句点を打つ文と打たない文が混在することはおかしいことではありません。

⑦　号表記（箇条書き）において、句点を打つべき字句に後続してかっこ書きが続き、そのかっこ書きが名詞形以外での字句で終わり、かつ、箇条書きが完結するときは、かっこ書きの最後に句点をうち、更に箇条書きの最後にも句点を打ちます。

☑【⑦の例】

(1)　○○であるとき（△△である場合に限る。）。

※「箇条書きにはいっさい句点を打たない」というローカルルール（新聞等で採用）もありますが、モデル規程では公用文ルールに従いました。

２　読点「、」

①　主語の次には、原則として読点を打ちます。ただし、条件句又は条件文の中に出てくる主語の次には読点を打ちません。

☑【①の例】

…会社は、従業員が欠勤したときは、…

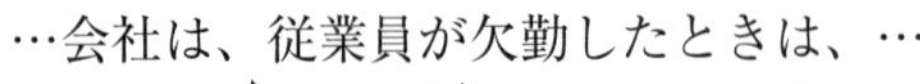

②　条件句の前後には、読点を打ちます。

③　名詞を並列して用いる場合、その並列する名詞が２つのときは読点を打たずに「及び」「又は」の接続詞でつなぎます。しかし、並列する名詞が３つ以上の場合は、最後の名詞のつなぎのみに接続詞を用い、その前に並列する名詞は読点を打ってつなぎます。

④「又は」と用いる場合に、後続して読点を打つことはありませんが、「また」と用いるときは読点を打ちます。

⑤　動詞、形容詞又は副詞を並列して用いる場合には、その並列する語が２つであっても、「及び」「又は」などの接続詞の前に読点を打ちます。

⑥　動詞が「○○し」で終わる時は読点を打ちます。「○○して」で終わるときは読点

を打ちません。

☑ **【⑤、⑥の例】**

a. 会社は、本人から意見を聴取し、及び相手方の意見を勘案して処分を決定する。

読点を打つ

読点を打たない

⑦ 名詞を並列して「その他」でくくるときは、「その他」の前に読点を打ちません。しかし、動詞、形容詞又は副詞を並列して「その他」でくくるときは「その他」の前に読点を打ちます。例えば、動詞を並列する場合には、「○○し、その他」というふうに活用形の後ろに読点を打ちます。

⑧ ただし書きにおける「ただし」の次には、読点を打ちます。

⑨ 後段における「この場合」又は「この場合において」の次には、読点を打ちます。

⑩ 名詞を説明するために「で」又は「であって」を用いる場合、その後に続く説明の字句が長いときには、「で」又は「であって」の後に読点を打ちます。

⑪ 「(以下「○○」という。)」のかっこ書きの中の「以下」の後ろには読点は打ちません。

3 区切り符号のまとめと用い方

種類	呼称	一般的な用い方
。	まる(句点)	・一つの文を完全に言い切ったところに用いる。
、	てん(読点)	・言葉の切れ続きを明らかにする必要のあるところに用いる。 ・数の桁を示す場合に用いる。(縦書きのものに限る。)
,	コンマ	・数の桁を示す場合に用いる。(左横書きのものに限る。)
・	なかてん(中黒)	・名詞を並列する場合に用いる。 ・外国の人名及び地名並びに外国語(外来語を含む。)の区切りとして用いる。 ・表の中で日付又は時刻を書き表す場合に用いる。(縦書きのものに限る。) ・数に単位以下の端数がある場合に整数と小数の区切りとして用いる。(縦書きのものに限る。)

．	ピリオド	・表の中で日付又は時刻を書き表す場合に用いる。（左横書きのものに限る。） ・数に単位以下の端数がある場合に整数と小数の区切りとして用いる。（左横書きのものに限る。）
：	コロン	・説明文等が次に続くことを示す場合に用いる。（左横書きのものに限る。）
（　）	かっこ	・一つの語句又は文の後に注記を加える場合、見出しを囲む場合などに用いる。
〔　〕	そでかっこ	・括弧の中で、さらに括弧を用いるときに用いる。
「　」	かぎ	・引用する語句若しくは文又は特に示す必要がある語句を表す場合に用いる。
『　』	ふたえかぎ	・かぎの中で、さらにかぎを用いるときに用いる。
〜	なみがた	・「…から…まで」を示す場合の略符号として用いる。（左横書きのものに限る。）
—	ダッシュ	・語句の説明、言い換えなど及び番地の省略符号として用いる。（左横書きのものに限る。）

4　送り仮名

送り仮名については、一般と異なる公用文独自のルールがあります。社内規程では、法令を引用して作成する場合も多いため（あるいは行政がひな型を作成することが多いため）、句読点や送り仮名等の平仄は法令ルールに則った方が後々にもよいでしょう（平仄の不統一は、雑な印象を与えるだけでなく、読み手に余計なことを考えさせてしまい負担の多い文章になってしまいます。）。

送り仮名のルールとして、次のものがあります。①が一般ルールであり、学校で習ったものです。②、③は公用文のルールです。いずれもインターネットで検索することができるので、是非確認しておきましょう。モデル規程では、②、③のルールを採用しました。

①　送り仮名の付け方（昭48. 6.18内閣告示第２号、平22.11.30一部改正）
②　公用文における漢字使用等について（平22.11.30内閣訓令第１号）
③　法令における漢字使用等について（平22.11.1内閣法制局総総第208号）

公用文ルールでは、同じ熟語であっても用法により送り方が変わってきます。

例１）
ａ） 処分を**取り消す**、ｂ） 処分の**取消し**、ｃ） 処分の**取消**訴訟を提起する

例２）
ａ） **取り調べ**る、ｂ） **取調べ**を受ける、ｃ） **取調**室

例３）
ａ） 年次有給休暇の取得を**申し出**る、ｂ） 年次有給休暇の取得の**申出**は申請書で行う

⑷ 数 字

1 「半角」か、「全角」か

半角がよいか全角がよいかは、好みの問題にもなりますが、無秩序な混在は見栄えもよくないので避けましょう。法令文等の公式ルールでは、文中は、「すべて全角」になります。英数字の全角は、通常の文字フォント（プロポーショナルフォントではない固定ピッチのフォント）の１文字分と一致しますので、英数字が混在する条文であっても、各行の文字数が一致することになります（つまり、原稿用紙のマス目を埋めるイメージで、公文書はすべてこのスタイルです）。ただし、数値の途中で改行されることがあるため、これを嫌う人もいます。

Wordの初期値は、通常の文字は「全角」、英数字は「半角」になっているので、そのまま使う場合が多いでしょう。この場合、全角文字に挟まれる形で半角文字が１文字だけ入ると見栄えがよくないため、かならず、段落設定の「体裁タブ」で「日本語と英字の間隔を自動調整する」「日本語と数字の間隔を自動調整する」にチェックを入れておいてください。なお、当然にこの設定を行った場合、数字が混在する文章では、各行の文字数にはばらつきが生ずることになります。どちらを選ぶかは各企業の判断に任せることになりますが、筆者の経験では、最近は、１行当たりの文字数にばらつきがあっても気にする方は少なく、むしろ全角数字のほうに違和感を持つようです。時代の流れでしょうか。

なお、１桁の数字は全角、２桁以上の数字は半角と使い分ける例もありますが、通常のPC用のフォントでは、全角のデザインと半角のデザインで統一がとれていないものもあり、どうも座りがよくありません。また、入力に手間がかかります。

2 文中でのルール

① 左横書きの場合

原則として、算用数字を用います。ただし、次のような場合は漢字を用います。

ａ 固有名詞を書き表す場合

例：九州　紙屋町一丁目　三次市

b　概数を書き表す場合

例：数十日　四、五人　五、六十万　十数万キロメートル

c　数量的な感じの薄い語を書き表す場合

例：一般　一部分　四捨五入　第三者

d　万以上の数の単位として用いる場合

例：100億　10億5,300万　13万9,000

e　「ひとつ」、「ふたつ」、「みっつ」などと読む場合

例：一つずつ　二間続き　三月ごと

②　コンマ（，）の使い方

数の区切りには、３桁ごとに「，」（コンマ）を用います。ただし、年号・文書番号・電話番号・地番などには、区切りは付けません。

⑸　配字を整えるためのWord利用のポイント

1　適切なフォントを選択する

セルフ系のフォント	ＭＳ明朝 MSP明朝 Century	サンセルフ系のフォント	ＭＳゴシック MSPゴシック Arial	通常はどちらかに統一して使います。
固定ピッチフォント	ＭＳ明朝 ＭＳゴシック	変動ピッチ（プロポーショナル）フォント	MSP明朝 MSPゴシック Century Arial	変動ピッチを用いると１行当たりの文字数が自動的に調整されていきます。
和文フォント（全角＋半角）	ＭＳ明朝 MSP明朝 ＭＳゴシック MSPゴシック	欧文フォント（半角のみ）	Century Arial	英数字を半角とする場合、通常は欧文フォントを用います。

変動ピッチのフォントを用いると１行当たりの文字数は多く表示できますが、各行ごとの文字数がバラバラになってしまうため、見栄え上の問題が生じます。固定ピッチを用いると碁盤のマス目状に文字が配列されるため、美しく表示されます。

数字又は欧文を表示する場合、フォントは「全角」を用いるのか「半角」を用いるのかの問題があります。碁盤のマス目状に配字したいときは「全角」を用いるのがよいですが、桁数の大きい数字（あるいは欧文単語）を表示した場合、桁の途中で改行されてしまうという問題が生じます。

そこで、数字又は欧文の表記を半角フォントで行う方法があります。これによりWordの設定次第で、不用意な改行を回避することができます。しかし、日本語の全角は、

16bit単位でデザインされているのに対し、欧文の半角は8bit単位でデザインされているため、日本語の中に1文字だけ英数字が表示されると、その部分だけ詰まって見えてしまいます。

これを回避するためには、Wordの［段落設定］機能の［体裁］タブで、「日本語と英字の間隔を自動調整する」「日本語と数字の間隔を自動調整する」の両方をチェックしておけば、日本語と英字・数字間に適正なスペース（四分アケ）が挿入されるため、見栄えのよい配字になります。

2　エンターキーの使い方に注意

Wordを用いて条文を作成する場合、改行する都度、［エンターキー］を挿入する例が見受けられますが、これは絶対に避けるべきことです。本来［エンターキー］は、「段落」ごとに挿入するもので（条文であれば「項」を改めるごと）あり、「行」ごとに用いるものではありません。なぜなら、その機能の意味は、それぞれの「段落」ごとに統一された配字ルールを決定することにあるからです（つまり、Wordの段落機能と連動することにその意味がある）。

すなわち、Wordは［エンターキー］ごとに分割された段落ごとに配字を設定する仕組みになっているため、改行ごとに［エンターキー］を挿入すると、行ごとの文頭・文末が揃わないという問題が起きます。また、規程改定のため、新たな文言を挿入又は削除する都度［エンターキー］の位置がずれてしまうため、その修正に多大な（そしてムダな）労力を要してしまいます。

3　スタイル設定の例

「配字」を統一する際、ワードプロセッサーのWordを用いると便利です。いわゆるスタイル機能を使います。いったん配字を定めた場合、これをスタイル機能であらかじめ定義しておき、登録しておくと効率的に条文を作ることができます（インデントのほか、センター寄せ、フォント等もスタイル設定が可能です）。筆者が規程を作成する場合、あらかじめWordで「章」「節」「見出し」「条」「項」「号」ごとにスタイル設定をしたテンプレートを用いています。

また、よく使うスタイルは、スタイルギャラリーに表示をしておくと作業が効率化できます。

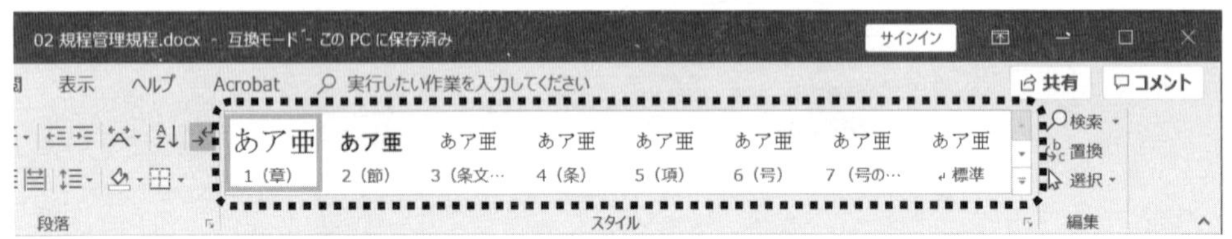

更に「章」「節」「見出し」「条」「項」「号」ごとのアウトラインレベルを設定しておくと、ナビゲーションウインドウで規程全体を階層的に見通すことが可能となります。

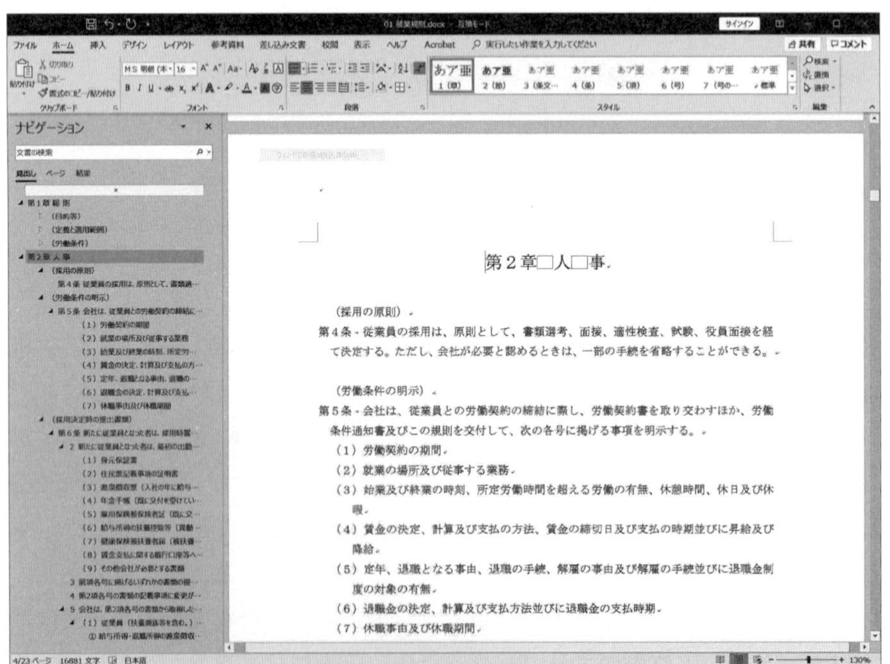

V. 法令用語の基礎知識

(1) 文章の書き表し方の基本

1 主 語

主語とは、その規定が誰を対象とするのか（規範の名宛て人）を明らかにするものであり、原則として、省略しないで明確にします。すなわち、権利、義務、責任等の主体を明確にするということです。ただし、実際の規定では、その解釈上、主語が明らかなときは省略することができます。

☑ 主語を省略した例（「会社は、」が省略されている）

（総務課）
第○条　以下の各号に掲げる業務を所管させるため、総務部に、総務課を置く。

それぞれの規定（ルール）は、ある主体が行うと思われる行為に対して、一定の制約を課したり、又はこれを容認するというものです。よって規定文の構造はそれに応じたものとなります。すなわち責務の主体を「主語」とし、ルールを述語とするのが原則です。例えば、申請手続については、申請者たる従業員とその許可者・承認者である会社の立場がありますが、このような場合は、従業員の立場から（従業員を主語として当人の責務として）書くべきであり、「従業員は、○○について、会社に、申請しなければならない。」といった条文となります。

2 代名詞等

「それ、その、これ、この」等の代名詞や連体詞は、誰が読んでも、その後が何を指しているのか明らかに判断できるよう的確に用います。

3 当 該

規定文の中では、「当該」という用語がよく用いられます。一般的には、「まさにその」といった意味を持つものですが、規定文で「当該部門においては、」とあれば、その前に何らかの形での特定の部門についての記載があるはずで、それを受ける形で「まさにその部門が」というように用います。あるいは、定義規定等を各号列記の形で定める場合には、それぞれ対応するという形で「当該各号に定めるところによる。」等と用います。

4　述　語

述語の書き表し方により、その規定の意図が決定されるため、慎重に記載されるべきものです。

述　語	その効果
…である。	一定の事実について述べる。
…とする。	創設的又は拘束的な意味を持たせる。
…するものとする。	一般的な原則や方針を示す。やや緩やかな義務づけや拘束を指す。
…することができる。	規定上の権利があることを表す。
…することができない。	上記の反対で、規定上の権利がないことを表す。
…しなければならない。※	規定に掲げる一定の事項についての義務を課す。
…してはならない。※	上記の反対で、ある行為をしないことにつき義務を課す。

※　述語にこの表現がある規定に違反した場合については、懲戒規定と連動させることになります。

5　法令文でよく用いられる述語の用法

述　語	意　味
適用する。	その規定の本来の目的とするものにあてはめる場合に用いる。
準用する。	ある事項に関する規定をそれと本質の異なることについて、必要な若干の変更を加えてあてはめる場合に用いる。
準ずる。	ある一定の事柄を基準として、概ねこれに従う場合に用いる。
例による。	広くある制度なり、規定なりを包括的に他の同種の事項にあてはめようとする場合に用いる。
従前の例による。	規程の全部又は一部の改廃が行われる場合に、その経過規定として一部の規定について従前のルールを適用する場合に用いる。
この限りでない。	直前に記載されている規定の全部又は一部の適用をある特定の場合に打ち消し、又は除外する場合に用いる。通常、ただし書において用いる。

することを妨げない。	一定の事項について、ある法令の規定なり制度なりが適用されるかどうか疑問である場合に、その適用が排除されるものではないという趣旨を表すときに用いる。

(2) 定義規定

1 総則規定

当該規程全般にわたって用いられる用語については、総則にまとめて定義規定を置きます。定義規定の書き方には、「項方式」と「号方式」があります

☑ 項方式（各項に定義を置く）

この規程において「○○」とは、……をいう。

☑ 号方式（項の中で定義を号で箇条書きする）

この規程において、次の各号に掲げる用語の意義は、当該各号に定めるところによる。
(1) ○○ ……
(2) △△ ……

2 個別規定

特定の規定において定義を必要とする場合に、個別の規定の中に定義を置くことがあります。基本的な書き表し方は、規定中の「○○」という用語の後ろにかっこ書きを置き、かっこ内に定義を記載します。この際、それ以降に「○○」という用語があり、同じ定義で用いる場合には、「以下同じ。」と書き加えます。

例1	当該用語が1箇所のみの場合	→	……○○（……をいう。）……
例2	当該用語が複数箇所で用いられる場合	→	……△△（……をいう。以下同じ。）……

3 略称規定

規程内において表現を簡略化するため略称を用いることがあります。「略称」も一つの用語であるため、しっかりと定義する必要があります。日常業務の中の会話で通常使われる略称を規程の中でそのまま使ってしまうことがありますが、その略称はローカル用語であり、第三者には意味がわかりません。また、担当者の代が変わってしまうと何を意味し

ていたのかわからなくなってしまうこともよく起きます。実務上は、略称ほど丁寧に定義する必要があります。

厳格には、規程全般に用いる略称は、「(以下「○○」という。)」と定義し、特定の条項のみに用いる略称は、(以下この条において「△△」という。)」と定義しますが、前者のみの用法でも構いません。

☑ **略称規定**

例１　この法律で「労働者」とは、職業の種類を問わず、事業又は事務所（以下「事業」という。）に使用される者で、……

例２　業務の性質上その遂行の方法を大幅に当該業務に従事する労働者の裁量にゆだねる必要があるため、当該業務の遂行の手段及び時間配分の決定等に関し使用者が具体的な指示をすることが困難なものとして厚生労働省令で定める業務のうち、労働者に就かせることとする業務（以下この条において「対象業務」という。）

※：上記の事例では、それぞれ波下線箇所の内容が、下線箇所の略称で言い表されています。

(3)　接続詞等

国の法律条文は、厳格なルールに則って作成されているため、ルールを知らずに読んでいると意味を間違えてしまうことがあります。ルールを知っていると条文理解が進みます。

なお、これらの用語の使い分けは、かなりの習熟を要するものであり、社内規程を作成する場合は、基本的な点のみ押さえておけばよく、必ずしもこれに厳格に従う必要はありません。社内規程は、なにより中身が重要であり、形式面にこだわっていては本末転倒だからです。

むしろ、本項での内容は、条文を読み解く際の「コツ」として押さえておけばよいでしょう。

1　「以上」「以下」「超える」「未満」

数量的な範囲を限定する場合に用います。「以上」、「以下」は、基準点となる数量を含めて限定します。例えば、「１万円以上の金額」というのは、１万円を含めてそれより多い金額のことで、「１万円以下の金額」というのは、１万円を含めてそれより少ない金額のことになります。

「超える」「未満」は、基準点となる数量を含めないで限定します。例えば、「１万円を超える金額」というのは、１万円を含まないでそれより多い金額のことで、「１万円未満の金額」というのは、１万円を含まないでそれより少ない金額のことになります。

2 「以前」「以後」「前」「後」

時間的な範囲を限定する場合に用います。「以前」、「以後」は、基準点となる日時を含めて限定します。例えば、「４月１日以前」というのは、４月１日を含めてそれより前のことであり、「４月１日以後」というのは、４月１日を含めてそれより後のことです。

「前」、「後」は、基準点となる日時を含めないで限定します。例えば、「４月１日前」というのは、４月１日を含まないでそれより前のことであり、「４月１日後」というのは、４月１日を含まないでそれより後のことです。

3 接続詞

法令等の表現では、「及び」、「又は」等の接続詞の用い方に特有のルールがあります。少なくとも条文を読む際には、これらのルールを知っていないと、規定されている内容を立案者の意図どおりに解釈できないことになりますので、最低限のルールは知っておくとよいでしょう。

■ **併合的・選択的接続詞の全体像**

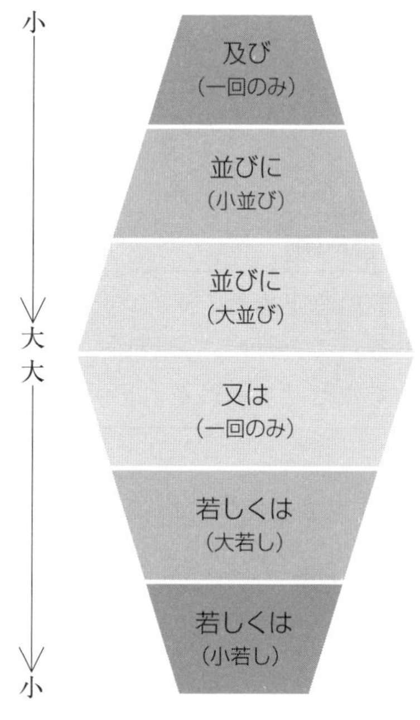

（『〔新訂〕図説法制執務入門』ぎょうせい より）

① 「及び」「並びに」（併合的接続詞）

語句を並列する場合に用い、英語の「and」に相当します。同じレベルで並列するときは、「及び」を用います。並列のレベルが２段階になる場合は、小さい並列に「及び」を用い、大きい並列に「並びに」を用います。３段階以上の並列には、最も小さい並列に「及び」

を用い、それ以外の並列にはすべて「並びに」を用います。例えば、A、B、Cと並列する場合、「AとB」が対であることを表現したい場合には「A及びB並びにC」と表記します。同じレベルで3つ以上並列する場合には、最後の並列部分に「及び」を用い、それ以外の部分はすべて「、」でつなぎます（A、B、C及びD）。

☑【事例】労基法第32条の4第1項第4号かっこ書き

（対象期間を1箇月以上の期間ごとに区分することとした場合においては、当該区分による各期間のうち当該対象期間の初日の属する期間（以下この条において「最初の期間」という。）における労働日及び当該労働日ごとの労働時間並びに当該最初の期間を除く各期間における労働日数及び総労働時間）

①最初の期間における ┬ 労働日
└ 及び当該労働日ごとの労働時間

②並びに当該最初の期間を除く各期間における ┬ 労働日数
└ 及び総労働時間

→「並びに」の箇所でグループが分かれる

実際の社内規程では、このように読みにくい表記は使いません。例えば、「箇条書き」と「・」を用いると次のように表記することができます。

☑【「・」を用いて読みやすくした例】

労使協定では、次の各号の事項を定める。

(1)　最初の期間（4月とする。）における労働日・労働日ごとの労働時間

(2)　5月から翌年の3月までにおけるそれぞれの月の労働日数・総労働時間

つまり、「及び」「並びに」が併用される場合の使い分けは、同一のグループ内の接続について「及び」を用い、異なるグループ間の接続について「並びに」を用いるということです。

[A]

[A及びB]

[A、B及びC]

[A、B及びC]並びに[D]

[A、B及びC]並びに[D及びE]

[[A及びB]並びに[C]]並びに[D及びE]

② 「又は」「若しくは」(選択的接続詞)

同じレベルで語句を選択的につなぐ場合に用いる法令用語で、英語の「or」に相当します。選択のレベルが1つの場合は「又は」を用います。選択のレベルが2段階になる場合は、大きい選択になる方に「又は」を用い、小さい選択に「若しくは」を用います。さらに3段階以上になる場合は、最も大きい選択に「又は」を用い、それ以外の部分にはすべて「若しくは」を用います。AとBを選択させたいが、これらは同一のグループに属し、更にそれを別のCと選択させたい場合には、「A若しくはB又はC」と表記します。同じレベルで3つ以上の中から選択的に用いる場合には、最後の部分のみに「又は」を用い、それ以外は「、」でつなぎます(A、B、C又はD)。

✓ 【事例】労基法第22条第4項

使用者は、あらかじめ第三者と謀り、労働者の就業を妨げることを目的として、労働者の国籍、信条、社会的身分若しくは労働組合運動に関する通信をし、又は第1項及び第2項の証明書に秘密の記号を記入してはならない。

①
- 労働者の国籍、信条、社会的身分
- 若しくは労働組合運動に関する通信をし、

②又は第1項及び第2項の証明書に秘密の記号を記入し

(①②)てはならない。

→「若しくは」でつながる「通信」のグループと、「又は」で後続する「秘密の記号の記入」のグループに分かれる。つまり、「労働者の国籍、信条、社会的身分若しくは労働組合運動」は「通信」にはかかるが、「秘密の記号の記入」にはかからず、「秘密の記号の記入」の禁止はこれらに限定されないことになる。

「若しくは」「又は」が併用される場合の使い分けは、同一のグループ内の選択について「若しくは」を用い、異なるグループ間の選択について「又は」を用いるということです。

[A]

[A又はB]

[A、B又はC]

[A、B若しくはC]又は[D]

[A、B若しくはC]又は[D若しくはE]

[[A若しくはB]若しくは[C]]又は[D若しくはE]

要するに「及び」と「並びに」、「又は」と「若しくは」の使い分けは、記載されている内容のグルーピングの問題なのです。実際の社内規程では、段落分け、箇条書きを活用するため、法律条文のように複数の要素を一文で書き表すようなことはしませんが、法律条文を社内規程に意訳する場合には、このような接続詞の知識が必要となってくるということです。

③　「かつ」（並列的接続詞）

「及び」「並びに」との違いは、２つの語句を並列するだけでなく、不可分一体として一つの意味を持たせるときに用いる点です。

☑　【事例】労基法第38条の４第１項

> 当該委員会がその委員の５分の４以上の多数による議決により次に掲げる事項に関する決議をし、かつ、使用者が、厚生労働省令で定めるところにより当該決議を行政官庁に届け出た場合において、
>
> →企画業務型裁量労働制の採用要件として、「５分の４以上の多数による議決による決議」と「行政官庁への届出」は、不可分一体であり、共にこれを満たす必要がある。

④　「その他の」「その他」

「Ｘその他のＹ」と用いるときは、「その他の」の前にある名詞（Ｘ）が、「その他の」の後ろにある名詞（Ｙ）の例示であることを示します。これに対して「Ｘその他Ｙ」と用いるときは「Ｘ」と「Ｙ」は並列的関係となります。つまり、「その他の」と用いる場合、直前の名詞（Ｘ）を含む大きなグループ（Ｙ）があり、その部分として「Ｘ」を例示するときに用いるのに対し、「その他」と用いる場合は、「Ｘ」が「Ｙ」に含まれることはないということになります。

なお、法律本則に「その他の」と用いて、施行規則に「その他の」の内容を定めるときは、法律本則に定められている内容も改めて規定し直します。

☑　【事例】労基法第15条第１項

> 使用者は、労働契約の締結に際し、労働者に対して賃金、労働時間その他の労働条件を明示しなければならない。
>
> →「賃金」「労働時間」は「労働条件の一種」
>
> 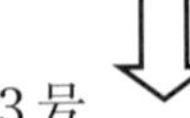
>
> ◎労基則第５条第１項第３号
>
> 賃金(退職手当及び第５号に規定する賃金を除く。以下この号において同じ。)の決定、計算及び支払の方法、賃金の締切り及び支払の時期並びに昇給に関する事項
>
> →「賃金」について改めて規定し直している。

これに対して、法律本則に「その他」と用いて、施行規則に「その他」の内容を定め

るときは、法律本則に規定されている内容は、施行規則には規定しません。

☑ 【事例】労基法第37条第５項

第１項及び前項の割増賃金の基礎となる賃金には、家族手当、通勤手当その他厚生労働省令で定める賃金は算入しない。
→「厚生労働省令で定める賃金」は「家族手当、通勤手当」と並列的関係

◎労基則第21条
法第37条第５項の規定によって、家族手当及び通勤手当のほか、次に掲げる賃金は、同条第１項及び第４項の割増賃金の基礎となる賃金には算入しない。① 別居手当…（略）
→施行規則では、家族手当、通勤手当以外の別居手当以降の賃金のみを規定

「その他の」「その他」の使い分けも、実務上はそれほどこだわることはないでしょう。社内規程において、実際に厳格な使い分けをしている例は少ないと思います。一般的には「その他」と用いるのが無難でしょう。

法律条文では細目を省令に委ねることが多いので、法律条文を読むときは、「その他の」と「その他」の違いを知っておいたほうがよいのですが、社内規程では、わかりやすさの観点から、列挙できるものは、すべて本則上で列挙し、できるだけ「その他の」「その他」は使わずに済むようにすることも肝要です。

４ 「場合」「とき」

「場合」と「とき」は、仮定的条件を示すものであり、ほぼ同じ意味です。ただし、仮定的条件が２つ重なるようなケースでは、大きい条件のほうに「場合」を用い、小さい条件のほうに「とき」を用います。

☑ 【事例】労災保険法附則64条第２項

…当該労働者を使用している事業主又は使用していた事業主から損害賠償を受けることができる場合であって、保険給付を受けるべきときに、…

なお、「とき」と「時」について、「とき」が仮定的条件を表すのに対し、「時」は、時点及び時刻を示すときに用いられます。

５ 「者」「物」「もの」

「者」は、自然人、法人を指す場合に用いる法令用語です。「物」は法律上の人格を持たない有体物を指す場合に用いる法令用語です。「もの」は、「者」にも「物」にも当たらな

い抽象的なものを指す場合に用いる法令用語ですが、英語の関係代名詞のような用い方で、特定のものを限定する場合に用いることもあります。

☑　【事例】労働安全衛生法66条の9

> …前条第１項の規定により面接指導を行う労働者以外の労働者であって健康への配慮が必要なものについては、…

Ⅵ. 新たな規程を作成する場合のポイント

(1) 起草から作成までのポイント

1　作成の手順は、法案作成手続を参考にする

新たな社内規程をいきなり条文形式で起草しようとしてもうまくいきません。法律も最初から条文形式で起草されるのではありません。2015年４月１日に改正施行された改正パートタイム労働法を例にその手順を見てみましょう。

【労働政策審議会の報告書（建議）】どのような法案を作成するかの方向性を示す。

> 有期労働契約法制の動向を念頭に、パートタイム労働法第８条については、①３要件から無期労働契約要件を削除するとともに、②職務の内容、人材活用の仕組み、その他の事情を考慮して不合理な相違は認められないとする法制を採ることが適当である。

【法案要綱】法律案の骨子を箇条書きでまとめる。

> １　事業主が、その雇用する短時間労働者の待遇を、当該事業所に雇用される通常の労働者の待遇と相違するものとする場合においては、当該待遇の相違は、当該短時間労働者及び通常の労働者の業務の内容及び当該業務に伴う責任の程度（以下「職務の内容」という。）、当該職務の内容及び配置の変更の範囲その他の事情を考慮して、不合理と認められるものであってはならないものとすること。

【改正法律案を作成】法律を改正するための法律を上程し、これを国会審議する。

> 第七条の次に次の一条を加える。
> （短時間労働者の待遇の原則）
> 第八条　事業主が、その雇用する短時間労働者の待遇を、当該事業所に雇用される通常の労働者の待遇と相違するものとする場合においては、当該待遇の相違は、当該短時間労働者及び通常の労働者の業務の内容及び当該業務に伴う責任の程度（以下「職務の内容」という。）、当該職務の内容及び配置の変更の範囲その他の事情を考慮して、不合理と認められるものであってはならない。

上記の流れ（立法過程）をまとめると次のとおりとなります。立法過程とは、立法技術を踏まえて法令案を作成する過程のことをいいます。立法技術とは、広義と狭義の意味があり、まとめると次のとおりです（大島稔彦『法令起案マニュアル』ぎょうせい、図解は

一部改)。

☑ **立法過程**

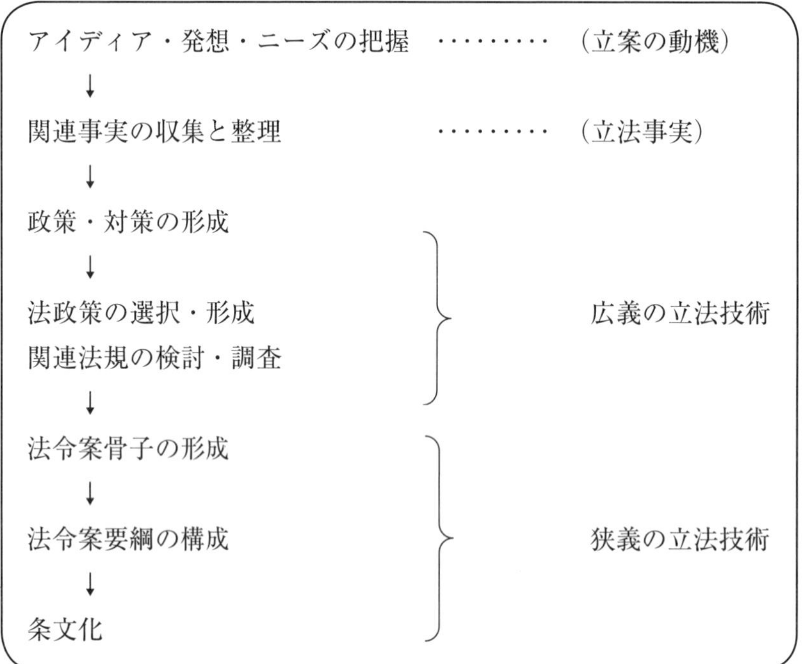

☑ **立法技術**

【広義】
成文法である法令の案を、基礎となる事実や政策から積み上げて作成していく知識（理念）・技術全体を指す。
【狭義】
作り上げられた法政策をいわゆる法令の形式に文章化（これを「条文化」ともいう。）して、法令案の形にまとめるための知識（理論）・技術を指す。

2　実際の流れ

前提として、会社の現状を分析し、実態に見合ったルールを作ろうとしているのかを客観的に現状分析する必要があります。そして、新たなルール策定の必要性が、現状の会社の要求事項を上回るのであれば、更に視点を広く持って、会社全体としてのルールのあり方を検討します。

策定した規程は、会社の基本方針ですが、それを逸脱しない範囲での運用は認める規定を定めておきます。実務での運用は現場での創意工夫が必要だからです。

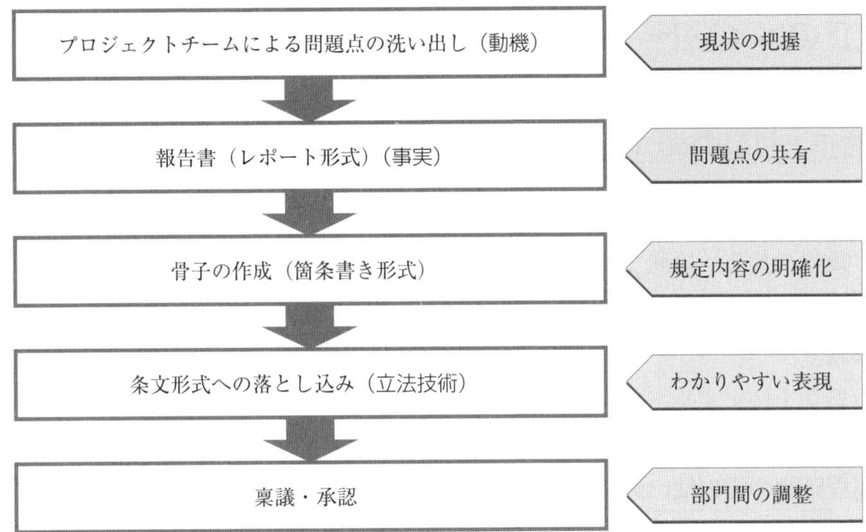

3　守れないことは規定しない

規程において常に理想的な在り方を示すという考え方もありますが、実際に守れないルールは意味がありません。社内規程において現実にそぐわないルールを事細かに定め、日常業務がこれに縛られてしまっては本末転倒です。もちろん、日常の運用が法に反していればそれをただす必要があります。したがって、社内規程は、コンプライアンスの観点から、最低限守るべき原理原則を示すことが重要であり、日々の運用については、細則に委ねるという方法が現実的と考えます（レベル分け）。

そして、それぞれの規程ごとの内容が、企業全体の理念の中に組み込まれており、他の規程との間に協調を保ち、全体の規程が統一されていることが理想です。

4　わかりやすい表現にするためには

条文の文章については、用語の定義を明確にし、わかりやすく表現するよう留意する必要があります。すなわち、用語の統一性が重要です。一つの規程の中において使用する用語は、全体にわたり同じ意味を持って使うようにしなければならず、そのためにも「用語の定義」の書き表し方が重要となります。

規程は、「内容」が重要であることは、いうまでもありませんが、「形式」も重要です。形式よりは中身だといっても、人間というものは、形式面の印象で中身を判断しがちです。特に形式の不統一は、読むものに不要な推測を働かせてしまい、わかりにくさの印象を与えてしまいます。

規程は、条文形式で作成するのが通常ですので、法令様式のスタンダードを参照するとよいでしょう。また、法令の内容をそのまま社内規程に盛り込むことも考えられるため、できれば、平仄や用字用例も国の法令に合わせておくとよいでしょう。

(2)　校正のポイント

1　校正と校閲の違い

①　校正

執筆（規程の起草）段階でのミスを修正する。

②　校閲

内容の誤りを修正する。

③　規程確認の際の使い分け

□　誤字脱字のチェック　→　校正
□　平仄の不整合のチェック　→　校正
□　配字のチェック　→　校正

□　法律上のチェック（特に法改正）　→　校閲
□　数字のチェック　→　校閲
□　民事上のチェック　→　校閲
□　会社の実情にあった規定かどうか　→　校閲

2　校正・校閲上の注意点

専門的な校正技法は専門書に委ねるとして、実務でよく生じる誤りを列挙します。

☑　推薦図書

『新編　校正技術　下巻［横組の校正、用字用語・校正資料］編』
日本エディタースクール編

①　原稿の誤記

そもそもの原稿の誤りを信じてしまっては正しい校正はできません。人間が行ったことは必ず誤りが潜んでいるという前提が必要です。

②　意味不明のメモ

わからないことは、起草者に直接聞くかネット等の検索で疑問を解消しておきます。メモに「？」があると、そこで後工程の作業がすべてストップしてしまいます。

③　目立たない赤字、曖昧な赤字

どこをどう直すのか不明確な赤字は誤りのもとです。修正箇所を細かく指定しすぎるの

も問題です。例えば、「1977年」を「1978年」に修正したいときは、４桁目の「７」だけを赤字対象にすると、後から修正する人は「７」が修正箇所だと勘違いして「1988年」と修正するようなことが生じます。この場合は、「1977年」全体を赤で囲って、引き出しで「1978年」と指摘すべきです。

ネットで紹介されていた事例では、「自然の水を利用した」の「自然の」を「天然」にする赤字を入れたところ、「水」が落ちて「天然を利用した」になってしまったというものがありました。この場合は、「自然の水」を赤で囲って「天然水」としていればこのような誤りは起きなかったかもしれません。

④ 訂正で生じた矛盾

ある箇所の西暦の誤りを年号で修正したところ、その原稿はすべて西暦で統一されていた、ということがあります。ある箇所を修正したら、必ず全体を見直す習慣が必要です。

⑤ コピペによる連続誤り

Wordを使って原稿を書くようになってからよく目立つ誤りです。コピペ元が間違っていれば、コピペ先はすべて間違っていることになります。最近の校正技法では、コピペする場合には、「○○へコピペ」と注釈を入れることが多いですが、その場合は、必ずコピペ元を当たるようにしてください。

⑥ 保存ミスによる先祖返り

Word原稿の版管理ができていないと必ずといってよいほど発生する事故です。文書はバージョンが新しくなる都度、更新された日付けを、例えばファイル名の最初（もしくは最後）に加えていって、どれが最新バージョンであるのか、どれが直近バージョンであるのかを把握する必要があります。

⑦ 原本ファイルの紛失

意外に多いのがこのケースです。作業を進めていると「今作っていくものが最善で完成版だ」と思い込んでしまうものです。しかし、本来の完成の姿は、「初稿」（元の原稿）の中にあるものです。校正者は、それを修正・手直しをしているだけであって、新たなオリジナルを作っているわけではないのです。また、修正の過程で大きな勘違いをして、本来の趣旨とは違う方向に成果物が向いていこうとしていることもあります。

その場合には、必ず原点（すなわち「初稿」）に立ち返って方向性の検証をすべきなのですが、もっとも大切な初稿を上書き保存してしまって本来の意図がわからなくなってしまうことがあります。紙ベースの原稿をテキストファイルに書き起こし、それで完成と勘違いして肝心の紙ベースの原稿を廃棄してしまう、といった事故もこれに該当します。

3　規程の校正における注意点

①　下書き時点での版管理の重要性

校正とは、2つの文字や文章を比べ合わせ、誤りを正すことです。規程管理の現場では、①起草者が作成した原稿（いわゆる「初稿」。多くの場合はWord等で出力されたもの）に赤入れをする作業のほか、②赤入れを反映して出力した原稿（いわゆる「校正刷り」、もしくは「ゲラ」）とを照合して正しく修正されているかを確認し、また誤りを正すことを指します。

②の作業については、「修正が正しく反映されているか」のチェック（突合）も必須で、これを「赤字検版」「赤字引き合わせ」「赤字消し込み」などといいます。実務では、この場面でのミスが起こりやすく、「修正の修正が正しく反映されているか」「修正の修正の修正が正しく反映されているか」…、を丁寧に検証することが重要です（よって版管理が重要）。規程を見直す場合には、「ゲラ」と呼ばれるものも、「第一校」「第二校」「第三校」…と版を重ねることが多くなります。

ここで注意をしていただきたいのは、規程を整備する場合の校正は、単なる誤字探しではなく、内容の整合性を問う「校閲」の要素も含まれるということです。すなわち版を重ねるごとに、当該原案に対する意思決定の経緯も記録されることとなり、一層版管理の重要性が問われるのです。単に印刷物であれば「第一校」「第二校」「第三校」ですが、規程案を詰めていく段階では、これらは「１案」「２案」「３案」…となっていきます。

Wordには校閲機能がありますので、それぞれの「案」については、Word原稿に反映し、修正箇所を明らかにする「見え消し版」と反映後のあるべき姿を示す「クリーン版」の2つのファイル原稿を管理することをお勧めします。

②　赤字検版

ヒトの特性として、印刷物として刷り上がったものを「完成形」と思い込み、そこには誤りはない完全なものと思い込む習性があるようです。ITが普及する前の規程管理業務であれば、アナログ（すなわち手書き）で完成原稿を作成し、それをオペレーターが和文タイプするというプロセスでした。つまり、手書き段階では、「校閲」に意識を集中すればよく、タイプライターから打ち上がってきた原稿をみるときは、文字通り「校正」の視点だけがあればよかったのです。

ところが、近年では、規程の素案（あるいはその前段階の単なるメモ）ですら、綺麗な印刷物として納品されてくるのです。我々は、それに対しても「アナログ」でどんどん修正を加えていくのですが、問題は、その修正は手書きで行われることが多いのです（「電子校正」という手法もありますが、現時点では使い勝手はよくありません）。

問題は、その手書き修正の結果を、現行システムでは、更にデジタル化しないといけないということです。最近は、そのプロセスでのミスが多くなってきているように思います。

③　赤字検版のプロセス

赤字検版の基本的なプロセスと留意点を次に紹介します。

Ⅰ．校正１回目

1．初校（直近校）が左

2．新しい校正紙（ゲラ）が右

3．消し込みは左

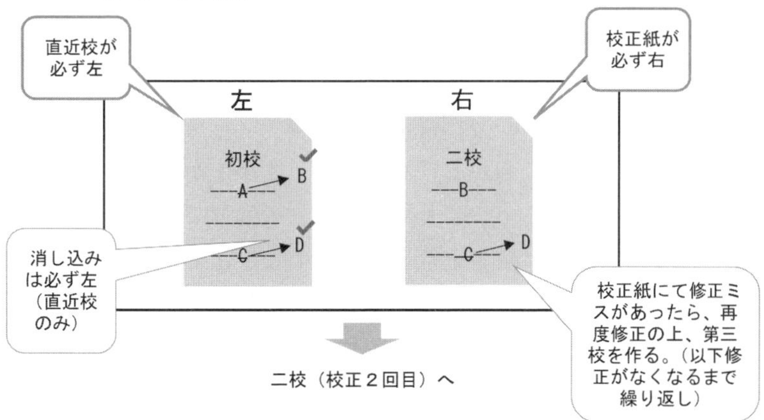

Ⅱ．校正２回目

1．二校（直近校）が左

2．新しい校正紙（ゲラ）が右

3．消し込みは左

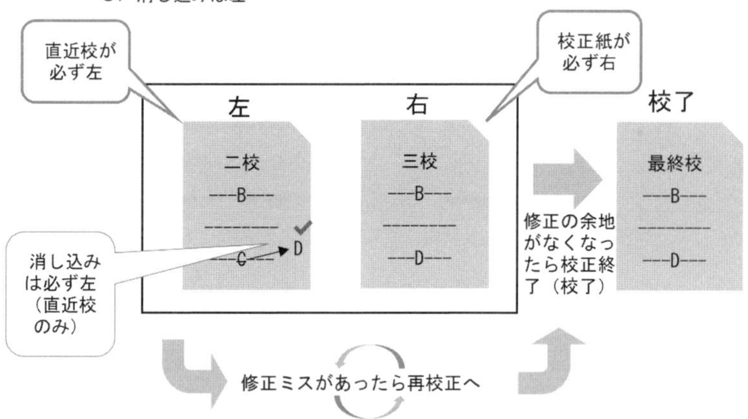

④　２人以上でみる

ヒトが独りで行っている行為には必ず誤りが潜みます。そこで、作業は「2人で確認する」ことが重要です。この確認方法には、2つの方法があります。それは、

- ・ダブルチェック
- ・クロスチェック

という方法です。

ダブルチェックは、２人が同じ方法でチェックをして結果が同じであるかどうかを検証

します。誤りがあれば、どちらかの「プロセスの相違」(見落とし、計算間違いなど) があったことになります。それらを検証して正しい結果を導く方法です。

しかし、この方法では、原本（元データ、参照資料）に誤りがあると両者が正しいプロセスを経ていたとしても２人とも間違えるという結果になります。逆に、原本、プロセスに誤りがないのが明らかであればダブルチェックはムダな作業です（例えば、Excelの計算結果を電卓で確認するなどの作業)。

ダブルチェックの問題を回避する方法としてクロスチェックがあります。これは両者がまったく白紙の状態で結果に向かってアプローチします。すなわち視点を変えて別方向から確認をするのです。しかし、この方法は、いずれのアプローチ（正しい原本、正確なエビデンス、手法等）が正しかったのかどうかは検証できますが、プロセス過程での属人的誤りを検証することはできません。つまり、それぞれの過程で更にダブルチェックが要求されるということです。確かに精度を上げるには重要な手法ですが、毎回実務で行えるのかというと効率性の観点も考えなければなりません。

現実的なのは、「ダブルチェック」を行いながらも、当事者が「クロスチェック」的な視点 (根拠はこれでよいのだろうか、と常に考えること) を忘れずにいることが重要でしょう。もちろん、精度を高めるためには、クロスチェックを行いながらダブルチェックを行うというアプローチが必要です。

【ダブルチェック】

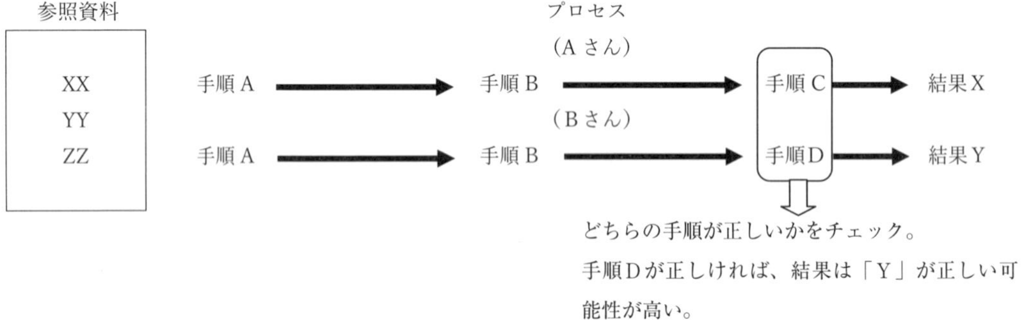

【クロスチェック】

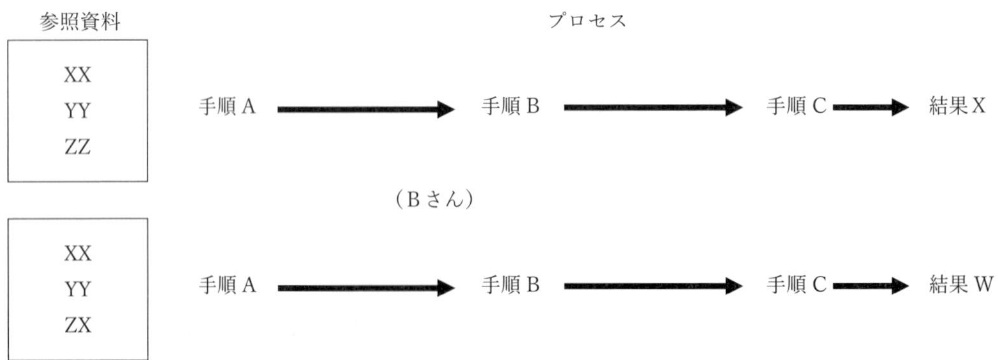

※：AさんとBさんでお互い干渉せず、まったく独立した立場で同一の作業を行う。その際、参照資料に「ZZ」と「ZX」と違いが生じた。この場合、「ZX」が正しければ、結果は「W」が正しい可能性が高い。

4　版管理

①　文書と記録

校正段階の版管理の重要性は説明したところですが、完成した規程であっても、状況により、都度改定が行われます。そのため、正しく版を管理し、最新の完全な状態を保つことは重要なポイントとなります。

この場合、古い状態のものは、廃棄するのではなく、過去の経緯として記録しておくことが求められます。このように規程類のように更新が可能な「文書」と、更新できない「記録」との関係を図示すると次のとおりとなります。

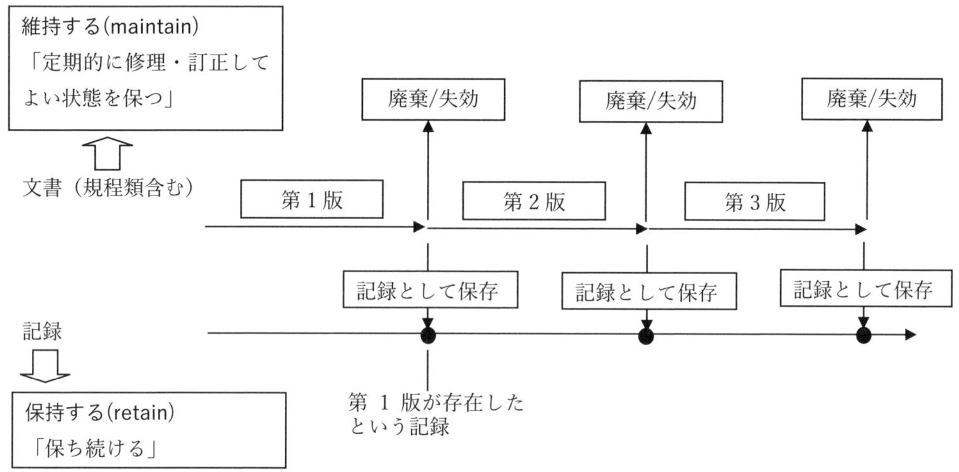

②　見え消し版とクリーン版

ある文章を作成する場合、まず「素案」を作ります。そして、これを会議等で修正を加えて「案1」ができあがります。更に手を加え「案2」「案3」…と修正を繰り返し、最後に「最終案」ができあがります。これに至るまでの審議の過程を明確にするため、それぞれの「案」について、修正過程が記録された「見え消し版」と「クリーン版」を作っておくと管理が簡単になります。

☑ 「見え消し版」「クリーン版」

(4)　年次有給休暇の取得促進
・年次有給休暇の取得率が低迷しており、いわゆる正社員の約16%が年次有給休暇を１日も取得しておらず、また、年次有給休暇をほとんど取得していない労働者については長時間労働者比率が高い~~いる~~実態にあることを踏まえ、年５日以上の年次有給休暇の取得が確実に進むような仕組みを導入する~~、年●日間の年次有給休暇の時季指定を使用者に義務付ける~~ことが適当である。
・具体的には、労働基準法において、~~計画的付与の規定とは別に、~~年次有給休暇の付与日数が10日以上である労働者を対象に、有給休暇の日数のうち年５~~●~~日については、使用者が時季指定しなければならないことを規定することが適当である。

※：Wordの校閲機能の「変更履歴の記録」を残した状態⇒見え消し版

(4)　年次有給休暇の取得促進
・年次有給休暇の取得率が低迷しており、いわゆる正社員の約「16%が年次有給休暇を１日も取得しておらず、また、年次有給休暇をほとんど取得していない労働者については長時間労働者比率が高い実態にあることを踏まえ、年５日以上の年次有給休暇の取得が確実に進むような仕組みを導入することが適当である。
・具体的には、労働基準法において、年次有給休暇の付与日数が10日以上である労働者を対象に、有給休暇の日数のうち年５日については、使用者が時季指定しなければならないことを規定することが適当である。

※：すべての変更を承諾した状態⇒クリーン版

③　具体的な流れ

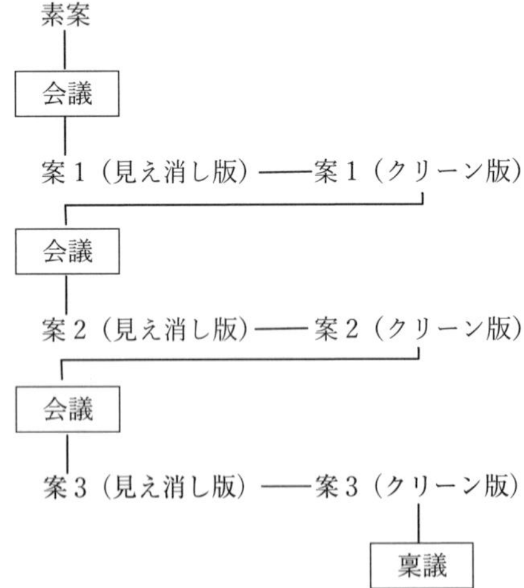

5　改定・変更・改訂・改正

改定・変更・改訂・改正というこれらの用語は、特に厳密に使い分けられているわけではありませんが、本テキストでは、規程を新しい状態に更新することを「改定」と称します。労働基準法では、就業規則に関しては、これを「変更」と称しています。書籍などに関しては、「改訂」と使うことが多いと思われます。

なお、法律の世界では、「改正」という用語が使われます。

1

就業規則

【参考資料】

- ○労働基準法（以下「労基法」）
- ○労働契約法（以下「労契法」）
- ○労働安全衛生法（以下「安衛法」）
- ○労働安全衛生規則（以下「安衛則」）
- ○短時間労働者及び有期雇用労働者の雇用管理の改善に関する法律（以下「パート・有期雇用法」）※
- ○育児休業、介護休業等育児又は家族介護を行う労働者の福祉に関する法律（以下「育介法」）
- ○雇用の分野における男女の均等な機会及び待遇の確保等に関する法律（以下「均等法」）
- ○高年齢者等の雇用の安定等に関する法律（以下「高齢者法」）
- ○厚生労働省『高年齢者雇用安定法Q＆A（高年齢者雇用確保措置関係）』（以下「Q＆A」）
- ○菅野和夫『労働法　第11版補正版』弘文堂
- ○雇用指針
- ○短時間・有期雇用労働者及び派遣労働者に対する不合理な待遇の禁止等に関する指針（以下「同一労働同一賃金ガイドライン」）

※：施行は2020年４月１日（中小企業は2021年４月１日）からですが、改正後の内容を取り上げます。改正施行前の題名は「短時間労働者の雇用管理の改善等に関する法律」です。

第1章　総　則

（目的等）

第1条　この規則は、○○株式会社（以下「会社」という。）の労働条件を明らかにすること及び職場秩序の維持を図りつつ、社員の就業に関する基本的事項を定めるものである。

2　社員は、この規則を遵守し、信義に従い誠実に権利を行使し、及び義務を履行すべきものであり、その債務の本旨に従った労務の提供を心がけなければならない。

（定義と適用範囲）

第2条　この規則において、次の各号に掲げる用語の意義は、当該各号に定めるところによる。

⑴　従業員…この規則に定める手続により、常勤・臨時、無期労働契約（期間の定めのない労働契約をいう。以下同じ。）･有期労働契約（期間の定めのある労働契約をいう。以下同じ。）を問わずに会社に雇用された者をいう。

⑵　正社員…従業員であって、労働時間、職務内容及び勤務地のいずれにも制約なく基幹的業務に携わる正社員として雇用されたものをいう。

⑶　パートタイマー…有期労働契約（無期転換した後は無期労働契約）による従業員であって、通常の正社員に比べ１日の所定労働時間又は１か月当たりの勤務日数が短く、主として補助的業務のためにパートタイマーとして雇用されたものをいう。

⑷　契約社員…有期労働契約（無期転換した後は無期労働契約）による従業員であって、主として特定分野の定常業務に従事するため、契約社員として雇用されたものをいう。

⑸　パート・契約社員…パートタイマー、契約社員の総称をいう。

⑹　嘱託…定年退職した正社員のうち、第50条（定年及び継続雇用）の規定により有期

条文の見出し／キーワード	作成基準の解説

（目的等）

就業規則の意義

1．就業規則は会社の従業員について、服務規律や賃金、労働時間、休日、休憩等の労働条件について具体的な細目を一律に定めたもので、労基法では常時10人以上の従業員を雇用する会社では就業規則の作成・届出が義務づけられています（労基法89条）。

権利義務の明確化

2．従来の就業規則は、従業員の労働条件と服務規律を定めるものであり、権利義務規定の位置づけは曖昧でした。しかし、労契法により、就業規則は労働契約そのものの役割を果たすことが明らかとなったため、労働契約の基本原理は、より精密に就業規則に反映させる必要があります。

> ➢　労契法３条４項
> 　労働者及び使用者は、労働契約を遵守するとともに、信義に従い誠実に、権利を行使し、及び義務を履行しなければならない。
> ➢　労契法７条
> 　労働者及び使用者が労働契約を締結する場合において、使用者が合理的な労働条件が定められている就業規則を労働者に周知させていた場合には、労働契約の内容は、その就業規則で定める労働条件によるものとする。

（定義と適用範囲）

1．就業規則に、パート・契約社員の除外規定を設けている場合には、当該規定に関し、別に規則を作成し、これを周知する必要があります。

> ➢　パートタイマー等の別規程（昭63．3．14基発150号）
> 　別個の就業規則を作成するような場合には、就業規則の本則において当該別個の就業規則の適用の対象となる労働者に係る適用除外規定又は委任規定を設けることが望ましい。
>
> ➢　別規程がない場合（厚労省コンメンタール870頁）
> 　就業規則は当該事業場の全労働者について作成する必要があり、本工については作成しているが臨時工やパートタイム労働者については作成していないという場合は、労基法違反となる。

2．パート・契約社員の労働条件が、就業規則ではなく、個別の労働契約書で定められている場合、そこで定められている労働条件が就業規則の内容を下回っている場合、労働契約法12条が適用されるリスクがあります。

労働契約で再雇用された者をいう。

2　この規則のすべての規定の適用を受けるのは、正社員である従業員（この規則において「社員」と称する。）とし、パート・契約社員及び嘱託については、別に定める就業規則を適用する。

（労働条件）

第3条　社員の労働条件は、この規則に定めるところによる。ただし、社員と会社がこの規則の内容と異なる労働条件を合意していた場合には、当該部分については、当該労働契約による労働条件がこの規則を下回る場合を除き、個別労働契約による労働条件を優先する。

2　この規則に定める労働条件及び服務規律等は、法律の改正及び経営環境の変化その他の業務上の必要により、社員の過半数を代表する者の意見を聴いて変更することがある。

3　会社は、この規則の変更による労働条件の変更について、直ちに周知する。また、社員は、周知された事項をよく理解するようにしなければならない。

4　労働契約において、社員及び会社が就業規則の変更によっては変更されない労働条件を合意していた場合には、当該部分については、当該労働契約による労働条件が変更後の就業規則を下回る場合を除き、個別労働契約による労働条件を優先する。

第2章　人　事

（採用の原則）

第4条　会社は、入社を希望する者から適性が認められる者を社員として採用する。

2　採用決定は、次の各号の手続を経て行う。ただし、パート・契約社員については、一部の手続を省略することがある。

(1)　書類審査

条文の見出し／キーワード	作成基準の解説
	➢ 就業規則違反の労働契約（労働契約法12条） 就業規則で定める基準に達しない労働条件を定める労働契約は、その部分については、無効とする。この場合において、無効となった部分は、就業規則で定める基準による。
（労働条件） 個別労働契約と就業規則の関係	1．労働契約において、従業員及び会社が就業規則の内容と異なる労働条件を合意していた部分については、当該労働契約の内容が就業規則を下回っている場合を除き、個別労働契約が優先されます（労契法７条ただし書）。 2．労働契約において、従業員及び会社が就業規則の変更によっては変更されない労働条件として合意していた部分については、当該労働条件の内容が就業規則を下回っている場合を除き、個別労働契約が優先されます（労契法10条ただし書）。
この規則に定める労働条件等の変更	3．社会や経営状況の推移により、就業規則の変更があり得るという前提を周知することにより、トラブルを未然に防ぐねらいです。なお、変更の合理性等は、労契法の規定が判断基準となります。
	➢ 労働契約の内容の変更（労契法８条） 労働者及び使用者は、その合意により、労働契約の内容である労働条件を変更することができる。 ➢ 就業規則による労働契約の内容の変更（労契法９条、10条） 使用者は、労働者と合意することなく、就業規則を変更することにより、労働者の不利益に労働契約の内容である労働条件を変更することはできない。ただし、次の場合は、この限りでない。 使用者が就業規則の変更により労働条件を変更する場合において、変更後の就業規則を労働者に周知させ、かつ、就業規則の変更が合理的なものであるときは、労働契約の内容である労働条件は、当該変更後の就業規則に定めるところによるものとする。
（採用の原則） 競争試験	1．採用方法には、「競争試験」と「選考」の２種類があります。 2．国家公務員等の採用は、「競争試験」が原則です。この場合は、高得点者から順に採用することになるため、客観性と公平性がある反面、ペーパー試験に強い人が有利であり、そういう者を採らざるを得ず、会社の裁量が狭いといえます。

(2)　適性検査

(3)　試験

(4)　一次面接

(5)　役員による二次面接

3　採用手続及び内定取消しに係る詳細は、別に定める。

（労働条件の明示）

第5条　会社は、社員との労働契約の締結に際し、労働契約書を取り交わすほか、労働条件通知書及びこの規則を交付して、次の各号に掲げる事項を明示する。

(1)　労働契約の期間

(2)　就業の場所及び従事する業務

(3)　始業及び終業の時刻、所定労働時間を超える労働の有無、休憩時間、休日及び休暇

(4)　賃金の決定、計算及び支払の方法、賃金の締切日及び支払の時期並びに昇給及び降給

(5)　定年、退職となる事由、退職の手続、解雇の事由及び解雇の手続並びに退職金制度の対象の有無

(6)　退職金の決定、計算及び支払方法並びに退職金の支払時期

(7)　休職事由及び休職期間

＜パート・契約社員についても規定する場合＞

(8)　当該従業員の労働契約に期間の定めがあるときは、当該契約の更新の有無及び更新がある場合におけるその判断基準

(9)　当該従業員がパート・契約社員であるときは、賞与の有無、昇給の有無、退職金の有無及び雇用管理の改善等に関する事項に係る相談窓口

（採用決定時の提出書類）

第6条　新たに社員となった者は、採用時誓約書に署名し、これを会社に提出してからでなければその職務を行ってはならない。ただし、天災その他会社が認める理由がある場合において、社員が採用時誓約書を提出しないでその職務に従事したときは、その理由がやんだ後すみやかに提出すれば足りる。

2　新たに社員となった者は、最初の出勤日に次の書類を提出しなければならない。ただし、会社が認めた場合は、提出期限を延長し、又は提出書類の一部を省略することがある。

(1)　身元保証書

条文の見出し／キーワード	作成基準の解説
選考	3．一方で､｢選考｣は会社の裁量権は広く､会社のニーズに合った従業員を採用しやすい反面、評価基準が曖昧だと、採用担当者による恣意的運用が起きるデメリットがあります。民間企業の採用形式は、多くは「選考」ですが、できる限り、採用基準は明確化し、多視点から評価できるような仕組みを設けるとよいでしょう。
（労働条件の明示） 労働条件の明示及び明示の方法	1．会社は、労働契約の締結に際し、従業員に対して賃金、労働時間その他の労働条件を明示しなければなりません。また、明示の方法としては、一定の事項については、厚生労働省令で定める方法（書面の交付）により明示しなければならないとされています（労基法15条1項）。なお、書面で明示すべき労働条件については、当該従業員に適用する部分を明確にして就業規則を労働契約の締結の際に交付することとしても差し支えないとされています（平11.1.29基発45号）。
有期労働契約基準の明示事項	2．労働契約に期間の定めがある従業員に対しては、当該契約の更新の有無及び更新がある場合におけるその判断基準を明示しなければなりません（平15.10.22厚労省告示357号）。
パート・契約社員に対する明示事項	3．パート・契約社員については、労基法15条1項に規定する事項以外に、昇給の有無、退職手当の有無、賞与の有無、雇用管理の改善等に関する事項に係る相談窓口（部門名、担当者名、連絡先）についても厚生労働省令で定める方法（書面の交付等）により明示しなければならないとされています（パート・有期雇用法6条、同施行規則2条）。
（採用決定時の提出書類） 採用決定時の提出書類の提出期限	1．通常、採用内定日から採用決定時までの間に時間的猶予があるため、大抵の書類はその間に収集することが可能です。書類の提出期限は内定通知書にも明記しておくとよいでしょう。また社会保険加入等の手続をスムーズに行う必要もあることから､提出書類の提出期限は｢入社日（＝最初の出社日）｣とすることが望ましいでしょう。なお､提出書類については､各会社の実情に合わせてカスタマイズしてご利用ください。
	2．国家公務員法に係る政令に次のような規定があります。新たに職員となった者は、原則として、宣誓書に署名をしない

⑵　住民票記載事項の証明書
⑶　源泉徴収票（入社の年に給与所得のあった者に限る。）
⑷　年金手帳（既に交付を受けている者に限る。）
⑸　雇用保険被保険者証（既に交付を受けている者に限る。）
⑹　給与所得の扶養控除等（異動）申告書
⑺　健康保険被扶養者届（被扶養者がいる者に限る。）
⑻　賃金支払に関する銀行口座等への振込同意書（賃金の口座支払を希望しない者を除く。）
⑼　その他会社が必要とする書類

3　前項各号に掲げるいずれかの書類の提出を拒んだ場合又は書類に不正が認められた場合は、採用を取り消す。

4　第２項各号の書類の記載事項に変更が生じたときは、速やかに書面で会社にこれを届け出なければならない。

5　会社は、第２項各号の書類から取得した社員の個人情報及び社員本人から取得した個人番号を、次の各号の目的のために利用する。ただし、個人番号の利用は、第１号及び第２号に限るものとする。
⑴　社員（扶養親族等を含む。）に係る事務
　①　給与所得・退職所得の源泉徴収票の作成
　②　雇用保険の届出
　③　健康保険・厚生年金保険の届出
⑵　社員の配偶者に係る事務
　①　国民年金の第三号被保険者の届出
⑶　給与計算（各種手当支給）及び支払手続のため
⑷　法令に従った医療機関又は健康保険組合からの健康情報の取得のため
⑸　会社内における人員配置のため
⑹　昇降給の決定のため
⑺　教育管理のため
⑻　福利厚生等の各種手続のため
⑼　万が一のことがあった際の緊急連絡先の把握のため
⑽　前各号のほか、会社の人事政策及び雇用管理の目的を達成するために必要な事項のため

6　採用された者は、会社が行う社員からの個人番号の取得及び本人確認（扶養親族等に係るものを含む。）に協力しなければならない。この場合において、協力しなかったことによる不利益は本人が負うものである。

条文の見出し／キーワード	作成基準の解説
	限り、職務に就くことが許されません。モデル規則1項はこの規定の考え方を参考にしたものです。

> ➢　服務の宣誓（職員の服務の宣誓に関する政令1条1項・2項）
> 1　新たに職員（略）となった者は、任命権者又はその指定する職員の面前において別記様式による宣誓書に署名して、任命権者に提出しなければならない。
> 2　前項の規定による宣誓書の署名及び提出は、職員がその職務に従事する前にするものとする。（略）

採用決定時の提出書類の用途

3．採用決定時の提出書類に含まれる従業員の個人情報についても、個人情報保護法が適用されるため、その取得に当たっては、利用目的を明示しておく必要があります。また、個人情報保護法でいう要配慮個人情報に該当するものも含まれるため、その安全管理措置は厳密なものが求められます。

（試用期間）

第7条　新たに採用した社員については、採用の日から３か月間を試用期間とし、試用期間は勤続年数に通算する。

2　試用期間中の社員の労働条件は、個別に定める。

3　試用期間中の社員が、第44条（解雇）に定める事由に該当し、又は出勤状況が悪い等引き続き勤務させることが相応しくないと認めるときは、試用期間満了を待たず、又は満了時に本採用を行わないこととすることがある。

（配　転）

第8条　会社は、業務の都合により、社員に職務の変更、勤務地の変更等（以下「配転」という。）を命ずることができる。社員は、正当な理由がある場合を除き、これを拒むことができない。

2　前項にかかわらず、パート・契約社員及び会社が定めた社員については、本人の同意がない限り、配転を命ずることはない。

条文の見出し／キーワード	作成基準の解説
（試用期間） 試用期間の長さ	1．法律上の上限はありませんが、不当に長い場合には、公序良俗違反として無効となり得ます。試用期間の長さは、3～6か月程度が一般的といえます。
本採用拒否	2．試用期間における本採用拒否については、通常の解雇の事由よりも正当事由の範囲が広く認められると考えられることから、本採用後の解雇とは別に規定しておきます。
（配　転） 配置転換命令権	1．一定の場合には、会社は従業員の個別の同意なく配置転換命令権を行使できるとしたものです。なお、勤務地限定特約がある場合や職種を限定する合意がある場合は、原則として従業員の同意なしに勤務地や職種を変更することはできません。
配置転換時の配慮	2．育介法では、育児や介護を行う者等への配慮義務として、就業の場所の変更により就業しつつその子の養育又は家族の介護を行うことが困難となることとなる従業員がいるときは、当該従業員の子の養育又は家族の介護の状況に配慮しなければならないとされています（育介法26条）。
	3．パート・有期雇用法８条では、正社員・非正社員間の均衡考慮において、①職務内容、②業務の内容及び配置の変更の範囲（人材活用の仕組み）、③その他の事情を判断要素としますが、本規定は②に関連するものです。

> ➢ 不合理な待遇の禁止（パート・有期雇用法８条）
> 　事業主は、その雇用する短時間・有期雇用労働者の基本給、賞与その他の待遇のそれぞれについて、当該待遇に対応する通常の労働者の待遇との間において、当該短時間・有期雇用労働者及び通常の労働者の業務の内容及び当該業務に伴う責任の程度（以下「職務の内容」という。）、当該業務の内容及び配置の変更の範囲その他の事情のうち、当該待遇の性質及び当該待遇を行う目的に照らして適切と認められるものを考慮して、不合理と認められる相違を設けてはならない。

4．いわゆる職務限定・勤務地限定正社員を想定したのがモデル規則２項の規定です。

第3章　服務規律

（服務の基本原則）

第9条　会社は社会的な存在と認識し、社員は社会人として社会的なルール及びマナーを当然守らなければならない。

2　社員は、この規則及びその他の諸規程を遵守し、業務上の指揮命令に従い、自己の業務に専念し、業務運営を円滑に行うとともに、相互に協力して職場の秩序を維持しなければならない。また、社員は、相互の人権及び人格を尊重し合い、快適な職場環境を形成していかなければならない。

3　社員は、この規則を守り、服務に精励しなければならない。これに抵触したときは、原則として、この規則による懲戒の対象となる。

（遵守事項）

第10条　社員は、次の各項に掲げる義務を遵守し、服務に精励しなければならない。

2　社員は、労働時間及び職務上の注意力のすべてを職務遂行のために用い、会社の指揮命令のもと、職務のみに従事する義務（「職務専念義務」と総称する。以下同じ。）を負い、次の各号に掲げる職務専念に関する事項を守らなければならない。

(1)　労働時間中は許可なく職場を離れ、又は責務を怠る等の行為をしないこと。

(2)　労働時間中に、職務上の必要がないにもかかわらずSNSにアクセスしたり、又は職務と関係のないWEBサイトを閲覧したりしないこと。

(3)　会社の許可なく、労働時間中に政治活動、宗教活動、業務に関係のない放送、宣伝、集会、又は文書の配布、回覧、掲示その他これに類する活動をしないこと。

(4)　会社への届出なく、他の使用者に雇用され、又は自ら事業を行わないこと。

3　社員は、職場環境を維持する義務（「職場環境維持義務」という。以下同じ。）を負い、次の各号に掲げる職場環境維持に関する事項を守らなければならない。

(1)　この規則その他これに付随する会社の諸規程を遵守し、これらに定める禁止事項を行わないこと。

(2)　他の従業員等（正社員、パート・契約社員のほか、会社の指揮命令の下にある派遣労働者を含む。以下、本条において同じ。）、経営者との円滑な交流をなし、行動に品位を保つなどして、職場環境の向上に努めること。

条文の見出し／キーワード	作成基準の解説
（服務の基本原則） 服務規律の意義	1．服務規律は、企業秩序を維持確保するため及び従業員の権利義務を明確にするために必要な事項を、規則をもって一般的に定めたものです。 2．従業員は、会社と労働契約を締結することにより、労務提供義務を負うと同時に、これに付随して、職務専念義務、企業秩序遵守義務、使用者の施設管理権に服する義務等を負うとされています。 3．会社は、企業秩序に違反する行為があった場合には、その違反行為の内容、態様、程度等を明らかにして、乱された企業秩序の回復に必要な業務上の指示、命令を発し、又は違反者に対し制裁として懲戒処分を行うため、事実関係の調査をすることができるものとされています（富士重工業事件　最高裁昭52.12.13）。
（遵守事項） 規則の遵守	1．従業員及び使用者は、労働協約、就業規則及び労働契約を遵守し、誠実に各々その義務を履行しなければなりません（労基法２条２項）。
職務専念義務	2．従業員は、職務上の注意力のすべてを職務遂行のために用い職務にのみ従事すべき義務を有するとしています（電電公社目黒電報電話局事件　最高裁昭52.12.13）。職務専念義務は、就業規則等で規定していなくても当然に負う義務であり、これに違反する場合には債務不履行として普通解雇の事由にもなり得ますが、解雇を有効とするためには、就業規則に具体的な事例を規定しておくことが前提となります。
職場環境維持義務	3．コミュニケーションの活性化、経営者・他の従業員との円滑な交流、職場の整理整頓、品位ある行動等は社会人としての基本マナーです。これらの項目を服務規律に規定しましょう。
秘密保持義務	4．従業員は労働契約に基づく付随的義務として、信義則上、会社の利益をことさらに害するような行為を避けるべき責務を負い、その１つとして会社の業務上の秘密を洩らさないとの義務を負います（古河鉱業足尾製作所事件　東京高裁昭

(3)　会社の資産と私物の区別を明確にし、会社資産を職務以外に使用せず、備品等を大切にし、消耗品の節約に努め、書類は丁寧に扱いその保管を厳にすること。

(4)　電熱器等の火気を許可なく使用しないこと。

(5)　常に職場を整理整頓し、気持ちよく勤務ができるように努めること。

(6)　会社が認める特別な場合を除き、酒気を帯びて勤務しないこと。

(7)　労働時間中は休憩時間を除き喫煙しないこと。

(8)　会社施設内で、賭博その他これに類似する行為を行わないこと。

(9)　次条（あらゆるハラスメントの禁止）に定める行為により、他の従業員等に不利益を与え、又は職場の環境を低下させないこと。

(10)　他の従業員等を教唆してこの規則に反するような行為、秩序を乱すような行為をしないこと。

4　社員は、秘密を保持する義務（「秘密保持義務」という。以下同じ。）を負い、次の各号に掲げる秘密保持に関する事項を守らなければならない。

(1)　会社内外を問わず、在職中又は退職後においても、会社・取引先等の秘密情報、ノウハウ、企画案並びに取引関係者・従業員等の個人情報（個人番号を含む。）ID及びパスワード等（以下「秘密情報」という。）を第三者に開示、漏えい、提供又は不正に使用しないこと。

(2)　秘密情報等のコピー等をして社外に持ち出さないこと（会社が事前許可した場合に限り、適切な管理の下に会社が指定した方法による場合を除く。）。

(3)　IDカードを会社の許可なく他の従業員に貸与しないこと。

(4)　会社が貸与する携帯電話、パソコン、その他情報関連機器（蓄積されている情報も含む。）を、紛失又は破損しないこと。また、当該情報関連機器を紛失又は破損した場合は、直ちに、情報漏えい防止の対策を行うとともに、会社に報告すること。

(5)　会社の許可なく、私物のパソコン、携帯電話、その他電子機器類に顧客に関する情報、その他秘密情報を記録しないこと。やむを得ず顧客の電話番号、メールアドレス等を記録する場合は、セキュリティー管理が可能な機種を選択し、私物の機器であっても会社が貸与する機器と同様に、善良な管理者の注意をもって取り扱うこと。

(6)　会社の諸規則に違反する出版又は講演を行わないこと。

5　社員は、会社内外を問わず会社の信用を失墜させることのないようにする義務（「信用維持義務」という。以下同じ。）を負い、次の各号に掲げる信用維持に関する事項を守らなければならない。

(1)　暴力団員、暴力団関係者その他反社会的勢力と関わりを持ったり、交流したり、又はそのように誤解される行為をしないこと。

(2)　会社の内外を問わず、会社や会社に関係する者の名誉を傷つけたり、信用を害したり、体面を汚す行為をしないこと。

(3)　職務に相応しい服装を心がけ、他人に不快感を与える服装又は行動は避けること。

条文の見出し／キーワード	作成基準の解説
	55.2.18)。また、個人情報保護法の施行により、顧客情報や社内の者の情報に対しても会社は一層の配慮を行うことが義務づけられました。従業員の注意・自覚を促すためにも、営業秘密等管理規程、個人情報保護規程を別途作成することを検討しましょう。
信用維持義務	5．会社は社会的な存在であることから、会社の評価の低下毀損につながるおそれがあると客観的に認められるような所為については、会社外でされた職務遂行に関係のないものであっても、企業秩序の維持確保のために、規制の対象とすることが許される場合もあるとされています（国鉄中国支社事件　最高裁昭49.2.28)。

⑷　職務について、取引先から金品を受け取ることや、私事の理由で貸借関係を結ぶこと等の私的な利益を甘受しないこと。
⑸　酒気を帯びて車両等を運転しないこと。
⑹　過労、病気及び薬物の影響その他の理由により正常な運転ができないおそれがある状態で車両等を運転しないこと。

6　社員は、次の各号に掲げる義務事項を守らなければならない。
⑴　業務上の技術の研鑽向上に努めること。
⑵　職務の権限を越えて専断的なことを行わないこと。
⑶　外国人である社員は、出入国管理及び難民認定法、その他在留外国人に関する法律を遵守すること。
⑷　その他、会社の命令、注意、通知事項を遵守すること。
⑸　会社の指示により受診した健康診断の結果を遅滞なく会社に提出すること。
⑹　本章に抵触する行為の他、会社の利益を損じる行為をしないこと。

（あらゆるハラスメントの禁止）

第11条　社員は、他の従業員等（正社員、パート・契約社員のほか、会社の指揮命令の下にある派遣労働者を含む。以下、本条において同じ。）の権利及び尊厳を尊重し、次の各号に掲げる行為又は言動（以下「ハラスメント」と総称する。）を行ってはならない。また、ハラスメントに対する従業員等の対応により当該従業員等の労働条件につき不利益を与えることも禁止する。
⑴　性的な言動により他の従業員等の働く環境を悪化させ能力の発揮を妨げる等の行為により、他の従業員等の職業生活を阻害すること（いわゆる「セクシュアルハラスメント」）。
⑵　職務上の地位や人間関係などの職場内の優位性を背景に、業務の適正な範囲を超えて、精神的･身体的苦痛を与える又は職場環境を悪化させる行為や言動を行うこと（いわゆる「パワーハラスメント）。
⑶　妊娠・出産したこと、育児休業・介護休業等の申出・利用をしたこと等を理由として、その従業員の就業環境を害する言動を行うこと。
⑷　性的指向・性自認に関する言動によるものなど、職場内でのあらゆるいじめ行為及びこれらに該当すると疑われるような行為を行ってはならない。また、ハラスメントに対する従業員等の対応により当該従業員等の労働条件につき不利益を与えることも禁止する。

2　社員は、ハラスメントにより被害を受けた場合、又は被害を受けるおそれのある場合は、第59条（相談窓口）の相談窓口に対して相談及び苦情を申し立てることができる。

3　前項の申立てを受けた場合は、会社は、速やかにその旨の報告、事実関係の調査に着手するとともに、申立人が申立後もハラスメントによる被害を受けないように対処する

条文の見出し／キーワード	作成基準の解説
（あらゆるハラスメントの禁止）	1．会社には、労務遂行に関連して従業員の人格的尊厳を侵しその労務提供に重大な支障を来たす事由が発生することを防ぎ、又はこれに適切に対処して、職場が従業員にとって働きやすい環境を保つよう配慮する注意義務があるとされています（福岡セクシュアルハラスメント事件　福岡地裁平4.4.16）。この職場環境配慮義務から要請されるセクシュアルハラスメント、パワーハラスメント、職場内でのいじめの防止等、会社が対応すべき措置が増加していることに伴い、従業員に求められる遵守事項も増加しています。特にセクシュアルハラスメント並びに妊娠等及び育児休業等に関するハラスメントについてはその防止措置が義務化され、調停及び企業名公表の対象となっています。

> ➢　セクシュアルハラスメント防止措置（均等法11条1項）
> 　事業主は、職場において行われる性的な言動に対するその雇用する労働者の対応により当該労働者がその労働条件につき不利益を受け、又は当該性的な言動により当該労働者の就業環境が害されることのないよう、当該労働者からの相談に応じ、適切に対応するために必要な体制の整備その他の雇用管理上必要な措置を講じなければならない。
> ➢　妊娠等に関するハラスメント防止措置（均等法11条の2）
> 　事業主は、職場において行われるその雇用する女性労働者に対する当該女性労働者が妊娠したこと、出産したこと、労働基準法第65条第1項の規定による休業を請求し、又は同項若しくは同条第2項の規定による休業をしたことその他の妊娠又は出産に関する事由であつて厚生労働省令で定めるものに関する言動により当該女性労働者の就業環境が害されることのないよう、当該女性労働者からの相談に応じ、適切に対応するために必要な体制の整備その他の雇用管理上必要な措置を講じなければならない。

ものとする。また、対処する過程において、会社は、申し立てた従業員のプライバシー等を配慮し、本人の不利益にならないよう細心の注意を払うものとする。

（個人情報の取扱い）

第12条　社員は、従業員及び取引関係者に係る個人情報（個人番号を含む。以下同じ。）を取り扱うに当たっては、次の各号に掲げる事項を遵守しなければならず、これに違反したときは、この規則に定める懲戒の対象となる。

(1)　不正な手段で個人情報を取得・収集しないこと。

(2)　業務に関係のない個人情報を取得・収集しないこと。

(3)　法律で定める場合のほか、自らの個人番号を他人に開示・提供しないこと。

(4)　業務に関して知り得た個人情報の内容をみだりに他に知らせてはならないこと。退職後においても同様とする。

(5)　業務の必要の範囲を超えて個人情報が含まれる書類又は電子データ等を複写又は複製してはならないこと。

(6)　個人番号及び個人番号を含む個人情報については、業務の必要の範囲を超えてデータベースを作成してはならないこと。

(7)　アクセス制限のある個人情報には、権限の範囲を超えてアクセスしてはならないこ

条文の見出し／キーワード	作成基準の解説
	➢ 育児休業等に関するハラスメント防止措置（育介法25条） 事業主は、職場において行われるその雇用する労働者に対する育児休業、介護休業その他の子の養育又は家族の介護に関する厚生労働省令で定める制度又は措置の利用に関する言動により当該労働者の就業環境が害されることのないよう、当該労働者からの相談に応じ、適切に対応するために必要な体制の整備その他の雇用管理上必要な措置を講じなければならない。 2．パワーハラスメントについては、「職場のいじめ・嫌がらせ問題に関する円卓会議ワーキング・グループ」が取りまとめた報告書で、職場のパワーハラスメントについての定義がされています。 ➢ 職場のパワーハラスメントの概念 職場のパワーハラスメントとは、同じ職場で働く者に対して、職務上の地位や人間関係などの職場内の優位性を背景に、業務の適正な範囲を超えて、精神的・身体的苦痛を与える又は職場環境を悪化させる行為をいう。 ➢ 職場のパワーハラスメントの行為類型 ①　暴行・傷害（身体的な攻撃） ②　脅迫・名誉毀損・侮辱・ひどい暴言（精神的な攻撃） ③　隔離・仲間外し・無視（人間関係からの切り離し） ④　業務上明らかに不要なことや遂行不可能なことの強制、仕事の妨害（過大な要求） ⑤　業務上の合理性なく、能力や経験とかけ離れた程度の低い仕事を命じることや仕事を与えないこと（過小な要求） ⑥　私的なことに過度に立ち入ること（個の侵害）
（個人情報の取扱い）	特に注意深く取り扱う必要のある個人情報（特定個人情報）であるマイナンバー（個人番号）の取扱い上の留意点は次のとおりです。 ①　従業員からマイナンバーを取得する際は、「源泉徴収票作成事務」「健康保険・厚生年金保険届出事務」「雇用保険届出事務」で利用すること通知する。 ②　従業員からマイナンバーを取得する際は、個人番号カードなどで本人確認を行う。 ③　マイナンバーが記載されている書類は、カギのかかるところに大切に保管する。 ④　マイナンバーが保存されているパソコンをインターネットに接続する場合は、最新のウィルス対策ソフトを入れておく。 ⑤　マイナンバーを扱う人（事務取扱担当者）を特定する。

と。

(8)　個人情報を漏えい、滅失及びき損した場合、又はその兆候を把握した場合には、個人情報に係る管理責任者に速やかに報告し、その指示に従うこと。

(9)　個人番号及び個人番号を含む個人情報については、これらが含まれる書類又は電子データ等は、業務の必要の範囲を超えて保管してはならず、業務に必要なくなった場合には、速やかに、廃棄処分とすること。

(10)　配転又は退職に際し、自らが管理していた個人情報が含まれる書類又は電子データ等を速やかに返却しなければならないこと。

2　前項各号のほか、社員の個人情報の扱いについては、別に定める特定個人情報等取扱規程に定めるところによる。

（副業・兼業）

第13条　社員は、所定労働時間外に、副業・兼業を行おうとするときは、あらかじめ会社に届け出て、承認を得なければならない。

2　副業・兼業を行うことができる社員は、入社後３年以上経過した者とする。

3　所定労働時間内の副業・兼業（インターネットを用いた業務を含む。）は、これを禁止する。ただし、会社の業務運営上、必要な場合はこの限りでない。

4　副業・兼業により、次の各号のいずれかに該当する場合には、会社は、これを禁止又は制限することができる。

(1)　職務専念義務違反等、労務提供上の支障がある場合

(2)　営業秘密等が漏えいするおそれがある場合

(3)　会社の名誉や信用を損なう行為や、信頼関係を破壊する行為がある場合

(4)　競業により、会社の利益を害する場合

条文の見出し／キーワード	作成基準の解説
	⑥　マイナンバーの記載や書類を提出したら、業務日誌などに記録するようにする（ログ管理）。 ⑦　源泉徴収票の控えなど、マイナンバーの記載されている書類を外部の人に見られたり、机の上に出しっぱなしにしたりしないようにする。 ⑧　保存期間が過ぎたものなど、必要がなくなったマイナンバーは廃棄する。
（副業・兼業）	副業、兼業については、法律上明確な定義はありません。一般的な使い分け、語感から次のように区分することが可能と考えます。 副業とは、「主・副」の「副」であることから、「主たる業務」が存在することが前提です。総務省統計局の調査では、「副業」を「主な仕事以外に就いている仕事をいう。」としており、やはり「主な仕事」があることを前提としています。つまり従業員が余暇の時間を使って、フリマアプリでものを売ったり、WEBサイトの作成を請け負って収入を得たりするほか、家賃収入を得たり、株式投資を行ったりすることは「副業」に該当するといえます。 一方兼業には、「主・副」という考え方はなく、本業と競合するイメージが強くなります。つまり、どちらが本業になるかわからなくなる懸念が生じる状態です。また、いわゆる「競業」が発生するのも兼業のケースが多いと考えられます。 ちなみに国家公務員法では、本業以外に収益を得る行為のほか、103条において民間企業への就職、104条において非営利団体の役職への就任を原則禁止していますが、これを「兼業」と称しています。つまり、副業の方が幅広い概念といえ、現在国が推進している「非雇用型テレワーク」や「フリーランスとしての働き方」は、「副業」のカテゴリーに入ると考えられます。

第４章　労働時間、休憩、休日等

（所定労働時間等）

第14条　基本となる所定労働時間は、１週間で40時間、１日８時間とする。

2　前項の定めにかかわらず、業務上必要があるときは、毎月１日を起算日とした１か月単位の変形労働時間制を採用し、１週間を平均して40時間以内の範囲で、１週及び１日の所定労働時間を勤務カレンダーで指定することがある。

3　始業及び終業の時刻並びに休憩時間は、次のとおりとする。ただし、業務の都合その他やむを得ない事情によりこれらを繰り上げ又は繰り下げることがある。

始業及び終業時刻	休憩時間
始業　　午前９時00分	午後０時00分から 午後１時00分まで
終業　　午後６時00分	

4　社員が事業場外で労働し、労働時間を算定し難いときは、その日は所定労働時間労働したものとみなす。

（休憩時間の利用）

第15条　社員は、前条の休憩時間を自由に利用することができる。ただし、職場秩序及び風紀を乱す行為、施設管理を妨げる行為その他服務規律に反する行為を行ってはならない。

（所定休日）

第16条　会社の休日は次のとおりとする。

(1)　日曜日（法定休日とする。）

条文の見出し／キーワード	作成基準の解説
（所定労働時間等） 所定労働時間と法定労働時間	１．所定労働時間とは、労働契約上の始業時刻から終業時刻までの時間から休憩時間を除いたもので、法定労働時間とは労基法32条の労働時間（１週40時間、１日８時間）をいいます。所定労働時間は法定労働時間を超えて定めることはできず、法定労働時間を超える労働は原則禁止されています。
１か月単位の変形労働時間制の採用要件	２．就業規則で規定するか、労使協定を締結することにより導入することができます（就業規則・協定の届出と従業員への周知が必要）。
始業、終業時刻等	３．始業及び終業の時刻は必ず就業規則に記載しなければならず、変形労働時間制を採用する場合も同じです。また、就業時間帯の変更（繰上げ・繰下げ）は変形労働時間制やフレックスタイム制には該当せず、就業規則の定めで実施することが可能です。ただし労働契約内容の変更に該当するため、就業規則に定めておきます。
事業場外労働に関するみなし労働時間制	４．事業場外労働に関するみなし労働時間制は「所定労働時間みなし」（労基法38条の２第１項）が原則です。「通常必要とされる時間みなし」（労基法38条の２第１項ただし書）は労使協定の締結により運用可能ですが、運用解釈の相違によるトラブルが多いため、できるだけ避けたほうがよいでしょう。
パート・契約社員の所定労働時間等	５．シフト勤務の場合も、すべてのパターンの始業・終業時刻を定める必要があります。しかし、本人の希望等により画一的に定めることができないときは、個人ごとに個別労働契約によって定めることを就業規則に定めておきます。
（休憩時間の利用） 休憩時間の自由利用の意義	休憩時間の利用について職場の規律保持上必要な制限を加えることは、休憩の目的を損なわない限り差し支えないとされています（昭22.9.13発基17号）。
（所定休日） 法定休日の特定	１．労働条件を明示する観点及び割増賃金の計算を簡便にする観点から、就業規則等により、会社の休日について法定休日と所定休日（法定休日以外の休日）の別を明確にしておくこ

⑵　土曜日
⑶　国民の祝日に関する法律に定める国民の祝日（会社が指定した○日分を除く。）
⑷　年末年始休暇（12月○日から翌年１月○日までの期間内が会社で定める日）
⑸　その他会社が指定する日

2　会社は、業務上の都合によりやむを得ない場合は、あらかじめ振替休日（休日に振り替えられる労働日をいい、できる限り同一週内の日を指定するものとする。）を指定して、当初休日とされた日に労働させることがある。あらかじめ振替休日を指定できないときは、第18条（代休）に定めるところによる。

（所定外労働及び休日出勤）

第17条　会社は、業務の都合により、所定外労働又は休日出勤を命ずることができる。原則として、社員はこれを拒むことはできない。

2　前項の所定外労働又は休日出勤に、労働基準法に定める時間外労働（法定労働時間を超える労働）及び休日労働（法定休日における労働）が含まれるときは、あらかじめ、会社が従業員の過半数を代表する者と締結する労使協定（以下「36協定」という。）に定める範囲内でこれを命ずる。

3　前項にかかわらず、時間外労働及び休日労働を合算した時間数は、１か月について100時間未満でなければならず、かつ、２か月から６か月までを平均して月80時間を超過してはならない。また、時間外労働時間数は、年間720時間を超えてはならない。ただし、新商品の開発等に従事する社員については、この限りでない。

4　会社は、社員の健康及び福祉を確保すること及び前項の規定を社員に遵守させるため、時間外労働及び休日労働を合算した時間が月80時間を超えたときは、速やかに、当該者に対し、その情報を通知するものとする。

5　災害その他避けることのできない事由により臨時の必要がある場合は、36協定の定めによらず、所轄労働基準監督署長の許可を受け又は事後に遅滞なく届け出ることにより、その必要の限度において時間外労働又は休日労働を命ずることができる。

6　満18歳未満の者に対しては、原則として、時間外労働、休日労働及び深夜業を命じない。

条文の見出し／キーワード	作成基準の解説
	とが望ましいとされています（平21.5.29基発0529001号）。
休日の振替	2．就業規則において休日を振り替えることができる旨の規定を設け、これによって休日を振り替える前にあらかじめ振り替えるべき日を特定して振り替えた場合は、当該休日は労働日となり、休日に労働させることにはなりません（昭63.3.14基発150号）。
変形休日制	3．労基法35条では、「使用者は、労働者に対して、毎週少くとも１回の休日を与えなければならない。この規定は、４週間を通じ４日以上の休日を与える使用者については適用しない」とされていることから、変形休日制を採用することも可能です。変形休日制を採用する場合は、１週間の労働時間が法定労働時間を上回らないのであれば、就業規則の規定のみで採用することができますが、４週間の起算日を明らかにしておく必要があります。
（所定外労働及び休日出勤） 三六協定	1．会社が労基法36条の協定（三六協定）を締結し、これを労働基準監督署に届け出た場合は、その協定で定めるところにより時間外労働（原則月45時間、年間360時間まで）・休日労働をさせることができます。時間外労働については、臨時的な事由等を協定し、年に６か月に限り45時間を超えることができますが、2019年４月（中小企業は2020年４月）からは年間の上限が720時間となります。加えて、従業員の健康を確保するため、時間外労働及び休日労働を合算した時間数は、１か月について100時間未満にしなければならず、かつ、２から６か月までを平均して月80時間を超えてはならないという上限規制が設けられています、なお、いずれの規定も新商品の開発等に従事する従業員は適用除外となります。
時間外労働と所定外労働	2．「時間外労働」とは、法定労働時間（１週40時間、１日８時間）を超える労働をいいます。「所定外労働」とは、１日の所定労働時間を超える労働をいいます。モデル規則では、１日の所定労働時間が８時間であり、１日の法定労働時間と所定労働時間が一致していますが、例えば、１日の所定労働時間が７時間30分の会社であれば、「時間外労働」と「所定外労働」の用語は使い分ける必要があります。

7　妊娠中又は産後１年を経過していない者が請求した場合は、時間外労働、休日労働及び深夜業を命じない。

8　小学校就学の始期に達するまでの子を養育する社員が当該子を養育するため、又は要介護状態にある対象家族を介護する社員が当該家族を介護するために請求した場合には、第１項の規定及び36協定にかかわらず、事業の正常な運営に支障がある場合を除き、時間外労働は、１か月について24時間、１年について150時間を限度とする。

9　３歳に満たない子を養育する社員が当該子を養育するため、又は要介護状態にある対象家族を介護する社員が当該家族を介護するために請求した場合には、第１項の規定にかかわらず、事業の正常な運営に支障がある場合を除き、所定外労働をさせることはない。

10　小学校就学の始期に達するまでの子を養育する社員が当該子を養育するため、又は要介護状態にある対象家族を介護する社員が当該家族を介護するために請求した場合には、事業の正常な運営に支障がある場合を除き、深夜の時間帯に労働させることはない。

（代　休）

第18条　会社は、所定外労働をさせたとき、又は振替休日の手続によらず休日に出勤させたときは、当該所定外労働の時間数分又は休日出勤の日数分の休暇（以下「代休」という。）を与えることができる。

2　前項の代休の時間及び日は、無給とする。ただし、当該代休の付与に当たり、時間外労働があるときは時間外割増賃金のうち割増部分（0.25等）の額を、休日労働があるときは休日割増賃金のうち割増部分（0.35）の額を、深夜における労働があるときは深夜割増賃金（0.25）を支払う。

（割増賃金を支払う場合）

第19条　時間外労働をさせた場合において、次の各号に掲げる時間があるときは、時間外割増賃金を支払う。

(1)　１日については、８時間（変形労働時間制により８時間を超える所定労働時間を定めた週については、その時間）を超えて労働した時間

(2)　１週間については、40時間（変形労働時間制により40時間を超える所定労働時間を定めた週については、その時間）を超えて労働した時間（前号の時間を除く。）

(3)　変形労働時間制を採用している場合においては、対象期間における法定労働時間の総枠を超えて労働した時間（前二号の時間を除く。）

2　前項の時間を計算するときは、１日又は１週間の労働時間は実労働時間を用いるもの

条文の見出し／キーワード	作成基準の解説
所定外労働の制限	３．３歳に満たない子を養育する従業員、又は要介護状態にある対象家族を介護する従業員が請求したときは、所定労働時間を超えて労働させてはいけません。ただし、事業の正常な運営を妨げる場合は、この限りではありません（育介法16条の８、16条の９）。
時間外労働・深夜業の制限	４．小学校就学の始期に達するまでの子を養育する従業員、又は要介護状態にある対象家族を介護する従業員が請求したときは、制限時間（１月について24時間、１年について150時間をいう）を超えて時間外労働をさせてはならず（育介法17条、18条）、午後10時から午前５時までの間において労働させてはならない（育介法19条、20条）ものとされています。ただし、事業の正常な運営を妨げる場合は、この限りではありません。
（代　休） 代休の定義	１．代休（代償休日）とは、休日労働等の事実が生じた後、その代償として休暇を与えることをいいます。いったん発生した休日労働等の事実は除去することはできません（昭63.3.14基発150号）ので割増賃金は支払わなければなりませんが、ノーワーク・ノーペイの原則から代休に当たる賃金を無給とすることはできます。
無給とする場合の法的根拠	２．代休日を無給とするためには、代休日についての賃金債権を消滅させるための法的根拠として、就業規則に明記しておくことが必要です。
（割増賃金を支払う場合）	１．割増賃金に関する事項は、労働契約上の重要事項ですので、付属規程である賃金規程等に定めるだけではなく、就業規則の労働時間の定めとしてどういう場合に割増賃金を支払うかを明記したほうがよいでしょう。
時間外労働の集計	２．時間外労働時間の集計は、まず日単位の法定労働時間（１日８時間）を超えた時間をカウントし、次に週単位の法定労働時間（１週40時間）をカウントします。既に日単位の時間外労働として確定された時間はダブルカウントする必要はありません。
変形労働時間制	３．会社は、労使協定等により定められた期間を平均し、１週

とし、欠勤、早退のほか、年次有給休暇、特別休暇の時間を含めない。

3　第１項第２号の１週間は、▼曜日を起算日とする。

（適用除外）

第20条　監督若しくは管理の地位にある者又は機密の事務を取り扱う者については、労働時間、休憩及び休日の規定は適用しない。

条文の見出し／キーワード	作成基準の解説
	当たりの労働時間が法定労働時間を超えない定めをしたときは、その定めにより、特定された週又は特定された日において法定労働時間を超えて労働させることができます。
週の起算日	４．就業規則に週の起算日についての定めを置かない場合は、週の起算日は日曜日であると推定されます。労働時間計算の根拠を明らかにする趣旨から、週の起算日を就業規則に明記しておきましょう。
	５．モデル規則は「実労働時間主義」を採っていますが、事務簡素化のため、「所定労働時間主義」を採ることも可能です。この場合、実労働時間にかかわらず、始業時刻前の労働（早出残業）、終業時刻後の労働（残業）は、すべて所定外労働として割増賃金の対象とします。
（適用除外）	１．いわゆる管理監督者に係る適用除外を規定しています。労基法上の管理監督者とは、通達によれば、「労働条件の決定その他労務管理について経営者と一体的な関係にある者」のことです。そしてこの点は、部長、店長、工場長などの名称ではなく、実態で判断されることになります。
	２．つまり、会社が「管理職」と考えていたとしても、労基法上の「管理監督者」に該当するとは限らない点に注意が必要です。通達の基準や過去の判例の判断からすると、労基法上の管理監督者に該当する従業員は、全従業員の数パーセント程度であるという意見もあります。安易に役職名だけで判断して、時間外労働等の適用除外者として、割増賃金を支払わなかったり、適正な労働時間管理を怠っていた場合、争いになる可能性がありますので注意しましょう。これが日本マクドナルド事件（東京地裁平20.1.28）で話題になった「名ばかり管理職問題」といわれるものです。

第５章　休暇及び休業

（年次有給休暇）

第21条　入社日（月の中途に入社した場合は当該月の初日に入社したものとみなす。以下同じ。）後６か月間、所定労働日の８割以上出勤した社員に対しては、入社日後６か月を経過した日（以下「６か月経過日」という。）に10日の年有給休暇を付与する。

２　前項の６か月経過日後はそれぞれ下表のとおり勤続期間に応じて、次表下欄に定める日数分の年次有給休暇を、次表上欄の勤続期間に達した日の翌日（以下「基準日」という。）に付与する。ただし、それぞれの直近１年間は所定労働日の８割以上出勤したことを要する。

勤続期間	１年 ６か月	２年 ６か月	３年 ６か月	４年 ６か月	５年 ６か月	６年 ６か月以上
付与日数	11日	12日	14日	16日	18日	20日

３　前二項の年次有給休暇のうち５日分については、基準日から１年以内に、会社が時季を指定することにより付与することがある。ただし、社員本人が時季を指定して取得した日数（半日の取得の場合は0.5日とする。）又は計画的付与によって取得した日数については、当該５日分より差し引くことができる。

４　会社は、前項本文の規定により、年次有給休暇の時季を定めるときは、その時季について当該社員の意見を聴くものとし、会社は、当該意見を尊重するよう努めるものとする。

５　前項の意見聴取は、基準日から６か月を経過した時点で年次有給休暇の取得日数が５日に満たない社員に対する面談で行う。

〈別例〉

５　前項の意見聴取は、社員が年次有給休暇取得計画届で行うものとし、会社は、当該届出に従い、社員ごとに年次有給休暇取得計画表を作成するものとする。

６　社員が年次有給休暇を取得するときは、原則として１週間前までに、遅くとも前々日までに所定の手続により、会社に届け出なければならない。

７　年次有給休暇の有効期間は、年次有給休暇が付与された日から２年間とする。

８　年次有給休暇の日については、通常の賃金を支払うものとし、その日は通常の出勤をしたものとして取り扱う。

条文の見出し／キーワード	作成基準の解説
（年次有給休暇）出勤率の算定	１．従業員が業務上の負傷等により休業した期間及び育介法に規定する育児休業・介護休業をした期間並びに産前産後の女性従業員が休業した期間は、出勤率の算定において、これを出勤したものとみなします（労基法39条10項）。
届出	２．会社は、事業の正常な運営を妨げる場合を除いて、年次有給休暇を従業員の請求する時季に与えなければならないとされています。ただし、会社は組織で、職場はチームで運営されることを考慮し、取得するときは余裕をもって事前に届け出るルールを設けるのがよいでしょう。
時季指定義務	３．2019年４月１日から、当該年度に新たに10労働日以上の年休が発生する従業員に対し、会社は５日の年休については、時季を指定することにより付与する義務が生じます（労基法39条７項）。また、その際には、会社は、あらかじめ、年休を時季を指定して与えることを当該従業員に明らかにした上で、その時季について当該従業員の意見を聴かなければならず、聴取した意見を尊重するよう努めなければなりません（同則24条の６）。具体的な運用として、年度当初に従業員の意見を聴いた上で年次有給休暇取得計画表を作成し、これに基づき年次有給休暇を付与すること等が考えられます（平30.9.7基発0907第１号）
有給休暇の繰越	４．年次有給休暇は２年の消滅時効が認められます（昭22.12.15基発501号）。

➢　年次有給休暇の時季指定義務（労基法39条７項・８項）

７　使用者は、第１項から第３項までの規定による有給休暇（これらの規定により使用者が与えなければならない有給休暇の日数が10労働日以上である労働者に係るものに限る。以下この項及び次項において同じ。）の日数のうち５日については、基準日（継続勤務した期間を６箇月経過日から１年ごとに区分した各期間（最後に１年未満の期間を生じたときは、当該期間）の初日をいう。以下この項において同じ。）から１年以内の期間に、労働者ごとにその時季を定めることにより与えなければならない。ただし、第１項から第３項までの規定による有給休暇を当該有給休暇に係る基準日より前の日から与えることとしたときは、厚生労働省令で定めるところにより、労働者ごとにその時季を定めることにより与えなければならない。

（特別休暇）

第22条　社員が次の事由に該当し、事前に所定の手続を経た場合には、当該各号に定める日数（原則として、連続した労働日）の特別休暇を与える。

(1)　本人が結婚するとき…結婚式又は入籍のいずれか遅い日から起算して６か月以内の５労働日

(2)　子が結婚するとき…子の結婚式当日を含む２労働日

(3)　妻が出産するとき…出産予定日又は出産日を含む２労働日

(4)　父母、配偶者又は子が死亡したとき…死亡した日から５労働日

(5)　祖父母若しくは配偶者の父母又は兄弟姉妹が死亡したとき…死亡した日から２労働日

(6)　その他前各号に準じ会社が必要と認めたとき…会社の認めた日数

2　社員が次の事由に該当し、会社が必要と認めるときは、その裁量により必要な日数又は時間分の特別休暇を与えることができる。

(1)　社員が自ら職業に関する教育訓練を受けるとき。

(2)　業務に必要な職業能力検定等を受けるとき。

(3)　疾病の感染を予防する必要があるとき（第54条の就業禁止に該当する場合を除く。）。

(4)　天災事変等によりその者の出勤が困難又は危険なとき。

(5)　その他会社が必要と認めるとき。

3　本条の特別休暇は有給とし、その期間については、通常の賃金を支払う。

条文の見出し／キーワード	作成基準の解説

> ８　前項の規定にかかわらず、第５項又は第６項の規定により第１項から第３項までの規定による有給休暇を与えた場合においては、当該与えた有給休暇の日数（当該日数が５日を超える場合には、５日とする。）分については、時季を定めることにより与えることを要しない。

有給休暇期間中の賃金

５．就業規則により、平均賃金又は所定労働時間労働した場合に支払われる通常の賃金を支払います。ただし、労使協定により、標準報酬日額に相当する金額を支払う旨を定めたときは、これによります（労基法39条９項）。

（特別休暇）

１．「休暇」は就業規則の絶対的必要記載事項ですが、ここでいう休暇には、法令上定められた年次有給休暇、産前産後の休暇、生理日の休暇、育介法に基づく育児休業・介護休業、労基法37条３項の代替休暇（モデル規則では省略）のみならず、会社が任意に与える特別休暇も含まれます。特別休暇は就業規則の相対的必要記載事項であるため、設ける場合には必ず就業規則に記載しなければなりません（労基法89条10号）。

２．特別休暇の付与の事由、休日の日数、休暇請求の手続、休暇中の賃金等の取扱いを明確に規定し、権利関係を明確に定める必要があります。

国家公務員の特別休暇（人事院規則）

３．次表は、人事院規則（国家公務員の就業規則に当たる）による特別休暇（慶弔休暇）の内容です。日数のかっこ書きで職員が喪主を務める場合や親族と同居していた場合には、一定の日数を加算することになっています。なお、ここでいう日数は休日を含めた連続日数となります。

親　族	日　数
配偶者	７日
父母	
子	５日
祖父母	３日（従業員が代襲相続し、かつ、祭具等の承継を受ける場合にあっては、７日）
孫	１日

（公民権行使の時間）

第23条　社員が労働時間中に選挙その他公民としての権利を行使するため、また、裁判員その他公の職務に就くため、請求したときは、それに必要な時間又は日を与える。ただし、業務の都合により、時刻を変更する場合がある。

2　前項の時間又は日は、原則として無給とするが、裁判員への参加等であって、会社が必要と認めるときは、特別休暇とすることができる。

（産前産後の休暇）

第24条　6週間以内（多胎妊娠の場合は14週間以内。以下本項において同じ。）に出産予定の女性社員が請求した場合には、産前6週間以内の休暇を与えるものとする。

2　産後は、本人の請求の有無にかかわらず、出産日から8週間の休暇を与えるものとする。ただし、産後6週間を経過し、本人から請求があった場合には、医師により支障がないと認められた業務に就かせることができる。

3　産前産後の休暇の期間は無給とする。

条文の見出し／キーワード	作成基準の解説

兄弟姉妹	３日
おじ又はおば	１日（従業員が代襲相続し、かつ、祭具等の承継を受ける場合にあっては、７日）
父母の配偶者又は配偶者の父母	３日（従業員と生計を一にしていた場合にあっては、７日）
子の配偶者又は配偶者の子	１日（従業員と生計を一にしていた場合にあっては、５日）
祖父母の配偶者又は配偶者の祖父母	１日（従業員と生計を一にしていた場合にあっては、３日）
兄弟姉妹の配偶者又は配偶者の兄弟姉妹	
おじ又はおばの配偶者	１日

パート・契約社員の特別休暇

４．同一労働同一賃金ガイドラインでは次のとおりとされています。

> 慶弔休暇並びに健康診断に伴う勤務免除及び当該健康診断を勤務時間中に受診する場合の当該受診時間に係る給与の保障（「有給の保障」）
> 短時間・有期雇用労働者にも、通常の労働者と同一の慶弔休暇の付与並びに健康診断に伴う勤務免除及び有給の保障を行わなければならない。

（公民権行使の時間）

公の職務

１．公の職務とは、衆議院議員その他の議員、労働委員会の委員、検察審査員、労働審判員、裁判員、法令に基づく審議会の委員等とされます（平17.9.30基発0930006号）。

公民権行使の時間の給与

２．労基法７条の規定では給与に関しては何ら触れていないことから、有給とするか無給とするかは自由です（昭22.11.27基発399号）。どちらの場合でも就業規則に明記する必要があります。

（産前産後の休暇）

１．産前・産後の休業は、労基法上の法定事項ですから、必ず就業規則に定める必要があります（労基法65条）。

２．産前休業については、請求がない場合は休業にはなりません。一方、産後休業については、最初の８週間は請求の有無にかかわらず就業は禁止されます（強制休業）。ただし６週間経過後において本人からの請求があり、就労することについて医師が支障ないと認めたときは就労させることが可能とされています。

（母性健康管理のための休暇等）

第25条　妊娠中又は産後１年を経過しない女性社員から、所定労働時間内に、母子保健法に基づく保健指導又は健康診査を受けるために、通院休暇の請求があったときは、法定の休暇を与える。ただし、不就労時間に対する部分は無給とする。

2　妊娠中又は産後１年を経過しない女性社員から、医師等の指導に基づく勤務時間等に関する措置についての申出があったときは、所定の措置を講ずることとする。ただし、不就労時間に対する部分は無給とする。

3　第１項の請求及び第２項の申出をする者は、医師等の指示又は指導内容が記載された証明書を会社に提出しなければならない。

（生理日の就業が著しく困難な女性社員に対する措置）

第26条　生理日の就業が著しく困難な女性社員が請求したときは、１日又は半日若しくは請求があった時間における就労を免除する。

2　前項の措置による不就労時間に対する部分は無給とする。

（育児時間）

第27条　生後１年未満の子を育てる女性社員が、あらかじめ請求したときは、休憩時間のほかに１日２回、各々30分の育児時間を与えるものとする。

2　前項の措置による不就労時間に対する部分は無給とする。

（育児休業及び育児短時間勤務）

第28条　１歳（育児・介護休業規程で定める特別の事情がある場合には１歳６か月又は２歳。以下同じ。）に満たない子を養育する社員が、その必要のため、会社に申し出たときは、育児・介護休業規程に定めるところにより育児休業を与えるものとする。この場合において、社員の養育する子について、当該社員の配偶者が当該子の１歳到達日以前のいずれかの日において当該子を養育するために育児休業をしているときは、その子が

条文の見出し／キーワード	作成基準の解説
	３．休業中の賃金の取扱いについては法律に定めがないことから、有給・無給の区分については就業規則に明記する必要があります。
（母性健康管理のための休暇等）	母性健康管理のための休暇は、均等法上の法定事項ですから、就業規則に規定し周知する必要があります。また、休暇中の賃金の取扱いについては法律に定めがないことから、有給・無給の区分については就業規則に明記する必要があります。 ➢ 妊娠中及び出産後の健康管理に関する措置（均等法12条、13条１項） 事業主は、その雇用する女性労働者が母子保健法の規定による保健指導又は健康診査を受けるために必要な時間を確保することができるようにしなければならない。 事業主は、その雇用する女性労働者が前条の保健指導又は健康診査に基づく指導事項を守ることができるようにするため、勤務時間の変更、勤務の軽減等必要な措置を講じなければならない。
（生理日の就業が著しく困難な女性社員に対する措置） 時間単位の措置	１．生理日休暇は、労基法上の法定事項ですから、必ず就業規則に定める必要があります（労基法68条、89条）。また、休暇の日数を限定することは禁止されています。 ２．休暇の請求は、必ずしも暦日単位で行われなければならないものではなく、半日又は時間単位で請求した場合には、会社はその範囲で就業させなければ足りるとされています（昭61.3.20基発151号、婦発69号）。
（育児時間）	モデル規則14条の休憩時間とは別に、育児をする女性従業員に１日２回、それぞれ少なくとも30分ずつ（１日の労働時間が４時間以内の者については１日１回30分）の育児時間を与えることを定めたもので、労基法上の法定事項ですから、必ず就業規則に定める必要があります（労基法67条、89条）。
（育児休業及び育児短時間勤務） １歳２か月に達するまでの間（パパ・ママ育休プラス）	１．配偶者が従業員と同じ日から又は従業員より先に育児休業をしている場合、従業員は、子が１歳２か月に達するまでの間で、出生日以後の産前・産後休業期間と育児休業期間との合計が１年となるまでの期間を限度として、育児休業をすることができるとした特例措置です。ただし、この場合における育児休業開始予定日は、子の１歳の誕生日までの日としな

１歳２か月に達するまでの間（育児休業期間は最長１年間とする）の育児休業を認める。

2　３歳に満たない子を養育する社員であって育児休業を取得しない者が、その必要のため、会社に申し出たときは、育児・介護休業規程に定めるところにより育児短時間勤務を利用することができる。

3　本条から第30条（子の看護休暇及び介護休暇）までの規定の適用を受ける社員の範囲、手続その他必要な事項については、育児・介護休業規程に定めるところによる。

4　育児休業の期間及び育児短時間勤務の利用により短縮された所定労働時間に対する部分は無給とする。

（介護休業及び介護短時間勤務）

第29条　要介護状態にある対象家族を介護する社員が、その必要のため、会社に申し出たときは、育児・介護休業規程に定めるところにより介護休業を与えるものとする。

2　要介護状態にある対象家族を介護する社員であって、介護休業を取得しない者が、その必要のため、会社に申し出たときは、育児・介護休業規程に定めるところにより介護短時間勤務を利用することができる。

3　介護休業の期間は、１人の対象家族につき通算して93日（分割する場合は３回まで）を限度とする。また、介護短時間勤務の利用は、対象家族１人につき、介護休業とは別に、利用開始の日から連続する３年の期間で２回までを限度とする。

4　介護休業の期間及び介護短時間勤務の適用により短縮された所定労働時間に対する部分は無給とする。

（子の看護休暇及び介護休暇）

第30条　小学校就学の始期に達するまでの子を養育する社員が、負傷し、又は疾病にかかった当該子の世話をするため、又は当該子に予防接種や健康診断を受けさせるため、会社に申し出たときは、第21条に規定する年次有給休暇とは別に、当該子が１人の場合は一年度につき５労働日（半日単位＜又は時間単位＞とする。以下本条において同じ。）、２人以上の場合は一年度につき10労働日を限度とし、子の看護休暇を与えるものとする。

2　要介護状態にある対象家族を介護する社員が、その介護のため、又は当該対象家族の

条文の見出し／キーワード	作成基準の解説
	ければなりません。
育児短時間勤務	2．３歳に満たない子を養育する従業員が申し出た場合、一定の場合を除き、会社は所定労働時間の短縮の措置をとること（育児短時間勤務）が義務づけられています。
育児休業に関する規則	3．就業規則上は休業の大綱として規定し、適用範囲、具体的手続等については「育児・介護休業規程」を別途作成することも可能です（平11.3.31基発168号）。
育児休業期間中の賃金	4．育児休業期間中に賃金が支払われないのであればその旨、育児休業期間中に通常の就労時と異なる賃金が支払われるのであれば、その決定、計算及び支払の方法、賃金の締切り及び支払の時期について記載しなければならないとされています（平11.3.31基発168号）。
（介護休業及び介護短時間勤務） 対象家族の範囲	1．配偶者（婚姻の届出をしていないが、事実上婚姻関係と同様の事情にある者を含む）、父母、子、祖父母、兄弟姉妹、孫及び配偶者の父母をいいます（育介法２条４号、育介則３条）。
介護短時間勤務	2．本人が申し出た場合、有期契約従業員等一定の場合を除き、会社は所定労働時間の短縮の措置をとること（介護短時間勤務）が義務化されています。
介護短時間勤務の限度日数	3．介護短時間勤務については、対象家族１人につき、利用開始から３年以上の間で２回以上の利用を可能とする措置を講じなければなりません。
介護休業期間中の賃金	4．休業中の賃金の取扱いについては法律に定めがないことから、有給・無給の区分については就業規則に明記しておく必要があります。
（子の看護休暇及び介護休暇） 会社の時季変更権	1．子の看護休暇及び対象家族の介護休暇の取得については、年次有給休暇と異なり、会社に時季変更権が認められていません。なお、これらの休暇は、半日及び時間単位で付与することも可能です。
子の看護休暇及び介護休暇に関する規則	2．就業規則上は休業の大綱として規定し、適用範囲、具体的手続等については「育児・介護休業規程」に別途規定することも可能です。

通院等の付添い、当該対象家族が介護サービスの提供を受けるために必要な手続の代行その他の対象家族に必要な世話のため、会社に申し出たときは、第21条に規定する年次有給休暇とは別に、当該対象家族が１人の場合は一年度につき５労働日、２人以上の場合は一年度につき10労働日を限度とし、介護休暇を与えるものとする。

3　子の看護休暇及び介護休暇の期間は無給とする。

（会社都合による休業）

第31条　経営上又は業務上の必要があるときは、会社は社員に対し休業（以下「会社都合による休業」という。）を命ずることができる。会社都合による休業を命じられた者は、勤務時間中、自宅に待機し、会社が出社を求めた場合は直ちにこれに応じられる態勢をとらなければならず、正当な理由なくこれを拒否することはできない。

2　会社都合による休業の期間は、原則として、平均賃金の６割に相当する額の賃金を支払うものとするが、事情によってその額を増額し、又は不可抗力等会社の責めに帰さない事情があるときは、減額することができる。また、会社都合による休業に代えて在宅勤務又は臨時の勤務場所への一時異動を命ずることができる。

第６章　賃　金

（賃金の構成）

第32条　賃金の構成は次のとおりとする。なお、退職金については、退職金規程に定めるところによる。

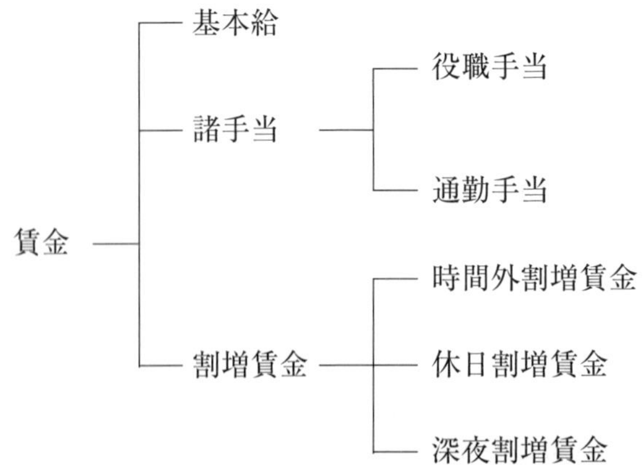

条文の見出し／キーワード	作成基準の解説
休暇中の賃金	3．休暇中の賃金の取扱いについては法律に定めがないことから、有給・無給の区分については就業規則に明記しておく必要があります。
育児目的休暇	4．小学校就学の始期に達するまでの子を養育する従業員について、育児に関する目的で利用できる休暇制度を設ける努力義務がありますが、モデル規則では省略します（規定を設ける場合は、本書の「育児・介護休業規程」を参照ください）。
会社都合による休業	会社都合による休業日の賃金は、当然に労基法に定める平均賃金の６割の休業手当だけでよいというものではありません。
（賃金の構成）	
賃金規程	1．賃金規程を別規程とする場合が多いですが、別規程であっても就業規則の一環であり、周知・届出が必要です。
賃金構成の規定方法	2．わかりやすさの観点からモデル規程のようにチャートで示すのが一般的ですが、別段そのように規定すべき法的根拠はありません。
所定内給与と所定外給与	3．厚生労働省の賃金統計では、毎月決まって支払われる賃金（すなわち固定部分）を所定内給与と、基本給・諸手当以外の割増賃金（すなわち変動部分）を所定外給与と称しています。基準内賃金・基準外賃金という区分が用いられることがありますが、概ね所定内給与・所定外給与の区分と同じと考えてよいでしょう。

（基本給）

第33条　社員の基本給は、月額で定めるものとし、職務の内容、職務の成果、意欲、能力又は経験その他の就業の実態に関する事項のいずれか、又は複数の組合せによる基準に基づき決定する。決定の基準については、別に定める人事評価制度規程に定めるところによる。

2　雇入れ時の基本給は、労働契約書に明示する。

（役職手当）

第34条　管理職の役位にある社員については、会社が別に定める役職手当を支給する。

（通勤手当）

第35条　通勤手当は、通勤に要する実費を支給する。

2　支給額その他の支給基準は、通勤手当支給規程に定めるところによる。

条文の見出し／キーワード	作成基準の解説
（基本給） 基本給	1．基本給とは、所定内給与から、諸手当を除いた賃金額のベースとなる部分をいいます。諸手当（例えば役職手当）の額が、「基本給の○％」として定められる場合もあり、その決定は賃金制度設計上の重要なポイントとなります。
基本給の決定方法	2．賃金の決定方式には、大きく「人基準」の賃金である「職能給」「勤続給」、「仕事基準」の賃金である「職務給」「役割給」「業績給」に分けられます。現在では、「人基準」の賃金は時代に合わなくなってきており、従業員の発揮したパフォーマンスに着目する「仕事基準」の賃金に移行しつつあります。特に「勤続給」については、同一労働同一賃金の観点からみてもトラブルを起こしやすい賃金といえます。 3．モデル規則のような決定方式は、「総合決定給」といいますが、明確な基準なく恣意的に運用するとやはりトラブルのもとになりますので、できれば基本給の決定方式は、会社の実情に合わせて合理的・明確なものを選択していただきたいと思います。
（役職手当） 諸手当	我が国では本来社会保障で補うべき金銭補償（児童手当、住宅補助等）の充実が遅れたため、会社独自に給与に上乗せして補った経緯があります。そのため、我が国の賃金体系は諸手当が多いという特徴があります。ただし、最近は諸手当の見直しが進んでおり、業務と関連しない手当（家族手当等）を廃止する会社が増えています。基本的には、職務関連手当と通勤手当程度にするのがよいでしょう。
（通勤手当） 通勤手当	通勤費用は、本来従業員が準備するのが原則であり、これを労働条件として会社が負担するのであるから賃金になります。これに対し、旅費規程等に定める出張手当（交通費）は、本来会社が負担すべき実費弁償的な金銭であり基本的に賃金ではありません。通勤手当は賃金であり、実費弁償でないことから、通勤定期乗車券等の現物をもって通勤手当を支払うことは禁止されており、現物支給を行うためには、労働組合との労働協約の締結が必要です。

（割増賃金の額）

第36条　割増賃金は、次の算式により計算して支給する。

⑴　時間外割増賃金（法定労働時間を超えて労働させた場合）

$$\frac{\text{基本給}}{\text{1か月平均所定労働時間}}\times(1+0.25)\times\text{時間外労働時間数}$$

⑵　休日割増賃金（法定の休日に労働させた場合）

$$\frac{\text{基本給}}{\text{1か月平均所定労働時間}}\times(1+0.35)\times\text{法定休日労働時間数}$$

⑶　深夜割増賃金（午後10時から午前５時までの間に労働させた場合に加算する賃金）

$$\frac{\text{基本給}}{\text{1か月平均所定労働時間}}\times0.25\times\text{深夜労働時間数}$$

２　１か月の時間外労働が45時間を超えたとき及び１年間の時間外労働が360時間を超えたときは、前項第１号の算式中「0.25」とあるのを「0.3」と読み替える。

３　第１項の１か月平均所定労働時間数は、次の算式により計算する。

年間所定労働日数×１日所定労働時間数÷12

４　管理職の役位にある社員については、第１項第１号及び第２号の割増賃金を支給しない。

（年次有給休暇等の賃金）

第37条　年次有給休暇及び特別休暇の期間は、所定労働時間労働したときに支払われる通常の賃金を支給する。

２　会社の責めに帰すべき休業の日については、休業手当として、平均賃金の６割を支給

条文の見出し／キーワード	作成基準の解説
（割増賃金の額） 限度基準	1．三六協定において限度時間（1か月において45時間、1年において360時間）を超える時間の労働に係る割増賃金の率を定めるに当たっては、0.25を超える努力義務が課せられており、モデル規則2項では「0.3」としています。協定において当該率を定めたときは、就業規則にも定めなければなりません（労基法36条、限度基準）。
割増賃金率の引き上げ	2．1か月において、60時間を超えて時間外労働をさせた場合には、割増賃金率は0.5となります。なお、加算された0.25について割増賃金に替えて有給の休暇（代替休暇）を与えることもできますが、労使協定の締結が前提です（労基法37条1項但書、3項）。なお、中小事業主の事業については2023年3月31日までの間適用しないこととされています（労基法附則138条）。
深夜割増賃金率	3．深夜割増賃金率は、時間帯に対するものであるため、時間外割増賃金率等に「0.25を加算する」ものとして規定するのが一般的です。平日の法定時間外労働が深夜に及んだときは「5割以上」、法定休日の時間外労働が深夜に及んだときは「6割以上」と規定することもできますが、この場合は、深夜労働が平日に行われたものか、法定休日に行われたものかを日々刻々と把握する必要があります。深夜労働時間数のみを別枠でカウントしておけば、最後に「0.25×深夜労働時間数」を加算すればよいことになり、事務手続の軽減にもなります。
割増賃金の適用除外	4．労基法41条2号に定める管理監督者は、「労働時間、休憩及び休日」の適用除外者であるため、管理監督者に該当する従業員には、割増賃金は、深夜割増賃金を除き支払う必要はありません。また、役職手当に深夜割増賃金相当額が含まれるときは、別途深夜割増賃金は支払わないものとすることもできます。この場合には、何時間分の深夜労働が見込まれているのか明示しておく必要があります。
（年次有給休暇等の賃金） 休暇等の賃金	休暇等の賃金については、それぞれの休暇規定においてその都度定めるほか、賃金の章で改めて、整理して規定し直しておくことは、労働条件をわかりやすく明示する趣旨からもよい方法です。

する。

（欠勤等の場合の控除）

第38条　賃金の計算期間中に欠勤があった場合の賃金は、当該計算期間の所定労働日数を基準に日割り計算して控除する。賃金の計算期間中のすべてが欠勤であったときは、賃金を支払わない。

2　遅刻、早退及び私用外出の時間については、1時間当たりの賃金額に遅刻、早退及び私用外出の合計時間数を乗じた額を差し引く。

（賃金の計算期間及び支払日）

第39条　賃金は毎月▼日に締め切り、毎月▼日に支払う。ただし、支払日が休日に当たるときはその前日に繰り上げて支払う。

2　賃金の計算期間の中途で採用され、又は退職した場合の賃金は、当該計算期間の所定労働日数を基準に日割計算して支払う。

（賃金の支払と控除）

第40条　賃金は、社員に対し、通貨で直接その全額を支払う。ただし、次に掲げるものは、賃金から控除する。

⑴　源泉所得税

⑵　住民税

⑶　健康保険（介護保険を含む。）及び厚生年金保険の保険料の被保険者負担分

⑷　雇用保険の保険料の被保険者負担分

⑸　社員代表との書面による協定により賃金から控除するとしたもの

条文の見出し／キーワード	作成基準の解説
（欠勤等の場合の控除） 欠勤減額の可否	1．月を単位として賃金額を決定しているのであれば、欠勤（遅刻）減額については、ノーワーク・ノーペイの原則があるとしても、契約上の特約として就業規則に定めておくことはトラブル回避のために必要です。なお、1か月のうち、1日も労働実績がないのであれば、全額不支給にも合理性があります。
賃金の日割計算	2．一般的に、月給制の場合は、月の暦日（連動して所定労働日数）にかかわらず月給額は同じになります。これは、言い換えるなら日単位の単価が変動するということです。そこで控除等の日割計算では、所定労働日数で除するのが基本です（国家公務員給与法も、基本この考え方をとります）。この場合、所定労働日数が22日の月と20日の月とでは、欠勤の場合、後者のほうが控除額が大きくなるため不公平だという見方がありますが、裏返せば、後者の場合は実労働日数が少ないのですから、控除額が多くても合理性があるということになります。ただし、控除額の計算方法は、基本的に会社が任意で定めてもよいため、公序良俗に反しない限り、例えば、一律に20で除するといったルールでも構いません。
（賃金の計算期間及び支払日）	賃金に関し就業規則に記載すべき事項として、賃金（臨時の賃金等を除く）の決定、計算及び支払の方法、賃金の締切り及び支払の時期並びに昇給に関する事項があります（絶対的必要記載事項）。
（賃金の支払と控除） 賃金の全額払いと賃金の控除	賃金の全額払いの原則から、控除して支払うことは禁止されています。ただし、所得税・住民税や社会保険料の本人負担分控除など法令に別段の定めのある場合や、購買代金や福利厚生施設の費用、社内預金等の控除に関し労使協定がある場合においては、賃金の一部を控除して支払うことができるとしています（労基法24条1項）。

（賃金の改定）

第41条　会社は、会社の業績により、本人の勤務成績及び勤務態度等を勘案して賃金の改定（昇給、降給、現状維持のいずれかとする。）を行うことがある。

（賞　与）

第42条　会社は、会社の業績により賞与を支給することがある。ただし、賞与支給対象者は、賞与支給日に在籍する社員とする。

第７章　休職及び解雇

（休　職）

第43条　会社は、社員が、次の各号のいずれかに該当したときは、休職を命ずることができる。ただし、本条の規定は、試用期間中の者に関しては適用しない。

⑴　業務外の傷病により欠勤が、継続又は断続を問わず日常業務に支障をきたす程度に続くと認められるとき。

⑵　精神又は身体上の疾患により労務提供が不完全なとき。

⑶　出向等により、他の会社又は団体の業務に従事するとき。

⑷　その他業務上の必要性又は特別の事情があって休職させることを適当と認めたとき。

２　前項の休職期間（第１号にあっては、書面により会社が指定した日を起算日とする。）は次のとおりとする。ただし、休職の事由又は程度を勘案し、会社は、その裁量により、休職を認めず、又はその期間を短縮することができる。

⑴　前項第１号及び第２号のとき…６か月（勤続期間が１年未満の者については、１か月以上３か月未満の範囲でその都度会社が定める。）

⑵　前項第３号及び第４号のとき…会社が必要と認める期間

３　前項にかかわらず、労働契約に期間の定めのある社員の休職期間は、当該雇用契約期間の満了日までとする。

４　第２項にかかわらず、休職期間中に第48条に定める退職事由が生じたときは、その日をもって休職期間が満了したものとみなす。

５　休職期間は、会社の業務の都合による場合及び会社が特別な事情を認めた場合を除き、

条文の見出し／キーワード	作成基準の解説
（賃金の改定） 昇給・降給	就業規則の絶対的必要記載事項には「昇給に関する事項」が含まれています。近年の労働条件設定の多様化の観点からは、「降給」も明記すべきでしょう。
（賞　与） 賞与の記載	臨時の賃金等（退職手当を除く）の定めをする場合においては、就業規則に定める必要があります（労基法89条４号）。その支給が制度として確立しているものであれば、支給条件、支給時期等については定められるべきであるとされます。
（休　職）	１．休職とは、最大公約数的にいえば、ある従業員について労務に従事させることが不可能又は不適当な事由が生じた場合に、使用者がその従業員に対し労働契約関係そのものは維持させながら労務への従事を免除すること又は禁止することをいいます（菅野和夫『労働法』第11版補正版697頁）。 ２．試用期間中の従業員やパート・契約社員等の長期雇用を前提としない従業員については、適用除外にしておくとよいでしょう。休職は法定事項ではないため、内容や対象者は会社が独自で決定できます。 ３．休職者の休職期間を定めた場合の当該期間は、実質的な休職状態が始まった時からではなく、正式に休職が発令された日から起算します。休職の辞令を書面で交付することは、休職開始日を明確に示し、トラブル防止のために必要です。
休職の効果	４．判例では、「業務外の傷病による長期欠勤が一定期間に及んだとき、使用者がその従業員に対し、労働契約関係そのものは維持させながら、労務の従事を免除する休職制度であるところ、この趣旨とするところは、労使双方に解雇の猶予を可能とすることにあると解される」としています（岡田運送事件　東京地裁平14.4.24）。
復職	５．円滑な職場復帰を図るために原則として休職前の職務に復

第２項第１号の勤続期間、退職金算定における勤続期間に通算しないものとする。ただし、第21条に定める年次有給休暇の付与に関する勤続期間については、通算するものとする。

6　休職期間中は、無給とする。

7　休職期間中の健康保険料（介護保険料を含む。）、厚生年金保険料、住民税等であって、社員の月例賃金から通常控除されるものについては、会社は社員に対しあらかじめ請求書を送付する。社員は当該請求書に記載された保険料、税金等を指定期限までに会社に支払わなければならない。

8　社員の休職事由が消滅したと会社が認めた場合、又は休職期間が満了した場合は、原則として、休職前の職務に復帰させる。ただし、旧職務への復帰が困難な場合又は不適当と会社が認める場合には、旧職務とは異なる職務に配置することがある。

9　休職期間が満了しても復職できないときは、原則として、休職期間満了の日をもって退職とする。

（解　雇）

第44条　社員が次のいずれかに該当する場合は解雇することができる。

(1)　精神又は身体に故障があるか、又は虚弱、傷病、その他の理由により職務に堪えられない、又は労務提供が不完全であると認められるとき。

(2)　職務に専念できず勤務状況が著しく不良で、改善の見込みがなく、社員としての職責を果たし得ないとき。

(3)　勤務意欲が低く、勤務成績、勤務態度その他の業務能率全般が不良で、改善の見込みがなく、業務に適さないと認められるとき。

(4)　職務の遂行に必要な能力を欠き、勤務成績が不良で、向上の見込みがなく、他の職務に転換させることができない等就業に適さないとき。

(5)　高度な専門性を伴う職務に就かせるため、又はその有する能力から職務上の地位を特定して採用された者が、その有する能力を発揮せず、又は当該地位における適格性がないと認められるとき。

(6)　事業の縮小その他会社にやむを得ない事由がある場合で、かつ、他の職務に転換させることができないとき。

(7)　重大な懲戒事由に該当するとき。

(8)　非違行為その他の懲戒事由に該当する行為を繰り返し、教育・指導を行っても改善の見込みがないと認められるとき。

(9)　天災事変その他やむを得ない事由により、事業の継続が不可能となり、雇用を維持することができなくなったとき。

条文の見出し／キーワード	作成基準の解説
	帰させることが望ましいですが、復職時における復職者及び職場の状況を踏まえて、旧職務とは異なる適切な配置を検討する必要があります。ただし、①小規模事業場で配置転換をすることができない場合、②職務を限定した労働条件で雇い入れられた従業員の場合、③専門的な業務に従事する従業員の場合、など職種変更してまで雇用を継続することができない可能性もあるので、規定化には注意が必要です。
休職期間満了	6．休職期間が満了しても復職できない場合は、規定退職（あらかじめ定められた契約内容に基づく退職のことで「自然退職」ともいいます）の扱いになります。したがって、あらかじめ「期間満了時において、なお休職事由があるときは退職とする」等、就業規則に明確に規定しておくことが望ましいでしょう。
（解　雇） 解雇権濫用法理	1．解雇は、客観的に合理的な理由を欠き、社会通念上相当であると認められない場合は、その権利を濫用したものとして、無効とされます（労契法16条）。
客観的に合理的な理由	2．「客観的に合理的な理由」については、概ね次のように分類することができます。 ①　労働者の労務提供の不能による解雇 ②　能力不足、成績不良、勤務態度不良、適格性欠如による解雇 ③　職場規律違反、職務解怠による解雇 ④　経営上の必要性による解雇 ⑤　ユニオンショップ協定による解雇（雇用指針）
解雇事由の記載	3．解雇事由は退職に関する事項に含まれ、就業規則の絶対的必要記載事項に含まれます。また、労契法において「解雇権濫用法理」が明文化されていることもあり、就業規則に解雇事由の記載がないまま従業員を解雇することは、その合理性判断の上で大きなマイナスとなります。少なくとも会社が従業員を解雇する場合においては、就業規則上の根拠を示すことが求められるため、そういった意味でも解雇事由の記載は必須です。

⑽　その他前各号に準ずるやむを得ない事由があるとき。

（解雇予告）

第45条　前条の定めにより、社員を解雇するときは、30日前に本人に予告し、又は平均賃金の30日分に相当する解雇予告手当を支給する。

2　前項の予告日数については、予告手当を支払った日数だけ短縮することができる。

（解雇制限）

第46条　社員が次の各号に該当するときは、当該各号に定める期間中は解雇しない。ただし、天災事変その他やむを得ない事由のため、事業の継続が不可能となった場合、又は労働基準法に定める打切補償を行った場合には、この限りでない。

⑴　業務上の傷病による療養のために休業する期間及びその後30日間

⑵　産前産後の女性社員が休業する期間及びその後30日間

2　社員が療養の開始後３年を経過した日において労働者災害補償保険法に基づく傷病補償年金を受けているときは当該３年を経過した日、又は療養の開始後３年を経過した日後において傷病補償年金を受けることとなった場合は当該傷病補償年金を受けることとなった日において、それぞれ、前項ただし書の打切補償を行ったものとみなす。

（解雇理由証明書）

第47条　社員は、解雇の予告がなされた日から退職の日までの間において、当該解雇の理由について会社に対し証明書を請求することができ、会社は当該請求があった場合には、遅滞なく、これを交付するものとする。ただし、解雇の予告がなされた日以後に社員が当該解雇以外の理由で退職した場合は、この限りでない。

条文の見出し／キーワード	作成基準の解説
（解雇予告） 解雇予告期間	民法の規定では、期間の定めのない労働契約の解約の申入れは２週間経過すれば効力が発生しますが、従業員の生活の保護といった観点から、労基法では、会社からの解約の申入れ（すなわち解雇予告）は30日前に行わなければならないとしています。ただし、その例外として、①天災事変その他のやむを得ない事由のため事業の継続が不可能となった場合、②従業員の責めに帰すべき事由に基づいて解雇する場合（それぞれについて所轄労働基準監督署長の認定を受けることが必要）は、予告期間を設けることなく解雇できると規定しています。 ➢　解雇の予告（労基法20条１項２項） 使用者は、労働者を解雇しようとする場合においては、少くとも30日前にその予告をしなければならない。30日前に予告をしないときは30日分以上の平均賃金を支払わなければならない。この予告日数は、１日について平均賃金を支払った場合においては、その日数を短縮することができる。 ➢　解雇予告の省略（労基法20条但書） ・天災事変その他やむを得ない事由のために事業の継続が不可能となった場合 ・労働者の責に帰すべき事由に基づいて解雇する場合（行政官庁の認定が必要）
（解雇制限）	次の場合は、原則としてその期間中は従業員を解雇することはできません（労基法19条）。 ①従業員の業務上の傷病による休業期間とその後30日間 ②女性従業員の産前産後の休業期間とその後30日間
（解雇理由証明書）	従業員を解雇する場合、解雇予告の日から退職の日までに、当該従業員から解雇の理由について証明書を請求された場合は、会社は遅滞なくこれを交付しなければなりません（労基法22条２項）。なお、当該証明書には、従業員の請求しない事項を記入してはならないこととされています（同条３項）。

第８章　退職及び定年

（退　職）

第48条　社員が、次の各号のいずれかに該当するに至ったときは退職とし、次の各号に定める事由に応じて、それぞれ定められた日を退職の日とする。

⑴　本人が死亡したとき。…死亡した日

⑵　定年に達したとき。…定年年齢に達した日の属する年度の末日

⑶　休職期間が満了しても休職事由が消滅しないとき。…期間満了の日

⑷　本人の都合により退職を願い出て会社が承認したとき。…会社が退職日として承認した日

⑸　前号の承認がないとき。…退職届を提出して２週間を経過した日

⑹　役員に就任したとき。…就任日の前日

⑺　その他、退職につき労使双方が合意したとき。…合意により決定した日

（自己都合による退職手続）

第49条　社員が自己の都合により退職しようとするときは、原則として退職予定日の１か月前までに、遅くとも２週間前までに、会社に申し出なければならない。退職の申出は、やむを得ない事情がある場合を除き、退職届を提出することにより行わなければならない。

2　退職の申出が、所属長により受理されたときは、会社がその意思を承認したものとみなす。この場合において、原則として、社員はこれを撤回することはできない。

3　退職を申し出た者は、退職日までの間に必要な業務の引継ぎを完了しなければならず、退職日からさかのぼる２週間は現実に就労しなければならない。これに反して引継ぎを完了せず、業務に支障をきたした場合は、この規則による懲戒の対象となる。

4　業務の引継ぎは、関係書類を始め保管中の金品等及び取引先の紹介その他担当職務に関わる一切の事柄につき確認のうえ、確実に引継ぎ者に説明し、あるいは引き渡す方法で行わなければならない。

条文の見出し／キーワード	作成基準の解説
（退　職）	1．労働契約の終了事由は「退職」と「解雇」に区分されます。退職事由はさまざまであるため、就業規則に明記しておきます。
自己都合退職	2．「自己都合退職」は、「解雇」が会社側の意思表示により労働契約を終了させることであるのに対し、従業員側の意思表示により労働契約を終了させることをいいます。民法上は、当該意思表示（辞職の意思表示）は、２週間が経過すると効力が発生します（民法627条）。これがモデル規則の５号の規定に該当します。一般には、自己都合退職の場合であっても、会社と従業員が合意して退職日を決めることが多いため、実務上は７号の場合（合意解約）に該当することが多いと思われます。
退職日	3．自己都合退職、合意解約以外の場合は、労使双方又は一方の意思表示によらず、自動的に労働契約終了の効力が発生するため、就業規則で退職日を特定しておくことがトラブル防止となります。
（自己都合による退職手続） 退職届	1．自己都合退職であったはずが、退職後に「実際は自己都合退職ではなく解雇された」と主張され、トラブルになるケースがあります。トラブルを未然に防止するためにも、退職届は、書面で、かつ、会社が指定する日までに提出させるようにルール化しましょう。
申出の受理者	2．退職届は原則として撤回できないものですが、会社による承諾の意思表示が従業員に到達するまでは撤回することも可能とする判例があります。退職届が権限者に到達するまでの間に撤回の申入れがされると業務に混乱を生じる可能性もあります。このような事態を未然に防ぐために、退職届の受理、承認権限を有する者を明確にし、退職届が即刻その者に到達し、承諾の意思決定が取れる体制が必要です。事業所が分散している場合は、権限委任の規定を設けて、各事業所の長に

（定年及び継続雇用）

第50条　社員は、満60歳に達した日の属する年度の末日をもって定年退職日とし、その翌日に社員としての身分を失う。

2　前項にかかわらず、定年に達した社員が希望する場合は、最長満65歳に達するまで、嘱託として継続雇用する。

3　嘱託として継続雇用されることを希望する者は、定年に達する日の○か月前までに、会社に申し出なければならない

4　嘱託としての労働契約は、最長１年間の有期労働契約とし、会社は、当該労働契約の更新に際しては、次の各号に掲げる判断基準により、次期契約の有無を判断するものとする。

⑴　契約期間満了時の業務量

⑵　本人の勤務成績、態度

⑶　本人の能力

⑷　会社の経営状況

5　更新後の労働契約に係る労働条件は、更新の都度見直すものとし、嘱託が会社の提示する労働条件に合意した場合に限り、新たな労働契約を締結するものとする。

6　継続雇用後の労働条件は、別に定める継続雇用規程及び個別労働契約書に定めるところによる。

（継続雇用しない事由）

第51条　前条の規定にかかわらず、社員が希望する場合であっても、次の各号のいずれかに該当する者については、定年をもって退職とするものとし、継続雇用は行わない。

⑴　精神又は身体に故障があるか、又は虚弱、傷病、その他の理由により職務に堪えられない、又は労務提供が不完全であると認められるとき。

⑵　職務に専念できず勤務状況が著しく不良で、改善の見込みがなく、社員としての職責を果たし得ないとき。

条文の見出し／キーワード	作成基準の解説
	その権限を付与しておいたほうがよいと思われます。
業務引継	3．会社の業務は遅滞なく円滑に遂行される必要があることから、業務引継ぎに関する従業員の義務を明確にしたものです。在職期間中におけるペナルティとしては、懲戒処分を行うことができます。また、業務引継ぎを行わなかった者に退職金を一部不支給にする旨の規定を置くことも抑止策として考えられます。
（定年及び継続雇用）	1．モデル規則は、Q＆A１－１を参照しています。
定年を定める場合の年齢	2．会社がその雇用する労働者の定年の定めをする場合には、当該定年は、60歳を下回ることができません（高齢者法８条）。
高年齢者雇用確保措置	3．65歳未満の定年の定めをしている会社は、次の高年齢者雇用確保措置のいずれかを講じなければなりません（高齢者法９条１項）。 ①　当該定年の引上げ ②　継続雇用制度（現に雇用している高年齢者が希望するときは、当該高年齢者をその定年後も引き続いて雇用する制度をいう）の導入 ③　当該定年の定めの廃止
	4．継続雇用制度を導入し60歳で定年退職した者を継続雇用する場合については、その継続雇用条件の詳細を規定した「継続雇用規程」を独立した就業規則として作成するのがよいでしょう。
（継続雇用しない事由）	定年時に継続雇用しない特別な事由を設けることは認められませんが、就業規則の解雇事由又は退職事由と同じ内容を、継続雇用しない事由として、別に規定することは可能です（Q＆A２－２）。

⑶　勤務意欲が低く、勤務成績、勤務態度その他の業務能率全般が不良で、改善の見込みがなく、業務に適さないと認められるとき。
⑷　職務の遂行に必要な能力を欠き、勤務成績が不良で、向上の見込みがなく、他の職務に転換させることができない等就業に適さないとき。
⑸　高度な専門性を伴う職務に就かせるため、又はその有する能力から職務上の地位を特定して採用された者が、その有する能力を発揮せず、又は当該地位における適格性がないと認められるとき。
⑹　事業の縮小その他会社にやむを得ない事由がある場合で、かつ、他の職務に転換させることができないとき。
⑺　重大な懲戒事由に該当するとき。
⑻　非違行為その他の懲戒事由に該当する行為を繰り返し、教育・指導を行っても改善の見込みがないと認められるとき。
⑼　天災事変その他やむを得ない事由により、事業の継続が不可能となり、雇用を維持することができなくなったとき。
⑽　本人が死亡したとき。
⑾　休職期間が満了しても休職事由が消滅しないとき。
⑿　本人の都合により退職を願い出たとき。
⒀　役員に就任したとき。
⒁　社員の行方が不明となり、1か月以上連絡がとれないときで、解雇手続をとらないとき。
⒂　退職につき労使双方が合意したとき。
⒃　その他前各号に準ずるやむを得ない事由があるとき。

（退職及び解雇時の手続）

第52条　社員が退職し、又は解雇された場合は、会社から貸与された物品その他会社に属するすべてのものを直ちに返還し、会社に債務があるときは退職又は解雇の日までに精算しなければならない。また、返還のないものについては、相当額を弁済しなければならない。

2　退職し、又は解雇された社員が、労働基準法に基づく退職証明又は解雇理由証明書を請求したときは、会社は遅滞なくこれを交付するものとする。

3　退職者の秘密保持義務については、営業秘密等管理規程に定めるところによる。

条文の見出し／キーワード	作成基準の解説
（退職及び解雇時の手続）	労働契約の終了時における債権･債務を明確にするものです。また、判例において一定の場合に退職後における競業避止義務や秘密保持義務が認められていることから、営業秘密等管理規程、個人情報取扱規程を別途作成し、詳細に規定することを検討してもよいでしょう。

第９章　安全及び衛生

（安全及び衛生）

第53条　会社及び社員は、安全衛生に関する諸法令及び会社の諸規程を守り、災害の防止と健康の保持増進に努めなければならない。

（就業禁止）

第54条　会社は、次の各号のいずれかに該当する社員については、会社が指定する医師の意見を聴いたうえで、その就業を禁止する。

(1)　病毒伝ぱのおそれのある伝染性の疾病にかかった者

(2)　心臓、腎臓、肺等の疾病で労働のため病勢が著しく増悪するおそれのあるものにかかった者

(3)　前各号に準ずる疾病で厚生労働大臣が定めるもの及び感染症予防法で定める疾病にかかった者

2　前項の規定にかかわらず、会社は、次の各号のいずれかに該当する社員については、その就業を禁止することがある。

(1)　本人の心身の状況が業務に適しないと判断したとき。

(2)　本人に対して、国等の公の機関から、外出禁止又は外出自粛の要請があったとき。

（健康診断及び自己保健義務）

第55条　常時雇用される社員に対しては、入社の際及び毎年１回定期的に健康診断を行う。

2　会社は、前項の健康診断の結果を本人に速やかに通知するとともに、異常の所見があり、必要と認めるときは、就業を一定期間禁止し、又は配置転換を行い、その他健康保健上必要な措置を命ずることがある。

3　休憩時間を除き１週間当たり40時間を超えて労働させた場合におけるその超えた時間が１か月当たり80時間を超え、かつ、疲労の蓄積が認められる社員が申し出たときは、会社は、医師による面接指導（問診その他の方法により心身の状況を把握し、これに応じて面接により必要な指導を行うことをいう。）を行う。

4　社員は、日頃から自らの健康の保持、増進及び傷病予防に努め、会社が実施する健康診断、面接指導は必ず受診し、健康に支障を感じた場合には、進んで医師の診療を受ける等の措置を講ずるとともに、会社に申し出てその回復のため療養に努めなければならない。

条文の見出し／キーワード	作成基準の解説
（安全及び衛生）	会社には、従業員に対する「安全配慮義務」があり、従業員には、安衛法等の法令・規則の遵守、自己保健義務等が求められています。
（就業禁止）	1．第１項は、安衛則61条の規定を条文化したものです。この場合の休業は、使用者の責めに帰すべき事由による休業（労基法26条）には該当しないことになっています。もちろん会社の判断で特別休暇扱い（有給）とすることは差し支えありません。 2．第２項は法定事項ではありませんが、会社が任意で休業させる場合には、使用者の責めに帰すべき事由による休業に該当することが考えられ、少なくとも平均賃金の６割（休業手当）の支払が必要となる場合があります。
（健康診断及び自己保健義務）	1．第１項及び第２項は、「雇入時の健康診断」「定期健康診断」の規定です（安衛則43条、44条）。 2．第３項は、「面接指導」の規定です（安衛法66条の８ほか）。2019年４月から、面接指導を実施する要件である「休憩時間を除き１週間当たり40時間を超えて労働させた場合におけるその超えた時間」が１か月当たり「100時間」から「80時間」に改正されています。 3．第４項は、従業員の自己保健義務を規定しています。

第10章　表彰及び懲戒等

（表　彰）

第56条　社員が次の各号のいずれかに該当する場合には、審査のうえ表彰することができる。

(1)　品行方正、技術優秀、業務熱心で他の者の模範と認められる者

(2)　災害を未然に防止し、又は災害の際、特に功労のあった者

(3)　業務上有益な発明、改良又は工夫、考案のあった者

(4)　永年にわたり無事故で継続勤務した者

(5)　社会的功績があり、会社及び社員の名誉となった者

(6)　その他前各号に準ずる程度に善行又は功労があると認められる者

2　前項の表彰は、賞状、賞品又は賞金を授与し、これを行う。

（懲戒処分）

第57条　懲戒の種類及び程度は、その情状により次のとおりとする。

(1)　譴責…始末書を提出させ、書面において警告を行い、将来を戒める。この場合、事前に面接を行う場合と、行わない場合がある。

(2)　減給…始末書を提出させて、減給する。ただし、１回につき平均賃金の１日分の半額、総額においては一賃金支払期の賃金総額の10分の１を超えない範囲でこれを行う。

(3)　出勤停止…始末書を提出させ、14労働日以内の出勤を停止する。その期間の賃金は支払わない。

(4)　諭旨解雇…懲戒解雇相当の事由がある場合で、本人に反省が認められるときは退職届を提出するように勧告する。ただし、勧告に従わないときは懲戒解雇とする。

(5)　懲戒解雇…予告期間を設けることなく即時解雇する。この場合において、労働基準監督署長の認定を受けたときは、解雇予告手当を支給しない。

2　懲戒は、社員が、第３章（服務規律）その他この規則に違反したときに行うものとする。この場合において、当該非違行為に関する教育指導とともに前項第１号から第４号又は第５号の順に段階的に行うものであり、各号の懲戒を行ったにもかかわらず、改悛の見込みがなく、かつ、非違行為を繰り返す場合には、上位の懲戒を行うことを原則とする。

3　前項にかかわらず、社員が次の各号のいずれかに該当するときは、諭旨解雇又は懲戒解雇とする。ただし、情状により、第１項に定める減給又は出勤停止とすることがある。

(1)　正当な理由なく、欠勤が14日以上に及び、出勤の督促に応じない又は連絡が取れないとき。

条文の見出し／キーワード	作成基準の解説
（表　彰）	表彰制度は、法律で義務づけられているものではなく、その内容も任意ですが、従業員のモラールアップの観点からも制度化し、就業規則に明記するのがよいでしょう。
（懲戒処分） 就業規則と懲戒権	1．会社が従業員を懲戒するには、あらかじめ就業規則において懲戒の種別及び事由を定めておくことを要し、就業規則が法的規範としての性質を有するものとして、拘束力を生ずるためには、その内容の適用を受ける事業場の従業員に周知させる手続が採られていることを要するとされています（フジ興産事件　最高裁平15.10.10）。
懲戒権濫用	2．会社が従業員に対して行った懲戒処分が客観的に合理的な理由を欠き、社会通念上相当であると認められない場合は、その権利を濫用したものとして無効となります（労契法15条）。
懲戒の種類	3．通常行われている懲戒の種類としては、譴責、減給、出勤停止、異動又は降格、諭旨解雇、懲戒解雇などがありますが、減給の制裁について、労基法91条によりその額の上限が定められていることのほか、懲戒の種類やその内容について、法律上の規制はありません。 ➢　労基法91条（制裁規定の制限） 就業規則で、労働者に対して減給の制裁を定める場合においては、その減給は、１回の額が平均賃金の１日分の半額を超え、総額が一賃金支払期における賃金の総額の10分の１を超えてはならない。
懲戒解雇事由	4．懲戒解雇事由は、厳格に制限列挙されたものと解されています。諭旨解雇や懲戒解雇を行う場合は、各会社の実情に合わせて詳細に規定しておくことが必要です。

⑵　故意又は重大な過失により、会社の施設、設備に損害を与える等、会社に重大な損害を与えたとき。
⑶　重要な経歴を偽り採用されたとき、及び重大な虚偽の届出又は申告を行ったとき。
⑷　正当な理由なく配転等の重要な職務命令に従わず、職場秩序を乱したとき。
⑸　無許可で兼職し、又は同業他社に兼職し、会社の信用を失墜させ、又は会社の秘密を侵害する等して、会社に損害を与えたとき。
⑹　暴力、暴言その他の素行の不良で、著しく会社内の秩序又は風紀を乱したとき（ハラスメントによるものを含む。）。
⑺　会社及び関係取引先の重大な秘密、個人情報（個人番号を含む。）及びその他の情報を故意に漏えいし、又は漏えいしようとしたとき。
⑻　会社及び会社の社員、又は関係取引先を誹謗若しくは中傷し、又は虚偽の風説を流布若しくは喧伝し、会社業務に重大な支障を与えたとき。
⑼　刑罰法規の適用を受け、又は刑罰法規の適用を受けることが明らかとなり、会社の信用を害したとき。
⑽　会計、決算、契約にかかわる不正行為又は不正と認められる行為、職務権限の逸脱等により、金銭、会計、契約等の管理上ふさわしくない行為を行い、会社に損害を与え、その信用を害すると認められるとき。
⑾　例え軽微な非違行為であっても、再三の注意、指導にかかわらず改悛又は向上の見込みがないとき。
⑿　○○に違反する重大な行為があったとき。
⒀　第３章（服務規律）に違反し、その結果が重大であるとき。
⒁　その他この規則及び諸規程に違反し、又は非違行為を繰り返し、あるいは前各号に準ずる重大な行為があったとき。

（教育研修）

第58条　会社は、社員に対して、業務に関する知識を高め、技術の向上を図るため必要な教育を行う。

2　社員は、会社が行う教育の受講を命じられたときは、正当な理由なくこれを拒むことはできない。

（相談窓口）

第59条　会社は、この規則に関する事項や日常業務における問題点等の相談及び苦情の申出については適宜受け付ける体制を整えるものとし、人事部に専門の相談窓口を設置するものとする。

条文の見出し／キーワード	作成基準の解説
懲戒解雇	5．懲戒解雇は、当該従業員にとって最もダメージのある最終懲戒です。したがって、実際にこれに処す場合は、極めて悪質な事例に限られます。したがって、モデル規則のように、服務規律違反を懲戒事由として包括的に規定する場合であっても、懲戒解雇事由は別項目を立てて規定するのがよいでしょう。
（教育研修）	従業員が職業能力の「数値化」により明確にされた職業能力の目標に即して、職業能力の計画的な習得を可能とするため、職業能力習得の機会を付与するとともに、中長期的キャリアに役立つ専門的・実践的な能力開発への支援を行うことが考えられます。
（相談窓口）	労基法上は､｢相談窓口｣の設置は義務ではありませんが､パート・有期雇用法、均等法、育介法により、苦情処理機関等を活用した紛争の自主的解決の努力義務の規定が設けられているなど、「相談窓口」の重要性は増してきていると思います。

（規則の変更）

第60条　この規則を変更するときは、あらかじめ社員の過半数を代表する者の意見を聴くものとする。

条文の見出し／キーワード	作成基準の解説
（規則の変更）	関係諸法規の改正によるほか、社会や経営状況の推移により、就業規則の変更があり得るという前提を周知します。モデル規則３条の労働条件の変更の部分でも触れていますが、本条で改めて、整理して規定し直しておくものです。

2

規程管理規程

【参考資料】

○内閣法制局HP『法律ができるまで』
○石毛正純『法制執務詳解　新版Ⅱ』ぎょうせい
○法制執務研究会『新訂　ワークブック法制執務』ぎょうせい
○早坂剛『条例立案者のための法制執務』ぎょうせい
○自治体法務研究所『新版　起案例文集　第1次改訂』ぎょうせい

第1章　総　則

（目　的）

第1条　この規程は、○○株式会社（以下「会社」という。）の規程類の制定、改定、廃止及び周知について必要な事項を定め、かつ、規程類を体系的に整備して業務管理の正常化と合理化を図ることを目的とする。

（定　義）

第2条　この規程において「規程」とは、名称や作成形式にかかわらず、会社の業務運営に関する継続的な効力を有する定めで、文書化されたものをいう。

（統括管理部門及び責任者）

第3条　規程管理に関する統括管理部門は総務部とし、総務部長を規程管理責任者とする。

（遵守義務）

第4条　会社の業務に携わる者は、会社が定めるすべての規程の理解に努め、これを遵守しながら、その業務を遂行しなければならない。

条文の見出し／キーワード	作成基準の解説
（目 的）	1．規程管理規程の主な目的が、 ① 規程の制定と改廃及び周知の方法の制定 ② 規程整備による業務管理の正常化と合理化 であることを明らかにします。 2．規程管理規程は、諸規程の制定や改廃、周知、保管の方法などを定めたものです。名前からだけでは、どんな規程かイメージしにくいかもしれませんが、規程管理の体系や規程の効力関係、規程制定の手順といった内容を記載した社内規程の要となる規程です。 3．現時点において規程数の少ない会社であっても、あらかじめ将来における社内規程の全体像をイメージしておき、規程管理規程で基本的な基準を定めておけば、その後の規程作成は容易なものになります。したがって、早い時期に定めておいたほうがよい規程の一つです。規程管理規程では、次のような内容を定めます。 ① 規程の管理部門（総務部など） ② 規程の体系（グループ分け、レベル分け） ③ 規程の効力順位 ④ 規程の作成・改定手順 ⑤ メンテナンス、管理台帳等
（定 義）	いずれの規程においても総則部分に「定義規定」をまとめておくと規程全体がわかりやすくなります。
（統括管理部門及び責任者）	通常は、総務部が管理部門となると思います。仮に他部門にも一部の規程を管轄させる場合であっても、特定の部門（例えば総務部）が統括管理をする仕組みを設けておきましょう。
（遵守義務） 訓示的規定	規程遵守に関する訓示的規定です。「訓示的規定」とは、一般には、一定の指示、命令を規定していますが、違反しても行為の効力には影響がないとされるものをいいます。

（規程管理責任者の職務）

第5条　規程管理責任者の職務は、次のとおりとする。

⑴　規程の様式を定め、この規程に基づいて様式を管理すること。

⑵　規程の制定、改定、廃止などをこの規程に基づいて管理すること。

⑶　規程の作成に際し、法令遵守の観点から法的審査を行うこと。

⑷　規程の作成に際し、体系的な位置づけを決定し、規程の様式や他規程との調整など規程の形式的な審査を行うこと。

⑸　作成する規程の担当部門に対して、必要な規程を作成するよう要請し、必要に応じて規程の改定又は廃止（以下「改廃」という。）を要請すること。

⑹　その他この規程に定める規程管理に必要な事項に関すること。

第２章　規程の体系等

（規程の体系）

第6条　規程は、その所管事項に従い、次の区分に分類する。

⑴　基本規程…定款その他経営の基本事項について定めたものをいう。

⑵　組織規程…組織分掌規程その他経営組織に関する事項について定めたものをいう。

⑶　人事・福利厚生規程…就業規則その他人事・福利厚生に関する事項について定めたものをいう。

⑷　経理関連規程…経理規程その他経理･財務に関する事項について定めたものをいう。

⑸　総務関連規程…文書管理規程その他総務に関する事項について定めたもの及び前各号のいずれにも区分されない規程をいう。

2　前項の規程はそれぞれ次のレベルに分類する。

⑴　レベル１規程（規程、規則）…法令に基づき定めるもの又は会社の業務運営の基本となり、会社の業務執行において欠くことのできない重要な規程をいう。

⑵　レベル２規程（ガイドライン・細則）…レベル１規程を運用する場合に必要な具体的手続及び権限並びに確保すべき一定の基準等を明示したものをいう。

⑶　レベル３規程（マニュアル､事務要領）…レベル１規程又はレベル２規程を補完し、会社の業務執行を円滑に進めるための方法を平易に解説したものをいう。

条文の見出し／キーワード	作成基準の解説
（規程管理責任者の職務）	管理責任者の職務を明確にします。モデル規程では、総務部を管理部門とし、総務部長を規程管理責任者（名称は任意）としていますが、実際の会社の実態に合わせ選任し、具体的な職務を定めます。
（規程の体系）	1．規程の体系は ①　所管事項（規程の内容等） ②　規程のレベル の２つの側面から整理します。
規程の所管事項	2．ある規程について、その内容とすることができる限定された範囲の事項をいいます。所管事項は、各規程の目的条文等で明らかにしておきます。
グループ分け（規程の所管事項による分類）	3．まず規程の内容ごとにグループ分けをしておきます。現に存在していない規程であっても規程化されることを見越してあらかじめグループ分けしておくとよいでしょう。規程の所管事項に着目した分類です。
レベル分け（規程の形式的効力による分類）	4．グループ分けが終わったらそれぞれの規程について「レベル分け」を行います。つまり、社内規程を一定のランクで区別し、どこまでの範囲を定めるのか、どこまでの決裁を要するのかを区分するのです。
	5．レベル分けの基準は、変更の可能性の多寡、経営への影響性の大小の総合判断となるでしょう。最初は２区分(例えば、モデル規程のレベル２とレベル３を統合するなど）とし、各部門の独立性が高まってくれば３区分とする方法も考えられ

（上位規程の優先等）

第7条　レベル１規程は、他のレベルの規程に優先して効力を発する。また、基本規程は、他の規程に優先して効力を発する。

2　レベル２規程は、レベル３規程に優先して効力を発する。

3　同一のレベルの規程の内容が相互に矛盾し、又は抵触するときは、制定時期が最も新しい規程を優先する。

4　下位規程は、できる限り、その目的条文において、根拠となる上位規程又は関連規程を明示しなければならない。

条文の見出し／キーワード	作成基準の解説

ます。規程の形式的効力に着目した分類です。

レベル分けと名称

6．規程のレベルにより、規程名称を区分する場合もあります。次はその一例です。

レベル１規程	○○規程、○○規則
レベル２規程	○○に関するガイドライン、○○に関する細則
レベル３規程	○○マニュアル、○○に関する事務要領・手順書

グループ分けとレベル分けの関係

7．グループ分けとレベル分けを組み合わせることにより、規程を次のように体系化することができます。

レベル分け／グループ分け	レベル１	レベル２	レベル３
基本規程	○○規程 ：	△△細則 ：	□□マニュアル ：
組織規程 ：	○○規程 ：	△△細則 ：	□□マニュアル ：

（上位規程の優先等）

根拠となる上位規程等の明示

1．規程間の優先順位を定めた規定です。

2．例えば、「このガイドラインは、○○規程に基づき、○○の運用に関する基準を定めたものである」「このマニュアルは、○○規程に基づき、○○に関する運用手順を定めたものである」といった規定を置き、それぞれのレベルの規程間の関連を明らかにしておくとよいでしょう。

法令における法秩序の原理

3．憲法を頂点とする法令の世界では、次のような法秩序原理があるといわれています。社内規程を体系化する場合にも必要な視点です。

原　理	内　容
①　所管事項の原理	法令（法律、政令、省令、条例など）の所管事項を明確に区分し、お互いそれを尊重し合い他の分野に立ち入らせないようにすることにより、法律間の矛盾をなくすことをいいます。

第3章　規程制定等の手続

（制定の原則）

第8条　レベル1規程の制定は、法令の定めに従うほか、その重要度に応じて株主総会、取締役会又は代表取締役が決定する。

2　レベル2規程の制定は、代表取締役、その業務を管轄する部門の担当役員又は総務部長が決定する。

3　レベル3規程の制定は、その業務を管轄する部門の長が決定する。

（規程原案作成前の法的審査）

第9条　レベル1規程及びレベル2規程を新たに制定しようとするときは、規程の起案者は、規程原案（会社の定める規程の様式に合わせて作成した規程の原案をいう。以下同じ。）の作成に先立ち、その目的、基本方針、規程の必要性、概要等を要綱としてまとめ、あらかじめ、規程管理責任者と起案部門の長との合議による法的審査（法令遵守の観点

条文の見出し／キーワード	作成基準の解説

②　形式的効力の原理	法令間で効力の優劣を定め、法令相互の間でその内容に矛盾・抵触が生じた場合は、上位の法令の効力が下位の法令の効力に優先し、これを適用することをいいます。
③　後法優先の原理	形式的効力を等しくする法令相互間で、矛盾・抵触が生じたときは、後から制定された法令が優先されることをいいます。
④　特別法優先の原理	形式的効力を等しくする2つの法令が、一般法と特別法の関係にあるときは、特別法の対象になっている事項、人、地域などに関しては、特別法の規定を、まず優先して適用することをいいます。なお、この場合は、③にかかわらず、特別法が先に制定されたものであっても、特別法が優先されます。

（制定の原則）

1．規程のレベルにより、最終決定者（決裁者）が異なることを明らかにします。

法令の定め

2．定款や就業規則のように法令によって制定が義務づけられており、必要記載事項が定められているものについては、当然に、法令の定めに従って制定することになります。

株主総会

3．株式会社の機関の一つであり、株主を構成員とし、株式会社の基本的な方針や重要な事項を決定する機関です。定款の変更は、株主総会の議決が必要です。

取締役会

4．株式会社のうち取締役会設置会社における合議体の意思決定機関です。従来はすべての株式会社に設置されていましたが、平成18年の法改正（会社法施行）以降、設置しないことも可能となりました。なお、会社法上の公開会社は、必ず取締役会を設置する必要があります。

（規程原案作成前の法的審査）

1．新しい規程を制定する場合、早い時期において法的審査（リーガル・チェック）を済ませておくのがよいでしょう。すなわち、これから作成する規程の内容、目的がコンプライアンスの観点から妥当なものであるかどうかを審査します。条文を作り込んでからの審査だと、大きな視点でみることが

からの内容の審査をいう。以下同じ。）を受けておかなければならない。

2　規程原案は、法的審査を経た要綱に基づき、起案部門において条文化するものとし、これに要綱を添付して、稟議に付さなければならない。

（規程原案の法的審査及び形式審査）

第10条　規程管理責任者は、規程の制定の稟議に当たり、規程の起案者から提出された規程原案について、再度法的審査を行ったうえ、次の点についての形式審査を行う。

(1)　規程の形式

(2)　規程体系上の位置づけ

(3)　他規程との関連、協調性

(4)　その他規程の実施に当たって必要と思われる事項

2　規程管理責任者は、前項第３号及び第４号の審査に当たっては、各部門の長の意見を聴くことがある。

（規程の改廃の稟議）

第11条　規程の改定の稟議に当たっては、前二条の規定を準用する。

2　規程の改定の稟議に際し、規程原案を作成したときは、規程の起案者は、新旧対照表を作成しなければならない。

3　新旧対照表の記載要領は、別記に定めるところによる。

4　規程の廃止も稟議を要する。

条文の見出し／キーワード	作成基準の解説
	できませんし、完成形に近づいた段階で不備が見つかった場合、修正に多大な労力が必要になります。
要綱	2．「要綱」は、規程の概要等がわかるように箇条書きで作成するとよいでしょう。
規程原案	3．「要綱」を条文化したものが「規程原案」（第一次案）となります。モデル規程では、規程原案は起案部門が作成することとしていますが、総務部等の規程管理部門が起案することとしてもよいでしょう。
法的審査のタイミング	4．モデル規程によれば、法的審査は、「要綱」の段階と「規程原案」の段階でダブルチェックを行うことになります。
（規程原案の法的審査及び形式審査）	1．形式審査は規程管理責任者の重要な職務です。規程形式（フォーマット）の統一は業務効率化のため欠かせません。
他規程との関連、協調性	2．規程の管轄部門についても、前述の「所管事項の原理」が働きます。所管事項が競合したり、部門間で規程の矛盾が生じたりしないよう、所管部門ごとの規程を精査する必要があります。したがって、他規程との関連、協調性を審査するに当たっては、最終的には、各部門間の意見調整が必要となります。
（規程の改廃の稟議） 改正・改訂・改定	1．通常、法令内容の変更を「改正」といいますが、社内規程では「改訂」「改定」と用いるのが一般的です。いずれも大きな意味の違いはないのですが、本書では、「改定」と用いることにします。 なお、厚生労働省所轄の通達では、就業規則の内容の変更を「変更」と、労使協定の内容の変更を「改定」と使い分けています。これも実務上は大きな差異はないものと思われます。 「改訂」は、書籍や文書の内容を更新する意味でも用います。
新旧対照表	2．法令の改正に当たっては、一部改正方式により、「法律を改正する法律案」を国会で審議しています。この一部改正方式は、いわゆる溶け込み方式という記載方法が用いられていますが、慣れるまでは大変読みにくいものです。したがって、

（主管部門）

第12条　規程管理責任者は、必要に応じ各規程（レベル１規程を除く。）の主管部門を定めることができる。

２　主管部門の長は、管轄する規程の適正な運用を周知させ、その維持推進を行わなければならない。

３　主管部門の長は、管轄する規程の改廃に関する稟議を発議するものとし、管轄する規程を改廃する必要を認めた場合は、速やかに、改廃の稟議手続に着手しなければならない。

（規程の棚卸し）

第13条　主管部門の長は、管轄する規程について毎年１回、定期にその見直しを行い、その結果を規程管理責任者に報告しなければならない。

条文の見出し／キーワード	作成基準の解説
	社内規程の改定に当たって、この方式を用いることは現実的ではありません。そこで、改定箇所が明確にわかる「新旧対照表」を作成することをお勧めします。改定が決裁された後は、改定規程と共に、この新旧対照表を周知することによって、改定趣旨がより明確になります。 3．条例（地方公共団体が制定する法令）の改正についても、一部改正方式で審議され、告示もこの方法で行われていますが、わかりにくいという住民の声もあり、一部の地方公共団体では、新旧対照表を用いた条例改正の審議及び告示が行われています。
前後対照表と新旧対照表	4．対照表は、左欄（縦組みの場合は上欄）を「現行」、右欄（縦組みの場合は下欄）を「改定後（案）」と配置したものを「前後対照表」といい、左欄（縦組みの場合は上欄）を「改定後（案）」、右欄（縦組みの場合は下欄）を「現行」と配置したものを「新旧対照表」といいます。法律の改正では、新旧対照表を用います。「前後対照表」という呼称は一般的ではないため、左欄・右欄の配置にかかわらず、「新旧対照表」と総称されているようです。
（主管部門）	一定規模の会社になれば、すべての規程を総務部で管理するのは現実的ではなくなってきます。このような場合には、ある一定レベル以下の規程の管理を各部門に管轄させることを検討してもよいでしょう。モデル規程では、レベル１規程については、すべて総務部を主管部門としています。
（規程の棚卸し）	規程を改廃すべきかどうかは、原則、主管部門が判断するものですが、日常業務との兼ね合いで、規程の整備まで手が回らなくなり、ついつい後回しになりがちです。そのような事態を避けるため、一定期間ごとに規程の見直し（棚卸し）を行うべきことを規定しておきます。

（規程の周知）

第14条　規程管理責任者は、制定又は改定された規程について、その内容を従業員に周知徹底しなければならない。ただし、人事労務施策上周知することが望ましくないと認めるものについては、この限りでない。

2　規程管理責任者は、規程の制定、改廃にあたり必要な説明を行うものとする。また、複雑な内容のものについては、別途マニュアルを作成するものとする。

（効力の発生及び消滅）

第15条　規程の効力は、各規程に定められた施行日をもって発生する。

2　旧規程を廃止し、新規程を制定した場合は、旧規程の効力は、別段の定めのない限り新規程施行と同時に消滅する。

（規程の効力・解釈についての疑義）

第16条　従業員は、規程の効力や解釈について疑義があるときは、規程管理責任者に対して問い合わせることができる。

2　問合せを受けた規程管理責任者は、規程を管轄する部と協議のうえ、その疑義に対して必要な措置をとらなければならない。

（規程管理台帳）

第17条　規程は、規程管理台帳（様式第１号）で管理し、それぞれの規程には、制定年月日順に一連の番号を付すものとする。

（規程の保管及び規程集の編纂）

第18条　作成された規程は、原本を規程集として総務部において保管する。

2　規程管理責任者は、規程の周知のため、前項の規程集を編纂し、部門ごとに配付又は社内掲示板に掲示するものとする。

（規程集に掲載する規程の形式）

第19条　規程の内容の理解と検索の便に資するため、各規程には、規程表紙（様式第２号）及び規程目次（様式第３号）を付すものとする。

2　改定の履歴を明らかにするため、各規程の末尾には、規程改定履歴（様式第４号）を付するものとする。

条文の見出し／キーワード	作成基準の解説
（規程の周知）	１．就業規則のように、法律上、周知がないと効力が発生しないものもあります。周知は重要です。また、アカウンタビリティーの観点から、説明会の開催等、内容説明の工夫も必要です。
周知の一部除外	２．人事考課の評価基準（細目）や懲罰の実施に関する細則等のうち、あらかじめ周知することにより、人事労務施策上の支障が生じるおそれのあるものは、周知の対象から除外しておきます。
（効力の発生及び消滅）	１．規程の効力発生日、旧規程と新規程の優先順位を定めます。
別段の定め	２．ある規程を廃止した場合、激変緩和や既得権保護のため、一部の規定の効力を経過的に残したりする場合があります。このような措置（経過措置）は、附則に定めておきます。
（規程の効力・解釈についての疑義）	従業員からの運用上の疑問についても対応できる体制を整えます。
（規程管理台帳）	規程等は、はじめて施行された順（制定年月日順）に台帳へ登録して管理します。この台帳は、施行日を記載するようにしましょう。
（規程の保管及び規程集の編纂）	保管した規程については、規程集を編纂して、部門ごとに配付するか、社内WEBなどで周知するとよいでしょう。これを管理するクラウドシステムもあります。
（規程集に掲載する規程の形式）	１．体系化し整備した諸規程は、規程集としてまとめておきましょう。本条では、その場合の形式を定めています。特に定まった様式はありませんが、参考例としてください。
改定履歴	２．法令では、改定履歴は、附則でまとめていますが、冗長になりすぎるきらいもあるため、社内諸規程では、表形式の改

（規程社外秘の原則）

第20条　規程は会社の外部に対してこれを提示し、又はその内容を開示してはならない。

2　前項の規定にかかわらず、業務上の必要から、各部門が会社の外部の者に対し、規程を提示又はその内容を開示しようとする場合は、当該部門は、事前に規程管理責任者にその旨を申し出てその承認を受けなければならない。

3　前項により外部の者に提示又は開示をする場合は、会社は、提示又は開示先との間で秘密保持契約書を締結するものとする。

（改　廃）

第21条　この規程の改廃は、規程管理責任者が起案し、取締役会の決議による。

（附　則）

1　この規程は、○○年○○月○○日から施行する。

2　この規程は、○○年○○月○○日から改定施行する。

（改定条文：第○条、第○条、第○条）

条文の見出し／キーワード	作成基準の解説
	定履歴を作成するのが一般的です。ISO9001等における改定履歴の様式を参考にするとよいでしょう。
（規程社外秘の原則）	1．会社の情報や秘密保持等管理体制の外部漏えい防止のための規定です。
秘密保持契約（NDA）	2．秘密保持契約（Non-disclosure agreement：NDA）とは、ある取引を行う際に、あらかじめ締結するもので、取引を行う上で知った相手方の営業秘密や個人情報などを取引の目的以外に利用したり、他人に開示・漏えいすることを禁止する契約のことです。不正競争防止法を所管する経済産業省が公表している「秘密情報の保護ハンドブック」の中の「参考資料２　各種契約書等の参考例」の中に典型的な雛形があります。
（改　廃）	1．改廃手続については、規程ごとに定めておきます。この場合、起案責任者と決裁権限者を明確にします。 2．以降のモデル規程においては、各規程に定める管理責任者が起案し、取締役会の決議により改廃する手続を規定していますが、取締役会非設置会社については、この箇所は適宜「社長の決裁により」等と読み替えて運用してください。
（附　則）	1．附則は項で構成し、改定履歴等を規定します。複雑な改廃等の場合（経過措置がある場合）は、条構成とします。 2．様式第４号のような改定履歴を添付するときは、附則は省略しても構いません。なお、以降のモデル規程では、附則は省略します。

別記 新旧対照表の記載要領

別記

新旧対照表の記載要領

① 新旧対照表は、Ａ４判横向きの書式とすること。

② 新旧対照表の条文の基本配置は次のとおりとすること。

■■■第１章■○○○
■第１節■○○
■（○○）
第１条■○○○○○○○○○○○○○○○○○○○○○○○○○
■○○○○○○。
２■○○○○○○○○○○○○○○○○○○○○○○○○○○
■○○○○。
■(1)■○○○
■(2)■○○○

③ 新旧対照表は、左から「改定後」、「現行」（稟議の場合は「改定案」とする。以下同じ。）、「備考」の３つの欄により構成すること。

④ 字句の改定等をする場合には、現行欄にあっては改定される字句及び削除される字句に、改定後欄にあっては改定後の字句及び追加される字句に、それぞれ下線を引くものとすること。

⑤ 新旧対照表には、改定される条単位で記載することとし、改定等がない項の内容は、「略」と記載すること。この場合において、略される項が２つ連続する場合には、項番号を「及び」でつなぎ、３以上連続した項を略する場合には、「～」で結ぶこと。

【④、⑤の例】第４項のみを改定する場合
第○条■略
２及び３■略
４■○○○○○▽▽▽▽○○○○○。
５～７■略

⑥ 第１項を略す場合には、条番号の後に１字あけて「略」と記載すること。第１項と第２項を略するときは、条番号の後に１字あけて「略」と記載し、２項の項番号の後に１字あけて「略」と記載すること。また、第１項を含む２以上の項を略す場合には、第２項以下について、⑤の方法によること。

⑦ 号の内容を改定する場合には、当該号の存する項の内容を改定しない場合であっても

当該項の内容は略さないこと。この場合においても、改定しない号の内容は略すこと。

【⑥、⑦の例】第３項第２号のみを改定する場合
第○条■略
２■略
３■○○○○○○○○○○○○○○○○○○○○○。
■(1)■略
■(2)■○○○△△△○○
■(3)及び(4) 略

⑧　見出しの付いた条を改定する場合には、見出しを付けること。

⑨　条と条の間は、１行あけること。

⑩　条、項、号又は号の細目の移動、削除又は追加をする場合には、現行欄にあっては移動する条項等の表示及び削除される条項等の表示に、改定後欄にあっては移動後の条項等の表示及び追加される条項等の表示に、それぞれ下線を引くこと。

⑪　条の追加をする場合には、直前の条（見出しを含む。）を、内容を略して記載すること。また、追加条文にはすべて下線を引き、現行欄には、「(新設)」と記載すること。

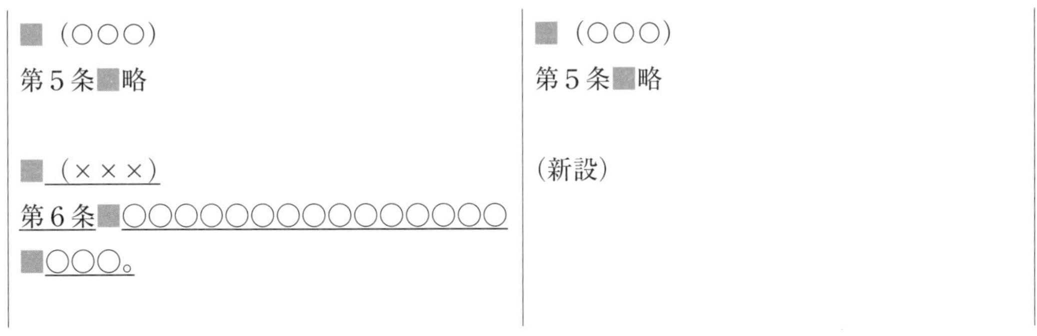

■（○○○） 第５条■略	■（○○○） 第５条■略
■（×××） 第６条■○○○○○○○○○○○○○○○ ■○○○。	(新設)

⑫　条の削除をする場合には、直前の条（見出しを含む。）を、内容を略して記載すること。また、削除条文にはすべて下線を引き、「改定後欄」には、「(削除)」と記載すること。

■（○○○） 第８条■略	■（○○○） 第８条■略
(削除)	■（×××） 第９条■○○○○○○○○○○○○○○○ ■○○○。

⑬　「改定後」及び「現行」の欄において対応する条、項及び号等並びに表及びその備考欄については、左右を同じ高さに揃えること。

規程管理台帳

様式第１号

規程管理台帳

<table>
<tr><td>規程番号</td><td>主管部門</td><td colspan="2">名　称</td><td>制定年月日
年　　月　　日</td></tr>
<tr><td colspan="3" rowspan="2">関連諸規程</td><td rowspan="2">細則</td><td>主な配付先</td></tr>
<tr><td>廃止年月日
年　　月　　日</td></tr>
<tr><td>規程番号</td><td>主管部門</td><td colspan="2">名　称</td><td>制定年月日
年　　月　　日</td></tr>
<tr><td colspan="3" rowspan="2">関連諸規程</td><td rowspan="2">細則</td><td>主な配付先</td></tr>
<tr><td>廃止年月日
年　　月　　日</td></tr>
<tr><td>規程番号</td><td>主管部門</td><td colspan="2">名　称</td><td>制定年月日
年　　月　　日</td></tr>
<tr><td colspan="3" rowspan="2">関連諸規程</td><td rowspan="2">細則</td><td>主な配付先</td></tr>
<tr><td>廃止年月日
年　　月　　日</td></tr>
<tr><td>規程番号</td><td>主管部門</td><td colspan="2">名　称</td><td>制定年月日
年　　月　　日</td></tr>
<tr><td colspan="3" rowspan="2">関連諸規程</td><td rowspan="2">細則</td><td>主な配付先</td></tr>
<tr><td>廃止年月日
年　　月　　日</td></tr>
<tr><td>規程番号</td><td>主管部門</td><td colspan="2">名　称</td><td>制定年月日
年　　月　　日</td></tr>
<tr><td colspan="3" rowspan="2">関連諸規程</td><td rowspan="2">細則</td><td>主な配付先</td></tr>
<tr><td>廃止年月日
年　　月　　日</td></tr>
<tr><td>規程番号</td><td>主管部門</td><td colspan="2">名　称</td><td>制定年月日
年　　月　　日</td></tr>
<tr><td colspan="3" rowspan="2">関連諸規程</td><td rowspan="2">細則</td><td>主な配付先</td></tr>
<tr><td>廃止年月日
年　　月　　日</td></tr>
</table>

規程表紙

様式第２号

規程表紙

○○株式会社
規程管理規程

制 定 日	○年○月○日
施 行 日	○年○月○日
改 定 日	○年○月○日
決裁機関	取締役会
分　　類	基本規程　レベル１
版	第○版

規程目次

様式第3号

規程目次

目　　次

規程改定履歴

様式第４号

規程改定履歴

制定年月日	版	名　　称	起案者	決裁者	行政庁提出 年月日
年　月　日					年　月　日

改定履歴

改定年月日	版	改定箇所・内容・理由等	起案者	決裁者	行政庁提出 年月日
年　月　日					年　月　日
年　月　日					年　月　日
年　月　日					年　月　日
年　月　日					年　月　日
年　月　日					年　月　日
年　月　日					年　月　日
年　月　日					年　月　日
年　月　日					年　月　日
年　月　日					年　月　日
年　月　日					年　月　日
年　月　日					年　月　日
年　月　日					年　月　日
年　月　日					年　月　日
年　月　日					年　月　日
年　月　日					年　月　日
年　月　日					年　月　日
年　月　日					年　月　日
年　月　日					年　月　日

3

文書管理規程

【参考資料】

○行政機関の保有する情報の公開に関する法律（以下「情報公開法」）

○公文書等の管理に関する法律（以下「公文書管理法」）

○行政手続における特定の個人を識別するための番号の利用等に関する法律（以下「番号利用法」）

○内閣総理大臣決定『行政文書の管理に関するガイドライン』平成23年4月1日

○東京都文書管理規則等、各地方自治体の文書管理規則

○日本規格協会『JIS X　0902-1：2005　情報及びドキュメンテーション－記録管理－』

○自治体法務研究所『新版　起案例文集　第1次改訂』ぎょうせい

○一般社団法人日本経営協会　経営実務講座テキスト『公文書管理を基礎から学べるコース』実務編1、2

○澤俊晴『自治体職員のための文書起案ハンドブック　増補改訂版』第一法規

第1章　総　則

（目　的）

第1条　この規程は、○○株式会社（以下「会社」という。）の文書の処理に関し基本となる必要事項を定め、事務の円滑化と適正かつ能率的な遂行を図ることを目的とする。

（定　義）

第2条　この規程における用語の意義は、次の各号に掲げるとおりとする。

(1)　文書…会社の従業員が職務上作成し、又は取得した文書（図画及び電磁的記録（電子的方式、磁気的方式その他人の知覚によっては認識することができない方式で作られた記録をいう。）を含む。以下同じ。）であって、会社の従業員が組織的に用いるものとして、会社が保有しているものをいう。

(2)　文書ファイル等…会社における能率的な事務又は事業の処理及び文書の適切な保存に資するよう、相互に密接な関連を有する文書（保存期間を同じくすることが適当であるものに限る。）を一の集合物にまとめたもの（以下「文書ファイル」という。）及

条文の見出し／キーワード	作成基準の解説
（目　的）	1．文書管理規程では、事務の円滑化と適正・能率的な遂行のため、文書処理に関する必要事項を定めます。
文書管理規程とは	2．文書は情報を伝達し、共有化するために必要なツールであり、会社の中では、毎日さまざまな文書が発生しています。そのために、文書は情報を的確にわかりやすく伝達できるように作成されなければなりません。また、文書は、記録として残せることから、作業手順の記録・承継にも有用であり、過去の出来事の証拠としての役割もあります。したがって、会社の重要な情報は「文書」というデータ形式で保存・管理されるのが一般的です。したがって、文書管理規程では、文書の作成方法のみならず、取扱い、保存、廃棄といったステージを規定する必要があります。
情報管理の必要性	3．文書管理規程の役割の一つに「情報管理」があります。ずさんな情報管理は、企業秘密の流出のみならず、コンプライアンスの欠如にもつながります。不祥事を起こす組織は、記録をないがしろにし、改ざんや隠蔽をしたりするものなのです。欧米では、早くから「レコーディングマネジメント」（記録管理）の重要性が強調されており、2001年には、記録管理の国際基準である「ISO 15489」（JIS　X　0902－1：2005（ISO15489のJIS版））が制定されています。今後は電子文書の普及とあいまってこの分野への企業の関心が高まることが十分に予想されます。
（定　義）	1．この規程内で使用される用語の意味を整理し解説する規定です。会社での用語や業務の実態に合わせ、用語の変更や加減、内容の見直しをしましょう。
文書の特性	2．文書は、次のような特性を持っています。 ①　伝達性…広範囲に、長期間にわたって、その表示内容を伝達することができる。 ②　確実性…文書で表示されると、意図や内容が明確になり、また、何回でも反復して読むことができるので、誤りなく伝えることができる。

び単独で管理している文書をいう。

⑶　現用文書…現に業務に利用する文書であって、業務主管部門が保管するものをいう。

⑷　保管…現用文書又は保存を要しない文書について、各管理主管部門が、業務に必要な範囲において、保有管理することをいう。

⑸　保存文書…業務利用頻度が低くなった文書であって、文書主管部門（総務部とする。）の監督のもと、一定期間保有する文書をいう。

⑹　保存…文書保存期間基準（別表）に従い、文書を廃棄までの一定期間保有することをいう。

⑺　文書ファイル管理簿…会社における文書ファイル等の管理を適切に行うために、文書ファイル等の分類、名称、保存期間、保存期間の満了する日、保存期間が満了したときの措置及び保存場所その他の必要な事項を記載した帳簿（様式第１号）をいう。

⑻　収受…郵便、使送、電子メール等の方法により外部から到達した文書（軽易なものを除く。）を、この規程に定める手続により、会社が受領することをいう。

⑼　決裁…会社の意思決定の権限を有する者が押印、署名又はこれに類する行為を行うことにより、その内容を会社の意思として決定し、又は確認することをいう。

⑽　浄書…起案された文書を施行するため、この規程に定める様式に従い文書を整えることをいう。

⑾　施行…決裁された文書について、会社の意思表示としての効力を一般的に発動させることをいう。

⑿　供閲…決裁を要しない事案であるが、その内容が会社の組織及び業務にとって重要である文書を上司又は関係部門の閲覧に供することをいう。

⒀　個人番号…行政手続における特定の個人を識別するための番号の利用等に関する法律第２条第５項に定める「個人番号」をいう。

⒁　特定個人情報…個人番号をその内容に含む個人情報をいい、文書のほか、電子データによるものも含む。

条文の見出し／キーワード	作成基準の解説
	③　客観性…いったん文書で意図や意思が表示されると、客観性を有することになるので、伝達する側の感情や受け取る側の主観によって左右されることが少なくなること。 ④　保存性…文書に表示された意図や意思は、その文書がある限り、長く将来にわたって維持・保存されること。
民事訴訟法等による文書	3.「文書」については、法律上、明確な定義があるわけではありませんが、判例によれば、民事訴訟法・刑法による文書とは、「文字、その他の記号を使用して人間の思想、判断、認識、感情等の思想的意味を可視的状態に表示した有形物をいう」とされています。また、電磁的記録については、民事訴訟法・刑法では、「準文書」として取り扱われます。したがって、「契約書締結までの一般的なメールの交換」の内容は、契約の締結に至る経緯や条項の解釈を補完することができると考えられており、争議が起きた場合、電子メールは証拠となり得ます。
情報公開法による文書	4. 情報公開法において「行政文書」についての定義があります。これをビジネス文書に置き換えて文書管理規程で取扱い方を定めるべき文書の定義と考えてよいでしょう。すなわち、「行政文書」とは、「行政機関の職員が職務上作成し、又は取得した文書、図画及び電磁的記録（電子的方式、磁気的方式その他人の知覚によっては認識することができない方式で作られた記録をいう。以下同じ。）であって、当該行政機関の職員が組織的に用いるものとして、当該行政機関が保有しているもの」をいいます。このように、文書には紙に文字が書かれたものだけではなく、図画や電磁的記録も含むことになります。これからの文書管理規程を考えるうえでは、この視点も重要となります。
JISX0902－1：2005（ISO 15489）による文書	5. 我が国では、「文書」と「記録」とが厳密に使い分けられていないため、文書管理と記録管理はほぼ同義語として使われています。一方で、欧米では「文書」（Document）と「記録」（Record）は厳密に区別されています。「JISX0902－1：2005」では、文書・記録・記録管理について、次のように定義しています。

条文の見出し／キーワード	作成基準の解説

[文書]（document）	一つの単位として取り扱われる記録された情報、またはオブジェクト（記録媒体）
[記録]（records）	法的な責任の履行、または業務処理における、証拠及び情報として組織、または個人が作成、取得、及び維持する情報
[記録管理]（records management）	記録の作成、取得、維持、利用、及び処分の効果的で体系的な統制に責任をもつ管理分野であって、記録の形で業務活動及び処理に関する証拠及び情報を取り込み、維持するためのプロセスを含む。

公文書管理法

6．ずさんな記録管理は、会社にさまざまなリスクをもたらします。政府といえども例外ではなく、年金記録問題、薬害肝炎患者リストの放置、福島原発事故に関する議事録の不備等に代表されるようなずさんな記録管理が社会問題化しました。従来、政府の公文書の取扱いは、「情報公開法」等により運用され、統一的な文書管理ルールがありませんでした。このような背景のもと、2009年6月に「公文書管理法」が制定されています。行政を対象とした法律ですが、「文書管理」という観点からみると大いに参考になります。同法10条、13条では、行政機関、独立行政法人等は、「行政文書管理規則」「法人文書管理規則」を定めるべきことを規定していますが、その必要記載事項が、文書管理規程の作成の参考となります。

ちなみに2016年にスタートしたマイナンバー制度の創設は、年金記録問題がその契機の一つといわれています。

文書ファイル等

7．公文書管理法の「行政文書ファイル」の考え方を応用したものです。公文書管理法における「行政文書ファイル」とは、「能率的な事務又は事業の処理及び行政文書の適切な保存に資するよう、相互に密接な関連を有する行政文書（保存期間を同じくすることが適当であるものに限る。）を一の集合物にまとめたもの（「行政文書ファイル」）及び単独で管理している行政文書」をいいます。

保管、保存、保有

8．我が国におけるファイリングシステムにおいては、文書の

条文の見出し／キーワード	作成基準の解説

管理については、「保管」「保存」「保有」を次のように使い分けています。

① 保 管	利用頻度が比較的高い文書（現用文書）を事務所において利用しながら一定期間保有することを意味します。
② 保 存	利用頻度が低くなった文書を書庫等で一定期間保有することを意味します。
③ 保 有	保管と保存を総称した言葉です。書類が置かれている場所や利用頻度にかかわらず会社が保有している状態を意味します。

9．モデル規程では、現用文書は、各業務主管部門が「保管」（最長２年間）することとし、保存文書は、総務部が「保存」（法定保存期間に応じて最長30年間又は永年）することとしています。つまり、前者が「分散管理」、後者が「集中管理」ということになります。

特定個人情報の保管

10．マイナンバーが記載された書類は、番号利用法でいう特定個人情報（マイナンバーをその内容に含む個人情報）に該当します。特定個人情報は、番号利用法19条各号に該当する場合以外は、保管が禁止されています（これを「保管制限」といいます）。不必要にコピーを取ったり、法定保存期間を過ぎて保管することがないよう注意する必要があります。

　ちなみに番号利用法では、「保存」という用語は用いられておらず、すべて「保管」に統一されています。おそらく利用目的がないまま会社が保有することを想定していないためと思われます。例えば、扶養親族等申告書については、所得税法上７年間の保存義務が課せられていますが、これは、税務署長が過去７年間に限って提出を求めることがあるためです。つまり、７年間は利用目的があるわけで、それを超えると利用目的を失うことになります。したがって、個人番号が記載された扶養親族等申告書は、番号利用法によれば、７年を超えて保管することができないという結論になります（７年間の期限については多少の延長は認められます）。

文書ファイル管理簿

11．公文書管理法の「行政文書ファイル管理簿」の考え方を応用したものです。公文書管理法による「行政文書ファイル管

（文書主義の原則）

第3条 会社の意思決定に当たっては、その決定過程並びに事務及び事業の実績を合理的に跡づけ、又は検証することができるよう、文書を作成して行うことを原則とする。ただし、次に掲げる場合については、この限りでない。

(1) 緊急の処理を要する場合その他意思決定と同時に文書を作成することが困難である場合

(2) 処理に係る案件が軽微なものである場合

2 前項ただし書第1号に該当し、文書以外の方法によって事務を処理した場合にあって

条文の見出し／キーワード	作成基準の解説
	理簿」とは、「行政文書ファイル等の管理を適切に行うために、行政文書ファイル等の分類、名称、保存期間、保存期間の満了する日、保存期間が満了したときの措置及び保存場所その他の必要な事項を記載した帳簿」をいいます。
軽易なもの	12. すべての文書について、収受を行い、この規程に定めるところにより管理することは、現実的ではありません。したがって、軽易なものについては、収受手続を省略し、この規程の適用を除外します。
	13. 軽易なものとは、次のような文書です。 ① 受領書の類、その他の証拠書類 ② 新聞等の定期刊行物、挨拶状、ダイレクトメールなど ③ 税務関係・労働保険関係に係る申告書、行政からの案内文等
浄書	14.「浄書」とは、決裁文書を清書することをいいます。
照合	15. なお、浄書文書と決裁文書とを照らし合わせてその内容が一致しているかどうかを確認し、誤りがあった場合にはこれを訂正することを「照合」といいます。照合は、浄書の誤りを防ぐのが目的ですから、原則として２人で行います。浄書した者が決裁文書を音読し、起案者又は事務経験の深い者が浄書された文書を黙読します（起案者が音読する場合もあります）。これを「読み合わせ」といいます。
施行	16. 文書等の「施行」とは、会社又はその機関の意思を実現するための最終的な手続をいい、浄書、照合、文書記号・文書番号の記載、公印の押印、発送などの一連の手続のことをいいます。
（文書主義の原則）	いわゆる「文書主義」について規定しています。会社の事業活動における正確性の確保、責任の明確化等の観点から、文書主義は重要です。

は、事後の報告のため、文書を作成し、事務処理の経緯等を記録しておくものとする。

（総括文書管理者）

第4条　会社に、総括文書管理者を１名置くものとし、総務部長とする。

2　総括文書管理者は､会社における文書の管理に関する事務を統括する任に当たるほか、次の各号に掲げる事務を行うものとする。

⑴　文書ファイル管理簿及び移管・廃棄簿の調製

⑵　文書の管理に関する取締役会との調整及び必要な改善措置の実施

⑶　文書の管理に関する研修の実施

⑷　組織の新設、改編及び廃止に伴う必要な措置

⑸　文書ファイル保存要領その他この規程の施行に関し必要な細則の整備

3　総括文書管理者は、規程管理規程に定める規程管理責任者と兼務することができる。

（副総括文書管理者）

第5条　会社に、副総括文書管理者を１名置くものとし、総務課長とする。

2　副総括文書管理者は、前条第２項に掲げる事務について総括文書管理者を補佐するものとする。

（文書管理者等）

第6条　総括文書管理者は、部・課及び支店・営業所の所掌事務に関する文書管理の実施責任者として、文書管理者を指名する。

2　文書管理者は、その管理する文書について、次の各号に掲げる事務を行うものとする。

⑴　現用文書の整理と保管に関すること。

条文の見出し／キーワード	作成基準の解説
（総括文書管理者） 文書管理体制	1．文書管理は、会社内の各々の組織の所掌事務の一環として行われるため、事務体制と同様の体制により行われることが基本ですが、管理規程に基づき、各々の事務に係る管理体制を明確にすることは、適正な文書管理の確保のためにも有効です。 この場合、総括文書管理者を置き、文書管理体制における責任体制を明確にします。 ＜管理体制の図解＞

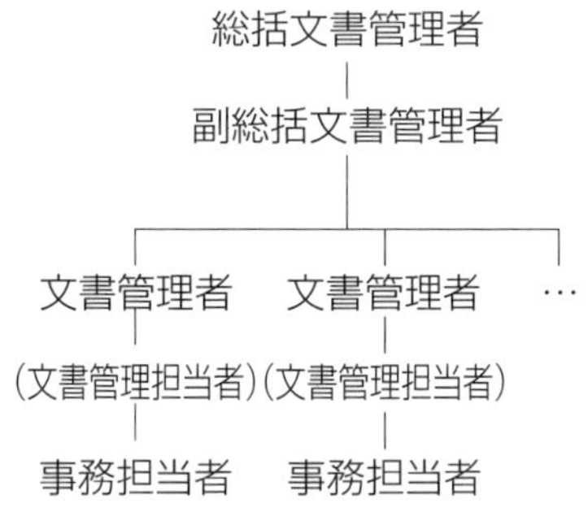

条文の見出し／キーワード	作成基準の解説
文書等の管理の流れ	2．文書管理事務の全体像を事務の流れに沿ってみてみると次のとおりとなります。 ①　文書等の収受及び交付に関する事務 ②　文書等の処理に関する事務 ③　文書等の施行に関する事務 ④　文書等の整理と保管・保存に関する事務 ⑤　文書等の廃棄に関する事務
（副総括文書管理者）	総括文書管理者の下に、実務の補佐役を置く趣旨です。会社の実態に合わせ選任します。企業規模によっては、省略することも可能です。
（文書管理者等） 文書管理者	1．社内各部門の文書管理に関する実務を行う担当者を選任する規定です。 2．『行政文書の管理に関するガイドライン』では、行政文書の管理に関する責任の所在を明確にし、適正な文書管理を確保するため、文書管理の実施責任者として、「文書管理者」

(2)　保存文書の保存に関すること。
(3)　保存期間が満了したときの措置の設定に関すること。
(4)　文書ファイル管理簿への記載に関すること。
(5)　文書の移管又は廃棄等に関すること。
(6)　管理状況の点検等に関すること。
(7)　文書の作成、標準文書保存期間基準の作成等による文書の整理その他文書の管理に関する従業員の指導に関すること。

3　文書の作成、正確性の確保、保存等の文書管理の各段階で生じる文書管理者による確認等の事務を効率的に実施するため、必要に応じて、文書管理担当者を置くことができる。

（従業員の責務）

第7条　従業員は、この規程の趣旨に則り、総括文書管理者、副総括文書管理者及び文書管理者の指示に従い、文書を適正に管理しなければならない。

（文書の取扱いの原則）

第8条　従業員は、文書は、常に丁寧に取り扱うとともに、受け渡しを確実に行い汚損し、又は紛失しないように注意しなければならない。

2　従業員は、常に文書の所在並びに処理の経過及び状況を明らかにしておくとともに、未処理又は停滞文書については、絶えず注意を払い、その解消に努めなければならない。

3　文書の取扱いは、責任を明らかにして、的確かつ迅速に行わなければならない。

4　文書は、効率的な利用を図るため、常に、一定の場所に整理して管理しなければならない。

条文の見出し／キーワード	作成基準の解説
	を位置付けています。具体的には、各課長を「文書管理者」とすることを原則としますが、組織の規模、業務内容、個人情報保護に関する管理体制や情報セキュリティ対策に関する体制、執務室の状況等を踏まえ、文書管理者に求められる任務を適切に果たし得る職員を総括文書管理者が指名することとされています。
文書管理担当者	3．また、文書の作成、正確性の確保、保存等の文書管理の各段階で生じる文書管理者による確認等の事務を効率的に実施するため、その内容に応じて、文書管理者の実務的な補佐体制の必要性から、「文書管理担当者」を置くこととされています。モデル規程では、置くことができる任意規定としました。
（従業員の責務）	文書の取扱いの心得・規律を定めた規定です。就業規則の服務規律規定及び懲戒規定により、従業員の懲戒処分の対象とすることができます。
（文書の取扱いの原則） 文書の取扱手続からみた分類	1．文書全般の取扱いの原則を規定します。 2．文書の取扱いの観点から文書を分類すると一般的に次のように区分されます。 ① 収受文書…会社送達された文書等で、文書取扱部門（総務部など）が到達を確認した文書等 ② 交付文書…収受文書を、文書取扱部門がその内容に従い担当部門に交付した文書等 ③ 供覧文書…収受文書、交付文書で、処理を必要としないもの又は具体的に上司の指示を受ける必要があるものについて、上司の閲覧に供する文書等 ④ 起案文書…収受文書、交付文書に対して、又は会社の部門などの発意によって、会社の意思を決定し、これを具体化するための案文を記載した文書等 ⑤ 合議文書…起案文書で、他部門に関係のある原案について起案部門の長の意思決定を経た後に関係部門の長に合議する文書等 ⑥ 決裁文書…会社の意思決定を行う権限を有する者の決裁

（私有の禁止）

第９条　文書は、すべて会社に帰属するものとし、これを私有してはならない。

（不必要な複写の禁止等）

第10条　文書を利用するときは、会社に定める場所に保管された原本を用いることを原則とし、業務上必要と認めるときでなければ、不必要に複写をしてはならない。また、特定個人情報等機密性の高いものについては、複写の履歴を記録し、原則として、複写物は利用後直ちに回収し廃棄するものとする。

２　いかなる場合であっても、会社の許可を得ずに文書を複写し、かつ、当該複写物を会社外の者に渡してはならない。

条文の見出し／キーワード	作成基準の解説
	を受けた文書等 ⑦　発送文書…決裁文書で、郵送などの方法により、文書取扱部門又は総務部で一定の手続に従って相手側に送付する文書等 ⑧　完結文書…決裁文書のうち、施行を完了し、処理が完結した文書等 ⑨　未完結文書…起案文書で決裁に至らず、又は決裁文書で施行されず、処理が完結していない文書等 ⑩　未処理文書…収受文書、交付文書で、その後の処理が開始されていない文書等 ⑪　保管文書…完結文書で、文書取扱部門に引き継ぐまでの間において、各部門において保管する文書等 ⑫　保存文書…各部門から引継ぎを受けた完結文書で、文書取扱部門が保存する文書等 ⑬　廃棄文書…保管文書又は保存文書で、原則として保管又は保存の期間が満了し、不要となったため廃棄する文書等
文書の取扱いの原則	3．文書の取扱いの原則は次のとおりです。 ①　正確、迅速に取り扱うこと。 ②　丁寧に取り扱うこと。 ③　責任を持って取り扱うこと。 ④　処理状況を明らかにしておくこと。 ⑤　適正な保管・保存に努めること。
（私有の禁止）	モデル規程でいう「文書」は、私用文書ではなく、会社の公用文書です。当然に私有は認められません。
（不必要な複写の禁止等）	1．私有を禁止したとしても、会社の文書をやたらにコピーして抱え込む従業員がいます。得てしてそのように抱え込まれた文書は使われることなく引き出しの肥やしになっているようです。整理整頓に悪影響を及ぼしますし、コピーのコストもばかになりません。何より、同じ内容の文書が複数存在することが原因で業務上のミスや事故を引き起こすことがあります。 2．無駄なコピーを禁止することは、社内文書の外部への流出

（電子メールによる文書）

第11条　各種連絡につき電子メールを用いて行った場合（社外に対するものを含み、日常的な軽微な連絡を除く。）は、当該電子メールの内容については、送信ヘッダ及び本文をプリントアウトし、これを文書として適切に管理しなければならない。

条文の見出し／キーワード	作成基準の解説
	を防止する効果もあります。
	3．特定個人情報の複写は特に厳格に管理する必要があります。
原本	4．原本とは、一定の事項又は特定人の具体的意思を表示するため、作成者が作ったオリジナルの文書等のことです。
原本との関係からみた文書の分類	5．なお、業務上の必要から複写が必要な場合もありますが、これらは次のように分類されます。 ①　謄本…原本と同一の文字、符号を用いてその内容を完全に写し取った文書等 ②　抄本…原本から必要部分のみ抜き出して、原本と同一の文字・符号を用いて写し取った文書等 ③　正本…謄本の一種。法令等の規定によって、作成権限のある者が原本に基づいて特に正本として作成した文書等。原本と同一の効力を持ちます。 ④　副本…正本に対する語。ある文書等の本来の目的以外に予備・事務整理などのために、正本と同一内容に作成された文書等。副本は、謄本のようにまず原本があって、それに基づいて作成されるのではなく、初めから正本と同一内容のものとして作成されます。
	6．従業員が自己の執務の便宜のために保有している写し（正本・原本は別途管理）はこの規程でいう文書（法人文書）には当たりませんが、このような個人的な執務の参考資料は必要最小限のものとすべきです。また、従業員が起案の下書きをしている段階のメモも、一般的には文書には当たりませんが、当該メモに会社方針等の立案の基礎となった重要な事項に係る意思決定が記録されている場合などについては、適切に保存すべきでしょう。
（電子メールによる文書）	1．電子メール文書の管理に関する規定です。電子メールによる重要な文書は、送信ヘッダ及び本文をプリントアウトすることを義務づけます。
	2．一般的には従業員の個人的な手紙や個人的にFacebook・ブログで発信した内容が記録された媒体が、直ちに法人文書に当たるとはいえません。もっとも、Facebook・ブログの記

第２章　文書の収受及び配付

（文書の収受）

第12条　会社に到達した文書の収受は、総務部において行うものとする。ただし、緊急を要する場合は、この限りでない。

２　前項にかかわらず、文書が各部門に直接到達した場合であって、事務処理を円滑に行う必要があるときは、当該各部門において文書の収受を行うものとする。

３　文書管理者は、前二項の規定により収受した文書を次の各号に定める手続を経て、速やかに処理しなければならない。

⑴　親展その他開封することが不適当と認められるものを除き、すべて開封すること。

⑵　開封しないものにあっては封皮に、開封したものにあってはその余白に受付印を押すこと。

⑶　開封したものは、文書収受簿（様式第２号）により収受番号を付し登録するとともに、その収受番号を当該文書の収受印内に記入すること。

４　年間又は特定の期間に同一の標題で相当数収受する文書で２回目以後に収受するものについては、標題別に収受番号を付すことができる。

（特殊取扱郵便物の収受）

第13条　総務部において書留郵便、引受時刻証明郵便、配達証明郵便、内容証明郵便、特別送達等（以下「特殊取扱郵便物」という。）を収受したときは、特殊取扱郵便物受付簿（様式第３号）に受付月日、発信者、配付先その他必要な事項を記載し、受領者の押印等を受けるものとする。

条文の見出し／キーワード	作成基準の解説
	載内容について、会社において起案し、当該会社のパソコンから送信するなど組織的な広報活動として、Facebook・ブログを用いている場合などは、当該内容について、適切な媒体により法人文書として適切に保存することが必要です。
（文書の収受）	１．文書の収受とは、郵便、使送、電子メール等の方法により外部から到達した文書を受け取る行為を指します。この章では、文書の受け取り後の処理方法を含め規定します。 ２．収受は、原則、総務部が行いますが、各部門へ直接到達する文書は、当該部門にて行うものとします。
文書の収受と意思表示の効力の発生時期	３．会社宛に送付される文書に記載されている意思表示の効力は民法の到達主義の原則（民法97条１項）に従い、その文書が会社に到達した時に発生します。ここでいう「到達した時」とは、判例上、相手方が文書の到達を確認できる状態になったと客観的に認められる時点であるとされています。したがって、大量の文書を受領する会社であれば、通常は、文書主管部門（総務部）が確認した時点で文書が到達したものとして扱われるでしょう。したがって、収受の手続は、迅速かつ正確に行われなければなりません。
（特殊取扱郵便物の収受） 特殊取扱郵便物	１．特別の取扱いをする郵便物をいいます。書留・速達・引受時刻証明・配達証明・内容証明・代金引換・特別送達などがあります。
配達証明	２．書留郵便物を配達した事実を証明する郵便です。
内容証明	３．書留郵便物の文書の内容について証明する郵便です。
特別送達	４．民事訴訟法に規定する方法により裁判所や公証役場から訴訟関係人などに送達すべき書類を送達し、その送達の事実を証明する郵便です。

（収受文書の配付）

第14条　収受を行った文書（以下「収受文書」という。）は、文書管理者において、直ちに、事務担当者に配付するものとする。

2　親展その他開封することが不適当と認められる文書については、総務部において受領の後、開封することなく、当該文書の名宛人に速やかに配付するものとする。

3　前項の文書が配付された名宛人は、直ちに当該文書を開封し、通常の収受手続が必要であると認めるときは、文書管理者に回付するものとする。

（収受文書の処理）

第15条　文書管理者は、文書を収受したとき、又は必要があるときは、その内容が会社の意思の決定を要しないものを除き、その文書の処理について、所属長の指示を受けるものとする。ただし、決定を要するもののうち、軽易又は定例的なもので所属長の指示を要しないと認めるものについては、この限りでない。

第3章　文書の作成等

（文書の起案）

第16条　文書（軽易なものを除く。）は、その文案を起案し、決裁を受けて施行しなければならない。

2　文書の起案は、主管部門の長が、起案用紙に事案の内容その他所要事項を記載し、その起案者欄に署名し、又は押印すること（以下「文書起案」という。）を経て行うものとする。この場合において、文案を事務担当者に作成させることができる。

3　前二項の規定にかかわらず、秘密の取扱い若しくは緊急の取扱いを要する事案又は極めて軽易な事案については、前二項の手続（以下「起案」と総称する。）を経ずに文書を作成することができる。ただし、秘密の取扱い又は緊急の取扱いを要する文書の作成については、当該文書の施行後に起案の手続を行わなければならない。

（起案の方法）

第17条　文書の起案は、稟議規程に定める起案用紙又は電子稟議システムを用いて行わなければならない。

2　電子メール発信する文書を起案するときは、電子メールの下書きを出力し、これを添付して起案するものとする。

条文の見出し／キーワード	作成基準の解説
（収受文書の配付）	1．会社が文書を受け取った時点から、当該文書に係る業務は開始されます。迅速に事務担当者の手に渡るよう手配します。 2．親展文書は、名宛人（文書の宛名となっている者）に直接配付し、通常の文書収受が必要であるかどうかは、名宛人本人に判断させます。
（収受文書の処理）	文書処理事務は、会社の意思表示の表明につながります。独断専行のないように所属長との意思疎通のもとで業務を進めます。
（文書の起案）	1．会社が発信する文書作成は、その様式、作成手続は一定のルールのもとで行います。重要な文書の発信については、稟議規程に基づく稟議決裁を経ます。 2．稟議手続により文書の発信が遅れては本末転倒です。緊急を要するものや定型的なものについては、稟議とは別の発信ルートを設けておくとよいでしょう。
（起案の方法）	会社が社外に出す文書は、一定のルールに基づいた起案手続を経て作成します。

3　起案文書の用字、配字等の基準は、社内諸規程及び業務文書に関する作成基準に定めるところによる。

4　その他起案の方法については、稟議規程に定めるところによる。

（一案件一起案の原則）

第18条　起案文書は、原則として一案件につき一起案とする。ただし、起案目的が同一の場合においては、複数案件を一起案で処理することができる。

2　起案者は、起案文書の稟議の機会が失われないよう、必要な余裕をもって起案しなければならない。

（決裁手続）

第19条　文書の稟議決裁は、稟議規程に定めるところによる。

2　軽易な文書に係る決裁は、別に定める文書決裁マニュアルに定めるところによる。

3　稟議決裁が完了した起案文書は、直ちに浄書して、施行するものとする。

（適切・効率的な文書作成）

第20条　新たな文書を作成しようとするときは、当該業務の経緯に応じ、既に作成された文書の類型を参酌して、文書を作成するものとする。

2　総括文書管理者は、文書の作成に当たって反復利用が可能な様式、資料等の情報については、社内電子掲示板等を活用し、従業員の利用に供するものとする。

3　文書作成における用字、配字等の基準は、社内諸規程及び業務文書に関する作成基準に定めるところによる。

（文書番号等）

第21条　起案文書の稟議決裁が完了したときは、総括文書管理者は、起案用紙にその決裁を終えた年月日、文書記号及び文書番号を記入し、文書発信番号簿（様式第４号）に件名、決裁を終えた月日、起案者その他所要の事項を記載するものとする。

2　前項の文書記号は、文書を作成した日の属する会計年度の数字と会社、支店・営業所又は部・課を表す文字とを合わせた記号とする。

3　文書の施行に当たっては、文書の右肩に第１項の文書記号及び文書番号を記入し、次の行に外部に対し実際に施行された日付を記載するものとする。

条文の見出し／キーワード	作成基準の解説
（一案件一起案の原則）	文書決裁や文書保存管理のために、一案件一起案を原則とします。
（決裁手続） 文書決裁	重要な文書の決裁は、いわゆる稟議手続を経て最終決裁されますが、軽易な文書については、簡易決裁や所属長の承認でも構わないでしょう。
（適切・効率的な文書作成） 文書作成の基本	1．いわゆる「雛形」を活用し、文書作成の労力を軽減させる趣旨です。 2．対外的な文書は、わかりやすさの観点からも、形式・内容ともに整備・統一された適切なものでなければなりません。また、相手方に内容を正確に理解してもらえるようわかりやすく親しみやすい文書等とするために、表現にも配慮が必要です。例えば、次のようなことに注意するとよいでしょう。 ①　内容が正確であること。 ②　わかりやすい言葉で表現すること。 ③　簡潔、明確に表現すること。
（文書番号等）	1．文書番号等をつけた後は、文書にもその符号を明記します。 2．文書の施行に際しては、文書の右肩に文書番号等と施行年月日を２行にわたって記載します。 文書記号・番号第○○号 ○○年○○月○○日 ○○○○　　　様 ○○○○株式会社 代表取締役　□□□□

第4章　供覧及び報告

（供　覧）

第22条　各部門で配付を受け、又は作成した資料、報告書等の文書で、課長以上の関係者が閲覧する必要のあるものは、起案用紙により供覧するものとし、件名末尾に「供覧」と表記することとする。この場合において、その内容が複雑なものは、その要旨を摘記するものとする。

2　供覧は、原則として供覧を必要とする関係者のうち、上位の役職者から行うものとする。

3　第1項の規定にかかわらず、簡易な内容の確認その他簡易な文書の供覧については、起案用紙を用いないで当該文書に直接押印等を受ける等適宜の方法により行うことができる。

（報　告）

第23条　従業員は、出張、会議、調査等を終えたときは、直ちに所属長に口頭で報告したうえ、起案用紙により、その状況を報告するものとし、件名末尾に「報告」と表記することとする。この場合において、資料があるときは、報告書にその資料を添付するものとする。

2　他の部門に報告書を供覧する必要がある場合は、主管部門における報告を終えて後、他の部門に供覧するものとする。

3　第1項の規定にかかわらず、簡易な内容の文書の報告については、起案用紙を用いないで当該文書に直接押印等を受ける等適宜の方法により行うことができる。

第5章　文書の施行

（施行の方法）

第24条　文書を施行するときは、次の各号に掲げる方法によるものとする。

(1)　郵送…起案部門において行うものとする。郵送に係る切手（郵便料金計器による料金別納の方法による場合を含む。）の管理については、別に定める細則によるものとする。

(2)　使送…起案部門において当該文書を使送人に交付し、これを当該文書の名宛人又はその名宛人に代わって当該文書を受領する権限を有する者に直接送達させるものとす

条文の見出し／キーワード	作成基準の解説
（供　覧）	1．行政機関などでは、「供覧」を、「一応供覧」と「供覧」に区分する場合があります。その場合の規定例は下記のとおりです。 ①　一応供覧…文書の性質により直ちに処理することができない場合若しくはあらかじめ所属長の指示又は承認を受けて処理することが適当であると認める文書 ②　供覧…別に処理を要しないで単に閲覧にとどまる文書
摘記	2．要件を抜き書きすることをいいます。
（報　告）	出張、会議、調査等の終了に伴う報告の義務づけと報告手順を定めた規定です。
（施行の方法）	1．文書は、基本的に相手方に到達してその効力を生じます。この効力を生じさせる行為を「施行」と総称しています。

る。この場合において、使送人は、会社の従業員又はこれに代わるべき者（会社との契約により使送業務を行う者をいう。）とする。

⑶　直接の交付…施行する文書を本人等に手渡す場合とし、この場合、必要に応じ本人等の受領の署名又は押印を受けるものとする。

⑷　発令…人事異動等の辞令を発する。

⑸　電子メール…会社印の押印を要さない文書をパソコンから送信する。必要に応じて電子署名を行う。

⑹　ファクシミリ…会社印の押印を要さない文書を当該装置を使用して送信する。

⑺　ホームページ等への掲載…別に定めるホームページ管理基準により会社のホームページ等へ掲載する。

⑻　出版物の発行…文書を出版物として発行する。

⑼　掲示…別に定める規則等により○○に設置する掲示板に掲示する。

⑽　その他総括文書管理者が適当と認める方法

2　起案により作成した文書を施行する日（以下「施行年月日」という。）は、特別の理由がある場合を除き、決裁年月日とする。

3　前項の特別の理由により施行年月日を決裁年月日以外の日とする場合は、起案文書に当該理由を明記するとともに、指定する年月日を記載するものとする。

4　起案により作成した文書を施行したときは、起案者は、起案文書を総括文書管理者に回付し、回付を受けた総括文書管理者は、当該起案用紙及び台帳に施行年月日及び施行方法を記載する。

5　外部に対して施行した文書は、その浄書した文書の写しを起案文書に添付する等の方法により、保管しておかなければならない。ただし、軽易な事案に係る文書その他総括文書管理者が保存を要しないと認める文書については、この限りでない。

6　文書を施行するときは、総括文書管理者は、総務部に備えた台帳に所要の事項を記入するとともに、発信文書（電子メールによるものを除く。）に会社印等の押印を受けなければならない。

（電子メール等による施行）

第25条　電子メール及びファクシミリにより文書の施行を行う場合は、前条の規定にかかわらず、次の各号に定める者が行うことができる。この場合においてこれらの者は、施行した内容の写し（電子メールの添付ファイルを含む。）を保管し、及びその履歴を管理し、文書取扱者からの照会に応じられるようにしなければならない。

⑴　電子メールによる場合…電子メールの送信者

⑵　ファクシミリによる場合…送信文書の担当者

2　電子メールに会社の内部文書等（既に周知されているものを除く。）を添付して送信しようとするときは、あらかじめ所属長の許可を受けなければならない。また、送信に

条文の見出し／キーワード	作成基準の解説

会社印の押し方

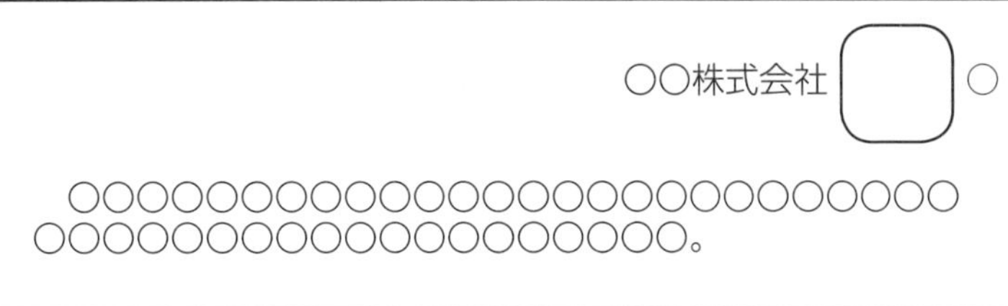

会社印押印の位置のポイントは、次のとおりです。

① 印影の右端が、本文の右端から１字分空く位置

② 発信者名の行の中心となる位置

③ 発信者名に掛からない位置（発信者名の最後の一字に３分の１程度掛けるしきたりとしている会社もあります）

（電子メール等による施行）

1．電子メール等による施行も想定してルール化しておきましょう。前述のとおり、Facebookやブログによる文書の発信についてのルール化も必要かもしれません。例えば、会社が、その組織的な広報活動として、これらのツールから情報を発信した場合、その内容は、適切な媒体により保存し、この規程の適用を受けることとすることが考えられます。

エンター＆ベリファイ

2．手書き原稿をデータ入力する場合、通常、入力（エンター）と検証（ベリファイ）の２つの工程を経て、ミスが生じないようにします。これを「エンター＆ベリファイ」といいます。

当たっては、所属長及び参考周知が必要な者を宛先のカーボンコピー（必要に応じてブラインド・カーボン・コピー）に加えなければならない。なお、ブラインド・カーボン・コピーを用いた一斉送信は、これを禁止する。

3　電子メールに特定個人情報その他重要な個人情報を添付して送信しようとするときは、前項の定めによるほか、担当者２名による相互確認のもと、行わなければならない。

条文の見出し／キーワード	作成基準の解説

モデル規程３項では、電子メールの送信について、この手法を取り入れています。特定個人情報等の誤送信は、そのまま漏えい事故につながってしまい慎重を要するためです。

BCC（ブラインド・カーボン・コピー（Blind Carbon Copy））の危険性

3．BCCを使って一斉送信をした場合、BCCに入れるべきアドレスを間違えてCCやTOにいれてメールアドレスの情報を流出させる事案が後を絶ちません。

事例1）　2016年9月：内閣官房内K推進室が、報道関係者に対してメールで資料を送付する際、BCCに設定するところをTOに設定して誤送信を行い、39名のアドレスが流出
事例2）　2016年12月：公益財団法人Oが、ロゴの選考の応募者にあてて送った電子メールを誤送信し、100名のアドレスが流出
事例3）　2017年10月：B工業傘下のB販売がキャンペーン応募者にメール送信する際、送信先をTOではなく誤ってBCCに入力し985名のメールアドレスが流出

また、BCCメールは、メールの受手側のプロバイダやキャリアによっては、迷惑メールに仕分けられて、受信がブロックされるリスクもあります。そこで、モデル規定ではBCCによる一斉送信を禁止しています。

社内SNS

4．電子メールの短所として、一度送信してしまうと取り消せないという点があります。また、電子メールが基本的に1対1のコミュニケーションであるため、一斉送信を行った場合であっても、その返信は個別に届くことになります。これに対し、最近普及し始めた社内SNSでは、送信後の取消や修正が可能なものがほとんどです。また、複数の者とのコミュニケーションを前提として設計されているため、一度に複数の者とのやりとりが便利という利点もあります。

また、記録が時系列で残されるので、過去の情報をさかのぼって確認することも簡単です。さらに、大量のスパムメールに埋もれてメールを見落とす心配がないなど、情報の管理に関する多くの無駄を省くことができます。

短所としては、様々なツールが乱立していることから、会社できちんと使用すべきツールを限定しないと、どこから何が届いたかわからなくなってしまうことや、もともとプライベートの交流を目的に開発されているものが多いので、ビジネス仕様のものを選択しないと公私混同が起きやすい（シャ

第６章　文書の整理及び保管

（従業員の整理義務）

第26条　従業員は、文書の保存期間並びに分類及び名称に従い、次の各号に掲げる整理を行わなければならない。

⑴　作成又は取得した文書について分類し、名称を付するとともに、保存期間及び保存期間の満了する日を設定すること。

⑵　相互に密接な関連を有する文書を文書ファイルにまとめること。

⑶　前号の文書ファイルについて分類し、名称を付するとともに、保存期間及び保存期間の満了する日を設定すること。

（文書等の分類及び名称）

第27条　文書及び文書ファイルは、当該部門の事務及び事業の性質、内容等に応じて系統的（３段階の階層構造）に分類し、わかりやすい名称を付さなければならない。

（整理の原則）

第28条　現用文書は、常にその内容に応じた適切な方法により、一定のルールのもとにファイリングをして整理し、処理済のものと処理未了のものの区別を明らかにしておかなければならない。

条文の見出し／キーワード	作成基準の解説
	ドーITも含む）等があります。
（従業員の整理義務）	文書の整理・保存に関して、個々の従業員が行うべき作業を明確にする規定です。基本の流れは、次のとおりです。 ①　各文書の内容ごとの分類 ②　各文書の保存期間ごとの分類 ③　文書ファイルごとに取りまとめる ④　文書ファイルごとの保存期間の設定
（文書等の分類及び名称） ３段階の階層構造	１．文書ファイルの整備に関する規定です。会社の実態に合わせ、能率的に整理できるよう規定します。 ２．行政文書の取扱いに従い「大分類」「中分類」「小分類」の３段階のツリー構造をイメージしています。会社が取り扱う文書のボリューム等により、アレンジしてください。
（整理の原則） ファイリングの配列の例	１．現用文書は、日常的に活用する必要があり、整理整頓が必須になります。「文書を探す」時間は会社経営上の大きなコストです。 ２．組織としての文書の検索性を高めるために、各従業員ごとに文書を保存するのではなく、組織内の文書の共有化を図るとともに、分類の配列（文書ファイル管理簿への記載順序やファイリングキャビネットの中の並べ方等）を工夫することが望まれます。配列の例は次のようなものが考えられます。 ①　仕事の進行順序や月日の順序 ・計画 → 実施 → まとめ ・設計 → 施工 → 検査 ・発注 → 納品 → 支払 ・４月 → ５月 → ６月

（保管の方法）

第29条　現用文書は、単独で管理することが適当であるものを除き、文書ファイルごとにファイリングし、当該文書を利用する部門の事務室のキャビネット等に保管しなければならない。

2　前項にかかわらず、機密文書その他の重要な文書は、施錠できる金属性キャビネット等に保管するものとする。

3　文書のファイリング方法等については、別に定める。

（文書の保管期間）

第30条　文書（特定個人情報を除く。）の保管期間は、処理の済んだ時から長くとも２年間として主管部門の定める期間とする。ただし、主管部門の定めた保管期間に満たない保管文書であっても、それ以上の保管を要しないものは、速やかに保存をし、又は廃棄するものとする。

2　特定個人情報の保管は、法定の保存年限に従うものとする。

条文の見出し／キーワード	作成基準の解説
	②　全般・共通・総括から個別への順序、通例・通常・普通から特例・特殊・特別への順序 ・定期調査 → 特別調査 ・人事全般 → 配置転換
（保管の方法）	1．現に業務に用いる文書をファイリングする目的は、文書を関連性・共通性に従って整理をし、後で活用しやすくすることにあります。
ファイリングの方法	2．関連する文書をひとまとめにした最も小さい単位のことを「ファイル」といいます。ファイルの分類・整理方法（ファイリング）には、次の3種類があります。

ファイリング	概要	特徴等
①　バーティカル・ファイリング	まとまりのある書類をフォルダー（厚紙を2つに折った紙挟み）に収め、タイトルを付けたもの（個別フォルダー）を引き出しのついたキャビネットに直接収納する方法	収納場所を取らない方法ですが、個別フォルダーの管理を厳格にしないと書類が散逸してしまうことがあります。
②　ボックス・ファイリング	個別フォルダーをファイルボックスに収め書庫等に収納する方法	
③　簿冊式ファイリング	文書を個別フォルダーにまとめず、2穴のフラットファイルやバインダーに綴じ込んでまとめる方法	時系列でまとめる書類やマニュアルのようにノンブルが振ってあるような書類の収納に向いています。書類の順番が前後したり、散逸する可能性は少ないですが、保管場所を多くとってしまいます。

条文の見出し／キーワード	作成基準の解説
（文書の保管期間）	1．各部門で管理する現用文書の保管期間は、原則として当該年度発生の文書と、前年度に発生した文書の2年程度に限定するのがよいでしょう。
	2．特定個人情報については、番号利用法20条の保管制限に従うことになります。つまり、保管期間と保存期間を分けて管理することなく、法定の保存期間は主管部門が保管し、当該期間を経過した場合は速やかに廃棄します。

第7章　文書の保存及び廃棄

（保存期間）

第31条　文書は、次の各号に掲げる文書の区分に応じ、それぞれ当該各号に定める期間保存するものとする。ただし、関係法令により保存年限が定められている文書は、当該法令に定めるところによる。

⑴　第1類に属する文書…30年（石綿障害予防規則に係るものは40年）

⑵　第2類に属する文書…10年

⑶　第3類に属する文書…7年

⑷　第4類に属する文書…5年

⑸　第5類に属する文書…3年

⑹　第6類に属する文書…1年又は事務処理上必要な1年未満の期間

⑺　従業員が業務に常時利用するものとして継続的に保存すべき文書…無期限

2　株主名簿、顧客台帳等、事案の発生や変更等に伴い、記載事項が随時、追記・更新される台帳や、規程の制定又は改廃等に伴い、随時、追記・更新される規程集等、従業員が業務に常時利用するものとして継続的に保存すべき常用文書の保存期間については、

条文の見出し／キーワード	作成基準の解説
ナレコムの法則	3．その理由として、文書の経過年数と利用度に相関関係があるためです。これを「ナレコムの法則」といいます。この法則によれば、「仕事で使う書類の99％が1年以内に作成したもの」ということです。

➢ 文書の経過年数と利用度（ナレコムの法則）

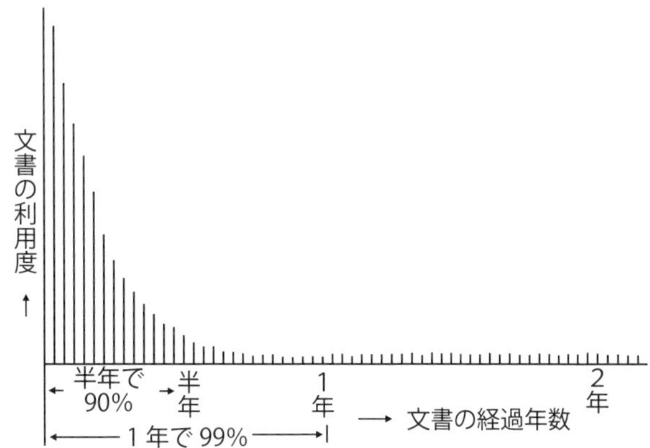

条文の見出し／キーワード	作成基準の解説
（保存期間）	1．保存期間を決定するには、①原本か、②法定保存年限が存在するか、③時効はあるか、以上の観点を保存の最短期間にして検討するとよいでしょう。 2．保存期間の分類をいくつにするかは、それぞれの会社で任意で定めるとよいでしょう。法定保存年限には、「2年」「4年」が存在しますが、そのような場合は、それより長い保存期間に分類して、法定保存年限が経過した時点で廃棄するとよいでしょう。 3．文書の保存が大切であるというと「より長く保存することがよいことだ」と考えてしまいがちです。しかし、書類を不必要に長く多く保存するということは、それだけ会社が多くのリスクと費用を抱えてしまうという側面も忘れないでください。特に特定個人情報の保管制限にも留意してください。
保存	4．「JISX0902－1：2005」の定義によれば、「保存」とは「真

期限のない保存期間とする。また、文書ファイル管理簿の保存期間欄への記載は、「無期限」とする。

3　第1項各号及び前項の文書の分類は、文書保存期間基準（別表）の定めるところによる。

4　文書管理者は総括文書管理者の指示に従い、その年度の事案の完了した文書を文書ファイルごとに製本し、保存を開始するものとする。

5　保存期間は、文書ファイルごとに適用するものとする。

条文の見出し／キーワード	作成基準の解説

正な記録を長期にわたり技術的、内容的に存続し続けられるようにするためのプロセス及び運用」をいいます。

文書ファイルごとの適用

5.「保存期間は、文書ファイルごとに適用する」とは、文書をバラバラに保管するのではなく、ファイルを単位として保管するという趣旨です。

永年保存の是非

6.『行政文書の管理に関するガイドライン』では、文書保存期間についても具体的な基準を示しています。注目すべきはガイドラインにおける保存期間には「永年保存」がないという点です。永年保存ということは、永久にその文書を放置することにつながり、かえってリスクが高いという理由からです。保存期間は最長でも30年とし、これを一区切りとして保存継続の必要性の見直しを的確に行うというのが、現在の考え方であり、法律上も永年保存を義務づけた書類は存在しません。

無期限

7. しかしながら、例えば、会社法31条は、記載事項が随時、追記・更新されることが予想される定款は、会社が存続する限り、会社が定めた場所に備え置かなければならないことを規定しています。また、顧客台帳等のように従業員が常時利用するもの、株主名簿等のように事案の発生や変更等に伴い、記載事項が随時、追記・更新される文書、規程の制定又は改廃等に伴い、随時、追記・更新される規程集等、常時利用するものとして継続的に用いられるものも存在します(つまり、会社が存続する限り現用文書であり、保存という概念がないもの)。このような文書については、あえて保存期間を設けず「無期限」(又は「常用」) と分類しておきます。実質上、永年保存と同じことです。

法定の保存期間は定められていないが、文書の性質上、事業が存続する間、継続的に保存すべきもの	・定款 ・株主名簿、新株予約権原簿、社債原簿、端株原簿、株券喪失登録簿 ・社規、社則及びこれに類する通達文書 ・登記関係書類（権利証など） ・官公署からの許可書・認可書 ・知的所有権に関する関係書類 ・効力が永続する契約に関する文書 ・重要な権利や財産の得喪等に関する文書

条文の見出し／キーワード	作成基準の解説

上記のほか、実質上永年保存とされている場合が多いもの	・株主総会議事録 ・取締役会議事録 ・稟議書、重要決裁文書 ・財務諸表及び附属明細書 ・固定資産台帳 ・顧客名簿 ・印鑑登録簿　等

8．公文書管理法では、事案の発生や変更等に伴い、記載事項が随時、追記・更新される台帳や法令の制定又は改廃等に伴い、随時、追記・更新される法令集など、行政職員が業務に常時利用するものとして継続的に保存すべき行政文書（常用文書）については、「無期限」としています（公文書管理法施行令別表の30項）。

9．『行政文書の管理に関するガイドライン』では、文書の保存期間を原則１年以上としつつ、その例外として「１年未満」で廃棄してもよい文書として次の７つの類型を例示しました。

①　別途、正本・原本が管理されている行政文書の写し
②　定型的・日常的な業務連絡、日程表等
③　出版物や公表物を編集した文書
④　○○省の所掌事務に関する事実関係の問合せへの応答
⑤　明確な誤り等の客観的な正確性の観点から利用に適さなくなった文書
⑥　意思決定の途中段階で作成したもので、当該意思決定に与える影響が極めて小さい文書
⑦　保存期間表において、保存期間を１年未満と設定することが適当なものとして、業務単位で具体的に定められた文書

電子文書の保存

10.『行政文書の管理に関するガイドライン』では、電子文書の保存についても、その留意点を示しています。

①　電子文書の正本・原本は、文書の改ざんや漏えい等の防止等の観点から、文書管理システムで保存する。
②　文書管理システム以外で保存する電子文書がある場合には、適切なアクセス制限を行う。
③　長期に保存する電子文書については、国際標準化機構

（保存期間の起算日）

第32条　保存期間の起算日は、文書を作成し、若しくは取得した日（法定の起算日があるときは当該日）又は保管が終了した日（以下「保存期間起算日」という。）の属する年度の翌年度の初日とする。ただし、保存期間起算日から１年以内の日であって年度の初日以外の日を起算日とすることが文書の適切な管理に資すると総括文書管理者が認める場合にあっては、その日とする。

（保存期間の延長）

第33条　保存期間が満了した文書ファイルについては、総括文書管理者、副総括文書管理者及び文書管理者が協議して、なお保存を要すると認める場合は、当該保存期間を超えて保存するものとする。この場合において、当該保存期間を超えて保存する期間（次項及び第35条において「延長保存期間」という。）は、総括文書管理者が定める期間とする。

2　前項の規定は、延長保存期間が満了した文書ファイルについて準用する。

条文の見出し／キーワード	作成基準の解説
	（ISO）が制定している長期保存フォーマットの国際標準等で保存するなど、利活用が可能な状態で保存する。
（保存期間の起算日）	１．モデル規程のように、保存期間の起算日を年度の初日と定めておくと、保存期間の満了日が年度の末日に統一されるため、文書廃棄等の事務の効率化が図れます。起算日はそのままにしておいて、保存期間の満了日を年度の末日まで延長するという規定方法も可能です。
保存期間の管理	２．保存期間の管理の例は、次のとおりです。 ＜例：保存年限が５年の場合＞

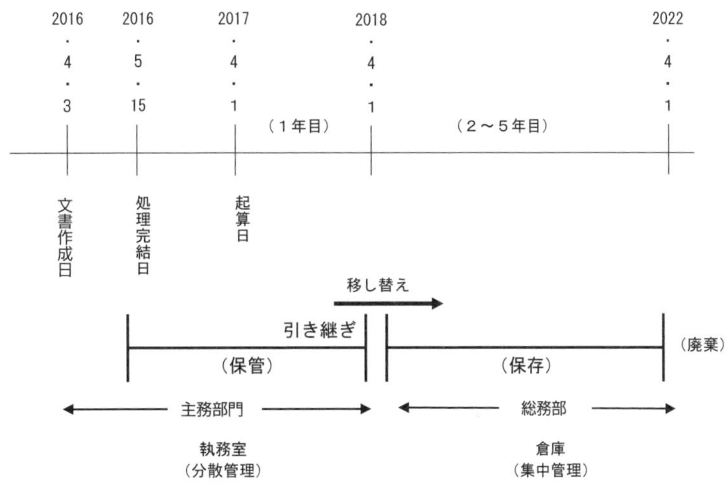

条文の見出し／キーワード	作成基準の解説
（保存期間の延長）	文書は保存期間が経過した後に、すみやかに廃棄するのが原則です。ただし、保存期間が過ぎても業務の遂行上必要不可欠な文書も存在します。その場合には、保存期間を過ぎても保有しなければならない理由と新たに設定した保存期間を当該文書に明記したうえで、保存を継続することになります。

（電子文書の保存場所・方法）

第34条　電子文書は、文書管理者による確認の上、次の各号に定めるところにより、サーバー又はクラウド上に設定された共用の保存場所（以下「共用フォルダ」）に保存しなければならない。

⑴　電子文書の正本・原本は、会社が定める文書管理システム等で保存し、文書の改ざんや漏えい等の防止等の観点から、必要に応じ、適切なアクセス制限を行った上で保存すること。

⑵　保存期間が○年を経過した電子文書については、副総括文書管理者が管理すること。

⑶　保存期間満了時の措置を移管としたもので、電子文書で移管するものは、適切な方式で保存すること。

⑷　長期に保存する電子文書については、国際標準化機構（ISO）が制定している長期保存フォーマットの国際標準等で保存するなど、利活用が可能な状態で保存すること。

⑸　電子文書は、情報セキュリティポリシーの規定に従い、必要に応じ、電子署名の付与を行うとともに、バックアップを保存すること。

⑹　共有フォルダを保存先として活用する際は、共有フォルダについて、文書ファイル管理簿上の分類に従った階層構造にする等、共有フォルダの構成を文書ファイル等として管理しやすい構造とすること。

（文書の廃棄）

第35条　保存期間（第33条の規定により保存期間を延長した場合にあっては、延長保存期間）を経過した文書ファイルについては、総括文書管理者、副総括文書管理者又は文書管理者が、その権限に応じて、廃棄処分に付するものとする。

2　廃棄処分に当たっては、文書の内容に応じた適切な措置を講ずるものとし、当該文書に個人情報又は秘密情報が記録されているときは、当該個人情報又は秘密情報が漏えいしないようにするものとする。

3　廃棄処分は、焼却、溶解、磁気データの物理的破壊等の少なくとも当該文書が復元できない程度となるよう行わなければならない。また、廃棄処分を行った事実を記録しておかなければならない。

4　前項の廃棄処分は、総括文書管理者がその適格性を認めた外部業者に行わせることができる。この場合において、総括文書管理者は、当該業者に対し、廃棄が完了した日時、当該文書が復元できない程度に廃棄又は削除した旨等の証明を、書面により求めるものとする。

条文の見出し／キーワード	作成基準の解説
（電子文書の保存場所・方法）	『行政文書の管理に関するガイドライン』に定められている共有フォルダの整理方法の例は次のとおりです。
共有フォルダの整理方法の例	

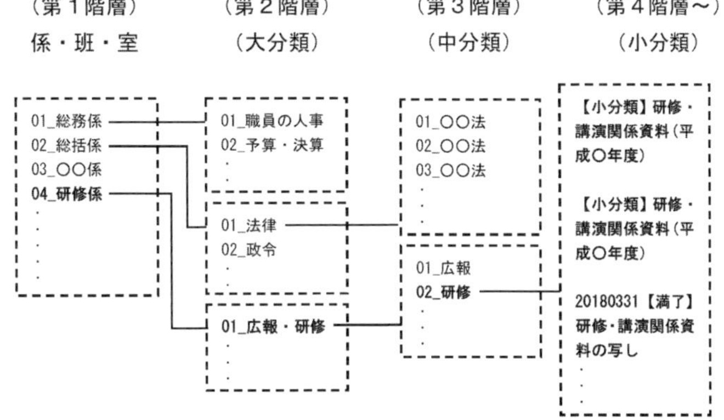

条文の見出し／キーワード	作成基準の解説
（文書の廃棄）	１．文書廃棄に関する規定です。不開示情報の漏えい防止も定めます。
廃棄	２．「JISX0902－１:2005」の定義によれば、「廃棄」(destruction)とは、「記録を除去又は削除して、いかなる再生も不可能にするプロセス」をいいます。
電磁的記録（HDD）の消去方法	３．パソコンのHDD上に記録されたデータを消去する現在有効な方法としては、次のものがあります。 ①　専用ソフトにてHDD全体を固定パターン等にて１回以上、上書きすることにより塗りつぶしてデータを消す方法 ②　専用装置にて電気的、磁気的に塗りつぶす方法（場合によっては物理的な破壊を伴う場合もある） ③　HDDに対して物理的に破壊する方法 （「2010年２月『パソコンの廃棄・譲渡時におけるハードディスク上のデータ消去に関する留意事項』社団法人 電子情報技術産業協会・パーソナルコンピュータ事業委員会・PCユーザーサポート専門委員会」参照）

第8章　秘密文書

（秘密文書）

第36条　秘密文書の取扱いに関して必要な事項は、営業秘密等管理規程に定めるところによるものとする。

第9章　雑　則

（研修の実施）

第37条　総括文書管理者は、従業員に対し、文書の管理を適正かつ効率的に行うために必要な知識及び技術を習得させ、又は向上させるために必要な研修を行うものとする。

2　前項の研修は、各従業員が少なくとも毎年度1回受講できる環境を提供した上で行われるべきものとする。この場合において、会社は、e-ラーニングの活用を含め、効率性や受講のしやすさに配慮するものとする。

3　文書管理者は、総括文書管理者及びその他機関が実施する研修に従業員を積極的に参加させなければならない。

（点検・監査）

第38条　文書管理者は、自ら管理責任を有する文書の管理状況について、少なくとも毎年度一回、点検を行い、その結果を総括文書管理者に報告しなければならない。

2　会社は、監査責任者を専任し、文書の管理状況について、少なくとも毎年度一回、監査を行い、その結果を総括文書管理者に報告しなければならない。

3　総括文書管理者は、点検又は監査の結果等を踏まえ、文書の管理について必要な措置を講じるものとする。

4　前各項とは別に、従業員は、部門ごとに四半期ごとを目安に自主点検を行わなければならない。

条文の見出し／キーワード	作成基準の解説
（秘密文書） 委任規定	1．秘密文書の取扱いに関する規定です。 2．本条のように詳細を他の規程（あるいは下部規程）に定めることを規定するものを「委任規定」といいます。
（研修の実施）	文書管理の根本課題は、文書の私物化・属人化の容認と不要文書の氾濫です。これから脱するには、従業員の意識改革が必要です。そのため従業員の文書管理の重要性の理解、文書管理の方法・ルールの共有と実践、及び改善を体系的に行うことが必要です。さらに、各種ISO等の認証においては、研修の実施が義務づけられている場合があります。
（点検・監査） 点検	1．文書管理に関するコンプライアンスを確保し、適正な文書管理を、組織及び従業員一人ひとりに根付かせ維持するためには、点検・監査の効果的な実施が必要です。このため、少なくとも毎年度一回、従業員による文書の作成や保存が適切に行われているかどうか点検・監査を実施し、その中で、具体的な指導を継続することにより、組織としての文書管理レベルの向上と従業員一人ひとりの文書管理スキルの向上を図ることとしたものです。 2．点検項目として次のようなものが考えられます。 ①　作成すべき文書が適切に作成されているか。 ②　文書管理者は、文書ファイル等の保存場所を的確に把握しているか。 ③　文書ファイル等の保存場所は適切か。 ④　個人的な執務の参考資料は、従業員各自の机の周辺のみ

（紛失等への対応）

第39条　文書管理者は、文書ファイル等の紛失及び誤廃棄が明らかとなった場合は、直ちに総括文書管理者に報告しなければならない。

2　総括文書管理者は、前項の報告を受けたときは、速やかに被害の拡大防止等のために必要な措置を講じるものとする。

（改　廃）

第40条　この規程の改廃は、総括文書管理者が起案し、取締役会の決議による。

条文の見出し／キーワード	作成基準の解説
	に置かれているか（共用のファイリングキャビネットや書棚に置かれていないか）。 ⑤ 文書ファイル等は、識別を容易にするための措置が講じられているか。 ⑥ 文書ファイル等の分類、名称、保存期間、保存期間満了日及び保存場所等が文書ファイル管理簿に適切に記載されているか。 ⑦ 移管すべき文書ファイル等が適切に移管されているか。 ⑧ 廃棄するとされた文書ファイル等は適切に廃棄されているか。 ⑨ 誤廃棄を防止する措置は採られているか。 ⑩ 従業員に対する日常的指導は適切になされているか。 ⑪ 異動や組織の新設・改編・廃止に伴う事務引継の際、適切に行政文書ファイル等が引き継がれているか。
監査	3．監査については、監査責任者が監査計画、監査要領や監査マニュアルを作成するとともに、文書管理者の点検結果等を十分に活用することにより、計画的かつ効果的に実施することが重要とされています。また、監査実施後は、監査報告書を作成し、文書管理者における必要な改善を促すとともに、監査手法の有効性の検証や評価を行うことが重要です。
（紛失等への対応）	紛失及び誤廃棄については、組織的に対応すべき重大な事態であることを認識させ、被害の拡大防止や業務への影響の最小化等を図る趣旨の規定です。
（改　廃）	この規程は、レベル１の規程とし、総括文書管理者たる総務部長が起案し、取締役会の決議をもって改廃します。

文書保存期間基準

別表

文書保存期間基準

分類記号番号	文書の区分	保存期間	保存期間の起算日の条件
共通1	定款	無期限	
共通2	株主名簿、新株予約権原簿、社債原簿、端株原簿、株券喪失登録簿	無期限	
共通3	登記・訴訟関係書類（権利証など）	無期限	
共通4	施設、事業等の設置又は廃止に関するもので重要なもの	30年	当該施設、事業等の廃止した日の属する年度の翌年度の初日
共通5	施設、事業等の設置又は廃止に関するもので軽易なもの	5年	当該施設、事業等の廃止した日の属する年度の翌年度の初日
共通6	事務所移転等に関するもの	5年	使用、貸借等契約に関しては、当該契約期間満了日の属する年度の翌年度の初日
共通7	官公庁その他外部との間の受発文書、調査等の報告、提出資料等で重要なもの	30年	
共通8	官公庁その他外部との間の受発文書、調査等の報告、提出資料等で軽易なもの	3年	
共通9	官公庁その他外部からの照会等への回答等で重要なもの（正式な文書によらないもの等）	1年	
共通10	官公庁その他外部からの照会等への回答等で軽易なもの（正式な文書によらないもの等）	1年未満	不要になった後
共通11	会社内外の通知等で業務上の規範となるもの及び内規、事務等の手引等	5年	廃止又は内容が無効になった日の属する年度の翌年度の初日
共通12	会社内部の通知、伺等で特に重要なもの	10年	
共通13	会社内部の通知、伺等で重要なもの	3年	
共通14	会社内部の通知、伺等で軽易なもの及び事務連絡に類するもの	1年	
共通15	会社内部の事務連絡で軽易なもの	1年未満	周知後
共通16	各種助成・経費補助を行う事業に関するもので軽易なもの	5年	
共通17	会社で発行する広報資料、刊行物、従業員録、規程集等（保存用）	30年	
共通18	ホームページのコンテンツ作成及び更新に関するもので重要なもの	3年	
共通19	ホームページのコンテンツ作成及び更新に関するもので軽易なもの	1年	
共通20	訴訟及び訴願に関するもの	30年	
共通21	弁護士、公認会計士等外部有識者への意見聴取に関するもの	5年	
共通22	苦情処理に関するもの	3年	
共通23	業務日誌	5年	
共通24	事務打合せの資料等で重要なもの	1年	
共通25	事務打合せの資料等で軽易なもの	1年未満	不要になった後

共通26	月間・週間予定	1年未満	不要になった後
共通27	本部事務所内の会議室等の使用に関するもの	1年未満	使用後
総務1	法人登記に関するもの	永年	
総務2	取締役会議事録	永年	
総務3	監査役会議事録	永年	
総務4	重要会議の記録	30年	
総務5	業務方法書、規則等の制定改廃に関するもの	30年	
総務6	法令、規則、通達、回答等で会社の業務方法書、規則等の規範又は事業運営の規範となるもの	30年	
総務7	監査に関するもので重要なもの	10年	
総務8	年間監査計画等に関するもの	5年	
総務9	監査実施報告等に関するもの	5年	
総務10	組織の設置及び改廃に関するもの	30年	
総務11	組織の定員に関するもの	30年	
総務12	会社の沿革記録に関するもの	30年	
総務13	公印の制定及び改廃に関するもの	30年	
総務14	取締役会の運営、開催、資料、記録等に関するもの	30年	
総務15	部長・上長連絡会の資料、記録等に関するもの	5年	
総務16	中期計画及び年度計画の策定及びフォローアップに関するもの	30年	
総務17	自動車運行に関するもの	1年	
文書1	公印原簿	30年	
文書2	公印規程関係文書（公印原簿を除く。）	5年	
文書3	起案文書処理簿	30年	
文書4	文書ファイル管理簿	30年	
文書5	文書管理規程関係文書	5年	
人事1	役員の任免に関するもの	30年	
人事2	役員の兼業及び併任に関するもの	30年	
人事3	従業員の採用及び退職に関するもの	30年	
人事4	非常勤による委嘱又は雇用に関するもの	5年	
人事5	採用試験等の実施に関するもの	3年	
人事6	従業員の任免に関するもの	30年	
人事7	従業員の昇給及び服務に関するもの	10年	
人事8	従業員の分限及び懲戒に関するもの	30年	
人事9	従業員の育児休業等に関するもの	5年	休業期間の終了日の属する年度の翌年度の初日
人事10	役員の人事記録に関するもの	30年	当該従業員の退職日の属する年度の翌年度の初日
人事11	非常勤従業員の人事記録に関するもの	5年	当該従業員の退職日の属する年度の翌年度の初日
人事12	出勤簿及び勤務時間に関する命令簿・報告書	5年	
人事13	出張に関するもの	5年	

人事14	年次有給休暇及び特別有給休暇等の届出	3年	
人事15	従業員の勤務評定に関するもの	5年	
人事16	従業員の研修に関するもので重要なもの	10年	
人事17	従業員の研修に関するもので軽易なもの	3年	
人事18	表彰等に関するもの	10年	
会計1	計算書類及び附属明細書（貸借対照表、損益計算書、株主資本等変動計算書、個別注記表）	10年	作成した日の属する年度の翌年度の初日
会計2	会計帳簿及び事業に関する重要書類（総勘定元帳、各種補助簿、株式申込簿、株式割当簿、株式台帳、株式名義書換簿、配当簿、印鑑簿など）	10年	帳簿閉鎖の時の属する年度の翌年度の初日
会計3	取引に関する帳簿（仕訳帳、現金出納帳、固定資産台帳、売掛帳、買掛帳など）	7年	
会計4	取引証憑書類（請求書、注文請書、契約書、見積書、仕入伝票など）	7年	
会計5	給与所得者の扶養控除等（異動）申告書、配偶者特別控除申告書、保険料控除申告書	7年	提出期限の属する年の翌年1月10日の翌日
その他1	その他上記に準ずるものであって、最低30年保存が必要であると認められるもの	30年	
その他2	その他上記に準ずるものであって、最低10年保存が必要であると認められるもの	10年	
その他3	その他上記に準ずるものであって、最低5年保存が必要であると認められるもの	5年	
その他4	その他上記に準ずるものであって、最低3年保存が必要と認められるもの	3年	
その他5	その他上記に準ずるものであって、最低1年保存が必要と認められるもの	1年	
その他6	その他上記に準ずるものであって、1年以上の保存を必要としないと認めるもの	1年未満	

様式第１号

文書ファイル管理簿

作成（取得）時期	文書分類			文書ファイル名	保存期間	保存期間満了時期	媒体の種別	保存場所	主管部門	保存期間満了時の措置結果	備考
	大分類	中分類	小分類								

【備考】

1　「作成（取得）時期」は、文書ファイルにまとめられた文書のうち、作成（取得）された時期が最も古いものの作成（取得）年度等を西暦で記載する。

2　「文書ファイル名」は、能率的な事務又は事業の処理及び文書の適切な保存の目的を達成するためにまとめられた相互に密接な関連を有する文書（保存期間が１年以上のもので、当該保存期間を同じくすることが適当なもの）の集合物であり、保存・廃棄について同じ取扱いをすることが適当であるものとする。

3　「保存期間」は、文書ファイルにまとめられた文書のうち、保存期間の満了する日の最も遅いものの時期までの期間とする。

4　「保存期間満了時期」は、文書ファイルにまとめられた文書のうち、保存期間の満了する日が最も遅いものの時期とする。

5　「媒体の種別」は、紙、電子情報等の別を記載する。

6　「保存場所」は、事務室、書庫、データ保管庫等の別を記載する。

7　「主管部門」は、当該ファイルを管理している部門を記載する。

8　「保存期間満了時の措置結果」は、保存期間が満了した時点で「廃棄」、「保存期間の延長」等と記載する。
なお、「保存期間の延長」の場合は、新たに同一ファイル名の管理簿情報を追加する。

文書収受簿

様式第２号

文書収受簿

収受番号	受付月日	件名	発信者	受信者	配付月日	受領者	備考
	／						
	／						
	／						
	／						
	／						
	／						
	／						
	／						
	／						
	／						
	／						
	／						
	／						
	／						
	／						
	／						
	／						

特殊取扱郵便物受付簿

様式第３号

特殊取扱郵便物受付簿

受付月日	種類	記号番号	発信者		配付先	受領印	備考
			氏名	住所			
／		- - -					
／		- - -					
／		- - -					
／		- - -					
／		- - -					
／		- - -					
／		- - -					
／		- - -					
／		- - -					
／		- - -					
／		- - -					
／		- - -					
／		- - -					
／		- - -					
／		- - -					
／		- - -					

文書発信番号簿

様式第４号

文書発信番号簿

番　号	月　日	件　　名	宛　先	起案月日	決裁月日	起案者	備　考
	／			／	／		
	／			／	／		
	／			／	／		
	／			／	／		
	／			／	／		
	／			／	／		
	／			／	／		
	／			／	／		
	／			／	／		
	／			／	／		
	／			／	／		
	／			／	／		
	／			／	／		
	／			／	／		
	／			／	／		
	／			／	／		
	／			／	／		
	／			／	／		

【参考】 法定文書保存期間一覧（法令に根拠がある主なもの）

法定文書保存期間一覧（法令に根拠がある主なもの）

分　類	文書名	起算日	根拠条文	年　限
総務・庶務	株主総会議事録（本店備置き分が10年。支店備置き分はその謄本を5年保存）	株主総会の日	会社法318	10年
	取締役会議事録（本店備置き）	取締役会の日	会社法371	
	監査役会議事録（本店備置き）	監査役会の日	会社法394	
	委員会の決議の議事録（委員会設置会社のみ）	委員会の日	会社法413	
	製品の製造、加工、出荷、販売の記録 ※民法724の規定では、20年が期限	製品の引渡し日（身体に蓄積した場合は、その損害が生じた時から起算）	製造物責任法5、6	
	事業報告（本店備置き分。支店備置き分はその謄本を３年保存）	株主総会の1週間（取締役会設置会社は2週間）前の日	会社法442	5年
	有価証券届出書·有価証券報告書及びその添付書類、訂正届出（報告）書の写し	内閣総理大臣に提出した日	金融商品取引法25	
	産業廃棄物管理票（マニフェスト）の写し	管理票の写しを受領した日	廃棄物の処理及び清掃に関する法律施行規則８の26	
	産業廃棄物処理の委託契約書	契約終了日	廃棄物の処理及び清掃に関する法律施行規則8の4の3	
	四半期報告書、半期報告書及びその訂正報告書の写し	内閣総理大臣に提出した日	金融商品取引法25	3年
	官公署関係の簡易な認可・出願等の文書	出願・受領日		
	業務日報、社内会議の記録、軽易な契約関係書類、参照の必要性のある文書など	記録・作成日		
	臨時報告書、自己株券買付状況報告書及びそれぞれの訂正報告書の写し	内閣総理大臣に提出した日		1年
	当直日誌、軽易な往復文書、受信・発信文書、通知書類・調査書類・参考書類など	記入日、作成日		
	個人情報の第三者提供に係る記録	最後に当該記録に係る個人データの提供を行った日	個人情報保護委員会規則14	原則3年 例外1年

分　類	文書名	起算日	根拠条文	年　限
総務・庶務	個人情報の第三者提供を受ける際の記録	最後に当該記録に係る個人データの提供を受けた日	個人情報保護委員会規則18	原則3年例外1年
経理・税務	計算書類及び附属明細書（貸借対照表、損益計算書、株主資本等変動計算書、個別注記表）	作成した時	会社法435	10年
	会計帳簿及び事業に関する重要書類（総勘定元帳、各種補助簿、株式申込簿、株式割当簿、株式台帳、株式名義書換簿、配当簿、印鑑簿など）	帳簿閉鎖の時	会社法432 ※括弧内の書類は主なもの	
経理・財務	取引に関する帳簿（仕訳帳、現金出納帳、固定資産台帳、売掛帳、買掛帳など）※証憑書類のうち取引に関する事項（法人税法施行規則の別表22に定める記載事項の全部又は一部）を帳簿に記載することに代えて、記載されている書類を整理保存している場合の書類を含む	帳簿閉鎖日及び書類作成日・受領日の属する事業年度終了の日の翌日から2か月を経過した日（当該事業年度分の申告書提出期限の翌日）	法人税法126、法人税法施行規則59、63	7年
	決算に関して作成された書類で会社法で10年保存が義務づけられている書類以外のもの			
	現金の収受、払出し、預貯金の預入れ・引出しに際して作成された取引証憑書類（領収書、預金通帳、借用証、小切手、手形控、振込通知書など）			
	有価証券の取引に際して作成された証憑書類（有価証券受渡計算書、有価証券預り証、売買報告書、社債申込書など）			
	取引証憑書類（請求書、注文請書、契約書、見積書、仕入伝票など）			
	電子取引の取引情報に係る電磁的記録（取引に関して受領又は交付する注文書、契約書、送り状、領収書、見積書その他これらに準ずる書類に通常記載される事項の記録）		電子帳簿保存法施行規則8	
	給与所得者の扶養控除等（異動）申告書、配偶者特別控除申告書、保険料控除申告書	翌年1月10日の翌日	国税通則法70～73	
	給与所得者の住宅借入金等特別控除申告書	課税関係終了の日		
	源泉徴収簿（賃金台帳）	法定申告期限		
	課税仕入等の税額の控除に係る帳簿、請求書等（5年経過後は、帳簿又は請求書等のいずれかを保存）	課税期間の末日の翌日から2か月を経過した日	消費税法30、消費税法施行令50、消費税法施行規則15の3	
	資産の譲渡等、課税仕入、課税貨物の保税地域からの引取りに関する帳簿		消費税法58、消費税法施行令71	
	監査報告書（本店備置き分。支店備置き分はその謄本を3年保存）（監査役設置会社等の場合）	定時株主総会の1週間（取締役会設置会社は2週間）前の日	会社法442	5年

分 類	文書名	起算日	根拠条文	年 限
経理・財務	会計監査報告書（本店備置き分。支店備置き分はその謄本を3年保存）（会計監査人設置会社の場合）	定時株主総会の1週間（取締役会設置会社は2週間）前の日	会社法442	5年
	会計参与が備え置くべき計算書類、附属明細書、会計参与報告書（会計参与設置会社のみ、会計参与が定めた場所に備置き）		会社法378	
	非課税貯蓄申込書、非課税貯蓄申告書、非課税貯蓄限度額変更申告書、非課税貯蓄異動申告書、非課税貯蓄勤務先異動申告書、非課税貯蓄廃止申告書などの写し	これらの申告書、退職等に関する通知書等の提出があった年の翌年	所得税法施行令48、所得税法施行規則13、租税特別措置法施行令2の21、租税特別措置法施行規則3の6	
	海外転勤者の財産形成非課税住宅貯蓄継続適用申告書、海外転勤者の国内勤務申告書などの写し	これらの申告書、退職等に関する通知書等の提出があった年の翌年	所得税法施行令48、所得税法施行規則13、租税特別措置法施行令2の21、租税特別措置法施行規則3の6	5年
	金融機関等が保存する退職等に関する通知書			
人事	従業員の身元保証書、誓約書などの種類	作成日	身元保証ニ関スル法律1、2	5年
	雇用保険の被保険者に関する書類（雇用保険被保険者資格取得等確認通知書、同転勤届受理通知書、同資格喪失確認通知書（離職証明書の事業主控）など）	完結の日（その適用事業所を退職等した日。以下同じ）	雇用保険法施行規則143	4年
	労働者名簿	死亡・退職・解雇の日	労働基準法109、労働基準法施行規則56	3年
	賃金台帳（国税通則法では7年保存を義務付け）	最後の記入をした日		
	雇入れ・解雇・退職に関する書類	退職・死亡の日		
	災害補償に関する書類	災害補償の終わった日		
	賃金その他の労働関係の重要書類（労働時間を記録するタイムカード、残業命令書、残業報告書など）	完結の日（退職等でその適用事業所に在籍しなくなった日）		
	企画業務型裁量労働制についての労使委員会の決議事項の記録	有効期間の満了後	労働基準法施行規則24の2の3	
	労使委員会議事録	開催日	労働基準法施行規則24の2の4	
	労災保険に関する書類	完結の日	労働者災害補償保険法施行規則51	
	労働保険の徴収・納付等の関係書類（雇用保険被保険者関係届出事務等処理簿以外）		労働保険の保険料の徴収等に関する法律施行規則72	
	家内労働者帳簿	最後の記入をした日	家内労働法施行規則24	

分　類	文書名	起算日	根拠条文	年　限
人事	派遣元管理台帳	労働者派遣の終了の日	労働者派遣法37	3年
	派遣先管理台帳		労働者派遣法42	
	身体障害者等であることを明らかにすることができる書類（診断書など）	死亡・退職・解雇の日	障害者の雇用の促進等に関する法律施行規則45	
	雇用保険に関する書類（雇用保険被保険者関係届出事務等代理人選任・解任届など。労働保険の保険料の徴収等に関する法律又は同施行規則による書類は3年）	完結の日	雇用保険法施行規則143	2年
	健康保険・厚生年金保険に関する書類（被保険者資格取得確認及び標準報酬決定通知書、標準報酬改定通知書など）		健康保険法施行規則34、厚生年金保険法施行規則28	
労働安全衛生	クロム酸等の空気中における濃度の定期測定記録、測定結果の評価記録	作成日	特定化学物質障害予防規則36、36の2	30年
	特別管理物質についての作業の記録	当該事業場において常時当該作業に従事することとなった日	特定化学物質障害予防規則38の4	
	放射線業務従事者の線量の測定結果記録 ※当該記録を5年間保存した後、厚生労働大臣が指定する機関に引き渡すときはこの限りでない	作成日	電離放射線障害防止規則9	
	電離放射線健康診断個人票 ※当該記録を5年間保存した後、厚生労働大臣が指定する機関に引き渡すときはこの限りでない		電離放射線障害防止規則57	
	特別管理物質を取り扱う業務に常時携わる労働者の特定化学物質健康診断個人票 ※クロム酸等を取り扱う業務にあっては、クロム酸等を鉱石から製造する事業場においてクロム酸等を取り扱う業務に限る		特定化学物質障害予防規則40	
	粉じん濃度の定期測定記録、測定結果の評価記録		粉じん障害防止規則26、26の2	7年
	じん肺健康診断記録、じん肺健康診断に係るエックス線写真		じん肺法17	
	一般健康診断個人票		労働安全衛生規則51	5年
	有機溶剤等健康診断個人票		有機溶剤中毒予防規則30	
	鉛健康診断個人票		鉛中毒予防規則54	
	四アルキル鉛健康診断個人票		四アルキル鉛中毒予防規則23	
	特定化学物質健康診断個人票		特定化学物質障害予防規則40	
	高気圧業務健康診断個人票		高気圧作業安全衛生規則39	
	高圧室内業務の減圧状況の記録		高気圧作業安全衛生規則20の2	

分 類	文書名	起算日	根拠条文	年 限
労働安全衛生	線量当量率等の定期測定の記録	作成日	電離放射線障害防止規則54	5年
	放射性物質の濃度の定期測定の記録		電離放射線障害防止規則55	
	放射線事故に関する測定の記録		電離放射線障害防止規則45	
	安全委員会議事録		労働安全衛生規則23	3年
	衛生委員会議事録			
	安全衛生委員会議事録			
	救護に関する定期訓練の記録		労働安全衛生規則24の4	
	危険・有害業務に従事するときの安全衛生のための特別教育の記録		労働安全衛生規則38	

4

社内諸規程及び業務文書に関する作成基準

【参考資料】

○常用漢字表（平成22年11月30日内閣告示第2号）

○公用文における漢字使用等について（平成22年11月30日内閣訓令第1号）

○法令における漢字使用等について（平成22年11月30日内閣法制局総総第208号）

○外来語の表記（平成3年6月28日内閣告示第2号）

○現代仮名遣い（昭和61年7月1日内閣告示第1号）

○送り仮名の付け方（昭和48年6月18日内閣告示第2号、昭和56年10月1日一部改正）

○公用文作成の要領（昭和27年4月4日内閣閣甲第16号）

○文化庁『新訂　公用文の書き表し方の基準（資料集）』第一法規

○礒崎陽輔『分かりやすい公用文の書き方　改訂版』ぎょうせい

○法制執務用語研究会『条文の読み方』有斐閣

○地方自治法規実務研究会『条例・規則作成の手引』第一法規

○早坂剛『条例立案者のための法制執務』ぎょうせい

○自治体法務研究所編『新版　起案例文集　第1次改訂』ぎょうせい

第1章　総　則

（趣　旨）

第1条　規程管理規程に定める規程のほか、規則、細則及びマニュアル等（以下「社内諸規程」という。）並びに文書管理規程に定めるところにより会社が作成する文書（以下「業務文書」という。）の作成に用いる用字、用語、構成、配字等に関しては、この基準の定めるところによる。

（定　義）

第2条　この基準における用語の意義は、次の各号に掲げるものとする。

(1)　規程…業務の運営、取扱いを定めた文書の総体をいう。

(2)　規則…規程であって、特に法律、定款等で定められた事項に基づき、業務の運営、取扱いについて定めたものをいう。

(3)　細則…規程の実施のため細部事項を具体的に定めたものを総称する。

(4)　基準…細則であって、審査、評価等の方法について、統一化、単純化を図るため、条件や作業方法を具体的に標準化したものをいう。

(5)　マニュアル…規程、細則に基づいて、全体の業務手続や手順等を特にわかりやすく示したものをいう。

(6)　規定…条文形式による社内諸規程における個々の条項をいい、又は各条項に規定するその定めそのものをいう。

(7)　社外文書…業務文書のうち、通知状、依頼状、紹介状、挨拶状等の会社を代表して社外に発信する文書をいう。

(8)　社内文書…業務文書のうち、通達、指示書、通知書、報告書等の会社内で取り交わす文書をいう。

第2章　用字及び用語等

（用字及び用語）

第3条　社内諸規程及び業務文書の用字及び用語は、本条の定めるところにより、統一のとれた用い方を心がけなければならない。

2　漢字の字種及び音訓は、原則として、「常用漢字表」（平成22年11月30日内閣告示第2号）に記載しているものを用いる。ただし、仮名書きでわかりにくいもの、専門用語及

条文の見出し／キーワード	作成基準の解説
（趣　旨）	社内諸規程、業務文書の平仄を統一するためのルールを定めた基準です。
（定　義）	1．この基準で用いる「用語」の定義･意義を整理する規定です。モデル規程の総則規定は、「号方式」を採用しています。
規程と規定	2．一般的には、「規程」は、1つの社内諸規程全体を指し、「規定」は、その中の個々の条項を指します。
（用字及び用語）	1．社内諸規程の作成における漢字、仮名遣い、数字等の基準です。
用字	2．「用字」とは、文章に用いる文字及び符号をいいます。
用語	3．「用語」とは、文字又は文字の組合せによって表現される一定の意味を持った言葉をいいます。

び人名等については、常用漢字以外の漢字（常用漢字表に記載の漢字を常用漢字音訓欄以外の音訓で用いる場合を含む。）を用いることができる。

3　漢字の使用は、「公用文における漢字使用等について」（平成22年11月30日内閣訓令第1号）及び「法令における漢字使用等について」（平成22年11月30日内閣法制局総総第208号）による。

4　仮名は、平仮名を用いる。ただし、外来語及び外国語は片仮名（外国語の場合は、必要に応じてローマ字）を用いる。外来語の表現は、「外来語の表記」（平成３年６月28日内閣告示第２号）による。

5　仮名遣いは、「現代仮名遣い」（昭和61年７月１日内閣告示第１号）による。

6　送り仮名の付け方は、「送り仮名の付け方」（昭和48年６月18日内閣告示第２号、昭和56年10月１日一部改正）を参考にし、統一した用い方を心がけるものとする。

7　数字については、アラビア数字を用いる。

8　その他の用字について、この規程に定めるほか、一般的な事柄は、「公用文作成の要領」（昭和27年４月４日内閣閣甲第16号）による。

（書　式）

第４条　社内諸規程及び業務文書に使用する用紙の規格は、日本工業規格Ａ列第４番とする。

2　社内諸規程及び業務文書の書き方は、左横書きとし、用紙のとじ方は左とじとする。

3　文字のフォントサイズは、原則として、10.5ポイントとする。ただし、業務文書の見

条文の見出し／キーワード	作成基準の解説
法令用語	4.「法令用語」とは、一般に法令に用いる用語をいいます。法令文は、正確で一義的なものである必要があり、古くから用いられている用語をむやみに変更することは困難です。しかし、結果として、親しみにくい用語が残っている場合が多く、これを社内諸規程にそのまま使用すると、従業員から敬遠されてしまいます。国の法令においても「法令用語改善の実施要領」により、日常用語とはかけ離れてしまった法令用語の改善が図られてきました。この実施要領は、平成22年の「法令における漢字使用等について」の改正に伴い廃止されましたが、最新の法令では、この趣旨に従った法令用語の置き換えが行われているため、社内諸規程でもできるだけ新しい言い回しを用いるよう心がけるとよいでしょう。
送り仮名	5.送り仮名については、さまざまなローカル・ルールがあり、国の法令文においても、完全に「送り仮名の付け方」に準拠しているわけではありません。「送り仮名の付け方」を参考にしつつ、会社内のルールを確立していくのがよいでしょう。
拗音	6.拗音及び促音に用いる「や・ゆ・よ・つ」の表記は、「現代仮名遣い」において「なるべく小書きにする」ものとされていますが、一般的には、小書きのほうが原則になっています。一方で、国の法令文では、以前は、大書きが原則でしたが、昭和63年12月に召集される通常国会に提出する法律及び昭和64年1月以後の最初の閣議に提案する政令から、小書きになっています（法令における拗（よう）音及び促音に用いる「や・ゆ・よ・つ」の表記について（通知）昭和63年7月20日内閣法制局総発125号）。
数字の表記	7.法令では、数字は、原則として、漢数字を用います。しかし、社内諸規程では、アラビア数字（算用数字）を用いるのが一般的です。
（書　式）	1.基本フォーマットを定めます。行数、1行当たりの文字数等さらに詳細に定めることも可能です。 2.基本フォーマットを定めたら、Word等のテンプレートファイルとして保存しておくと、基本フォーマットを共有化することができます。

出しを強調する場合等は、必要に応じて12ポイント以上とすることができる。

4　文字種は、原則として、全角文字とする。ただし、数字は半角文字とし、ローマ字については、英単語を表記する場合など必要に応じて半角文字を用いることができる。

（文体及び表現）

第5条　社内諸規程に用いる文体は、口語文を用い、文末は、原則として常体（～である、～とする）とする。ただし、細則及びマニュアルについては、敬体（～です、～とします）とすることができる。

2　業務文書に用いる文体は、口語文を用い、原則として敬体（～です、～とします）とする。ただし、社内文書については、常体（～である、～とする）とすることができる。

3　社内諸規程及び社内文書の表現については、「公用文作成の要領」（昭和27年４月４日内閣閣甲第16号）を参考にし、日常一般に用いられている易しいものを用いるよう心がけるものとする。

第３章　社内諸規程の作成要領

（規程の構成）

第6条　一定の内容を規程とする場合には、その規程の目的に従って、次の各号に掲げる要領で成文化する。

(1)　規程は、本則と附則とに分け、附則には本則に付随する内容を定める規定を置く。

(2)　規程の改定は改定履歴により記録し、改定履歴には、改定の都度、その施行日、改定箇所、改定の概要・理由等を明記する。

(3)　本則は、条に分け、その内容を簡潔に表す見出しを付けるものとする。

(4)　条は、その規定する内容により、項に分け、二項以上の項を設ける場合には、第２項以下に項番号を付けるものとする。この場合において、項番号は、算用数字をもって表する。

(5)　条又は項の中で二以上の項目を箇条書きで並記するときは、それぞれの項目を各号として号番号を付けるものとする。この場合において、号番号は半角のかっこ付き算用数字をもって表する。

(6)　号の中で細目を設ける場合には、それぞれの細目に丸数字により連番を付けるものとする。

(7)　規程には、最初に目的規定を置くものとする。また、規程全体にわたる特別な用語があるときは、できる限り、定義規定でまとめて定義する。

(8)　規程の本則は、必要に応じて、適宜、章、節等に区分することができる。

条文の見出し／キーワード	作成基準の解説
（文体及び表現）	文体には、常体（～である、～とする）と敬体（～です、～とします）があります。従来は、業務文書は、常体とする場合が多かったのですが、最近では、敬体が増えてきています。
（規程の構成）	1．規程の作成のための、必要な記載事項や作成のルールを定めます。条文番号が漢数字だったり、アラビア数字だったりと、規程ごとに統一がなされていないケースなどが多く見受けられます。
規程の構成要素	2．規程は、理解と検索に資するよう階層的な箇条書きで記載します。その構成要素（条、項など）のルールを明確にしておきます。
条文の配列	3．条文の配列にも一定のルールがありますが、社内諸規程の作成では、あまりこだわる必要もないと思います。すべての事項について共通する事項は、できるだけ最初の方にまとめ、後は、業務の流れに応じて条項を配列していくとよいでしょう。
社内諸規程の構成の例外	4．日常業務のマニュアル等は、通常の箇条書き形式で作成したほうが、より親しみやすくなるでしょう。

(9)　それぞれの規定は、業務の流れに従い、必要な内容は、すべて漏れなく定めなければならない。

(10)　各規定は、規程全般の中で整合を保たなければならず、前後の文章及び内容が矛盾しないように、配慮しなければならない。

2　細則及びマニュアルの作成に当たっては、必要に応じて前項の規定を準用する。ただし、細則及びマニュアルについては、必ずしも条文形式によらず、通常の箇条書きを用いることができる。

（主語の用法）

第7条　社内諸規程においては、その定めを明らかにするため、できるだけ主語を明確にしなければならない。ただし、前後の文脈から主語が推測可能である場合は、この限りでない。

2　主語は、一般には「…は」と表す。ただし、条件文章においては、通常「…が」で表す。

（述語の用法）

第8条　社内諸規程の趣旨を明確にするため、述語は、次の各号に掲げる基準により用いることを基本とする。なお、本条の用法は、社内文書（特に「通達」）において準用する。

(1)　○○である。…一定の事実について述べる場合に用いる。

(2)　○○とする。…創設的あるいは拘束的な意味を持たせる場合に用いる。

(3)　○○とするものとする。…一般的な原則や方針を示す場合に用い、やや緩やかな義務づけや拘束を指す。

(4)　○○することができる。…規定上の権利があることを表す場合に用いる。

(5)　○○することができない。…前号の反対で、規定上の権利がないことを表す場合に用いる。

(6)　○○しなければならない。…規定に掲げる一定の事項についての義務を課す場合に用い、この述語が用いられる規定に違反したときは、懲戒の対象となることがある。

(7)　○○してはならない。…前号の反対で、ある行為をしないことにつき義務を課す場合に用い、この述語が用いられる規定に違反したときは、懲戒の対象となることがある。

2　述語に用いる次の各号の用語は、主に各号に定める場合に用いる。

(1)　適用する…その規定の本来の目的とするものにあてはめる場合に用いる。

(2)　準用する…ある事項に関する規定をそれと本質の異なることについて、必要な若干の変更を加えてあてはめる場合に用いる。

(3)　準ずる…ある一定の事柄を基準として、概ねこれに従う場合に用いる。

(4)　例による…広くある制度なり、規程なりを包括的に他の同種の事項にあてはめよう

条文の見出し／キーワード	作成基準の解説
（主語の用法）	社内諸規程の作成における主語の用法を定めた規定です。主語を明確にすることで、規定の内容があいまいになることを防ぎます。
（述語の用法）	社内諸規程の作成における述語の用法を定めた規定です。述語の用法を定めることで、規程作成者による用語の混在を防止し、あいまいになりがちな規定の内容を明確にしておきます。

とする場合に用いる。

(5)　従前の例による…規程の全部又は一部の改廃が行われる場合に、その経過規定として一部の規定について従前のルールを適用する場合に用いる。

(6)　この限りでない…直前に記載されている規定の全部又は一部の適用をある特定の場合に打ち消し、又は除外する場合に用いる。通常、ただし書において用いる。

(7)　することを妨げない…一定の事項について、ある法令の規定なり制度なりが適用されるかどうか疑問である場合に、その適用が排除されるものではないという趣旨を表すときに用いる。

（社内諸規程の配字）

第9条　浄書された社内諸規程の配字は、別記1のとおりとする。

第4章　業務文書の作成要領

（文書番号等）

第10条　業務文書は、軽易なものを除き、文書管理規程に定めるところにより、文書記号及び文書番号を用紙の右肩に記載する。

2　業務文書には、用紙の右肩（文書記号及び文書番号のある文書については、その次の行）に発信日を記載する。発信日は、当該文書が実際に施行された日付とし、作成日や決裁日を記載してはならない。

（受信者名）

第11条　業務文書には、文書の受信者の組織名及び職名等の受信者名を記載する。この場合において、受信者としての名宛人が個人の場合は個人名、団体の場合はその団体の長の職名・氏名とする。また、次条の発信者が職名だけの場合は、受信者名は職名のみとし、発信者が職名・氏名の場合は、受信者名も職名・氏名とする。

2　名宛人の敬称は、宛先が個人の場合は「様」を用い、団体の場合は「御中」を用いる。名宛人の個人が複数である場合は、必要に応じ「各位」を用いる。

条文の見出し／キーワード	作成基準の解説
（社内諸規程の配字）	規程の配字にもいくつかパターンがありますので、あらかじめ統一しておきます。
（文書番号等）	文書番号、発信日、宛先、発信者の配字は、一般的には次のとおりとなります。

文書記号・番号第○○号
○○年○○月○○日
○○○○　　　様

○○○○株式会社
代表取締役　□□□□

条文の見出し／キーワード	作成基準の解説
（受信者名）	1．受信者としての名宛人を誰にするかは、業務文書の内容により決定しますが、発信者名との均衡も配慮します。 2．受信者である名宛人には、相手に失礼にならないよう敬称を付けます。従来は、職名・氏名の場合は「殿」を用いることがありましたが、最近では、官公庁も含め、「様」で統一されてきています。
各位	3．各位は、複数の個人に対して、一人ひとりを敬って用いる敬称です。したがって、「各位殿」「各位様」は誤用です。

（発信者名）

第12条　業務文書には、文書を施行する主体を発信者として記載する。

2　発信者は、社外文書にあっては、会社名、職名、氏名を二行書きで記載し、社内文書にあっては、職名を記載する。

3　社外文書にあっては、発信者の右側に会社印を押印する。

4　発信者のほか、照会その他の便宜に資するため、必要に応じて業務文書の末尾にその事務担当者の所属、職名、氏名、電話番号等を記載する。

（本　文）

第13条　業務文書の本文は、次の各号に掲げる要領で成文化する。

⑴　本文には、本文の内容を要領よく簡潔に示した件名を付ける。また、必要に応じて、件名の末尾には、その文書の分類をかっこ書きで記載する。

⑵　本文は、客観的かつ簡潔を旨として記載し、社内文書にあっては、時候の挨拶等は省略する。本文は、最初に「標記について」と記載して、件名の内容について記載されていることを明らかにする。

⑶　伝達事項が複数あるときは、本文に「下記のとおり」と記載し、「記」と改行して、伝達事項を項目ごとに箇条書きで記載する。

⑷　項目を細別するときは、「第１」「１」「(１)」「ア」「a」の順で用い、イロハ順は用いない。なお、項目の階層とともに、行頭は１字ずつ下げる。

⑸　文書の末尾には、「以上」と記載し、文書が完結したことを明確にする。

（業務文書の配字）

第14条　浄書された業務文書の配字は、別記２のとおりとする。

（改　廃）

第15条　本基準の改廃は、規程管理規程の定めるところによる。

条文の見出し／キーワード	作成基準の解説
（発信者名）	1．社外文書の場合は、会社名、職名、氏名を記載しますが、社内文書の場合は、簡略化し、職名のみとする場合が多いです。 2．社外文書については、発信者の右側に会社印を押印します。
（本　文）	1．本文を書く場合の留意事項は次のとおりです。 ①　文法が間違っていないか。 ②　主語が明確か。 ③　主語と述語があっているか。主語と述語は離れすぎていないか。 ④　文の意味が明解か。回りくどい表現を用いていないか。 ⑤　無駄な語句が入っていたり、逆に重要な語句が抜けていないか。 ⑥　文を短く切り、できるだけ箇条書きを用い、理解しやすい文章になっているか。
項目の細別	2．具体的には、次のようなイメージです。 第１■○○○○○○○○○ ■１■○○○○○○○○○ ■■(1)■○○○○○○○○○ ■■■ア■○○○○○○○○○ ■■■■a■○○○○○○○○○
（業務文書の配字）	業務文書については、いわゆる公用文に準拠した一般的なルールがあるため、これによることを定めておきます。
（改　廃）	この規程は、規程管理規程、文書管理規程の下部規程という位置づけとしました。

社内諸規程の配字

別記1

パターン1　法令文スタイル（外見出し）

■■■第1章■○○○
■第1節■○○
■（○○）
第1条■○○○○○○○○○○○○○○○○○○○○○○○○○○○○○○○○○○○○○○
■○○○○○○。
2■○○
■○○○○。
■(1)■○○○
■(2)■○○○
■■①■○○○○

パターン2　法令文スタイルに余白を加えたもの（外見出し）

第1章■○○○
第1節■○○
■（○○）
第1条■○○○○○○○○○○○○○○○○○○○○○○○○○○○○○○○○○○○○○
■■■○○○○○○。
■■2■○○○○○○○○○○○○○○○○○○○○○○○○○○○○○○○○○○○○○○
■■■○○○○○○。
■■■(1)■○○○
■■■(2)■○○○
■■■■①■○○○○

パターン3　第1項から項番号を振るもの（内見出し）

第1章■○○○
第1節■○○
第1条（○○）
1■○○
■○○○○○○。
2■○○
■○○○○○○。
■(1)■○○○
■(2)■○○○
■■①■○○○○

業務文書の配字

別記２

文書記号・番号第○○○号
○○年○○月○○日

受信者（職名・氏名　　　　　　　　）様

発信者（会社名）
（職名・氏名　　　　　　　）印

件名　　○○○○○○○○○○○○○○○○○○について（・・）

■標記について、○○○。
■なお、○○。

記

1　○○○○○○○○○○○○○○○○○○○○○○○○
2　○○○○○○○○○○○○○○○○○○○○○○○○

以上

事務担当者の所属、職名、氏名、電話番号等

1　件名は中央寄せとする。また、文書の種類を明らかにするため、必要に応じ、件名の末尾に「（照会）」「（報告）」等と記載する。
2　本文の書き出し及び行を改めるときは、１字分空ける。
3　「記」は中央寄せとする。
4　事務担当者の所属等は文書の最終行に右寄せで記載する。
5　軽易な文書については、文書記号・番号を省略し、代わりに「事務連絡」等と記載する。

5

組織規程

【参考資料】

○地方公共団体、特定独立行政法人等の組織規程

○各行政庁に係る「省組織令」ほか

第1章　総　則

（目　的）

第1条　この規程は、○○株式会社（以下「会社」という。）の経営組織、業務分掌及び職務権限に関する基本的事項を定め、業務の効率的運営及び責任体制の確立を図ることを目的とする。

（定　義）

第2条　この規程において、次の各号に掲げる用語の意義は、それぞれ当該各号に定めるところによる。

⑴　組織単位…会社の目的を達成するため、系統的に編成される職務遂行の構成単位をいう。

⑵　職位…一定の職務権限を割り当てられた組織上の地位をいう。

⑶　職務…事業活動として遂行すべき業務について、各職位に割り当てられたものをいう。

⑷　責任…職務を遂行する義務及び付与された権限の行使又は不行使に対する結果に係る責務をいう。

⑸　権限…職務を遂行するために必要となる権能の範囲をいう。

⑹　業務分掌…各組織単位に分担された所管業務の範囲をいう。

（職務遂行の原則）

第3条　各職位は、職務遂行に当たり、お互いにその職務権限を尊重するとともに、職位間で分掌範囲が不明確なときには、会社の目的に則って、相互にこれを補うものとする。

2　会社の目的を達成するため、各職位は、その職務遂行に当たり、他の職位と密接な連絡を保ち、協働に努めなければならない。

条文の見出し／キーワード	作成基準の解説
（目　的）	1．組織規程は、経営活動の主体となる組織について定める規程です。すなわち、組織（及び組織に属する私人）は経営活動の主体であるため、組織規程は企業経営において根本的な規範となる重要な規程といえます。 2．会社は組織規程を作り、命令系統を整備し、責任体制を確立することで、より組織的な経営を獲得することができます。 3．組織のあり方については、取締役会や監査役会のように法律（会社法）が要求するものもありますが、ほとんどは法定事項ではありません。したがって、その会社の性格が組織規程に色濃く現れます。フラットな組織を目指しているのか、重畳的な組織構成をとるのか、機能別なのか、事業別なのか、会社によって大きく異なります。
（定　義）	この規程内で使用される用語の意味を整理し解説する規定です。会社での用語や業務の実態に合わせ、用語の変更や加減、内容の見直しをしましょう。
（職務遂行の原則） 会社の目的	1．セクショナリズムを排除する観点から明示しています。 2．会社を設立するためには、「会社の目的」を決める必要があります。これは、定款で定める必要があり、登記簿謄本にも表示されることになります。従来は、会社の目的の登記に際しては、具体的に定める必要があり、その具体性について登記官による審査（いわゆる目的の適否判断）がありました

（命令系統の統一）

第4条　組織は、職務につき系統的に編成し、かつ、その運営において指示及び命令の経路を明確にすることで、命令系統を統一し、責任体制の確立及び職務の効率的遂行を図るものとする。

2　指示及び命令は、職位が上位の者から下位の者に対して、階層的になされるものとし、

条文の見出し／キーワード	作成基準の解説

が、現在は、登記要件は大幅に緩和されています。しかしながら、あまりに抽象的な目的だと第三者からみてわかりにくいだけではなく、そこで働く従業員にとっても目的が明確なものとなりません。一般的に会社の目的を定める場合には、次の点を留意しておくとよいでしょう。

① 適法性…法律や公序良俗に違反しないものであること。

② 営利性…営利目的であること。

③ 明確性…第三者からみて明らかであること。

④ 具体性…できるだけ具体的でわかりやすいのが望ましい。現在は、登記申請に際して具体性の審査は行われていない。

⑤ 許認可との関係…特定の事業の許認可を受けるに当たって、会社の目的の内容が細かに定められていることがあるので注意。

社是

3．狭義での「会社の目的」は、登記上の要件ですが、広義では、会社の経営上の方針やポリシーなども含まれます。これらは「社是」といわれるものです。モデル規程でいう「会社の目的」とは、広義のものと捉えておいてください。

非営利団体

4．会社が営利団体であるのに対し、非営利団体といわれる法人や組織も存在します。いわゆる非営利団体の目的は、「公益目的」と「共益目的」に区分されます。

目　的	法人や組織の例
公益目的	公益財団法人・公益社団法人、社会福祉法人、職業訓練法人、宗教法人、特定非営利活動法人（NPO法人）など
共益目的	一般財団法人・一般社団法人（従来の「中間法人」。公益を目的としてもよい）、医療法人、事業組合、同窓会、事業者団体など

（命令系統の統一）

1．命令系統を統一し、明らかにすることは、組織的な経営のために重要です。３項では「他の関係職位に対し」としましたが、助言・勧告先を関係職位の「下級職位」に限定するなど、会社ごとにあるべき命令系統を構築してください。

2．中間の職位をとばして命令が及ばないようにする趣旨です

これを行うことができる上級職位者（当該職位の直近上位の職位にある者をいう。以下同じ。）は、１つの業務につき１人を原則とする。

3　各職位は、その専門的知見に基づき、他の関係職位に対し、必要な助言又は勧告を行うことができる。

第2章　組　織

（組織の編成）

第5条　会社は、次の各号に定める組織単位を設置する。

(1)　部、室

(2)　支店、営業所（以下「事業所」と総称する。）

(3)　課

(4)　係

2　前項第１号及び第２号の組織単位は、会社の部門とする。

（組織単位の長）

第6条　会社は、前条第１項の組織単位にそれぞれ長を置く。なお、前条第１項第１号及

条文の見出し／キーワード	作成基準の解説
	（直属の上司を尊重するということ）。
（組織の編成）	1．長を置くべき組織単位を設置します。
部、課	2．行政組織では、「部」という大きな組織単位とその下部組織である「課」が置かれることが通常であり、多くの会社でも、その組織体系を用いています。ちなみに、平成15年に地方自治法が改正され、従来同法158条において設置が義務づけられていた「部」「課」について、その名称は削除され、単に「必要な内部組織を設けることができる」という規定に緩和されています。つまり、グループ制でもチーム制でも自由ということになっているわけですが、民間組織では、その点は進んでおり、「部」「課」を設けない組織も存在しています。モデル規程では、従来からのオーソドックスな組織をイメージして作成しています。
室	3．会社によっては「室」という組織単位を設けることがあります。行政組織における「室」は、従来から法定されていたものではありませんが、慣習的に特命事務を所掌する一時的な組織の場合に「室」が設けられていたようです。したがって、その設置の経緯から、「部」と対等の位置（あるいは独立した位置）で「室」が設けられていたり、「部」の中の一部門として「室」が設けられていたり、「課」の下部組織として「室」が設けられていたりします。会社における「室」も同じようなイメージです。新たな「部」「課」を設置する前段階で「室」を設けたりします。
部門	4．モデル規程では、「部」「室」「事業所」を総称して「部門」としています。
（組織単位の長）	多くの会社で対外的な呼称のために職制上の地位が不明確な役職が設定されています。しかし、ここでいう組織単位の長と

び第２号の長を部門長と称する。

2　組織単位の長を欠くときは、当該組織単位を所管する直近上位の組織単位の長がこれを兼務する。

（組織図）

第7条　組織単位を図表化したもの（以下「組織図」という。）及び各組織単位の呼称は、別に定める。

2　取締役会で決議された組織単位の増減及び組織名の変更に伴う組織図の変更については、総務部長においてこれを随時修正し、最新の内容にすることができる。

第３章　業務分掌

（分掌の原則）

第8条　各組織単位は、分掌の限界を維持し、業務の重複又は間隙が生じないよう努めなければならない。

（協調の原則）

第9条　各組織単位は、相互に関係する業務について、全体の最適を図るよう協議し、会社の事業活動が有機的に行われるよう協調しなければならない。

（各組織単位の業務分掌）

第10条　各組織単位の業務分掌は、別に定める。

条文の見出し／キーワード	作成基準の解説
	は、そのような不明確なものではなく、規程において権限が規定された形式上も実質上も管理者と呼べる者を長として設置することになります。
（組織図）	1．組織図と組織規程の関連性を示す条文です。２項では取締役会決議を前提としていますが、この点は会社によって異なります（取締役会規程や規程管理規程の内容により、決裁権者が変わります）。 2．組織規程の内容にもよりますが、「組織図自体は決定した事実を図表化するものに過ぎないもの」と考えれば、実務上は（特に組織の改編が頻繁に行われる会社にあっては）、モデル規程のように、組織図は規程内に置かない形にしたほうが運用しやすいでしょう。
（分掌の原則）	分掌の限界を維持することで、特定の組織単位が不当に介入することがないようにするとともに、職務遂行の効率性を上げる趣旨です。しかし、セクショナリズムが発生するおそれがあることから、次条において全体最適の重要性について明示しています。
（協調の原則）	分掌の原則で述べたとおりです。
（各組織単位の業務分掌）	業務分掌の具体的な内容については別規程で定めるのが一般的です。なお、業務分掌規程は、組織規程の下部規程です。業務分掌は、会社によってさまざまなため、モデル規程は省略しますが、規定の方法としては、行政組織の「組織令」が参考になるでしょう。

第4章　責任・権限

（各職位の責任・権限）

第11条　各職位は、その職務の遂行について責任を負うとともに、その遂行に必要な権限を有する。

2　各職位の責任・権限の細目については、別に定める。

（権限の行使）

第12条　各職位は、権限の行使について、あらかじめ会社が定めた方針・基準等に則って行使しなければならない。

2　各職位は、権限を濫用してはならない。

3　各職位は、他の職位から職務等に関して協力を求められたときは、積極的にこれに応

条文の見出し／キーワード	作成基準の解説
	➢　組織令の例（厚生労働省組織令） （人事課の所掌事務） 第21条　人事課は、次に掲げる事務をつかさどる。 ⑴　機密に関すること。 ⑵　職員の任免、給与、懲戒、服務その他の人事並びに教養及び訓練に関すること。 ⑶　大臣、副大臣、大臣政務官及び事務次官の官印並びに省印の保管に関すること。 ⑷　機構及び定員に関すること。 ⑸　栄典の推薦及び伝達の実施並びに表彰及び儀式に関すること。 （総務課の所掌事務） 第22条　総務課は、次に掲げる事務をつかさどる。 ⑴　公文書類の接受、発送、編集及び保存に関すること。 ⑵　法令案その他の公文書類の審査及び進達に関すること。 ⑶　厚生労働省の保有する情報の公開に関すること。 ⑷　厚生労働省の保有する個人情報の保護に関すること。 ⑸　厚生労働省の所掌事務に関する総合調整に関すること。 ⑹　国会との連絡に関すること。 ⑺　広報に関すること（国際課の所掌に属するものを除く。）。 ⑻　厚生労働省の事務能率の増進に関すること。 ⑼　官報掲載に関すること。 ⑽　前各号に掲げるもののほか、厚生労働省の所掌事務で他の所掌に属しないものに関すること。
（各職位の責任・権限）	細目については別規程に委任しています。これも会社によって内容が大きく異なります。
（権限の行使）	会社としては無権代理行為が生じないように配慮することが必要です。また、職務に関する情報以外の情報についても報告義務を課すことが望ましいでしょう（就業規則で定めることが妥当でしょう）。

じなければならない。

4　各職位は、職務の遂行状況及び結果について所属長（当該従業員が属する組織単位の長をいう。以下同じ。）に報告しなければならない。

（権限の行使者）

第13条　権限は、原則として責任を負う立場にある職位が自ら行使する。ただし、出張、傷病又はその他の事由により、当該職位がその権限を行使することができないときは、上級職位者が代行し、又は、その都度指名された者が代行するものとする。

（権限の委任）

第14条　各職位が業務又はその他の事由により職務を委任する場合は、その遂行に必要な権限もあわせて委任しなければならない。

2　前項の場合において、委任者は受任者の職務遂行を円滑ならしめる環境の整備を行うとともに職務を委任したことについての責任を負う。受任者は委任者に対して職務の遂行状況及び結果について報告しなければならない。

（改　廃）

第15条　この規程の改廃は、規程管理責任者が起案し、取締役会の決議による。

条文の見出し／キーワード	作成基準の解説
（権限の行使者）	権限の行使者についての原則と例外を定めています。
（権限の委任）	実務上は委任が欠かせないことになりますが、身勝手な委任を防止する観点も必要です。
（改　廃）	この規程は、レベル１の規程とし、規程管理責任者たる総務部長が起案し、取締役会の決議をもって改廃します。

6

稟議規程

【参考資料】

○地方公共団体、特定独立行政法人等の稟議規程

○自治体法務研究所『新版　起案例文集　第1次改訂』ぎょうせい

第1章　総　則

（目　的）

第1条　この規程は、○○株式会社（以下「会社」という。）の稟議事項の基準及び稟議の手続を定めることにより、会社の意思決定過程を明らかにし、もって業務の透明性及び円滑性を確保することを目的とする。

条文の見出し／キーワード	作成基準の解説
（目　的）	1．一般に稟議制度は「業務運営の円滑な遂行」を目的として制定されることが多いのですが、内部統制が求められる現代にあっては、稟議制度は「意思決定を可視化する」ツールとして重要性が高まっているといえます。 2．なお、稟議規程は、法律によって要求されるものではありません。したがって、各会社において自由に定め得るものであり、この規程はあくまでも１つのモデルにすぎません。重要なことは、自社において「稟議」制度を導入することの意義を明らかにし、それに応じた内容にすることです。 3．以下に、稟議制度のメリットとデメリットを簡単にまとめます。

メリット	デメリット
○意思決定の記録を残すことができる。 ○内部や外部からの監査・検証が可能になる（これによって、不正取引の防止・発見や将来の取引条件改善のための基礎資料等として活用することができるようになる。）。 ○決裁権者の管理職としての自覚を促すことができる。 ○定型的な決裁事項については迅速な意思決定が可能になる。 ○会議開催の手間を省くことができる。	○稟議書の作成・管理に手間がかかる。 ○規程の内容によるが、稟議について回議が要求され、稟議書に複数役職者の押印を要するような場合は、責任の所在があいまいになる。 ○規程の内容によるが、意思決定が遅くなり、むしろ業務運営の円滑な遂行を阻害することがある。 ○稟議書を受理する窓口（総務部など）の権限を規定しておかないと予期せぬ運用がなされるおそれがある。 ○複雑な事案の意思決定についてはあまり向かない。 ○電子稟議を導入した場合、システムの制約により柔軟な対応ができないことがある。

4．稟議規程を作成するに当たっては、その会社における内部統制の観点や他の決裁権限を記載する諸規程（取締役会規程、会議規程、組織規程等）との整合性への配慮などが必要になるため、このモデル規程だけを見て作成するのは妥当ではありません。

（定　義）

第2条　この規程において、次の各号に掲げる用語の意義は、それぞれ当該各号に定めるところによる。

(1)　稟議…各部門管理者がその所管業務の遂行に当たり、自己の職務権限を越える経営事項又は重要な経営事項の実施について、事前に代表取締役社長及び代表取締役社長が決裁権限を付与した役職者（以下「決裁者」という。）の決裁を受けることをいう。

(2)　決裁…下位職位者からの申請事項に対し、決裁者が会社の経営責任者としてこれを承認し、最終的な効力発生の意思決定を行うことをいう。

(3)　承認…下位職位者からの申請事項に対し、上位職位者が肯定の意思表示を行うことをいう。

(4)　起案…決裁を受けるべき経営事項についての草案を起こすことをいう。

(5)　稟議決裁…稟議に基づく決裁をいい、起案事項の実施の決定及び各部門管理者の権限外事項の遂行に対する承認を含むものとする。

(6)　回議…起案内容及び参考書類からなる一連の文書（以下「稟議書」という。）を関係者に順次回付して、関係者の意見を聴取し、又は賛否を求めることをいう。なお、稟議書の様式は別に定める。

(7)　回議者…回議される者をいう。

(8)　持ち回り…作成された稟議書の内容について説明のできる者が、回議者の席に稟議書を直接持参して、その内容につき説明することをいう。

(9)　電子稟議…稟議書の作成及び回議のプロセスを電子化し、パソコン及びネットワーク上で稟議手続を行うようにすることをいう。

条文の見出し／キーワード	作成基準の解説
（定　義）	1．定義を定めています。法律上の定義がある用語ではありませんが、モデル規程では概ね次のようにイメージしています。
稟議	2．決裁に至るまでの手続全般を指しています。
決裁	3．決裁とは、社長又は社長の権限に属する事務の委任を受けた者が、その権限に属する事務について、最終的に意思決定することをいいます。重要な案件については、更に取締役会の決議が求められる場合があります。 会社事務の決裁権限は本来社長又は取締役会に属し、一般の社員にはありません。しかし、すべての事務処理を社長自ら決裁することは非効率的であり、また、不可能に近いことです。そこで、重要な案件は社長又は取締役会が自ら決裁することとし、その他のものは下位の役職者に決裁をさせることにより、事務の円滑な処理を図ることができます（代理決裁など）。
起案	4．起案とは、規程に係る会社の意思を決定するために、これを具体化するための案文を作成することです。起案をする者を起案者といいます。事案の性質、内容によっては課長等の管理者自らが起案者となる場合もありますが、一般的には、上司の処理方針に従って、事務分掌で定められた事務担当者が起案者となります。
稟議決裁	5．稟議が必要とされる決裁のことで、稟議事項の実行に伴う権限付与の意思表示等も含めた会社の最終判断を指しています。
回議と合議	6．稟議過程における各部門の意思表示を指しています。次のように「回議」と「合議」を使い分けて捉える考え方もありますが、モデル規程では、そのような区分は設けずに稟議書を回付する手続そのものを「回議」と称することにします。 ①　回議…起案文書の内容に応じて、起案者の直属系統の上司の承認を求めることをいいます。部門内での序列に基づく順序を経て書類を回し、認印を受けていきます。 ②　合議…起案内容に関連を持つ他の課に起案文書を回して、その案の妥当性について承認を求めることをいいます。会社によっては、業務量の増大に伴い事務が専門化・分化し、ともすればセクショナリズムに陥りやすく、組織内で

条文の見出し／キーワード	作成基準の解説
	の横の連絡を忘れがちです。そこで、合議によって、会社の意思統一、事務の円滑な運営を図ることに意義があります。
回議（合議）の順序	7．同一部門内の場合は、起案者の直属系統の上司の承認を、順に受けることになります。会社の組織階層に従って、下から上に起案書が回っていきます。
	8．他の課に関係のある事案は、主務課長の意思決定を経てから、関係課における原則として課長以上の職にある者に合議します。部内の関係課長、他部の関係課長に承認を求める場合は、関係課長のみへの合議を原則とし、その部長への合議については、規則などの特別な定めがある場合や関係課長がその必要があると認めた場合などに限るなどのルールを設け、事務の迅速化を図るとよいでしょう。

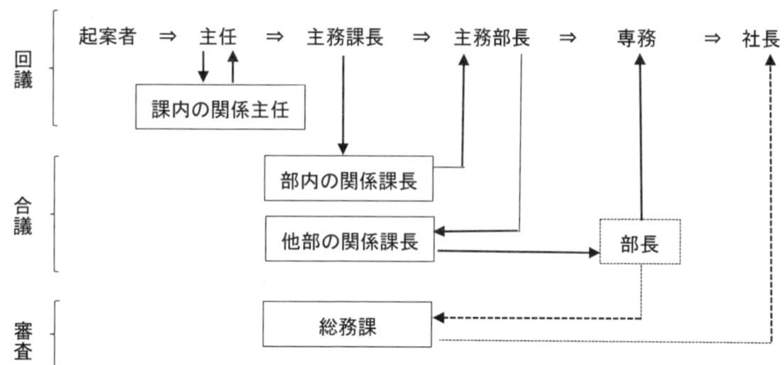

条文の見出し／キーワード	作成基準の解説
持ち回り	9．通常稟議は、回議者が承認を終わった段階で上位の回議者へ稟議書を回付する方法で行いますが、重要案件、秘密案件については、起案者が稟議書を回議者へ持参して説明を行って承認を得ることがあります。これを「持ち回り」といいます。
ピストン方式	10．持ち回り案件でない場合であっても、説明を要するものについては、回議者が承認の都度稟議書を起案者に戻し、その都度起案者が上位の回議者へ持参する場合があります。このような方法を「ピストン方式」といいます。特にモデル規程では定めていませんが、運用としてこのような方法もあるということです。
電子稟議（電子決裁）	11．グループウェアの機能の1つである「ワークフロー」を用い、稟議書を電子化したり、回議手続をフロー化したりする

（事前稟議の原則）

第3条　稟議事項は、原則として、稟議決裁前に執行してはならず、この規程の定める手続により、事前に稟議決裁を受けなければならない。ただし、取締役会決議事項に関しては、この限りでない。

2　前項にかかわらず、総務部長が緊急やむを得ない事情があると認めた事項については、取締役会による決議を経なければならないものを除き、決裁者の口頭による決裁により実行することができる。ただし、事後、速やかにこの規程による正規の手続が取られなければならない。

3　緊急やむを得ない事情が認められないにもかかわらず、無断で口頭による決裁をし、及びこれによる業務が行われたときは、関係者に対し、就業規則による懲戒処分を科すことがある。

（分割稟議の禁止）

第4条　相互に関連しあう一連の稟議事項は、原則として、一事項として一括稟議を行うものとし、個々の業務がそれぞれ独立して実行される場合であっても、これを分割して稟議することはできない。ただし、やむを得ない理由により、分割稟議とするときは、その旨を明示して、事前に起案責任者と協議しなければならない。

第2章　稟　議

（統括管理部門及び責任者）

第5条　稟議に関する統括管理部門は総務部とし、総務部長を稟議事務取扱責任者とする。

（稟議事項）

第6条　起案部門ごとの稟議事項の基準は、「稟議決裁事項」（別記）に掲げるとおりとする。

2　前項にかかわらず、金銭支出を伴うものであって、1件当たりの支出が▼万円（消費税を除く。）に満たないものは、稟議決裁を要せず、別に定める簡易決裁の手続によるものとする。

条文の見出し／キーワード	作成基準の解説
	システム全般を指しています。
（事前稟議の原則）	稟議が間に合わない事態も考えられるため、例外として定めています。しかし、この例外が常態化すると、稟議制度の否定につながります。したがって、事前稟議を経ないで行った判断により会社に損害を与えた場合には、懲戒処分もあり得ることになります。
（分割稟議の禁止）	稟議決裁の基準額を減免するため、実質的には1件の稟議案件を分割して起案することを防止しておきます。
（統括管理部門及び責任者）	通常は、総務部が管理部門となると思います。仮に他部門にも一部の規程を管轄させる場合であっても、特定の部門（例えば総務部）が統括管理をする仕組みを設けておきましょう。
（稟議事項） 稟議事項の範囲	1．量的範囲として、稟議決裁の対象とすべき金額をどうするかを決定します。取締役会決議事項との整合性に注意してください。 2．質的範囲として、金銭の移動が生じない事項について稟議決裁の対象とするか否かを決定します。金銭の移動を生じな

（稟議事項該当性の判断）

第7条　ある業務について稟議事項に該当するか否かにつき明らかでない場合、当該業務につき稟議決裁を要するか否かは、当該部門の長との協議に基づき、総務部長がこれを決定する。

（稟議区分）

第8条　稟議は、最終決裁者により次のとおり区分する。

⑴　最終決裁者が代表取締役であるもの…Ａ稟議

⑵　最終決裁者が本部長であるもの…Ｂ稟議

⑶　所属部門の長（総務部長が認めたときは課の長を含む。）であるもの…申請

条文の見出し／キーワード	作成基準の解説
	い事項としては、人事に関する事項、経営方針や業務運営に関する事項等が挙げられます。これらについても、取締役会決議事項との整合性に注意してください。
稟議の区分	3．従来稟議制度を持たなかった会社が新たに稟議制度を導入する場合は、複雑な規定をしても、稟議制度がそのとおりに運用されないおそれがあります。なるべくシンプルなルールにして、起案漏れがないように制度設計するのがよいでしょう。詳細に規定しても、会社のすべての業務が記載しきれるものではない点は留意しておいてください。
（稟議事項該当性の判断）	1．稟議事項を詳細に定めても、（何らかのバスケット条項を置けば回避できるかもしれませんが）実務上は、稟議事項に該当するか否か不明な状態になることは珍しくありません。 2．その場合に、決定できる者をあらかじめ定めておくと業務が円滑に進みます。
（稟議区分）	1．会社によっては、稟議事項によって稟議を区分している会社もあります。また、稟議事項について詳細に定めている会社もあります。何が正しいということはなく、会社の考え方に応じて制定すればよいでしょう。 2．稟議事項とそれに応じた決裁者の職位により、稟議を区分するほか、軽易なものについては、「申請」「決裁」等別の名称を設けて「稟議」と区分している会社もあります。 ➢　稟議区分の例 ①　取締役会、常務会又は社長決裁事項（A稟議） ②　本部長決裁事項（B稟議） ③　部・室長及び事業所長決裁事項（申請又は決裁）
申請・簡易決裁	3．会社によっては､軽易なものの稟議を「申請」と称したり、「簡易決裁」として事務手続を別に定める場合があります。日常的な出張、軽易な文書起案、低額の支払について、「出張申請（決裁）」「文書申請（決裁）」「支払申請（決裁）」等として、簡素な手続を定めます。

（決裁者）

第9条　決裁者は、稟議事項に対し、第27条に定めるいずれかの決裁をしなければならない。

2　決裁者は、意思決定の内容について、次条に定める起案責任者とともに責任を負うものとする。

第3章　起　案

（起案責任者）

第10条　起案部門の長は、その主管業務の稟議について、起案責任者となる。

2　起案の内容が二以上の部門に係るものであって、共同起案の必要があるときは、最も関係の深い部門の長が起案責任者となるものとする。ただし、その内容が密接不可分なものであるときは、関係する各部門の長が連名で起案責任者となって起案することができる。

3　前項の場合における起案責任者の指名は、総務部長が行う。

（起案者該当性の判断）

第11条　ある業務についての起案責任者が不明な場合、当該業務と関連のある部門の長は、総務部長に起案部門の決定を求めることができる

（起案者）

第12条　稟議における起案者は、起案責任者又は起案責任者の指示を受けた部門の担当者とする。

条文の見出し／キーワード	作成基準の解説
（決裁者）	1．一般に稟議書は回付されてさまざまな部門の管理職の押印を経る形になっていますが、これらの押印が揃わないと効力が発生しない制度にすると、決裁について他部門からの不要な介入を招いたり、意思決定の遅滞を招くことになります。したがって、回付することの意義を検討して、その範囲をどのようにするかを決める必要があります。 2．決裁・実行までに多数の者の押印が必要になる制度にすると、決裁事項の責任の所在があいまいになり、また、決裁権者の自覚も生まれてこないものになりがちです。端的に決裁権者がわかる制度にする必要があります。
（起案責任者）	起案責任者を定めておかないと、起案を面倒がる部門長が部下を使った要領を得ない稟議書を提出してくることがあります。実質的に作成に関与する者は部下であっても構いませんが、起案責任者は部門長とすることで責任の帰属を明らかにします。
（起案者該当性の判断）	第７条と同趣旨の規定になります。時代の流れの中で新たな業務等が生じることは当たり前になってきているため、規程により日常業務が縛られることがないようにこのような規定を設けておくことは重要です。
（起案者）	1．常に起案責任者が稟議を起案することは現実的ではないため、日常的な稟議事項については、担当者が起案者となることもできるようにしておきます。
起案をするときの心構え	2．起案者は、常に担当事務を調査研究し、関係法令、例規、通達などに精通し、規程等の作成についても、適正かつ迅速に起案できるように心掛けなければなりません。

（起案前の打合せ）

第13条　起案責任者及び起案者は、稟議を起案するに当たり、その事項の目的、実施方法、時期及び効果等を十分に調査、研究し、稟議が円滑に進行するよう関係部門と事前に調整するよう努めなければならない。

（稟議書の記載事項及び添付書類）

第14条　稟議は、稟議書（様式第１号）を用いて行うものとし、稟議書に記載すべき事項は、次に掲げるとおりとする。

(1)　起案年月日

(2)　起案部門名、起案責任者名、起案者名

(3)　件名

(4)　稟議の内容説明（課題、原因、理由、意見、効果、予算との関係等）

(5)　実施、購入・支払希望時期

(6)　金額（未確定の場合は未確定である旨を記載し見積額を記載する）

(7)　支払先・支払条件

条文の見出し／キーワード	作成基準の解説
	① 責任者としての意識を持って起案すること。 ② 規程を読む人の身になって起案すること。 ③ 社長の立場を考えて起案すること。
（起案前の打合せ）	1．ネゴシエーションもなくいきなり稟議を回して社内が混乱したり、調整すべき事項を調整せずに回議が行って来いになったりしないよう事前調整を規定しておきます。従来であれば、言わずもがなのルールなのですが、人間関係が希薄化する中で、事前調整が苦手な従業員もいるため、規定として設けておく必要があるでしょう。
起案文作成の注意点	2．起案文は、何の準備もしないでいきなり書いても、良いものは書けません。起案をするときは、その目的をしっかりつかみ、規程案要綱の構想を練り、それに必要な内容と形式を検討しなければなりません。内容を検討する場合、①法律的な面、②経営的な面、③予算的な面など多面的な角度から考える必要があります。 作成の際の注意点を挙げると次のとおりです。 ① 起案文は、楷書で丁寧に記載するか、又はパソコンで作成する。 ② 起案文書には、案文の前に伺いを記載し、案文の後に関連書類を付ける。 ③ 起案文書は、左とじとする（ただし、電子決裁に係る起案については、この限りでない。）。
（稟議書の記載事項及び添付書類）	1．ここに記載した項目は、稟議書様式に反映する必要があります。
人事案件について	2．人事案件の稟議に際しては、雇用管理情報（要配慮個人情報等の機微情報を含みます）が参考資料として添付されることが想定されるため、その取扱いは厳重に注意し、持ち回り決裁を原則とします。

⑻　稟議の緊急性又は秘密文書に指定する場合は秘密の指定
⑼　添付書類の名称

2　起案者は、稟議書を提出するときは、原則として、その内容を疎明又は補強する参考書類を添付しなければならない。

3　稟議が終了したときは、稟議書に次に掲げる事項を記載し、文書管理規程に定めるところにより、原本を保存する。
⑴　決裁年月日
⑵　文書記号番号
⑶　施行年月日
⑷　施行方法
⑸　保存期間

第4章　受　付

（稟議書の受付及び審査）

第15条　稟議書の受付部門は、総務部とする。

2　総務部は、稟議書の記載内容に不備がないかを審査する。軽微な不備については職権によりこれを訂正することができる。

3　起案責任者において補正可能な不備については、総務部は補正を指示することができる。

4　補正不能な稟議については、これを却下する。

5　総務部は、稟議書の記載内容に不備がない場合は、これを回付しなければならない。ただし、緊急性を要するもの及び秘密の指定のあるものについては、第25条及び第26条に定める持ち回りによる決裁とする。

条文の見出し／キーワード	作成基準の解説
（稟議書の受付及び審査）	1．受付部門の形式的審査権を定める条文です。逆をいえば、受付部門には形式的審査権しかないということです。すなわち、形式が整っていれば（実態はどうあれ）、受付部門は稟議書を回付し、決裁権者が稟議について吟味するということになります。 2．受付部門に実質的審査権があるとすると、権利の裏返しで義務も生じることになりますので、審査に慎重性が求められ、時間がかかることになり、稟議書の回付が遅滞する可能性が高くなります。 3．また、実質的審査権を付与することにより、稟議の差配を受付部門に委ねると、思わぬトラブルが生じることにもなりかねません。 4．もっとも、この性格付けは会社によって異なるため、受付部門に稟議内容の精査を求めたいということであれば、それももちろん可能です。その場合には、受付部門の調査権限を規定する必要があるでしょう。実質的審査権は付与しないまでも、一見して何の決裁を求めているのか不明な場合など、明らかに回付すべきでない稟議書をいくつか類型化して、却下事由として記載しておくという方法も考えられます。

（受付事務）

第16条　総務部長は、前条の審査が完了した稟議書について受付印を押印し、次に掲げる事項を記載した稟議受付簿を調製し、これを管理する。ただし、秘密指定された稟議書は、「営業秘密等管理規程」に定めるところによる。

⑴　受付年月日

⑵　受付番号

⑶　受付者名

⑷　起案部門名及び起案責任者名

⑸　稟議件名

⑹　金額の記載があるものについてはその金額

⑺　その他参考となる事項

第5章　回　議

（回　議）

第17条　総務部は、第15条に定める審査を終えた稟議書を回議する。

2　回議者は、各部門の長とする。

3　回議の順序は、稟議書ごとに総務部長が指定する。この場合、原則として、当該稟議の内容に関わりのある回議者を優先させるとともに、決裁者を最後に指定する。

条文の見出し／キーワード	作成基準の解説
（受付事務）	稟議受付簿で稟議書を一覧整理できるようにしておくとよいでしょう。
（回　議） 回議における考え方	1．稟議書を「回議」させることとした場合、通常、稟議書内において他部門からの賛否表明があったり、意見・条件付けがなされたりしますが、それらにどの程度の意味を持たせるのか規定すべきでしょう。すなわち、それは単に意見として記録するにすぎないものか、要件や条件と考えて、それらが満たされないと効力が発生しないものと見るのか、といったことです。「回議」は先述のデメリットを招く側面が大きいので、「回議」はさせずに「回付」だけをすることも考えられます。 2．一方で、それでは他部門の意見が反映されず問題が起きるのではないかと懸念される向きもあろうかと思います。しかしながら、そもそも会社の重要事項は、取締役会で決定することが法律上求められています。取締役会の形骸化が問題とされていますが、会社によっては取締役会が実質的に機能している会社もあります。稟議規程の作成には、いわゆる“根回し”というものを、稟議書面に求めるのか、会議等に求めるのか、といった会社の意思決定システムについての“思想”が求められます。

（回議者）

第18条　回議者は、回付された稟議書に対し、自己の職務権限の範囲内で、意見や賛否を表明（以下「表明」という。）することができる。

2　回議者は、表明を他の業務に優先させて行うよう努めなければならない。

3　回議者は、表明をした後、総務部長の決定に従い、速やかに稟議書を回付しなければならない。

（意見等が付された稟議書の扱い）

第19条　稟議書に回議者の反対又は意見若しくは条件付与等の表明が付されていた場合であって、第27条第１号に定める「承認」により決裁が行われたときは、総務部長は、当該表明を行った回議者に対し、その旨を連絡し、なお異議がないものかの確認をするものとする。

（回議進捗の確認）

第20条　総務部長は、回議が特定の部門又は担当者のもとで滞ることがないよう、適宜回議の進捗を確認するものとする。

（取下げ）

第21条　起案責任者は、決裁の前後にかかわらず、稟議を取り下げることができる。

2　前項の場合において、決裁前に稟議を取り下げるときは、総務部に通知しなければならない。

3　第１項の場合において、決裁後に稟議を取り下げるときは、総務部及び決裁者に通知しなければならない。

（差戻し）

第22条　回議の途中において稟議書の不備が判明し、稟議書の再提出の必要があるときは、回議者は、稟議書を起案者に差し戻すものとする。

条文の見出し／キーワード	作成基準の解説
回議の順序	3．回議の順序は、別表で定めておいたり、稟議の内容に応じてあらかじめ定めておくことも考えられます。ただし、シンプルな内容にすべきでしょう。
（回議者）	回議者の権利義務を定めています。無責任な表明をさせないため、職務権限を１つの制約としています。
（意見等が付された稟議書の扱い）	意見等が付されたとしても、それは意見等にすぎず、あくまで決裁権者の決裁が尊重されるとの考えに基づく規定にしています。
（回議進捗の確認）	回議進捗の確認は、電子化により効率的に行うことが可能です。電子稟議を採用する場合には、必ず設けておきたい機能の１つです。
（取下げ）	稟議書の取下げ（撤回）について定めています。
（差戻し）	回議の途中で稟議書の不備が判明することが想定されます。不備を見つけた回議者が速やかに稟議書を差し戻す仕組みを設け、不要な稟議書が上位職者へ回覧されないようにする必要があります。

（引戻し）

第23条　回議の途中において、起案者が稟議書の不備を修正しようとするときは、起案者は提出した稟議書を引き戻すことができる。この場合において引き戻された稟議書は、再提出又は廃棄することができる

（引上げ）

第24条　回議者が不在であることにより、稟議事項の処理に遅滞をもたらすおそれがあるときは、起案者が総務部長に申し出ることにより、不在の回議者と同一権限以上の回議者へ稟議を引き上げることができる。

（緊急稟議の扱い）

第25条　起案責任者が緊急に決裁を要すると指定した稟議（以下「緊急稟議」という。）は、総務部が受付及び審査をした後、当該稟議書を起案責任者に差し戻し、起案責任者（起案責任者の委任を受けた者を含む。以下次条において同じ。）が持ち回って決裁を受けるものとする。

2　回議者は、当該緊急稟議に係る表明を、他の業務に優先させて行わなければならない。

（秘密稟議の扱い）

第26条　起案責任者が秘密と指定した稟議（以下「秘密稟議」という。）は、総務部が受付及び審査をした後、当該稟議書を起案責任者に差し戻し、起案責任者が持ち回って決裁を受けるものとする。

2　総務部及び秘密稟議に係る部門の従業員は、秘密稟議の存在及び内容について、起案責任者の許可なく第三者に開示してはならない。

条文の見出し／キーワード	作成基準の解説
（引戻し）	回議中に起案者が、稟議書の不備や参考書類の不足に気がつくことがあります。また、稟議案件そのものが不要になることも想定されます。不必要な稟議書が会社内で回覧されることを避けるため、前条の「差戻し」のほか「引戻し」のルールを定めておきます。
（引上げ）	1．回議者の不在により、稟議が滞ってしまうことがあります。この場合は、不在の回議者については、後閲の扱いとして、同一権限以上の回議者へ稟議を引き上げる仕組みを設けておきます。 2．電子稟議システムを採用する場合は、「取下げ」（21条）、「差戻し」（22条）、「引戻し」（23条）、「引上げ」（24条）、「代決」（29条）、「後伺い」（30条）のような手続に対応できているかどうかの確認が必要です。 3．もっとも中小企業のように「互いの顔の見える」関係の中で業務を行う環境のもとでは、これらの規定（機能）は不要であるかもしれません。その取捨選択は、社風や経営者判断により異なってくるということです。
（緊急稟議の扱い）	緊急稟議は持ち回りで対応させることとし、回議者は優先して処理することを義務としています。
（秘密稟議の扱い）	秘密稟議も持ち回りで対応させることとしています。秘密保持に関する条項も入れておきます。

第6章　決　裁

（決裁の種類）

第27条　決裁の種類及びその内容は、それぞれ当該各号に定めるところによる。

(1)　承認…稟議書記載の原案どおり決裁することをいう。

(2)　条件付承認…稟議書記載の原案を一定の条件を付したうえで決裁することをいう。この場合は、当該条件を充足しない限り当該案件を実行することはできないものとする。

(3)　修正…稟議書記載の原案の一部又は全部を修正して決裁することをいう。

(4)　保留…案件が計画段階にあり、その具体的内容を審査しがたい場合並びに費用又は時期その他の要件により決定に時間を要する場合において、決裁を一定期間延期することをいう。この場合は、その実行に必要な事項につき適宜報告を要するものとする。

(5)　条件付棄却…起案の不備、修正不能、回議者の意見不一致等により、再検討のうえ、再稟議に付することをいう。

(6)　棄却…稟議書記載の原案を棄却することをいう。

（決裁の方法）

第28条　決裁者は、起案文書の決裁をするときは、起案用紙（電子決裁の場合は、決裁用フォーム）の該当欄に署名又は押印（電子決裁の場合は、電子署名等の必要な操作）を行う。

（代　決）

第29条　決裁者の直近下位の者（A稟議の場合は、取締役会が指名した者）は、起案文書の内容が軽易であり、かつ、緊急を要するものであると認められるときは、当該決裁者に代わって決裁（以下「代決」という。）をすることができる。

2　前項の場合において、代決を行った者は、事後速やかに代決の内容を決裁者に報告し

条文の見出し／キーワード	作成基準の解説

（決裁の種類）

1．決裁にはいくつかの種類があることを明らかにしています。モデル規程では、6種類設けていますが、「承認」「条件付承認」「棄却」の3種類（あるいは「条件付棄却」を加えた4種類）でも構いません。会社の実情に合わせます。

2．上記用語についても基本的に任意です。例えば、モデル規程では「承認」としていますが、「可決」「認可」等でも構いませんし、「棄却」は「否決」等でも構いません。

行政用語

3．「承認」「認可」といった用語は行政法学上の定義があります。あまり厳密にとらわれる必要はありませんが、参考までに紹介しておきます。

用　語	意　味
承認	一定の行為又は事実の存在を、許諾または肯定すること
認可	第三者による法律行為を補充することにより、その効果を完成させること
許可	一般的に禁止されている行為を、特定の場合に解除すること
却下	申請等が不適格であるとして、理由の有無を判断しないでこれを拒否すること
棄却	申請等につき実質的な判断をしたうえで必要がないものとしてこれを拒否すること

（決裁の方法）

通常は稟議書の決裁者欄への押印等となりますが、電子決裁システムでは、その仕様により、操作が異なってきます。

（代　決）

1．「代決」とはいわゆる「代理決裁」のことです。やむを得ない場合の例外とお考えください。会社の重要事項まで安易に代決をすることは避けなければなりません。したがって、モデル規程では社長決裁事項については、代決者を取締役会が指名することにしています。

なければならない。

（後伺い）

第30条　次の各号の一に該当するときは、当該各号に掲げる決裁者の決裁を後伺いとして処理することができる。

(1)　決裁者が不在であり、かつ、当該決裁者があらかじめ起案文書の内容を知っている場合…当該決裁者

(2)　部門間での合議を要する決裁であって、その内容についてあらかじめ主管部門等と関係する部門等との間で協議が調っている場合…関係する部門等の長

(3)　日帰り出張に係る申請の場合…所属部門の長（総務部長が認めたときは課の長を含む。）

2　前項各号に規定する場合において、後伺いとして起案文書を処理した者は、事後速やかに後伺いとして処理された者の決裁を受けなければならない。

（決裁の効力）

第31条　決裁の効力は、決裁されたときに生じるものとする。

2　稟議決裁された事項は、常に最善の方策をもって速やかに実施されなければならない。

3　稟議決裁されたにもかかわらず、実施予定時期を２か月経過しても執行されないものについては、その決裁を無効とする。ただし、保留の場合及び稟議書に別段の定めがある場合は、この限りでない。

（再稟議）

第32条　起案責任者は、稟議決裁により承認又は修正決裁された事項の実行に当たり、変更の必要が生じたとき、又は実行金額が決裁を受けた予算額に対して１割以上超過するおそれがあるときは、総務部長の指示により、再稟議を行うものとする。

2　社会経済情勢、会社の財務状況等の要因により、稟議決裁を受けた事項の実施が困難であるときは、その実行を中止するため、総務部長の指示により、再稟議を行うものとする。

3　再稟議の手続は、第２章から第６章までの定めに準ずるものとするが、添付書類として、再稟議前の決裁済稟議書の写しを添付するものとする。

条文の見出し／キーワード	作成基準の解説
後閲	2．代理決裁を行った後、決裁内容を本来の決裁者に報告することをいいます。代決の場合には、本来の決裁者欄に「後閲」のゴム印を押しておくとわかりやすいでしょう。
（後伺い）	「代決」の場合は、代理決裁者の判断の余地が入りますが、「後伺い」の場合は、実質上決裁者の意思決定はわかっているので形式的に押印等を後回しにするだけです。電子決裁システムが普及し、社外からでも承認できる時代になれば不要となる規定かもしれません。
（決裁の効力）	決裁の効力発生時期と消滅時期を記載しています。
（再稟議）	1．第21条（取下げ）との違いは、再稟議の場合は、修正を加えたうえで再度稟議に付することです。修正してもなお実行することが経営に資すると判断される事項のみが対象となるため、再稟議を行うかどうかは、総務部長が判断することにしています。 2．稟議決裁後、実行の段階で予算オーバーが見込まれることはよくあることです。そのまま突っ走ってしまうことは会社経営上、好ましくないことです。モデル規程では「1割」としていますが、この範囲は、まさしく会社のポリシー等により判断すべき数値であり、必ずしもこうでなければならないというものではありません。多少の予算オーバーは目をつむ

（決裁の通知等）

第33条　稟議が決裁されたときは、総務部は速やかにその旨を起案責任者に通知する。

2　決裁が完了した稟議書は、正本を総務部が、写しを起案部門が、それぞれ10年間保存するものとする。

（稟議決裁事項の事後の経過・結果報告）

第34条　起案責任者は、決裁を受けた事項のその後の経過及び結果について、決裁者に報告しなければならない。

（改　廃）

第35条　この規程の改廃は、総務部長が起案し、取締役会の決議による。

条文の見出し／キーワード	作成基準の解説
	る会社もあれば、予算どおりの実行しか許さない会社もあるわけです。 ３．修正不能な事態であれば、基本は「取下げ」ということになりますが、当該事項を実行中止にすることが社会的な影響を及ぼしかねない場合（例えば、大規模なイベントの中止のような場合）には、総務部長の指示により、中止のための再稟議を行うことにしています。
（決裁の通知等）	決裁の通知と稟議書の保存について定めています。
（稟議決裁事項の事後の経過・結果報告）	決裁された稟議のその後の経過・結果について、起案責任者の報告を求めています。
（改　廃）	この規程は、レベル１の規程とし、総務部長が起案し、取締役会の決議をもって改廃します。

稟議決裁事項

別記

稟議決裁事項

1　社長決裁事項

⑴　稟議取扱責任者　総務部長

1　株主総会の招集及び議案
2　株式の発行及び社債の募集
3　株券の再交付又は廃棄
4　内規及び諸規程の制定、改廃
5　内規及び諸規程の細則の制定、改廃
6　社長署名、印を必要とする諸契約、願、届
7　補償、賠償
8　訴訟行為
9　保険（火災、損害、包括保険）締結、変更
10　登記、登録
11　諸団体の入会　　　年額▼万円以上
12　寄付金　　　　　　▼万円以上
13　賛助金　　　　　　▼万円以上
14　義捐金　　　　　　▼万円以上

⑵　稟議取扱責任者　経理部長

1　投資
2　融資
3　保証
4　不良債権の整理　　金▼万円以上
5　銀行取引の開始、廃止
6　借入金（長期資金、特殊の短期資金）
7　抵当権の設定、解除
8　固定資産、譲渡売却　　金▼万円以上
9　原料、貯蔵品、遊休品の売却　　金▼万円以上
10　予算外の支出
11　重要な固定資産の賃貸借
12　重要な機材の購入及び工事契約

⑶　稟議取扱責任者　労務部長

1　給与基準の改定、賞与、一時金の決定
2　労働協約の決定
3　融資社宅
4　社宅（予算外）取得
5　厚生組織の予算外支出

⑷　稟議取扱責任者　調査室長
各種調査にもとづく権利の設定その他権利に関して対価支払を要する事項

⑸　稟議取扱責任者　人事部長
1　従業員（実務職を除く）及び嘱託の採用任免、異動、考課、賞罰、解雇
ただし、事業所内の異動を除く
2　従業員（実務職を除く）及び嘱託の個々の給与、賞与、並びに一時金の決定

⑹　稟議取扱責任者　製造部長
1　実務従業員の採用、任免
2　特許権の申請
3　生産計画の変更及び実行設計の大幅変更
4　予算外計画
5　重要な原料の購入及びその変更

⑺　稟議取扱責任者　支店長
1　販売計画及び変更
2　販売品の価格決定
3　出張所の設置
4　代理店の指定

2　本社総務部長決裁事項
1　支社採用嘱託の採用、任免
2　製品及び原料の売買契約
3　特約店の指定
4　社長の委任を受けた契約、届及び願書
5　諸団体の入会　　年額▼万円以上
6　寄付金　　　　　　▼万円以上
7　賛助金　　　　　　▼万円以上
8　義捐金　　　　　　▼万円以上

稟議書

様式第１号

至急	人事	極秘

稟　議　書

起案年月日		文書記号番号	
決裁年月日		施行年月日	
保存期間	年　月　日から 年間	施行方法	

件名	

受信者		発信者	

代表取締役 社長	取締役	取締役				監査役 確認	総括文書 管理者確認
総務部長							副総括文書 管理者確認
起案部門			起案責任者		起案者		稟議事務取扱 責任者確認

起案理由（下記のとおり・別添のとおり）

合議欄

（承認・条件付承認・修正・保留・条件付棄却・棄却）

7

営業秘密等管理規程

【参考資料】

○不正競争防止法

○経済産業省『営業秘密管理指針』（旧版）平成23年12月１日改訂（以下「旧指針」）

○経済産業省『営業秘密管理指針』平成31年１月23日（以下「新指針」）

○経済産業省『営業秘密管理（実践編）』

○中野周志、砂田太士、播磨洋平『営業秘密と競業避止義務の法務』ぎょうせい

○長内健、片山英二、服部誠、安倍嘉一『企業情報管理実務マニュアル』民事法研究会

○田中勇気『営業秘密防衛Q＆A　内部不正による情報漏洩リスクへの実践的アプローチ』経団連出版

（目　的）

第1条　この規程は、不正競争防止法に定める営業秘密の取扱いを定めるほか、〇〇株式会社（以下「会社」という。）の秘密情報全般の取扱いについて定めたものであり、会社の秘密情報の不正な取得、使用及び開示その他企業経営に係る秘密情報の漏えいの防止等、秘密情報の適正な管理及び活用を図ることを目的とする。

（適用範囲）

第2条　この規程は、取締役、監査役、執行役員、従業員その他会社の業務に従事するすべての者（以下「従業者」という。）に適用する。

（定　義）

第3条　この規程において、次の各号に掲げる用語の意義は、当該各号に定めるところによる。

⑴　企業内情報…会社経営上必要とされる情報全般をいう。

⑵　秘密情報…会社が秘密と指定し、管理する次のような情報をいう。

①　営業秘密その他会社が保有する有用で一般的に知られていない情報（研究開発中の製品、試作品等に関する情報、各種ノウハウ等）

②　知的財産権に関する情報

③　会社経営上の秘密情報（営業戦略、経営計画、提携企業に関する情報等）

④　財務上の秘密情報（経営状況に関する情報、原価計算に関する情報等）

⑤　顧客情報等の個人情報

⑥　人事上の秘密情報（人員計画、採用人数、従業員の個人情報・個人番号等）

⑦　その他会社が秘密情報として管理し、又は秘密として指定した情報

⑶　営業秘密…秘密情報のうち、不正競争防止法第２条第６項の「営業秘密」（秘密として管理されている生産方法、販売方法その他の事業活動に有用な技術上又は営業上の情報であって、公然と知られていないもの）をいう。

⑷　個人情報…個人情報の保護に関する法律第２条第１項に定める「個人情報」をいう。

⑸　守秘情報…第２号の秘密情報であって、会社と従業者との間又は会社と取引先との間で交わされる秘密保持に関する契約のための誓約書（以下「秘密保持に関する誓約書」という。）等において特に指定されたものをいう。

⑹　秘密情報文書等…秘密情報を表したもののうち、文書、図面、写真、図書、模型、

条文の見出し／キーワード	作成基準の解説
（目　的）	秘密情報が漏えいした場合に、事後的に法的保護を受けることができる実効的な管理をすることが重要です。例えば、重要な顧客名簿であっても、アクセスを制限するパスワードの設定がなく、顧客情報を印刷した紙も、錠のないファイルキャビネットに入れっぱなしで、マル秘の判も押していなかったりすると、「営業秘密」には該当しないと判断され、法的保護を受けられなくなります。その点も見越して広い意味での企業秘密全般の扱いを規定しておきましょう。
（適用範囲）	秘密保持義務を負う者を明確にする規定です。
（定　義） 営業秘密	1．不正競争防止法に規定する「営業秘密」とは、①秘密として管理されていること（秘密管理性）、②顧客名簿等生産方法、販売方法その他の事業に有用な情報であること（有用性）、③公然と知られていないこと（非公知性）の三要件を満たす技術上、営業上の情報のことです。一般に企業が秘密としている技術、ノウハウ、経営情報、顧客情報等は、「企業秘密」等といわれることがあります。しかしながら、「企業秘密」というのは、幅広い概念です。したがって、この「企業秘密」が不正競争防止法上の三要件を満たすとは限りません。確かに営業秘密に該当すれば、裁判所を通じて当該秘密の使用差し止めを請求することができますが、そうだとしても裁判において、会社が、当該秘密の有用性等を一から立証していかなければなりません。つまり、会社が「企業秘密」だと考えていたとしても、法律上の「営業秘密」に該当しなければ同法の保護は受けられないのです。

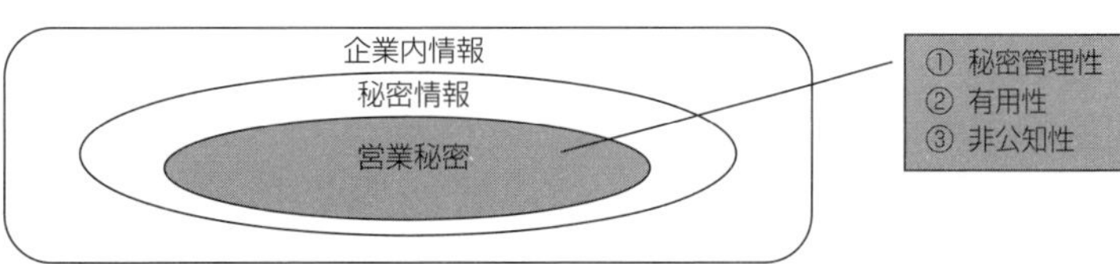

条文の見出し／キーワード	作成基準の解説
営業秘密と民事・刑事上の措置との関係	2．営業秘密に該当すれば、法に基づく差止めをはじめとする民事上、刑事上の措置の対象になり得ることとなります。た

マイクロフィルム、ビデオテープ、録音テープ、磁気ディスク及びハードディスク等の電子記録媒体、電子計算機内部又はその周辺機器に記録された電子的データ（データベースを含む。以下同じ。）並びにこれらの電子記録媒体及び電子的データの出力帳票類等をいう。

だし、秘密管理性等の三要件が認められ、営業秘密に該当したとしても差止め等や刑事措置の対象となるためには、法に定められる「不正競争」や「営業秘密侵害罪」としての要件をすべて充足しなければなりません（新指針１.）。

秘密管理性

３．秘密管理性要件の趣旨は、企業が秘密として管理しようとする対象（情報の範囲）が従業者に対して明確化されることによって、従業者の予見可能性、ひいては、経済活動の安定性を確保することにあります（新指針）。旧指針では、「アクセス制限」と「（問題となる情報が営業秘密であるとの）認識可能性」の２つが要件として掲げられており、アクセス制限についてさまざまな具体的対策が紹介されていました。そこで現場では、「どこまでやればよいのか判らない」といった混乱が生じ、大企業でも実施困難な鉄壁の対策を講じなければ、営業秘密として認定されないのでは、という誤解が生じました。そこで新指針では、次のように認識可能性のみを主たる判断要素として掲げ直すこととなりました。

> ➢　秘密管理性要件が満たされるためには、営業秘密保有企業の秘密管理意思が秘密管理措置によって従業員等に対して明確に示され、当該秘密管理意思に対する従業員等の認識可能性が確保される必要がある。
> 　具体的に必要な秘密管理措置の内容・程度は、企業の規模、業態、従業員の職務、情報の性質その他の事情の如何によって異なるものであり、企業における営業秘密の管理単位（本指針14頁参照）における従業員がそれを一般的に、かつ容易に認識できる程度のものである必要がある（新指針２.⑵）。

有用性

４．「有用性」が認められるためには、その情報が客観的に有用であることが必要です。一方、企業の反社会的な行為などの公序良俗に反する内容の情報は、「有用性」が認められません（新指針３.）。

非公知性

５．「非公知性」が認められるためには、保有者の管理下以外では一般に入手できないことが必要です（新指針４.）。

秘密情報

６．この規程では、営業秘密より広い範囲の企業秘密を「秘密情報」と称し、その取扱いを規定しています。なお、どこまでを秘密情報として取り扱うかは、基本的に会社の自由です。

守秘情報の範囲

７．守秘情報（守秘義務の対象となる秘密）の範囲をどの程度

（営業秘密等管理者等）

第4条　会社は、統括的に秘密情報を守り管理するために、営業秘密等管理者を置く。この場合において、営業秘密等管理者は、個人情報取扱規程（特定個人情報以外）に定める個人情報保護管理者を兼ねることができる。

2　会社は、営業秘密等管理者を補佐し、部門ごとの秘密情報を守り、管理するため、各部門に営業秘密等担当者を置く。この場合において、営業秘密等担当者は、個人情報取扱規程に定める個人情報処理担当者を兼ねることができる。

3　営業秘密等担当者は、この規程に基づいて秘密情報を適切に管理するため、所管する部門を監督し、その結果を営業秘密等管理者に報告するものとする。

4　部門間にまたがる秘密情報の管理は、関係部門の営業秘密等担当者が協議し、いずれか一の部門の営業秘密等担当者がこれにあたる。

条文の見出し／キーワード	作成基準の解説
	にするかは、当事者間の合意で決定すべき問題であり、「営業秘密」のみしか守秘義務の範囲とすることができないわけではありません。
契約による情報の保護	8．営業秘密に該当しない情報については、不正競争防止法による保護を受けることはできないものの、民法その他による法的保護を一切受けることができないわけではありません。すなわち、当該情報の取扱いについて私人間の契約において別途の規律を設けた場合には、当該契約に基づく差止め等の措置を請求することが可能であり、その際、法における営業秘密に該当するか否かは基本的には関係がないと考えられることに留意する必要があります（新指針１.）。
（営業秘密等管理者等）	1．営業秘密等管理は、組織的管理が必要です。したがって、組織体制を整備し、責任者を設置することが重要です。
	2．旧指針では、組織体制に応じた責任者の存在とその権限の明確化について、次のような例を示しています。中小規模の会社では、ここまでの体制を整えることは難しいかもしれませんが、組織体制を構築するうえでの参考となります（旧指針P77）。

大区分	小区分	内　容
①統括責任・総括責任	統括責任	会社全体の情報セキュリティ管理の統括責任。役員の中から、情報セキュリティを担当する役員（CISO（Chief Information Security Officer、情報セキュリティ担当役員））を指名し、情報セキュリティ委員会の委員長の役割を担わせます。
	総括責任	担当事業所において、情報セキュリティ管理に関する全社的な管理方針等が正しく運用されていることを確認する責任で、通常、営業所長、工場長等、事業所長がこれを担います。

（営業秘密等管理者の責務）

第5条　営業秘密等管理者は、企業内情報のうち、秘密情報として管理すべき情報について秘密の指定をするとともに、次の各号に掲げる業務を統括管理する。

⑴　秘密情報の区分とその明示

⑵　秘密とすべき期間とその明示

⑶　職務上の権限として特定の秘密情報にアクセスできる者（以下「アクセス権者」という。）の範囲の決定

⑷　業務上の必要から秘密情報の開示を受けることができる者（以下「開示範囲の者」という。）の範囲の決定

条文の見出し／キーワード	作成基準の解説

② 情報セキュリティ管理責任	情報管理責任	情報を作成した者、他社から情報を開示された者の所属する組織の責任者が次の事項について責任管理します。 ・「厳秘」、「秘」等の秘密区分の指定 ・秘密区分の期限の明示 ・アクセス権者の特定 ・社外への持出し及び他者への開示に係る許可等の判断 ・使用目的の設定
	セキュリティ管理責任	セキュリティの三要素（「機密性」「完全性（保全性）」「可用性」）のすべてを確保する責任です。

JISQ27002（ISO27002）による情報セキュリティ

3．情報セキュリティとは、次の三要素を維持することとされており、これを情報セキュリティの三要素といいます。

① 機密性（Confidentiality）：情報へのアクセスを認められた者だけが、その情報にアクセスできる状態を確保すること

② 完全性（Integrity）：情報が破壊、改ざん又は消去されていない状態を確保すること

③ 可用性（Availability）：情報へのアクセスを認められた者が、必要時に中断することなく、情報及び関連資産にアクセスできる状態を確保すること

アクセス

4．ここでは、データベースの状態の秘密情報について、これを読み書きすることをいいます。例えば、特定の顧客データベースが秘密に指定された場合は、モデル規程７条により、アクセス権者以外の者が、当該顧客データを読み書きすることは禁止されることになります。

（営業秘密等管理者の責務）

1．１項各号は、いわゆる情報管理責任の事項を列挙しています。これらの業務は、当該情報を作成した者、又は、他社から当該情報を開示された者の所属する組織の責任者が行うのが適切ですが、組織全体として統一的な把握・管理が統括責任の下で行われることが必要であることから、営業秘密等管理者の責務として、これらの業務を統括管理することを規定しています。

秘密の指定の解除

2．秘密情報の管理にはコストがかかるものです。既に公知情報となった企業内情報を秘密のまま管理することは無駄なコ

⑸　社外への持出し及び第三者への開示に係る許可等の判断

⑹　使用目的の特定

2　営業秘密等管理者は、秘密情報文書等に朱印を押す等の適切な方法で、秘密情報文書等である旨及び前項の期間並びに開示許容範囲を表示しなければならない。

3　営業秘密等管理者は、少なくとも毎年１回以上、秘密情報の区分等を見直し、秘密情報が公知のものとなったと認められるとき等は、速やかに、当該秘密の指定を解除し、関係者に通知するものとする。

（秘密情報の区分及び順位）

第6条　秘密情報は、次表に定める順位、区分、範囲及びアクセス権限に応じた管理を行うものとし、秘密情報以外の企業内情報と区別して管理しなければならない。

順　位	区　分	範　囲	アクセス権限
第１順位	極秘	営業秘密又は秘密情報であって、第三者に漏らすことにより会社が回復しがたい極めて重大な損失若しくは不利益を受け、又はそのおそれがあるもので、指定された者以外に開示してはならないもの。なお、営業秘密はすべて極秘扱いとする。	【取扱権限】 ・取扱部門内の開発プロジェクトメンバー ・会社が特に指定した者 【閲覧権限】 ・部長以上
第２順位	秘	極秘以外の秘密情報であって、第三者に漏らすことにより会社が重大な損失若しくは不利益を受け、又はそのおそれがあるもので、業務上の取扱い部門に所属する者以外に開示してはならないもの。	【取扱権限】 ・取扱部門内の開発プロジェクトメンバー ・会社が特に指定した者 【閲覧権限】 ・課長以上
第３順位	社外秘	極秘、秘以外の秘密情報であって、第三者に漏らすことにより会社が損失又は不利益を受けるおそれがあるもので、従業者以外に開示してはならないもの。	【取扱権限】 ・会社が特に指定した者 【閲覧権限】 ・従業者（ただし、○か月以内に退職が予定されている者等、会社が指定した者を除く。）

2　前項のアクセス権限は、部門又は特定のプロジェクトごとに定めることができる。

3　第三者から開示された情報であって、当該情報を返還する必要がなく、その複製が許可されているものについては、第三者情報であることを明らかにしたうえで企業内情報とみなし、秘密情報として管理すべきものは、第５条第１項の秘密の指定を行うものとする。

条文の見出し／キーワード	作成基準の解説
	ストであると同時に、秘密情報が増大し、その想定的価値が低下してしまいます。
（秘密情報の区分及び順位）	1．営業秘密に係る秘密管理要件が満たされるためには、会社が当該情報を秘密であると単に主観的に認識しているだけでは不十分であるといわれています。すなわち、営業秘密保有企業の秘密管理意思（特定の情報を秘密として管理しようとする意思）が、具体的状況に応じた経済合理的な秘密管理措置によって、従業者に明確に示され、結果として、従業者が当該秘密管理意思を容易に認識できる（換言すれば、認識可能性が確保される）必要があります（新指針2．(2)）。 この趣旨に則り、秘密情報はその他の情報と区分して管理し、秘密情報とされた情報については、「秘密であること」「管理方法」を規程で定め、周知しておく必要があります。 なお、新指針では、アクセス制限は認識可能性を担保する一手段として位置づけられているため、認識可能性が十分であれば、アクセス制限が不十分だとしても必ずしも秘密管理性が否定されることにはなりません。むしろアクセス制限に物理的労力を注ぐよりは、規程整備、周知、社員教育のほうが重要といえるのです。 ➢ 情報の区分・秘密指定（旧指針P30） 営業秘密として管理すべき情報資産が大量にあり、各情報資産の秘密性（機密性）のレベルに応じて異なる管理水準による管理体制を構築・実施することが可能である場合には、自社の情報資産を情報の秘密性のレベルに応じて区分し、区分ごとの管理水準・管理方法を設定することが望ましい。
情報のクラシフィケーション	2．情報を秘密性の視点からランク分けすることを「情報のクラシフィケーション」（情報を種別に分類すること）といいます。情報のクラシフィケーションの目的は、機密レベルに関する関係者の認識を共有化したうえで、それぞれのレベルに応じた管理を行うことです。

条文の見出し／キーワード	作成基準の解説
	3．分類の仕方はいろいろあります。欧米では、このようにランク付けをした場合は必ず秘密のランクを明示(ラベリング)するという考え方が一般的で、日本の企業でも、「社外秘」とか、「機密」という判を押すことが行われています。
極秘	4．経営上極めて重要で、ごく限られた最小限の関係者のみに開示される企業内情報のことをいいます。
	5．社内情報をむやみに「極秘」扱いにすると、①日常的に必要な情報の流通まで阻害（可用性の低下）されてしまう、②管理に過剰なコストがかかる、③機密レベルの相対的価値が低下する、といった問題が生じるため、注意が必要です。
	➢ 情報の区分・秘密指定（旧指針P30） 事業者の中の情報全体からみると、「極秘」「厳秘」「秘」等に指定して厳しく管理する情報は、業種にもよるが、通常、それほど大きなウエイトを占めることは無いと考えられる。仮に、あまりに多すぎる情報について、これらの指定を行って厳しく管理しようとすると、管理のコストが増大したり、管理の実効性確保が困難になったりすることもある。 つまり、「極秘」や「厳秘」に区分される情報は、それ相当の厳格な管理が必要になることから、大多数の情報を「極秘」「厳秘」と設定すると、必要な情報の共有化が阻害される。加えて、「極秘」「厳秘」情報の相対的価値が低下することになる。
秘	6．「極秘」に分類される情報ほど重要ではないが、限定された関係者のみにしか開示されない企業内情報のことをいいます。
社外秘	7．「極秘」「秘」には該当しないが、みだりに社外に開示しないことが望ましい企業内情報をいいます。
アクセス制限	8．アクセス制限は、１項の表のように特定の職位ごとに設けるほか、２項のように業務部門やプロジェクトごとに設けることもできます。
取引先等から秘密情報の開示を受けている場合	9．他社から開示を受けた秘密情報が自社の秘密情報に混入しないようにする必要があります。いったん混入してしまうと本来取引先のノウハウであった情報が、あたかも最初から自社のノウハウであったかのように会社内で認識されてしまうおそれがあります。仮にそのようなノウハウで新商品等を開発した場合、たとえ悪意がなかったとしても、取引先からノウハウの盗用があったと訴えられるリスクが生じます。

（秘密情報文書等の管理の方法）

第7条　秘密情報文書等は、アクセス権者以外の者がアクセスしてはならない。アクセス権者以外の者が当該秘密情報文書等を閲覧しようとするときは、当該秘密情報文書等に係るアクセス権者の許可を受けなければならない。

2　○か月以内に退職が予定されている従業者は、特別の許可がない限り、秘密情報文書等にアクセスしてはならない。

3　秘密情報文書等は、次表の区分に基づき適切に管理しなければならない。なお、この管理方法が不適切であると認められる場合は、これに準じた最適な管理をするものとする。

区　分	管理の原則	閲覧場所等	持出・複写等の制限
極秘	秘密区分、設定日、保管期限、保管場所、開示範囲の者及び閲覧規制等を明記した秘密情報管理調書を作成し、常に施錠保管することにより管理する。	会社が指定した場所	持出、複写、複製はこれを禁ずる。
秘			秘密情報を開示できる者が営業秘密等管理者の許可を受けた場合に限り、持出、複写、複製を認める。
社外秘	原則として、その秘密情報文書等に「社外秘」の表示をすることにより管理する。ただし、特に必要な場合は、複写禁止の表示等、適宜の管理方法をとる。	所管部門の執務室	秘密情報を開示できる者が営業秘密等管理者の許可を受けた場合に限り、持出、複写、複製を認める。

4　従業者のコンピュータ及び携帯端末には、その業務に必要のあるもののほかは、秘密情報及び個人情報（個人番号を含む。）を保存してはならない。また、「極秘」及び「秘」に該当する秘密情報を一時的に保存しようとするときは、あらかじめ営業秘密等管理者の許可を受けなければならない。

5　前二項に定めるほか、秘密情報の区分ごとの取扱いの細目は、別に定める秘密情報取扱基準に定めるところによる。

条文の見出し／キーワード	作成基準の解説

> ➢ 情報の区分・秘密指定（旧指針P30）
> 取引先等から秘密情報の開示を受けている場合には、その秘密情報が自社の営業秘密に混入（コンタミネーション）しないようにする。

（秘密情報文書等の管理の方法）

1．営業秘密の管理は、どのような保護、成果を求めるかによって、それに必要な水準が異なります。

2．営業秘密の管理に当たっては、「人的管理」、「物理的管理」、「技術的管理」等の具体的な管理方法により、秘密情報をその他の情報と区分し、権限に基づきアクセスした者がそれを秘密であると認識して取り扱うために必要な措置を講ずるとともに、権限のない者がアクセスすることができないような措置を講ずることが必要です。

適正な管理方法

3．「漏えいリスク」「管理コスト」「業務効率」のバランスを考慮した合理的な管理がポイントです。

秘密指定、アクセス権者の指定の例	①　営業秘密とその他の情報とを区分して管理する。 ②　管理方法を指定・周知する。 ③　営業秘密ごとにアクセスできる権限をもつ者をあらかじめ指定する。 ④　営業秘密へのアクセス記録を残す。
人的管理の例	①　教育・研修を実施する。 ②　契約、誓約書等により、営業秘密を開示した相手方（従業者、退職者等）の秘密保持義務を明確にする。 ③　就業規則や各種規程に秘密保持義務を規定し、従業者に周知する。 ④　退職者に秘密保持義務を課したい場合には、できる限り秘密保持契約を締結する。

条文の見出し／キーワード	作成基準の解説

物理的・技術的管理の例	① 書面にマル秘マークを押す。 ② 電子ファイルの開封に関するパスワードを設定する。 ③ 記録媒体などを他の書類等とは分離して保管する。 ④ 営業秘密を記載・記録している媒体は、保管庫に施錠して保管する。 ⑤ 営業秘密を保管している施設への入退出を制限する。 ⑥ 持出しをできる限り制限する。持ち出したときは、適切に回収する。 ⑦ 複製をできる限り制限する。 ⑧ 保存期間を過ぎたものは、復元不可能な措置を講じて廃棄する。 ⑨ 指定されたアクセス権者にのみアクセス可能な措置を講じる。 ⑩ 営業秘密を保存するコンピュータやシステムを外部ネットワークから遮断するなど不正アクセスに対する措置を講じる。

企業秘密が営業秘密として認められなかった裁判例

① 書式等の収められたフロッピーディスクについて、当該フロッピーディスクを取り扱うことができる社員を限定するなどの特段のアクセス制限措置が採られていなかった。
② 顧客情報が記載された情報カードについて、一般顧客からは見えない店舗の受付カウンター（レジ台）の棚に備え置かれているものの、その扉は常時施錠されているわけではなく、閉められていないことも多かった（アクセス制限の存在が否定された）。
③ 誓約書や就業規則において秘密保持義務を課していたが、営業秘密について特段機密事項である旨の表示をせず、現実に、本件情報が「機密」に当たることを客観的に認識できるように管理していなかった。
④ 各図面に、秘密として扱われるべきことが明らかとなるような印等は付されていなかった。
⑤ 図面の端にドイツ語及び英語で小さく秘密である旨が表示されていただけだった。
⑥ 顧客情報が記載された見積書について、営業担当者がその控えを保管し、その保管方法は各自に委ねられていた。
⑦ 顧客情報を記した台帳が施錠できる事務所内に置かれ、第三者が事務所内に侵入できないようになっていたが、事務所内では机の上に置かれていた。
⑧ 営業秘密であるサービスマニュアルが記載された紙媒体について、当該紙媒体が保管されていた部屋に委託元企業の社員や外注先の業者の従業者が自由に出入りすることができ、これを閲覧しようと思えばすることができた。

（閲覧及び第三者への開示）

第8条 「極秘」「秘」と区分された秘密情報文書等は、業務上の必要が認められる場合でなければ開示しない。業務上の必要から開示範囲の者が秘密情報文書等を閲覧する場合は、閲覧管理台帳に必要事項を記入し、閲覧者に署名押印させるものとする。

2 開示範囲の者が、「秘」と区分された秘密情報文書等を複写する場合、複写した秘密情報文書等に、別に定める表示とともに連番を付す。この場合、複写管理台帳に必要な事項を記入し、複写する者に署名押印させる。なお、複写した秘密情報文書等を開示範囲の者に配付する場合は、配付管理台帳に必要な事項を記入し、配付される者に署名押印させるものとする。

3 開示範囲の者が秘密情報の全部又は一部を外部に公表する場合は、あらかじめ営業秘密等管理者の許可を受けなければならない。ただし、「極秘」に該当するものについては、当該許可に先立ち、その可否の妥当性について、取締役会における決議を経なければならない。

（秘密情報文書等の廃棄）

第9条 秘密情報文書等の廃棄処分は、焼却、溶解、磁気データの物理的破壊等の少なくとも当該文書が復元できない程度となるよう行わなければならない。また、廃棄処分を行った事実を記録しておかなければならない。

2 営業秘密等管理者は、前項の廃棄を外部に委託する場合、あらかじめ受託者との間の契約によりその処理方法を定める。

条文の見出し／キーワード	作成基準の解説
媒体以外の状態の秘密情報	4．営業秘密を含む秘密情報が、紙媒体、電子記録媒体以外の状態で管理されている場合があります。例えば、⑴製造機械や金型、高機能微生物、新製品の試作品など、物件に営業秘密情報が化体しており、物理的にマル秘表示の貼付や金庫等への保管に適さない場合、⑵技能・設計に関するものなど従業員が体得した無形のノウハウや従業者が職務として記憶した顧客情報等が紙媒体等で可視化されていない場合、などです。⑴については、①立ち入り禁止の区画で管理する、②写真撮影禁止の貼り紙をする、③秘密情報に該当する物件をリスト化し、リストを供覧・共有化する、といった方法が考えられます。⑵については、①秘密情報のカテゴリーをリストにする、②具体的に文書等に記載する、といった方法が考えられます（新指針２．⑶③）。
（閲覧及び第三者への開示）	機密情報を他社へ開示することが取引上有効な手段となることも想定されます。この辺りは、柔軟な対応も必要ですが、高度な経営判断が求められることには相違なく、極秘レベルのものについては、事前の取締役会等における決議等が必要とされるでしょう。
（秘密情報文書等の廃棄）	1．当該情報が記録された書類、記録媒体の廃棄の際に、当該情報を読み取れなくする処理を行うことを義務づけます。 （例）　シュレッダーで裁断する、消去ソフトを利用する、業者に消去・溶解処分を依頼するなど
外部委託	2．当該情報の廃棄等を外部者に委託する場合、秘密性を保持するために必要な行為を規定します。

（秘密保持義務）

第10条　秘密情報に関与した従業者（アクセス権者、開示範囲の者である従業者のほか、何らかの形で秘密情報の内容を知り得たすべての役職員をいう。以下同じ。）は、在職中及び退職後においても、業務上知り得た秘密情報をいかなる者にも開示し、又は漏らしてはならない。ただし、会社の許可を受けて公表する場合、又は秘密情報が公知となった場合は、この限りでない。

2　秘密情報に関与した従業者は、知り得た秘密情報を、関係する業務以外に使用してはならない。

3　秘密情報に関与した従業者は、業務上秘密情報をその開示範囲の者以外の者に開示する必要が生じた場合、あらかじめ営業秘密等管理者に通知し、その指示に従ってこれを行わなければならない。

4　前項により、新たに開示を受けた従業者は、本条による秘密保持義務を適正に履行しなければならない。

（採用時誓約書）

第11条　会社に採用されるすべての者は、この規程を遵守することを明らかにするため、「採用時誓約書（秘密保持）」（様式第１号）を提出しなければならない。

条文の見出し／キーワード	作成基準の解説

（例）　秘密保持条項を盛り込んだ契約書（基本契約書・約款を含む）を交わす、誓約書を徴収する、書面等を交付する際に秘密厳守を申し出るなど

（秘密保持義務）

1．従業者に対し、当該情報について秘密保持義務を負うことを明確にするとともに、当該情報のアクセス権限の範囲指定、開示等の管理について規定しています。

不正行為への気持ちを高める項目

2．独立行政法人情報処理推進機構『「組織内部者の不正行為によるインシデント調査」報告書』（2012.7.17）によれば、不正行為を働く動機を高める要因は、処遇面の不満に関する項目が上位3つを占めました。労使コミュニケーションが重要であることがわかります。

順　位	内　容	割　合
1位	不当だと思う解雇通告を受けた	34.2%
2位	給与や賞与に不満がある	23.2%
3位	社内の人事評価に不満がある	22.7%
4位	職場で頻繁にルール違反が繰り返されている	20.8%
5位	システム管理がずさんで顧客情報を簡単に持ち出せることを知っている	20.1%

（採用時誓約書）

1．秘密保持に関する誓約書を提出させるタイミングとしては、①採用時、②在職中（特定のプロジェクトへの参画時等）、③退職時、がありますが、①採用時の契約では、秘密保持義務の対象の特定は困難ですが、②在職中、③退職時には、具体的な特定が徐々に容易になることを踏まえ、双方の納得感が得られるような手続を各事業者が考え、タイミングに応じて秘密保持契約の締結を図る必要があります。

条文の見出し／キーワード	作成基準の解説
	①　採用時誓約書…入社の際に従業者から何らかの誓約書を提出してもらっていると思いますが、ここに秘密保持の内容を記載します。 ②　プロジェクト参画時の誓約書…場合によっては、営業秘密に関連するプロジェクトや部門に配属されるときにも、誓約書を取る必要があります。 ③　退職時の誓約書…営業秘密の流出のリスクが高いのは、その者の在職中ではなく、退職時点においてであるため、秘密保持に関しては、退職時にも提出してもらいます。退職時には、入社時に提出した誓約書の内容を覚えていないことも考えられるため、再確認の意味もあります。
就業規則の定め	2．上記の誓約書を取るときは、必ずその旨を就業規則に定め、その提出が会社のルールであることを明らかにしておきます。
誓約書の留意点	3．秘密保持誓約書等を作成する際、「対象となる情報の範囲」を明確に特定することが重要です。過度に広範な秘密保持契約は必要性・合理性の観点から公序良俗違反と判断される可能性があります。
誓約書の記載内容	4．従業者には、次のような内容について、誓約してもらいます。
	①　対象となる情報の範囲 ②　秘密保持義務及び付随義務（付随義務として、複製、持出・送信の禁止、管理体制への協力、退職の際の営業秘密記録媒体（複製を含む）の返還） ③　例外規定（開示前から既に公知であった情報、開示後に事業者の責めに帰すべき事由なく公知となった情報、第三者から守秘義務を課されることなく取得した情報等を例外とする） ④　秘密保持期間（期限設定が可能な場合はその期限を、困難である場合には営業秘密性が失われるまでと明記し、秘密保持義務の存続期間とする） ⑤　義務違反の際の措置等（不正競争防止法上の会社の権利（差止請求権、損害賠償請求権、信用回復措置請求権）は、誓約書に改めて記載しなくとも法律上、当然に存在する。そのほかに就業規則上の懲戒や契約不履行による損害賠償義務を規定する）
個人情報保護法との関係	5．平成17年４月の個人情報保護法の施行後、個人情報保護を名目として、個人情報とは無関係の営業秘密をも対象とする包括的な秘密保持契約を締結する場合がありますが、この点については、個人情報保護と営業秘密の保護はその目的・範

（中途採用者の有する秘密保持義務）

第12条　中途採用者であって、前職の企業等と秘密保持に関する契約若しくは競業避止に関する契約を締結しているもの、又は前職において当該企業等若しくはその他の第三者（以下「前職の企業等」という。）の営業秘密に接していたものは、当該営業秘密を会社に開示してはならない。会社は、中途採用者が有する情報が不正取得によるものでないかどうか、及び中途採用者の前職の業務に係る秘密保持義務の有無を確認するために、「採用時誓約書（中途採用者秘密保持）」（様式第２号）の提出を求めるものとする。

2　前項の秘密保持に関する誓約書は、次の各号に掲げる事項につき提出させるものとする。

⑴　前職の企業等の営業秘密を前職の企業等の承諾を受けることなく会社において開示又は使用しないこと。

⑵　前職において完成させた職務発明について、会社の名義で出願をしないこと。

⑶　前職の企業等との間で競業に関する紛争が生じるおそれがないこと。

条文の見出し／キーワード	作成基準の解説
	囲等が異なるため、従業者側の納得感の向上の観点からは、個人情報保護に関する契約と営業秘密に関する秘密保持契約は峻別する（別書面であるか否かは問わない）ことが望ましいものとされています。
（中途採用者の有する秘密保持義務）	1．前職において秘密保持契約を締結していた中途採用者が、その秘密保持義務違反により、新会社に情報を提供した場合、提供された会社が、その情報提供について「重過失」があった場合、前職の会社から、不正競争防止法に基づく営業差止請求がなされ、生産ラインや営業の本質的な部分にストップをかけられてしまうという甚大な損害に及ぶ可能性があります。
コンタミネーションへの配慮	2．そこで、中途採用や第二新卒等により他の会社から転職して会社の従業者になる場合、当該転入者が特定の情報に関し法的義務を負っていたことによりトラブルに巻き込まれることのないよう、コンタミネーションに配慮することが必要です。具体的には、その転入者が持ち込む情報によって、受入企業に差止請求による事業中断のリスクや何らかの損害賠償請求を受けるリスクが発生しないかどうかを検証することが必要です。 3．したがって、採用予定の者に対しては、前会社で締結した退職時の誓約書等があれば、本人からこれを入手し、その秘密保持義務や競業避止義務の内容について確認する必要があります。 4．しかし、本人が退職時に差し入れた誓約書等の写しを退職元企業が転入者に交付しないとか、契約書の内容を開示しない契約（秘密保持契約を締結したこと自体を秘密とするような契約）を前会社との間で締結しているため、どのような義務が転入者に課せられているか確認できない場合があります。また、秘密保持の範囲が漠然とした契約内容のものもあります。このような場合においても、転入者の秘密保持義務違反等につき「故意」又は「重大なる過失」があれば、不正競争防止法上の責任が生じ得ることから、「故意・重過失」でないと評価されるように努めることが必要です。

（退職者の秘密保持義務）

第13条　定年退職、自己都合退職、解雇の区分にかかわらず、従業者が、退職し、又は解雇となる場合には、退職日までに、「退職後の競業避止及び秘密保持義務に関する誓約書」（様式第３号）を会社に提出しなければならない。

2　従業者は、退職時に、秘密情報を含む文書等を会社外に持ち出してはならず、また、自己の保管する秘密情報を含む文書等をすべて会社に返還しなければならない。

3　従業者は、退職時に、自己の保管する秘密情報を含む文書等に記録された秘密情報を消去するとともに、消去した旨の誓約書（自己の保管する文書等に営業秘密が記録されていないときは、その旨の誓約書）を営業秘密等管理者に提出しなければならない。

4　会社は、必要に応じ、退職が予定されている従業者に対し、秘密情報へのアクセスを禁止することができる。

5　従業者は、退職後において、第２項及び第３項に定める秘密情報を含む文書等又は秘密情報であって、過失により返還又は消去していないものを発見した場合には、速やかに第２項及び第３項の定める措置を講じるものとする。

条文の見出し／キーワード	作成基準の解説
（退職者の秘密保持義務） 企業における情報漏えいの実態	1．経済産業省の調査報告によれば、ビジネス上有用なノウハウや技術等の営業秘密の流出は、従業者によるものが多くを占める、とのことです。 流出ルートでは、退職者による漏えいが最も多く、国内外の競業他社へ漏えいしているおそれがあります。

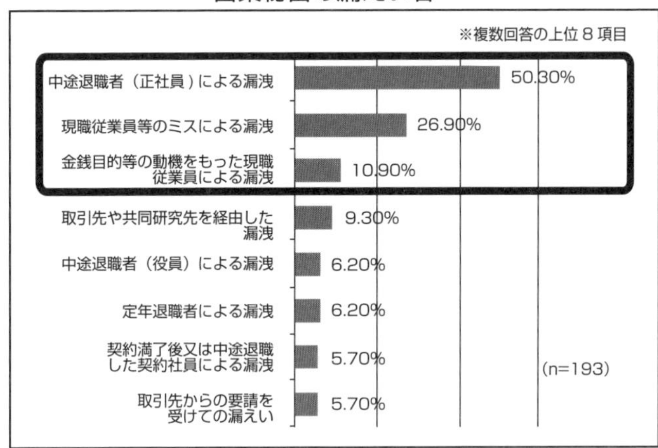

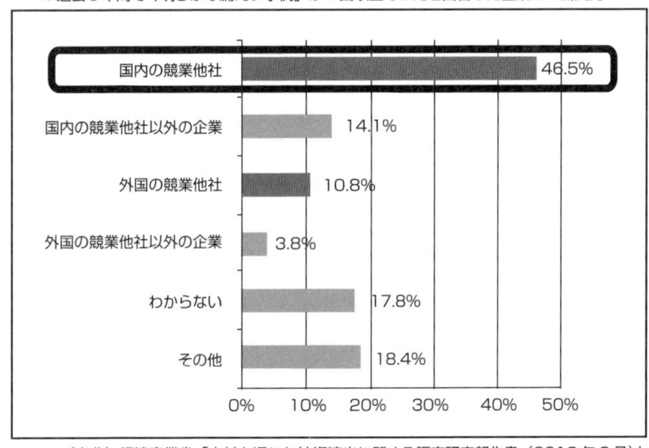

（出典）経済産業省「人材を通じた技術流出に関する調査研究報告書（2013年３月）」

条文の見出し／キーワード	作成基準の解説
退職に伴う情報漏えい防止	2．経済産業省の調査（※「人材を通じた技術流出に関する調査研究報告書（2013年３月）」）によると、営業秘密の漏えいは中途退職者が最も多くなっています。したがって、転職や契約期間の終了など従業者が退職するタイミングに特に注意

条文の見出し／キーワード	作成基準の解説

が必要です。

対策ポイント：①退職前の監視強化と②退職時の手続

> 退職の数週間前からPC等をシステム管理部門等の管理化に置くことが望ましい。なんらかの形で監視されていると意識させることで不正行為を抑止する。
> ・退職する従業員の電子メールのやりとりや、USBメモリへのコピー、プリントアウト等による情報の持ち出しを、操作ログをとり監視する。
> ・重要な情報へのアクセスやUSBメモリの利用を制限する。
> 従業員が退職後に重要情報を持ち出すことを防ぎ、知りえた重要情報が競合他社に渡らないようにするための措置を取る。
> ・入館証の回収、貸出機器の返却
> ・速やかな情報システムのアカウント削除
> 退職後に重要情報が競合他社に渡らないよう秘密保持契約（誓約書を含む）を結ぶことが望ましい。さらに、非常に重要な情報を扱っていた従業員が競合相手に転職しないよう、競業避止義務契約を締結する。ただし、職業選択の自由を侵害しないよう適切な範囲に設定する必要がある。
>
> 「人材を通じた技術流出に関する調査研究報告書（2013年3月）」より

競業避止誓約書

3．退職時に誓約書を提出させる場合、退職後の競業避止及び秘密保持義務に関する定めを置くことがあります。しかし、競業避止は、秘密保持よりも直接的に「職業選択の自由」を制限し従業者（退職者）が被る不利益が大きくなる可能性があるため、秘密保持契約とは峻別して義務の内容を限定したほうがよいでしょう。

就業規則の定め

4．競業避止契約を締結する場合、退職の時点で突然契約の話をすると、退職者のほうで締結を拒否してくる可能性がありますから、退職時に競業避止義務や秘密保持義務に関する誓約書を提出させることは、就業規則に定めておき、事前に周知しておくことが必要です。

留意点

5．退職後一定期間内に競合他社に就職した場合に、退職金の全部又は一部を減額する旨の規定を設け、違反があった場合に当該金額を支払わないあるいは返還請求を行うこともありますが、職業選択の自由等を不当に拘束する内容のものは認められません。したがって、期間や業種の限定等が必要です。

なお、競業避止義務の有無は、「秘密管理性」の判断とは別個のものです。

（教　育）

第14条　営業秘密等管理者は、関係従業者に対し、自己の管理する秘密情報保護のため、この規程に基づいて適切な教育を行う。

（懲　戒）

第15条　会社は、従業者（役員を除く。）が秘密情報について、故意又は過失により、開示、使用、漏えいした場合は、就業規則第57条（懲戒処分）の規定により懲戒処分の対象とする。役員の処分については、取締役会で定める。

2　秘密情報を不正に持ち出し、又は持ち出そうとした場合は、前項の規定を適用する。

条文の見出し／キーワード	作成基準の解説

　退職後の従業者等に対し、自社と競合する企業への就職や競合する事業を自ら行わない義務をかける契約。違反時に直接的に義務違反を主張できます。

　職業選択の自由(憲法第２２条第１項)に対する制約となるため有効性の要件は厳格に判断されています。

○判例分析の結果による有効性が認められやすい規定のポイント(経済産業省委託調査※より)

・営業秘密等の企業側の「守るべき利益」が存在する。
×具体的でない包括的なものは不可

・対象をその「守るべき利益」に関与していた従業者に絞り込む。
×職位等の形式的な絞り込みは不可

・禁止する競業行為の範囲について、「守るべき利益」と比較して絞り込む。
×一般的･抽象的なものは不可

・基本的には、競業避止義務に見合う何らかの代償措置が設定されている。

・業種にもよるが期間は１年以内。
※２年超が認められるのは例外的

・競業禁止地域を、職業選択の自由を阻害するような広範なものとしない。
※基本的にはこれのみでは有効性を否定しない傾向だが・・

※規定ぶり、減額規定の考え方等の詳細は、平成24年度経済産業省委託調査「人材を通じた技術流出に関する調査研究報告書」を参照下さい。
http://www.meti.go.jp/policy/economy/chizai/chiteki/pdf/houkokusho130319.pdf

（出典）経済産業省「営業秘密管理（実践編）」

競業避止義務に関する判例の立場

6．退職後について競業避止義務を課すことについては、職業選択の自由を侵害し得ること等から、制限的に解されています。有名な判例では、競業避止義務契約について、「債権者の利益、債務者の不利益及び社会的利害に立って、制限期間、場所的職種的範囲、代償の有無を検討し、合理的範囲において有効」であるとしています（昭45.10.23 奈良地判）。

（教　育）

1．従業者に対し、当該情報を含む企業内情報の管理の必要性について意識づけを行う旨の規定です。

2．教育の具体例は、秘密情報の取扱いに関する研修を実施する、秘密情報の管理の大切さを定期的に指導する、情報漏えいについて朝礼等で繰り返し注意喚起する、秘密情報の管理マニュアル等を作成して周知する等が考えられます。

（懲　戒）

1．不正を行った従業者に対し、懲戒処分を行う場合は、就業規則での根拠が必要です。

人的安全管理措置の重要性

2．正規のアクセス権限を持つ内部者による不正行為は技術的な対策だけでは防ぐことが困難とされています。したがって、「人」、「組織」、「技術」の三面から、対策を検討する必要があります。

（損害賠償等）

第16条　すべての従業者は、この規程に違反して秘密情報を不正に漏えい、開示、使用又は提供したことにより会社に損害を与えた場合には、会社に対してその損害を賠償しなければならない。

2　営業秘密の不正取得については、会社は、不正競争防止法に基づく訴訟を提起することがある。

（改　廃）

第17条　この規程の改廃は、営業秘密等管理者が起案し、取締役会の決議による。

条文の見出し／キーワード	作成基準の解説
	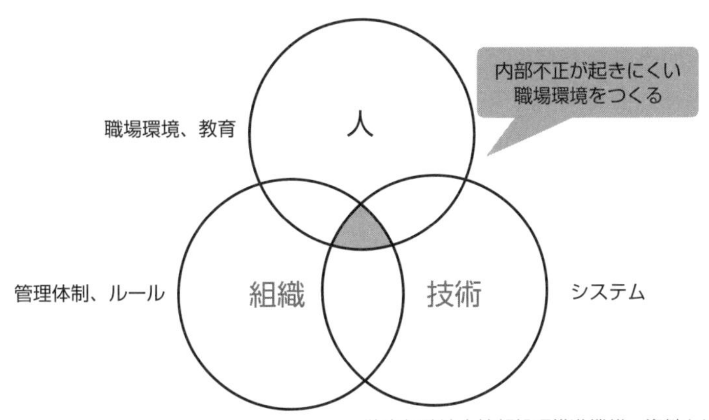
（損害賠償等）	不正競争行為については、故意又は過失により営業上の利益を侵害された者は、侵害した者に対し損害賠償を求めることができます（不正競争防止法４条）。この場合、損害額は、その請求を行う被害者側が立証するのが原則ですが、営業秘密に係る不正競争の場合、侵害した者が営業秘密侵害行為を通じて利益を受けているときは、その額が被害者の損害額と推定されます（不正競争防止法５条２項）。
（改　廃）	この規程は、レベル１の規程とし、営業秘密等管理者が起案し、取締役会の決議をもって改廃します。

採用時誓約書（秘密保持）

様式第1号

○○年○月○日

○○株式会社
　代表取締役　○○○○　様

○○県○○市○○町○丁目○番○号
○○○○　㊞

採用時誓約書（秘密保持）

私は、貴社に採用されるにあたり、下記事項を遵守することを誓約いたします。

記

第1条（秘密保持義務）

貴社就業規則及び営業秘密等管理規程を遵守し、次に示される貴社の技術上又は営業上の情報（以下「秘密情報」という。）について、貴社の許可なく、いかなる方法をもってしても、開示、漏えい又は業務目的以外の目的で使用しないことを約束いたします。

⑴　営業秘密その他会社が保有する有用で一般的に知られていない情報（研究開発中の製品、試作品等に関する情報、各種ノウハウ等）
⑵　知的財産権に関する情報
⑶　会社経営上の秘密情報（営業戦略、経営計画、提携企業に関する情報等）
⑷　財務上の秘密情報（経営状況に関する情報、原価計算に関する情報等）
⑸　顧客情報等の個人情報
⑹　人事上の秘密情報（人員計画、採用人数、従業者の個人情報・個人番号等）
⑺　その他会社が秘密情報として管理し、又は秘密として指定した情報

第2条（秘密情報の帰属）

秘密情報については、私がその秘密の形成、創出に関わった場合であっても、貴社の業務上作成したものであることを確認し、当該秘密の帰属が貴社にあることを確認いたします。この場合において、当該秘密情報について私に帰属する一切の権利を貴社に譲渡し、その権利が私に帰属する旨の主張をいたしません。

第３条（在職中のメールモニタリングの同意）

私は、貴社の情報システム及び情報資産の一切が貴社に帰属していることを認め、貴社が情報システム及び情報資産の保護のために必要であると認める場合には、私の職務上利用する電子メール等を私に断りなくモニタリングすることがあることを承知し、これに同意します。

第４条（退職時の秘密情報の返還義務）

私は、貴社を退職する場合には、その時点で私が管理し、若しくは所持している貴社の秘密情報及び記録媒体の一切を、退職時までにすべて貴社に返還し、返還以後は、私の手元には一切の秘密情報及び記録媒体が残存していないことを誓約いたします。

第５条（退職後の秘密保持）

秘密情報については、貴社を退職した後においても、開示、漏えい又は使用しないことを約束いたします。また、退職時には、本誓約書の規定を確認するため、再度誓約書を提出いたします。

第６条（損害賠償）

本誓約書の各条項に違反して、貴社の秘密情報を開示、漏えい又は使用した場合、法的な責任を負担するものであることを確認し、これにより貴社が被った一切の損害（社会的な信用失墜を含みます。）を賠償することを約束いたします。

以上

採用時誓約書（中途採用者秘密保持）

様式第２号

〇〇年〇月〇日

〇〇株式会社
　代表取締役　〇〇〇〇　様

〇〇県〇〇市〇〇町〇丁目〇番〇号
〇〇〇〇　㊞

採用時誓約書（中途採用者秘密保持）

　私は、貴社に採用されるにあたり、下記事項を遵守することを誓約いたします。

記

第１条（秘密保持義務）
　貴社就業規則及び営業秘密等管理規程を遵守し、次に示される貴社の技術上又は営業上の情報（以下「秘密情報」という。）について、貴社の許可なく、いかなる方法をもってしても、開示、漏えい又は業務目的以外の目的で使用しないことを約束いたします。
⑴　営業秘密その他会社が保有する有用で一般的に知られていない情報（研究開発中の製品、試作品等に関する情報、各種ノウハウ等）
⑵　知的財産権に関する情報
⑶　会社経営上の秘密情報（営業戦略、経営計画、提携企業に関する情報等）
⑷　財務上の秘密情報（経営状況に関する情報、原価計算に関する情報等）
⑸　顧客情報等の個人情報
⑹　人事上の秘密情報（人員計画、採用人数、従業者の個人情報・個人番号等）
⑺　その他会社が秘密情報として管理し、又は秘密として指定した情報

第２条（秘密情報の帰属）
　秘密情報については、私がその秘密の形成、創出に関わった場合であっても、貴社の業務上作成したものであることを確認し、当該秘密の帰属が貴社にあることを確認いたします。この場合において、当該秘密情報について私に帰属する一切の権利を貴社に譲渡し、その権利が私に帰属する旨の主張をいたしません。

第３条（在職中のメールモニタリングの同意）

私は、貴社の情報システム及び情報資産の一切が貴社に帰属していることを認め、貴社が情報システム及び情報資産の保護のために必要であると認める場合には、私の職務上利用する電子メール等を私に断りなくモニタリングすることがあることを承知し、これに同意します。

第４条（退職時の秘密情報の返還義務）

私は、貴社を退職する場合には、その時点で私が管理し、若しくは所持している貴社の秘密情報及び記録媒体の一切を、退職時までにすべて貴社に返還し、返還以後は、私の手元には一切の秘密情報及び記録媒体が残存していないことを誓約いたします。

第５条（第三者の秘密情報）

私は、第三者が保有するあらゆる秘密情報を、当該第三者の事前の書面による承諾なくして貴社に開示し、又は貴社に使用若しくは出願（以下「使用等」という。）させたり、貴社が使用等するように仕向けたり、貴社が使用等しているとみなされるような行為を貴社にとらせたりしないことを約束いたします。

第６条（第三者に対する守秘義務等の遵守）

私は、貴社に入社する前に第三者に対して守秘義務又は競業避止義務を負っている場合は、必要な都度その旨を上司に報告し、当該守秘義務及び競業避止義務を守ることを約束いたします。

第７条（退職後の秘密保持）

秘密情報については、貴社を退職した後においても、開示、漏えい又は使用しないことを約束いたします。また、退職時には、本誓約書の規定を確認するため、再度誓約書を提出いたします。

第８条（損害賠償）

本誓約書の各条項に違反して、貴社の秘密情報を開示、漏えい又は使用した場合、法的な責任を負担するものであることを確認し、これにより貴社が被った一切の損害（社会的な信用失墜を含みます。）を賠償することを約束いたします。

以上

退職後の競業避止及び秘密保持義務に関する誓約書

様式第３号

○○年○月○日

○○株式会社
　代表取締役　○○○○　様

○○県○○市○○町○丁目○番○号
○○○○　㊞

退職後の競業避止及び秘密保持義務に関する誓約書

私は○○年○月○日付にて貴社を退職いたしますが、貴社の秘密情報に関して、下記の事項を遵守することを誓約いたします。

記

第１条（秘密保持の確認）
私は貴社を退職するにあたり、以下に示される貴社の秘密情報について、原本はもちろん、そのコピー、電磁的記録及び関係資料等を、貴社に返還し、自ら保有しないことを確認いたします。
⑴　営業秘密その他会社が保有する有用で一般的に知られていない情報（研究開発中の製品、試作品等に関する情報、各種ノウハウ等）
⑵　知的財産権に関する情報
⑶　会社経営上の秘密情報（営業戦略、経営計画、提携企業に関する情報等）
⑷　財務上の秘密情報（経営状況に関する情報、原価計算に関する情報等）
⑸　顧客情報等の個人情報
⑹　人事上の秘密情報（人員計画、採用人数、従業者の個人情報・個人番号等）
⑺　在職中に知り得た次の内容に関する情報
　①　○○プロジェクトに関する情報
　②　取引先○○株式会社に関する情報
⑻　その他会社が秘密情報として管理し、又は秘密として指定した情報

第２条（秘密情報の帰属）
秘密情報については、私がその秘密の形成、創出に関わった場合であっても、貴社の業

務上作成したものであることを確認し、当該秘密の帰属が貴社にあることを確認いたします。この場合において、当該秘密情報について私に帰属する一切の権利を貴社に譲渡し、その権利が私に帰属する旨の主張をいたしません。

第３条（退職後の秘密保持の誓約）

第１条各号の秘密情報は、退職後においても、不正に開示又は不正に使用しないことを約束いたします。ただし、第１条各号の秘密情報が公知となった場合は、当該秘密情報については、この限りではありません。

＜競業避止義務についての定めを置く場合＞

第４条（競業避止義務の確認）

私は、本誓約書の趣旨にのっとり、貴社退職後○年間にわたり○○の範囲において次の行為を行わないことを約束いたします。

⑴　貴社と競業関係に立つ事業又はその提携先企業に、就職し、又は役員に就任すること。

⑵　貴社と競業関係に立つ事業を自ら開業し、又は設立すること。

⑶　貴社の従業員に対し、貴社と競業関係に立つ事業への就職等を勧誘すること。

第５条（損害賠償）

本誓約書の各条項に違反して、貴社の秘密情報を開示、漏えい又は使用した場合、法的な責任を負担するものであることを確認し、これにより貴社が被った一切の損害（社会的な信用失墜を含みます。）を賠償することを約束いたします。

＜補償手当を支給する場合＞

第６条（補償手当）

私は、本誓約書各項の遵守のため、給与及び退職金のほか、補償手当○○○円の交付を受けたことを確認いたします。

以上

8

個人情報取扱規程（特定個人情報以外）

【参考資料】

○個人情報の保護に関する法律（以下「個人情報保護法」）
○個人情報の保護に関する法律施行令（以下「個人情報保護令」）
○個人情報の保護に関する法律施行規則（以下「個人情報保護則」）
○個人情報の保護に関する基本方針（平16.4.2（平30.6.12一部変更）閣議決定）（以下「基本方針」）
○行政手続における特定の個人を識別するための番号の利用等に関する法律（以下「番号利用法」）
○個人情報保護マネジメントシステム－附属書A　JISQ15001:2017（以下「新JISQ15001要求事項」。なお、解説箇所は「新JISQ15001附属書B」）
※なお、一般財団法人日本情報経済社会推進協会『平成28年度我が国におけるデータ駆動型社会に係る基盤整備（JIS改定等調査研究）調査研究報告書』（平29.3.31）も参照した。
○個人情報の保護に関する法律についての経済産業分野を対象とするガイドライン（平28.12.28厚生労働省・経済産業省告示2号、平29.5.30廃止。以下「旧経産省ガイドライン」）
○個人情報の保護に関する法律についてのガイドライン（以下「ガイドライン」）（通則編／第三者提供時の確認・記録義務編／匿名加工情報編／外国第三者提供編）（平28.11.30（通則編のみ平31.1.23一部改正）個人情報保護委員会）
○金融分野における個人情報保護に関するガイドライン（平29.2個人情報保護委員会・金融庁）（以下「金融分野ガイドライン」）
○特定個人情報の適正な取扱いに関するガイドライン（事業者編）（平26.12.11（平30.9.28最終改正）個人情報保護委員会）
○「個人情報の保護に関する法律についてのガイドライン」及び「個人データの漏えい等の事案が発生した場合等の対応について」に関するQ&A（平29.2.16（平30.12.25更新）個人情報保護委員会。以下「Q&A」）
○宇賀克也『個人情報保護法の逐条解説　第6版』有斐閣
○宇賀克也『番号法の逐条解説　第２版』有斐閣

第1章　総　則

（目　的）

第1条　この規程は、個人情報を取り扱う事業者たる○○株式会社（以下「会社」という。）における個人情報の正確性及び安全性の確保、個人情報の秘密保持に関する従業者の責務並びに個人情報を取り扱う受託処理に関する措置等を講ずることにより、個人情報の適正管理を継続的に維持し、その品質を向上させることを目的とする。

条文の見出し／キーワード	作成基準の解説

（目　的）

1．個人情報取扱規程の目的は､個人情報の活用を前提に､その適正な使用について会社のルールを規定することにあります。

> ➢　個人情報保護法第１条（目的）
> この法律は、高度情報通信社会の進展に伴い個人情報の利用が著しく拡大していることに鑑み、個人情報の適正な取扱いに関し、基本理念及び政府による基本方針の作成その他の個人情報の保護に関する施策の基本となる事項を定め、国及び地方公共団体の責務等を明らかにするとともに、個人情報を取り扱う事業者の遵守すべき義務等を定めることにより、個人情報の適正かつ効果的な活用が新たな産業の創出並びに活力ある経済社会及び豊かな国民生活の実現に資するものであることその他の個人情報の有用性に配慮しつつ、個人の権利利益を保護することを目的とする。

個人情報保護法の適用範囲

2．個人情報保護法は、事業者（事業を営む法人その他団体又は個人をいいます）の業種・規模等を問わず、法の適用対象である個人情報取扱事業者又は匿名加工情報取扱事業者に該当する事業者に適用されます。

個人情報取扱事業者

3．「個人情報取扱事業者」とは、個人情報データベース等を事業の用に供している者をいいます。ただし、次に掲げる者を除きます（個人情報保護法２条５項）。

①　国の機関

②　地方公共団体

③　独立行政法人等

④　地方独立行政法人

4．2017年５月30日前までは、取り扱う個人データの数が5,000以下である事業者が個人情報取扱事業者の範囲から除かれていましたが、現在はその特例は廃止されています（ただし、中小規模事業者の特例が設けられています）。したがって、例えば､次のようなデータや台帳（個人情報データベース等）を取り扱っている事業者は、取扱件数・企業規模にかかわらず、個人情報保護法が全面的に適用されることになります。

> ①　電子メールソフトに保管されているメールアドレス帳（メールアドレスと氏名を組み合わせた情報を入力している場合）
> ②　ユーザー IDとユーザーが利用した取引についてのログ情報が保管されている電子ファイル（ユーザー IDを個人情報と関連付けて管理している場合）

条文の見出し／キーワード	作成基準の解説

③　従業者が、名刺の情報を業務用パソコン（所有者を問わない。）の表計算ソフト等を用いて入力・整理し、他の従業者等によっても検索できる状態にしている場合
④　人材派遣会社が登録カードを、氏名の五十音順に整理し、五十音順のインデックスを付してファイルしている場合
⑤　氏名、住所、企業別に分類整理されている市販の人名録
（旧経産省ガイドライン2-1-2）

中小規模事業者

5．ガイドライン通則編では、個人情報保護法20条に定める安全管理措置として、個人情報取扱事業者が具体的に講じなければならない措置や当該措置を実践するための手法の例が示されています。いわゆる中小規模事業者についても、他の個人情報取扱事業者と同様に安全管理措置を講じる必要がありますが、取り扱う個人データの数量及び取り扱う従業者数が一定程度にとどまること等を踏まえ、円滑にその義務を履行し得るような手法の例が示されています。

6．ここでいう「中小規模事業者」とは、従業員の数が100人以下の個人情報取扱事業者をいいます。ただし、「その事業の用に供する個人情報データベース等を構成する個人情報によって識別される特定の個人の数の合計が過去6月以内のいずれかの日において5,000を超える者」及び「委託を受けて個人データを取り扱う者」は除かれます。

従業員

7．「中小規模事業者」の要件でいう「従業員」とは、中小企業基本法における従業員をいい、労基法20条の適用を受ける労働者に相当する者をいいます。ただし、同法21条の規定により同法20条の適用が除外されている者は除かれます。モデル規程2条2号の「従業者」とは定義が異なりますので注意してください。

5,000人を超えるか否かの判断基準

8．6．の特定の個人の数の合計が5,000人を超えるか否かは、当該事業者の管理するすべての個人情報データベース等を構成する個人情報によって識別される特定の個人の数の総和により判断されます。ただし、同一個人の重複分は除くものとされています。

（定　義）

第2条　この規程における用語の意義は、次の各号に掲げるとおりとする。

(1)　事業者…事業を営む法人その他の団体又は個人をいう。

(2)　従業者…次の者を総称したものをいう。

①　会社の役員

②　会社に使用されている従業員

③　会社の指揮監督を受ける派遣労働者等

(3)　個人情報…生存する個人に関する情報であって、次の各号のいずれかに該当するものをいう。

①　当該情報に含まれる氏名、生年月日その他の記述等（文書、図画若しくは電磁的記録に記載され、若しくは記録され、又は音声、動作その他の方法を用いて表された一切の事項（②の個人識別符号を除く。）をいう。）により特定の個人を識別することができるもの（他の情報と容易に照合することができ、それにより特定の個人を識別することができることとなるものを含む。）

②　個人情報の保護に関する法律施行令第１条で定める個人識別符号（指紋認識データ、顔認識データ、個人番号、旅券番号、免許証番号等が該当する。）が含まれるもの

(4)　個人情報保護管理者…代表者によって会社の内部から指名された者であって、この規程に定める安全管理体制の構築及びその運用に関する責任及び権限を有する者をいう。

(5)　個人情報保護監査責任者…代表者によって会社の内部から指名された者であって、公平、かつ、客観的な立場にあり、監査の実施及び報告を行う責任及び権限を有する者をいう。

(6)　事務取扱担当者…個人情報保護管理者によって選任され、個人情報保護管理者を補助し、それぞれの部署若しくは事業所ごとに、又は個人情報の種別ごとに、個人情報保護の取得から廃棄に至るまでの各プロセスにおける取扱いと安全管理措置等の業務を遂行する者をいう。

(7)　個人情報処理担当者…事務取扱担当者のうち、個人情報のコンピュータへの入力・出力、修正・削除、台帳・申込書等の個人情報を記載した帳票等の保管・管理等を専門に行う担当者をいう。

(8)　個人情報データベース等…個人情報を含む情報の集合物であって、次に掲げるものをいう。ただし、利用方法からみて個人の権利利益を害するおそれが少ないものを除く。

①　特定の個人情報をコンピュータを用いて検索することができるように体系的に

条文の見出し／キーワード	作成基準の解説
（定　義） 事業者	1.「事業者」には、その取扱量の多寡にかかわらず、個人情報を事業の用に供しているすべての事業者が含まれます（JISQ15001要求事項解説Ⅱ2.2）。
組織	新JISQ15001では、新たに「組織」という用語が定義されています。「組織」とは、責任及び権限をもつトップマネジメントが存在し、自らの目的を達成するため、責任、権限及び相互関係を伴う独自の機能をもつ、個人又は人々の集まりをいいます。その概念には、法人か否か、公的か私的かを問わず、自営業者、会社、法人、事務所、企業などが含まれます。
トップマネジメント	「トップマネジメント」とは、最高位で組織を指揮し、管理する個人又は人々の集まりのことです。
従業者	2.「従業者」とは、個人情報取扱事業者の組織内にあって直接間接に事業者の指揮監督を受けて事業者の業務に従事している者等をいい、雇用関係にある従業員（正社員、契約社員、嘱託社員、パート社員、アルバイト社員等）のみならず、取締役、執行役、理事、監査役、監事、派遣社員等も含まれます（ガイドライン通則編3-3-3）。
個人に関する情報	3.「個人に関する情報」とは、氏名、住所、性別、生年月日、顔画像等個人を識別する情報に限られず、個人の身体、財産、職種、肩書等の属性に関して、事実、判断、評価を表すすべての情報であり、評価情報、公刊物等によって公にされている情報や、映像、音声による情報も含まれ、暗号化等によって秘匿化されているかどうかを問いません。
個人情報	4.「個人情報」とは、生存する「個人に関する情報」であって、「当該情報に含まれる氏名、生年月日その他の記述等により特定の個人を識別することができるもの（他の情報と容易に照合することができ、それにより特定の個人を識別することができることとなるものを含む。）」（個人情報保護法第２条第１項第１号）、又は「個人識別符号が含まれるもの」（同項第２号）の総称です。具体的には、次のようなものが該当します（ガイドライン通則編2-1）。 ①　本人の氏名 ②　生年月日、連絡先（住所・居所・電話番号・メールアド

構成したもの

② ①に掲げるもののほか、個人情報を一定の規則に従って整理、分類し、目次、索引、符号等を付すことによって特定の個人情報を容易に検索することができるように体系的に構成したもの

(9) 個人データ…個人情報データベース等を構成する個人情報をいう。

(10) 保有個人データ…事業者が、開示、内容の訂正、追加又は削除、利用の停止、消去及び第三者への提供の停止を行うことのできる権限を有する個人データであって6か月以内に消去することとなるもの以外のものをいう。ただし、次に掲げるものを除くものとする。

① 当該個人データの存否が明らかになることにより、本人又は第三者の生命、身体又は財産に危害が及ぶおそれがあるもの

② 当該個人データの存否が明らかになることにより、違法又は不当な行為を助長し、又は誘発するおそれがあるもの

③ 当該個人データの存否が明らかになることにより、国の安全が害されるおそれ、他国若しくは国際機関との信頼関係が損なわれるおそれ又は他国若しくは国際機関との交渉上不利益を被るおそれがあるもの

④ 当該個人データの存否が明らかになることにより、犯罪の予防、鎮圧又は捜査その他の公共の安全と秩序の維持に支障が及ぶおそれがあるもの

(11) 本人…個人情報について「本人」とは、個人情報によって識別される特定の個人をいう。

(12) 本人の同意…本人が、個人情報の取扱いに関する情報を与えられたうえで、自己に関する個人情報の取扱いについて承諾する意思表示をいう。なお、本人が子ども又は事理を弁識する能力を欠く者の場合は、法定代理人等の同意も得なければならない。

(13) 匿名加工情報…次に掲げる個人情報の区分に応じて当該各区分に定める措置を講じて特定の個人を識別することができないように個人情報を加工して得られる個人に関する情報であって、当該個人情報を復元することができないようにしたものをいう。

① 第3号①に該当する個人情報…当該個人情報に含まれる記述等の一部を削除すること（当該一部の記述等を復元することのできる規則性を有しない方法により他の記述等に置き換えることを含む。）。

② 第3号②に該当する個人情報…当該個人情報に含まれる個人識別符号の全部を削除すること（当該個人識別符号を復元することのできる規則性を有しない方法により他の記述等に置き換えることを含む。）。

(14) 法令等…個人情報の取扱いに関する法令、国が定める指針その他の規範をいう。なお、国が定める指針とは、主に次のものをいう。

① 特定個人情報の適正な取扱いに関するガイドライン（事業者編）（個人情報保護委員会）

条文の見出し／キーワード	作成基準の解説
	レス)、会社における職位又は所属に関する情報について、それらと本人の氏名を組み合わせた情報 ③　防犯カメラに記録された情報等本人が判別できる映像情報 ④　本人の氏名が含まれる等の理由により、特定の個人を識別できる音声録音情報 ⑤　特定の個人を識別できるメールアドレス（kojin_ichiro@example.com等のようにメールアドレスだけの情報の場合であっても、example社に所属するコジンイチロウのメールアドレスであることがわかるような場合等） ⑥　個人情報を取得後に当該情報に付加された個人に関する情報（取得時に生存する特定の個人を識別することができなかったとしても、取得後、新たな情報が付加され、又は照合された結果､生存する特定の個人を識別できる場合は、その時点で個人情報に該当する） ⑦　官報、電話帳、職員録、法定開示書類（有価証券報告書等）、新聞、ホームページ、SNS（ソーシャル・ネットワーク・サービス）等で公にされている特定の個人を識別できる情報
個人識別符号	5.「個人に関する情報」の範囲は広範で、特定の個人の身体的特徴を変換したもの（例えば、顔認識データ）等であっても個人を識別する情報であり､個人情報となり得るものです。この点を明確にするため、法改正により､「個人識別符号が含まれるもの」が新たに類型化されています。ここでいう「個人識別符号」とは、当該情報単体から特定の個人を識別できるものとして個人情報保護令に定められた文字、番号、記号その他の符号のうち、特定の個人を識別するに足りるものとして「個人情報保護委員会規則で定める基準」に適合するものをいい、これに該当するものが含まれる情報は個人情報となります。 具体的には、次のようなものが該当します。 ①　特定の個人の身体の一部の特徴を電子計算機のために変換した符号（個人情報保護令１条１号）

②　個人情報の保護に関する法律についてのガイドライン（通則編）（個人情報保護委員会）

③　個人情報の保護に関する法律についてのガイドライン（第三者提供時の確認・記録義務編）（個人情報保護委員会）

④　個人情報の保護に関する法律についてのガイドライン（匿名加工情報編）（個人情報保護委員会）

⑤　個人情報の保護に関する法律についてのガイドライン（外国第三者提供編）（個人情報保護委員会）

⒂　個人情報保護マネジメントシステム…事業者が、自らの事業の用に供する個人情報について、その有用性に配慮しつつ、個人の権利利益を保護するための方針、体制、計画、実施点検及び見直しを含むマネジメントシステムをいう。

条文の見出し／キーワード	作成基準の解説

1．細胞から採取されたデオキシリボ核酸（別名DNA）を構成する塩基の配列
2．顔の骨格及び皮膚の色並びに目、鼻、口その他の顔の部位の位置及び形状によって定まる容貌
3．虹彩の表面の起伏により形成される線状の模様
4．発声の際の声帯の振動、声門の開閉並びに声道の形状及びその変化
5．歩行の際の姿勢及び両腕の動作、歩幅その他の歩行の態様
6．手のひら又は手の甲若しくは指の皮下の静脈の分岐及び端点によって定まるその静脈の形状
7．指紋又は掌紋

② 対象者ごとに異なるものとなるように役務の利用、商品の購入又は書類に付される符号（個人情報保護令１条２号～８号）

＜主なもの＞
1．旅券番号
2．基礎年金番号
3．運転免許証番号
4．住民票コード
5．個人番号
6．健康保険の被保険者証の記号、番号及び保険者番号
7．在留カードの番号
8．雇用保険被保険者証の被保険者番号

6．法改正の議論の中では、国家資格の登録番号も個人識別符号とすることが検討されましたが、見送られています。

7．立法の過程で個人識別符号に該当するか否かの主要な判断基準は、次の３つとされました。これらの基準に基づき、政令等により具体的に定められています。

① 当該情報に基づき直接本人にアクセスできる本人到達性があるか

② 唯一無二性（一意性）があるか

③ 普遍性、変更可能性があるか（外在的要因により変化するものは特定の個人を識別する可能性は低くなる）

死者に関する情報

8．個人情報保護法でいう個人情報とは、「生存する」個人の情報に限定しています。しかしながら、ガイドライン通則編では、「死者に関する情報が、同時に、遺族等の生存する個人に関する情報でもある場合には、当該生存する個人に関する情報となる」としており、故人の個人情報が遺族の個人情報として解されることがあり得ることを示していま

条文の見出し／キーワード	作成基準の解説
	す（ガイドライン通則編2-1）。また、顧客名簿等に記載されている個人情報（顧客情報）を、顧客の死亡によって直ちに個人情報取扱規程の対象から除外するのも現実的な対応とはいえません。モデル規程では、法に合わせ「生存する」という文言を入れていますが、現実的な運用面ではこれらの点は考慮しておいてください。 なお、特定個人情報については、「死者に関する情報」は除外されておらず、死者の個人番号は、番号利用法12条によって安全管理措置が義務づけられることになります。
プライバシーマーク	9．プライバシーマークとは、①JISQ15001の要求事項に適合した「PMS」（個人情報保護マネジメントシステム）を整備し、個人情報の取扱いを適切に行っている企業を第三者機関が評価・認定し、その証としてマークの使用を承諾する制度です。個人情報保護法を遵守している企業であるかどうかは、外からは確認することはできませんが、プライバシーマークを取得している企業であれば、それを上回る水準で法令を遵守していることになり、企業の信頼も高まります。
個人情報保護管理者	10．いわゆる、チーフ・プライバシー・オフィサー（CPO）のことであり、個人情報の取扱いに関する安全管理面だけではなく、組織全体のマネジメントを含む全体の管理者です。個人情報保護管理者は、内部から選任しなければならず、個人情報保護マネジメントシステムを理解し、実施・運用できる能力をもった者であることが望ましく、また、社外に責任をもつことができる者（役員等）とすることが望ましいものとされています（新JISQ15001附属書B3.3.4）。
個人情報保護監査責任者	11．JISQ15001の規格における個人情報保護マネジメントシステムの整備状況及び運用状況の監査を行う責任者です。 12．個人情報保護監査責任者を選任する場合は、必ず内部の者から選任しなければならず、個人情報保護管理者と異なる者でなければなりません。また、役員等から選任し、個人情報保護管理者と同格又は上席者を指名することが望ましいものとされています（新JISQ15001附属書B3.3.4）。
個人情報データベース等	13．「個人情報データベース等」とは、特定の個人情報をコンピュータを用いて検索することができるように体系的に構成

条文の見出し／キーワード	作成基準の解説

した、個人情報を含む情報の集合物をいいます。また、コンピュータを用いていない場合であっても、紙面で処理した個人情報を一定の規則（例えば、五十音順等）に従って整理・分類し､特定の個人情報を容易に検索することができるよう、目次、索引、符号等を付し、他人によっても容易に検索可能な状態に置いているものも該当します。ただし、次の①から③までのいずれにも該当するものは、利用方法からみて個人の権利利益を害するおそれが少ないため、個人情報データベース等には該当しません（ガイドライン通則編2-4)。

① 不特定かつ多数の者に販売することを目的として発行されたものであって、かつ、その発行が法又は法に基づく命令の規定に違反して行われたものでないこと。

② 不特定かつ多数の者により随時に購入することができ、又はできたものであること。

③ 生存する個人に関する他の情報を加えることなくその本来の用途に供しているものであること。

➢ 個人情報データベース等に該当する事例

事例1） 電子メールソフトに保管されているメールアドレス帳（メールアドレスと氏名を組み合わせた情報を入力している場合）

事例2） インターネットサービスにおいて、ユーザーが利用したサービスに係るログ情報がユーザーIDによって整理され保管されている電子ファイル（ユーザーIDと個人情報を容易に照合することができる場合）

事例3） 従業者が、名刺の情報を業務用パソコン（所有者を問わない。）の表計算ソフト等を用いて入力・整理している場合

事例4） 人材派遣会社が登録カードを、氏名の五十音順に整理し、五十音順のインデックスを付してファイルしている場合

➢ 個人情報データベース等に該当しない事例

事例1） 従業者が、自己の名刺入れについて他人が自由に閲覧できる状況に置いていても、他人には容易に検索できない独自の分類方法により名刺を分類した状態である場合

事例2） アンケートの戻りはがきが、氏名、住所等により分類整理されていない状態である場合

事例3） 市販の電話帳、住宅地図、職員録、カーナビゲーションシステム等

個人データ

14. データベース化された個人情報のことです（個人情報保護法２条４項)。したがって、データベース化されていない個

条文の見出し／キーワード	作成基準の解説
	人情報（例えば、インデックスが付けられていない名刺の束やデータベースに入力される前の個人情報等）は、個人情報ではありますが、個人データではありません。
保有個人データ	**15.** 個人情報取扱事業者が、本人又はその代理人から求められる開示、内容の訂正、追加又は削除、利用の停止、消去及び第三者への提供の停止のすべてに応じることができる権限を有する「個人データ」をいいます。 ただし、個人情報保護法の定義では、「その存否が明らかになることにより公益その他の利益が害されるものとして政令で定めるもの」を除くほか、「6か月以内に消去することとなるもの」も除外しますが、現行のJISQ15001では、そのような規定は設けておらず、6か月以内に消去する場合であっても、本人から開示等の請求等を受け付けた場合、遅滞なくこれに応じなければならないとしています。（新JISQ15001要求事項A3.4.4.1）。
公益その他の利益が害されるもの	**16.** 15の「公益その他の利益が害されるものとして政令で定めるもの」とは、次のものをいいます（個人情報保護令4条、ガイドライン通則編2-7）。 ①　その個人データの存否が明らかになることで、本人又は第三者の生命、身体又は財産に危害が及ぶおそれがあるもの。 事例）　家庭内暴力、児童虐待の被害者の支援団体が保有している、加害者（配偶者又は親権者）及び被害者（配偶者又は子）を本人とする個人データ ②　その個人データの存否が明らかになることで、違法又は不当な行為を助長し、又は誘発するおそれがあるもの。 事例1）　暴力団等の反社会的勢力による不当要求の被害等を防止するために事業者が保有している、当該反社会的勢力に該当する人物を本人とする個人データ 事例2）　不審者や悪質なクレーマー等による不当要求の被害等を防止するために事業者が保有している、当該行為を行った者を本人とする個人データ ③　その個人データの存否が明らかになることで、国の安全が害されるおそれ、他国若しくは国際機関との信頼関係が損なわれるおそれ又は他国若しくは国際機関との交渉上不

条文の見出し／キーワード	作成基準の解説

利益を被るおそれがあるもの。

事例1）製造業者、情報サービス事業者等が保有している、防衛に関連する兵器・設備・機器・ソフトウエア等の設計又は開発の担当者名が記録された、当該担当者を本人とする個人データ
事例2）要人の訪問先やその警備会社が保有している、当該要人を本人とする行動予定等の個人データ

④　その個人データの存否が明らかになることで、犯罪の予防、鎮圧又は捜査その他の公共の安全と秩序の維持に支障が及ぶおそれがあるもの。

事例1）警察から捜査関係事項照会等がなされることにより初めて取得した個人データ
事例2）警察から契約者情報等について捜査関係事項照会等を受けた事業者が、その対応の過程で作成した照会受理簿・回答発信簿、照会対象者リスト等の個人データ（※なお、当該契約者情報自体は「保有個人データ」に該当する。）
事例3）犯罪による収益の移転防止に関する法律（平成19年法律第22号）第8条第1項に基づく疑わしい取引（以下「疑わしい取引」という。）の届出の有無及び届出に際して新たに作成した個人データ
事例4）振り込め詐欺に利用された口座に関する情報に含まれる個人データ

受託して処理している個人データ

17. 個人情報取扱事業者が個人データを受託処理している場合で、その個人データについて、何ら取決めがなく、自らの判断では本人に開示等をすることができないときは、本人に開示等の権限を有しているのは委託元であって、委託先ではありません（Q&A1-52)。例えば、印刷業者が顧客から従業員名簿を預かり名刺を作成している場合、当該印刷業者は、顧客から預かっている従業員名簿に誤りがあることがわかったとしても、これを訂正する権限はないため、当該従業員名簿は、当該印刷業者にとっては「保有個人データ」に該当しません。

本人の同意

18.「本人の同意」とは、本人の個人情報が、個人情報取扱事業者によって示された取扱方法で取り扱われることを承諾する旨の当該本人の意思表示をいいます（当該本人であることを確認できていることが前提です)。また、「本人の同意を得(る)」とは、本人の承諾する旨の意思表示を当該個人情報取扱事業者が認識することをいい、事業の性質及び個人情報の

条文の見出し／キーワード	作成基準の解説
	取扱状況に応じ、本人が同意に係る判断を行うために必要と考えられる合理的かつ適切な方法によらなければなりません（ガイドライン通則編2-12）。
	19. JISQ15001では、本人の同意は、本人の署名、同意欄へのチェック、ウェブサイト上の同意ボタンの押下などの明示的な方法によって本人の意思が表示されていることを原則としています（JISQ15001要求事項解説Ⅱ2.4）。
匿名加工情報	20. 匿名加工情報とは、「個人情報を個人情報の区分に応じて定められた措置を講じて特定の個人を識別することができないように加工して得られる個人に関する情報であって、当該個人情報を復元して特定の個人を再識別することができないようにしたもの」と定義されています。匿名加工情報は、個人情報ではありませんが、「個人に関する情報」になります（個人情報保護法２条９項）。 　なお、「統計情報」は適切に加工されていればこれらにはあたりません。
	21. 個人情報保護法では、その加工方法を定めるとともに、匿名加工情報取扱事業者による公表などその取扱い、公表義務等についての規定が設けられています（個人情報保護法36条～39条）。
法令等	22. 改正前の旧法は、法本則で最低限の規律を定め、各分野ごとのガイドラインは、各省庁がそれぞれ定めていました。しかし、改正後は、個人情報保護委員会が一括してガイドラインを定めています。ただし、医療、情報通信及び金融の３分野については、別途ガイドラインが設けられています。

（適用範囲）

第3条　この規程は、会社及び従業者に適用する。

2　この規程は、会社において、手作業により処理されている個人情報及びその全部又は一部がコンピュータにより処理されている個人情報であって、組織的に保有するファイリングシステムの全部又は一部をなすものを対象とする。ただし、特定個人情報及び雇用管理情報については、この規程の一部は適用せず、別に定める特定個人情報（マイナンバー）等取扱規程に定めるところによる。

3　匿名加工情報及び加工方法等情報（匿名加工情報の作成に用いた個人情報から削除した記述等及び個人識別符号並びに加工の方法に関する情報（その情報を用いて当該個人情報を復元することができるものに限る。）をいう。）の取扱いについては、別に定める匿名加工情報等取扱規程に定めるところによる。

（基本理念）

第4条　個人情報は、個人の人格尊重の理念の下に慎重に取り扱われるべきものであることにかんがみ、その適正な取扱いが図られなければならない。

2　会社は、この規程の定めを組織的に取り組むこと等を明らかにするため、個人情報保護方針（様式第1号）を定めるものとする。

条文の見出し／キーワード	作成基準の解説

個人情報保護に関する法律・ガイドラインの体系イメージ

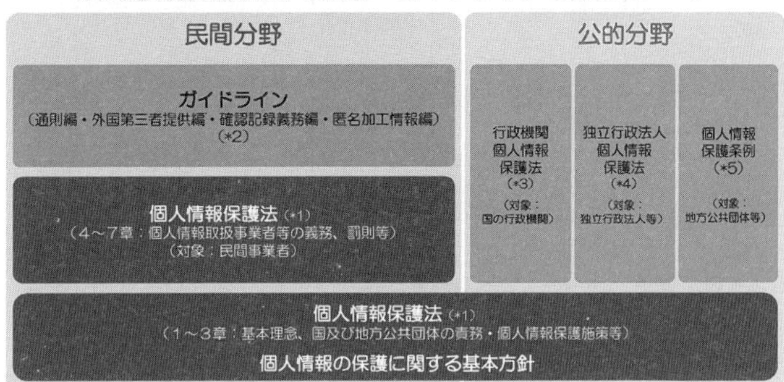

（*1）個人情報の保護に関する法律
（*2）金融関連分野・医療関連分野・情報通信関連分野等においては、別途のガイドライン等がある。
（*3）行政機関の保有する個人情報の保護に関する法律
（*4）独立行政法人等の保有する個人情報の保護に関する法律
（*5）個人情報保護条例の中には、公的分野における個人情報の取扱いに関する各種規定に加えて、事業者の一般的責務等に関する規定や、地方公共団体の施策への協力に関する規定等を設けているものもある。

（適用範囲）

1．規程の効力が及ぶ範囲を対象物と対象者の観点から明確にします。

特定個人情報の位置づけ

2．「特定個人情報」については、個人情報保護法の特別法である番号利用法により、特別の取扱いが規定されています。安全管理措置等通常の個人情報と共通する規定もありますが、基本的に「異なる取扱い」を要するものとして、規程も切り分けて策定するのがよいでしょう。

（基本理念）

1．個人情報保護に関する基本理念をうたっています（個人情報保護法３条）。

個人情報保護方針

2．個人情報保護法では、「個人情報保護方針（いわゆるプライバシーポリシー）」の策定や公表は義務づけてはいませんが、基本方針では、個人情報取扱事業者は、「例えば、消費者の権利利益を一層保護する観点から、個人情報保護を推進する上での考え方や方針（いわゆるプライバシーポリシー、プライバシーステートメント等）を対外的に明確化するなど、個人情報の保護及び適正かつ効果的な活用について主体的に取り組むことが期待されているところであり、体制の整備等

（従業者の責務）

第5条　従業者は、会社の事業に従事するに当たり、法令等を遵守するとともに、この規程、運用細則その他の個人情報に関連する内部規程を遵守しなければならない。

2　個人データを取り扱う者は、業務上知り得た個人データの内容をみだりに第三者に知

条文の見出し／キーワード	作成基準の解説
	に積極的に取り組んでいくことが求められている」としています。 なお、プライバシーマーク付与事業者については、個人情報保護方針の公表が必要（新JISQ15001では「内部向け個人情報保護方針」と「外部向け個人情報保護方針」の２種類が必要）とされており、ホームページや会社案内などで消費者に公表しています。公表する事項は次のとおりです。 ①　事業の内容などを考慮した「個人情報」の適切な取得・利用・提供に関すること。 ②「個人情報」の取扱いに関する法令、国が定める指針その他の規範を遵守すること。 ③「個人情報」の漏えいなどの防止及び是正に関すること。 ④　苦情及び相談への対応に関すること。 ⑤　個人情報保護マネジメントシステム（PMS）の継続的改善に関すること。 ⑥　代表者の氏名
個人情報の保護に関する基本方針	３．基本方針では、消費者の保護をも念頭において策定された個人情報保護委員会のガイドラインに則してプライバシーポリシー等を定めることを推奨しています。これに伴い、従前の基本方針において定められていた以下の方針はガイドライン通則編において規定されるに至りました。 ①　保有個人データについて本人から求めがあった場合には、ダイレクトメールの発送停止など、自主的に利用停止等に応じること（ガイドライン通則編3-5-4）。 ②　委託の有無、委託する事務の内容を明らかにする等、委託処理の透明化を進めること（ガイドライン通則編3-6）。 ③　個人情報の取得元又はその取得方法（取得源の種類等）を、可能な限り具体的に明記すること（ガイドライン通則編3-5-2）。
（従業者の責務）	１．従業者の遵守義務と違反の場合の懲戒処分を規定します。
懲戒処分の適用	２．モデル規程13条３項⑷の「個人情報保護マネジメントシステムに違反した際に予想される結果」というのが、これに該当します。この規定の違反が懲戒対象であることは、当該規

らせ、又は不当な目的に使用してはならない。その業務に係る職を退いた後も同様とする。

3　従業員が、故意に個人情報（「特定個人情報（マイナンバー）等取扱規程」に定める個人番号その他の特定個人情報を含む。）を漏えいし、又は転売目的で第三者に提供したとき、又はしようとしたときは、会社は、就業規則に定めるところにより、懲戒を行う。

4　従業員が、第１項及び第２項に違反したときは、会社は、就業規則に定めるところにより、当該従業員に対して懲戒を行うことがある。

（規程の改定）

第6条　会社は、法令の改正、運用方法の見直しその他業務上の必要に応じて、この規程を改定するものとする。

条文の見出し／キーワード	作成基準の解説

定を周知のうえ、十分に従業者に認識してもらわなければなりません。モデル規程では、絶対にあってはならないケース（故意による漏えい）とそれ以外とで分けて規定しました。

3．役員と派遣労働者等については、就業規則に基づく懲戒を科することができないため、3項と4項の主語は「従業員」としましたが、役員と派遣労働者等がその責めを免れるという趣旨ではありません。

（規程の改定）

1．前述のとおり、モデル規程は、すべての会社で対応可能であり、かつ、リスク管理も行える水準で作成しています。しかしながら、プライバシーマークの取得を目指す場合には、より高い水準へと改定する必要があるでしょう。この場合には、種々の付属規程、記録様式、帳票類等も整備する必要があります。次にその概要を示すこととし、詳細規定は、本書では省略します。

リスク

2．新JISQ15001によれば、「リスク」とは、目的に対する不確かさの影響、のことです。また、リスクを修正するプロセスのことを「リスク対応（Risk Control）」といいます。

3．JISQ15001に準拠し、かつ、プライバシーマークの認証申請を行うためには、次の規定も加える必要があります（主なもの）。

①　個人情報保護マネジメントシステムを確立し、実施、維持し、かつ、改善すること。
②　JISQ15001の要求事項に従った個人情報保護方針を定めること。また、これを従業者に周知させ、一般の人が入手可能な措置を講ずること。
③　事業の用に供するすべての個人情報を特定すること等
④　個人情報の取扱いに関する法令、指針等を特定し参照できる手順を確立すること等
⑤　リスクなどの認識、分析及び対策を講じること等
⑥　個人情報保護マネジメントシステムを確立し、実施、維持し、かつ、改善するための資源を用意すること。また、効果的に実施するための役割、責任及び権限を明らかにすること等
⑦　個人情報に関する内部規定を文書化し、かつ、維持すること。

第２章　安全管理体制

（個人情報保護管理者）

第7条　会社は、個人情報の安全管理のための総責任者として、個人情報保護管理者を１名選任し、次の各号に掲げる業務を行わせるものとする。この場合において、個人情報保護管理者は、営業秘密等管理規程に定める営業秘密等管理者を兼ねることができる。

(1)　この規程及び個人情報取扱手順書等の作成及び運用に関すること。

(2)　次条に定める事務取扱担当者への助言及び指導並びに個人情報処理担当者からの報告徴収に関すること。

(3)　委託先及び再委託先の監督に関すること。

(4)　その他個人情報の安全管理に関する事項全般に関すること。

(5)　個人情報保護マネジメントシステムに関すること。

（安全管理体制の構築）

第8条　会社は、個人情報の安全管理のための組織体制を定めるものとし、その権限及び責任は、この規程その他付属規程に定めるものとする。

2　会社は、個人情報の取得・入力、移送・送信、利用・加工、保管・バックアップの各局面ごとに、取扱方法、事務取扱担当者（事務取扱担当者が複数いるときはそのうちの１名を責任者とする。）及びその任務等について定める個人情報取扱マニュアルを策定するものとする。

3　事務取扱担当者は、前条各号の事項につき、個人情報保護管理者を補佐する。

4　会社は、個人情報データベース等の取扱状況を確認し、その取扱い上のリスクを特定し、適切に対応するため、個人情報の項目、利用目的、保管場所、保管方法、アクセス権を有する者、利用期限、保管期限、廃棄方法等を記載した個人情報管理台帳（様式第２号）を調製するとともに、当該台帳の内容を少なくとも年１回、適宜に確認し、最新の状態で維持されるようにしなければならない。

（安全管理措置）

第9条　会社は、会社が管理する個人情報に関する漏えい、滅失又はき損等のリスクを回避するために、次に掲げる区分に応じて、適切な安全管理措置を講じなければならない。

条文の見出し／キーワード	作成基準の解説

⑧　計画書に関すること。
⑨　緊急事態への準備に関すること。

（個人情報保護管理者）

個人情報の取扱いに関する安全管理面だけではなく、組織全体のマネジメント管理をする者です。したがって、個人情報保護マネジメントシステムを理解し､実施･運用できる能力を持った者でなければなりません（新JISQ15001附属書B3.3.4)。新JISQ15001では、トップマネジメントによって組織内部に属する者の中から指名された者であって、個人情報保護マネジメントシステムの計画及び運用に関する責任及び権限を持つ者、とされています。

（安全管理体制の構築）

1．安全管理体制を明確にします。

個人情報保護リスク

2．新JISQ15001では、個人情報の取扱上のリスクを「個人情報保護リスク」と称します｡「個人情報保護リスク」とは、個人情報の取扱いの各局面（個人情報の取得・入力、移送・送信、利用・加工、保管・バックアップ、消去・廃棄に至る個人情報の取扱いの一連の流れ）における、個人情報の漏えい、滅失又はき損、関連する法令、国が定める指針その他の規範に対する違反、想定される経済的な不利益及び社会的な信用の失墜、本人の権利利益の侵害など、好ましくない影響をいいます。

リスクアセスメント

3．リスクを特定、分析、評価し、リスク対応に役立たせる一連のプロセスを「リスクアセスメント」といいます。

（安全管理措置）

1．会社は、個人情報管理に対する安全管理の措置を講じることを明確化します。

(1)　組織的安全管理措置
(2)　人的安全管理措置
(3)　物理的安全管理措置
(4)　技術的安全管理措置

条文の見出し／キーワード	作成基準の解説

> ➢　個人情報保護法20条（安全管理措置）
> 個人情報取扱事業者は、その取り扱う個人データの漏えい、滅失又はき損の防止その他の個人データの安全管理のために必要かつ適切な措置を講じなければならない。

2．個人情報保護法20条は、事業者への負担も考慮して、安全管理措置の対象を個人情報全般ではなく「個人データ」に限定しています。しかし、個人データでない個人情報についても、会社が取り扱う重要な情報である可能性は高く、これが記載された書類は保存期間を定め、利用目的達成後は、遅滞なく廃棄することを原則とし､廃棄する際にはシュレッダー、溶解の方法をとるなど、安全管理措置を十分に講ずることが必要です。

個人情報保護法による安全管理措置

3．個人情報保護法による安全管理措置には以下の４つの側面があり、具体的な措置を実施することが求められます。

①　組織的安全管理措置
②　人的安全管理措置
③　物理的安全管理措置
④　技術的安全管理措置

マイナンバー固有の安全管理措置

4．マイナンバーの特質性から、番号利用法に基づく特定個人情報の適正な取扱いに関するガイドラインでは、その固有の観点から講じなければならない安全管理措置として､例えば､次のものが示されています。通常の個人情報については、これらの措置が義務づけられているものではありませんが、自主的に当該措置を講じることも重要です。

①　取扱規程等に基づく運用状況を確認するため、システムログ又は利用実績を記録
②　削除・廃棄等の作業を委託する場合、委託先が確実に削除又は廃棄したことについて、証明書等により確認

サイバー攻撃対策

5．近年、外部からのサイバー攻撃により、大量の情報が漏えいする事案が発生していますが､旧経産省ガイドラインでは､有効と考えられる外部からのサイバー攻撃対策として次のものを例示していました。

①　データベースへのアクセス制御
②　ワンタイムパスワード等

（組織的安全管理措置）

第10条　会社は、組織的安全管理措置として、前条各号の措置を講ずるための組織体制を整備する。

2　会社及び従業者は、あらかじめ整備された個人データの取扱いに係る規律に従って個人データを取り扱わなければならない。この場合において、会社は、整備された個人データの取扱いに係る規律に従った運用の状況を確認するため、システムログ又は利用実績を記録するものとする。

3　個人情報保護管理者は、個人データの取扱状況を確認するための手段を整備しなければならない。

4　個人情報保護管理者は、漏えい等の事案の発生又は兆候を把握した場合に適切かつ迅速に対応するための体制を整備しなければならない。

5　個人情報の漏えい等の事案が発生した場合、二次被害の防止、類似事案の発生防止等の観点から、個人情報保護管理者は、事案に応じて、事実関係及び再発防止策等を早急に公表しなければならない。なお、漏えい等の事案が発生した場合等の対応の詳細については、個人情報取扱マニュアルに定めるところによる。

6　個人情報保護管理者は、個人データの取扱状況を把握し、安全管理措置の評価、見直し及び改善に取り組まなければならない。

条文の見出し／キーワード	作成基準の解説
	③　不要アカウントの無効化 ④　管理者権限の分割 ⑤　アクセス記録 ⑥　ウイルス対策ソフトウエアの有効性確認 ⑦　データ移送時の秘匿化 また、「ファイアウォールの設置」「ウィルスソフトウエアの導入」は、有効かつ一般的な手法ですが、実施していない事業者も相当程度存在するため、旧経産省ガイドラインでは、手法の冒頭に記載し、重要度を強調していました。
（組織的安全管理措置）	1．旧経産省ガイドラインでは、「組織的安全管理措置」とは、安全管理について従業者（個人情報保護法21条参照）の責任と権限を明確に定め、安全管理に対する規程や手順書（以下「規程等」という）を整備運用し、その実施状況を確認することをいうとされていました（旧経産省ガイドライン）。ガイドライン通則編ではこれにとどまらず、これを含む⑴組織体制の整備、⑵個人データの取扱いに係る規律に従った運用、⑶個人データの取扱状況を確認する手段の整備、⑷漏えい等の事案に対応する体制の整備及び⑸取扱状況の把握及び安全管理措置の見直しが講じなければならない組織的安全管理措置の内容として掲げられています（ガイドライン通則編、8（別添）講ずべき安全管理措置の内容、8-3組織的安全管理措置）。 2．安全管理措置の中心は、次の２点の防止といわれています。まず、組織的対応が求められます。 ①　従業者の過失による漏えい（外部への持ち出しによる紛失、ファイル交換ソフトによる漏えい等） ②　第三者による故意の漏えい（ノートパソコン・USBメモリ等の盗難、ハッカーによる侵入） 3．ガイドライン通則編では次のような手法が例示されています。

条文の見出し／キーワード	作成基準の解説

講じなければならない措置	手法の例示	中小規模事業者における手法の例示
(1)　組織体制の整備	（組織体制として整備する項目の例） ・個人データの取扱いに関する責任者の設置及び責任の明確化 ・個人データを取り扱う従業者及びその役割の明確化 ・上記の従業者が取り扱う個人データの範囲の明確化 ・法や個人情報取扱事業者において整備されている個人データの取扱いに係る規律に違反している事実又は兆候を把握した場合の責任者への報告連絡体制 ・個人データの漏えい等の事案の発生又は兆候を把握した場合の責任者への報告連絡体制 ・個人データを複数の部署で取り扱う場合の各部署の役割分担及び責任の明確化	・個人データを取り扱う従業者が複数いる場合、責任ある立場の者とその他の者を区分する。
(2)　個人データの取扱いに係る規律に従った運用	個人データの取扱いに係る規律に従った運用を確保するため、例えば次のような項目に関して、システムログその他の個人データの取扱いに係る記録の整備や業務日誌の作成等を通じて、個人データの取扱いの検証を可能とすることが考えられる。 ・個人情報データベース等の利用・出力状況 ・個人データが記載又は記録された書類・媒体等の持ち運び等の状況 ・個人情報データベース等の削除・廃棄の状況（委託した場合の消去・廃棄を証明する記録を	・あらかじめ整備された基本的な取扱方法に従って個人データが取り扱われていることを、責任ある立場の者が確認する。

（人的安全管理措置）

第11条　会社は、人的安全管理措置として、次の各号に掲げる措置を講ずる。

(1)　従業者への適切な監督

(2)　従業者への教育研修

条文の見出し／キーワード	作成基準の解説

	含む。） ・個人情報データベース等を情報システムで取り扱う場合、担当者の情報システムの利用状況（ログイン実績、アクセスログ等）	
(3)　個人データの取扱状況を確認する手段の整備	例えば次のような項目をあらかじめ明確化しておくことにより、個人データの取扱状況を把握可能とすることが考えられる。 ・個人情報データベース等の種類、名称 ・個人データの項目 ・責任者・取扱部署 ・利用目的 ・アクセス権を有する者等	・あらかじめ整備された基本的な取扱方法に従って個人データが取り扱われていることを、責任ある立場の者が確認する。
(4)　漏えい等の事案に対応する体制の整備	漏えい等の事案の発生時に例えば次のような対応を行うための、体制を整備することが考えられる。 ・事実関係の調査及び原因の究明 ・影響を受ける可能性のある本人への連絡 ・個人情報保護委員会等への報告 ・再発防止策の検討及び決定 ・事実関係及び再発防止策等の公表　等	・漏えい等の事案の発生時に備え、従業者から責任ある立場の者に対する報告連絡体制等をあらかじめ確認する。
(5)　取扱状況の把握及び安全管理措置の見直し	・個人データの取扱状況について、定期的に自ら行う点検又は他部署等による監査を実施する。 ・外部の主体による監査活動と合わせて、監査を実施する。	・責任ある立場の者が、個人データの取扱状況について、定期的に点検を行う。

（人的安全管理措置）

1．旧経産省ガイドラインでは、「人的安全管理措置」とは、従業者に対する、業務上秘密と指定された個人データの非開示契約の締結や教育・訓練等を行うことをいうとされていました（旧経産省ガイドライン）。

(3)　個人データについての秘密保持に関する事項を就業規則に定める。

（従業者の監督）

第12条　会社は、その従業者に個人情報を取り扱わせるに当たっては、当該個人情報の安全管理を図るために当該従業者に対して必要かつ適切な監督を行わなければならない。

（従業者の教育研修）

第13条　会社は、従業者に対し、継続的、かつ、定期的に個人情報に関する教育研修を実施するものとする。

条文の見出し／キーワード	作成基準の解説

2．ガイドライン通則編では次のような手法が例示されています。

講じなければならない措置	手法の例示	中小規模事業者における手法の例示
○　従業者の教育	・個人データの取扱いに関する留意事項について、従業者に定期的な研修等を行う。 ・個人データについての秘密保持に関する事項を就業規則等に盛り込む。	（同左）

（従業者の監督）

1．個人情報取扱事業者は、個人情報に関する安全管理措置を遵守させるよう、従業者に対し必要かつ適切な監督をしなければなりません。具体的には、個人情報取扱規程やマニュアルを作成し、その研修・教育を徹底するなどの遵守体制を確立する必要があります（個人情報保護法21条）。

> ➢　個人情報保護法21条（従業者の監督）
> 　個人情報取扱事業者は、その従業者に個人データを取り扱わせるに当たっては、当該個人データの安全管理が図られるよう、当該従業者に対する必要かつ適切な監督を行わなければならない。

不適切な場合

2．次のような場合は、会社は、従業者に対して必要かつ適正な監督を行っていないものと考えられます（ガイドライン通則編3-3-3）。

① 従業者が、個人データの安全管理措置を定める規程等に従って業務を行っていることを確認しなかった結果、個人データが漏えいした場合

② 内部規程等に違反して個人データが入ったノート型パソコン又は外部記録媒体が繰り返し持ち出されていたにもかかわらず、その行為を放置した結果、当該パソコン又は当該記録媒体が紛失し、個人データが漏えいした場合

（従業者の教育研修）

1．従業者の研修への参加義務も規定します。

2．JISQ15001によると、事業者は、個人情報保護マネジメントシステムを確実に実施するために、少なくとも年1回、必

2　従業者は、前項の教育研修に参加しなければならない。

3　会社は従業者に、関連する各部門及び階層における次の各号に掲げる事項を認識させる手順を確立し、かつ、維持しなければならない。

⑴　個人情報保護方針

⑵　個人情報保護マネジメントシステムに適合することの重要性及び利点

⑶　個人情報保護マネジメントシステムに適合するための役割及び責任

⑷　個人情報保護マネジメントシステムに違反した際に予想される結果

4　会社は、認識させる手順に、すべての従業者に対する教育を少なくとも年１回、適宜に行うことを含めなければならない。

（物理的安全管理措置）

第14条　会社は、物理的安全管理措置として、次項以下の措置を講ずる。

2　会社は、個人情報データベース等を取り扱うサーバやメインコンピュータ等の重要な情報システムを管理する区域（以下「管理区域」という。）及びその他の個人データを取り扱う事務を実施する区域（以下「取扱区域」という。）を定め、これを管理する。個人情報保護管理者は、それぞれの区域に応じて適切な管理を行わなければならない。

3　会社は、機器及び電子媒体等の盗難等の防止措置を講ずる。従業者は、個人データを取り扱う機器、電子媒体及び書類等の盗難又は紛失等を防止するために、適切な管理を行わなければならない。

4　会社は、電子媒体等を持ち運ぶ（個人データを管理区域又は取扱区域から外へ移動させること又は当該区域の外から当該区域へ移動させることをいう。以下同じ。）場合の漏えい等の防止策を講じる。従業者は、個人データが記録された電子媒体又は書類等を持ち運ぶ場合、容易に個人データが判明しないよう、安全な方策を講じなければならない。また、事業所内で持ち運ぶ場合であっても、個人データの紛失・盗難等に留意しなければならない。

5　会社は、個人データの削除及び機器、電子媒体等の廃棄ルールを定める。従業者は、個人データを削除し又は個人データが記録された機器、電子媒体等を廃棄する場合は、復元不可能な手段で行わなければならない。また、廃棄に当たっては、あらかじめ個人情報保護管理者に届け出て、その指示を仰がなければならない。

6　前項の場合において、個人情報保護管理者は、個人データを削除した場合、又は、個人データが記録された機器、電子媒体等を廃棄した場合には、削除又は廃棄した記録を保存しなければならない。また、それらの作業を委託する場合には、委託先が確実に削除又は廃棄したことについて証明書等により確認しなければならない。

条文の見出し／キーワード	作成基準の解説

要な教育、監査などの計画を立案し、文書化し、かつ、維持しなければなりません（新JISQ15001要求事項A 3.3.6）。

（物理的安全管理措置）

1．旧経産省ガイドラインでは、「物理的安全管理措置」とは、入退館（室）の管理、個人データの盗難の防止等の措置をいうとされていました（旧経産省ガイドライン）。ガイドライン通則編ではこれにとどまらず、これを含む⑴個人データを取り扱う区域の管理、⑵機器及び電子媒体等の盗難等の防止、⑶電子媒体等を持ち運ぶ場合の漏えい等の防止及び⑷個人データの削除及び機器、電子媒体等の廃棄が講じなければならない物理的安全管理措置の内容として掲げられています（ガイドライン通則編、8（別添）講ずべき安全管理措置の内容、8-5 物理的安全管理措置）。

2．ガイドライン通則編では次のような手法が例示されています。

講じなければならない措置	手法の例示	中小規模事業者における手法の例示
⑴　個人データを取り扱う区域の管理	（管理区域の管理手法の例） ・入退室管理及び持ち込む機器等の制限等 なお、入退室管理の方法としては、ICカード、ナンバーキー等による入退室管理システムの設置等が考えられる。 （取扱区域の管理手法の例） ・壁又は間仕切り等の設置、座席配置の工夫、のぞき込みを防止する措置の実施等による、権限を有しない者による個人データの閲覧等	・個人データを取り扱うことのできる従業者及び本人以外が容易に個人データを閲覧等できないような措置を講ずる。

条文の見出し／キーワード	作成基準の解説	
	の防止	
⑵　機器及び電子媒体等の盗難等の防止	・個人データを取り扱う機器、個人データが記録された電子媒体又は個人データが記載された書類等を、施錠できるキャビネット・書庫等に保管する。 ・個人データを取り扱う情報システムが機器のみで運用されている場合は、当該機器をセキュリティワイヤー等により固定する。	（同左）
⑶　電子媒体等を持ち運ぶ場合の漏えい等の防止	・持ち運ぶ個人データの暗号化、パスワードによる保護等を行った上で電子媒体に保存する。 ・封緘、目隠しシールの貼付けを行う。 ・施錠できる搬送容器を利用する。	・個人データが記録された電子媒体又は個人データが記載された書類等を持ち運ぶ場合、パスワードの設定、封筒に封入し鞄に入れて搬送する等、紛失・盗難等を防ぐための安全な方策を講ずる。
⑷　個人データの削除及び機器、電子媒体等の廃棄	（個人データが記載された書類等を廃棄する方法の例） ・焼却、溶解、適切なシュレッダー処理等の復元不可能な手段を採用する。 （個人データを削除し、又は、個人データが記録された機器、電子媒体等を廃棄する方法の例） ・情報システム（パソコン等の機器を含む。）において、個人データを削除する場合、容易に復元できない手段を採用する。 ・個人データが記録された機器、電子媒体等を廃棄する場合、専用のデータ削除ソフトウエアの利用又は物理的な破壊等の手段を採用する。	・個人データを削除し、又は、個人データが記録された機器、電子媒体等を廃棄したことを、責任ある立場の者が確認する。

（技術的安全管理措置）

第15条　会社は、情報システム（パソコン等の機器を含む。）を使用して個人データを取り扱う場合（インターネット等を通じて外部と送受信等する場合を含む。）、技術的安全管理措置として、次項以下の措置を講ずる。

2　担当者及び取り扱う個人情報データベース等の範囲を限定するために、会社は、適切なアクセス制御措置を講ずる。個人情報保護管理者は、適切なアクセス権限の付与等アクセス制御を管理する。

3　会社は、アクセス者の識別と認証を行う。個人情報保護管理者は、個人データを取り扱う情報システムを使用する従業者が正当なアクセス権を有する者であることを、識別した結果に基づき認証しなければならず、不正なアクセスが認められたときは、直ちに会社及び全従業者に報告し、適切な防御措置を講ずる。

4　会社は、外部からの不正アクセス等を防止するため、個人データを取り扱う情報システムを外部からの不正アクセス又は不正ソフトウエアから保護する仕組みを導入する。従業者は、これらを適切に運用するため、常に次の各号に掲げる対策を講じなければならない。

⑴　マルウエア対策ソフトを常に最新版に更新すること。

⑵　OS、アプリケーションのアップデートを実行すること。

5　会社は、情報システムの使用に伴う個人データの漏えい等を防止するための措置を講ずる。従業者は、情報システムの使用に当たっては、会社の定める手順に従い適切に運用しなければならない。

条文の見出し／キーワード	作成基準の解説
(技術的安全管理措置)	1．旧経産省ガイドラインでは、「技術的安全管理措置」とは、個人データ及びそれを取り扱う情報システムへのアクセス制御、不正ソフトウエア対策、情報システムの監視等、個人データに対する技術的な安全管理措置をいうとされていました(旧経産省ガイドライン)。ガイドライン通則編ではこれにとどまらず、これを含む(1)アクセス制御、(2)アクセス者の識別と認証、(3)外部からの不正アクセス等の防止及び(4)情報システムの使用に伴う漏えい等の防止が講じなければならない技術的安全管理措置の内容として掲げられています（ガイドライン通則編、8（別添）講ずべき安全管理措置の内容、8-6 技術的安全管理措置)。
	2．ガイドライン通則編では次のような手法が例示されています。

講じなければならない措置	手法の例示	中小規模事業者における手法の例示
(1) アクセス制御	・個人情報データベース等を取り扱うことのできる情報システムを限定する。 ・情報システムによってアクセスすることのできる個人情報データベース等を限定する。 ・ユーザーIDに付与するアクセス権により、個人情報データベース等を取り扱う情報システムを使用できる従業者を限定する。	・個人データを取り扱うことのできる機器及び当該機器を取り扱う従業者を明確化し、個人データへの不要なアクセスを防止する。
(2) アクセス者の識別と認証	(情報システムを使用する従業者の識別・認証手法の例) ・ユーザーID、パスワード、磁気・ICカード等	・機器に標準装備されているユーザー制御機能（ユーザーアカウント制御)により、個人情報データベース等を取り扱う情報システムを使用する従業者を識別・認証する。

（匿名加工情報・加工方法等情報の安全管理措置等）

第16条　会社は、匿名加工情報（匿名加工情報データベース等を構成するものに限る。以下同じ。）を作成するときは、特定の個人を識別すること及びその作成に用いる個人情報を復元することができないようにするために必要なものとして個人情報保護委員会規則で定める基準に従い、当該個人情報を加工しなければならない。

2　会社は、匿名加工情報を作成したときは、その作成に用いた個人情報から削除した記述等及び個人識別符号並びに前項の規定により行った加工の方法に関する情報（加工方法等情報という。）の漏えいを防止するために必要なものとして個人情報保護委員会規則で定める基準に従い、これらの情報の安全管理のための措置を講じなければならない。

3　会社は、匿名加工情報を作成したときは、個人情報保護委員会規則で定めるところにより、当該匿名加工情報に含まれる個人に関する情報の項目を公表しなければならない。

4　会社は、匿名加工情報を作成して自ら当該匿名加工情報を取り扱うに当たっては、当

条文の見出し／キーワード	作成基準の解説

(3)　外部からの不正アクセス等の防止	・情報システムと外部ネットワークとの接続箇所にファイアウォール等を設置し、不正アクセスを遮断する。 ・情報システム及び機器にセキュリティ対策ソフトウエア等（ウイルス対策ソフトウエア等）を導入する。 ・機器やソフトウエア等に標準装備されている自動更新機能等の活用により、ソフトウエア等を最新状態とする。 ・ログ等の定期的な分析により、不正アクセス等を検知する。	・個人データを取り扱う機器等のオペレーティングシステムを最新の状態に保持する。 ・個人データを取り扱う機器等にセキュリティ対策ソフトウエア等を導入し、自動更新機能等の活用により、これを最新状態とする。
(4)　情報システムの使用に伴う漏えい等の防止	・情報システムの設計時に安全性を確保し、継続的に見直す（情報システムのぜい弱性を突いた攻撃への対策を講ずることも含む）。 ・個人データを含む通信の経路又は内容を暗号化する。 ・移送する個人データについて、パスワード等による保護を行う。	・メール等により個人データの含まれるファイルを送信する場合に、当該ファイルへのパスワードを設定する。

（匿名加工情報・加工方法等情報の安全管理措置等）

匿名加工基準

1．個人情報取扱事業者は、匿名加工情報を作成するときは、特定の個人を識別すること及びその作成に用いる個人情報を復元することができないようにするために必要なものとして個人情報保護委員会規則で定める次の基準（匿名加工基準）に従い、当該個人情報を加工しなければなりません（個人情報保護法36条１項）。

> ①　個人情報に含まれる特定の個人を識別することができる記述等の全部又は一部を削除すること（当該全部又は一部の記述等を復元することのできる規則性を有しない方法により他の記述等に置き換えることを含む）。
> ②　個人情報に含まれる個人識別符号の全部を削除すること（当該個人識別符号を復元することのできる規則性を有しない方法により他の記述等に置き換えることを含む）。

該匿名加工情報の作成に用いられた個人情報に係る本人を識別するために、当該匿名加工情報を他の情報と照合してはならない。

5　会社は、匿名加工情報を作成したときは、当該匿名加工情報の安全管理のために必要かつ適切な措置、当該匿名加工情報の作成その他の取扱いに関する苦情の処理その他の当該匿名加工情報の適正な取扱いを確保するために必要な措置を自ら講じ、かつ、当該措置の内容を公表するよう努めなければならない。

6　会社は、匿名加工情報の安全管理のために必要かつ適切な措置、匿名加工情報の取扱いに関する苦情の処理その他の匿名加工情報の適正な取扱いを確保するために必要な措置を自ら講じ、かつ、当該措置の内容を公表するよう努めなければならない。

条文の見出し／キーワード	作成基準の解説
	③　個人情報と当該個人情報に措置を講じて得られる情報とを連結する符号（現に個人情報取扱事業者において取り扱う情報を相互に連結する符号に限る）を削除すること（当該符号を復元することのできる規則性を有しない方法により当該個人情報と当該個人情報に措置を講じて得られる情報を連結することができない符号に置き換えることを含む）。 ④　特異な記述等を削除すること（当該特異な記述等を復元することのできる規則性を有しない方法により他の記述等に置き換えることを含む）。 ⑤　個人情報に含まれる記述等と当該個人情報を含む個人情報データベース等を構成する他の個人情報に含まれる記述等との差異その他の当該個人情報データベース等の性質を勘案し、その結果を踏まえて適切な措置を講ずること。
加工方法等情報	2.「加工方法等情報」とは、匿名加工情報の作成に用いた個人情報から削除した記述等及び個人識別符号並びに加工の方法に関する情報のうち、その情報を用いて当該個人情報を復元することができるものをいいます。加工方法等情報があれば、匿名化された情報から個人情報を復元することが可能となるため、その取扱いは慎重を要します。
匿名加工情報取扱事業者	3.「匿名加工情報取扱事業者」とは、匿名加工情報を含む情報の集合物であって、特定の匿名加工情報を電子計算機を用いて検索することができるように体系的に構成したものその他特定の匿名加工情報を容易に検索することができるように体系的に構成したものとして政令で定めるもの（「匿名加工情報データベース等」）を事業の用に供している者をいいます。ただし、国の機関など個人情報保護法２条５項各号に掲げる者は除かれます（個人情報保護法２条10項）。
加工方法等情報の安全管理措置	4.個人情報取扱事業者は、匿名加工情報を作成したときは、その作成に用いた個人情報から削除した記述等及び個人識別符号並びに匿名加工基準により行った加工の方法に関する情報の漏えいを防止するために必要なものとして次の個人情報保護委員会規則で定める基準に従い、これらの情報の安全管理のための措置を講じなければなりません（個人情報保護法36条２項）。

（委託先に対する安全管理措置）

第17条　個人情報保護管理者は、個人情報の取扱いの全部又は一部を会社外の業者に委託（再委託を含む。以下同じ。）するときは、適切な業者を選定するための基準（以下「委

条文の見出し／キーワード	作成基準の解説
	①　加工方法等情報を取り扱う者の権限及び責任を明確に定めること。 ②　加工方法等情報の取扱いに関する規程類を整備し、当該規程類に従って加工方法等情報を適切に取り扱うとともに、その取扱いの状況について評価を行い、その結果に基づき改善を図るために必要な措置を講ずること。 ③　加工方法等情報を取り扱う正当な権限を有しない者による加工方法等情報の取扱いを防止するために必要かつ適切な措置を講ずること。
匿名加工情報の公表義務	5．個人情報取扱事業者は、匿名加工情報を作成した後、遅滞なく、インターネットの利用その他の適切な方法により、当該匿名加工情報に含まれる個人に関する情報の項目を公表しなければなりません。また、個人情報取扱事業者が他の個人情報取扱事業者の委託を受けて匿名加工情報を作成した場合は、当該他の個人情報取扱事業者が当該匿名加工情報に含まれる個人に関する情報の項目を、匿名加工情報を作成した後、遅滞なく、インターネットの利用その他の適切な方法により公表しなければなりません。この場合においては、委託先の個人情報取扱事業者による公表により委託元の個人情報取扱事業者が当該項目を公表したものとみなされます（個人情報保護法36条３項、同則21条２項）。
識別行為の禁止義務	6．個人情報取扱事業者は、匿名加工情報を作成して自らその匿名加工情報を取り扱うに当たっては、匿名加工情報の作成に用いられた個人情報に係る本人を識別するために、当該匿名加工情報を他の情報と照合してはなりません（個人情報保護法36条５項）。
匿名加工情報の安全管理措置等	7．個人情報取扱事業者は、匿名加工情報を作成したときは、その匿名加工情報の安全管理のために必要かつ適切な措置、匿名加工情報の作成や取扱いに関する苦情の処理、その他匿名加工情報の適正な取扱いを確保するために必要な措置を自ら講じ、かつ、措置の内容を公表するように努めなければなりません（個人情報保護法36条６項）。
（委託先に対する安全管理措置） 委託先の監督	1．適用の範囲は、会社のすべての従業者のほか、委託先へも遵守させるようにします。

託先選定基準」という。）を定めるものとする。

2　個人情報保護管理者は、個人情報の取扱いを委託する場合は、委託契約において、法令を遵守し会社が定める安全管理措置を講ずることを契約に盛り込むとともに、あらかじめ定めた間隔で定期的に確認する等の方法等により、委託先に対する必要かつ適切な監督を行うものとする。

3　個人情報保護管理者は、個人情報の取扱いを委託する場合の委託先選定基準及び個人情報の安全管理に関する報告徴収の結果等により委託先の選定の見直しを実施するものとする。

4　個人情報保護管理者は、従業者が個人情報の取扱いを委託する場合において、委託する業務内容に対して必要のない個人データを提供しないよう必要かつ適切な監督を行うものとする。

条文の見出し／キーワード	作成基準の解説
	➢ 個人情報保護法22条（委託先の監督） 個人情報取扱事業者は、個人データの取扱いの全部又は一部を委託する場合は、その取扱いを委託された個人データの安全管理が図られるよう、委託を受けた者に対する必要かつ適切な監督を行わなければならない。
	2．個人情報の取扱いを委託するには、委託先が個人情報の安全管理に関する一定の基準を満たさなければ行えないことを規定します。当然に会社としても、委託する業務内容に対して必要のない個人データを提供しないようにしなければなりません。
	3．委託先の安全管理措置の水準は、委託元の水準を基準に判定します。会社ごとに個人情報の運用ルールが異なるので、その点を注意します。
委託	4．「個人データの取扱いの委託」とは、契約の形態・種類を問わず、個人情報取扱事業者が他の者に個人データの取扱いを行わせることをいいます。具体的には、個人データの入力（本人からの取得を含む）、編集、分析、出力等の処理を行うことを委託すること等が想定されます。
監督の程度	5．委託元が、個人情報保護法20条が求める水準を超える高い水準の安全管理措置を講じている場合に、委託先に対してもこれと同等の措置を求める趣旨ではなく、法律上は、委託先は、同条が求める水準の安全管理措置を講じれば足りると解されます。
必要かつ適切な監督	6．「必要かつ適切な監督」のための措置の方法については、次の措置を講じなければならないとされています（ガイドライン通則編3-3-4）。 ①　適切な委託先の選定 ②　委託契約の締結 ③　委託先における個人データ取扱状況の把握
	7．委託先の選定や委託先における個人データ取扱状況の把握に当たっては、取扱いを委託する個人データの内容や規模に応じて適切な方法をとる必要がありますが、例えば、必要に応じて個人データを取り扱う場所に赴く又はこれに代わる合理的な方法（口頭による確認を含む）により確認することが考えられます。

（委託先選定基準）

第18条　前条の委託先選定基準は、次の各号に掲げる事項について設定するものとし、委託契約に係る基本契約書に当該事項に関する規定を設け、会社と委託先の責任を明確化するものとする。

⑴　個人データの漏えい防止、盗用禁止その他個人データの安全管理に関する事項

⑵　守秘義務の存在に関する事項

⑶　個人情報を取り扱う者の適正な範囲に関する事項

⑷　委託先における個人情報の秘密保持及び管理の方法に関する事項

⑸　委託先の個人情報の取扱担当者に対する個人情報保護のための教育・訓練に関する事項

⑹　契約終了時の個人情報の返却及び消去に関する事項

⑺　個人情報の漏えいその他の事故が生じた場合の措置、責任分担に関する事項

⑻　再委託に関する事項

⑼　会社からの監査の受入れに関する事項

⑽　契約内容が遵守されなかった場合の措置

2　前項の委託先選定基準に基づく委託先の評価は、その必要に応じて適宜実施するものとする。

条文の見出し／キーワード	作成基準の解説
再委託の場合	8．委託先が再委託を行おうとする場合は、委託を行う場合と同様、委託元は、委託先が再委託する相手方、再委託する業務内容、再委託先の個人データの取扱方法等について、委託先から事前報告を受け又は承認を行うこと、及び委託先を通じて又は必要に応じて自らが、定期的に監査を実施すること等により、委託先が再委託先に対して本条の委託先の監督を適切に果たすこと、及び再委託先が個人情報保護法20条に基づく安全管理措置を講ずることを十分に確認することが望ましいものとされています（ガイドライン通則編3-3-4）。
再委託先における事故	9．委託元が委託先について「必要かつ適切な監督」を行っていない場合で、委託先が再委託をした際に、再委託先が不適切な取扱いを行ったときは、元の委託元による法違反と判断され得るので、再委託をする場合は注意を要します（ガイドライン通則編3-3-4）。
（委託先選定基準） 委託先の選定	1．委託先の選定に当たっては、委託先の安全管理措置が、少なくとも個人情報保護法20条及び本ガイドラインで委託元に求められるものと同等であることを確認するため、安全管理措置に係る各項目が、委託する業務内容に沿って、確実に実施されることについて、あらかじめ確認しなければなりません（ガイドライン通則編3-3-4）。
不適切な場合	2．次のような場合は、会社は、委託先に対して必要かつ適正な監督を行っていないものと考えられます（ガイドライン通則編3-3-4）。 ①　個人データの安全管理措置の状況を契約締結時及びそれ以後も適宜把握せず外部の事業者に委託した結果、委託先が個人データを漏えいした場合 ②　個人データの取扱いに関して必要な安全管理措置の内容を委託先に指示しなかった結果、委託先が個人データを漏えいした場合 ③　再委託の条件に関する指示を委託先に行わず、かつ委託先の個人データの取扱状況の確認を怠り、委託先が個人データの処理を再委託した結果、当該再委託先が個人データを漏えいした場合

第３章　個人情報の取得

（個人情報の取得原則）

第19条　個人情報の取得は、会社が行う事業の範囲内に限り、かつ、あらかじめ利用目的を明確に定め、その目的の達成に必要な限度内において行うものとする。

（適正な取得）

第20条　個人情報の取得は適正な手段により行うものとし、窃取、脅迫、偽りその他不正な手段により個人情報を取得してはならない。

2　要配慮個人情報の取得等に関しては、第24条に定めるところによる。

条文の見出し／キーワード	作成基準の解説
	④　契約の中に、委託元は委託先による再委託の実施状況を把握することが盛り込まれているにもかかわらず、委託先に対して再委託に関する報告を求めるなどの必要な措置を行わず、委託元の認知しない再委託が行われた結果、当該再委託先が個人データを漏えいした場合
（個人情報の取得原則）	個人情報を取得するときの基本的なルールは、次の４つです。 ①　あらかじめ利用目的をできる限り特定する。 ②　取得する際には利用目的の通知・公表等を行う。 ③　利用目的の範囲内で個人情報を取り扱う。 ④　個人情報は適正な方法で取得する（不正な手段による取得の禁止）。
（適正な取得）	１．偽りその他不正な手段によって個人情報を取得することはできません（個人情報保護法17条）。
不正な手段による取得	２．具体的には、本人をだましてその個人情報を取得することや、第三者提供の制限（モデル規程28条）に違反して個人情報を提供している業者から個人情報を取得すること等が該当します。ガイドラインでは次のような事例を示しています（ガイドライン通則編3-2-1）。 ①　十分な判断能力を有していない子供や障害者から、取得状況から考えて関係のない家族の収入事情などの家族の個人情報を、家族の同意なく取得する場合 ②　個人情報保護法23条１項に規定する第三者提供制限違反をするよう強要して個人情報を取得する場合 ③　個人情報を取得する主体や利用目的等について、意図的に虚偽の情報を示して、本人から個人情報を取得する場合 ④　他の事業者に指示して不正の手段で個人情報を取得させ、当該他の事業者から個人情報を取得する場合 ⑤　個人情報保護法23条１項に規定する第三者提供制限違反がされようとしていることを知り、又は容易に知ることができるにもかかわらず、個人情報を取得する場合

（利用目的の特定）

第21条　会社は、個人情報を取り扱うに当たっては、その利用の目的（以下「利用目的」という。）をできる限り特定しなければならない。

（取得に際しての利用目的の公表）

第22条　次条に定める場合を除き、個人情報を取得する場合は、利用目的をできる限り特定し、あらかじめその利用目的を公表しなければならない。

2　前項にかかわらず、あらかじめ利用目的を公表（ウェブサイト上の掲載、パンフレット等への記載、会社内における掲示、備付けの方法等によるものとする。本条及び第27条において同じ。）することが困難である場合は、個人情報を取得した後、速やかにその利用目的を本人に通知し、又は公表しなければならない。ただし、次の各号に掲げる場合を除く。

条文の見出し／キーワード	作成基準の解説
	⑥　不正の手段で個人情報が取得されたことを知り、又は容易に知ることができるにもかかわらず、当該個人情報を取得する場合
（利用目的の特定）	1．アンケート調査のために提供したはずの個人情報が商品販売に利用される等、個人情報が本人の関知しない利用目的以外に使われてしまうというトラブルが生じています。そこで、個人情報保護法では、個人情報取扱事業者に対し、取り扱う個人情報の利用目的をできる限り特定することを求めています（個人情報保護法15条1項）。なお、「利用目的の変更」については、モデル規程27条に規定しました。
具体的な利用目的の特定	2．次のような場合は、具体的に利用目的を特定していると判断されます（旧経産省ガイドライン2-2-1）。 ①　○○事業における商品の発送、関連するアフターサービス、新商品・サービスに関する情報のお知らせのために利用いたします。 ②　ご記入いただいた氏名、住所、電話番号は、名簿として販売することがあります。 ③　給与計算処理サービス、あて名印刷サービス、伝票の印刷・発送サービス等の情報処理サービスを業として行うために、委託された個人情報を取り扱います。
	3．これに対して、単に「事業活動に用いるため」、「マーケティング活動に用いるため」、「お客様のサービスの向上」等のように抽象的、一般的な内容を利用目的とすることは、できる限り具体的に特定したことにはならないと解されます（ガイドライン通則編3-1-1）。
（取得に際しての利用目的の公表）	1．個人情報を取得した場合は、あらかじめ、その利用目的を公表している場合を除き、速やかに、その利用目的を本人に通知し、又は公表しなければなりません（個人情報保護法18条1項）。つまり、事前公表を義務づけるものではありませんが、事後において利用目的の本人への通知・公表は義務となります。裏返していえば、利用の目的を「あらかじめ公表している場合」は、個人情報保護法18条1項の義務は課せら

⑴　利用目的を本人に通知し、又は公表することにより本人又は第三者の生命、身体、財産その他の権利利益を害するおそれがある場合
⑵　利用目的を本人に通知し、又は公表することにより会社の権利又は正当な利益を害するおそれがある場合
⑶　国の機関又は地方公共団体が法令の定める事務を遂行することに対して協力する必要がある場合であって、利用目的を本人に通知し、又は公表することにより当該事務の遂行に支障を及ぼすおそれがあるとき。
⑷　取得の状況からみて利用目的が明らかであると認められる場合

条文の見出し／キーワード	作成基準の解説
	れません。
利用目的の事前公表	2．利用目的の事前公表は「望ましい」ものとされています（ガイドライン通則編3-2-3）が、モデル規程では、事前公表を前提として規定してあります。この点は、適宜変更が可能です。
公表	3．「公表」とは、広く一般に自己の意思を知らせること（国民一般その他不特定多数の人々が知ることができるように発表すること）をいいます。ただし、公表に当たっては、事業の性質及び個人情報の取扱状況に応じ、合理的かつ適切な方法によらなければなりません（ガイドライン通則編2-11）。
公表に該当する事例	①　自社のウェブ画面中のトップページから１回程度の操作で到達できる場所への掲載、自社の店舗･事務所内におけるポスター等の掲示、パンフレット等の備置き・配布等 ②　店舗販売においては、店舗の見やすい場所への掲示によること。 ③　通信販売においては、通信販売用のパンフレット等への記載によること。
本人に通知	4．「本人に通知」とは、本人に直接知らしめることをいい、事業の性質及び個人情報の取扱状況に応じ、内容が本人に認識される合理的かつ適切な方法によらなければなりません（ガイドライン通則編2-10）。 ➤　本人への通知に該当する事例 事例1）　ちらし等の文書を直接渡すことにより知らせること。 事例2）　口頭又は自動応答装置等で知らせること。 事例3）　電子メール、FAX等により送信し、又は文書を郵便等で送付することにより知らせること。
本人又は第三者の権利利益を害するおそれ	5．児童虐待等に対応するために、児童相談所、学校、医療機関等の関係機関において、ネットワークを組んで対応する場合に、加害者である本人に対して当該本人の個人情報の利用目的を通知・公表することにより、虐待を悪化させたり、虐待への対応に支障等が生じたりするおそれがある場合には、利用目的の通知等の規定は適用されません（ガイドライン通則編3-2-5）。
個人情報取扱事業者の権利又は正当な利益を害するおそれ	6．暴力団等の反社会的勢力情報、疑わしい取引の届出の対象情報、業務妨害行為を行う悪質者情報等を、本人又は他の事業者等から取得したことが明らかになることにより、当該情

（直接本人から文書等により取得する場合）

第23条　本人との間で契約を締結することに伴い契約書その他の書面（電磁的記録を含む。）に記載された本人の個人情報を取得する場合は、あらかじめ本人に対し、次のいずれかの方法により、利用目的を明示しなければならない。ただし、本人又は第三者の生命、身体又は財産の保護のために緊急の必要がある場合は、この限りでない。

⑴　相手方に手交し、又は送付する契約書等にその利用目的を記載する方法

⑵　ホームページ上の入力画面にその利用目的を明記する方法

条文の見出し／キーワード	作成基準の解説
	報を取得した企業に害が及ぶ場合には、利用目的の通知等の規定は適用されません（ガイドライン通則編3-2-5）。
国の機関等への協力	7．警察が、公開手配を行わないで、被疑者に関する個人情報を、被疑者の立ち回りが予想される個人情報取扱事業者に限って提供した場合において、警察から当該個人情報を受け取った当該個人情報取扱事業者が、利用目的を本人に通知し、又は公表することにより、捜査活動に支障を及ぼすおそれがある場合には、当該個人情報については、利用目的の通知等の規定は適用されません（ガイドライン通則編3-2-5）。
利用目的が自明	8．商品・サービス等を販売・提供するに当たって住所・電話番号等の個人情報を取得する場合で、その利用目的が当該商品・サービス等の販売・提供のみを確実に行うためという利用目的であるような場合や、一般の慣行として名刺を交換する場合であって、書面により、直接本人から、氏名・所属・肩書・連絡先等の個人情報を取得することとなるが、その利用目的が今後の連絡のためという利用目的であるような場合には、利用目的の通知等の規定は適用されません。ただし、ダイレクトメール等の目的に名刺を用いることは自明の利用目的に該当しない場合があるので注意を要します（ガイドライン通則編3-2-5）。
(直接本人から文書等により取得する場合)	1．書面等による記載、ユーザー入力画面への打ち込み等により直接本人から取得する場合は、あらかじめ、本人に対し、その利用目的を明示しなければなりません（個人情報保護法18条２項）。
	2．直接本人から取得する場合とは、具体的には、申込書・契約書に記載された個人情報を本人から直接取得する場合やアンケートに記載された個人情報を直接本人から取得する場合等です。
本人に対し、その利用目的を明示	3．本人に対し、その利用目的を明確に示すことをいい、事業の性質及び個人情報の取扱状況に応じ、内容が本人に認識される合理的かつ適切な方法により明示しなければならないとする趣旨です（ガイドライン通則編3-2-4）。

（要配慮個人情報の取得及び提供の制限）

第24条　会社は、次の各号に掲げる内容を含む個人情報（以下「要配慮個人情報」という。）の取得は、行わないものとする。ただし、これらの情報の取得について、明示的な本人の同意がある場合又は法令等の要請からやむを得ない事情があるときは、この限りでない。

⑴　人種

⑵　信条

⑶　社会的身分

⑷　病歴

⑸　犯罪の経歴

⑹　犯罪により害を被った事実

⑺　身体障害、知的障害、精神障害（発達障害を含む。）等、次に掲げる心身の機能の障害があること。

①　身体障害者福祉法における身体上の障害

②　知的障害者福祉法における知的障害

③　精神保健及び精神障害者福祉に関する法律における精神障害（発達障害者支援法における発達障害を含み、②に掲げるものを除く。）

④　治療方法が確立していない疾病その他の特殊の疾病であって障害者の日常生活及び社会生活を総合的に支援するための法律第４条第１項の政令で定めるものによる障害の程度が同項の厚生労働大臣が定める程度であるもの

⑻　本人に対して医師その他医療に関連する職務に従事する者（次号において「医師等」という。）により行われた疾病の予防及び早期発見のための健康診断その他の検査（同号において「健康診断等」という。）の結果

⑼　健康診断等の結果に基づき、又は疾病、負傷その他の心身の変化を理由として、本人に対して医師等により心身の状態の改善のための指導又は診療若しくは調剤が行われたこと。

⑽　本人を被疑者又は被告人として、逮捕、捜索、差押え、勾留、公訴の提起その他の刑事事件に関する手続が行われたこと。

⑾　本人を少年法第３条第１項に規定する少年又はその疑いのある者として、調査、観護の措置、審判、保護処分その他の少年の保護事件に関する手続が行われたこと。

2　前項ただし書のやむを得ない事情とは、次のいずれかに該当する場合とする。

⑴　法令に基づく場合

⑵　人の生命、身体又は財産の保護のために必要がある場合であって、本人の同意を得ることが困難であるとき。

条文の見出し／キーワード	作成基準の解説
（要配慮個人情報の取得及び提供の制限） 要配慮個人情報	1．改正法では、人種、信条、病歴等が含まれる個人情報を「要配慮個人情報」として定義づけられました。要配慮個人情報については、本人に対する不当な差別又は偏見が生じないように、本人同意を得て取得することを原則義務化し、本人同意を得ない第三者提供の特例（オプトアウト）を禁止します。 　したがって、医療機関等は、診療に当たって患者等から診療に係る情報の取得に際しては、同意を得る必要があることになります。ただし、委託、事業承継又は共同利用の場合は、本人の同意なく取得をすることができます。
	2．「要配慮個人情報」とは、本人の人種、信条、社会的身分、病歴、犯罪の経歴、犯罪により害を被った事実その他本人に対する不当な差別、偏見その他の不利益が生じないようにその取扱いに特に配慮を要するものとして政令で定める記述等が含まれる個人情報をいいます（個人情報保護法２条３項）。 　主なカテゴリーは次のとおりです。

①	人の特性に関する情報（人種、信条、社会的身分など）
②	病歴や身体の状況に関する情報
③	犯罪・非行等に関する情報

条文の見出し／キーワード	作成基準の解説
人種	3．人種、世系又は民族的若しくは種族的出身を広く意味します。なお、単純な国籍や「外国人」という情報は法的地位であり、それだけでは人種には含みません。また、肌の色は、人種を推知させる情報にすぎないため、人種には含みません（ガイドライン通則編2-3）。
信条	4．個人の基本的なものの見方、考え方を意味し、思想と信仰の双方を含むものです（ガイドライン通則編2-3）。
社会的身分	5．ある個人にその境遇として固着していて、一生の間、自らの力によって容易にそれから脱し得ないような地位を意味し、単なる職業的地位や学歴は含みません（ガイドライン通則編2-3）。
病歴	6．病気に罹患した経歴を意味するもので、特定の病歴を示した部分（例：特定の個人ががんに罹患している、統合失調症を患っている等）が該当します（ガイドライン通則編2-3）。
犯罪の経歴	7．前科、すなわち有罪の判決を受けこれが確定した事実が該

⑶　公衆衛生の向上又は児童の健全な育成の推進のために特に必要がある場合であって、本人の同意を得ることが困難であるとき。

⑷　国の機関若しくは地方公共団体又はその委託を受けた者が法令の定める事務を遂行することに対して協力する必要がある場合であって、本人の同意を得ることにより当該事務の遂行に支障を及ぼすおそれがあるとき。

⑸　当該要配慮個人情報が、本人、国の機関、地方公共団体、個人情報保護法第76条第１項各号に掲げる者、外国政府、外国の政府機関、外国の地方公共団体又は国際機関、外国における個人情報保護法第76条第１項各号に掲げる者に相当する者により公開されている場合

⑹　本人を目視し、又は撮影することにより、その外形上明らかな要配慮個人情報を取得する場合

⑺　委託、事業承継又は共同利用により、個人データである要配慮個人情報の提供を受けるとき。

３　要配慮個人情報については、第29条（第三者提供のオプトアウト）の規定は適用しない。

条文の見出し／キーワード	作成基準の解説
	当します（ガイドライン通則編2-3）。
健康診断等の結果	8．疾病の予防や早期発見を目的として行われた健康診査、健康診断、特定健康診査、健康測定、ストレスチェック、遺伝子検査（診療の過程で行われたものを除く）等、受診者本人の健康状態が判明する検査の結果が該当します。 具体的な事例としては、労働安全衛生法に基づいて行われた健康診断の結果、同法に基づいて行われたストレスチェックの結果、高齢者の医療の確保に関する法律に基づいて行われた特定健康診査の結果などが該当します。また、法律に定められた健康診査の結果等に限定されるものではなく、人間ドックなど保険者や事業主が任意で実施又は助成する検査の結果も該当します。さらに、医療機関を介さないで行われた遺伝子検査により得られた本人の遺伝型とその遺伝型の疾患へのかかりやすさに該当する結果等も含まれます。なお、健康診断等を受診したという事実は該当しません（ガイドライン通則編2-3）。
健康診断の結果に基づく指導等	9．「健康診断等の結果に基づき、本人に対して医師等により心身の状態の改善のための指導が行われたこと」とは、健康診断等の結果、特に健康の保持に努める必要がある者に対し、医師又は保健師が行う保健指導等の内容が該当します。 指導が行われたことの具体的な事例としては、労働安全衛生法に基づき医師又は保健師により行われた保健指導の内容、同法に基づき医師により行われた面接指導の内容、高齢者の医療の確保に関する法律に基づき医師、保健師、管理栄養士により行われた特定保健指導の内容等が該当します。また、法律に定められた保健指導の内容に限定されるものではなく、保険者や事業主が任意で実施又は助成により受診した保健指導の内容も該当します。なお、健康診断等の場合と異なり、保健指導等を受けたという事実も該当します（ガイドライン通則編2-3）。
	10．「健康診断等の結果に基づき、又は疾病、負傷その他の心身の変化を理由として、本人に対して医師等により診療が行われたこと」とは、病院、診療所、その他の医療を提供する施設において診療の過程で、患者の身体の状況、病状、治療

条文の見出し／キーワード	作成基準の解説
	状況等について、医師、歯科医師、薬剤師、看護師その他の医療従事者が知り得た情報すべてを指し、例えば診療記録等がこれに該当します。また、病院等を受診したという事実も該当します（ガイドライン通則編2-3)。
要配慮個人情報と特定の機微な個人情報の違い	**11.**「要配慮個人情報」に該当しますが、「特定の機微な個人情報」に該当しないものとして、次のものがあります。 ①　犯罪により害を被った事実 ②　本人を被疑者又は被告人として、逮捕、捜索、差押え、勾留、公訴の提起その他の刑事事件に関する手続が行われたこと。 ③　本人を少年法に規定する少年又はその疑いのある者として、調査、観護の措置、審判、保護処分その他の少年の保護事件に関する手続が行われたこと。
	12. 一方、「特定の機微な個人情報」に該当するが、「要配慮個人情報」に該当しないものとして、次のものがあります。 ①　労働組合への加盟 ②　本籍地 ③　性生活
基礎年金番号	**13.** 基礎年金番号は、国民年金法108条の４の規定により、自治体の業務などを除き、第三者に告知することを求めることを禁止しています。したがって、年金手帳を本人確認に用いる場合には、基礎年金番号をマスキングする必要があります。
公開されている要配慮個人情報	**14.** 要配慮個人情報が、次に掲げる者により公開されている場合は、あらかじめ本人の同意を得ることなく、当該公開されている要配慮個人情報を取得することができます。 ①　本人 ②　国の機関 ③　地方公共団体 ④　放送機関・新聞社・通信社その他の報道機関（報道を業として行う個人を含む）（個人情報保護法76条１項各号に掲げる者） ⑤　著述を業として行う者（個人情報保護法76条１項各号に掲げる者） ⑥　大学その他の学術研究を目的とする機関若しくは団体又

第４章　個人情報の利用及び第三者提供の制限

（個人情報の利用原則）

第25条　個人情報の利用は、原則として、特定された利用目的の達成に必要な範囲内で、具体的な業務に応じ権限を与えられた者のみが、業務の遂行上必要な限りにおいて行うものとする。

（利用目的による制限）

第26条　会社は、あらかじめ本人の同意を得ないで、会社が特定した利用目的の達成に必要な範囲を超えて個人情報を取り扱ってはならない。

2　会社が合併その他の事由により他の個人情報取扱事業者の事業を承継することに伴って個人情報を取得した場合には、あらかじめ本人の同意を得ないで、承継前における当該個人情報の利用目的の達成に必要な範囲を超えて、当該個人情報を取り扱ってはならない。

3　前二項の規定は、次の各号のいずれかに該当する場合については、適用しない。

⑴　法令に基づく場合

⑵　人の生命、身体又は財産の保護のために必要がある場合であって、本人の同意を得ることが困難であるとき。

⑶　公衆衛生の向上又は児童の健全な育成の推進のために特に必要がある場合であって、本人の同意を得ることが困難であるとき。

⑷　国の機関若しくは地方公共団体又はその委託を受けた者が法令の定める事務を遂行することに対して協力する必要がある場合であって、本人の同意を得ることにより当該事務の遂行に支障を及ぼすおそれがあるとき。

4　特定個人情報については、本条は適用せず、本人の同意の有無にかかわらず、目的外の利用は、これを禁ずる。

条文の見出し／キーワード	作成基準の解説
	はそれらに属する者（個人情報保護法76条１項各号に掲げる者） ⑦　宗教団体（個人情報保護法76条１項各号に掲げる者） ⑧　政治団体（個人情報保護法76条１項各号に掲げる者） ⑨　外国政府、外国の政府機関、外国の地方公共団体又は国際機関 ⑩　外国において個人情報保護法76条１項各号に掲げる者に相当する者
（個人情報の利用原則）	個人情報の利用は、原則として収集の目的の範囲内で、具体的な業務に応じ権限を与えられた者のみが、業務遂行上必要な限りにおいて行わなければなりません。
（利用目的による制限）	１．あらかじめ本人の同意を得ないで、利用目的の達成に必要な範囲を超えて、個人情報を取り扱ってはなりません（個人情報保護法16条１項）。すなわち、個人情報取扱事業者は、利用目的の達成に必要な範囲を超えて、個人情報を取り扱う場合は、あらかじめ本人の同意を得なければなりません。 ２．例えば、就職のための履歴書情報をもとに、自社商品の販売促進のためにカタログと申込書を送る場合は、目的外利用となるため、本人の同意がない限り行うことはできません。 ３．なお、１．の場合において、同意を得るために個人情報を利用すること（メールの送付や電話をかけること等）は、当初の利用目的として記載されていない場合でも、目的外利用には該当しません（ガイドライン通則編3-1-3）。
利用目的による制限の例外	４．モデル規程24条２項⑴～⑷、28条１項⑴～⑷と同じです。
事業承継の場合	５．事業承継の場合（モデル規程28条２項⑵の場合）であっても、承継前における当該個人情報の利用目的の達成に必要な範囲を超える個人情報の取扱いは禁止されます（個人情報保護法16条２項）。 ６．合併、分社化、営業譲渡等により他の個人情報取扱事業者

（利用目的の変更）

第27条　会社は、利用目的を変更する場合は、変更前の利用目的と関連性を有すると合理的に認められる範囲を超えた変更を行ってはならない。また、利用目的を変更した場合は、変更後の利用目的について、本人に通知し、又は公表しなければならない。

（第三者提供の制限）

第28条　会社は、あらかじめ本人の同意を得ないで、個人データを第三者に提供してはならない。ただし、次の各号のいずれかに該当する場合は、この限りでない。

(1)　法令に基づく場合

(2)　人の生命、身体又は財産の保護のために必要がある場合であって、本人の同意を得ることが困難であるとき。

(3)　公衆衛生の向上又は児童の健全な育成の推進のために特に必要がある場合であって、本人の同意を得ることが困難であるとき。

(4)　国の機関若しくは地方公共団体又はその委託を受けた者が法令の定める事務を遂行することに対して協力する必要がある場合であって、本人の同意を得ることにより当該事務の遂行に支障を及ぼすおそれがあるとき。

2　次に掲げる場合において、当該個人データの提供を受ける者は、前項の規定の適用については、第三者に該当しないものとする。以下、本章において同じとする。

条文の見出し／キーワード	作成基準の解説
	から事業の承継をすることに伴って個人情報を取得した場合であって、当該個人情報に係る承継前の利用目的の達成に必要な範囲内で取り扱う場合は目的外利用にはならず、本人の同意を得る必要はありません。また、事業の承継後に、承継前の利用目的の達成に必要な範囲を超えて、個人情報を取り扱う場合は、あらかじめ本人の同意を得る必要がありますが、当該同意を得るために個人情報を利用すること（メールの送信や電話をかけること等）は、承継前の利用目的として記載されていない場合でも、目的外利用には該当しません（ガイドライン通則編3-1-4）。
（利用目的の変更）	１．利用目的を変更する場合には、変更前の利用目的と関連性を有すると合理的に認められる範囲を超えて行ってはなりません（個人情報保護法15条２項）。 なお、改正前は、「相当の関連性を有する」との要件であったものが、改正により、単に「関連性を有する」と緩和されました（個人情報保護法15条２項）。 ２．また、利用目的を変更した場合は、本人に通知し、又は公表することが義務づけられています（個人情報保護法18条３項）。
（第三者提供の制限）	１．あらかじめ本人の同意を得ないで、個人データを第三者に提供することはできません（個人情報保護法23条１項）。
オプトイン方式	２．つまり、個人情報保護法は、個人データの第三者提供について、事前の本人同意原則（オプトイン方式）を採用しているということです。
同意の方法	３．個人情報保護法は、本人の同意を得る方法について特段の制限を設けていませんが、書面によることが望ましいものとされています。 ４．同意の取得に当たっては、事業の規模及び性質、個人データの取扱状況（取り扱う個人データの性質及び量を含む）等に応じ、本人が同意に係る判断を行うために必要と考えられる合理的かつ適切な範囲の内容を明確に示すことが必要です（ガイドライン通則編3-4-1）。

⑴　委託の場合…会社が利用目的の達成に必要な範囲内において個人データの取扱いの全部又は一部を委託する場合
⑵　事業承継の場合…合併その他の事由による事業の承継に伴って個人データが提供される場合
⑶　共同利用の場合…特定の者との間で共同して利用される個人データが当該特定の者に提供される場合であって、第30条第１項各号の事項について、あらかじめ、本人に通知し、又は本人が容易に知り得る状態に置いているとき。

3　特定個人情報の提供については、特定個人情報（マイナンバー）等取扱規程に定めるものとし、本条及び第29条（第三者提供のオプトアウト）の規定は適用しない。

条文の見出し／キーワード	作成基準の解説
第三者提供の制限の例外	5．モデル規程24条２項(1)〜(4)、26条３項(1)〜(4)の場合と同じです。

第三者提供とされる場合、されない場合

第三者提供とされる場合（モデル規程第２項各号の場合を除く）	第三者提供とされない場合（ただし、利用目的による制限あり）
・親子兄弟会社、グループ会社の間で個人データを交換する場合 ・フランチャイズ組織の本部と加盟店の間で個人データを交換する場合 ・同業者間で、特定の個人データを交換する場合 ・外国の会社に国内に居住している個人の個人データを提供する場合	・同一事業者内で他部門へ個人データを提供すること。

委託の場合

6．個人データの取扱いに関する業務の全部又は一部を委託する場合は、当該委託先は第三者に該当しません（個人情報保護法23条５項１号）。ただし、委託先に対する監督責任が課せられます（個人情報保護法22条）。特定個人情報についても「委託」の場合は、その提供が認められています（番号利用法19条５号）。

事業継承の場合

7．事業が承継され個人データが移転される場合は、第三者提供の問題は生じませんが、事業の承継後も、個人データが譲渡される前の利用目的の範囲内で利用しなければなりません（個人情報保護法23条５項２号）。特定個人情報についても「合併その他の事由による事業の承継」に伴う場合は、その提供が認められています（番号利用法19条５号）。

共同利用の場合

8．個人データを特定の者との間で共同利用する場合であっても、モデル規程30条１項(1)〜(6)の事項をあらかじめ本人に通知し、又は本人が容易に知り得る状態に置いておくとともに、共同利用することを明らかにしている場合は、第三者提供の問題は生じません（個人情報保護法23条５項３号）。特定個人情報については、共同利用を認めてしまうと個人番号が広範に流通するおそれがあり、その必要性もないことから、共同利用は認められていません（番号利用法29条３項）。

（第三者提供のオプトアウト）

第29条　会社は、第三者に提供される個人データ（要配慮個人情報を除く。以下本条において同じ。）について、本人の求めに応じて当該本人が識別される個人データの第三者への提供を停止することとしている場合であって、次に掲げる事項について、個人情報保護委員会規則で定めるところにより、あらかじめ、本人に通知し、又は本人が容易に知り得る状態に置くとともに、個人情報保護委員会に届け出たときは、前条の規定にかかわらず、当該個人データを第三者に提供することができる。

⑴　第三者への提供を利用目的とすること。

⑵　第三者に提供される個人データの項目

⑶　第三者への提供の方法

⑷　本人の求めに応じて当該本人が識別される個人データの第三者への提供を停止すること。

⑸　本人の求めを受け付ける方法

⑹　取得方法

条文の見出し／キーワード	作成基準の解説
トレーサビリティの確保	9．改正法では、第三者提供による個人データの受領者は、提供者の氏名やデータの取得経緯等を確認・記録し、一定期間その内容を保存することが義務づけられました。また、提供者も、受領者の氏名等を記録し、一定期間保存することが義務づけられました（個人情報保護法25条、26条）。
データベース提供罪	10．改正前では、個人情報データベース等を取り扱う事務に従事する者又は従事していた者が、不正な利益を図る目的でその個人情報データベース等を第三者に提供・盗用した場合であっても直接的な罰則の規定がありませんでしたが、改正法では、これにつき1年以下の懲役又は50万円以下の罰金に処することとされました（個人情報保護法83条）。
（第三者提供のオプトアウト）	1．個人情報保護法では、名簿や電話帳の作成、カーナビのための住宅地図の作成のように個人情報の利用目的が第三者提供である場合には、本人の同意を受けずに個人情報の第三者提供を行い、本人の求めがあった場合に後から第三者提供を停止するという方法が取れることを規定しています（個人情報保護法23条2項）。この方法をオプトアウトといいます。
オプトアウト方式	2．オプトアウト方式は、個人の権利利益の保護の要請と個人データの第三者提供を業とする産業の保護の要請の調和を図る目的で設けられたといわれていますが、オプトアウト方式がとられていること自体を本人が認識できないのが通常であり、形骸化が懸念されていました。そこで今回の改正で個人情報保護委員会への届出等の規定が設けられたものです。
	3．つまり、個人情報保護法23条2項の第三者提供のオプトアウトの規定では、モデル規程各号の内容を、本人に通知し、又は本人が容易に知り得る状態に置くことが要件とされていますが、2017年5月30日からは、これに加えて、個人情報保護委員会への届出が必要となったものです。
取得方法	4．モデル規程⑴～⑸は、個人情報保護法の規定によりますが、⑹はJISQ15001独自の要求事項となります。また、JISQ15001におけるオプトアウトでは、オプトアウトの内容を「あらかじめ通知し、本人の同意を得る」ことが要件とされています（新JISQ15001要求事項A3.4.2.8）。

（共同利用）

第30条　会社は、特定の者との間で共同して利用される個人データが当該特定の者に提供される場合は、次に掲げる事項をあらかじめ本人に通知するか、本人が容易に知り得る状態に置くとともに、共同利用する第三者にも同様の措置を講じさせなければならない。

⑴　個人データを特定の者との間で共同して利用する旨

条文の見出し／キーワード	作成基準の解説
オプトアウトの規制強化	５．現在では、オプトアウト規定による第三者提供については、データの項目等を個人情報保護委員会に届け出ることが義務化されています。また、個人情報保護委員会は、その内容を公表することになります（個人情報保護法23条３項・４項）。
個人情報保護委員会への届出	６．届出が必要となる主な対象者は、いわゆる名簿業者です。名簿業者以外の事業者について届出が必要となるかは個別の判断となりますが、次のような場合は、オプトアウト手続を行う必要がないため、届出も不要です。 ①　本人から同意を得ている場合 ・本人からの同意する旨の口頭による意思表示 ・本人からの同意する旨の書面（電磁的記録を含む）の受領 ・本人による同意する旨の確認欄へのチェック ・自治会又は同窓会の会員名簿を作成する場合に「名簿に掲載される会員に対して配布するため」と伝えたうえで任意で個人情報を提出してもらったとき ・有効な約款に同意条項がある場合 ・本人から取引の媒介を委託された事業者が、相手先の候補となる複数の事業者に、必要な範囲の情報を提供する場合 ②　個人データに該当しない個人情報を第三者提供する場合 ・個人情報データベース等を構成する前の入力用の帳票等に記載されている個人情報 ③　業務の委託、事業の承継、共同利用を行う場合 ・データの打ち込み等、情報処理を委託するために個人データを提供する場合 ・グループ企業で総合的なサービスを提供する為に取得時の利用目的の範囲内で情報を共同利用する場合
（共同利用）	１．「共同利用」で個人データの提供を受ける者は、「第三者」に当たりません。ただし、共同利用する者の範囲や利用目的等をあらかじめ本人に通知し、又は本人が容易に知り得る状態においている場合にのみ認められます。

⑵　氏名、住所等の共同利用される個人データの項目
⑶　共同して利用する者の範囲
⑷　共同して利用する個人データのすべての利用目的
⑸　個人データの管理について責任を有する者の氏名又は名称
⑹　取得方法

2　会社は、前項に規定する利用する者の利用目的又は個人データの管理について責任を有する者の氏名若しくは名称を変更する場合は、変更する内容について、あらかじめ本人に通知し、又は本人が容易に知り得る状態に置くとともに、共同利用する第三者にも同様の措置を講じさせなければならない。

3　特定個人情報については、共同利用は、これを禁ずる。

（外国にある第三者への提供の制限）

第31条　会社は、外国（本邦の域外にある国又は地域をいう。以下同じ。）にある第三者に個人データを提供する場合には、第28条第１項各号に掲げる場合を除くほか、あらかじめ外国にある第三者への提供を認める旨の本人の同意を得なければならない。ただし、当該外国にある第三者が、次の各号のいずれかに該当する場合は、第28条（第三者提供

条文の見出し／キーワード	作成基準の解説
	➢　共同利用に該当する事例（ガイドライン通則編3-4-3） 事例1）　グループ企業で総合的なサービスを提供するために取得時の利用目的（法第15条第2項の規定に従い変更された利用目的を含む。以下同じ。）の範囲内で情報を共同利用する場合 事例2）　親子兄弟会社の間で取得時の利用目的の範囲内で個人データを共同利用する場合 事例3）　使用者と労働組合又は労働者の過半数を代表する者との間で取得時の利用目的の範囲内で従業者の個人データを共同利用する場合
本人が容易に知り得る状態	２．事業所の窓口等への書面の掲示・備付けやホームページへの掲載その他の継続的方法により、本人が知ろうとすれば、時間的にも、その手段においても、簡単に知ることができる状態をいい、事業の性質及び個人情報の取扱状況に応じ、本人が確実に認識できる適切かつ合理的な方法によらなければなりません（ガイドライン通則編3-4-2-1）。
	➢　本人が容易に知り得る状態に該当する事例 事例1）　本人が閲覧することが合理的に予測される個人情報取扱事業者のホームページにおいて、本人が分かりやすい場所（例：ホームページのトップページから1回程度の操作で到達できる場所等）に法に定められた事項を分かりやすく継続的に掲載する場合 事例2）　本人が来訪することが合理的に予測される事務所の窓口等への掲示、備付け等が継続的に行われている場合 事例3）　本人に頒布されている定期刊行物への定期的掲載を行っている場合 事例4）　電子商取引において、商品を紹介するホームページにリンク先を継続的に表示する場合
取得方法	３．１項⑴～⑸は、個人情報保護法の規定によりますが、⑹はJISQ15001独自の要求事項となります。具体的には、「同窓会名簿」及び「官報」等の取得源の種類並びに「書店からの購入」等の取得経緯を通知します（JISQ15001要求事項解説Ⅱ3.4.7）。
（外国にある第三者への提供の制限） 外国にある第三者への提供	１．外国の第三者に個人データを提供する場合（いわゆる越境移転）には、次のいずれかの要件を満たしている必要があります。 ①　外国にある第三者へ提供することについて、本人の同意を得る。

の制限)、第29条（第三者提供のオプトアウト）を適用するものとし、第28条第１項の本人の同意による第三者提供及び第29条のオプトアウトによる第三者提供を認める。

⑴　当該第三者が、我が国と同等の水準にあると認められる個人情報保護制度を有している国として個人情報の保護に関する法律施行規則で定める国にある場合

⑵　当該第三者が、個人情報取扱事業者が講ずべき措置に相当する措置を継続的に講ずるために必要な体制を整備し、かつ、次のいずれかの基準を満たしている場合

　①　個人情報取扱事業者と個人データの提供を受ける者との間で、当該提供を受ける者における当該個人データの取扱いについて、適切かつ合理的な方法により、個人情報保護法に定める個人情報取扱事業者の義務等の趣旨に沿った措置の実施が確保されていること。

　②　個人データの提供を受ける者が、個人情報の取扱いに係る国際的な枠組みに基づく認定を受けていること。

条文の見出し／キーワード	作成基準の解説
	②　外国にある第三者が個人情報保護委員会の規則で定める基準に適合する体制を整備している。
	③　外国にある第三者が個人情報保護委員会が認めた国に所在する。
外国にある第三者	２．「外国にある第三者」の「第三者」とは、個人データを提供する個人情報取扱事業者と当該個人データによって識別される本人以外の者であり、外国政府などもこれに含まれます(ガイドライン外国第三者提供編2-2)。
	３．なお、この場合、提供者と法人格が別でなければ「第三者」には当たらないため、国内取得した個人データを同一事業者の外国支店等に提供する場合（事業者内の越境提供）については、本条の適用はありません。また、外国にサーバが設置されている場合にも、当該サーバにおける個人データの取扱いは、当該日本企業による個人データの取扱いと解されることになり、「外国」にある「第三者」への個人データの提供にはあたりません（データ管理を外国の会社等に委託しており、当該会社がサーバを管理している場合は別です)。
本人の同意	４．モデル規程31条で求められる「本人の同意」とは、「外国にある第三者への提供を認める旨の本人の同意」ということです。本規定各号のいずれかに該当すれば、通常の第三者提供に係る同意でよいということになります。同意が必要ないということではありませんので注意してください。 なお、モデル規程31条各号のいずれかに該当すればオプトアウトによる第三者提供も可能になります（ガイドライン外国第三者提供編２)。
我が国と同等の水準にあると認められる個人情報保護制度を有している国	５．我が国と同等の水準にあると認められる個人情報保護制度を有している国として個人情報保護規則で定める国とは、EUが該当します。ここでいうEUとは、同規則11条１項各号のいずれにも該当する外国として、平成31年個人情報保護委員会告示１号により個人情報保護委員会が定める国を指し、具体的にはEU加盟国及び欧州経済領域の一部であるアイスランド、ノルウェー、リヒテンシュタインです。 日本とEU間においては、相互の円滑な個人データ移転を図る枠組みが平成31年（2019年）１月23日に発効し、個人情

（第三者提供に係る記録の作成等）

第32条　会社は、個人データを第三者に提供したときは、次の各号の区分に応じ、当該各号に掲げる事項を記録しなければならない。ただし、当該個人データの提供が第28条第１項各号又は同条第２項各号のいずれか（前条の規定による個人データの提供にあっては、同条各号のいずれか）に該当する場合は、この限りでない。

条文の見出し／キーワード	作成基準の解説
	報保護委員会が当該指定をEUに対して行い、欧州委員会がGDPR（EU域内の個人データ保護を規定する法として2018年５月に施行された「EU一般データ保護規則」をいいます）に基づき日本への十分性認定（国又は地域等を個人データについて十分な保護水準を確保していると認める決定をいいます）を行いました（ガイドライン外国第三者提供編２）。
GDPR	６．GDPR（General Data Protection Regulation；EU一般データ保護規則）は、欧州議会・欧州理事会及び欧州委員会が欧州連合(EU)内の全ての個人のためにデータ保護を強化し統合することを意図しており、欧州連合域外への個人情報の輸出も対象としています。GDPRの第一の目的は、市民と居住者が自分の個人データをコントロールする権利を取り戻すこと、欧州連合域内の規則を統合することで、国際的なビジネスのための規制環境を簡潔にすることといわれています。 今まで個人情報とされていなかったIPアドレスやCookieなどのデータをも個人情報とみなされるようになり、取得する際には必ず本人の同意を必要とするなど厳しい内容になっています。また、罰則については、最大で企業の全世界年間売上高の４％以下又は2,000万ユーロ以下のいずれか高いほうが適用されるなど、その量刑にも注目を集めました。
基準に適合する体制	７．「個人情報保護委員会の規則で定める基準に適合する体制」について、一般的なビジネスの実態に配慮して次に該当するものと整理されます（個人情報保護規則11条の２）。 ①　提供を受ける者における個人データの取扱いについて、適切かつ合理的な方法により、個人情報保護法の趣旨に沿った措置の実施が確保されていること。 ②　個人データの提供を受ける者が、個人情報の取扱いに係る国際的な枠組みに基づく認定を受けていること。
（第三者提供に係る記録の作成等） トレーサビリティの確保	１．個人情報保護法25条・26条には、個人データのトレーサビリティ（ISO9000：2000の定義では「考慮の対象となっているものの履歴、適用又は所在を適用できること」、つまり追跡可能な状態に置くこととされています）の確保が規定されています。この規定が置かれた契機となったのは、2014年７

⑴　オプトアウトにより個人情報を第三者に提供した場合（様式第３号）

①　当該個人データを提供した年月日

②　当該第三者の氏名又は名称その他の当該第三者を特定するに足りる事項（不特定かつ多数の者に対して提供したときは、その旨）

③　当該個人データによって識別される本人の氏名その他の当該本人を特定するに足りる事項

④　当該個人データの項目

⑵　本人の同意により個人情報を第三者に提供した場合及び海外に第三者提供した場合（様式第４号）

①　本人の同意を得ている旨

②　当該第三者の氏名又は名称その他の当該第三者を特定するに足りる事項（不特定かつ多数の者に対して提供したときは、その旨）

③　当該個人データによって識別される本人の氏名その他の当該本人を特定するに足りる事項

④　当該個人データの項目

2　会社は、前項各号の記録を、原則として、３年間保存しなければならない。

条文の見出し／キーワード	作成基準の解説
	月に発覚した某大手通信教育会社からの個人データの大量漏えい事件です。当該事件の反省を踏まえ、これらの規定は、個人データのトレーサビリティを確保することで個人データの不正な提供を抑止することを目的としているので、オプトイン方式、オプトアウト方式にかかわらず、第三者提供であれば適用されるものとされています。
第三者提供に係る記録	２．個人データを第三者へ提供したときは、事業者の氏名等を記録し、一定期間保存する必要があります。 なお、当該個人データの提供が「法令に基づく場合」等の個人情報保護法23条１項各号に該当する場合については、記録の作成・保存義務はありません。 また、「個人情報の取扱いの委託」、「合併等の事業承継に伴う場合」、「個人データの共同利用」といった個人情報保護法23条５項各号のいずれかに該当する場合については、記録の作成・保存義務はありません。 加えて、ガイドライン第三者提供時の確認・記録義務編では、一般的なビジネスの実態に配慮して、次のようなケースでは確認・記録義務が生じないと整理しています（解釈で対応）。 ①　本人による提供と整理できるケース（例：SNS上の個人のプロフィール） ②　本人に代わって提供と整理できるケース（例:銀行振込） ③　本人側への提供と整理できるケース（例：同席している家族） ④「個人データ」に該当しないと整理できるケース（例：名刺１枚）等
外国にある第三者に提供する場合の記録・保存義務	３．外国にある第三者に個人データの提供をする場合には、「個人の権利利益を保護する上で我が国と同等の水準にあると認められる個人情報の保護に関する制度を有している外国」又は「個人データの取扱いについてこの節（個人情報取扱事業者の責務）の規定により個人情報取扱事業者が講ずべきこととされている措置に相当する措置を継続的に講ずるために必要な基準に適合する体制を整備している者」に該当する場合を除き、個人情報保護法23条５項各号に該当する場合も記録

条文の見出し／キーワード	作成基準の解説

の作成・保存義務があります。

記録・保存義務

４．改正法の規定は、名簿屋対策が目的のため、個人情報保護委員会は、一般的なビジネスの実体に配慮して次のとおり規定を整理しています。

① 記録事項として、第三者提供について本人同意がある場合は、提供年月日の記録は不要とする。

② 記録の保存期間については、原則３年とするが、本人に対する物品等の提供に関連して本人同意のもとで第三者提供した場合は１年とする。

③ 本人との契約等に基づく提供については、既存の契約書等で代替可能とする。

④ 反復継続して提供する場合は包括的な記録で足りることとする。

本人の同意を得て提供する場合の例

５．「団体Ａが、あらかじめ同意を得た上で、地域の税理士等の氏名・連絡先等を記載した名簿を作成し、団体加盟企業に配布する場合」などがありますが、この場合の記録事項は緩和するとされています（資料2-3「改正個人情報保護法第25・第26条の確認、記録義務の方向性について」）。

第三者提供に係る記録の保存期間

６．個人情報取扱事業者は、第三者提供に係る記録を、次表の場合に応じて、当該記録を作成した日から一定期間保存しなければなりません（個人情報保護法25条２項、個人情報保護則14条）。

要　件	保存期間
① 「契約書等の代替手段による方法」により記録を作成した場合（本人を当事者とする契約書等に基づく個人データの提供の場合）	最後に当該記録に係る個人データの提供を行った日から起算して1年を経過する日までの間
② 「一括して記録を作成する場合」により記録を作成した場合（個人データを継続的に又は反復して提供する場合）	最後に当該記録に係る個人データの提供を行った日から起算して3年を経過する日までの間
③ 上記①、②以外の場合	当該記録を作成した日から3年間

（第三者提供を受ける際の確認等）

第33条　会社は、第三者から個人データの提供を受けるに際しては、次の各号の区分に応じ、当該各号に掲げる事項の確認をしなければならない。ただし、当該個人データの提供が第28条第１項各号又は同条第２項各号のいずれか（第31条の規定による個人データの提供にあっては、同条各号のいずれか）に該当する場合は、この限りでない。

(1)　オプトアウトによる個人データの第三者提供を受ける場合（様式第５号）

①　当該個人データの提供を受けた年月日

②　当該第三者の氏名又は名称及び住所並びに法人にあっては、その代表者（法人でない団体で代表者又は管理人の定めのあるものにあっては、その代表者又は管理人）の氏名

③　当該第三者による当該個人データの取得の経緯

④　当該個人データによって識別される本人の氏名その他の当該本人を特定するに足りる事項

⑤　当該個人データの項目

⑥　個人情報保護委員会により公表されている旨

(2)　本人の同意に基づき第三者提供を受ける場合（様式第６号）

①　本人の同意を得ている旨

②　当該第三者の氏名又は名称及び住所並びに法人にあっては、その代表者（法人でない団体で代表者又は管理人の定めのあるものにあっては、その代表者又は管理人）の氏名

③　当該第三者による当該個人データの取得の経緯

④　当該個人データによって識別される本人の氏名その他の当該本人を特定するに足りる事項

⑤　当該個人データの項目

(3)　私人などから第三者提供を受ける場合（様式第７号）

①　当該第三者の氏名又は名称及び住所並びに法人にあっては、その代表者（法人でない団体で代表者又は管理人の定めのあるものにあっては、その代表者又は管理人）の氏名

②　当該第三者による当該個人データの取得の経緯

③　当該個人データによって識別される本人の氏名その他の当該本人を特定するに足りる事項

④　当該個人データの項目

2　会社は、前項各号の記録を、原則として、３年間保存しなければならない。

条文の見出し／キーワード	作成基準の解説
（第三者提供を受ける際の確認等） 第三者提供に係る確認	**1．**個人情報取扱事業者は、第三者から個人情報の提供を受ける場合には、「当該第三者の氏名及び住所等」「当該第三者による当該個人データの取得の経緯」を確認し、これらの事項と共に、所定の事項を記録し、一定期間保存する必要があります。
オプトアウトによる第三者提供を受ける場合	**2．**オプトアウトによる第三者提供を受ける場合の記録事項は次のとおりです。このうち②～⑤が確認事項となります。 ①　個人データの提供を受けた年月日 ②　当該第三者の氏名又は名称 ③　当該第三者の住所 ④　当該第三者が法人である場合は、その代表者（法人でない団体で代表者又は管理人の定めのあるものにあっては、その代表者又は管理人）の氏名 ⑤　当該第三者による当該個人データの取得の経緯 ⑥　当該個人データによって識別される本人の氏名その他の当該本人を特定するに足りる事項 ⑦　当該個人データの項目 ⑧　個人情報保護法23条４項に基づき個人情報保護委員会による公表がされている旨 なお、確認方法は次のとおりです。 ②～④の場合→個人データを提供する第三者から申告を受ける方法その他の適切な方法 ⑤の場合→個人データを提供する第三者から当該第三者による当該個人データの取得の経緯を示す契約書その他の書面の提示を受ける方法その他の適切な方法
本人の同意に基づき第三者提供を受ける場合	**3．**本人の同意を得ている場合の記録事項は次のとおりです。このうち②～⑤が確認事項となります。 ①　本人の同意を得ている旨（個人情報保護法23条１項又は24条の同意） ②　当該第三者の氏名又は名称 ③　当該第三者の住所 ④　当該第三者が法人である場合は、その代表者（法人でない団体で代表者又は管理人の定めのあるものにあっては、その代表者又は管理人）の氏名

条文の見出し／キーワード	作成基準の解説
	⑤　当該第三者による当該個人データの取得の経緯 ⑥　当該個人データによって識別される本人の氏名その他の当該本人を特定するに足りる事項 ⑦　当該個人データの項目 なお、確認方法は次のとおりです。 ②～④の場合→個人データを提供する第三者から申告を受ける方法その他の適切な方法 ⑤の場合→個人データを提供する第三者から当該第三者による当該個人データの取得の経緯を示す契約書その他の書面の提示を受ける方法その他の適切な方法
取得の経緯	４.「取得の経緯」の具体的内容として、取得先の別（顧客としての本人、従業員としての本人、他の個人情報取扱事業者、家族・友人等の私人、いわゆる公開情報等）、取得行為の態様（本人から直接取得したか、有償で取得したか、いわゆる公開情報から取得したか、紹介により取得したか、私人として取得したものか等）などを確認することになります。
	５．個人情報取扱事業者のシステムの設定により、本人の同意を得た場合のみ第三者提供が実施されることとなっている場合には、それをもって同意の存在を示す証跡があるものとすることができます（ガイドライン確認記録義務編）。
公表されていない個人情報取扱事業者からの取得	６．個人情報保護委員会により公表されていない個人情報取扱事業者からオプトアウトにより個人データの提供を受けた場合は、不正の手段による取得（個人情報保護法第17条第１項）に該当するおそれがあります。
第三者提供を受ける際の確認等の記録の保存期間	７．個人情報取扱事業者は、第三者提供に係る記録を、次表の場合に応じて、当該記録を作成した日から一定期間保存しなければなりません（個人情報保護法25条２項、個人情報保護則14条）。

要　件	保存期間
①「契約書等の代替手段による方法」により記録を作成した場合（本人を当事者とする契約書等に基づく個人データの提供の場合）	最後に当該記録に係る個人データの提供を行った日から起算して１年を経過する日までの間

（個人データに該当しない個人情報の第三者提供）

第34条　会社は、あらかじめ本人の同意を得ないで、個人データに該当しない個人情報を第三者に提供しないようにするものとする。ただし、業務上の必要性がある場合には、会社が別に定める所定の手続を経て、事前に個人情報保護管理者の了承を得たうえで第三者に提供することができる。

（匿名加工情報の第三者提供）

第35条　会社は、匿名加工情報を作成して当該匿名加工情報を第三者に提供するときは、個人情報保護委員会規則で定めるところにより、あらかじめ、第三者に提供される匿名加工情報に含まれる個人に関する情報の項目及びその提供の方法について公表するとともに、当該第三者に対して、当該提供に係る情報が匿名加工情報である旨を明示しなければならない。

2　会社は、匿名加工情報（自ら個人情報を加工して作成したものを除く。以下同じ。）を第三者に提供するときは、個人情報保護委員会規則で定めるところにより、あらかじめ、第三者に提供される匿名加工情報に含まれる個人に関する情報の項目及びその提供の方法について公表するとともに、当該第三者に対して、当該提供に係る情報が匿名加工情報である旨を明示しなければならない。

条文の見出し／キーワード	作成基準の解説

②「一括して記録を作成する場合」により記録を作成した場合（個人データを継続的に若しくは反復して提供する場合）	最後に当該記録に係る個人データの提供を行った日から起算して３年を経過する日までの間
③　上記①、②以外の場合	当該記録を作成した日から３年間

（個人データに該当しない個人情報の第三者提供）

個人データに該当しない個人情報

1．個人データに該当しない個人情報の第三者提供については、個人情報保護法に直接の規定はありませんが、モデル規程では、同意なしの提供を防止する規定を設けています。

2．個人データに該当しない個人情報とは、個人情報データベース等を構成する前の入力帳票に記載されている個人情報、体系的に整理されていない名刺に記載されている個人情報などがこれに該当します。32条、33条のトレーサビリティの確保の規定は適用されません。

（匿名加工情報の第三者提供）

匿名加工情報の第三者提供時の公表・明示義務

個人情報取扱事業者は、匿名加工情報を作成してその匿名加工情報を第三者に提供するときは、インターネットの利用その他の適切な方法により、あらかじめ、第三者に提供される匿名加工情報に含まれる個人に関する情報の項目及びその提供の方法について公表しなければなりません（個人情報保護法36条４項）。

第５章　保有個人データ等の管理

（正確性の確保）

第36条　会社は、利用目的の達成に必要な範囲内において、個人情報を、正確かつ最新の状態で管理するよう努めなければならない。

（個人データの入出力、保管等）

第37条　個人データの個人情報データベース等への入力、出力及び記帳並びに台帳及び申込書等の個人情報を記載した帳票の保管及び管理等は、個人情報処理担当者が行わなければならない。ただし、個人情報処理担当者は、個人情報保護管理者の承諾を得て信頼できる履行補助者にこれを代行させることができる。

（保有個人データに関する事項の公表等）

第38条　会社は、保有個人データに関し、次に掲げる事項をホームページ上に掲載し、パンフレット等に記載し、又は本人の求めに応じて遅滞なく回答するようにしなければならない。

⑴　会社の名称

⑵　すべての保有個人データの利用目的（次のいずれかに該当する場合を除く。）

①　利用目的を本人に通知し、又は公表することにより本人又は第三者の生命、身体、財産その他の権利利益を害するおそれがある場合

②　利用目的を本人に通知し、又は公表することにより会社の権利又は正当な利益を害するおそれがある場合

③　国の機関又は地方公共団体が法令の定める事務を遂行することに対して協力する必要がある場合であって、利用目的を本人に通知し、又は公表することにより当該事務の遂行に支障を及ぼすおそれがあるとき。

条文の見出し／キーワード	作成基準の解説
（正確性の確保）	1．個人情報保護法では、当該規定に関しては、会社の負担が過大にならないよう、努力義務にとどめています。したがって、当該規定違反は、主務大臣による報告徴収・助言の対象となりますが、罰則の適用はありません（個人情報保護法19条ほか）。 2．しかし、情報内容が不正確な場合は、個人情報保護法29条（モデル規程41条）に基づく本人からの訂正請求に応じる必要があります。 3．なお、プライバシーマークを取得する場合は、この規定は「義務」にしておく必要があります（新JISQ15001要求事項A3.3.1）。
（個人データの入出力、保管等） 個人データの取扱いに関する規程等	モデル規程のほか、個人情報の取扱いに関しては、①取得・入力、②移送・送信、③利用・加工、④保管・バックアップ、⑤消去・廃棄といったライフサイクルに従い、マニュアルを策定するとよいでしょう。
（保有個人データに関する事項の公表等） 本人の知り得る状態（本人の求めに応じて遅滞なく回答する場合を含む。）	1．個人情報取扱事業者は、保有個人データに関し、一定の事項について、「本人の知り得る状態（本人の求めに応じて遅滞なく回答する場合を含む。）」に置かなければなりません（個人情報保護法27条）。 2．これは、ホームページへの掲載、パンフレットの配布、本人の求めに応じて遅滞なく回答を行うこと等、本人が知ろうとすれば、知ることができる状態に置くことをいい、常にその時点での正確な内容を本人の知り得る状態に置かなければならないということです。この場合、必ずしもホームページへの掲載、又は事務所等の窓口等へ掲示すること等が継続的に行われることまでを必要としませんが、事業の性質及び個人情報の取扱状況に応じ、内容が本人に認識される合理的かつ適切な方法によらなければなりません（ガイドライン通則

④　取得の状況からみて利用目的が明らかであると認められる場合

(3)　次条（保有個人データの開示）、第40条（保有個人データの利用目的の通知）、第41条（保有個人データの訂正、追加、削除）及び第42条（保有個人データの利用停止、消去、第三者提供の停止）の規定による求めに応じる手続及びこれらの手続に係る手数料の定め（手数料を定めた場合に限る。）

(4)　前号の手続に際して提出すべき「個人情報開示等請求書」（様式第８号）の様式、その他の開示等の求めの受付方法

(5)　保有個人データの取扱いに関する苦情の申出先及び会社が認定個人情報保護団体に所属している場合は、その団体の名称及び苦情の申出先

（保有個人データの開示）

第39条　会社は、本人から当該個人が識別される保有個人データの開示（当該保有個人データが存在しないときにはその旨を含む。）を求められたときは、所定の本人確認手続を経たうえで、「個人情報の開示請求に対するご通知」（様式第９号）により当該保有個人データを開示しなければならない。ただし、開示することにより、次の各号のいずれかに該当する場合は、その全部又は一部を開示しないことができる。

(1)　本人又は第三者の生命、身体、財産その他の権利や利益を害するおそれがある場合

(2)　会社の業務の適正な実施に著しい障害を及ぼすおそれがある場合

(3)　他の法令に違反することとなる場合

2　前項各号に該当し、保有個人データの全部又は一部を開示しない旨の決定をしたときは、本人に対し、遅滞なくその旨を通知するとともに、その理由を説明しなければならない。

条文の見出し／キーワード	作成基準の解説
	編3-5-1)。
	３．個人情報取扱事業者は、開示等の求めを受け付ける場合などは、手数料を徴収することができます（個人情報保護法33条）。
認定個人情報保護団体制度	４．個人情報取扱事業者又は匿名加工情報取扱事業者の個人情報又は匿名加工情報の適正な取扱いを目的として、対象事業者の苦情処理や対象事業者に対する情報提供を行う業務を行う民間団体に対し、個人情報保護委員会が認定する制度であり、この制度により、当該業務の信頼性を確保し、民間団体による個人情報の保護の推進を図ろうとするものです（ガイドライン通則編1-1)。
（保有個人データの開示）	１．個人情報取扱事業者は、本人から、自己が識別される保有個人データの開示（存在しないときにはその旨を知らせることを含みます。）を求められたときは、本人に対し、書面の交付による方法（開示の求めを行った者が同意した方法があるときはその方法）により、遅滞なく、当該保有個人データを開示しなければなりません（個人情報保護法28条２項)。
開示の方法	２．開示の方法は、原則として、「書面の交付による方法」とされています（個人情報保護令９条）が、求めを行った者が同意している場合には電子メール、電話等さまざまな方法が可能です。また、開示の請求を行った者から開示の方法について特に指定がなく、個人情報取扱事業者が提示した方法に対して異議を述べなかった場合(電話での開示の請求があり、必要な本人確認等の後、そのまま電話で問合せに回答する場合を含む）は、当該方法について同意があったものとして取り扱うことができます（ガイドライン通則編3-5-2)。
本人又は第三者の生命、身体、財産その他の権利利益を害するおそれがある場合	３．医療機関等において、病名等を開示することにより、本人の心身状況を悪化させるおそれがある場合が該当します（ガイドライン通則編3-5-2)。
会社の業務の適正な実施に著しい障害を及ぼすおそれがある場合	４．いわゆるクレーマー等から繰り返し開示の求めがあり、事実上問合せ窓口が占有されることによって業務上著しい支障を及ぼすおそれがある場合などが該当します（ガイドライン通則編3-5-2)。

（保有個人データの利用目的の通知）

第40条 会社は、本人から当該個人が識別される保有個人データの利用目的の通知を求められたときは、その利用目的を、「個人情報の利用目的のご通知」（様式第10号）により、本人に通知しなければならない。ただし、次の各号のいずれかに該当する場合は、この限りでない。

⑴ 保有個人データを本人の知り得る状態に置いていることにより保有個人データの利用目的が明らかな場合

⑵ 利用目的を本人に通知し、又は公表することにより本人又は第三者の生命、身体、財産その他の権利利益を害するおそれがある場合

⑶ 利用目的を本人に通知し、又は公表することにより会社の権利又は正当な利益を害するおそれがある場合

⑷ 国の機関又は地方公共団体が法令の定める事務を遂行することに対して協力する必要がある場合であって、利用目的を本人に通知し、又は公表することにより当該事務の遂行に支障を及ぼすおそれがあるとき。

2 前項各号に該当し、求められた保有個人データの利用目的を通知しない旨を決定したときは、遅滞なくその旨を通知しなければならない。

（保有個人データの訂正、追加、削除）

第41条 会社は、本人から当該本人が識別される保有個人データの内容が事実と異なると

条文の見出し／キーワード	作成基準の解説
他の法令に違反することとなる場合	5．刑法134条（秘密漏示罪）や電気通信事業法4条（通信の秘密の保護）に違反することとなる場合などが該当します（ガイドライン通則編3-5-2）。
	6．個人情報取扱事業者は、開示等の求めを受け付ける方法を定めることができます（個人情報保護法32条）。
	7．個人情報保護法上の義務は、「保有個人データ」に限定されます。つまり、6か月以内に消去されるものについては、開示義務は生じません。ただし、プライバシーマーク取得事業者については、6か月以内に消去されるものであっても、本人から開示等の請求等を受け付けた場合は、開示する必要があります。
裁判上の請求権	8．本条及び41条、42条に定める開示、訂正等、利用停止等の求めについては、改正法により、裁判所に訴えを提起することができる請求権であることが明確になっています。
（保有個人データの利用目的の通知）	1．個人情報取扱事業者は、本人から、当該本人が識別される保有個人データの利用目的の通知を求められたときは、本人に対し、遅滞なく、これを通知しなければなりません（個人情報保護法27条2項）。
	2．また、個人情報取扱事業者は、1項の規定に基づき求められた保有個人データの利用目的を通知しない旨の決定をしたときは、本人に対し、遅滞なく、その旨を通知しなければなりません（個人情報保護法27条3項）。
利用目的の通知の例外	3．1項(2)～(4)の例外事由は、モデル規程22条2項(1)～(3)と同じです。
（保有個人データの訂正、追加、削除）	1．個人情報取扱事業者は、本人から、当該本人が識別される保有個人データの内容が事実でないという理由によって当該

いう理由で、訂正、追加、削除（以下「訂正等」という。）を求められたときは、本人確認手続を経たうえで遅滞なく調査を行い、その結果に基づいて訂正等を行わなければならない。

2　調査の結果、保有個人データの訂正等を行ったとき又は行わない旨を決定したときは、「個人情報の訂正等のご通知」（様式第11号）により、本人に対し、遅滞なくその旨を通知しなければならない。

（保有個人データの利用停止、消去、第三者提供の停止）

第42条　会社は、本人から、当該本人が識別される保有個人データが利用目的の制限に違反するという理由、不正の手段により取得したものであるという理由又は本人の同意なく要配慮個人情報を取得したという理由で利用停止又は消去（以下「利用停止等」という。）を求められたときは、本人確認手続を経たうえで、遅滞なく調査を行い、その結果に基づいてデータの利用停止等を行わなければならない。

2　会社は、本人から、当該本人が識別される保有個人データが個人情報の取扱いに関する法令上の第三者提供制限に違反（特定個人情報については、番号利用法に定める提供制限の違反）するとの理由で、第三者への提供の停止を求められたときは、本人確認手続を経たうえで遅滞なく調査を行い、その結果に基づいてこれを停止しなければならない。

3　前二項の場合において、保有個人データの利用停止等の措置を行ったとき又は行わない旨を決定したときは、「個人情報の利用停止のご通知」（様式第12号）により、本人に対し遅滞なくその旨の通知をしなければならない。

条文の見出し／キーワード	作成基準の解説
	保有個人データの内容の訂正、追加又は削除（以下「訂正等」といいます）を求められた場合には、その内容の訂正等に関して他の法令の規定により特別の手続が定められている場合を除き、利用目的の達成に必要な範囲内において、遅滞なく必要な調査を行い、その結果に基づき、当該保有個人データの内容の訂正等を行わなければなりません（個人情報保護法29条）。
訂正等を拒否できる場合	2．利用目的から見て訂正等が必要ではない場合や誤りである旨の指摘が正しくない場合には、訂正等を行う必要はありませんが、遅滞なく、訂正等を行わない旨を本人に通知する必要があります（ガイドライン通則編3-5-3）。
削除	3．「削除」とは、不要な情報を除くことをいいます（同上）。
消去	4．これに対して、次条にある「消去」とは、保有個人データを保有個人データとして使えなくすることであり、当該データを削除することのほか、当該データから特定の個人を識別できないようにすること等を含みます（ガイドライン通則編3-3-1）。
（保有個人データの利用停止、消去、第三者提供の停止）	1．個人情報取扱事業者は、本人から、次の①、②又は③の理由によって、当該保有個人データの利用の停止又は消去（以下「利用停止等」といいます）を求められた場合であって、その求めに理由があることが判明したときは、違反を是正するために必要な限度で、遅滞なく、当該保有個人データの利用停止等を行わなければなりません（個人情報保護法30条2項）。 ①　同意のない目的外利用 ②　不正の手段による個人情報の取得 ③　同意のない要配慮個人情報の取得
利用停止等を拒否できる場合	2．保有個人データの利用停止等に多額の費用を要する場合その他の利用停止等を行うことが困難な場合であって、本人の権利利益を保護するため必要なこれに代わるべき措置をとるときは、利用停止等の求めを拒否することができます(同上)。

第６章　個人情報管理委員会及び監査

（個人情報管理委員会）

第43条　会社は、個人情報管理委員会を設置することができる。

２　個人情報管理委員会の議長は、個人情報保護管理者が務めるものとし、それ以外の構成員は、議長がこれを指名する。

３　個人情報管理委員会は、次の業務を実施する。

⑴　個人情報の安全管理に関する代表者への助言

⑵　個人情報保護に関する内部規程の制定

⑶　個人情報の安全管理対策の企画、立案、評価及び見直し

⑷　個人情報に関する苦情窓口の設置及び苦情対応

⑸　個人情報保護監査責任者からの報告徴収

⑹　危機管理に関する対応

⑺　その他個人情報の安全管理に関する事項

（個人情報保護監査責任者）

第44条　会社は、個人情報の安全管理に関する監査の総責任者として、個人情報保護監査責任者を１名定め、次の業務を行わせるものとする。なお、個人情報保護監査責任者と個人情報保護管理者とは異なる者でなければならない。

⑴　個人情報の安全管理に関する個人情報保護管理者への助言

⑵　個人情報保護法、個人情報取扱規程及びその運用細則その他個人情報に関連する社内規程の遵守状況の監査

⑶　個人情報保護管理者からの報告徴収

⑷　危機管理への対応

⑸　個人情報管理委員会への監査報告（個人情報管理委員会を設置した場合に限る。）

⑹　その他個人情報の安全管理に関する監査全般

（内部監査）

第45条　個人情報保護監査責任者は、個人情報の安全管理に関する監査を行うため、随時個人情報保護管理者、個人情報処理担当者その他の従業者に対して、個人情報の安全管理状況等について報告徴収を求めることができ、従業者はこれに協力しなければならない。

２　個人情報保護監査責任者は、個人情報保護管理者及び個人情報管理委員会に対して、

条文の見出し／キーワード	作成基準の解説
（個人情報管理委員会）	プライバシーマークの取得は目指さないとしても、ある一定規模以上の会社では、組織的に個人情報の取扱いを管理する体制を検討してもよいでしょう。
（個人情報保護監査責任者）	新JISQ15001では、トップマネジメントによって組織内部に属する者の中から指名された者であって、公正かつ客観的な立場にあり、監査の実施及び報告を行う責任及び権限を持つ者、としています。
（内部監査）	1．新JISQ15001では、組織は、個人情報保護マネジメントシステムが要求事項に適合している、有効に実施され、維持されている等の状況にあるか否かに関する情報を提供するために、あらかじめ定めた間隔で内部監査を実施しなければならない、としています。
外部監査	2．監査は、内部からの要員によって行うほか、外部から選ん

定期的に書面による個人情報の安全管理に関する監査報告を行うものとする。

3　個人情報保護監査責任者は、必要に応じて、個人情報の安全管理に関する事項について外部監査を委託することができる。

第７章　危機管理体制その他

（情報漏えい等事案に対応する体制の整備）

第46条　会社は、従業者が個人情報保護法、この規程、その他個人情報に関する社内規程に違反するおそれ又は違反する事実を知った場合、その旨を個人情報保護管理者に報告しなければならない。

2　個人データ又は加工方法等情報の漏えい等の事案が発生したときは、直ちに次の各号に掲げる措置を講じると共に、安全管理体制全般、この規程及び取扱マニュアル等の見直しを図らなければならない。

⑴　影響を受ける可能性のある本人への連絡

⑵　事実関係の調査及び原因の究明

⑶　再発防止策の検討及び決定

⑷　事実関係及び再発防止策等の公表

⑸　実質的に外部への漏えいがない場合又は外部への漏えいが軽微な場合を除き、個人情報保護委員会又は主務大臣等への報告

条文の見出し／キーワード	作成基準の解説
	だ者によって実施することもできます。この場合には、力量があり、公平かつ客観的に行える立場の者を充てます（新JISQ附属書Ｂ3.7.2）。
（情報漏えい等事案に対応する体制の整備）	**１**．違反が生じないよう会社が従業者を適切に監督し、違反による被害が拡大することのないよう、適宜個人情報保護管理者に報告させることにしています。
個人データの漏えい等に係る告示	**２**．ガイドラインでは、「漏えい等の事案が発生した場合等において、二次被害の防止、類似事案の発生防止等の観点から、個人情報取扱事業者が実施することが望まれる対応については、別に定める」としていますが、これに基づき個人情報保護委員会が告示を示しています（「個人データの漏えい等の事案が発生した場合等の対応について」個人情報保護委員会告示第１号）。
漏えい等事案	**３**．同告示は、次の①から③までのいずれかに該当する事案（以下「漏えい等事案」）を対象としています。 ①　個人情報取扱事業者が保有する個人データ（特定個人情報に係るものを除く）の漏えい、滅失又は毀損 ②　個人情報取扱事業者が保有する加工方法等情報（個人情報保護則第20条第１号に規定する加工方法等情報をいい、特定個人情報に係るものを除く）の漏えい ③　上記①又は②のおそれ
講ずべき措置	**４**．同告示では、個人情報取扱事業者は、漏えい等事案が発覚した場合は、次の①から⑥に掲げる事項について必要な措置を講ずることが望ましいものとしています。 ①　事業者内部における報告及び被害の拡大防止 ⇒責任ある立場の者に直ちに報告するとともに、漏えい等事案による被害が発覚時よりも拡大しないよう必要な措置を講ずる。 ②　事実関係の調査及び原因の究明

（危機管理対応）

第47条　従業者は、個人情報の漏えいの事故が発生した場合及び個人情報保護法、この規程、その他個人情報に関する社内規程に違反する事実が生じた場合は、被害拡大防止のための措置を講ずる。

条文の見出し／キーワード	作成基準の解説
	⇒漏えい等事案の事実関係の調査及び原因の究明に必要な措置を講ずる。 ③　影響範囲の特定 ⇒上記②で把握した事実関係による影響の範囲を特定する。 ④　再発防止策の検討及び実施 ⇒上記②の結果を踏まえ、漏えい等事案の再発防止策の検討及び実施に必要な措置を速やかに講ずる。 ⑤　影響を受ける可能性のある本人への連絡等 ⇒漏えい等事案の内容等に応じて、二次被害の防止、類似事案の発生防止等の観点から、事実関係等について、速やかに本人へ連絡し、又は本人が容易に知り得る状態に置く。 ⑥　事実関係及び再発防止策等の公表 ⇒漏えい等事案の内容等に応じて、二次被害の防止、類似事案の発生防止等の観点から、事実関係及び再発防止策等について、速やかに公表する。
個人情報保護委員会等への報告	5．個人情報取扱事業者は、漏えい等事案が発覚した場合は、その事実関係及び再発防止策等について、個人情報保護委員会等に対し、速やかに報告するよう努めなければなりません。
報告を要しない場合	6．次の①又は②のいずれかに該当する場合は、報告を要しないものとされています。 ①　実質的に個人データ又は加工方法等情報が外部に漏えいしていないと判断される場合（高度な暗号化等の秘匿化がされている場合など） ②　FAX若しくはメールの誤送信、又は荷物の誤配等のうち軽微なものの場合（FAX若しくはメールの誤送信、又は荷物の誤配等のうち、宛名及び送信者名以外に個人データ又は加工方法等情報が含まれていない場合）
（危機管理対応）	個人情報の漏えい等の場合の措置を予め規定して被害拡大を防止します。また、事後の再発防止、社内処分等も含め対応を明確にしておきます。

2　違反する事実が個人情報の漏えい、滅失又はき損であるときは、当該事実が生じた個人情報の内容を本人に速やかに通知し、又は本人が容易に知り得る状態に置かなければならない。
3　個人情報保護管理者は、速やかに事実関係を調査し、漏えいの対象となった本人に対する対応を行うとともに、被害拡大防止のための措置を講ずる。
4　会社は、再発防止措置、社内処分を決定し、必要に応じて、関係機関への報告又は公表等の対応を行うものとする。

（苦情・相談窓口）

第48条　個人情報保護管理者は、個人情報の保護に関して苦情や相談を受け付け、対応する相談窓口を常設し、当該相談窓口の連絡先を本人に告知するものとする。
2　前項の相談窓口の運営責任者は、個人情報保護管理者とする。

（懲戒及び損害賠償）

第49条　会社は、故意又は過失により法令に違反し、又はこの規程及び運用細則その他の個人情報に関する社内規程に違反した従業者に対しては、就業規則又は誓約書等により処分を行うとともに、会社に損害を与えた場合には、損害賠償を請求するものとする。

（改　廃）

第50条　この規程の改廃は、個人情報保護管理者が、個人情報管理委員会の審議を経て起案し、取締役会の決議による。
2　事業の代表者は、個人情報の適切な保護を維持するため、定期にこの規程を見直し、必要と認められる場合には、その改廃を指示しなければならない。

条文の見出し／キーワード	作成基準の解説
（苦情・相談窓口）	個人情報取扱事業者は、個人情報の取扱いに関する苦情の適切かつ迅速な処理に努めなければなりません（個人情報保護法35条）。
（懲戒及び損害賠償）	法令違反、就業規則違反等に対しては、懲戒処分及び損害賠償を規定します。
（改　廃）	１．JISQ15001では、事業の代表者及び個人情報保護管理者に相当の権限を与える構成となっていることから、モデル規程でも、その改廃に関し代表者が直接見直しを図る構成としました。 ２．取締役会非設置会社においては、1項の「取締役会」を「取締役の決定」又は「代表取締役の決定」に置き換えてください。

個人情報保護方針

様式第１号

個人情報保護方針

【基本理念】

○○株式会社（以下「当社」）は、個人情報の取扱いに関する法令、国が定める指針その他の規範を遵守し、お預かりした大切な個人情報を適切に取り扱うことでお客様並びに従業員の信頼を得ることによって、高度情報社会の健全な発展に資するため、次のとおり個人情報保護方針を定め、これを実行いたします。

【個人情報保護方針】

1．当社は、ご本人から直接書面で個人情報を取得するほか、お取引先企業の総務部門、市販の出版物の購入等によって間接的に個人情報を取得いたします。
当社は、大量のお客様の個人情報を取り扱うため、個人情報の取得、利用及び提供を適正に行い、特に、個人情報の廃棄に関しては万全を期します。

2．当初は、取得した個人情報の利用目的をご本人に明確にしたうえで、目的内で利用いたします。また、それに対する社内の管理体制を強化いたします。
　当社は、セミナー等のご案内をするに当たり、ご本人による事前の同意を得ることなく、その目的の範囲を超えて個人情報の取扱いを行う（「目的外利用」）ことはありません。

3．当社は、必要、かつ、適切な安全対策を講ずることにより、個人情報の漏えい、滅失、又はき損の防止並びに是正に努めます。

4．当社は、個人情報のご本人からの苦情及び相談に関しては、適切かつ迅速に対応いたします。

5．当社は、個人情報のご本人から求めがあった場合には、メールマガジンの配信停止など個人情報の利用停止等に応じます。

6．当社は、利用目的の達成に必要な範囲内で個人情報の取扱いを外部に業務委託することがあります。委託する業務は、データ入力及び名簿等の印刷であり、委託先における個人情報の安全管理については、当社が責任をもって監督いたします。

7．当社は、個人情報の取扱いに関する法令、国が定める指針及びその他の規範を、常に最新状態に維持するとともにこれを遵守いたします。

8．当社は、個人情報保護マネジメントシステムを確立し、実施し、維持し、かつ、継続的改善を行います。

策定日：○○年○○月○○日
最終改訂日：○○年○○月○○日
○○株式会社
代表取締役　○○○○

【本方針に関する問合せ先】
○○県○○市○○町○丁目○番○号　○○株式会社　「個人情報保護事務局」
TEL：○○○－○○○○－○○○○
E-mail：○○○@○○○.○○○

個人情報管理台帳

様式第２号

個人情報管理台帳

No.	個人情報データベース等の種類・名称	個人データの範囲	件数	利用目的	記録媒体	保管場所（管理区域）	管理責任者	取扱部署	事務取扱担当者（アクセス権者）	保存期間	削除・廃棄方法	摘　要
1	顧客データベース	氏名、住所、会社、部署名、メールアドレス、電話番号、ファックス番号	80	顧客管理	HDD	第1サーバールーム	○○	情報管理部	○○	無期限		

個人データ提供記録簿（オプトアウトによる第三者提供の場合）

様式第３号

個人データ提供記録簿（オプトアウトによる第三者提供の場合）

①　当該個人データを提供した年月日	年　　月　　日
②　当該第三者の氏名又は名称その他の当該第三者を特定するに足りる事項（不特定かつ多数の者に対して提供したときは、その旨）	
③　当該個人データによって識別される本人の氏名その他の当該本人を特定するに足りる事項	
④　当該個人データの項目 例）氏名、住所、電話番号、年齢 例）氏名、商品購入履歴	

※：上記②から④の記録事項のうち、既に作成した「個人データ提供記録簿」において記録（保存している場合に限る。）されている事項と内容が同一であるものについては、当該事項の記録を省略することができる。

個人データ提供記録簿（本人の同意を得ている場合及び海外に第三者提供した場合）

様式第４号

個人データ提供記録簿
（本人の同意を得ている場合及び海外に第三者提供した場合）

①　法第23条第１項又は法第24条の本人の同意を得ている旨	
②　当該第三者の氏名又は名称その他の当該第三者を特定するに足りる事項（不特定かつ多数の者に対して提供したときは、その旨）	
③　当該個人データによって識別される本人の氏名その他の当該本人を特定するに足りる事項	
④　当該個人データの項目 例）氏名、住所、電話番号、年齢 例）氏名、商品購入履歴	

※：上記②から④の記録事項のうち、既に作成した「個人データ提供記録簿」において記録（保存している場合に限る。）されている事項と内容が同一であるものについては、当該事項の記録を省略することができる。

個人データ受領記録簿（オプトアウトによる第三者提供の場合）

様式第５号

個人データ受領記録簿（オプトアウトによる第三者提供の場合）

①　個人データの提供を受けた年月日	年　　月　　日
②　当該第三者の氏名又は名称	
③　当該第三者の住所	
④　当該第三者が法人である場合は、その代表者（法人でない団体で代表者又は管理人の定めのあるものにあっては、その代表者又は管理人）の氏名	
⑤　当該第三者による当該個人データの取得の経緯 例）書面による同意につき当該書面を確認した 例）提供者のWEBサイトに取得の経緯が記載されているため、その記載内容を確認した	
⑥　当該個人データによって識別される本人の氏名その他の当該本人を特定するに足りる事項	
⑦　当該個人データの項目 例）氏名、住所、電話番号、年齢 例）氏名、商品購入履歴	
⑧　法第23条第４項に基づき個人情報保護委員会による公表がされている旨	年　　月　　日に 個人情報保護委員会より公表されている

※：②から④までの事項については、本人から申告を受けるものとする。⑤の事項については個人データを提供する第三者から当該第三者による当該個人データの取得の経緯を示す契約書その他の書面の提示を受ける方法その他の適切な方法により確認をするものとする。

※：上記①から⑧の記録事項のうち、既に作成した「個人データ提供記録簿」において記録（保存している場合に限る。）されている事項と内容が同一であるものについては、当該事項の記録を省略することができる。

個人データ受領記録簿（本人の同意を得ている場合）

様式第６号

個人データ受領記録簿（本人の同意を得ている場合）

①　本人の同意を得ている旨 例）本人の書面による同意 例）申込みページの同意ボタンの押下	
②　当該第三者の氏名又は名称	
③　当該第三者の住所	
④　当該第三者が法人である場合は、その代表者（法人でない団体で代表者又は管理人の定めのあるものにあっては、その代表者又は管理人）の氏名	
⑤　当該第三者による当該個人データの取得の経緯 例）書面による同意につき当該書面を確認した 例）提供者のWEBサイトに取得の経緯が記載されているため、その記載内容を確認した	
⑥　当該個人データによって識別される本人の氏名その他の当該本人を特定するに足りる事項	
⑦　当該個人データの項目 例）氏名、住所、電話番号、年齢 例）氏名、商品購入履歴	

※：②から④までの事項については、本人から申告を受けるものとする。⑤の事項については、個人データを提供する第三者から当該第三者による当該個人データの取得の経緯を示す契約書その他の書面の提示を受ける方法その他の適切な方法により確認をするものとする。

※：上記①から⑦の記録事項のうち、既に作成した「個人データ提供記録簿」において記録（保存している場合に限る。）されている事項と内容が同一であるものについては、当該事項の記録を省略することができる。

個人データ受領記録簿（個人情報取扱事業者ではない第三者から提供を受けた場合）

様式第７号

個人データ受領記録簿（個人情報取扱事業者ではない第三者から提供を受けた場合）

①　当該第三者の氏名又は名称	
②　当該第三者の住所	
③　当該第三者が法人である場合は、その代表者（法人でない団体で代表者又は管理人の定めのあるものにあっては、その代表者又は管理人）の氏名	
④　当該第三者による当該個人データの取得の経緯 例）書面による同意につき当該書面を確認した 例）提供者のWEBサイトに取得の経緯が記載されているため、その記載内容を確認した	
⑤　当該個人データによって識別される本人の氏名その他の当該本人を特定するに足りる事項	
⑥　当該個人データの項目 例）氏名、住所、電話番号、年齢 例）氏名、商品購入履歴	

※：①から③までの事項については、本人から申告を受けるものとする。④の事項については、個人データを提供する第三者から当該第三者による当該個人データの取得の経緯を示す契約書その他の書面の提示を受ける方法その他の適切な方法により確認をするものとする。

※：上記①から⑥の記録事項のうち、既に作成した「個人データ提供記録簿」において記録（保存している場合に限る。）されている事項と内容が同一であるものについては、当該事項の記録を省略することができる。

個人情報開示等請求書

様式第８号

個人情報開示等請求書

年　月　日

○○株式会社
代表取締役
○○○○　様

個人情報の保護に関する法律第25条の規定に基づき、下記のとおり保有個人情報の開示を請求します。

(ふりがな) 氏　名		(ふりがな) 会社名	
住　所	〒 Tel（　　）　-		
メールアドレス	@		
請求者本人の確認書類	□運転免許証　□健康保険被保険者証 □個人番号カード又は住民基本台帳カード（住所記載のあるもの） □在留カード又は特別永住者証明書 □その他（　　　） ※請求書を送付して請求をする場合には、加えて住民票の写しを添付してください。		
代理人による申請の場合	代理人氏名		
	代理人住所		
	代理人電話番号		
請求者本人の状況等 （法定代理人が請求する場合にのみ記載してください。）	本人の状況等	□未成年者（　年　月　日生）□成年被後見人	
	請求資格確認書類	□戸籍謄本（未成年者の場合） □登記事項証明書（成年被後見人の場合） □その他（　　　）	
請求区分	□　①個人情報の利用目的の通知 □　②個人情報の内容の開示 □　③個人情報の訂正・追加 □　④個人情報の削除・利用停止 □　⑤第三者への提供停止		
開示等を請求する保有個人情報			
請求内容			
手数料	円　※請求区分①②については、ご請求１件につき▼▼▼円の手数料が必要です。		

個人情報の開示請求に対するご通知

様式第９号

個人情報の開示請求に対するご通知

年　　月　　日

○○○○　　様

○○株式会社
個人情報保護管理者　○○○○

年　　月　　日に請求のあった個人情報開示につきまして、下記のとおりご通知申し上げます。

記

開示請求のあった保有個人情報は、下記のとおりとなります。

以上

個人情報の利用目的のご通知

様式第10号

個人情報の利用目的のご通知

年　　月　　日

○○○○　　様

○○株式会社
個人情報保護管理者　○○○○

年　　月　　日に請求のあった利用目的につきまして、下記のとおりご通知申し上げます。

記

通知請求のあった個人情報の利用目的は、下記のとおりとなります。

【対象個人情報】

【利用目的】

個人情報の訂正等のご通知

様式第11号

個人情報の訂正等のご通知

年　　月　　日

○○○○　　様

○○株式会社
個人情報保護管理者　○○○○

年　　月　　日に請求のあった個人情報の訂正につきまして、下記のとおりご通知申し上げます。

記

【訂正前】

↓

【訂正後】

【訂正を行わない場合】

以上

個人情報の利用停止のご通知

様式第12号

個人情報の利用停止のご通知

年　　月　　日

〇〇〇〇　　様

〇〇株式会社
個人情報保護管理者　〇〇〇〇

　年　　月　　日に請求のあった個人情報の利用停止につきまして、下記のとおりご通知申し上げます。

記

請求のあった個人情報は、下記のとおり利用を停止しました。

【対象個人情報】

【停止した利用目的】

【利用停止日】

【停止を行わない場合】

以上

9

特定個人情報(マイナンバー)等取扱規程

【参考資料】

○個人情報の保護に関する法律（以下「個人情報保護法」）
○行政手続における特定の個人を識別するための番号の利用等に関する法律（以下「番号利用法」）
○個人情報の保護に関する法律についてのガイドライン（以下「ガイドライン」）（通則編）（平28.11.30）
○個人情報の保護に関する法律についての経済産業分野を対象とするガイドライン（平28.12.28厚生労働省・経済産業省告示２号、平29. 5.30廃止。以下「旧経産省ガイドライン」）
○雇用管理分野における個人情報保護に関するガイドライン（平27.11.25厚生労働省告示454号、平29. 5.30廃止。以下「旧雇用ガイドライン」）
○雇用管理分野における個人情報保護に関するガイドライン：事例集（平27.11.25厚生労働省告示454号、平29. 5.30廃止。以下「旧事例集」）
○医療・介護関係事業者における個人情報の適切な取扱いのためのガイダンス（平29. 4.14個人情報保護委員会・厚生労働省。以下「医療ガイダンス」）
○行政手続における特定の個人を識別するための番号の利用等に関する法律【逐条解説】（内閣府大臣官房番号制度担当室。以下「逐条解説」）
○特定個人情報の適正な取扱いに関するガイドライン（事業者編）（平29. 5.30個人情報保護委員会。以下「特定個人情報ガイドライン」）
○（別添）特定個人情報に関する安全管理措置（事業者編）(平29. 5.30個人情報保護委員会。以下「安全管理措置ガイドライン」)

第1章　総　則

（目　的）

第1条　この規程は、行政手続における特定の個人を識別するための番号の利用等に関する法律（以下「番号利用法」という。）及び個人情報の保護に関する法律（以下「個人情報保護法」という。）の趣旨に則り、○○株式会社（以下「会社」という。）における特定個人情報を含むすべての雇用管理情報全般の適正な取扱いの確保を図るため、秘密保持等の従業者の責務及び会社が講ずる安全管理措置等の適切かつ有効な実施を図ることを目的とする。

条文の見出し／キーワード	作成基準の解説
（目　的） 番号利用法	1．番号利用法に基づく社会保障・税番号制度（以下「マイナンバー制度」）は、社会保障、税及び災害対策の分野における行政の効率化を図り、国民にとって利便性の高い、公平・公正な社会を実現するための社会インフラとして導入されるものです。 番号利用法の目的は、次の４つです。①～③が主に行政の手続の簡素化、利便性の向上に係るもので、④が個人情報としての安全確保措置に係るものです。 ①　行政機関、地方公共団体その他の行政事務を処理する者が、個人番号、法人番号、情報提供ネットワークシステムを活用・運用し、効率的な情報の管理・利用、迅速な情報の授受を行うことができるようにすること。 ②　①により行政運営の効率化及び行政分野におけるより公正な給付と負担の確保を図ること。 ③　①の者に対し申請、届出その他の手続を行い、又は①の者から便益の提供を受ける国民が、手続の簡素化による負担の軽減、本人確認の簡易な手段その他の利便性の向上を得られるようにすること。 ④　個人番号その他の特定個人情報の取扱いが安全かつ適正に行われるよう行政機関個人情報保護法、独立行政法人等個人情報保護法及び個人情報保護法の特例を定めること。
雇用管理分野における個人情報保護に関するガイドライン	2．個人情報保護法では、国は、事業者等が個人情報の適正な取扱いの確保に関して行う活動を支援するため、事業者等が講ずべき措置の適切かつ有効な実施を図るための指針を策定するものとされていますが、改正前は、事業分野ごとのガイドライン（指針）を各主務官庁が策定していました（主務大臣制）。厚生労働省は、この規定に基づき、平成16年に「雇用管理に関する個人情報の適正な取扱いを確保するために事業者が講ずべき措置に関する指針（平成16.7.1厚生労働省告示259号）」を策定していました。この指針は、平成24年５月14日に全面的に改定（適用は平成24年７月１日）され、名称も「雇用管理分野における個人情報保護に関するガイドライ

（定　義）

第2条　この規程における用語の意義は、次の各号に掲げるとおりとする。

(1)　従業者…次の者を総称したものをいう。

①　会社の役員

②　会社に使用されている従業員

③　会社の指揮監督を受ける派遣労働者（ただし、派遣労働者及びその家族から個人番号を取得することはない。）

(2)　退職者等

①　従業員になろうとする者及び従業員になろうとした者（ただし、この規程の義務主体となることはない。②に掲げる者も同様とする。）

②　過去において会社に使用されていた者

(3)　個人情報…個人に関する情報であって、当該情報に含まれる氏名、生年月日、個人別に付された符号（番号及び記号を含む。）、画像又は音声により特定の個人を識別できるもの（当該情報だけでは識別できないが､他の情報と容易に照合することができ、それにより特定の個人を識別できることとなるものを含む。）をいう。

(4)　雇用管理情報…従業者の採用及び雇用管理のため、会社が収集、保管、利用等する個人情報をいい、その限りにおいて、病歴、収入、家族関係等の機微に触れる情報を含む従業者個人に関するすべての情報を総称したものをいう。

(5)　個人番号…番号利用法第７条第１項又は第２項の規定により、住民票コードを変換して得られる番号であって、当該住民票コードが記載された住民票に係る者を識別す

条文の［一部が隠れている］
／キー［一部が隠れている］

作成基準の解説

…に付属する「事例集」）に改められましたが、…0日から、個人情報保護委員会が一括してガイ…定することになり、雇用管理分野のガイドライ…ました（その後、個人情報保護委員会が「雇用…する個人情報のうち健康情報を取り扱うに当…事項」を公表）。しかし、雇用管理分野特有の…て、わかりやすく解説されているものであり、…しない内容のものについては、本書でも必要に…ことにいたします。

…法は、個人情報の取扱いに当たっては、個人…配慮しつつ、消費者等、個人の権利利益を保…的としていますが、当該目的は、新ガイドラ…同様です。

（定　義）

従［一部が隠れている］

…は「従業者等」「退職者等」と分けて規定し…用ガイドライン・旧事例集にあった「労働者…じです。会社は、現に雇われている者だけで…はなく、採用応募者や退職者の個人情報についても、適正な取扱いを図らなければなりません。

2.「役員」と称されている者であっても、実態をみると事業所に使用され、賃金が支払われていると認められる場合には、従業者に含めます。

3.派遣先の事業者については、派遣労働者は、派遣先の事業者との間で指揮命令関係があり、「事業者に使用されている労働者」であることから、従業者に含めます。

従業者の個人情報

4.8の「個人情報取扱規程（特定個人情報以外）」及び本規程は、事業の用に供している個人情報の取扱いに関する規程です。「事業の用に供している」の「事業」とは、一般社会通念上事業と認められるものをいい、営利事業だけを対象とするものではありません。基本的に、従業者の個人情報は、事業の用に供している個人情報です。

雇用管理情報

5.「雇用管理に関する個人情報」の略称です。企業等が従業者等の雇用管理のために収集、保管、利用等する個人情報をいい、主なものとして、次のものなどが挙げられます（旧事

ISBN978-4-539-72663-1
C2032 ¥6400E

るために指定されるものをいう。

(6)　特定個人情報…雇用管理情報であって、個人番号

号に代わって用いられる番号、記号その他の符号であ

を含む。）をその内容に含むものをいう。

(7)　個人情報ファイル…一定の事務の目的を達成するために

ピュータ等の電子機器（以下「PC」という。）を用いて検索

体系的に構成したものをいう。

(8)　雇用管理データベース…個人情報ファイルであって、主として

扱うものをいう。

(9)　特定個人情報ファイル…個人番号（従業者以外のものを含む。）を

個人情報ファイルをいう。

(10)　個人データ…個人情報ファイルを構成する個人情報をいう。

(11)　個人番号関係事務…番号利用法第９条第３項の規定により個人番号利用

て行われる個人番号を必要な限度で利用して行う事務をいう。

(12)　個人番号関係事務実施者…個人番号関係事務を処理する者及び個人番号関係事務の全部又は一部の委託を受けた者をいう。

(13)　個人番号利用事務…行政機関、地方公共団体、独立行政法人等その他の行政事務を処理する者等が番号利用法第９条第１項又は第２項の規定によりその保有する特定個人情報ファイルにおいて個人情報を効率的に検索し、管理するために必要な限度で個人番号を利用して処理する事務をいう。

(14)　個人番号利用事務実施者…個人番号利用事務を処理する者及び個人番号利用事務の全部又は一部の委託を受けた者をいう。

(15)　事務取扱担当者…会社における個人番号関係事務（個人番号が記載された書類等の受領を含む。以下同じ。）その他の特定個人情報等の事務に携わる権限を会社から与えられた従業者をいう。

(16)　特定個人情報等責任者…この規程に基づき統括的に会社の特定個人情報その他の雇用管理情報（以下「特定個人情報等」という。）を管理するほか、事務取扱担当者を監督する責任者をいう。

条文の見出し／キーワード	作成基準の解説

例集）。「個人番号」も雇用管理情報となるため、規程の見直しが必須です。

① 労働者等の氏名
② 生年月日、連絡先（住所、居所、電話番号、メールアドレス等）、会社における職位又は所属に関する情報について、それらと労働者等の氏名を組み合わせた情報
③ ビデオ等に記録された映像・音声情報のうち特定の労働者等が識別できるもの
④ 特定の労働者等を識別できるメールアドレス情報（氏名及び所属する組織が併せて識別できるメールアドレス等）
⑤ 特定の労働者等を識別できる情報が記述されていなくても、周知の情報を補って認識することにより特定の労働者等を識別できる情報（注：「周知の情報」の具体的内容は個別の事案ごとに判断することとなるが、原則として、特段の調査をすることなく、世間一般の不特定多数の者が知っている情報を指す。）
⑥ 人事考課情報等の雇用管理に関する情報のうち、特定の労働者等を識別できる情報
⑦ 職員録等で公にされている情報（労働者等の氏名等）
⑧ 労働者等の家族関係に関する情報及びその家族についての個人情報

個人番号

6．番号利用法の規定により、住民票コードを変換して得られる番号であって、当該住民票コードが記載された住民票に係る者を識別するために指定されるもので、いわゆる「マイナンバー」のことです。

特定個人情報

7．個人番号をその内容に含む個人情報のことを「特定個人情報」といいます。定義中の「個人番号」に続くかっこ書きの内容（個人番号に対応し、当該個人番号に代わって用いられる番号、記号その他の符号であって、住民票コード以外のものを含む。）は、暗号化された個人番号を含む個人情報も「特定個人情報」として取り扱うという趣旨のものです。すなわち、データ化された個人番号が暗号化されていたとしても、特定個人情報として、安全に管理する必要があるということです。

8．特定個人情報には、通常の個人情報にはない特有の規定があります。主なものは次のとおりです。

規　定	内　容	番号利用法
①　利用範囲	利用目的は、番号利用法により、社会保障、税及び災害対策に関する特定の事務に限定しており、本人の同意があっても、目的外利用は禁止	9条

【定義の図解】**ゴシック**は規定中の用例を示す。

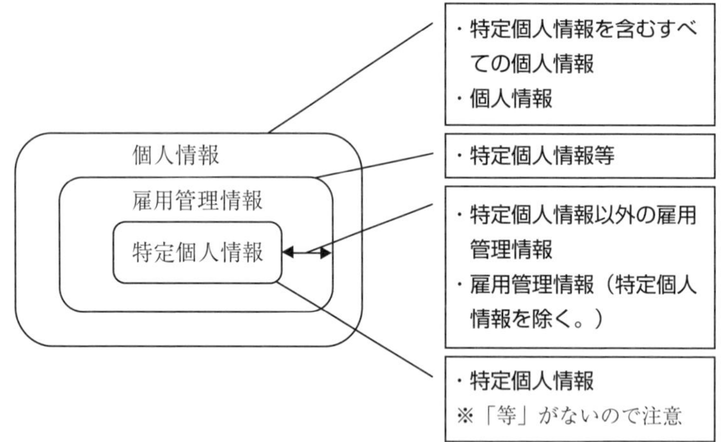

条文の見出し／キーワード	作成基準の解説

②　提供の求めの制限	番号利用法に定める場合のほか、他人（自己と同一の世帯に属する者以外の者）に対し、個人番号の提供を求めることは禁止	15条
③　本人確認	例外的に個人番号の提供を受けるときは、本人確認が必須	16条
④　提供の制限	番号利用法に定める場合のほか、特定個人情報の提供は禁止	19条
⑤　収集・保管の制限	番号利用法に定める場合のほか、特定個人情報の収集・保管は禁止	20条
⑥　安全管理措置	特定個人情報は一般法としての個人情報保護法においても安全管理措置が義務づけられているが、番号利用法においても重ねて安全管理措置が義務づけられている。※	12条 33条
⑦　委員会による監視・監督	個人情報保護委員会が特定個人情報の取扱いに関する監視・監督を行う権限を有する。	33条～ 35条
⑧　罰則の強化	正当な理由のない特定個人情報ファイルの提供に関し、４年以下の懲役・200万円以下の罰金が科せられる等、個人情報保護法より罰則が強化されている。	48条～ 57条

※：個人番号が漏えいした場合には、これを使ったデータマッチングにより個人の権利利益に対する甚大な被害を招く危険があり、また、滅失・き損した場合も個人番号を利用した効率的な行政サービスを受けるという国民の利便等が害されることとなります。そこで、個人番号利用事務実施者及び個人番号関係事務実施者に対し、個人番号に関する安全確保の措置を義務づけています。更に、個人情報保護法でいう「個人情報」には、「死者に関する情報」が含まれていないため、その部分については、番号利用法12条が適用されます（番号利用法12条、逐条解説）。

また、個人情報保護法の適用除外とされている事業者の安全管理措置については、番号利用法33条により規定されています。

雇用管理データベース

9．基本的には、個人情報保護法でいう「個人情報データベース等」と同じですが、モデル規程が個人情報全般ではなく、従業者の個人情報に特化したものであることから、「雇用管理データベース」と称してみました。モデル規程は、雇用管理データベースを、コンピュータで取り扱うことを前提とした規定を置いていますが、紙ベースの労働者名簿、賃金台帳、定期健康診断個人票等も雇用管理データベースとなります。

個人番号関係事務実施者

10．マイナンバー制度においては、個人番号関係事務実施者として民間事業者が制度に関わることを想定しています。番号利用法６条は、個人番号の利用が直接的・間接的に認められる事業者や法人番号が付番される事業者に対し、マイナン

（適用範囲）

第3条　この規程は、会社及び従業者に適用する。

2　この規程が保護の対象とする雇用管理情報は、従業者及び退職者等に係るすべてのものである。

（基本的理念）

第4条　特定個人情報等の取扱いは、次の事項を前提として行わなければならない。

⑴　故意又は過失を問わず、会社外への漏えいがないように十分に留意がなされていること。

⑵　正確、かつ、最新の状態に保たれていること。

⑶　取得及び利用に当たり、法令に従うとともに、従業者及び退職者等のプライバシー

条文の見出し／キーワード	作成基準の解説
	バー制度の重要な関係者として、国又は地方公共団体が実施する施策に協力するよう努力義務を規定しています。
番号利用法と個人情報保護法の関係	11．8．で紹介した規定のほか、個人情報の適正な取扱いという観点から、個人情報取扱事業者は、番号利用法30条により適用除外となる部分を除き、特定個人情報について、一般法である個人情報保護法の規定の適用を受けます。また、一般法の適用のない「個人情報取扱事業者でない個人番号取扱事業者」についても、番号利用法において個人情報保護法に規定されている重要な保護措置に関する規定を設けています。
（適用範囲）	1．適用範囲は可能な限り、広く定めます。特に番号利用法施行後は、従業者等本人が個人番号関係事務実施者に該当することもあり、注意が必要です。
個人情報取扱事業者	2．たとえ1件でも個人情報データベース等を事業の用に供している民間の事業者は「個人情報取扱事業者」として、個人情報保護法が全面的に適用されます。
個人番号利用事務等実施者	3．個人情報データベース等（モデル規程では「雇用管理データベース」）に含まれているものを「特定個人情報ファイル」といいますが、その特定個人情報ファイルを事業の用に供している個人番号利用事務実施者及び個人番号関係事務実施者を「個人番号利用事務等実施者」と総称します（番号利用法12条）。
番号利用法の適用	4．番号利用法15条（提供の求めの制限）、同法19条（特定個人情報の提供の制限）、同法20条（収集等の制限）の規定は、何人も対象となり、個人情報取扱事業者に限定されないため、注意が必要です。
（基本的理念）	1．雇用管理情報については、病歴、収入、家族関係のような要配慮個人情報を含むので、一般的な個人情報以上に、より慎重な取扱いが望まれます。 　本条は、特定個人情報を含む雇用管理情報の適正な取扱いの確保について組織として取り組むための会社の姿勢を示すものです。マイナンバー制度導入に当たり、個人番号を含む

を侵害しないこと。

(4)　取り扱う範囲及び事務取扱担当者が明確にされていること。

(5)　すべての従業者は、業務上知り得た情報に関する秘密保持義務を有していること。

2　会社は、その従業者に特定個人情報等を含むすべての個人情報を取り扱わせるに当たっては、当該個人情報の安全管理を図るために当該従業者に対して必要かつ適切な監督を行うものとする。

3　会社は、この規程の定めを組織的に取り組むこと等を明らかにするため、「特定個人情報基本方針」（様式第１号）を定めるものとする。

4　従業者は、この規程を理解し、特定個人情報等を適切に取り扱うことを明らかにするため、「特定個人情報等の取扱いに関する同意書」（様式第２号）を会社に提出しなければならない。

条文の見出し／キーワード	作成基準の解説
	特定個人情報の取扱いのみに目が向けられがちですが、そもそも従業者の個人情報たる雇用管理情報は、機微性が高く慎重に取り扱うべきものであり、個人番号のみを取り立てて対策を立てようとすることには問題があります。病歴、収入、家族関係等の機微に触れる情報を多く含む雇用管理情報全体を、より高いセキュリティレベルで管理しようとする姿勢が重要です。 したがって、モデル規程では、雇用管理情報と個人番号その他の特定個人情報を総称して「特定個人情報等」と称して、幅広く従業者の個人情報を保護する規程としています。
基本方針	2．3項の「基本方針」に定める項目としては、次に掲げるものが挙げられます（安全管理措置ガイドライン）。 ① 事業者の名称 ② 関係法令・ガイドライン等の遵守 ③ 安全管理措置に関する事項 ④ 質問及び苦情処理の窓口 等
特定個人情報等の取扱いに関する同意書	3．個人情報取扱事業者は、書面等への記載、ユーザー入力画面への打ち込み等により直接本人から個人情報を取得する場合には、あらかじめ、本人に対し、その利用目的を明示しなければなりません（個人情報保護法18条2項）。モデル規程では、より要件を加重して、あらかじめ書面によって、一定の事項を明示したうえで、本人（従業者）の同意を得て特定個人情報等を取得するルールにしています。労働契約の原則が、労使の合意形成にある点を考慮しました。
利用目的の明示	4．「本人に対し、その利用目的を明示」とは、本人に対し、その利用目的を明確に示すことをいい、事業の性質及び個人情報の取扱状況に応じ、内容が本人に認識される合理的かつ適切な方法によらなければなりません（ガイドライン3-2-4）。
本人の同意	5．「本人の同意」とは、本人の個人情報が、個人情報取扱事業者によって示された取扱方法で取り扱われることを承諾する旨の当該本人の意思表示をいいます（当該本人であることを確認できていることが前提）（ガイドライン2-12）。

（取扱マニュアル等）

第5条　会社は、雇用管理情報のうち特定個人情報については、事務取扱担当者が遵守すべき安全管理措置に関し、特定個人情報取扱マニュアル（以下「取扱マニュアル」という。）（別紙）を定めるものとする。

2　取扱マニュアルは、特定個人情報の取得・入力、移送・送信、利用・加工、保管・バックアップ、消去・廃棄のすべての局面に関し、次の各号に掲げる必要かつ適切な安全管理措置を定めるものである。

(1)　組織的安全管理措置

(2)　人的安全管理措置

(3)　物理的安全管理措置

(4)　技術的安全管理措置

3　安全管理措置の体系は別表第1に定めるところによる。

4　特定個人情報のセキュリティを維持するため、事務取扱担当者以外の者に対しては、取扱マニュアルの一部を開示しないことがある。

条文の見出し／キーワード	作成基準の解説
（取扱マニュアル等） 取扱規程等	1．安全管理措置ガイドラインでは、いわゆる組織的安全管理措置の一環として、次の事項を明確化された事務における特定個人情報等の適正な取扱いを確保するために、取扱規程等を策定し、特定個人情報の具体的な取扱いを定めなければならないものとしています。 ①　個人番号を取り扱う事務の範囲の明確化 ②　特定個人情報等の範囲の明確化（具体的には、事務において使用される個人番号及び個人番号と関連付けて管理される個人情報（氏名、生年月日等）の範囲を明確にすることをいいます） ③　事務取扱担当者の明確化 2．なお、中小規模事業者においては、必ずしも取扱規程等の策定が義務づけられているものではありません。個人情報保護委員会Ｑ＆Ａによれば、「特定個人情報等の取扱方法や責任者・事務取扱担当者が明確になっていれば足りるものと考えられます。明確化の方法については、口頭で明確化する方法のほか、業務マニュアル、業務フロー図、チェックリスト等に特定個人情報等の取扱いを加えるなどの方法も考えられます。」としています。しかしながら事務の流れ・手順を明確化するためには文書化は必須であり、企業規模にかかわらず、取扱規程等の策定を検討すべきというのが筆者の意見です。簡単なものでよいからルールを文書化したものが必要です。確かに個人情報保護委員会Ｑ＆Ａにいうように社内通達やマニュアルでも十分なのでしょうが、タイトルに「規程」と付くだけで重みが違うものなのです。また、「口頭の指示」だけで個人番号の安全管理措置は講じられるものではないのです。 3．取扱規程等は、すべての事業者・従業者が遵守すべき事項を定めた「基本規程」、会社によって異なる具体的な作業手順・業務フロー等を定めた「詳細規程」を分けて規定すべきと考えます。そもそも同一のレベル間で策定したのでは、作成自体に多大な時間と労力を要するし、できあがったものも量が膨大となり、誰も読まない規程ができあがる可能性があるためです。

条文の見出し／キーワード	作成基準の解説

　したがって、取扱いの原理原則は、基本規程（本モデル規程がこれに該当）として定め、これとは別に詳細を詳細規程（取扱マニュアル）として定めていくことをお勧めしたいと思います。モデル規程５条は、詳細規程について規定したものです。

中小規模事業者

４．安全管理措置ガイドラインでは、中小規模事業者については、事務で取り扱う個人番号の数量が少なく、また、特定個人情報等を取り扱う従業者が限定的であること等から、特例的な対応方法が示されています。

「中小規模事業者」とは、事業者のうち従業員（ここでいう「従業員」とは、中小企業基本法でいう「常時使用する従業員」のことで、労基法20条の規定に基づく「予め解雇の予告を必要とする者」のことです）の数が100人以下の事業者であって、次に掲げる事業者を除く事業者をいいます。

①　個人番号利用事務実施者

②　委託に基づいて個人番号関係事務又は個人番号利用事務を業務として行う事業者

③　金融分野（個人情報保護委員会・金融庁作成の「金融分野における個人情報保護に関するガイドライン」第１条第１項に定義される金融分野）の事業者

④　その事業の用に供する個人情報データベース等を構成する個人情報によって識別される特定の個人の数が合計で過去6月以内のいずれかの日において5,000を超える事業者

安全管理措置

５．安全管理措置は、「組織」「人」「物理」「技術」の四方面から講ずるのが効果的です。それぞれの定義は次のとおりです（旧経産省ガイドライン）。

　いわば、ソフト面（①、②）とハード面（③、④）の両方から対策を講ずるのが効果的であるということです。

安全管理措置	定　義
①　組織的	安全管理について従業者の責任と権限を明確に定め、安全管理に対する規程や手順書（以下「規程等」という。）を整備運用し、その実施状況を確認することをいう。

（利用目的の特定）

第6条　会社は、特定個人情報については、次の各号に掲げる目的のみに利用する。

⑴　次条第１項の事務のため

⑵　法令に定める災害対策に係る手続のため

⑶　その他番号利用法第９条に定める手続のため

2　会社は、特定個人情報以外の雇用管理情報については、次の各号に掲げる目的のみに利用する。

⑴　前項第１号以外の会社が行う給与計算（各種手当支給）及び支払手続のため

⑵　法令に従った医療機関又は健康保険組合からの健康情報の取得のため

⑶　会社内における人員配置のため

⑷　昇降給の決定のため

⑸　教育管理のため

⑹　福利厚生等の各種手続のため

⑺　万が一のことがあった際の緊急連絡先の把握のため

⑻　前各号のほか、会社の人事政策及び雇用管理の目的を達成するために必要な事項のため

条文の見出し／キーワード	作成基準の解説

②　人的	従業者（個人情報取扱事業者の組織内にあって直接間接に事業者の指揮監督を受けて事業者の業務に従事している者をいい、雇用関係にある従業員（正社員、契約社員、嘱託社員、パート社員、アルバイト社員等）のみならず、取締役、執行役、理事、監査役、監事、派遣社員等も含まれる。）に対する、業務上秘密と指定された個人データの非開示契約の締結や教育・訓練等を行うことをいう。
③　物理的	入退館（室）の管理、個人データの盗難の防止等の措置をいう。
④　技術的	個人データ及びそれを取り扱う情報システムへのアクセス制御、不正ソフトウエア対策、情報システムの監視等、個人データに対する技術的な安全管理措置をいう。

（利用目的の特定）

1．会社は、労務管理情報（雇用管理情報）の利用目的の特定に当たっては、単に抽象的、一般的に特定するのではなく、従業者本人が、取得された当該本人の個人情報が利用された結果が合理的に想定できる程度（個人情報が個人情報取扱事業者において、最終的にどのような事業の用に供され、どのような目的で個人情報を利用されるのかが、本人にとって一般的かつ合理的に想定できる程度）に、具体的、個別的に特定しなければなりません（旧雇用ガイドライン、ガイドライン3-1-1）。

2．できる限り個人情報の項目ごとに利用目的を特定することが望ましいとしていますが、利用目的をみればどのような情報を取り扱っているか推定され得ると考えられる場合には、個人情報の項目ごとに利用目的を掲げなくても構いません。

3．モデル規程において、特定個人情報の利用目的と特定個人情報以外の雇用管理情報の利用目的とを、分けて規定したのには、理由があります。それは、両者の利用目的の本質に大きな違いがあるためです。

すなわち、前者の利用目的は、あくまでも行政手続とそれに対する協力というものであるのに対し、後者は、会社の人事政策ひいては企業経営に必須のものとして収集するものです。また、前者は、その利用目的が厳しく法定されるのに対し、後者は、会社がその経営判断から自由に決定することが

（会社が行う個人番号関係事務の範囲）

第7条　会社が行う個人番号関係事務の範囲は、次の各号に掲げるものとする。

(1)　従業者（扶養親族等を含む。）に係る事務

①　給与所得・退職所得の源泉徴収票の作成

②　雇用保険の資格取得・喪失の届出

③　雇用保険の雇用継続給付の請求

④　健康保険・厚生年金保険の資格取得・喪失の届出

(2)　従業者の配偶者に係る事務

①　国民年金の第三号被保険者の届出

(3)　従業者以外の個人に係る事務

①　報酬、料金等の支払調書の作成

②　配当、剰余金の分配及び基金利息の支払調書の作成

③　不動産の使用料等の支払調書の作成

④　不動産等の譲受けの対価の支払調書の作成

2　前項の個人番号関係事務は、事務取扱担当者のみが行い、それ以外の従業者は、行うことができない。

3　事務取扱担当者ごとの事務の範囲は、取扱マニュアルに定める。

条文の見出し／キーワード	作成基準の解説
	でき、また、本人の同意を要件に目的外利用も可能です。したがって、規定は分けて定めて、それぞれ別個に管理するのがよいと思います。もっとも、両者とも不当な「目的外利用」は、大きなリスクである点には変わりはありません。
（会社が行う個人番号関係事務の範囲）	1．事業者が番号利用法の規定の適用を受ける主な事務は次のとおりです。 ①　事業者が従業者等から個人番号の提供を受けて、これを給与所得の源泉徴収票、給与支払報告書、健康保険・厚生年金保険被保険者資格取得届等の必要な書類に記載して、税務署長、市区町村長、日本年金機構等に提出する事務（番号利用法９条３項） ②　金融機関が顧客から個人番号の提供を受けて、これを配当等の支払調書に記載して税務署長に提出する事務（同法９条３項） ③　健康保険組合、全国健康保険協会等（健康保険組合等）が個人番号を利用して個人情報を検索、管理する事務（同法９条１項） ④　激甚災害が発生した場合等において、金融機関が個人番号を利用して金銭を支払う事務（同法９条４項） ⑤　その他、事業者が、行政機関等又は他の事業者から個人番号を取り扱う事務の委託を受けた場合
事務取扱担当者	2．安全管理措置ガイドラインでは、組織的安全管理措置の一環として、個人番号を取り扱う事務の範囲を明確化したうえで、明確化された事務に従事する事務取扱担当者を明確にしておくことを求めています。 具体的には、安全管理措置を講ずるために次のような組織体制を整備することを求めています。詳細はマニュアルで定めます。 ①　事務における責任者の設置及び責任の明確化 ②　事務取扱担当者の明確化及びその役割の明確化 ③　事務取扱担当者が取り扱う特定個人情報等の範囲の明確化 ④　事務取扱担当者が取扱規程等に違反している事実又は兆

第2章　安全管理措置

（特定個人情報等責任者）

第8条　特定個人情報等の取扱いの管理に関する事項を行わせるため、事務取扱担当者のうち、１名を特定個人情報等責任者とする。

2　特定個人情報等責任者は、前項の事項を行うために必要な知識及び経験を有していると認められる者の中から、会社が選任する。また、会社は選任した特定個人情報等責任者を周知する。

3　特定個人情報等責任者は、個人情報保護管理者がすでに選任されている場合は、これを兼務することができる。

4　特定個人情報等責任者の業務は、次の各号に掲げるものとする。

(1)　特定個人情報等の管理並びに個人番号関係事務又は個人番号利用事務の実施に関すること。

(2)　この規程及び取扱マニュアル等の作成及び運用に関すること。

(3)　従業者の監督及び教育に関すること。

(4)　特定個人情報等の安全管理に関する教育研修の企画・運営に関すること。

(5)　個人番号の取得・本人確認及び特定個人情報の管理に関すること。

(6)　雇用管理データベース又は特定個人情報ファイルの作成、管理に関すること。

(7)　委託先の選定基準に関すること。

(8)　委託先及び再委託先の監督に関すること。

(9)　その他特定個人情報等の安全管理に関する事項全般に関すること。

（事務取扱担当者）

第9条　会社は、特定個人情報等の事務に従事する者を特定し、事務取扱担当者を選任する。また、会社は選任した事務取扱担当者を周知する。

条文の見出し／キーワード	作成基準の解説
	候を把握した場合の責任者への報告連絡体制 ⑤　情報漏えい等事案の発生又は兆候を把握した場合の従業者から責任者等への報告連絡体制 ⑥　特定個人情報等を複数の部門で取り扱う場合の各部門の任務分担及び責任の明確化
（特定個人情報等責任者）	1．雇用管理情報の取扱いを統括管理する管理責任者を明確化します。旧雇用ガイドラインでは、個人データの取扱いの管理に関する事項を行わせるため、当該事項を行うために必要な知識及び経験を有していると認められる者のうちから個人データ管理責任者を各事業所において選任することとしています（旧雇用ガイドライン第6の2）。 2．特定個人情報等責任者は、個人情報保護管理者とは区別されるものですが、各事業所内において個人データの管理を行うに際しては、兼任とすることも可能です（同上）。 3．なお、特定個人情報の取扱いについては、中小規模事業者であっても、事務取扱担当者が複数いる場合は、少なくとも、責任者と事務取扱担当者を区分することが望ましいとしています。モデル規程では、特定個人情報等責任者は、事務取扱担当者の責任者を兼ねることを想定しています。
（事務取扱担当者）	事務取扱担当者についての遵守事項等を定めています。ポイントは次のとおりです。 ①　事務取扱担当者を社内に周知し、事務取扱担当者以外の

2 事務取扱担当者は、事務取扱担当者任命に当たっての誓約書（様式第３号）を会社に提出した後でなければ、その事務を行うことができない。

3 事務取扱担当者は、個人データ及び特定個人情報等の取扱いに関する留意事項について、定期的に教育研修を受けなければならない。

4 事務取扱担当者は、会社の個人番号関係事務を処理するために必要な限度で、次の各号の事務を行う。その他詳細は取扱マニュアルに定める。

(1) 特定個人情報等の取得・利用、保存、提供及び消去・廃棄等

(2) 個人番号が記載された書類等の作成、行政機関等への提出、本人への交付

(3) 従業者の個人番号が記載された書類等の受領

5 事務取扱担当者が変更となった場合は、確実な引継ぎを行い、特定個人情報等責任者が引継ぎの完了を確認しなければならない。

（安全管理措置の原則）

第10条 特定個人情報等は、事務取扱担当者のみが、その業務の遂行上の必要な限りにおいて取り扱うものとし、特定個人情報等の取扱いに係る権限を付与されていない者によって業務が行われることがあってはならない。

2 事務取扱担当者は、業務上知り得た個人データの内容をみだりに第三者に知らせ、又は不当な目的に使用してはならない。その業務に係る職を退いた後も同様とする。

3 会社は、事務取扱担当者に対し、継続的かつ体系的な教育を行うとともに、すべての従業者に対して、特定個人情報等の取扱いの重要性を周知徹底する。

4 個人番号関係事務その他の雇用管理情報に係る事務は、原則として、取扱区域内で行うものとする。取扱区域には、壁又は間仕切り等を設置し、事務取扱担当者の往来が少ない場所に座席を配置するか、のぞき見防止の措置を講ずるものとする。

5 雇用管理データベース又は特定個人情報ファイルを集中管理するPCは、原則として、管理区域内に設置するものとし、USB・スマートフォン等の可搬電子媒体の接続を制限するほか、起動パスワードを定期に変更する等の措置を講じたものとする。管理区域は、事務取扱担当者以外の従業者は、特定個人情報等責任者の許可なく立ち入ってはならない区域とする。

6 会社は、雇用管理データベース又は特定個人情報ファイルのアクセス制限を行うものとし、アクセス権限を有しない従業者はアクセスしてはならない。特に機密性の高い特定個人情報ファイルについては、管理区分を明確にし、限定された事務取扱担当者のみがアクセスできるなどして、特別に管理しなければならない。

7 特定個人情報等を含む書類（コピーを含む。以下同じ。）は、取扱区域内の施錠できるキャビネットに保管し、業務終了後は当該キャビネットに収納し、特定個人情報等責任者の許可なく取扱区域外へ持ち出してはならない。また、特定個人情報等を記録する

条文の見出し／キーワード	作成基準の解説
	者に特定個人情報等を提供することや、事務取扱担当者以外の者が特定個人情報等を収集することを防止する。 ②　誓約書を提出させ、自覚を持たせる。その他すべての従業員に対しては、特定個人情報等についての秘密保持に関する事項を就業規則等に盛り込む。 ③　特定個人情報等が取扱規程等に基づき適正に取り扱われるよう、事務取扱担当者に対して必要かつ適切な監督を行う。 ④　事務取扱担当者に、特定個人情報等の適正な取扱いを周知徹底するとともに適切な教育を行う。
（安全管理措置の原則）	1．雇用管理情報も個人情報に含まれます。また、機微に触れる情報を取り扱う場面が多く、いっそう慎重な取扱いが求められます。雇用管理情報の流出は、従業員のモチベーションに深刻な影響を与えかねません。 2．旧雇用ガイドラインでは、安全管理措置の具体例として、次の事項を掲げています。ここでいう「個人データ」とは、容易に検索することができるように体系的に構成された雇用管理情報のことですが、モデル規程では特に用語を使い分けていませんので、「雇用管理情報」と読み替えて読んでいただけるとよいと思います。

➢　旧雇用ガイドライン

第6　個人データの管理に関する義務

2　安全管理措置（法第20条関係）

事業者は、その取り扱う個人データの漏えい、滅失又はき損（以下「漏えい等」という。）の防止その他の個人データの安全管理のために必要かつ適切な措置を講じなければならない。

その際、事業者において、個人データが漏えい等をした場合に本人が被る権利利益の侵害の大きさを考慮し、事業の性質、個人データの取扱状況及び個人データを記録した媒体の性質等に起因するリスクに応じ、必要かつ適切な措置として次に掲げるものを講ずるよう努めるものとする。

(1)　個人データを取り扱う従業者及びその権限を明確にした上で、その業務を行わせること。

(2)　個人データは、その取扱いについての権限を与えられた者のみが業務の遂行上必要な限りにおいて取り扱うこと。

(3)　個人データを取り扱う者は、業務上知り得た個人データの内容をみだりに第三者に知らせ、又は不当な目的に使用

PCは、容易に移動できない措置を講じなければならない。

8　業務上の必要のため、特定個人情報等を含む書類又はデータ（データベースのほか、Word・PDFファイル等も含む。以下同じ。）を外部に持ち出す場合は、紛失又は盗難に備え、細心の注意を払わなければならず、移送を委託する場合は、追跡可能な移送手段を選択しなければならない。

9　特定個人情報等を含むデータの持出し及び電子メールによる送信を行う場合には、当該データの適切な暗号化を行わなければならない。

10　特定個人情報等の取扱いは、この規程及び取扱マニュアルに基づき運用するものとし、その運用状況が確認可能となるようシステムログ又は記録実績を記録しておかなければならない。

11　特定個人情報等を含む書類又はデータ（コピー又はバックアップを含む。）は、その事務処理の目的のために保管されるべきものであり、その必要がなくなったときは、適切に廃棄又は削除しなければならない。

12　特定個人情報等の取扱いに関し、不正なアクセス、データの紛失・破壊・改ざん・漏えい等の事故又は法令若しくは会社諸規程に違反する行為の発生（その兆候を含む。）を把握した場合には、直ちに特定個人情報等責任者に報告しなければならない

条文の見出し／キーワード	作成基準の解説

しではならないこと（その業務に係る職を退いた後も同じ。）。
⑷　個人データの取扱いの管理に関する事項を行わせるため、当該事項を行うために必要な知識及び経験を有していると認められる者のうちから個人データ管理責任者を各事業所において選任すること。

物理的安全管理措置

3．特定個人情報等の情報漏えい等を防止するために、「管理区域」及び「取扱区域」を明確にする必要があります。「物理的安全管理措置」の中でも最も重要な措置です。

管理区域

4．「管理区域」とは、特定個人情報ファイルを取り扱う情報システムを管理する区域のことで、物理的安全管理措置として、入退室管理及び管理区域へ持ち込む機器等の制限等が考えられます。入退室管理方法としては、ICカード、ナンバーキー等による入退室管理システムの設置等が考えられます(安全管理措置ガイドライン)。

取扱区域

5．「取扱区域」とは、特定個人情報等を取り扱う事務を実施する区域のことで、物理的安全管理措置としては、壁又は間仕切り等の設置及び座席配置の工夫等が考えられます（安全管理措置ガイドライン）。

取扱規程等に基づく運用

6．安全管理措置ガイドラインでは、取扱規程等に基づく「運用状況」を確認するため、システムログ又は利用実績を記録することを求めています。記録する項目としては、次に掲げるものを挙げています。また、中小規模事業者であっても、少なくとも特定個人情報等の「取扱状況」のわかる記録を保存することを求めています（7．においても同様)。

＜運用状況の確認のため記録する項目＞

①　特定個人情報ファイルの利用・出力状況の記録
②　書類・媒体等の持出しの記録
③　特定個人情報ファイルの削除・廃棄記録
④　削除・廃棄を委託した場合、これを証明する記録等
⑤　特定個人情報ファイルを情報システムで取り扱う場合、事務取扱担当者の情報システムの利用状況(ログイン実績、アクセスログ等）の記録

7．安全管理措置ガイドラインでは、中小規模事業者以外の事業者については、特定個人情報等のほか、特定個人情報ファ

（特定個人情報等の入出力及び管理等）

第11条　雇用管理データベース又は特定個人情報ファイルへの入出力及び各種帳票への記帳等の雇用管理情報に関する事務は、取扱区域内においてのみ行われるべきものであり、原則として、取扱区域外で行ってはならない。

2　雇用管理データベース又は特定個人情報ファイルを処理するPCへのアクセスは、原則として、事務取扱担当者のみが行うことができるものとし、事務取扱担当者以外の者が行ってはならない。また、特定個人情報ファイルについては、管理区分を明確にし、十分なアクセス制限を設けるなどして、特別に管理しなければならない。

3　台帳及び申込書等の個人情報を記載した帳票の保管及び管理等の業務は、事務取扱担当者以外の者が行ってはならない。

条文の見出し／キーワード	作成基準の解説

イルの「取扱状況」を確認する手段を整備することを求めています。具体的には、記録を次のような台帳や一覧表で管理しておくとよいでしょう。

なお、取扱状況を確認するための記録等には、特定個人情報等は記載してはなりません。

＜取扱状況を確認する記録等＞

①　特定個人情報ファイルの種類、名称

②　責任者、取扱部署

③　利用目的

④　削除・廃棄状況

⑤　アクセス権を有する者

特定個人情報保護評価

8.「特定個人情報保護評価」とは、情報提供ネットワークシステムを使用して情報連携を行う事業者が、特定個人情報の漏えいその他の事態を発生させるリスクを分析し、そのようなリスクを軽減するための適切な措置を講ずることを宣言するものです。民間の事業者で、この実施義務が課せられるのは、健康保険組合等限定されていますが、義務が課せられない事業者であっても、その手法を活用することは、特定個人情報の保護の観点から有益と考えられます。

（特定個人情報等の入出力及び管理等）

主に技術的安全管理措置に係る部分です。詳細はマニュアルに規定してもよいですが、そのポイントを整理しておきます（旧経産省ガイドライン）。

措置の内容	例　示
①　アクセスにおける識別と認証	ID/パスワードによる認証、生体認証など
②　アクセス制御	アクセス権限を付与するべき者の最小化など
③　アクセス権限の管理	アクセスできる者を許可する権限管理の適切かつ定期的な実施など
④　アクセスの記録	アクセスや操作の成功と失敗の記録など
⑤　不正ソフトウエア対策	ウイルス対策ソフトウエアの導入など

（従業者の遵守事項）

第12条　すべての従業者は、特定個人情報等について、次に掲げる事項を遵守しなければならない。

⑴　いかなる理由があろうとも、特定個人情報等について、これを偽りその他不正な手段により収集してはならないこと。

⑵　特定個人情報を収集目的以外の目的で利用してはならないこと。

⑶　特定個人情報以外の雇用管理情報について、本人の同意を得た場合又はこの規程に定めがある場合を除き、収集目的以外の目的で利用してはならないこと。

⑷　いかなる理由があろうとも、特定個人情報について、番号利用法で限定的に明記された場合を除き、これを第三者に提供してはならないこと。

⑸　特定個人情報以外の雇用管理情報について、この規程に定める手続を経ることなく第三者に提供してはならないこと。

⑹　業務上の必要なく、又は特定個人情報等責任者の許可なく、取扱区域及び管理区域内に立ち入ってはならないこと。

⑺　アクセスすることが認められていない特定個人情報等に不正にアクセスしてはならないこと。

⑻　本人又は他の従業者及び退職者等の特定個人情報等を改ざん又は加工してはならないこと。

⑼　他の従業者及び退職者等の基本的人権とプライバシーを侵害するため、特定個人情報等を利用してはならないこと。

⑽　個人番号関係事務以外の目的で他の従業者及び退職者等の特定個人情報をノートやメモに書き写してはならないこと。

⑾　権限なくして、又は事務処理の必要の範囲を超えて、雇用管理データベース（特定個人情報ファイルを含む。）を操作・加工又は作成をしてはならないこと。

⑿　利用目的の範囲を超えて特定個人情報等を含む書類又はデータのコピーを作成してはならないこと。

⒀　目的の範囲を超えて特定個人情報等を保管してはならないこと。

条文の見出し／キーワード	作成基準の解説

⑥　移送・送信時の対策	暗号化等の秘匿化など
⑦　情報システムの動作確認時の対策	情報システムの変更時に、セキュリティが損なわれないことの検証など
⑧　情報システムの監視	情報システムの使用状況の定期的な監視、アクセス状況の監視など

（従業者の遵守事項）

1．人的安全管理措置の一環として、個人情報保護法に規定する「適正取得」「利用目的による制限」「第三者取得」以外の服務的な規定を定めておきます。

2．その他人的安全管理措置として講じなければならない事項として次のようなものがあります（旧経産省ガイドライン）。

① 雇用契約時における従業者との非開示契約の締結、及び委託契約等（派遣契約を含む）における委託元と委託先間での非開示契約の締結

② 従業者に対する内部規程等の周知・教育・訓練の実施

（従業者に対する教育研修）

第13条　特定個人情報等責任者は、事務取扱担当者に対し、特定個人情報等を含むすべての個人情報の取扱いについての理解を深め、個人情報の保護に関する意識の高揚を図るための啓発その他必要な教育研修を行う。

2　特定個人情報等責任者は、事務取扱担当者以外の従業者（在職者に限る。以下次項において同じ。）に対し、特定個人情報等を含むすべての個人情報の適切な管理のために、必要な教育研修への参加の機会を付与する等の必要な措置を講ずる。

3　従業者は、会社が行う教育研修に参加しなければならない。

（委託先に対する安全管理措置）

第14条　会社は、個人番号関係事務その他の雇用管理情報に係る事務の全部又は一部を委託する場合は、その取扱いを委託された個人データの安全管理が図られるよう、委託を受けた者（再委託先を含む。）に対する必要かつ適切な監督を行わなければならない。

2　会社は、個人番号関係事務その他の雇用管理情報に係る事務の全部又は一部の委託を受けた場合は、当該個人番号関係事務その他の雇用管理情報に係る事務の委託をした者の許諾を得た場合に限り、その全部又は一部の再委託をすることができる。

3　会社が、個人番号関係事務その他の雇用管理情報に係る事務の全部又は一部を外部に委託（再委託を含む。）するときは、委託先選定基準（別表第２）を満たし、雇用管理情報の適切な管理を行う能力を有すると認める者と契約しなければならない。

4　委託に関する契約書には、次に掲げる事項を記載する。

(1)　特定個人情報等に関する秘密保持、目的外利用の禁止等の義務

(2)　再委託の制限又は事前許諾等再委託にかかる条件に関する事項

(3)　特定個人情報等の複製等の制限に関する事項

(4)　事業所内からの特定個人情報等の持出しの制限等安全確保に関する事項

(5)　漏えい事案等が発生した場合の委託先の責任及び対応に関する事項

(6)　委託契約終了後の特定個人情報等の返却又は廃棄に関する事項

(7)　従業者に関する監督及び教育に関する事項

(8)　特定個人情報等を取り扱う従業者の明確化に関する事項

(9)　契約内容の遵守状況についての報告及び委託先に対して行う実地の調査に関する事

条文の見出し／キーワード	作成基準の解説
（従業者に対する教育研修）	1．会社は、個人情報保護法、番号利用法に基づく安全管理措置を遵守させるよう、従業者に対し必要かつ適切な監督をしなければなりませんが、その一環として、定期的な教育の実施とその結果の検証が必要です。 例えば、旧経産省ガイドラインでは、「内部規程等に違反して個人データが入ったノート型パソコン又は可搬型外部記録媒体を繰り返し持ち出されていたにもかかわらず、その行為を放置した結果、紛失し、個人データが漏えいした場合」を、会社が従業員に対して必要かつ適切な監督を行っていない場合として例示しています。
	2．教育研修の参加は労働契約上の義務として規定しておくことも重要です。
（委託先に対する安全管理措置） 再委託の許諾	1．過去の個人情報漏えい事故においては、再々委託先等から情報が漏えいしている例もあります。そこで、番号利用法では個人番号利用事務等の委託、再委託を認める一方で、その場合の許諾を要求しています。 番号利用法10条（再委託） 1　個人番号利用事務又は個人番号関係事務（以下「個人番号利用事務等」という。）の全部又は一部の委託を受けた者は、当該個人番号利用事務等の委託をした者の許諾を得た場合に限り、その全部又は一部の再委託をすることができる。
再委託先の監督	2．再委託により、甲→乙→丙→丁と順次委託が行われた場合、乙に対する甲の監督義務の内容には、乙が丙、丁に対して必要かつ適切な監督を行っているかどうかを監督することも含まれます（特定個人情報ガイドライン第4-2-(1)②C）。
委託先選定基準	3．個人情報を取り扱う業務を委託する場合、委託先選定基準を定める手順及び見直し手順を定めておくことが大切です。具体的には、別表第2の「委託先選定基準」を用い、委託する業務については、少なくとも自社と同等以上の個人情報保護の水準にあることを確認します。また、委託先選定基準を見直すタイミングと手順を定めておき、その手順に従って実施します。

項

⑽　違反した場合における契約解除の措置、損害賠償責任その他必要な事項

5　会社は、委託先が委託先選定基準を満たしているかどうかを判断するため、当該委託先に対し、あらかじめ、委託先評価票を提出させるものとする。

第3章　雇用管理情報の取得

（取得の方法）

第15条　会社は、原則として、特定個人情報等を従業者本人から取得する。ただし、次の各号に掲げる特定個人情報以外の雇用管理情報については、この限りでない。

⑴　人事考課の結果

⑵　給与・賞与の額及び平均賃金・標準報酬等の額

⑶　採用後の職務経歴

⑷　表彰及び懲戒の履歴

2　会社は、契約書等の書面により、直接本人から特定個人情報等を取得する場合は、原則として、あらかじめ本人に対し、その利用目的を明示するものとする。

3　個人番号の提供については、次条に定めるところによる。

（個人番号の提供の要求）

第16条　会社は、個人番号関係事務又は個人番号利用事務を処理するために必要があるときに限り、本人若しくは他の個人番号関係事務実施者又は個人番号利用事務実施者に対し個人番号の提供を求めることができる。

2　従業者は、個人番号の提供が個人番号関係事務又は個人番号利用事務に必要なものである限り、会社からの個人番号の提供の求め（扶養親族及び国民年金第三号被保険者たる配偶者に係るものを含む。）に協力しなければならない。この場合において、協力しなかったことによる不利益は本人が負うものである。

3　従業者から個人番号の提供の拒否があった場合には、会社は、その経緯等を記録しておかなければならない。

条文の見出し／キーワード	作成基準の解説
（取得の方法）	１．雇用管理情報は、その性質上、本人から取得することを原則とします。当然に目的の範囲内で収集することになります。 ２．会社は、偽りその他不正の手段により個人情報を取得してはなりません（個人情報保護法17条）。例えば、次のような取得は法違反となります。 ①　本人をだましてその個人情報を取得すること。 ②　第三者提供の制限に違反して提供している業者から事情を知って個人情報を取得すること。
第三者から取得する場合	３．第三者からの提供により、個人情報を取得する場合には、提供元の法の遵守状況（例えば、オプトアウト、利用目的、開示手続、問合せ・苦情の受付窓口を公表していることなど）を確認し、個人情報を適切に管理している者を提供元として選定するとともに、実際に個人情報を取得する際には、例えば、取得の経緯を示す契約書等の書面を点検する必要があります（旧経産省ガイドライン）。
（個人番号の提供の要求） 本人に対する個人番号の提供の要求	１．会社は、必要の限度において、従業者に対し、給与の源泉徴収事務、健康保険・厚生年金保険届出事務等に必要な個人番号の提供を、また、講演料、地代等に係る個人の支払先に対し、支払調書作成事務に必要な個人番号の提供をそれぞれ求めることができます（番号利用法14条）。
他の個人番号利用事務等実施者に対する個人番号の提供の要求	２．従業者は、扶養親族の個人番号を記載した扶養控除等申告書を提出する法令上の義務を負っていることから「個人番号利用事務等実施者（個人番号関係事務実施者）」に該当します。したがって、会社が扶養控除等申告書を提出させることは、他の個人番号利用事務等実施者に対し個人番号の提供を求め

（個人番号の提供の求めの制限）

第17条　会社及び従業者は、次の各号のいずれかに該当して特定個人情報の提供を受けることができる場合を除き、他人（自己と同一の世帯に属する者以外の者をいう。以下同じ。）に対し、個人番号の提供を求めてはならない。

⑴　個人番号利用事務実施者を通じた提供（個人番号利用事務実施者が個人番号利用事務を処理するために必要な限度で本人若しくはその代理人又は個人番号関係事務実施者に対し特定個人情報を提供するとき等をいう。以下同じ。）

⑵　個人番号関係事務実施者を通じた提供（個人番号関係事務実施者が個人番号関係事務を処理するために必要な限度で特定個人情報を提供するとき等をいう。以下同じ。）

⑶　本人又は代理人を通じた提供（本人又はその代理人が個人番号関係事務実施者又は個人番号利用事務実施者に対し、当該本人の個人番号を含む特定個人情報を提供するとき等をいう。以下同じ。）

⑷　委託に伴う提供（会社が利用目的の達成に必要な範囲内において特定個人情報の取扱いの全部又は一部を委託するとき等をいう。以下同じ。）

⑸　事業承継に伴う提供（合併その他の事由による事業の承継に伴って特定個人情報が提供されるとき等をいう。以下同じ。）

⑹　その他番号利用法に定める場合の提供（個人情報保護委員会からの提供の求め、各議院審査等その他公益上の必要があるときの提供、人の生命・身体・財産の保護のための提供等をいう。以下同じ。）

条文の見出し／キーワード	作成基準の解説
	ることに該当することになります。
提供を求める時期	3．事業者が行う個人番号関係事務においては、個人番号関係事務が発生した時点で個人番号の提供を求めることが原則ですが、本人との雇用関係等に基づき、個人番号関係事務の発生が予想される場合（例えば、健康保険・厚生年金被保険者資格取得届の作成等）には、契約を締結時点で個人番号の提供を求めることも可能であると解されています（特定個人情報ガイドライン第4-3-(1)-2）。
（個人番号の提供の求めの制限）	1．何人も、番号利用法で限定的に明記された場合（番号利用法19条各号）を除き、個人番号の提供を求めてはなりません。事業者が個人番号の提供を求めることとなるのは、従業者に対し、社会保障、税及び災害対策に関する特定の事務のために限定されます（番号利用法15条）。 　また、番号利用法19条では、同条各号に該当する場合以外において、提供すること自体を禁止しています。これらの規定を総称して「提供制限」といい、個人情報保護法との大きな相違点となっています（番号利用法19条、モデル規程35条）。
	2．例えば、従業者の営業成績等を管理する目的で、個人番号の提供を求めることは禁止されています（特定個人情報ガイドライン第4-3-(2)-1）。
提供	3．「提供」とは、法的な人格を超える特定個人情報の移動を意味するものであり、同一法人の内部等の法的な人格を超えない特定個人情報の移動は「提供」ではなく「利用」に該当し、番号利用法９条ほかの適用を受けます（特定個人情報ガイドライン第4-3-(2)2A）。
	4．例えば、営業部に所属する従業者の個人番号が、営業部庶務課を通じ、給与所得の源泉徴収票を作成する目的で経理部に提出された場合には、「提供」には当たらず、法令で認められた「利用」となります（同ガイドライン）。
	5．これに対して、ある従業者が甲から乙に出向又は転籍により異動し、乙が給与支払者になった場合には、甲・乙間で従業者の個人番号を受け渡すことはできず、乙は改めて本人から個人番号の提供を受けなければなりません（同ガイドライ

（本人確認の措置）

第18条　会社は、本人から個人番号の提供を受けるときは、本人確認（本人の個人番号の確認及び身元の確認をいう。以下同じ。）のため、次の各号のいずれかの措置を講じるものとする。

(1)　個人番号カードの提示を受けること。

(2)　通知カード及び通知カード記載事項がその者に係るものであることを証する書類の提示を受けること。

(3)　その他法令で定める方法

2　従業者は、個人番号の提供が個人番号利用事務及び個人番号関係事務に必要なもので

条文の見出し／キーワード	作成基準の解説
	ン）。
個人番号利用事務実施者を通じた提供	6．市町村長（個人番号利用事務実施者）が、住民税を徴収（個人番号利用事務）するために、事業者に対し、その従業者の個人番号と共に特別徴収税額を通知する場合が該当します。当該事務を会社が委託を受けた場合には、提供が認められます（特定個人情報ガイドライン第4-3-(2)②A）。
個人番号関係事務実施者を通じた提供	7．事業者の従業者（個人番号関係事務実施者）は、所得税法194条１項の規定に従って、扶養控除等申告書の提出という個人番号関係事務を処理するために、事業者（個人番号関係事務実施者）に対し、その扶養親族の個人番号を記載した扶養控除等申告書を提出する場合が該当します。
代理人を通じた提供	8．本人は、個人番号利用事務等実施者に対し、個人番号を含む特定個人情報を提供することになりますが、代理人による提供も認められています。
委託に伴う提供	9．特定個人情報の取扱いの全部又は一部の委託が行われたときは、特定個人情報を提供することが認められます。例えば、事業者が、源泉徴収票作成事務等を含む給与事務を子会社に委託する場合、その子会社に対し、従業者の個人番号を含む給与情報を提供することができます（同ガイドライン）。
事業承継に伴う提供	10．合併その他の事由による事業の継承が行われたときは、特定個人情報を提供することが認められます。例えば、甲社が乙社を吸収合併した場合、吸収される乙社は、その従業者の個人番号を含む給与情報等を存続する甲社に提供することができます（同ガイドライン）。
（本人確認の措置） 本人確認	1．マイナンバー制度では、なりすましによる被害を防ぐために、会社に対して、個人番号の提供を受ける際の本人確認義務を課しています（番号利用法16条）。
扶養親族等の本人確認	2．税制上の扶養親族については、従業者本人が「個人番号関係事務実施者」として、扶養親族の本人確認を実施するため、会社で従業者の扶養親族の本人確認を行う必要はありません。健康保険組合等に対する被扶養者の届出等についても、同様です。
身元確認の省略	3．雇用関係にあることなどから本人に相違ないことが明らか

ある限り、会社が行う本人確認の措置（扶養親族及び国民年金第三号被保険者たる配偶者に係るものを含む。）に協力しなければならない。この場合において、協力しなかったことによる不利益は本人が負うものである。

3　個人番号が記載された書類の受領のみを行う事務取扱担当者は、本人確認等の事務を行った後は、速やかにその書類を次工程を担当する事務取扱担当者に引き渡し、自分の手元に当該書類を残してはならない。

4　その他本人確認の具体的手順は、取扱マニュアルに定める。

（個人番号カード等）

第19条　通知カード又は個人番号カードは、従業者各自が、責任を持って保管しなければならない。また、会社の責めによらない紛失は、従業者各自が、その後の対応をとらなければならない。

2　いかなる理由があろうとも、会社は、従業者及び退職者等の通知カード又は個人番号カードを保管してはならない。

条文の見出し／キーワード	作成基準の解説
	に判断できると個人番号利用事務実施者が認めるときは、会社が身元確認を行うことを不要とすることも認められます。ただし、この場合、従業者の入社時などに番号利用法などで定めるものと同程度の身元確認を行っている必要があります。例えば、履歴書だけでは採用時の本人確認（身元確認）が十分ではありません（内閣府Q&A、国税庁Q&A）。
書面の送付による本人確認	4．書面の送付により個人番号の提供を受ける場合は、各号に掲げる書類又はその写しの提出を受けなければなりません。
（個人番号カード等） 通知カード	1．市町村長（特別区の区長を含みます）は、住民基本台帳法の規定により住民票に住民票コードを記載したときは、速やかに、地方公共団体情報システム機構から通知された個人番号とすべき番号をその者の個人番号として指定し、その者に対し、当該個人番号を通知カード（氏名、住所、生年月日、性別、個人番号その他総務省令で定める事項が記載されます）により通知しなければならないこととされています（番号利用法7条1項）。 番号利用法では、個人番号の真正性の確認や本人確認の有効な手段として個人番号カードの交付を規定していますが、円滑な制度導入のためには、個人番号カードの交付を受けるまでの間であっても、個人番号の確認を容易に行うことができる手段を講じておく必要があります。そこで、市町村長から本人に対する個人番号の通知を通知カードにより行うこととし、個人番号カードの交付を受けていない者が、行政機関の窓口等で個人番号の提供を求められた際に当該通知カードを利用できることとされています（逐条解説）。
個人番号カード	2．マイナンバー制度においては、個人番号が付番されたとしても、その者がその個人番号に係る者であることを確認できなければ、きめ細やかな社会保障サービス等を本人に確実に届けることができません。また、個人番号だけで本人を確認することは、なりすまし等のリスクが存在することになります。したがって、確かにその者であって（本人確認）、その者の個人番号である（番号確認）ことを確実に確認できるための媒体として、現在の情報技術を勘案して最も偽変造され

（特定個人情報の収集の制限）

第20条　会社及び従業者は、第７条第１項及び番号利用法の目的のため、次の各号のいずれかに該当した場合を除き、他人の個人番号を含む特定個人情報を収集してはならない。

⑴　個人番号利用事務実施者を通じた提供があった場合

⑵　個人番号関係事務実施者を通じた提供があった場合

⑶　本人又は代理人を通じた提供があった場合

⑷　委託に伴う提供があった場合

⑸　事業承継に伴う提供があった場合

⑹　その他番号利用法に定める場合の提供があった場合

2　前項の「収集」とは、目的の範囲を超えて特定個人番号を本人から取得することのほか、データベースから個人番号をプリントアウトし、又は個人番号をノートに書き写す等の行為を含むものとする。

条文の見出し／キーワード	作成基準の解説
	にくい等､高いセキュリティを確保できる半導体集積回路(以下「ICチップ」といいます）を搭載した個人番号カードが交付されます（逐条解説)。 個人番号カードの券面には、個人番号、氏名、住所、性別及び生年月日が記載され、顔写真が表示されます。
個人番号カードの活用	３．番号利用法18条において、個人番号カードについて、従来の住民基本台帳カードにおける条例による独自利用等における活用が可能とされています（逐条解説)。具体的には、個人番号カードのICチップ内は、領域を区切って、領域ごとにアプリケーション(AP)を搭載することができる仕様とし、各地方公共団体が、これを活用することになっています。 なお、同条２号において、民間事業者が活用することも可能となるよう規定されています。
(特定個人情報の収集の制限)	１．番号利用法19条は特定個人情報の提供を原則禁止するとともに一定の場合に例外を認めることとしているところ、例外として特定個人情報について提供が認められる場合には、提供を受ける者にとっては、これを収集・保管することが必要であることが想定されます。そこで、特定個人情報の提供が例外として許される場合（番号利用法19条各号に該当する場合）については、収集等の制限についても例外としています(番号利用法20条、逐条解説)。
収集	２.「収集」とは集める意思をもって自己の占有に置くことをいいます。人から取得する場合のほか、電子計算機等から取得する場合も含みます。情報を閲覧することのみでは｢収集｣にあたりません（逐条解説)。
	３．子、配偶者等の自己と同一の世帯に属する者は、他人に該当しないため、番号利用法19条各号のいずれにも該当していなくても収集又は保管することができます（番号利用法20条)。
	４．給与事務担当者として個人番号関係事務に従事する者が、その個人番号関係事務以外の目的で他の従業者の特定個人情報をノートに書き写すことは、本規定に違反します。できれば具体的な禁止事項を列挙するとよいでしょう。

（応募書類等の取扱い）

第21条　採用選考に使用した履歴書等の応募書類（採用された者に係るものを除く。）は、その利用目的が達成された後は、その時点で、返却、破棄又は削除の措置を適切かつ確実に行わなければならない。また、応募者に対しては、あらかじめその旨を明示しておかなければならない。

2　会社は、応募書類等によって特定個人情報を取得してはならない。

（健康情報）

第22条　会社が、従業者及び退職者等から提出された診断書の内容以外の情報について医療機関から従業者及び退職者等の健康情報（雇用管理情報のうち、健康診断の結果、病歴、その他の健康に関するものをいう。以下同じ。）を取得する必要がある場合は、健康情報を取得する目的を明らかにして本人の承諾を得たうえで、本人を経由して取得するものとする。ただし、労働安全衛生法に定める健康診断に係る健康情報については、この限りでない。

2　次の各号に掲げる健康情報については、職業上の特別な必要性がある場合を除き、従業者及び退職者等から取得しないものとする。

(1)　HIV感染症やＢ型肝炎等の職場において感染する可能性の低い感染症

(2)　色覚異常等の遺伝情報

3　従業者及び退職者等の健康情報（労働安全衛生法に基づくストレスチェック制度に係る情報を除く。）の取扱いは、原則として、雇用管理を目的として産業医その他会社が指定する医師に取り扱わせるものとする。ただし、業務上の必要があるとき、又は産業医その他の医師を会社が指定することができないときは、特定個人情報等責任者（その委任を受けた者を含む。）が従業者及び退職者等の健康情報を取り扱うものとする。

（要配慮個人情報の取得及び提供の制限）

第23条　会社は、次の各号に掲げる内容を含む個人情報（以下「要配慮個人情報」という。）の取得は、行わないものとする。ただし、これらの情報の取得について、本人の同意がある場合又は法令等の要請からやむを得ない事情があるときは、この限りでない。

(1)　人種

(2)　信条

条文の見出し／キーワード	作成基準の解説
（応募書類等の取扱い）	採用選考に使用した履歴書等の応募書類については、個人情報保護法においては、その返却についての規定はありません。ただし、利用目的の達成に必要な範囲を超えた個人情報の取扱いは、あらかじめ本人の同意がない限り制限されるものであり、採用活動のうえで必要とされなくなった情報については、写しを含め、その時点で返却、破棄、削除を適切かつ確実に行うことが求められます。当然に目的外利用は許されておらず、その後も安全管理措置を講じる義務があります。仮に返却しないのであれば、あらかじめ応募者に対して説明をし、適切に破棄等の手続を行うことが必要です。
（健康情報）	１．医療機関が会社に健康情報を提供することは、第三者提供に該当するため、医療機関は従業者から同意を得る必要があります。これとは別に、会社もあらかじめ、従業者の承諾を得ておくことが望ましいものとされています（医療ガイダンス）。 ２．会社が健康診断の実施を委託した医療機関等が、労働安全衛生法66条に基づきその結果である労働者等の個人データを委託元である会社に対して提供することについては、本人の同意が得られていると解釈されているため、第三者提供の問題は生じません（医療ガイダンス）。 ３．HIV感染症やＢ型肝炎等の職場において感染する可能性の低い感染症や色覚異常等の遺伝情報について、事業者は、労働者等から取得すべきでないものとされています（平16.10.29基発1029009号）。ただし、２項(1)については、業務上特に必要がある場合、同項(2)については、就業上の配慮を行うべき特段の理由がある場合は、この限りではありません。
（要配慮個人情報の取得及び提供の制限）	１．「要配慮個人情報」とは、個人情報保護法の改正により加わったいわゆる機微情報（センシティブ情報）のことです。JISQ15001では、「特定の機微な個人情報」という個人情報区分が存在していましたが、改正により、「要配慮個人情報」に統一されました。なお、この規定は、採用応募者から得る個人情報についても適用されます。

(3)　社会的身分
(4)　病歴
(5)　犯罪の経歴
(6)　犯罪により害を被った事実
(7)　身体障害、知的障害、精神障害（発達障害を含む。）等、次に掲げる心身の機能の障害があること。
　①　身体障害者福祉法における身体上の障害
　②　知的障害者福祉法における知的障害
　③　精神保健及び精神障害者福祉に関する法律における精神障害（発達障害者支援法における発達障害を含み、②に掲げるものを除く。）
　④　治療方法が確立していない疾病その他の特殊の疾病であって障害者の日常生活及び社会生活を総合的に支援するための法律第４条第１項の政令で定めるものによる障害の程度が同項の厚生労働大臣が定める程度であるもの
(8)　本人に対して医師その他医療に関連する職務に従事する者（次号において「医師等」という。）により行われた疾病の予防及び早期発見のための健康診断その他の検査（同号において「健康診断等」という。）の結果
(9)　健康診断等の結果に基づき、又は疾病、負傷その他の心身の変化を理由として、本人に対して医師等により心身の状態の改善のための指導又は診療若しくは調剤が行われたこと。
(10)　本人を被疑者又は被告人として、逮捕、捜索、差押え、勾留、公訴の提起その他の刑事事件に関する手続が行われたこと。
(11)　本人を少年法第３条第１項に規定する少年又はその疑いのある者として、調査、観護の措置、審判、保護処分その他の少年の保護事件に関する手続が行われたこと。

2　前項ただし書のやむを得ない事情とは、次のいずれかに該当する場合とする。
(1)　法令に基づく場合
(2)　人の生命、身体又は財産の保護のために必要がある場合であって、本人の同意を得ることが困難であるとき。
(3)　公衆衛生の向上又は児童の健全な育成の推進のために特に必要がある場合であって、本人の同意を得ることが困難であるとき。
(4)　国の機関若しくは地方公共団体又はその委託を受けた者が法令の定める事務を遂行することに対して協力する必要がある場合であって、本人の同意を得ることにより当該事務の遂行に支障を及ぼすおそれがあるとき。
(5)　当該要配慮個人情報が、本人、国の機関、地方公共団体、個人情報保護法第76条第１項各号に掲げる者、外国政府、外国の政府機関、外国の地方公共団体又は国際機関、外国における個人情報保護法第76条第１項各号に掲げる者に相当する者により公開されている場合

条文の見出し／キーワード	作成基準の解説

２．なお、職業紹介事業者等が取り扱う機微情報については、指針により、次のとおり規定されています。

> ➢　職業紹介事業者、労働者の募集を行う者、募集受託者、労働者供給事業者等が均等待遇、労働条件等の明示、求職者等の個人情報の取扱い、職業紹介事業者の責務、募集内容の的確な表示等に関して適切に対処するための指針（平11.11.17労働省告示第141号）
>
> 第４　法第5条の4に関する事項（求職者等の個人情報の取扱い）
>
> １　個人情報の収集、保管及び使用
>
> ⑴　職業紹介事業者等は、その業務の目的の範囲内で求職者等の個人情報（１及び２において単に「個人情報」という。）を収集することとし、次に掲げる個人情報を収集してはならないこと。ただし、特別な職業上の必要性が存在することその他業務の目的の達成に必要不可欠であって、収集目的を示して本人から収集する場合はこの限りでないこと。
>
> イ　人種、民族、社会的身分、門地、本籍、出生地その他社会的差別の原因となるおそれのある事項
>
> ロ　思想及び信条
>
> ハ　労働組合への加入状況

(6)　本人を目視し、又は撮影することにより、その外形上明らかな要配慮個人情報を取得する場合

(7)　委託、事業承継又は共同利用により、個人データである要配慮個人情報の提供を受けるとき。

3　要配慮個人情報については、第36条（特定個人情報以外の雇用管理情報の第三者提供の制限）の第三者提供のオプトアウトの規定は適用しない。

第4章　特定個人情報等の保管及び廃棄等

（正確性の確保）

第24条　会社は、利用目的の達成に必要な範囲内において、特定個人情報等を、正確かつ最新の状態で管理しなければならない。

（情報の開示と訂正）

第25条　従業者は、本人の特定個人情報等（人事考課に関する情報を除く。）に誤りがないか確認を求めることができる。

2　本人の特定個人情報等に誤りがあるときは、従業者は、会社に対しその訂正を要請することができ、会社は、直ちに、これを訂正するものとする。

（特定個人情報の保管の制限）

第26条　会社及び従業者は、第7条第1項及び番号利用法の目的のため、次の各号に該当した場合を除き、他人の個人番号を含む特定個人情報を保管してはならない。

(1)　個人番号利用事務実施者を通じた提供があった場合

(2)　個人番号関係事務実施者を通じた提供があった場合

(3)　本人又は代理人を通じた提供があった場合

(4)　委託に伴う提供があった場合

(5)　事業承継に伴う提供があった場合

(6)　その他番号利用法による提供があった場合

条文の見出し／キーワード	作成基準の解説
（正確性の確保）	雇用管理情報は、顧客情報に比して機微なものであることから一層の正確性が求められるため、個人情報保護法19条の努力義務を上回る義務規定としました。
（情報の開示と訂正）	その全部又は一部を開示することにより、業務の適正な実施に著しい支障を及ぼすおそれがある労務管理情報（雇用管理情報）については、非開示とすることもできます。ただし、その内容については、あらかじめ、労働組合等と必要に応じ協議し、非開示とする内容をできるだけ明確に提示し、周知徹底を図る必要があります（旧雇用ガイドライン）。
（特定個人情報の保管の制限）	１．番号利用法19条は特定個人情報の提供を原則禁止するとともに一定の場合に例外を認めることとしているところ、例外として特定個人情報について提供が認められる場合には、提供を受ける者にとっては、これを収集・保管することが必要であることが想定されます。そこで、特定個人情報の提供が例外として許される場合については、収集等の制限についても例外としています（番号利用法20条、逐条解説）。
保管	２．「保管」とは、自己の勢力範囲内に保持することをいう。個人番号が記録された文書や電磁的記録を自宅に持ち帰り、置いておくことなどです（逐条解説）。

（特定個人情報の廃棄）

第27条　個人番号関係事務の処理の必要がなくなり、その後に法令で定める保存期間を経過した場合には、会社は、当該経過した日の属する事業年度の末日（以下「廃棄期日」という。）までに、個人番号が記載された書類及び記録されたデータ等を、廃棄又は削除しなければならず、廃棄期日を超えて保存してはならない。

2　廃棄又は削除は、焼却、溶解、磁気データの物理的破壊等の少なくとも当該個人番号が復元できない程度となるよう行わなければならない。また、廃棄処分を行った事実を記録しておかなければならない。

3　廃棄又は削除を外部の業者に委託し、これが完了したときは、特定個人情報等責任者は、当該業者に対し、廃棄又は削除が完了した日時、特定個人情報等が復元できない程度に廃棄又は削除した旨等の証明を、書面により求めるものとする。

（退職者の個人情報）

第28条　退職者の特定個人情報を含むすべての個人情報については、利用目的を達成した部分についてはその時点で、写しも含め、返却、廃棄又は削除を適切かつ確実に行うものとする。

第５章　特定個人情報等の利用

（特定個人情報等の利用の原則）

第29条　特定個人情報等の利用は、第６条に定める特定された利用目的の達成に必要な範

条文の見出し／キーワード	作成基準の解説
（特定個人情報の廃棄） 適切な廃棄	1．個人番号関係事務又は個人番号利用事務を行う必要がなくなった場合で、所管法令等において定められている保存期間等を経過した場合には、個人番号をできるだけ速やかに復元できない手段で削除又は廃棄する必要があります（特定個人情報ガイドライン4-3-③ｂ）。
廃棄証明	2．個人番号・特定個人情報ファイルを削除した場合、又は電子媒体等を廃棄した場合には、削除又は廃棄した記録を保存します。また、これらの作業を委託する場合には、委託先が確実に削除又は廃棄したことについて、証明書等により確認します（安全管理措置ガイドライン）。
（退職者の個人情報）	1．退職者の個人情報については、賃金台帳等の一定期間の保存を定めた労基法109条等他の法令との関係に留意しつつも、利用目的を達成した部分についてはその時点で、写しも含め、返却、破棄又は削除を適切かつ確実に行うことが求められます。仮に利用目的達成後も保管する状態が続く場合には、目的外利用は許されておらず、また、その後も継続して安全管理措置を講じなければなりません（旧雇用ガイドライン）。 2．退職者の転職先又は転職予定先に対し当該退職者の個人情報を提供することは第三者提供に該当するため、あらかじめ本人の同意を得なければなりません。 3．会社は、利用目的の達成の範囲内において、個人データを正確かつ最新の内容に保つとともに、利用する必要がなくなったときは、当該個人データを遅滞なく消去するよう努めなければなりません（個人情報保護法19条）。
（特定個人情報等の利用の原則）	旧雇用ガイドラインでは、労務管理情報（雇用管理情報）については、できる限り個人情報の項目ごとに利用目的を特定す

囲内で、具体的な業務に応じ権限を与えられた者のみが、業務の遂行上必要な限りにおいて行うものとする。

（特定個人情報の利用目的による制限）

第30条　会社は、この規程に定める利用目的の達成に必要な範囲を超えて特定個人情報を取り扱ってはならない。

2　合併その他の事由により他の個人情報取扱事業者の事業を承継することに伴って特定個人情報を取得した場合には、承継前における当該個人情報の利用目的の達成に必要な範囲を超えて、当該特定個人情報を取り扱ってはならない（人の生命、身体又は財産の保護のために必要がある場合であって、本人の同意があり、又は本人の同意を得ることが困難であるときを除く。）。

（特定個人情報以外の雇用管理情報の利用目的による制限）

第31条　会社は、あらかじめ本人の同意を得ないで、会社が特定した利用目的の達成に必要な範囲を超えて雇用管理情報（特定個人情報に該当する部分を除く。以下本条において同じ）を取り扱ってはならない。

2　合併その他の事由により他の事業を承継することに伴って雇用管理情報を取得した場合には、あらかじめ本人の同意を得ないで、承継前における当該雇用管理情報の利用目的の達成に必要な範囲を超えて、当該雇用管理情報を取り扱ってはならない。

3　前二項の規定は、次の各号のいずれかに該当する場合については、適用しない。

(1)　法令に基づく場合

(2)　人の生命、身体又は財産の保護のために必要がある場合であって、本人の同意を得ることが困難であるとき。

(3)　公衆衛生の向上又は児童の健全な育成の推進のために特に必要がある場合であって、本人の同意を得ることが困難であるとき。

条文の見出し／キーワード	作成基準の解説
	ることが望ましいとしていましたが、利用目的をみればどのような情報を取り扱っているか推定され得ると考えられる場合には、個人情報の項目ごとに利用目的を掲げなくてもよいと考えられます。
（特定個人情報の利用目的による制限） 利用目的の範囲内として利用が認められる場合	1．次のような場合は、利用目的の範囲内と認められ、既に取得した個人番号を利用することができ、再度の提供の求めは不要であると解されています（特定個人情報ガイドライン第4-1-(1)-1Ba）。 ①　当年以後の源泉徴収票作成事務に用いる場合 ②　退職者について再雇用契約が締結された場合 ③　講師との間で講演契約を再度締結した場合 ④　不動産の賃貸借契約を追加して締結した場合
事業承継の場合	2．事業承継があった場合は、承継前における当該特定個人情報の利用目的の範囲内で引き続き当該特定個人情報を利用することができます（番号利用法19条）。
特定個人情報の目的外利用	3．特定個人情報は、本人の同意があっても目的外利用は禁止されます（同条）。 4．法令上の例外的取扱いは、通常の個人情報の場合より限定されています（同条）。
（特定個人情報以外の雇用管理情報の利用目的による制限）	1．あらかじめ本人の同意を得ないで、利用目的の達成に必要な範囲を超えて、個人情報を取り扱ってはなりません（個人情報保護法16条1項）。すなわち、個人情報取扱事業者は、利用目的の達成に必要な範囲を超えて、個人情報を取り扱う場合（目的外利用の場合）は、あらかじめ本人の同意を得なければなりません。 2．例えば、就職のための履歴書情報をもとに、自社の商品の販売促進のために自社商品のカタログと申込書を送る場合は、目的外利用となるため、本人の同意がない限り行うことはできません。 3．なお、1.の場合において、同意を得るために個人情報を利用すること（メールの送付や電話をかけること等）は、当初の利用目的として記載されていない場合でも、目的外利用

(4)　国の機関又は地方公共団体又はその委託を受けた者が法令の定める事務を遂行することに対して協力する必要がある場合であって、本人の同意を得ることにより当該事務の遂行に支障を及ぼすおそれがあるとき。

4　特定個人情報については、本条の規定は適用せず、前条に定めるところによる。

（利用目的の変更）

第32条　会社は、特定個人情報等の利用目的を変更しようとする場合は、変更前の利用目的と関連性を有すると合理的に認められる範囲を超えた変更を行ってはならない。また、利用目的を変更する場合は、変更後の利用目的について、本人に通知し、又は公表しなければならない。

条文の見出し／キーワード	作成基準の解説
	には該当しません（旧経産省ガイドライン2-2-1）。
目的外利用の例外	４．個人情報保護法23条１項では、あらかじめ本人の同意を得ないで、個人データを第三者に提供することを禁止しています（同意があれば可能）。その例外事由が、目的外利用の例外事由と同じになっています（モデル規程36条１項各号）。
事業承継の場合	５．事業承継の場合（モデル規程31条２項の場合）であっても、あらかじめ本人の同意を得ないで、承継前における当該個人情報の利用目的の達成に必要な範囲を超える個人情報を取り扱うことは禁止されます（個人情報保護法16条２項）。
	６．ただし、合併、分社化、営業譲渡等により他の個人情報取扱事業者から事業の承継をすることに伴って個人情報を取得した場合であって、当該個人情報に係る承継前の利用目的の達成に必要な範囲内で取り扱う場合は目的外利用にはならず、本人の同意を得る必要はありません（旧経産省ガイドライン2-2-1）。
（利用目的の変更）	１．利用目的の変更は禁止されていませんが、変更する場合には、変更前の利用目的と関連性を有すると合理的に認められる範囲を超えて行ってはなりません（個人情報保護法15条２項）。 なお、今回の個人情報保護法の改正では、「相当の関連性を有する」との要件が、単に「関連性を有する」と要件緩和されています。
	２．利用目的を変更した場合は、本人に通知し、又は公表することが義務づけられています（個人情報保護法18条３項）。
特定個人情報の利用目的の変更	３．個人情報保護法の利用目的の変更の規定は、特定個人情報にも適用があります。例えば、従業者の源泉徴収票作成事務のために提供を受けた個人番号を、健康保険・厚生年金保険届出事務等に利用しようとする場合は、利用目的を変更して、本人への通知等を行うことにより、健康保険・厚生年金保険届出事務等に個人番号を利用することができます（特定個人情報ガイドライン第4-1-(1)-1Ba）。

（特定個人情報ファイルの作成の制限）

第33条　事務取扱担当者は、個人番号関係事務又は個人番号利用事務を処理するために必要な範囲に限って、特定個人情報ファイルを作成することができるものであり、その必要な範囲を超えて特定個人情報ファイルを作成してはならない。また、アクセス制御等の措置を講じることなく、既存の雇用管理データベースに個人番号の項目を加えてはならない。

（役員等の閲覧）

第34条　役職者たる従業者は、その必要の範囲内において、直属の部下の雇用管理情報（特定個人情報に該当する部分を除く。）を閲覧することができる。ただし、あらかじめ、特定個人情報等責任者の承認を得ておかなければならない。

2　前項にかかわらず、特定個人情報については、これを閲覧することはできない。ただし、法令の定めにより特別の必要があり、特定個人情報等責任者の特別の許可を受けた場合は、この限りでない。

第６章　特定個人情報等の提供

（特定個人情報の提供の制限）

第35条　会社及び従業者は、次の各号のいずれかに該当する場合を除き、特定個人情報を提供してはならない。また、個人情報保護法に基づく共同利用は認めない。

⑴　個人番号利用事務実施者を通じた提供

⑵　個人番号関係事務実施者を通じた提供

⑶　本人又は代理人を通じた提供

条文の見出し／キーワード	作成基準の解説
（特定個人情報ファイルの作成の制限） 特定個人情報ファイルの作成の制限の例外	本規定については、番号利用法29条により、次の例外が定められています。 ①　特定個人情報を個人情報保護委員会に提供するとき。 ②　特定個人情報を総務大臣に提供するとき。 ③　各議院若しくは各議院の委員会若しくは参議院の調査会が国会法等の規定により行う審査若しくは調査、訴訟手続その他の裁判所における手続、裁判の執行、刑事事件の捜査、租税に関する法律の規定に基づく犯則事件の調査又は会計検査院の検査が行われるとき、その他政令で定める公益上の必要があるとき。 ④　人の生命、身体又は財産の保護のために必要がある場合において、本人の同意があり、又は本人の同意を得ることが困難であるとき。 ⑤　その他これらに準ずるものとして個人情報保護委員会規則で定めるとき。
（役員等の閲覧）	役職者の閲覧権限を規定しておきます。当然に特定個人情報については、自由に閲覧というわけにはいきません。
（特定個人情報の提供の制限） 個人情報保護法上の第三者提供との違い	個人情報保護法23条は、個人情報取扱事業者に対し、個人データについて、本人の同意がある場合、法令の規定に基づく場合等には、第三者に提供することができることとしています。これに対して、番号利用法は、本人の同意があるのかないのか、提供先が「他人」（第二者）なのか「第三者」なのかにかかわらず番号利用法19条各号のいずれかに該当しない限り、提供行

(4)　委託に伴う提供
(5)　事業承継に伴う提供
(6)　その他番号利用法に定める場合の提供

（特定個人情報以外の雇用管理情報の第三者提供の制限）

第36条　会社は、あらかじめ本人の同意を得ないで、雇用管理情報（特定個人情報に該当する部分を除く。以下本条において同じ。）を第三者に提供してはならない。ただし、次の各号のいずれかに該当する場合は、この限りでない。

(1)　法令に基づく場合
(2)　人の生命、身体又は財産の保護のために必要がある場合であって、本人の同意を得ることが困難であるとき。
(3)　公衆衛生の向上又は児童の健全な育成の推進のために特に必要がある場合であって、本人の同意を得ることが困難であるとき。
(4)　国の機関若しくは地方公共団体又はその委託を受けた者が法令の定める事務を遂行することに対して協力する必要がある場合であって、本人の同意を得ることにより当該事務の遂行に支障を及ぼすおそれがあるとき。

2　次に掲げる場合において、雇用管理情報の提供をする場合は、前項の規定の適用については、第三者に該当しないものとする。ただし、外国にある第三者への提供の場合は、個人情報保護法に定めるところによる。

(1)　委託…利用目的の達成に必要な範囲内において雇用管理情報の取扱いの全部又は一部を委託するとき。
(2)　事業承継…合併その他の事由による事業の承継に伴って雇用管理情報が提供されるとき。
(3)　共同利用の場合…個人データを特定の者との間で共同して利用する場合であって、

条文の見出し／キーワード	作成基準の解説
	為そのものが禁止されています。 例えば、社員が個人番号関係事務のため会社に提供したマイナンバーは、本人の同意があっても、会社は第三者（例えば、出向先）に提供することはできません。逆に、社員が提供したマイナンバーを、会社が委託（番号利用法19条５号）により、社会保険労務士事務所（社員からみると第三者）に提供することは可能となります。 このように、提供に関するルールは、「特定個人情報」「特定個人情報以外の個人情報」とでまったく異なるにもかかわらず、いわゆる雇用管理情報には、両者が含まれる点が問題となります。そのため、取扱規程等における提供の規定は、明確に峻別して定める必要があります（よって、特定個人情報以外の雇用管理情報については、モデル規程36条に規定）。
（特定個人情報以外の雇用管理情報の第三者提供の制限）	**1**．あらかじめ本人の同意を得ないで、個人データを第三者に提供することはできません（個人情報保護法23条１項）。逆にいえば、個人情報保護法は、基本的に「本人の同意」を要件に第三者提供を自由に認めているということになります。 なお、今回の個人情報保護法の改正では、一定の機微情報は、「要配慮個人情報」と定義されることになり、これについては、同意又はオプトアウトによる第三者提供は禁止されています。 **2**．この場合の同意の取得に当たっては、本人が同意に係る判断を行うために必要と考えられる合理的かつ適切な範囲の内容を明確に示すことが必要です（旧経産省ガイドライン2-2-4）。
第三者提供の制限の例外	**3**．個人情報保護法16条１項では、あらかじめ本人の同意を得ないで、個人情報を目的外利用することを禁止しています（同意があれば可能）。その例外事由が、第三者提供の制限の例外事由と同じになっています（モデル規程31条３項各号）。

次の事項について、あらかじめ、本人に通知し、又は本人が容易に知り得る状態に置いているとき。

① 個人データを特定の者との間で共同して利用する旨
② 氏名、住所等の共同利用される個人データの項目
③ 共同して利用する者の範囲
④ 共同して利用する個人データのすべての利用目的
⑤ 個人データの管理について責任を有する者の氏名又は名称
⑥ 取得方法

3　在籍出向の場合における出向者に係る個人情報を出向先に提供するときは、当該提供が共同利用に該当するときは、前項第３号の各事項を本人に通知するものとし、第三者提供に該当するときは、本人の同意を得るものとする。この場合における同意は、出向契約書により行うものとし、会社と出向先はそれぞれ、当該契約書の写しを第三者提供に係る記録として、１年間保存するものとする。

4　特定個人情報については、本条の規定は適用せず、前条に定めるところによる。

条文の見出し／キーワード	作成基準の解説

第三者提供とされる場合、されない場合

第三者提供とされる場合（モデル規程2項各号の場合を除く）	第三者提供とされない場合（ただし、利用目的の制限あり）
・親子兄弟会社、グループ会社の間で個人データを交換する場合 ・フランチャイズ組織の本部と加盟店の間で個人データを交換する場合 ・同業者間で、特定の個人データを交換する場合 ・外国の会社に国内に居住している個人の個人データを提供する場合	・同一事業者内で他部門へ個人データを提供すること。

委託の場合

4．個人データの取扱いに関する業務の全部又は一部を委託する場合は、当該委託先は第三者に該当しません（個人情報保護法23条5項1号）。ただし、委託先に対する監督責任が課せられます（個人情報保護法22条）。

なお、「委託の場合」は、番号利用法19条5号に該当することになり、特定個人情報の提供が可能となります。ちなみに会社が従業員本人の個人番号を委託先の社会保険労務士事務所に提供することは、従業員本人からみると「第三者提供」となります。番号利用法では第三者提供そのものを禁止していると勘違いしている向きもありますが、そもそも「提供」の考え方が、個人情報保護法と番号利用法とでは大きく違っているのだと理解してください。

事業承継の場合

5．事業が承継され個人データが移転される場合は、第三者提供の問題は生じませんが、事業の承継後も、個人データが譲渡される前の利用目的の範囲内で利用しなければなりません（個人情報保護法16条2項ほか）。

なお、「事業承継の場合」は、番号利用法19条5号に該当することになり、特定個人情報の提供が可能となります。

共同利用の場合

6．個人データを特定の者との間で共同して利用する場合であっても、モデル規程36条2項3号の事項をあらかじめ本人に通知し、又は本人が容易に知り得る状態に置いておくとともに、共同して利用することを明らかにしている場合は、第三者提供の問題は生じません（個人情報保護法23条5項3号）。

（開示、訂正等、利用停止等の求め）

第37条　会社は、従業者からの求めにより、開示対象となる特定個人情報等の利用目的の通知・開示、内容の訂正・追加・削除、利用の停止・消去、第三者への提供の停止に応じるものとする。この場合において、やむを得ない理由により、これに応じられないときは、その理由を書面で通知する。

2　前項にかかわらず、特定個人情報については、番号利用法19条に違反して第三者に提供されたものに限り、第三者への提供の停止を求めることができる。

第７章　危機管理体制その他

（情報漏えい等事案に対応する体制の整備）

第38条　会社又は従業者は、情報漏えい等の事案の発生又は兆候を把握した場合は、直ちに特定個人情報等責任者に報告しなければならない。

2　情報漏えい等の事案が発生したときは、直ちに次の各号に掲げる措置を講じるとともに、安全管理体制全般、この規程及び取扱マニュアル等の見直しを図らなければならない。

⑴　影響を受ける可能性のある本人への連絡

⑵　事実関係の調査及び原因の究明

⑶　漏えいした個人情報が個人番号を含むものであるときは、個人情報保護委員会及び

条文の見出し／キーワード	作成基準の解説
特定個人情報の第三者提供	7．特定個人情報については、提供の規定が個人情報保護法と大きく異なり、そもそも同意による第三者提供という概念を想定しておらず、モデル規程36条は適用除外となります。
外国にある第三者への提供の場合	8．外国にある第三者への委託、事業承継、共同利用については、あらかじめ本人の同意を要することの例外にはなりません（個人情報保護法24条）。
（開示、訂正等、利用停止等の求め）	1．個人情報保護法28条に基づく開示、29条の訂正等、30条の利用停止等の求めにおいて、本人から個人番号を付して求めが行われた場合や本人に対してその個人番号や特定個人情報を提供することは、法の解釈上当然に特定個人情報も提供が認められると解されています（同ガイドライン第4-3-(2)[2]C）。
第三者提供の停止	2．本人が第三者への提供の停止を求めることができる場合は次のとおりです。 ①　特定個人情報…番号利用法19条のいずれにもよらない提供が行われた場合 ②　特定個人情報以外の雇用管理情報…本人の同意を得ずに第三者への提供が行われた場合
（情報漏えい等事案に対応する体制の整備）	1．安全管理措置ガイドラインでは、情報漏えい等の事案の発生又は兆候を把握した場合に、適切かつ迅速に対応するための体制を整備することを求めています。 情報漏えい等の事案が発生した場合、二次被害の防止、類似事案の発生防止等の観点から、事案に応じて、事実関係及び再発防止策等を早急に公表することが重要です。 2．情報漏えい等の事案の発生時に、次のような対応を行うことを念頭に、次のような体制を整備することが考えられます（安全管理措置ガイドライン）。モデル規程では、特定個人情

主務大臣等への報告

(4) 再発防止策の検討及び決定

(5) 事実関係及び再発防止策等の公表

3 特定個人情報等責任者は、特定個人情報ファイルに記録された特定個人情報の安全の確保に係る重大な事態が生じたときは、個人情報保護委員会に報告しなければならない。

（危機管理対応）

第39条 会社及び従業者は、特定個人情報等を含むすべての個人情報の漏えいの事故が発生した場合及び番号利用法、この規程その他情報に関する社内規程に違反する事実が生じた場合は、被害拡大防止のための措置を講じなければならない。

2 違反する事実が個人情報の漏えい、滅失又はき損（そのおそれがある場合を含む。）であるときは、当該事実が生じた個人情報の内容を本人に速やかに通知し、又は本人が容易に知り得る状態に置かなければならない。この場合において、特定個人情報等責任者は、速やかに事実関係を調査し、漏えいの対象となった本人に対する対応を行うとともに、被害拡大防止のための措置を講ずる。

3 会社は、再発防止措置、社内処分を決定し、必要に応じて、関係機関への報告又は公表等の対応を行うものとする。

（規定の一部適用除外）

第40条 部門内の名簿作成、連絡網の作成等日常業務又は社内の福利厚生の用に供するための雇用管理情報の利用（個人番号が含まれるものを除く。）については、特定個人情報等責任者が必要と認めるときは、一部の規定の適用を除外することができる。ただし、利用目的、第三者への提供に関する規定については、この限りでない。

条文の見出し／キーワード	作成基準の解説
	報等の特性に鑑み、②を①より優先順位を高くしています。特定個人情報等の漏えいの最大のリスクは労使の信頼関係の崩壊であると考えたからです。 ①　事実関係の調査及び原因の究明 ②　影響を受ける可能性のある本人への連絡 ③　委員会及び主務大臣等への報告 ④　再発防止策の検討及び決定 ⑤　事実関係及び再発防止策等の公表 ３．中小規模事業者であっても、少なくとも、情報漏えい等の事案の発生等に備え、従業者から責任ある立場の者に対する報告連絡体制等をあらかじめ確認しておくことが必要です。 ４．特定個人情報ファイルに記録された特定個人情報の漏えいその他の特定個人情報の安全の確保に係る重大な事態が生じたときは、個人情報保護委員会に報告するものとされています（番号利用法29条の４）。
（危機管理対応）	１．雇用管理情報に係る事故の重大性に鑑み、JISQ15001レベルの規定としました。 ２．個人情報が漏えい、滅失又はき損した場合、被害を最小限に抑えるための手順をあらかじめ定めておくことが求められます。法令、国が定める指針、その他規範で義務づけられていること以外は、経済的な不利益及び社会的な信用の失墜、本人への影響などを考慮して、各会社において、状況に応じた対応を定めておく必要があります。
（規定の一部適用除外）	会社業務の必要性から一部の規定を緩和できることにしています。個人番号に関しては、会社の業務としてこれを取り扱うという側面よりは、行政協力としての側面が強く、従業者からの協力も必要であることから、規定の一部適用除外は規定しないことにしました。

（懲戒及び損害賠償）

第41条　会社は、故意又は過失により法令に違反し、又はこの規程及び取扱マニュアル、その他の個人情報に関する社内規程に違反した従業者（会社の指揮監督を受ける派遣労働者を除く。）に対しては、就業規則又は誓約書等により処分を行うとともに、会社に損害を与えた場合には、損害賠償を請求するものとする。

（苦情・相談窓口）

第42条　特定個人情報等責任者は、個人情報の保護に関して苦情や相談を受け付け、対応する相談窓口を常設し、当該相談窓口の連絡先を本人に告知するものとする。

2　前項の相談窓口の運営責任者は、特定個人情報等責任者とする。

（法令との関係）

第43条　この規程の措置に関して、この規程に定めのないことについては、番号利用法、個人情報保護法その他これに関連する法令・ガイドラインの定めるところによる。

（改　廃）

第44条　この規程の改廃は、特定個人情報等責任者が、個人情報管理委員会の審議を経て起案し、取締役会の決議による。

2　会社は、特定個人情報等を含むすべての個人情報の適切な保護を維持するため、定期にこの規程を見直し、必要と認められる場合には、その改廃を指示しなければならない。

条文の見出し／キーワード	作成基準の解説
（懲戒及び損害賠償）	法令違反、就業規則違反等に対しては、懲戒処分及び損害賠償を規定します。
（苦情・相談窓口）	個人情報取扱事業者は、個人情報の取扱いに関する苦情の適切かつ迅速な処理に努めなければなりません（個人情報保護法35条）。
（法令との関係）	番号利用法、個人情報保護法に関連するガイドライン（指針）の主なものは次のとおりです。 ①　特定個人情報の適正な取扱いに関するガイドライン（事業者編）（個人情報保護委員会） ②　個人情報の保護に関する法律についてのガイドライン（通則編）（個人情報保護委員会） ③　個人情報の保護に関する法律についてのガイドライン（外国第三者提供編）（個人情報保護委員会） ④　個人情報の保護に関する法律についてのガイドライン（第三者提供時の確認・記録義務編）（個人情報保護委員会） ⑤　個人情報の保護に関する法律についてのガイドライン（匿名加工情報編）（個人情報保護委員会）
（改　廃）	JISQ15001では、個人情報保護管理者に相当の権限を与える構成となっていることから、モデル規程でも、その改廃は、特定個人情報等責任者が起案することとしました。なお、取締役会非設置会社においては、１項規定の「取締役会の決議」を「取締役の決定」又は「代表取締役の決定」に置き換えてください。

別紙

特定個人情報取扱マニュアル

1　本マニュアルの目的

特定個人情報は、法令により、とりわけ厳重な安全管理措置が求められている。取扱いが不適切なため、要配慮個人情報の漏えい、完全性が求められる特定個人情報の改ざん等が生じた場合には、業務への影響だけではなく、個人の権利の侵害や社会的信用の失墜の要因となる可能性もある。

本マニュアルは、このようなリスクを軽減するため、特定個人情報（マイナンバー）等取扱規程（以下「基本規程」という。）に基づき、事務取扱担当者が特定個人情報を適切に取り扱うために必要な事項を定めることを目的とする。

2　本マニュアルの対象

(1)　本マニュアルは、特定個人情報（書類等の紙ベースのもの、データベース化されたもの、その他形態を問わず個人番号を含む情報のすべてをいう。）を取り扱うすべての事務取扱担当者を対象とする。

(2)　事務取扱担当者は、法の趣旨に則り、関連する法令及び個人情報取扱規程（特定個人情報以外）、特定個人情報（マイナンバー）等取扱規程並びに特定個人情報等責任者の指示に従い、特定個人情報を取り扱わなければならない。

3　本マニュアルの遵守

(1)　特定個人情報等責任者及び事務取扱担当者は、事務の執行に当たり、本マニュアルに定める事項を遵守する義務を負う。

(2)　本マニュアルに従わないことは、就業規則に定める懲戒処分の対象となることがある。

(3)　本マニュアルに従わなかったことによる損害賠償の責めは、就業規則に基づく懲戒処分によって免れることはない。

4　取扱事務の範囲

会社は、個人番号関係事務又は個人番号利用事務の範囲を明確にしておくものとする。その範囲は次のとおりである。

①　給与所得・退職所得の源泉徴収票の作成

②　雇用保険の資格取得・喪失の届出

③　雇用保険の雇用継続給付の請求

④　健康保険・厚生年金保険の資格取得・喪失の届出

⑤　従業者の配偶者に係る国民年金の第三号被保険者の届出
⑥　報酬、料金等の支払調書の作成
⑦　配当、剰余金の分配及び基金利息の支払調書の作成
⑧　不動産の使用料等の支払調書の作成
⑨　不動産等の譲受けの対価の支払調書の作成
⑩　利子等の支払調書の作成
⑪　その他の支払調書の作成

5　管理組織体制

5.1　管轄部門

会社における特定個人情報・雇用管理情報に係る管轄部門は、総務部とする。

5.2　特定個人情報等責任者の任務

(1)　総務部長を特定個人情報等責任者とする。
(2)　特定個人情報等責任者は、会社における特定個人情報の管理に関する事務を総括する。
(3)　特定個人情報等責任者は、本マニュアルをより理解し、遵守するとともに、事務取扱担当者に理解させ、遵守させるための監督を行う責任を負う。

5.3　事務取扱担当者

(1)　総務部の従業員を特定個人情報関係事務に係る事務取扱担当者とする。
(2)　各部門において個人番号が記載された書類等の受領を行わせるため、各部門に事務取扱担当者を置くことができる。
(3)　事務取扱担当者は、会社及び各部門における特定個人情報を適切に管理する任に当たる。
(4)　事務取扱担当者の氏名及び役割の範囲は次表のとおりである。

部門名	職　名	取扱事務
総務部	部長	事務取扱担当者の統括管理
総務部	部員	社会保険関係事務
総務部	部員	給与・年末調整関係事務
各部門	課長	書類等の受領
各事業所	所長	書類等の受領
営業部	係長	書類等の受領

6　人的管理

会社は、すべての従業者と特定個人情報その他の個人データの秘密保持契約等の締結及び従業者に対する教育・訓練等を実施し、特定個人情報その他の個人データの安全管理が図られるよう従業者を監督するものとする。

6．1　すべての従業者の秘密保持義務

会社は、従業者が、在職中及びその職を退いた後において、その業務に関して知り得た特定個人情報その他の個人データを第三者に知らせ、又は利用目的外に使用しないことを内容とする契約等を採用時等に締結するものとする。

6．2　すべての従業者に対する教育の実施

6．2．1　趣旨

⑴　特定個人情報等責任者は、すべての従業者に教育を実施し、会社の基本方針及び特定個人情報の取扱いの重要性を周知徹底させなければならない。

⑵　教育は繰り返して実施するものとする。また、教育内容を定期的に見直して更新し、更新内容を受講者に周知徹底させなければならない。

⑶　会社は、従業者による特定個人情報その他の個人データの持出し等を防ぐため、社内での安全管理措置に定めた事項の遵守状況等の確認及び従業者における個人データの保護に対する点検及び日常の指導監督を行うものとする。

6．2．2　ポイント

⑴　教育を実施した証拠として、受講者の受講状況及び理解度についての記録をとる。

⑵　教育内容を定期的に見直して更新し、更新内容を周知徹底する。

⑶　教育内容は、職位（管理職、非管理職等）及び契約形態（社員、派遣社員等）等の権限や職務に応じて適切なレベルや内容を実施する。

6．3　事務取扱担当者への教育及び監督

⑴　事務取扱担当者については、基本規程及び本マニュアル等の内容に関し、定期に適正な教育を行う。

⑵　事務取扱担当者については、情報通信技術の進歩や新たな脅威の出現、新しい法律の施行など技術的、社会的な変化に対応して、必要な知識の収集、能力の高度化を図ることができるよう、組織外の情報源からの情報収集や研修等に継続的に取り組むようにする。

⑶　事務取扱担当者が行う事務については、実施日時、実施者等の記録をとり、特定個人情報等責任者が適宜チェックを行う。

7　特定個人情報の取扱いに関する全般的な注意事項

7．1　責任体制の明確化

⑴　事務取扱担当者が複数いる場合には、必ず１名を特定個人情報等責任者とする。

(2) 事務取扱担当者が１名のみの場合には、直属の上司が事務の履歴を適宜確認する。

(3) 会社は、安全管理措置について、事務取扱担当者の責任と権限を明確に定め、取扱マニュアルを常に整備しながら適切に運用し、その実施状況の点検・監査を行わなければならない。

７．２　特定個人情報の取扱いの原則

(1) 特定個人情報の取得に当たっては、第三者からの閲覧を防止する措置をとること。

(2) 特定個人情報の取得は、原則として、個人番号を含む書類を直接受領する方法で取得すること。

① 従業者から個人番号を含む書類を受領するときは、専用の封筒に密封された状態で受領を行うこと。

② 受領は、本人からの手渡し、親展郵便によるなど、確実な方法によること。

③ 受領した特定個人情報は、机の上などに放置することなく、直ちに所要の場所に収納すること。

④ 個人番号を含む書類が保管を要しないものであるときは、個人番号関係事務の目的を遂行した時点で直ちにシュレッダーを用いて廃棄すること。

(3) 電磁的記録の送受信により取得するときは、提供する従業者は、当該電磁的記録の暗号化を行わなければならない。当該暗号化の手順の指示は事務取扱担当者が行うこと。

(4) 個人番号を含む書類・電磁的記録を保管する場合は、保管期限までに限って保管が認められるものであること。

(5) 個人番号関係事務の目的の範囲に限り、特定個人情報ファイルとしてデータベース化することを認める。

７．３　特定個人情報ファイルの取扱いの原則

(1) 事務取扱担当者は、個人番号関係事務の遂行以外の目的で、個人番号を入手しないこと。

(2) 事務取扱担当者は、個人番号関係事務の遂行以外の目的で、特定個人情報を利用しないこと。

(3) 事務取扱担当者は、個人番号関係事務の遂行以外の目的で、特定個人情報ファイルを作成しないこと。

(4) 事務取扱担当者は、特定個人情報を保存した内蔵電磁的記録媒体（HDD等）、外部電磁的記録媒体（CD－R等）、可搬電磁的記録媒体（USB等）を利用する場合には、紛失及び盗難から保護するために、以下の措置を講ずること。

【例示】

① 特定個人情報は、管理区域内に設置されたPCに内蔵されたHDD等又はサーバーに内蔵されたHDD等に保管することを原則とする。

② PC本体は、セキュリティワイヤー等により機器を固定するなどして、当該機器の紛失及び盗難防止の措置を実施する。

③ 特定個人情報を電磁的記録として持ち出すときは、当該記録を暗号化のうえ、CD－R等に記録して行うこととし、USB等は用いないこと。

④ CD－R等は、机上、コンピュータのドライブ内等に放置せずに、施錠可能な保管庫、棚等に保管すること。利用が終了した場合も同様とする。

(5) 事務取扱担当者は、個人番号関係事務の遂行以外の目的で、特定個人情報をHDD等に保存しないこと。

(6) 事務取扱担当者は、HDD等に保存された特定個人情報について、保存の理由となった業務事務の遂行目的が達成された等、保存する理由が滅失した場合には、速やかに当該情報を削除すること。

(7) 事務取扱担当者は、HDD等に保存された特定個人情報及び個人番号が記載された書類等（特定個人情報等）の保存期間及び廃棄期日が定められている場合には、当該特定個人情報等は、廃棄期日まで保存すること。

(8) 事務取扱担当者は、廃棄期日を経過した特定個人情報等に関して、保存期間を延長する必要がない場合は、マニュアルに従い、速やかに当該情報（バックアップを含む。）を消去又は廃棄すること。

7.4　マニュアルに基づく運用

(1) 事務取扱担当者は、当該マニュアルに基づく運用状況を確認するため、システムログ又は利用実績を記録（もしくは特定個人情報等の取扱状況のわかる記録）を保存する。記録する項目としては、次に掲げるものとする。

① 特定個人情報ファイルの利用・出力状況の記録

② 書類・媒体等の持出しの記録

③ 特定個人情報ファイルの削除・廃棄記録

④ 削除・廃棄を委託した場合、これを証明する記録等

⑤ 特定個人情報ファイルを情報システムで取り扱う場合、事務取扱担当者の情報システムの利用状況（ログイン実績、アクセスログ等）の記録

※　中小規模事業者の場合

① 業務日誌等において、例えば、特定個人情報等の入手・廃棄、源泉徴収票の作成日、本人への交付日、税務署への提出日等の、特定個人情報等の取扱い状況を記録する。

② チェックリスト（取扱記録シート）を利用して事務を行い、その記入済みのチェックリスト（取扱記録シート）を保存する。

7.5 情報の保存における注意事項

(1) 事務取扱担当者は、特定個人情報を電磁的記録媒体に保存する場合には、必要のない者が当該情報を参照、変更、削除等できないようにアクセス制御すること。

(2) 事務取扱担当者は、特定個人情報を電磁的記録媒体に保存する場合には、IDやパスワードを用いた保護を行うこと。又は、暗号化を行うこと。

7.6 特定個人情報の持出し

(1) 事務取扱担当者は、個人番号関係事務の遂行以外の目的で、特定個人情報を会社外に持ち出さないこと。

(2) 事務取扱担当者は、個人番号関係事務の遂行の目的で、特定個人情報を会社外に持ち出す場合には、あらかじめ特定個人情報等責任者の許可を受け、持ち出す情報及び持出先を必要最小限にとどめること。

(3) 事務取扱担当者は、特定個人情報の持出しのため、当該情報を移送する場合には、あらかじめ特定個人情報等責任者の許可を受け、次の措置を講じたうえで移送すること。

【例示】

① 外見から機密性の高い情報であることがわからないようにする。

② 封緘、目隠しシールの貼付などにより、特定個人情報等が見えないようにする。

③ 郵便、信書便等の場合には、親展で送付する。

④ 携行の場合には、封筒、書類鞄等に収め、当該封筒、書類鞄等の盗難、置き忘れ等に注意する。

(4) 事務取扱担当者は、持出先においても会社内と同様に情報を取り扱うこと。

7.7 情報の消去

7.7.1 廃棄を外部委託する場合

(1) 事務取扱担当者は、情報を保存した電磁的記録媒体を廃棄する場合には、委託先の指定する専用の回収ボックスに投入すること。

(2) 事務取扱担当者は、要機密情報を記載した書面を廃棄する場合には、委託先の指定する専用の回収ボックスに投入すること。

(3) 委託先が確実に削除又は廃棄したことについて、証明書等により確認すること。

7.7.2　事務取扱担当者が自身で処理する場合

⑴　事務取扱担当者は、個人番号を記載した書面を廃棄する場合には、シュレッダーを利用して細断すること。

⑵　事務取扱担当者は、特定個人情報等を保存した電磁的記録媒体を廃棄する場合には、電磁的記録媒体を物理的に破壊する等し、読取装置を利用して当該電磁的記録媒体から情報が読み出せないことを確認すること。ただし、物理的な破壊等により読取装置が利用できない場合に限り、確認を省くことができる。確実に削除又は廃棄したことを特定個人情報等責任者が確認すること。

8　物理的管理

特定個人情報の取扱いに当たっては、重要情報の格納場所や取り扱う領域等を明確にし、これらの領域に入ることができる従業者や運送業者等の外部者を制限するために、物理的に保護することが重要である。

8.1　出入り可能な領域及び入退出管理

⑴　従業者や運送業者等の外部者によって、重要情報が不正に持ち出されないように出入り可能な領域を決めて領域ごとに入退出管理をする。

⑵　特定個人情報等の情報漏えい等を防止するために、特定個人情報ファイルを取り扱う情報システムを管理する区域（以下「管理区域」という。）及び特定個人情報等を取り扱う事務を実施する区域（以下「取扱区域」という。）を明確にし、物理的な安全管理措置を講ずる。

①　管理区域には、施錠可能な扉を設置し、原則として、事務取扱担当者以外の従業者の管理区域への立ち入りを禁止する。

②　サーバールーム等は、管理区域とし、入室はシステム管理担当者等の資格のある者だけが必要な場合のみ、特定個人情報等責任者の許可を事前に得て入室するものとする。

③　取扱区域には、壁又は間仕切り等を設置し、事務取扱担当者の往来が少ない場所に座席を配置するか、のぞき見防止の措置を講ずるものとする。

⑶　重要情報にアクセス可能な物理的領域は、管理区域とし、管理区域への入退室については、記録管理し、無人時における不正侵入も防止する。

①　ICカード、ナンバーキー等による入退室管理システムの設置等

②　機械警備システムや監視カメラの導入

③　建物の開錠（最初入場時）・閉錠（最終退出時）における警備システム操作者の記録については、顔写真等の個人を特定するための記録も取ること。

(4) 特定個人情報を取り扱う事務を実施する区域は、取扱区域とし、社外の者の入退室を制限する。

① 運送業者の出入り可能な領域はロビーまでとする。

② 取引先の出入り可能な領域は応接室までとする。

③ 各入退出管理ポイント（各管理エリアの境界）では、内部不正の防止及び発生後の調査のために、「入退出の記録」と「個人を特定するための記録」は、定期・不定期に監査を行って照合するものとする。

④ 事務取扱担当者の席は壁又は間仕切り等の設置や座席の配置により特定個人情報を扱うコンピュータや机上が事務取扱担当者以外から見えないよう工夫する。

(5) 重要情報を格納する装置は、必要に応じてネットワークから隔離された環境を準備する。

8.2 違反があったときの対応

情報漏えい等の事案の発生等に備え、従業者から責任ある立場の者に対する報告連絡体制等をあらかじめ確認しておくことが重要である。

8.2.1 違反の兆候があるとき

(1) マニュアルに従った運用がされているかどうかを記録により確認する。

(2) 事務取扱担当者会議を行い運用の確認を行う。

8.2.2 違反行為が判明したとき

(1) 違反行為を発見した者は特定個人情報等責任者へ報告する。

(2) 報告を受けた特定個人情報等責任者は、社長に報告する。

(3) 特定個人情報等責任者は、調査担当者を指名する。

(4) 調査担当者は、原因調査を行い、調査結果を記録し、特定個人情報等責任者の承認を得る。

(5) 特定個人情報等責任者は、調査結果を社長に報告する。

(6) 社長は、必要に応じ、是正処置の立案と実施を特定個人情報等責任者に要請する。

(7) 特定個人情報等責任者は、事実関係及び再発防止策等を公表する。

8.2.3 漏えい事故等の事案が発生したとき

8.2.2の手順のほか、次の対応をとる。

(1) 影響を受ける可能性のある本人への連絡

(2) 個人情報保護委員会への報告

⑶　個人情報保護委員会の指示に従って主務大臣等への報告

9　技術的管理

特定個人情報の取扱いに当たっては、特定個人情報を取り扱う情報システムへのアクセス制御及び情報システムの監視等の、個人データの安全管理に関する技術的な措置を講ずることが重要である。

9．1　アクセス制御

情報システムを使用して個人番号関係事務又は個人番号利用事務を行う場合には、事務取扱担当者及び当該事務で取り扱う特定個人情報ファイルの範囲を限定するために、適切なアクセス制御を行う。

中小規模事業者であって、情報システムを使用しない場合には、特定個人情報等を取り扱うPCを特定し、当該PCを取り扱う事務取扱担当者を限定する。

【例示】

①　特定個人情報ファイルを取り扱う情報システムを、アクセス制御により限定する。

②　ユーザーIDに付与するアクセス権により、特定個人情報ファイルを取り扱う情報システムを使用できる者を事務取扱担当者に限定する。

③　PCに標準装備されているユーザー制御機能（ユーザーアカウント制御）により、情報システムを取り扱う事務取扱担当者を限定する。

【例示】中小規模事業者の場合

④　個人番号と紐付けてアクセスできる情報の範囲をアクセス制御により限定する。

⑤　PCに標準装備されているユーザー制御機能（ユーザーアカウント制御）により、情報システムを取り扱う事務取扱担当者を限定する。

9．2　アクセス者の識別

特定個人情報等を取り扱う情報システム（もしくはPC）にアクセスする事務取扱担当者は、ユーザーID、パスワード、磁気・ICカード等を用いてアクセスするものとし、第三者による操作・閲覧の起こらないように注意を払わなければならない。

9．2．1　アクセスする際のパスワード

⑴　パスワードは、8桁以上のアルファベットと数字が混在する組合せとする。

⑵　パスワードは、少なくとも○か月以内に1回、定期に変更するものとする。

⑶　パスワードが記載されたメモは、机上等に放置することなく、業務終了後は、

直ちに施錠可能な引き出し等に収納すること。

9.2.2　電子メールに添付するデータのパスワード

(1)　特定個人情報を含むデータを電子メールに添付しようとするときは、当該データは適切な方法で暗号化が行われなければならない。

(2)　暗号化に係るパスワードは、８桁以上のアルファベットと数字が混在するランダムな組合せとし、ワンタイムパスワードとして生成されたものとする。

(3)　受信者へのパスワードの通知は、データを添付したメール以外のメールで行わなければならない。

10　特定個人情報の取扱手順

特定個人情報は「特定個人情報取扱マニュアル〈手順編〉」の入退社等の場面ごとの業務フローに従って取り扱うこと。また、取扱記録簿に記録すること。

業務フローは次のものについて別途作成する。

①　従業者から提出された書類等を取りまとめる方法

②　取りまとめた書類等の源泉徴収票等の作成部署への移動方法

③　情報システムへの個人番号を含むデータ入力方法

④　源泉徴収票等の作成方法

⑤　源泉徴収票等の行政機関への提出方法

⑥　源泉徴収票等の控え、従業者から提出された書類及び情報システムで取り扱うファイル等の保存方法

⑦　法定保存期間を経過した源泉徴収票等の控え等の廃棄・削除方法　等

別表第１　安全管理措置の体系

安全管理措置		講ずべき主な措置	中小規模事業者の特例
基本方針および取扱規程等の策定	基本方針策定	特定個人情報等の適正な取扱いの確保について組織で取り組むための基本方針を策定	特例なし
	取扱規程等策定	事務の流れを整理し、特定個人情報の具体的な取扱いを定める取扱規程等を策定	取扱いの明確化、確実な引き継ぎ・責任者の確認
組織的安全管理措置	組織体制の整備	組織体制整備（責任者の設置・事務取扱担当者の明確化、責任・役割等明確化、報告連絡体制整備等）	事務取扱担当者複数の場合、責任者と区分
	取扱規程等に基づく運用	取扱規程等の運用状況のシステムログ・利用実績記録	取扱状況の記録保存
	取扱状況確認手段の整備	特定個人情報ファイルの取扱状況記録	
	情報漏えい等事案に対応する体制の整備	情報漏えい時の対応体制整備（調査・原因究明、当局報告、再発防止策検討）	報告連絡体制等の事前確認
	取扱状況の把握及び安全管理措置の見直し	取扱状況の定期点検・監査実施（外部監査含む）	責任者による定期的な取扱状況の点検
人的安全管理措置	事務取扱担当者の監督	事務取扱担当者への適切な監督の実施	特例なし
	事務取扱担当者の教育	事務取扱担当者への教育（定期研修実施・秘密保持事項を就業規則に盛り込む）	
物理的安全管理措置	特定個人情報等を取り扱う区域の管理	管理区域と取扱区域の明確化と入退室管理等の制限実施	特例なし
	機器及び電子媒体等の盗難等の防止	管理・取扱区域での機器・電子媒体・書類等盗難・紛失等防止策（施錠等）	
	電子媒体等を持ち出す場合の漏えい等の防止	電子媒体・書類等持出し時に暗号化・封かん等措置実施・移送時追跡手段利用	電子媒体・書類等の移送時の安全対策
	個人番号の削除、機器および電子媒体等の廃棄	削除・廃棄は、焼却又は溶解等の復元不可能な手段で実施（システム・手続の構築）、削除・廃棄記録保存、外部委託時に証明書等で確認	削除・廃棄の確認
技術的安全管理措置	アクセス制御	担当者・特定個人情報ファイルの範囲の限定。アクセス制御	機器・事務取扱担当者の限定と機器の標準機能によるユーザー制御
	アクセス者の識別と認証	アクセス権の認証（IC、IDカード等）	
	外部からの不正アクセス等の防止	情報システムの外部からの不正アクセス等の対策・運用	特例なし
	情報漏えい等の防止	外部送信時の情報漏えい等防止措置	

●中小規模事業者の定義（①従業員数100人以下、②個人番号利用事務実施者および委託事業者は特例対象外、③金融分野の事業者、④個人情報取扱事業者は対象外）

別表第２　委託先選定基準

評価項目		評価	コメント
1．組織・体制			
1-1	個人情報（特定個人情報を含む。以下同じ。）に関する責任者が明確になっている	□	
1-2	組織の管理責任者が定められている	□	
1-3	個人情報保護に関する規程類が整備されている	□	
1-4	個人情報保護方針が定められている	□	
1-5	内部監査を定期的に実施している	□	
1-6	社員に個人情報保護に関する誓約書を提出させている	□	
1-7	自宅作業の禁止を社員に周知させている	□	
1-8	社員教育の実施記録を残している	□	
2．個人情報の授受保管			
2-1	個人情報の授受は責任者の承認を得ている	□	
2-2	個人情報の授受は記録している	□	
2-3	FAXによる授受は電話確認を行っている	□	
2-4	電子メールは暗号化（又はパスワードロック）を実施している	□	
2-5	個人情報を無断複製していない	□	
2-6	保管時は施錠管理を実施している	□	
2-7	外部記憶媒体は適正に管理している	□	
3．PC及びネットワーク管理			
3-1	ID、パスワード等によりアクセス管理を行っている	□	
3-2	ウイルス対策、セキュリティパッチの更新等を行っている	□	
3-3	PCの盗難防止策を実施している	□	
3-4	アクセスログを定期的に点検している	□	
3-5	データのバックアップを定期的に取っている	□	
3-6	離席時のクリアスクリーンを実施している	□	
3-6	パスワードの管理ルールを遵守している	□	
4．点検・廃棄・消去・返却			
4-1	入力データのチェックは複数者で行っている	□	

4-2	個人情報の漏えい、滅失、き損を定期的に点検している	□	
4-3	返却すべき個人情報が明確になっている	□	
4-4	廃棄又は消去を適正に実施しその結果を記録している	□	
5．入退館・入退室管理			
5-1	入退室者はバッジ等の着用で管理している	□	
5-2	最終退室者は火気、施錠等を確認しその結果を記録している	□	
6．再委託			
6-1	再委託の場合には事前に承認を得ている	□	
6-2	再再委託が行われていないことを確認している	□	
7．事故発生時の対応			
7-1	事故発生時の緊急連絡先一覧表を作成している	□	
7-2	過去２年間、個人情報に関する事故は発生していない	□	

特定個人情報基本方針

様式第１号

特定個人情報基本方針

〇〇株式会社（以下「当社」）は、以下のとおり特定個人情報保護方針を定め、安全管理措置の仕組みを構築し、全従業者に対し、特定個人情報保護の重要性の認識と取組みを徹底させることにより、特定個人情報の保護を推進いたします。

１　取得等について
従業者及び関係者の特定個人情報の取得は、業務上必要な範囲内で、かつ、法令に定める利用目的に限り適切かつ適法な手段により行います。また、法令に定める例外を除き、特定個人情報を、第三者に提供し、又は特定された利用目的の達成に必要な範囲を超えて取り扱うことはいたしません。

２　法令、規範の遵守と見直し
当社は、保有する特定個人情報に関して適用される我が国の法令、ガイドラインその他規範を遵守するとともに、本基本方針の内容を適宜見直し、その改善に努めます。

３　安全管理措置
⑴　当社は、特定個人情報を正確かつ最新の状態に保ち、特定個人情報への不正アクセス・紛失・破損・改ざん・漏えいなどを防止するため、セキュリティシステムの維持・管理体制の整備・社員教育の徹底等の必要な措置を講じ、安全対策を実施し特定個人情報の厳重な管理を行います。
⑵　当社は、特定個人情報の取得、利用、保存、提供、削除、廃棄に際しては所定の規程・規則を遵守し、適正な取扱いを実施するために十分な措置を講じます。
⑶　当社は、業務の必要な範囲を超えて特定個人情報を保管することはせず、不要となった特定個人情報は、適切な方法により削除・廃棄することに万全を期します。

４　特定個人情報の取扱いの委託について
当社は、あらかじめ許諾した場合に限り、特定個人情報の取扱いを委託することがあります。その場合においては、委託先に対する必要かつ適切な監督を行います。

５　質問及び苦情処理の窓口

当社は、特定個人情報の苦情や相談に関して、〇〇部に窓口を設け、適切かつ迅速に対応し、問題の解決を図るように努めます。

〇〇株式会社
特定個人情報等責任者　〇〇部長　〇〇〇〇

特定個人情報等の取扱いに関する同意書

様式第２号

特定個人情報等の取扱いに関する同意書

年　　月　　日

○○株式会社
代表取締役　○○○○　様

氏名＿＿＿＿＿＿＿＿

私は、下記の定めに従い、○○株式会社（以下「会社」といいます。）が私の特定個人情報等を収集・保管・利用・提供することに同意いたします。

記

1．特定個人情報等の利用目的

会社は、みなさんが就業するうえで必要となる特定個人情報等（個人番号など人事労務管理に必要な個人情報をいいます。）を、次の目的にのみ収集し、それ以外の目的には利用しません。

なお、⑴、⑵については、みなさんの個人番号を利用することになりますので、併せてご了解ください。個人番号については、みなさんから本人確認のうえ、適正に収集いたします。

⑴　法令に定める社会保険に係る諸手続（健康保険・厚生年金保険資格取得届の作成等）
⑵　法令に定める所得税、地方税に係る諸手続（給与の源泉徴収事務等）
⑶　前二号以外の会社が行う給与計算（各種手当支給）及び支払手続
⑷　法令に従った医療機関又は健康保険組合からの健康情報の取得
⑸　会社内における人員配置
⑹　昇降給の決定
⑺　教育管理
⑻　福利厚生等の各種手続
⑼　万が一のことがあった際の緊急連絡先の把握
⑽　前各号のほか、会社の人事政策及び雇用管理の目的を達成するために必要な事項

2．特定個人情報等責任者

会社の特定個人情報等責任者は、次の者とします。

○○部長　○○○○

3．特定個人情報等の第三者への提供

会社が取得した個人番号以外の特定個人情報等については、本書の同意のもと、４．の各号に掲げる目的のため、第三者へ提供することがあります。これ以外の事項については、

4．のただし書きに該当する場合及び個別のみなさんの同意がない限り、第三者への提供は行いません。

また、1．⑴、⑵の目的のために収集した個人番号を含む特定個人情報は、第三者に提供することはありません。

4．第三者への提供の例外

⑴ 賃金の振込みのため、本人の氏名、口座番号等を郵送・電送で銀行、郵便事業会社等に提供することがあります。

⑵ 社会保険関連の手続のため、本人の氏名、勤務先等を社会保険関連機関に提供することがあります。

⑶ 健康管理のため、本人の氏名、健康保険証番号等を医療機関又は医師に提供することがあります。

⑷ 他社への出向・移籍手続のため、本人の氏名、人事情報等を出向先・移籍先会社に提供することがあります。

ただし、次の各号に掲げる場合は、関係法令に反しない範囲で、本人の同意なく本人の特定個人情報等（個人番号を含む場合は第1号及び第2号に限ります。）を開示・提供することがあります。

⑴ 法令に基づく場合

⑵ 人の生命、身体又は財産の保護のために必要がある場合であって、本人の同意を得ることが困難であるとき。

⑶ 公衆衛生の向上又は児童の健全な育成の推進のために特に必要がある場合であって、本人の同意を得ることが困難であるとき。

⑷ 国の機関又は地方公共団体又はその委託を受けた者が法令の定める事務を遂行することに対して協力する必要がある場合であって、本人の同意を得ることにより当該事務の遂行に支障を及ぼすおそれがあるとき。

なお、人事労務管理等を目的として、個人番号を含む特定個人情報等を外部に業務委託する場合があります。

5．扶養親族等の個人番号収集等のお願い

法令に定めるところにより、みなさんの扶養親族の個人番号の収集（本人確認を含みます。）は、みなさん自身で行っていただくようお願いいたします。また、第三号被保険者たる配偶者の個人番号の収集（本人確認を含みます。）については、会社がみなさんに委任したうえで行います。

6．みなさんが特定個人情報等を提供することの任意性とこれを拒んだ場合に生じる結果等について

会社が要求する特定個人情報等の提供に応じるか否かは任意ですが、提供いただけない特定個人情報等がある場合、利用目的に掲げてある業務に支障が生じ、その影響がみなさんに及ぶことがあることにご留意ください。

なお、給与・賞与・各種手当等の支給、税務・社会保険事務等、会社が使用者として当然に義務を負う業務に必要な特定個人情報等については、就業規則等に定めるところにより、提供しなければなりません。

7．特定個人情報等の開示等について

会社は、みなさんからの求めにより、開示対象となる特定個人情報等の利用目的の通知・開示、内容の訂正・追加・削除、利用の停止・消去、第三者への提供の停止（番号利用法に基づき提供された個人番号を除きます。）に応じます。やむを得ず応じられないときは、その理由を明らかにして通知します。

8．メール等のモニタリングの実施について

会社は、みなさんが使用するパソコンからの特定個人情報等その他の個人情報及び企業秘密の流出を防止するため、不適切なWEBページへのアクセスが行われていないかについて、常に監視を行います。また、必要に応じて、みなさんが送受信するメールの内容をチェックしますのでご留意ください。

9．特定個人情報等の取扱いに関する苦情・問合せ、開示等請求先

特定個人情報等責任者　○○部長　○○○○

事務取扱担当者任命に当たっての誓約書

様式第３号

年　　月　　日

○○株式会社
代表取締役　○○○○　様

事務取扱担当者任命に当たっての誓約書

私は、事務取扱担当者に任命されるに当たり、下記事項を遵守することを誓約いたします。

記

（秘密保持義務）
第１条　貴社就業規則、特定個人情報（マイナンバー）等取扱規程及びこれらに付随する規程・マニュアル（以下「諸規程」という。）を遵守し、特定個人情報について、いかなる方法をもってしても、業務目的以外の目的で、開示、提供、利用、保管し、又は漏えいしないことを誓約いたします。

（安全管理措置の履行）
第２条　特定個人情報の取扱いについては、諸規程に基づき運用するものとし、これに逸脱した運用は行わないことを誓約いたします。また、その運用状況が、事後において確認可能となるよう、システムログ又は記録実績は、確実に記録・保管いたします。

（退職時等の秘密情報の返還義務）
第３条　私は、事務取扱担当者を退任し、又は貴社を退職する場合には、その時点で私が管理し、又は所持している貴社の特定個人情報及び記録媒体の一切を、直ちに貴社に返還し、返還以後は、私の手元には一切の特定個人情報及び記録媒体が残存しないことを誓約いたします。

（損害賠償）
第４条　本誓約書の各条項に違反して、貴社の特定個人情報を提供、漏えい又は利用した場合、法的な責任を負担するものであることを確認し、これにより貴社が被った一切の損害（社会的な信用失墜を含みます。）を賠償することを誓約いたします。

以上

住所：○○県○○市○○町○丁目○番○号

署名：＿＿＿＿＿＿＿＿＿＿＿＿＿＿＿＿㊞

10

モバイルPC・スマートフォン取扱基本規程

【参考資料】

○職場外のパソコンで仕事をする際のセキュリティガイドライン（2006年４月28日総務省）
○『スマートフォンの安全な利活用のすすめ β版』スマートフォン活用セキュリティガイドライン策定WG（2011年４月）
○モバイルPCの利用手順　雛形　Windows７版（2011年４月内閣官房情報セキュリティセンター）
○スマートフォン・タブレット端末の使用手順　雛形（官支給品編）（2012年４月内閣官房セキュリティセンター）
○NPO法人日本ネットワークセキュリティ協会HP
○『2017年情報セキュリティインシデントに関する調査報告書〔速報版〕第1.0版、別紙』NPO法人日本ネットワークセキュリティ協会　セキュリティ被害調査ワーキンググループ
○『スマートフォンの業務利用におけるクラウド活用ガイド～日本のスマートフォンとビジネスマン達の輝ける未来のために～β版』日本スマートフォンセキュリティフォーラム（JSSEC）技術部会ネットワーキンググループクラウドタスクフォース（2012年4月12日）
○『スマートフォン＆タブレットの業務利用に関するセキュリティガイドライン～その特性を活かしたワークスタイル変革のために～第一版』日本スマートフォンセキュリティフォーラム（JSSEC）利用部会ガイドラインワーキンググループ（2011年12月1日）
○スマートフォン等の業務利用における情報セキュリティ対策の実施手順策定手引書（2015年５月21日内閣サイバーセキュリティーセンター）

（目　的）

第1条　この規程は、○○株式会社（以下「会社」という。）におけるモバイルPC（携帯可能なパーソナル・コンピュータ端末をいう。以下同じ。）及びスマートフォン（モバイルPCに準じた機能を有する携帯電話及びタブレット型端末をいう。）を用いた情報管理に係る社内基準を確立し、モバイルPC及びスマートフォンの有用性を考慮しつつ、その重要な情報資産と関連する脅威や脆弱性を全社的に認識し、適切なモバイルPC及びスマートフォンの使用の原則を定め、情報資産への不正アクセス、紛失、破壊、改ざん及び漏えいの予防等、情報セキュリティ事件事故の発生を防ぐような体制作りを行うことを目的とする。

（情報セキュリティの重要性の認識）

第2条　会社は、全従業員に対して情報資産と情報セキュリティの重要性を認識させ、情報資産及び設備・機器の適正な利用を周知徹底するものとする。

2　従業員は、情報機器全般を操作する際には、これにより予期せぬ望ましくない事象（インシデント）が生じる可能性があることを常に認識し、細心の注意を払って操作しなければならない。

3　セキュリティ上のインシデント及び事故については、直ちに会社が定める担当者に連絡しなければならない。

条文の見出し／キーワード	作成基準の解説
（目　的）	この規程では、情報セキュリティ体制の確立のために、モバイルPCを用いた情報管理に関する事項を規定します。
（情報セキュリティの重要性の認識）	1．情報セキュリティ体制の確立のためには、従業員に情報セキュリティの重要性を認識させることが必要です。
情報セキュリティ（information security）	2．JISQ 27002（ISO/IEC 27002）によれば、「情報セキュリティ」とは、情報の機密性、完全性及び可用性を維持することをいいます。その３要素の意味は次のとおりです。これを情報のCIAと称することがあります。 ①　機密性（confidentiality）…許可されていない個人、エンティティ又はプロセスに対して、情報を使用不可又は非公開にする特性 ②　完全性（integrity）…資産の正確さ及び完全さを保護する特性 ③　可用性（availability）… 許可されたエンティティが要求したときに、アクセス及び使用が可能である特性
情報セキュリティインシデント（information security incident）	3．JISQ 27002（ISO/IEC 27002）によれば、「情報セキュリティインシデント」とは、望まない単独もしくは一連の情報セキュリティ事象、又は予期しない単独もしくは一連の情報セキュリティ事象であって、事業運営を危うくする確率及び情報セキュリティを脅かす確率が高いものをいいます。
漏えい原因	4．NPO法人日本ネットワークセキュリティ協会では、2017年に新聞やインターネットニュースなどで報道された個人情報漏えいインシデントの情報を集計し、分析処理の結果を速報版として公表しました。それによると最も多い漏えい原因は誤操作とのことです。

（情報セキュリティポリシー）

第3条 万一情報セキュリティ上の問題が発生した場合、会社は、迅速な原因究明を行い最小限の被害にくい止める最善の策を講ずるとともに、予防及び維持改善に努めるものとする。

2 会社は、情報セキュリティポリシーを定め、これに基づく活動を継続的に実施し、新しい脅威にも対応ができるような、管理体制を確立するものとする。

（モバイルPC使用の原則）

第4条 従業員は、業務においては、会社から貸与を受けたモバイルPCを使用すること

条文の見出し／キーワード	作成基準の解説

➢ 漏えい原因と具体的事象例

漏えい原因	割　合	具体的事象例
誤操作	25.1%	あて先間違いによって、電子メール・FAX・郵便の誤送信が発生した。
紛失・置き忘れ	21.8%	電車、飲食店など外部の場所に、PC、情報媒体等を紛失又は置き忘れてしまった。
不正アクセス	17.4%	ネットワークを経由して、アクセス制御を破って侵入され、機密情報が外部に漏えいした。
管理ミス	13.0%	情報の公開、管理ルールが明確化されておらず、誤って開示してしまった。
不正な情報持ち出し	6.5%	社員、出入り業者等が、顧客先等で使用するために情報を持ち出して、持ち出し先から漏えいした。
盗難	6.5%	車上荒らし、事務所荒らし等により、PC等の情報媒体とともに機密情報が盗難された。
設定ミス	4.7%	Web等の設定ミスにより外部から閲覧できる状態になっていて、機密情報が閲覧された可能性がある。
その他	5.2%	ダイレクトメール封入時に他人宛の文書も混入してしまった、等

情報セキュリティインシデントと従業員の行動特性

5．なお、2011年の調査では、情報セキュリティインシデントと従業員の行動特性の間には、関連があることを指摘しています。したがって、「遅刻や勘違いが多かったり、業務に関係ない書き込み、雑談等をしている職場は、このルール違反を黙認、放置していると、一般的にルール違反が常態化し、インシデントが発生しやすい環境になる」と指摘しています。

（情報セキュリティポリシー）

情報セキュリティ上の問題に対応するため、会社としての意思を統一した情報セキュリティポリシーを定めます。

（モバイルPC使用の原則）

従業員が業務に使用するモバイルPCを限定し、不適切な使用がないよう管理します。

を原則とし、会社は、従業員にモバイルPCを貸し出す際には、次の事項を把握管理するものとする。

⑴ 従業員氏名
⑵ 緊急時の連絡先
⑶ 担当業務
⑷ 機種
⑸ インストールされたアプリケーション
⑹ 返却期限
⑺ 情報セキュリティ対策状況

2 会社が貸与したモバイルPCの社内システムへアクセスするためのアカウントについては、管理方法を明確に定め、厳格に管理するものとする。

3 従業員は、業務用に貸与されたモバイルPCを許可された目的内で利用条件に従って適切に用いなければならない。

（業務上使用するモバイルPCの技術的条件）

第５条 業務上使用するモバイルPCには、ウイルス対策ソフトをインストールし、最新の定義ファイルに定期的に更新しておかなければならない。

2 OS及びソフトウエアにおいては、パッチの更新を定期的に行わなければならない。

3 OSのログイン時などのID及びパスワードは、他人に推測されにくいものとし、定期的に更新を行わなければならない。

4 パスワードは、本人以外の第三者に教えてはならず、また、他人のパスワードを知ろうとしてはならない。

5 機密性の高いデータを保存又は送信する際には、所定の手続により、必ず暗号化しなければならない。

6 クライアントPC（社内システムの端末として、会社内に備え付けられているPCをいう。以下同じ。）とモバイルPCの環境の境界線にはファイアウォールやルータなどを設置し、不必要なアクセスを遮断するものとし、社内システム内にある重要データは、安全な領域に格納するとともにアクセス権限の付与は必要最低限とする。

7 クライアントPCには、USB等の可搬媒体（スマートフォンを含む。）を接続してはならず、クライアントPCとモバイルPC間とのデータ転送は、社内システムを通じて行わなければならない。

8 前項に定めるほか、業務上使用するモバイルPCの技術的条件については、別に定める仕様基準に定めるところによる。

条文の見出し／キーワード	作成基準の解説
（業務上使用するモバイルPCの技術的条件）	1．技術面におけるセキュリティ対策として、セキュリティガイドラインに基づいたモバイルPCの技術的条件を定めています。
IDとパスワード	2．「ID」はユーザーが誰であるかを識別するものです。「パスワード」は本人であることを確認するものです。IDは、会社、部門ごとに共有することがありますが、パスワードは「本人しか知らない」のが原則です。たとえ管理者であっても従業員のパスワードを聞いたりしてはいけません。パスワードは漏えいした瞬間、インシデントの危機にさらされるといっても過言ではなく、大変重要なものです。
パスワードの保護	3．強度が高いパスワードを作成するポイントは次のとおりです。 ① 長くする。 ② 生年月日、電話番号は用いない。 ③ 大文字・小文字、数字、記号を組み合わせる。 ④ 初期パスワードをそのまま使わない。 ⑤ 定期的にパスワードを変更する。 ⑥ 他人に教えない。
パスフレーズ	4．パスワードの中でも、複数の単語を羅列したりして作成し、使用される文字数が長大であるパスワードのことです。セキュリティはパスワードよりも高いとされています。

（職場外でのモバイルPCの使用）

第6条 職場外でモバイルPCが使用される場合でも、情報セキュリティポリシーが正しく守られているか、定期的な監査を実施する。

2 一時的に職場外に持ち出すデータは、原本ではなく、原本からの複製としなければならない。

3 職場外において、通信ネットワークを用いて業務を実施する際には、指定された通信手段を用いなければならない。

4 職場外のモバイルPC使用については、別に定めるモバイルPC取扱マニュアルに定めるところによる。

（職場外でのスマートフォンの使用）

第7条 スマートフォンの使用については、これがモバイルPCと同等の機能と高い機能性を有するデバイスである点に鑑み、モバイルPCに準じたものとしてこの規程を適用し、最新の注意を払わなければならない。

2 スマートフォンを部門内に導入する際には、可能な限りその目的、用途、利用局面を明確化するとともに、スマートフォンの導入が業務に及ぼす影響を分析し、業務で利用する端末に求められるセキュリティ機能の充足状況を確認したうえで導入しなければならない。

3 職場外で使用するスマートフォン（業務に使用するものに限る。以下同じ。）は、次の各号に掲げる機能が実装又は設定されたものでなければならない。

⑴ スマートフォン内及び外部記憶媒体のファイルデータ暗号化

⑵ リモートワイプ（遠隔からのデータ消去機能）

⑶ アプリケーションの導入制限

⑷ VPN接続時の端末認証・使用者認証

⑸ VPN接続時の経路暗号化

⑹ 不要な機能の停止

4 スマートフォンは、必ずセキュリティロックを設定し、及びウイルス等の対策を行わなければならない。

5 スマートフォンのカメラ機能は、業務上必要があると会社が認める場合を除き、その使用を禁止する。

6 スマートフォンのメール送受信記録は、会社がいつでもモニタリングできるものとする。

条文の見出し／キーワード	作成基準の解説
（職場外でのモバイルPCの使用）	職場内のみならず職場外においてもモバイルPCを使用して業務を行う場合があるため、職場外でのモバイルPCの使用に関しても管理方法を定めることが必要です。
（職場外でのスマートフォンの使用） スマートデバイス導入上の注意点	1．『スマートデバイスの業務利用に関する読者調査』（TechTargetジャパン、2014年２月）によれば、総回答数182件のうち、56.1％の企業が何らかの形でスマートデバイスの業務利用を許可している結果になっており、その特徴をうまく生かして業務に活用していこうという企業姿勢が表れています。今後業務で利用したいスマートデバイスの用途としては、「スケジュール管理」（38.5％）、「メール」（37.4％）、「プレゼン資料やカタログ、デモなどのビュワー」（35.2％）が上位を占めていますが、「営業支援、顧客管理システム（SFA、CRM等）」（33.5％）や「勤怠管理、人事システム」（25.8％）、「基幹系業務システム」（24.2％）、「ファイルサーバ、文書管理システム」（22.0％）といった基幹システム／業務システムの利用に期待が高まっています。一方で、業務利用の際に企業が抱いている懸念としては、74.7％が「端末の紛失・盗難」と回答したほか、「重要情報の漏えい」（46.2％）や「マルウエアなどのインストール」（40.1％）、「リモートアクセス時のセキュリティ」（37.4％）などセキュリティに対する懸念が上位を占めており、これらの懸念を解決するものとして、「リモートアクセス（VPNなど）」「マルウエア対策」「モバイルデバイス管理（MDM）」といった製品／技術にますます注目が高まりそうだとしています。
スマートフォンの特性	2．スマートフォンの活用によるメリットとリスクを検討するに当たり、既存のモバイルツール（携帯電話、PC）とスマートフォンの特性を比較します。

特　性	従来の携帯電話	スマートフォン	PC
携帯性	◎	◎	△
ネットワークの接続性	○	◎	△
利便性	○	◎	○
機能性、処理能力	△	○	◎
拡張性	×	○	◎
柔軟性、パーソナライズ	×	◎	◎

日本スマートフォンセキュリティフォーラム（JSSEC）利用部会 ガイドラインワーキンググループ『スマートフォン＆タブレットの業務利用に関するセキュリティガイドライン～その特性を活かしたワークスタイル変革のために～ 第二版』

3．スマートフォンの場合、PCと同等レベルのセキュリティ設定が行えないことがあります。このような、デバイスやOSの設計に起因するセキュリティ上の課題を比較すると、次のようになります。

セキュリティ設定	携帯電話	PC	スマートフォン
認証設定（認証方式の選択・強度）	×	○	○
アカウント設定（パスワード設定）	△	○	△
デバイス接続制御（外部機器の制限）	×	○	×
不要なサービスの停止	×	○	△
パーソナルファイアウォール	×	○	×
ウイルス対策	△	○	△
自動アップデート	△	○	△
暗号化（通信・ファイルシステム）	△	○	△
無線LANセキュリティ	△	○	○
ログ採取	×	○	△
アプリケーションインストール制御	△	○	△
不正プログラム実行防止	×	○	△
レジストリ/カーネルパラメータ操作	×	○	×
特権制御	×	○	○
記憶域のデータ消去機能	×	○	△

スマートフォンの安全な利活用のすすめ～スマートフォン利用ガイドライン～β版スマートフォン活用セキュリティガイドライン策定WG（2011年4月）

すなわち、スマートフォンを活用するに当たっては、複数のセキュリティ上の課題を解決する必要があるといえます。

（災害時等のスマートフォンの使用）

第8条 災害時等においては、業務以外の目的であっても、緊急時に有効な機能と認められる次の各号に掲げる機能を使用することができる。また、この規程にそぐわない使用方法であっても、必要な範囲でこれを許容するものとする。

(1) ワンセグ

(2) 電子メール（個人アカウントからの使用を含む。）

(3) TV電話

(4) 位置情報、交通機関の検索

(5) ソーシャルメディア

(6) 災害伝言版等の安否確認サービス

2 前項各号の機能を使用する場合は、フィッシング、風評の流布といった悪質な情報に留意するものとする。また、このような情報の拡散に荷担することはあってはならず、ソーシャルメディアの書き込み等については、十分に検証して対応しなければならない。

（紛失時への対応）

第9条 モバイルPC及びスマートフォンの紛失に備えるため、会社は、次の各号に掲げる措置を講じる。

(1) パスワード等による端末のロックの徹底

(2) パスワードクラッキング対策の徹底

(3) 紛失した端末の探索機能の付加

条文の見出し／キーワード	作成基準の解説
	他方、確かにリスクはあるものの、これをうまくコントロールできれば､多くのメリットが享受できる可能性があります。
ビジネスにおけるスマートフォン活用のメリット	4.「業務効率の向上」についてみてみると、スマートフォンの活用は、外出時などにおける隙間時間でのメール対応が可能となり、事務所へ戻った後の電子メール処理時間が大幅に削減できます。また、迅速でタイムリーなメール対応が可能となり、作業時間の削減だけではなく、顧客満足度の向上も望めます。
災害時の対応や在宅勤務への活用	5.災害時の事業継続性（BCP）の維持、電力消費削減等の社会的責任の遂行等の目的を実現しようとする動きがあります（スマートフォンや携帯電話を活用した従業員の安否確認システムとしては、セコム株式会社の『セコム安否確認サービス』などがあります）。
（災害時等のスマートフォンの使用）	本来、業務中にワンセグでテレビを視聴したり、ソーシャルメディアに書き込んだりすることは、通常であれば職務専念義務に違反する行為といえます。しかし、災害時等の緊急時においては、危険から身を守るため、これらのサービスを活用することが有用であることがあります。このような場合に限定し、スマートフォンの業務外使用を認める規定です。
（紛失時への対応） パスワードクラッキング	外部からの侵入により、類推したパスワードを繰り返し試すといった方法で、パソコン等に設定されたパスワードを割り出すことをいいます。これに対する対策として、指定回数以内に正しいパスワードが入力されない場合、データを消去する方法などがあります。

(4) 遠隔操作によるデータ消去機能の付加
(5) 前各号のほか、情報セキュリティ上有用と考えられる機能の付加

(私物のモバイルPC及びスマートフォンの使用)

第10条 従業員は、会社の許可なく私物のモバイルPC及びスマートフォン(以下「個人端末」という。)を業務に使用してはならない。

2 会社の許可を受けて個人端末を使用する場合には、インストールされているソフトを確認するなど定められた使用条件に従わなければならない。

3 個人端末の業務利用の許可については、会社として明確な方針を定めるとともに、許可する場合にはその手続を定めるものとする。この場合において、会社の機器選定基準を満たす推奨機種についての情報も周知する。

(改 廃)

第11条 この規程の改廃は、営業秘密等管理者及び個人情報保護管理者が起案し、取締役会の決議による。

条文の見出し／キーワード	作成基準の解説

（私物のモバイルPC及びスマートフォンの使用）

BYOD（Bring Your Own Device）

1．私物のモバイルPCを業務に使用することは原則として禁止し、会社が許可した場合のみ定められた使用条件に従って使用することとしています。

2．一方で最近では、モバイルPCやスマートフォン端末の支給方法については、会社貸与だけではなく、個人所有の端末の利用（BYOD：Bring Your Own Device）も有力な選択肢といわれるようになってきています。BYODについては、会社が負担するコストが低く、従業員としても利便性が高いという大きなメリットがあります。その一方で、１つの端末で業務用とプライベート用のデータを用いるため、データの管理が難しくなります。特に、利用終了時や退職時などに、業務用のデータを完全に会社の指定する保存場所に移し、端末内の業務用データを完全に消去させることを徹底させる必要があります。

➢ 会社貸与とBYODのメリット・デメリット

分　類	説　明	メリット	デメリット
会社貸与	・企業が初期費用と月額費用を負担して通信事業者と契約し、社員に端末を配付する	・コントロールしやすい	・機種のバージョンアップが追いつかない
BYOD	・個人が契約した端末を業務でも利用できるようにする	・コストダウンが図れる ・使い慣れているため、業務効率の改善効果が高い	・コントロールしにくい ・業務用と個人用のデータの切り分けが難しい

「スマートフォンの業務利用におけるクラウド活用ガイド～日本のスマートフォンとビジネスマン達の輝ける未来のために～ β版」日本スマートフォンセキュリティフォーラム（JSSEC）技術部会ネットワークワーキンググループクラウドタスクフォース

（改　廃）

この規程は、情報管理にも関連する規程であることから、営業秘密等管理者及び個人情報保護管理者が起案することとしました。

11

モバイルPC取扱マニュアル

【参考資料】
※「10　モバイルPC・スマートフォン取扱基本規程」と同じです。

1　本マニュアルの目的及び対象者

1.1　目　的

会社事務を遂行するに当たっては、会社外において情報処理を実施する必要が生ずる場合がある。この際、事務を遂行する環境や利用するネットワーク等について、会社内に比較して物理的な安全対策を講じることが困難になることが多い。

また、会社外での事務遂行に当たっては、情報システムセキュリティ管理者等の目が行き届かないことも多いため、会社外でのセキュリティの維持に関しては会社事務従事者各個人の行動や意識等への依存度が高くなる。

本マニュアルは、上記の状況を考慮し、会社外におけるモバイルPCの利用に関する利用手順を提供することを目的とする。

なお、本マニュアルは、技術変化・進歩及び法制度の変更に対応し、常に意味あるものにするために、会社は情報システムセキュリティ管理者を定め、その指導の下で見直すものとする。

1.2　対象者

本マニュアルは、会社事務の遂行に当たり会社外においてモバイルPCを利用するすべての会社事務従事者を対象とする。

会社事務従事者とは、従業員及び会社の指揮命令に服している者のうち、会社の管理対象である情報及び情報システムを取り扱う者をいう。

条文の見出し／キーワード	作成基準の解説

(目　的)

1．マニュアルの目的を示す規定です。本マニュアルでは、出張時等の「会社外におけるモバイルPCの利用に関する利用手順を提供することを目的」として規定しています。

マニュアルに定めておくとよい項目

2．モバイルPCの利用手順のマニュアルにおいて定めておくとよい項目と詳細な内容は下記のとおりです。

項　目	内　容
利用範囲	利用対象者、利用端末、利用機能、接続形態、アクセスポイント
端末の管理	貸出時の端末の管理、利用中の端末の管理、返却時の端末の管理
利用手続	利用申請手続、利用申請の内容、利用終了時の手続
利用手順	起動、設定内容等の確認、ネットワーク接続、ウイルスチェック、リモートアクセスによる業務の実施、ファイルの作成、ファイルの保存、ネットワーク切断、シャットダウン
利用時の留意事項	パスワード設定等の確認、盗難・紛失、情報漏えい等への対策、盗み見等防止への配慮、禁止事項
緊急時の対応等	端末本体又はハードウエア認証キー等を紛失した場合、機器の障害等の可能性がある場合、ウイルスに感染した場合

3．「利用手順」に関してなど技術変化・進歩への対応が必要な項目は、頻繁な改定が必要となることも想定しておきます。

情報システムセキュリティ管理者（責任者）

4．マニュアルの策定や見直しの権限者を規定します。本マニュアルの場合は、「情報システムセキュリティ管理者」と規定しています。権限者やその名称について、自社の個人情報保護規程、パソコン取扱管理規程（情報システム管理規程）など関連規程との整合性をとるよう注意が必要です。

(対象者)

1．マニュアルが適用される対象従業員等を規定します。マニュアルの作成に際しては、本マニュアルの対象者を明確に想定して、実施すべき利用申請手続や利用可能な機能及びサービス、行ってはならない設定をわかりやすく記述することが肝要です。具体的には、マニュアルの主語はこの対象者とし、規定の内容はこの対象者の責務として記述するなどの

2　利用範囲

2．1　利用の原則

モバイルPCを利用する際には、情報システムセキュリティ管理者によって決められた方法及び認められた方法を遵守すること。

なお、会社外におけるモバイルPCの接続や機能等に係る利用範囲は、安全性と利便性の双方を考慮したうえで、情報システムセキュリティ管理者が設定する。

2．2　利用対象者

モバイルPCの利用対象者は、出張等の理由により申請した者のうち、情報システム責任者がその必要性を認めて許可した会社在籍の従業員に限る。

2．3　利用端末

(1)　原則として、貸出端末に限る。

(2)　貸出端末には以下のものを含む。

①　PC本体

②　PC本体用電源

③　データ通信カード

④　ハードウエア認証キー

条文の見出し／キーワード	作成基準の解説
	ように、マニュアルの対象者の視点・立場から記述するとよいでしょう。
会社事務従事者	2．マニュアルが適用されるべき対象者は、会社従業員のみならず、会社の指揮命令に服している者を含めて考えます。具体的には会社の情報及び情報システムを取り扱う派遣社員、業務委託者なども対象者として検討し規定します。
（利用の原則）	1．モバイルPCの利用対象者、利用端末や利用機能、接続等の利用条件を規定します。記載事項の選択や記述の手順は、会社事務従事者がモバイルPCを利用する場合のさまざまな場面を想定し、その利用の手順に沿って具体的に整理・分類するようにします。
情報システム責任者、情報システムセキュリティ管理者	2．本マニュアルでは、モバイルPCの利用に関しての役割を、全体統括を行う情報システム責任者、技術面を管理する情報システムセキュリティ管理者とに分担しています。各社の実態に合わせ規定しましょう。
（利用対象者）	モバイルPCを利用することができる対象者を規定します。利用対象者は、適切な目的内で、許可等の正当な手続を経て、利用条件に従い使用しなければなりません。この場合の利用対象者は、出張等の理由の申請をして情報システム責任者の許可を受けた会社在籍の従業員に限定する規定となっています。
（利用端末）	1．利用端末の種類や内容を規定します。端末機器そのもの以外に、利用端末に含まれる付属機器等も明確にします。左記の規定例における付属機器の他に、USBメモリなど記憶メディアも想定されます。
貸出端末、職場端末、個人端末	2．利用端末の種類は、貸出端末（社外利用として貸し出す会社所有の端末）、職場端末（会社の職場に設置され社内で通常利用している会社所有の端末）、個人端末（会社内外の使

(3)　やむを得ない場合の職場端末持出しは、情報システム責任者に申請を行い、必要な機能がインストールされていること及び認められていないソフトウエアのインストールや設定がなされていないこと等、貸出端末と同等の状態を確保していることについて確認を受け、当該措置を許可された場合に限る。

2.4　利用機能

モバイルPCにおいて利用できるのは、以下の機能のみとする。

2.4.1　ブラウザ

インターネットに接続することにより、ホームページを閲覧等する機能

2.4.2　電子メール

会社内外のユーザと電子メールを送受信する機能

2.4.3　社内イントラネット（電子掲示板等）

グループウエアにより http://www.＊＊＊＊.co.jp にアクセスし、情報の閲覧等を行う機能

2.4.4　ファイルの利用

社内イントラネットにアクセスすることにより、イントラネット上にあるファイルの利用を行う機能

2.4.5　ファイルの作成

Microsoft® Office 2019 Professional、一太郎®2018 等によりファイルを作成する機能

2.4.6　ファイルの暗号化

貸出端末にインストールされているファイル暗号化ソフトによりファイルを暗号化する機能

2.5　接続形態

2.5.1　インターネットへの接続

(1)　貸与されるデータ通信カードで、インターネットへの接続を行うこと。

2.5.2　社内イントラネットへの接続

(1)　貸出端末や個人端末等の種別、選択したインターネット接続の方法にかかわらず、VPN接続により会社ネットワークに接続すること。

(2)　VPN接続において、会社事務従事者はモバイルPCからの安全なリモートアクセスを可能にするためのハードウエア認証キーを使用すること。

条文の見出し／キーワード	作成基準の解説
	用にかかわりない個人所有の端末）などがあります。社外利用の場合の利用端末は、原則「貸出端末」とするのが一般的です。紛失事故等を予防するためにも、パソコンの社外利用では、安易に「職場端末」の持出しを認めず、利用手続などセキュリティ管理を通じて利用対象者の管理意識が高い「貸出端末」を利用するとすべきでしょう。
（利用機能）	モバイルPCで利用できる機能を規定します。通常、社外で利用可能な機能としては、ブラウザ、電子メール、グループウエア、イントラネット上の社内ファイル、ファイルの作成などがあります。
（接続形態）	1．インターネット、社内イントラネット等のネットワークの種類及び接続の方法、認証方式、許可していない設定及びインストールソフトウエア等の利用手順や禁止事項を規定します。モバイルPC等でネットワークを用いて業務を実施する際には、必ず指定された通信手段を用いるようにします。他方、社内システム内にある重要データは、安全な領域に格納するとともにアクセス権限の付与は必要最低限とするようにしておきます。

3　端末の管理

3．1　貸出時の端末の管理

⑴　利用申請に関しては、後記４項の「利用手続」を参照し、確実に実施すること。

⑵　貸出端末の受取りに際しては、同梱されている一覧表「モバイルPC貸出一式チェックリスト」と実際に借り受ける内容物が一致しているかを確認すること。

⑶　申請の状況については、情報システム責任者により、利用の許可・不許可にかかわらず記録される。

⑷　貸出しを受けるモバイルPCについては、情報システムセキュリティ管理者により、セキュリティパッチ及びパターンファイルが最新の状態に保たれている。

3．2　利用中の端末の管理

⑴　セキュリティパッチ及びパターンファイルの更新や利用状況等に関し、情報システムセキュリティ管理者から随時確認があるので、その場合には自らの利用状況を確認し、適切に対応すること。

⑵　会社事務従事者に対する確認結果については、情報システムセキュリティ管理者により記録される。

3．3　返却時の端末の管理

⑴　会社事務従事者は、「モバイルPC貸出一式チェックリスト」を用いて、内容物がすべてそろった状態であることを確認のうえ、返却すること。

⑵　返却の際には、利用期間中に作成したファイルや情報、特に送受信した電子メール等を削除すること。

条文の見出し／キーワード	作成基準の解説
VPN接続	2．公衆回線をあたかも専用回線であるかのように利用できるサービスのことです。企業内ネットワークの拠点間接続などに使われており、企業内LANを通信キャリアの持つバックボーンネットワークを通じて相互に接続するサービスです。最近ではバックボーンネットワークにインターネットを用いたインターネットVPNもありますが、セキュリティ対策に難しさがあるということです。
(貸出時の端末の管理) (利用中の端末の管理) (返却時の端末の管理)	1．モバイルPCの借用時、利用中、返却時の端末（貸出端末）の管理方法について規定します。モバイルPCなどパソコンの紛失事故のリスクを抑えるためには、社内使用のパソコンを含め定期的に棚卸しを行い、常に管理意識の浸透を心がけるなど普段から紛失・盗難対策を行き届かせることが必要です。本マニュアルでは、「貸出時」「利用中」「返却時」と取扱いの場面別に「会社事務従事者」を主語として、どのような管理が必要かを具体的に記述しています。
モバイルPC貸出一式チェックリスト	2．モバイルPCや付属機器等の管理は、情報端末という物品資産の管理という以上に、個人情報など重要情報の流失による会社に対する甚大な被害を防止するという意味があります。情報流出への対策は、利用者である従業員等に対する情報等の管理意識の醸成が基本です。そのために、まず、管理台帳とチックリストを作成し、モバイルPCなど情報端末の貸出時・返却時の手続と内容のチェックを徹底させ、従業員の情報等の管理の意識づけを行います。併せて、申請許可のない機器の持出しや個人端末の利用防止の徹底も行っていくことになります。

➢ モバイルPC貸出一式チェックリスト

端末番号	利用者名	貸出期間	貸出付属機器	貸出確認	返却チェック	返却確認
A001	田中　一	19年9月4日 ～ 19年9月6日	■本体用電源 ■データ通信カード ■認証キー	9/6 確認印	■ ■ ■ ■設定	9/6 印

⑶　会社事務従事者から返却があった場合には、情報システムセキュリティ管理者により、内容物及び設定内容が確認され、返却記録が保管される。

4　利用手続

4.1　利用申請手続

本利用申請に当たっては、利用する端末の種別に該当する様式により情報システム責任者に申請すること。

その際、旅行命令簿等、業務上必要な理由がわかる書類（写し）を併せて提出すること。

4.1.1　職場端末の持出許可申請

利用開始７日前までに、「職場端末持出許可申請書 兼 返却確認書」（様式第１号）により申請すること。

申請する際には、以下の措置を実施した後、申請書の該当項目に記述すること。

・持出しを行う端末に保存されている全情報の確認（特に機密情報の有無とその内容の確認）

・要機密情報の暗号化又は端末からの削除

4.2　個人端末の使用

4.2.1　個人端末の使用許可申請

条文の見出し／キーワード	作成基準の解説

C012	高橋理子	19年9月7日 ～ 19年9月8日	■本体用電源 □データ通信カード □認証キー	9/8 確認印	■ □ □ ■設定	9/8 印

（利用申請手続）

1．モバイルPCの貸出に関する許可申請の手続を定める規定です。「貸出端末」「職場端末」「個人端末」に区分してそれぞれの手続を定めています。「職場端末」の持出しの場合及び「個人端末」の使用の場合は、利用申請手続のほかに、利用に当たっての端末機能や仕様の条件なども具体的に記述します。

① 「職場端末」の持出しの場合の条件は、端末内のすべての情報のチェック（特に機密情報の有無とその内容）及び要機密情報の暗号化又は削除など。

② 「個人端末」の使用の場合の条件は、使用する個人端末及び接続通信機器の事前確認、個人利用のソフトウエア等の消去、使用終了時の情報の消去、ソフトウエアのアンインストールなど。

私物の業務利用

2．情報端末等の紛失・盗難のリスクに関して、会社貸与の情報端末・機器等（携帯電話、USBメモリ等）よりも、私物の情報端末・機器類のほうが、紛失・盗難にあうリスクが高くなるという調査結果もあります。また、私物の場合、紛失・盗難にあっても会社に届け出ない可能性が高く、情報流失への対応が適切にとれないというリスクも指摘されています。モバイルPC等の利用に関して、私物の利用を認める場合は、私物利用に関する手続とルールを徹底し、端末等の紛失・盗難に加え、情報の流出に対する意識を高めることが必要です。

（個人端末の使用）

個人端末の使用許可手続等の規定が中心となります。

利用開始7日前までに、「個人端末使用許可申請書 兼 使用終了確認書」（様式第2号）により情報システム責任者に申請すること。

モバイルPCの使用に必要な設定及び動作確認等を行う必要があるので、利用開始3日前までに、使用する個人端末及び接続通信機器を情報システム課に持ち込むこと。

4.2.2　個人端末の使用終了時の措置

モバイルPCの使用が終了した個人端末は、情報システム課にいったん持ち込み、ソフトウエアのアンインストール等を実施してもらうこと。

情報システムセキュリティ管理者により、個人端末の情報の消去、ソフトウエアのアンインストール等が実施された後、返却を受けること。

4．3　個人端末使用における推奨仕様

モバイルアクセス環境の利用に個人端末を用いる場合、性能等利便性、セキュリティ確保の観点から以下の仕様を満たしていることを推奨する。

(1)　OS

Microsoft® Windows® 10 Professional

(2)　セキュリティパッチ

Windows® Update により、直近までの Windows®セキュリティパッチが適用されていること。

(3)　ハードウエアの仕様

CPU：Intel® Pentium® 1.20Ghz以上

メモリ：1GB以上

内蔵HDD：40GB以上の空き容量があること

(4)　個人としての使用情報及びソフトウエアのバックアップ

個人端末を利用する場合は、情報システム課に持ち込む前に、個人端末内の必要ファイル及び設定内容をバックアップすること。

(5)　貸出端末と同等の状態の確保

個人端末の使用に際しては、情報システム課において以下の措置を行ったもののみ使用可能となる。

①　個人端末からの情報・ソフトウエアの消去

②　モバイルアクセスに必要なソフトウエアのインストール及び設定

4．4　利用申請の内容

4.4.1　申請に記載されるべき内容

(1)　申請日

(2)　申請者の情報（氏名、所属、連絡先）

条文の見出し／キーワード	作成基準の解説
（個人端末使用における推奨仕様）	内閣官房情報セキュリティセンター（NISC）は平成24年5月、「政府機関における情報セキュリティに係る年次報告（平成23年度）」を公表しました。その中の「スマートフォンに対する情報セキュリティ対策の強化」の項目の中では、「BYOD（Bring Your Own Device）の利活用等を含め情報セキュリティ対策が確実に実施されるよう政府機関統一基準群の見直しを図っていく必要がある」としています。つまり、政府としても、スマートフォンの活用については、個人端末の利用は避けて通れないと認識しているようです。その前提に立ったうえで、推奨仕様を定めていきます。また、個人端末には、プライベートデータが混在するという特有の問題もあり、その対策も必要になります。
（利用申請の内容）	利用申請の内容を詳細に示す規定です。利用申請に際しては、少なくとも利用者の「氏名」「担当業務」「パソコンの機種」「連絡先」「返却期限」「情報セキュリティ対策状況」を把握できるようにしておきます。

⑶　申請理由（旅行命令簿等、業務上必要な理由がわかる書類（写し）の添付を含む。）

⑷　利用する期間・持出期間

⑸　利用する場所・持出先

⑹　利用する端末等の内容（シリアル No.等を含む。）

⑺　情報セキュリティの対策状況（具体的に）

4.4.2　申請先

情報システム責任者

4.4.3　申請者

所属する部門長の承認を得た会社事務従事者

4.4.4　申請記録

申請の許可・不許可等にかかわらず、申請内容及び許可・不許可状況、貸出状況等は情報システム責任者により記録される。

4．5　利用終了時の手続

4.5.1　端末返却及び利用終了の確認

⑴　会社事務従事者は、端末の返却及び個人端末の使用終了の際には、速やかに当該様式により所属の課室長及び情報システム責任者に報告すること。

⑵　会社事務従事者からの端末の返却及び使用終了の報告があった場合には、情報システム責任者によりその報告内容及び確認された実態等が記録される。

4.5.2　返却時の措置

⑴　貸出端末の場合

会社事務従事者から貸出端末が返却された場合には、情報システムセキュリティ管理者により以下の事項について確認がなされる。

①　返却された端末等と「モバイルPC貸出一式チェックリスト」の員数がそろっているか

②　返却された端末のWindows®ログオン・パスワードが初期設定に戻されているか

③　返却された端末に会社事務従事者の作成したファイル、情報、電子メール等が残っていないか

なお、返却された端末は、情報システムセキュリティ管理者による確認を経た後、次の貸出しができる状態にされたうえで保管される。

⑵　職場端末の持出しの場合

会社事務従事者は、持ち出した端末を職場において社内LAN等のネットワークに接続する前に、情報システムセキュリティ管理者の確認を受けること。

条文の見出し／キーワード	作成基準の解説
（利用終了時の手続）	利用終了時の手続の詳細を示す規定です。「貸出端末」「職場端末」「個人端末」に区分してそれぞれの手続を定めています。返却時の措置として、パスワードの初期設定化、作成ファイル・情報・電子メールの削除など具体的に示します。「個人端末」利用の場合には、情報の全消去、提供ソフトウエアのアンインストールまでとし情報管理を徹底します。また、いずれの端末の場合も、端末内に不要な情報が残っていないかについて情報システムセキュリティ管理者の確認を受ける規定としています。

5　利用時において遵守すべき事項

5．1　パスワードの設定において遵守すべき事項

会社事務従事者は、パスワードを容易に推定されないよう、設定時には以下の事項を考慮すること。

(1)　8文字以上とする。

(2)　2つ以上のアルファベットと1つ以上の非アルファベットを含む。

(3)　4つの異なる文字を含む。

(4)　辞書にある言葉や一般的な言葉を単独で使用しない。

(5)　1か月以内に使用したパスワードを再使用しない。

(6)　他システムで使用しているパスワードと同一のものを使用しない。

5．2　盗難・紛失、情報漏えい等への対策

(1)　会社内での取扱いと同様、要保護情報を放置したり、必要以上に複製又は配付しないこと。

(2)　モバイルPCを保管する場合は、必ず鍵の掛かる場所に保管すること。出張中等、鍵の掛かる場所に保管できない場合は、常に携帯するか、目の届くところに置いておくこと。

(3)　公共交通機関等での移動時における盗難防止、置き忘れ防止のため、網棚等に乗せないなど、置き場所に留意すること。

(4)　ハードウエア認証キー等リモートアクセスに必要な機器と端末は分けて保管すること。

(5)　貸出端末のDドライブ内のデータは、シャットダウン時に自動的に暗号化されるよう設定されている。持ち出すファイルや会社外で作成したファイルは『マイドキュメント』に保存すること。なお、電子メールデータも同様に自動的に暗号化される。

(6)　会社外での利用に際しては、周囲にどのような人がいるかわからないので、離席機会を極力少なくすること。

(7)　離席時には、各自が利用している端末をロックすること。また、ロックし忘れた場合に備えて、パスワード・スクリーンセーバが自動起動するように設定しておくこと。

5．3　盗み見等防止への配慮

(1)　やむを得ず離席する際には、端末をロックすること。

条文の見出し／キーワード	作成基準の解説
（パスワードの設定において遵守すべき事項）	パスワードの設定に関し遵守すべき事項を具体的に示した規定です。OSのログイン時のパスワードの考え方は、他人に推測されにくいものとし、定期的な更新や変更を求める内容とします。
（盗難・紛失、情報漏えい等への対策）	1．盗難・紛失、情報漏えい等への対策を具体的に示す規定です。セキュリティ対策のチェックポイントとして、モデルマニュアルのほかに「一時的に職場外へ持ち出すデータは原本でなく、原本からの複製とする」「ウイルス対策ソフトは、常に更新して最新の定義ファイルかチェックをする」「機密性の高いデータの保存・送信の際には必ず暗号化する」「OS及びソフトウエアにおいては、パッチの更新を定期的に行う」等があります。
日常の教育・啓蒙	2．モバイルPCの会社外利用の場合にとどまらず、情報端末・機器等の取扱いに関しては従業員等の情報セキュリティに関する知識を確実なものにするために、日々、教育・啓蒙活動を実施しておく必要があります。また、データの持出しに関しての許可制導入など機密保持規定や情報流出に対する罰則規定を、就業規則や外部委託契約として設けておくようにします。
（盗み見等防止への配慮）	最近は、盗み見防止のためのフィルターも市販されています。

⑵　IDやパスワードを入力する際には、周囲に配慮すること。

5．4　禁止事項

⑴　会社事務の遂行以外の目的での情報作成、Webサイトへのアクセス等

⑵　個人で別途契約しているプロバイダ、メールアドレス等の使用

⑶　許可されていないソフトウエア（Winny等含む。）のインストール

⑷　Web アクセス時等におけるセキュリティ設定の変更モバイルＰＣの使用においては、端末のセキュリティレベルの低下を防ぐ観点から、原則として設定の変更を禁止する。

6　緊急時の対応等

6．1　緊急時の対応等

以下のような緊急時等の場合には、速やかに情報システムセキュリティ管理者に相談し、指示を受けること。

6.1.1　端末本体又はハードウエア認証キー等を紛失した場合

会社事務従事者は、端末本体又はハードウエア認証キー等の紛失が判明した場合、直ちに情報システムセキュリティ管理者に紛失した状況等を報告のうえ、その後の対応に関する指示を受けること。

6.1.2　ウイルスに感染した場合

会社事務従事者は、ウイルスに感染したことが判明した場合、直ちに当該PCの接続しているネットワークを切断したうえで、情報システムセキュリティ管理者に連絡・相談し、送信先への連絡等も含めて指示を受けること。

6．2　問合せ先

本マニュアルの内容についての不明な点及び質問は、情報システムセキュリティ管理者に確認すること。

条文の見出し／キーワード	作成基準の解説
（禁止事項）	セキュリティの観点から禁止事項を定めます。
（緊急時の対応等）	端末本体やハードウエア認証キー等重要な機器及びウイルスに感染した場合の対応等の規定です。このようなセキュリティ事故の発生時は、直ちに定められた担当者に連絡することを基本とします。緊急時の連絡先、担当部門、担当者を記載しておくのもよいでしょう。
（問合せ先）	マニュアルに関する問合せ先を明記しておきます。

職場端末持出許可申請書 兼 返却確認書

様式第１号

年　　月　　日

情報システム責任者	
返却確認印	持出許可印

申請者所属部門長	
返却時　印	持出時　印

職場端末持出許可申請書 兼 返却確認書

１．以下にて職場端末を会社外に持ち出しますので、許可願います。

部門・氏名	課				
連絡先（内線）					
申請理由					
持出期間	年　月　日　時　～　年　月　日　時				
持出先					
持出する内容	(1)持出する端末等	シリアルNo.			
	①				
	②				
	③				
	(2)持出する情報名称（原則、情報の持出し禁止）	機密性の格付け（該当欄に○印）			
		3	2	1	
	①				
	②				
	③				
	④				
確認事項	① 持出情報の保存媒体は当社支給のものか？	Yes		No	
	② 持出情報以外の不要情報はすべて消去済みか？	Yes		No	
	③ 持出情報の暗号化は実施しているか？	Yes		No	
	④ PC起動時のパスワード設定は実施しているか？	Yes		No	

２．以下のとおり職場端末を返却しましたので、確認願います。

返却日	年　月　日　時

（注１）職場端末とは、PC本体及び付属品及び携帯情報端末のほか、FDD、CD-ROM、USB等の電子媒体を含む。
（注２）個人所有のPC等の電子媒体に機密情報等を保存し、持出しすること、また持ち出した機密情報等を個人所有の電子媒体に保存することも厳禁。
（注３）携行時、持出先では盗難、紛失等に十分注意すること。

以　上

個人端末使用許可申請書 兼 使用終了確認書

様式第２号

年　　月　　日

情報システム責任者	
終了確認印	使用許可印

申請者所属部門長	
使用終了時印	使用開始時印

個人端末使用許可申請書 兼 使用終了確認書

１．以下にて個人端末を使用しますので、許可願います。

部門・氏名	課				
連絡先（内線）					
申請理由					
使用期間	年　月　日　時　～　年　月　日　時				
持出先					
持出する内容	(1)使用する端末等	型番等			
	①				
	②				
	③				
	(2)持出する情報名称（原則、情報の持出し禁止）	機密性の格付け（該当欄に○印）			
		3	2	1	
	①				
	②				
	③				
	④				
確認事項	① 持出情報の保存媒体は当社支給のものか？	Yes		No	
	② 持出情報以外の不要情報はすべて消去済みか？	Yes		No	
	③ 持出情報の暗号化は実施しているか？	Yes		No	
	④ PC起動時のパスワード設定は実施しているか？	Yes		No	

２．以下のとおり個人端末の使用を終了しましたので、確認願います。

使用終了日	年　月　日　時

（注１）携行時、持出先では盗難、紛失等に十分注意すること。
（注２）業務データとプライベートデータの混在に十分注意すること。

以　上

12

車両管理規程

【参考資料】
○道路交通法
○道路交通法施行規則（以下「道路交通則」）
○道路運送車両法
○自動車損害賠償保障法（以下「自賠責法」）
○交通安全教育指針（平10.9.22　国家公安委員会告示第15号）
○交通の方法に関する教則（昭53.10.30国家公安委員会告示第3号）

第1章　総　則

（目　的）

第1条　この規程は、○○株式会社（以下「会社」という。）が保有する車両を会社の従業員が使用する場合及び従業員が自己の保有する車両を通勤のため使用し、又は業務のため使用する場合における安全運転の確保のために必要な遵守事項を定めるとともに、安全運転管理その他の車両管理に関する一般的事項を定める。

条文の見出し／キーワード	作成基準の解説
（目 的）	1．車両管理規程は、会社の車両を使用する場合、従業員がマイカーで通勤する場合及びマイカーを業務に使用する場合の管理に関して定めています。
	2．このモデル規程は、社有車（白ナンバーを想定しています）を有するほか、マイカーの通勤及び必要最低限の業務使用を「許可」により認める会社の例です。このような場合には、会社業務に使用する従業員のマイカーについても、その車両が起こした事故については、会社が使用者責任・運行供用者責任が問われる前提に立ち、車両管理の基準、自動車保険加入の確認、安全運転教育の実施等を明確に規定化し、これを周知徹底する必要があります。
通勤・業務を問わず、マイカーの使用を禁止する場合	3．他方、会社が使用者責任・運行供用者責任を問われるリスクを回避する観点から、通勤・業務を問わず、マイカーの使用を禁止する場合には、その点を就業規則のほか、この車両管理規程で明確に規定しておきます。ただし、規定が存在していても、実態が伴っていなければ意味がなく、表向きは禁止していても、実際には、会社がマイカー使用を黙認しているような場合は、実際に事故が起きた場合、その使用が業務に関連するものであれば、会社は運行供用者責任を負うことになります（福岡地判平10.8.5など）。
通勤のみマイカー使用を認める場合	4．地方ではマイカー通勤が必須という会社も多いと思います。会社が通勤に限定し、これを許可し、それが厳格に遵守されていた場合は、一般的には会社が責任を負うことはないと考えられます。ただし、一部でもその運用にあいまいな箇所があると、結果として会社の責任を認める判決が下される可能性があります。したがって、会社がマイカー通勤を積極的に指示・推奨しているのではないという姿勢を示しておく必要があります。特にマイカーの車両管理について明確な取扱いが定められないまま、漫然とマイカー通勤を認めている場合、従業員の判断で業務にも使用してしまう例があります。当然に、その際の事故は会社の責任が問われることがあります。したがって、会社としては、①マイカーの通勤・業務使用が

条文の見出し／キーワード	作成基準の解説
	やむを得ないのであれば、会社が責任を負うリスクを見込んだうえで車両管理を徹底するか、②マイカーの使用を全面的に禁止するあるいは通勤のみ認める場合には、これを明確に規定化し、かつ、規定と実態の乖離がないように徹底するか、のいずれかの姿勢を明確にする必要があります。
使用者責任	5．民法715条1項によれば、ある事業のために他人を使用する者は、被用者がその事業の執行について第三者に加えた損害を賠償する責任を負うと定められています。そこで、従業員が業務中に加害事故を発生させた場合、会社は「使用者責任」を負うことになり、従業員本人の事故であっても、会社は損害賠償責任を負わなければなりません。人身事故の場合の責任は、次の自賠責法3条によるため、民法による使用者責任は、主に物損事故の場合の問題です。
運行供用者責任	6．自賠責法3条によれば、自己のために自動車を運行の用に供する者は、その運行によって他人の生命又は身体を害したときは、これによって生じた損害を賠償する責に任ずると定められており、その責任の範囲は、使用者責任よりもかなり広い範囲であると考えられています。
	7．具体的には、人身事故については、「自己のために自動車を運行の用に供する者」（運行供用者）が、その自動車の「運行によって」、「他人の生命又は身体を害したとき」には、次の3条件（免責の3条件）を立証しない限り、損害賠償責任を負うことが定められており、被害者の保護を図っています。 ①　自己及び運転者が自動車の運行に関し注意を怠らなかったこと。 ②　被害者又は運転者以外の第三者に故意又は過失があったこと。 ③　自動車に構造上の欠陥又は機能の障害がなかったこと。
	8．会社が運行供用者に該当するかどうかは、その自動車につき「運行支配」「運行利益」を有する者であるかどうかにより判断されますが、この「運行支配」「運行利益」については、被害者保護の観点から広く認めるというのが判例の動向です。

（定　義）

第2条　この規程における用語の意義は、それぞれ次の各号に定めるところによる。

⑴　自動車…道路交通法第２条第１項第９号に規定する自動車をいう。

⑵　車両…自動車及び道路交通法第２条第１項第10号に規定する原動機付自転車をいう。

⑶　社有車…会社が所有し、又はリース会社から貸与を受けている車両であって、会社が管理しているものをいう。

⑷　マイカー…従業員が所有し、又は会社以外の者から貸与を受けている車両をいう。

⑸　通勤車両…この規程に定める手続により通勤に使用することが許可されたマイカーをいう。

⑹　運転者…運転免許を有し、かつ、車両の運転が許可された従業員であって、法令及びこの規程を遵守し、運行計画に基づき業務のために車両を運転するものをいい、次号のマイカー通勤者を含むものをいう。

⑺　マイカー通勤者…運転免許を有し、かつ会社の許可を受けた従業員であって、法令及びこの規程を遵守し、通勤のために車両を運転するものをいう。

⑻　総括責任者…安全運転管理並びに業務に使用する車両の管理及びその安全かつ効率的な運行管理（以下「車両管理」と総称する。）を統括管理し、この規程に定める管理体制の最高責任者であるものをいう。

⑼　安全運転管理者＜副安全運転管理者＞…道路交通法第74条の３に定める安全運転管理者＜及び副安全運転管理者＞をいう。

⑽　運行責任者…各部門における車両管理の責任者（安全運転管理者が置かれている部門においては、安全運転管理者の補助者）をいう。

条文の見出し／キーワード	作成基準の解説

会社が運行供用者とされる事例

9．したがって、次のような場合には、会社は運行供用者としての責任を負うことになります。

① 従業員が会社の自動車を無断で運転した場合における事故

② マイカーを会社との合意や命令により業務使用している場合における業務使用中の事故

③ 会社の業務に使用しているマイカーでの通勤途上の事故（もっぱら通勤のみに使用しているマイカーの通勤途上の事故については、会社の運行供用者責任はないと考えられています）

（定　義）

1．トラブル防止の観点から規程が適用される対象を明確にします。例えば、車両に関しては、この規程では、会社が所有する車両のみならず、リース車両、通勤や業務に使用するマイカーもその対象としています。

道路交通法に定める車両の分類

2．道路交通法における「車両」の範囲は次のとおりです。一般に考えられている車両の範囲とは異なっていることがわかります。そのため、規程における定義は重要です。

<table>
<tr><td rowspan="6">車両等</td><td rowspan="5">車両</td><td colspan="2">自動車※</td></tr>
<tr><td colspan="2">原動機付自転車※</td></tr>
<tr><td colspan="2">トロリーバス</td></tr>
<tr><td rowspan="2">軽車両</td><td>自転車</td></tr>
<tr><td>馬車、牛車等</td></tr>
<tr><td colspan="3">路面電車</td></tr>
</table>

※　網掛け箇所のみがモデル規程でいう「車両」に該当する。

3．この規程における「車両」の範囲は、道路交通法に定める車両のうち、※の「自動車」「原動機付自転車」のみに限定しています（上記表内参照）。なお、モデル規程では、業務使用を認める車両は、自動車のみとし、原動機付自転車は除いています（モデル規程32条参照）。

自賠責法でいう自動車

4．なお、自賠責法でいう「自動車」とは、道路運送車両法２条２項に規定する「自動車」（農耕作業の用に供することを目的として製作した小型特殊自動車を除く。）及び同条３項に規定する「原動機付自転車」をいい、法律によっても「自

（法令遵守）

第3条　この規程に定める車両管理を行う者及び運転者は、この規程及び道路交通関連法規並びに会社が指定した事項を遵守しなければならない。

条文の見出し／キーワード	作成基準の解説

動車」の定義の範囲が異なっています。以降の解説中の「自動車」は、解説の対象となる法令等によって、その範囲が異なってしまいますが、あまりこだわらずに読んでいただければと思います。

5．運転者の定義の中で、業務及び通勤における車両の使用は、許可制であることを明らかにしています。

（法令遵守）

1．道路交通関連法規には次のものがあります。

道路交通関連法規	監督官庁	主な概要
道路交通法	警察庁	・道路における危険を防止し、その他交通の安全と円滑を図り、及び道路の交通に起因する障害の防止に資することを目的として昭和35年に制定された法律。車両等の交通方法、歩行者の通行方法、運転者・使用者の義務、高速道路等の交通方法、道路の使用等、免許、罰則、反則行為の処理手続等が規定されています。 ・安全運転管理者等の選任は、この法律に基づくものです。
道路運送車両法	国土交通省	・自動車、原動機付自転車、軽車両の道路運送車両に関する所有権の公証制度と、安全性の確保のための保安基準、整備、検査、自動車整備事業等について定める昭和26年に制定された法律です。個人・法人を問わず車両の使用者に対し規制を設けています。 ・整備管理者の選任は、この法律に基づくものです。
道路運送法	国土交通省	・道路運送事業の適正・合理的な運営、道路運送利用者の利益保護、道路運送の総合的発達を目的として昭和26年に制定された法律です。主に旅客自動車運送事業者を対象とした法律ですが、運行管理規定に関する内容等は、参考にすることができます。

第２章　運転者

（運転者の心構え）

第４条　運転者は、車両を運転するに当たっては、常に人命尊重を旨とし、かつ、交通法令及びこの規程を遵守し、安全運転に努めなければならない。

２　運転者は、当該車両のハンドル、ブレーキその他の装置を確実に操作し、かつ、道路、交通及び当該車両等の状況に応じ、他人に危害を及ぼさないような速度と方法で運転しなければならない。

３　運転者は、車両を運転するに当たっては、運転しようとする車両に応じた運転免許証を持っていること、当該車両に有効な自動車検査証及び自動車損害賠償責任保険証明書等が備えられていることを確認しなければならない。

（運転者の遵守事項）

第５条　運転者は、次の各号の事項を遵守しなければならない。

⑴　この規程に定める基準に達しない車両を使用しないこと。

⑵　この規程に定める許可を必要とするときは、その許可を受けてから運転すること。

⑶　道路交通法を遵守し、安全運転に努めること。

⑷　過度の疲労、病気その他心身が健康な状態にないと自覚するときは、無理な運転はしないこと。なお、業務上運転の必要があるときは、自らの状態を所属長に申告し、運転の可否の判断を仰ぐこと。

⑸　安全運転管理者の行う安全運行に関する教育を積極的に受け、また、安全運転管理者の行う教育及び指導を遵守すること。

条文の見出し／キーワード	作成基準の解説

（運転者の心構え）

1．安全運転の義務等、全般的な心構えを規定します。

> ➢　道路交通法70条（安全運転の義務）
> 　車両等の運転者は、当該車両等のハンドル、ブレーキその他の装置を確実に操作し、かつ、道路、交通及び当該車両等の状況に応じ、他人に危害を及ぼさないような速度と方法で運転しなければならない。

自動車を運転する前の心得

2．交通の方法に関する教則によれば、運転に当たっては、次の点を注意すべきものとされています。

①　運転免許証などを確かめるなどすること。

②　運転計画を立てること。

③　体調を整えること。

④　酒気を帯びた状態などで運転をしないこと。

3．自動車を安全に運転するための基本的事項は次のとおりです。

①　自動車の点検

②　正しい運転姿勢、装置の操作方法等

③　正しいブレーキのかけ方

④　適切でない運転の癖の矯正

⑤　交通事故及び故障の場合の正しい措置

⑥　交通事故の発生状況等の理解

（運転者の遵守事項）

これ以外にも、運転者は道路交通法に定める以下の事項を遵守しなければなりません。これらの違反については、罰則の適用があります。

運転者の遵守事項と交通違反の種類

	運転者の遵守事項	交通違反の種類	罰則
①	泥はね運転の禁止	泥はね運転	A
②	身体障害者や幼児の保護	幼児等通行妨害	B
③	高齢歩行者等の保護		
④	通学通園バスの保護	幼児等通行妨害	B
⑤	安全地帯の歩行者の保護	安全地帯徐行違反	B
⑥	積載物等の転落や飛散の防止	転落等防止措置義務違反	A

（禁止事項）

第6条　自動車及び原動機付自転車の運転免許を受けていない従業員（運転免許の効力が停止されている者を含む。）は、車両を運転してはならない。また、その運転の資格を有さない車種の車両を運転してはならない。

2　運転者は、酒気を帯びて車両を運転してはならない。

3　運転者は、過労、病気、薬物の影響その他の理由により、正常な運転ができないおそれがある状態で車両を運転してはならない。

（使用規制）

第7条　従業員は、この規程で定める許可がない限り、社有車を運転してはならない。

2　社有車は、会社の業務以外の目的に使用してはならない。ただし、業務との関連からやむを得ないと認めるときは、会社はその必要の範囲内でこれを許可することができる。

3　マイカーは、第27条又は第32条に定める許可がない限り、通勤又は会社の業務に使用してはならない。

条文の見出し／キーワード	作成基準の解説

⑦	積載物の転落や飛散時の措置	転落積載物等危険防止措置義務違反	A
⑧	ドアを開く際の安全確保措置	安全不確認ドア開放等	A
⑨	車両等を離れる際の措置	停止措置義務違反	A
⑩	無断運転の防止措置		
⑪	騒音運転等の禁止	騒音運転等	A
⑫	初心者運転者等の保護	初心者運転者等保護義務違反	A
⑬	携帯電話使用の禁止	携帯電話使用等（交通の危険）	B
		携帯電話使用等（保持）	A
⑭	公安委員会が定めた事項の遵守	公安委員会遵守事項違反	A

A⇒５万円以下の罰金
B⇒３カ月以下の懲役又は５万円以下の罰金

（禁止事項）

道路交通法による禁止事項

1．道路交通法による運転禁止事項を規定します。

2．道路交通法による運転禁止事項は次のとおりです。

① 無免許運転等の禁止（道路交通法64条）

② 酒気帯び運転等の禁止（同法65条）

③ 過労運転等の禁止（同法66条）

無免許運転と無資格運転

3．第１項の前段は無免許運転を、後段は無資格運転を想定しています。

（使用規制）

1．事故が起こった場合に会社が責任を問われるリスクを排除するために業務で使用すべき車両の私的利用を禁止するほか、会社独自の使用規制を定めます。ポイントは次のとおりです（④、⑤は必要のある会社のみ）。

① 社有車の運転は許可制として、運転者を特定します。

② 社有車の業務外使用は禁止します。ただし、一定の場合（例えば、会社へ提出すべき書類を官公署まで取得しに行くような場合）は、許可のもと、業務外使用を認めます。

③ マイカーは、会社での使用を原則として禁止にします。

④ やむを得ず、通勤使用を認めるときは、許可制にします。

⑤ さらにやむを得ず、業務使用を認めるときは、さらなる許可を必要とするものとし、用途も限定し使用頻度を必要

第３章　安全運転管理

（総括責任者）

第８条　安全運転管理及び車両管理業務は、総務部長が、総括責任者として、これを統括管理するものとする。ただし、重大な違反又は事故の処理等の重要事項については、安全運転管理者及び総務部長と協議し、社長がこれを決定する。

条文の見出し／キーワード	作成基準の解説
	最小限にします。
社有車の無断使用の場合の会社の責任	2．無断使用の車両によって人身事故が発生した場合であっても、会社は、無断使用なのだからといって自らの責任を回避することはできません。多くの場合は、無断使用かどうかは会社と従業員の問題であって、被害者には関係のないことだと判断される可能性があるためです。
	3．すなわち、会社が形式上（あるいは規程上）マイカー通勤・業務使用を禁止していたとしても、実際にはマイカー使用が行われており、会社がそれを漫然と認めていた場合には、表向きには「禁止」であったとしても、実態から判断し、会社は運行供用者責任を免れることができません。
（総括責任者）	1．車両管理の担当部門と責任者を明確にし、規程の実効性を高めます。この場合、日常的な管理については、総務部長が最終責任を持つことでよいのですが、重大な事故等の対応については、トップの最終判断・決定が必要です。全社的に対応することを明確にします。
安全運転管理の事業者の責任	2．企業活動の合理化、効率化のため、自動車の業務使用が不可欠である会社も多いと思います。他方、自動車の使用は、会社にとって交通事故というリスクも負います。そのリスクを回避する観点からも、自動車の業務使用は、安全運転管理が何より重要となります。
	3．道路交通法では、車両等（自動車）を業務に使用する使用者（会社）に対し、次のような義務を課しています（道路交通法74条）。 ①　車両等の使用者は、その者の業務に関し当該車両等を運転させる場合には、当該車両等の運転者及び安全運転管理者、副安全運転管理者その他当該車両等の運行を直接管理する地位にある者に、この法律又はこの法律に基づく命令

（安全運転管理者等）

第９条　会社は、道路交通法第74条の３第１項の規定により安全運転管理者を選任するものとする。また、20台以上の自動車を使用する事業所については、安全運転管理者の業務を補助させるため、安全運転管理者のもとに、副安全運転管理者を選任するものとする。

２　会社は、安全運転管理者＜及び副安全運転管理者＞を選任したときは、15日以内に、公安委員会に届け出るものとする。安全運転管理者＜及び副安全運転管理者＞を解任したときも、同様とする。

３　会社は、安全運転管理者＜及び副安全運転管理者＞を補佐し、適切な車両管理を行わせるため、それぞれの事業所ごとに運行責任者を選任するものとする。この場合において、安全運転管理者の選任が義務づけられていない事業所については、運行責任者を安全運転管理者とみなしてこの規程を適用する。

条文の見出し／キーワード	作成基準の解説
	に規定する車両等の安全な運転に関する事項を遵守させるように努めなければならない。 ②　車両の使用者は、当該車両の運転者に、当該車両を運転するに当たって車両の速度、駐車及び積載並びに運転者の心身の状態に関し、この法律又はこの法律に基づく命令に規定する事項を遵守させるように努めなければならない。 ※　道路交通法は、「車両等」と「車両」とを厳密に使い分けていますが、実務上は、あまりこだわる必要はないでしょう。
（安全運転管理者等）	1．自動車の使用者（道路運送法の規定による自動車運送事業者（貨物自動車運送事業法の規定による貨物軽自動車運送事業を経営する者を除きます）及び貨物利用運送事業法の規定による第二種貨物利用運送事業を経営する者を除きます）は、会社が使用する自動車の台数により、安全運転管理者の選任が義務づけられます。つまりここでいう「自動車」とはいわゆる白ナンバーの自家用車両を指します。 2．警察では、交通安全教育が適切に実施されるよう、安全運転管理者等を対象とした講習を行うなど必要な指導を行っています。
安全運転管理者の選任基準	3．乗車定員が11人以上の自動車にあっては1台、その他の自動車にあっては5台以上の場合。なお、自動二輪車（原動機付自転車を除く）は1台を0.5台として計算します。
事業所	4．安全運転管理者の選任要件は、事業所（使用の本拠）ごとでみます。具体的には、本社、支店、各工場、営業所がこれに当たるでしょう。
副安全運転管理者の選任基準	5．自動車の台数が20台以上の場合（選任人数は20台ごとに1人を追加）
安全運転管理者の資格要件	6．安全運転管理者の資格要件は、次のとおりです（道路交通則9条の9）。 ①　20歳（副安全運転管理者が置かれることとなる場合にあっては30歳）以上の者であること ②　自動車の運転の管理に関し2年（自動車の運転管理に関し公安委員会が行う教習を修了した者にあっては、1年）

（安全運転管理者の業務）

第10条　安全運転管理者は、安全運行及び車両管理等に関する業務の全般をその職務とし、次の各号に掲げる事項に関する業務を行う。

(1)　常に運転者の適性、知識、技能を把握し、並びに道路交通法及びこの規程の違反の有無を運転者から報告させ、運転の可否を判断すること。

(2)　運転者に関して、必要な調査をし、業務上の運転を許可し、又は禁止すること。

(3)　マイカー通勤者に対し、必要な調査をし、通勤のための運転を許可し、又は禁止すること。

(4)　運転者の過労運転の防止及び安全な運転の確保のため、車両の適切な運行計画を作成すること。

(5)　運転者に対して点呼等を行い、飲酒、疲労、病気等により正常な運転ができないおそれの有無を確認し、安全な運転を確保するために必要な指示を与えること。

(6)　定期点検整備の実施及びその指示を与えること。

(7)　運転日誌の確認と管理を行うこと。

(8)　運転者に対し、車両の運転に関する技能・知識その他安全な運転を確保するため必要な事項について指導を行うこと。

(9)　社有車の台数、型式等に関して台帳を作成して管理すること。

条文の見出し／キーワード	作成基準の解説
	以上実務経験を有する者、又は自動車の運転の管理に関しこれらの者と同等以上の能力を有すると公安委員会が認定した者で、次のいずれにも該当しないものであること。 イ　過去２年以内に公安委員会の安全運転管理者の解任命令を受けたことのない者 ロ　過去２年以内にひき逃げ、酒酔い・酒気帯び運転等の違反行為をしたことのない者
運行責任者	７．安全運転管理者は、安全運転管理体制を構築するうえで重要な役職ですが、すべての事業場に選任義務があるわけではありません。しかし、安全運転管理体制は、小規模事業場であっても必要なものであるため、会社としては、安全運転管理者に準ずる役職を設け、事業場ごとに選任することが必要です。つまり、小規模事業場においては、名称は異なっていてもその任務は、安全運転管理者と同じなのです。そして、次条以下の「安全運転管理者」とあるのは、「運行責任者」と読み替えて適用していくことになります。
（安全運転管理者の業務） 安全運転管理者の法定業務	安全運転管理者の法定業務は、次のとおりです（道路交通則９条の10）。 ①　運転者の適性等の把握…自動車の運転についての運転者の適性、知識、技能や運転者が道路交通法等の規定を守っているか把握するための措置をとること。 ②　運行計画の作成…運転者の過労運転の防止、その他安全な運転を確保するために自動車の運行計画を作成すること。 ③　交替運転者の配置…長距離運転又は夜間運転となる場合、疲労等により安全な運転ができないおそれがあるときは交替するための運転者を配置すること。 ④　異常気象時等の措置…異常な気象・天災その他の理由により、安全な運転の確保に支障が生ずるおそれがあるときは、安全運転確保に必要な指示や措置を講ずること。 ⑤　点呼と日常点検…運転しようとする従業員（運転者）に対して点呼等を行い、日常点検整備の実施及び飲酒、疲労、病気等により正常な運転ができないおそれの有無を確認

⑽　社有車の安全点検及び整備に関してこれを管理すること。
⑾　社有車の使用状況及び運行予定等を管理すること。
⑿　社有車の耐用年数、使用状況等に基づき、新たな社有車の購入（リース契約の締結又は更新を含む。）について、会社に提案すること。
⒀　社有車及び通勤車両に関する自動車損害賠償責任保険（以下「強制保険」という。）及び自動車保険（以下「任意保険」という。）の加入等の確認をすること。

2　安全運転管理者が行う教育及び指導は、運転者の適性又は技能等を適切に把握したうえで行われなければならない。

（安全運転管理者の監視義務）

第11条　安全運転管理者は、従業員が、次の各号に掲げる行為を行わないよう常に監視しなければならず、これらが発覚したときは、直ちに安全確保のために必要な措置を講ずるとともに、総括責任者に報告しなければならない。

⑴　無免許運転及び無資格運転
⑵　飲酒運転（酒気帯び運転及び酒酔い運転のほか、麻薬等使用運転を含む。）
⑶　過労運転
⑷　最高速度違反運転
⑸　過積載運転
⑹　違法駐車等の放置行為
⑺　その他道路交通法に違反する運転

2　会社は、いかなる場合であっても、前項各号に掲げる行為を容認することがあってはならない。また、前項各号に掲げる行為は、就業規則に基づく懲戒処分の対象とする。

（運転を指示する者の遵守事項）

第12条　業務のため、運転を指示する者は、次の各号の事項を遵守しなければならない。

⑴　この規程に定める基準に達しない車両を使用させないこと。
⑵　この規程に定める許可を受けていない者又は運転者の条件を満たしていない者に運転をさせないこと。
⑶　過度の疲労、病気その他心身が健康な状態にないと認められる者に運転をさせないこと。
⑷　安全運転管理者の行う安全運転に関する教育を積極的に受けさせること。

（安全運転教育）

第13条　会社は、運転者を対象として、随時に、安全運転に関する講習会等を開催し、全

条文の見出し／キーワード	作成基準の解説
	し、安全な運転を確保するために必要な指示を与えること。 ⑥　運転日誌の備付け…運転の状況を把握するため必要な事項を記録する日誌を備え付け、運転を終了した運転者に記録させること。 ⑦　安全運転指導…運転者に対し、「交通安全教育指針」に基づく教育のほか、自動車の運転に関する技能・知識その他安全な運転を確保するため必要な事項について指導を行うこと。
（安全運転管理者の監視義務）	1．従業員が安全運転の妨げとなるような行為を行わないように安全運転管理者に監視権限を与え、常に監視をさせます。 2．道路交通法によれば、自動車の使用者は、安全運転管理者に対し、安全運転に必要な業務を行うため必要な権限を与えなければならないものとされています（道路交通法74条の3第7項）。
（運転を指示する者の遵守事項）	日常の運転の指示は、業務命令の一環で行われるものであり、安全運転管理者が行うものではありません。そこで、運転を指示する権限を有するものに対しては、安全運転を損なうような指示を行わないことを規定しておきます。
（安全運転教育）	1．マイカー使用時の事故においても会社が一定の責任を負うことがあります。したがって安全運転教育は、マイカー通勤

社的な安全意識向上を図るものとする。
2　運転者は、前項の講習会に積極的に参加しなければならない。

（安全運転管理者の解任）

第14条　安全運転管理者が、次の各号に該当する場合には、解任する。
⑴　異動、退職その他の理由で安全運転管理業務が遂行できなくなったとき。
⑵　公安委員会の解任命令を受けたとき。
⑶　安全運転管理者として、ふさわしくない行為があったとき。

条文の見出し／キーワード	作成基準の解説
	者等も含めて行うべきです。
交通安全教育指針	２．道路交通法において、安全管理者の業務として、事業所における交通安全教育の実施を掲げています。この教育については、国家公安委員会が作成する「交通安全教育指針」に従って行うこととされています。交通安全教育指針は、地方公共団体、民間団体等が効果的かつ適切に交通安全教育を行うことができるようにするとともに、都道府県公安委員会が行う交通安全教育の基準とするため、国家公安委員会が作成し、公表しています。

> ➤　道路交通法108条の28（交通安全教育指針及び交通の方法に関する教則の作成）
>
> 　国家公安委員会は、道路を通行する者に対する交通安全教育を行う者（公安委員会を除く。）が効果的かつ適切な交通安全教育を行うことができるようにし、及び公安委員会が行う前条の交通安全教育の基準とするため、次に掲げる事項を内容とする交通安全教育に関する指針（以下「交通安全教育指針」という。）を作成し、これを公表するものとする。
>
> ⑴　自動車等の安全な運転に必要な技能及び知識その他の適正な交通の方法に関する技能及び知識を習得する機会を提供するための交通安全教育の内容及び方法
>
> ⑵　交通事故防止に関する知識を習得する機会を提供するための交通安全教育の内容及び方法
>
> ⑶　前二号に掲げるもののほか、道路を通行する者に対する交通安全教育を効果的かつ適切に行うために必要な事項

条文の見出し／キーワード	作成基準の解説
（安全運転管理者の解任）	法定の解任要件を規定しています（道路交通法74条の３第６項）。

第4章　車両管理

（車両管理の基本）

第15条　業務のために使用する車両の管理は、その車両の属する部門を単位としてこれを行う。

2　前項の管理に係る事務は、＜総務部＞において行うものとする。

3　業務のために使用する車両（社有車に限る。）は、すべて車両管理台帳（様式第1号）に記載し、常に点検整備しなければならない。

4　社有車の車検については、安全運転管理者が行うものとし、その他の整備、修理については、運行責任者が行うものとする。

（車両管理台帳）

第16条　車両管理台帳は、安全運転管理者がこれを調製するものとし、次の各号の事項を記載するものとする。

(1)　車種、形式及び登録番号
(2)　主たる使用目的
(3)　車両の整備状況
(4)　車検の有効期間
(5)　任意保険の付保状況
(6)　保管場所
(7)　その他会社が定める事項

（駐車場の指定）

第17条　車両の保全及び盗難防止のため、業務のために使用する社有車は、業務が終了した後は、会社が定める駐車場に駐車しておかなければならない。

条文の見出し／キーワード	作成基準の解説
（車両管理の基本）	従業員の社有車の無断使用中の事故であっても、会社が一定の責任を負わなければならないことは、既に述べたとおりです。業務上の必要性があれば、車両の使用はやむを得ないのですが、その裏側にあるリスクを常に考慮して、会社は、社有車をみだりに使用させないことや安全運転を徹底すること等の対策を立てておく必要があります。そのためには、車両管理に関しては、許可制を徹底し、安全運転管理者等の責任者が統括的に車両管理を行うことが必要です。
（車両管理台帳）	車両管理台帳の調製は、業務車両の正常な運行のために必要です。
（駐車場の指定）	➢　道路交通法74条の2（車両等の使用者の義務） 車両の使用者は、当該車両を適正に駐車する場所を確保することその他駐車に関しての車両の適正な使用のために必要な措置を講じなければならない。 駐車場の管理が不十分である場合、従業員の社有車の無断使用や盗難が発生する可能性があります。結果として、無断使用車や盗難車による事故によって、会社が運行供用者責任を負うリスクが高まることが考えられます。駐車場を常に管理しておくことにより、車両の台数を常に確認でき、無許可の車両の持込みを防止することができます。

（始業点検等）

第18条　運行責任者は、運転者にその運転の開始に際し、その立合のもと、所定の始業点検を行わせ、車両の安全を確認するものとする。

2　運行責任者は、毎月１回、一斉に車両の定期点検を行うものとし、次に掲げる業務を実施し、安全運転管理者の検印を受けなければならない。

(1)　定期点検整備記録簿（様式第２号）に基づく当該車両の点検及びその記録（車両の整備を業者に行わせる場合、及び業者に整備を依頼している業務使用マイカーを除く。）

(2)　点検による不良箇所の整備

(3)　運転日誌（様式第３号）の内容の確認

（車両の修理）

第19条　運行責任者又は運転者が社有車の修理を依頼しようとするときは､車両修理依頼･報告書（様式第４号）を提出しなければならない。ただし、緊急の修理が必要な事由が生じたときは、事後に遅滞なく届け出るものとする。

（車両の購入又は買換え）

第20条　安全運転管理者は、社有車の購入又は買換えについては、車両使用に当たっての有効性、経済性及び安全性を十分検討し、総括責任者と協議のうえ行うものとする。

第５章　運行管理

（運行計画）

第21条　安全運転管理者は、運転者の能力及び健康を考慮して運行計画を策定しなければならない。また、運転者自らが運行計画を策定したときは、これを点検しなければならない。

条文の見出し／キーワード	作成基準の解説
（始業点検等）	車両の安全確認と安全意識の向上について規定しています。モデル規程では、業務使用マイカーについても、始業点検、定期点検の対象としています。なお、定期点検については、業者委託の場合は、省略できるようにしてあります。
（車両の修理）	1．修理業者は、あらかじめ会社が定めておき、修理に出す手順もマニュアル化しておきます。 2．従業員の故意又は重過失により修理が必要になった場合の費用の扱い等は、第35条を参照してください。
（車両の購入又は買換え）	安全運転管理者に購入・買換えの決裁権限を与えるのか、単に購入・買換えについて上申させるのかは会社によって取り決めが異なります。会社に合わせて規定してください。
（運行計画）	1．運行計画は、安全運転管理者が策定するのが原則ですが、モデル規程では運転者が策定し、安全運転管理者が点検することもできるようにしました。
運行計画の留意点	2．運行計画は、運転者の運転技能と車両の性能にあった計画とする必要があります。あらかじめ、運転コース、所要時間、休息場所、駐車場などについての計画を立てておきます。運転が長時間にわたるときは、２時間に１回程度の休息がとれるよう計画することが必要です。

（運転日誌）

第22条　運転者は、業務に使用する車両ごとに運転日誌を備え付け、当該車両を使用したときは、必ず運転日誌に運行状況等を記録しなければならない。

2　前項の運転日誌の記載事項は、次のとおりとする。

⑴　運転日

⑵　運転の目的及び行き先

⑶　運転の開始及び終了の日時

⑷　１回の運転における走行距離

⑸　燃料の補給を行ったときはその分量

⑹　その他運転者管理の必要のため会社が定める事項

3　安全運転管理者は、毎月１回、運転日誌の内容を確認するものとし、これを３年間、保存しておかなければならない。

（運転者台帳）

第23条　安全運転管理者は、第25条の許可を受けた運転者の異動状況等を把握するため、次に掲げる事項を記載した台帳（以下「運転者台帳」という。）（様式第５号）を調製する。

⑴　運転者の所属部門及び氏名

⑵　運転免許の種類、有効期間、運転条件

⑶　運転歴（安全運転上の懸念があるときは、違反歴、事故歴を含む。）

⑷　その他会社が定める事項

2　安全運転管理者は、運転者台帳に登録された運転者以外の者に、社有車及び第32条の許可により業務に使用する通勤車両を運転させてはならない。

第６章　業務使用車両

（車両の条件）

第24条　運転者は、次の各号の条件のいずれかに適合しない車両を業務のために運転してはならない。ただし、第１号に該当しない場合であっても、車両の故障の程度が軽微であり道路交通法上の問題がないときであって、修理等のため車両を移動することがやむを得ないときは、この限りでない。

⑴　故障箇所、整備不良箇所がないこと。

条文の見出し／キーワード	作成基準の解説
（運転日誌）	運転日誌は、運転者が運転の都度記載し、安全運転管理者が一定期間ごとに確認します。業務使用マイカーを使用する場合にも運転日誌を記入させます。
（運転者台帳）	車両の業務使用は、許可を受け、運転者台帳に登録された運転者のみが可能である旨を規定しています。
（車両の条件）	1．事故を防止し、また、事故が起こった場合のリスクに対する対応策として、一定の条件に適合しない車両は運転してはならない旨規定しています。
自動車損害賠償責任保険	2．自賠責法により、自動車及び原動機付自転車を使用する際、すべての運転者への加入が義務づけられている損害保険のことです。強制保険ともいいます。

⑵　車検証が、有効期限内にあること。
⑶　強制保険に加入していること。
⑷　任意保険に加入し、次の金額以上の補償を受けていること。

対人補償	無制限
対物補償	無制限
搭乗者傷害	1,000万円

（業務のための車両使用の許可と運転者の条件）

第25条　業務のために車両を運転するためには、あらかじめ安全運転管理者の許可を受けなければならない。

2　前項の許可を受けようとする者は、会社の定める許可申請書に運転記録証明書を添えて、総括責任者に提出しなければならない。

3　第１項の許可に際しては、次のいずれの基準も満たしたものでなければならない。

⑴　当該車両の運行に必要な免許を受けており、かつ、その停止又は取消し等を現に受けていないこと。
⑵　当該従業員に業務車両の運転をさせることにつき、会社が不適格であると判断して、業務車両の運転を禁止した者ではないこと。

4　第１項の許可は、当該運転者が前項各号の基準のいずれかを満たさなくなったとき、又は安全運転確保の観点から運転者の適性を欠くと会社が判断するときは、これを取り消すものとする。

（事故発生時の報告等）

第26条　業務車両を運転中に交通事故が発生した場合には、運転者及び同乗者は、道路交通法の定めに従い当該事故について直ちに警察に報告しなければならない。また、運転者（運転者が報告をできない状態にある場合には、同乗者。同乗者がいない場合又は報告をできる状態にある者がいない場合には、最初に事故の発生を知るに至った者）は、直ちに所属長を通じて、安全運転管理者に事故の報告をしなければならない。

2　安全運転管理者は、前項の報告を受けたときは、直ちに事故の処理に当たるとともに、保険会社、指定修理工場等、関係各所に連絡し、必要な措置を講じなければならない。

3　交通事故の当事者となった運転者は、事故の円滑な解決に協力するとともに、その再発防止を図るため、事故の経緯、処理方法等を安全運転管理者とともに取りまとめ、交通事故報告書（様式第６号）により、総括責任者を経由して、社長まで報告しなければ

条文の見出し／キーワード	作成基準の解説
	3．強制保険に加入しないまま自動車等を運行させた場合は、1年以下の懲役又は50万円以下の罰金に処せられます。
任意の自動車保険	4．強制保険は、最低限の補償の確保を目的としているので、保険金の上限が被害者1人につき3,000万円（死亡の場合）までとなっています。不幸にして死亡事故が起きてしまった場合、遺族への補償としては到底足りる額ではありません。したがって、別途任意の自動車保険に加入する必要があります。この場合、対人補償は「無制限」とするべきです。
（業務のための車両使用の許可と運転者の条件）	1．許可の欠格基準を定めておき、また、後日これに該当することがあれば、許可を取り消すことを規定しておきます。
運転記録証明書	2．「運転記録証明書」とは、過去5年間までの交通違反や事故、運転免許の行政処分の記録等について証明する書類で、自動車安全運転センターに申請すると交付してもらえます。
（事故発生時の報告等）	事故が発生した場合には、事故の当事者となった運転者は、警察のほか安全運転管理者にも報告する義務がある旨規定しています。また、再発防止策を含めた報告書を、安全運転管理者と協力して作成し、社長に報告させる旨規定しています。

ならない。

第７章　通勤車両

（マイカーの通勤時使用の許可）

第27条　マイカーを通勤に使用しようとする者は、自家用車両通勤申請書（様式第７号）に次の各号に掲げる書類を添付して、安全運転管理者に申請し、その許可を受けなければならない。

⑴　運転免許証の写し

⑵　保険証券（強制保険及び任意保険のものであって、補償金額が確認できるものに限る。）の写し

⑶　車検証の写し

⑷　車庫証明の写し

⑸　自宅から職場までの通勤経路を示した略図（運転距離を付記すること。）

2　前項の許可を受けていない者若しくは許可を取り消された者又は運転を禁止されている者は、通勤にマイカーを使用してはならない。

3　安全運転管理者は、次の各号のいずれにも該当する者でなければ、第１項の許可を与えてはならない。また、次の各号のいずれにも該当する者であっても、会社の判断によって許可を与えないことができる。

⑴　運転に必要な免許を受けており、かつ、その停止又は取消し等を現に受けていないこと。

⑵　自宅から職場までの距離が２キロメートル以上であること。ただし、会社がやむを得ないと認めるときは、２キロメートルに満たない場合であっても、自家用車両での通勤を認めることができる。

⑶　車庫の設置が義務付けられている車両に関しては、自宅又は自宅周辺に所定の車庫があること。

⑷　試用期間を経過していること。

⑸　次条の要件を満たす車両を使用すること。

⑹　その他会社が不適格と認めた者でないこと。

条文の見出し／キーワード	作成基準の解説
（マイカーの通勤時使用の許可）	1．マイカー通勤は許可制としています。
マイカー通勤事故と会社の責任	2．一般的にマイカー通勤中の事故については、個人が所有する車両による事故であるため、会社に責任が及ぶことはないと思われがちですが、いくつかの判決では、会社の責任を認めています。その理由となったポイントは次のとおりです。 ①　通勤そのものが業務に密接に関連する。 ②　会社は、従業員の通勤経路や保険の有無等を確認するのが通常であり、これは一種の指揮命令に該当する。 ③　ガソリン代等を支給している場合は、会社がマイカー通勤を積極的に進めていると考えられる　等 3．このようなことから、マイカー通勤を無制限に容認すれば、会社はマイカー通勤を積極的に推奨していると捉えられかねません。また、台数が増えれば、会社のリスクは一方的に増大していきます。したがって、マイカー通勤は、例外的なものと位置づけ、許可制にすることが原則です。また、ガソリン代の実費を支給する等、他の公共交通機関による通勤者より有利な規定を設けることは避け、距離比例等による公平な通勤手当支給基準を設けることが重要です。また、マイカー通勤者の自動車保険の保険料を会社が負担することは避けてください。
許可基準の目安	4．許可基準は概ね次のようなものになります。 ①　会社と自宅が一定距離以上離れていて、かつ、マイカー以外の合理的通勤手段がないこと。 ②　身体の障害等により、公共交通機関による通勤が困難であること。 ③　十分な賠償能力のある自動車保険（対人は無制限が原則）に加入していること。
通勤車両の業務使用	5．通勤のためのマイカーを業務に用いる事実があれば、会社が責任を負う可能性は高まります。自賠責法３条の「運行供

（通勤車両の要件）

第28条　通勤車両は、次のいずれにも該当するものとする。

⑴　故障箇所や整備不良箇所がない車両であること。

⑵　車検証が有効期限内にある車両であること。

⑶　関係諸法規に反する不法改造車でないこと。

⑷　強制保険に加入している車両であること。

⑸　任意保険に加入し、下記の金額以上の補償を受けている車両であること。

対人補償	無制限
対物補償	無制限
搭乗者傷害	1,000万円

（許可の有効期間）

第29条　第27条の許可の有効期間は、許可の日から１年間とする。ただし、許可された日から１年の間に強制保険・任意保険の保険契約が終了する場合には、強制保険又は任意保険の保険契約終了の日までの期間を有効期間とする。

（通勤手当の支給）

第30条　マイカー通勤者に係る通勤手当は、公共交通機関通勤に準じて通勤手当支給規程に定める額を支給する。

（駐車場所の指定）

第31条　マイカー通勤者は、就業時間中は、会社が指定した駐車場に通勤車両を駐車しておかなければならない。

条文の見出し／キーワード	作成基準の解説
	用者責任」が問われる可能性が高まるためです。例えば、①会社の指示によりマイカーで工事現場へ出かける途上で事故を起こした事案（最高裁昭52.12.12）、②通勤に際して、他の従業員や上司・役員を同乗させて、自宅・会社間を往復するようなことがしばしばあった場合（最高裁昭52.12.22）等について、裁判所は会社の運行供用者責任を認めています。
（通勤車両の要件） 通勤車両への任意保険の付保の義務づけを認めた最高裁判例	仮に通勤車両の業務使用を厳格に禁止し、会社の姿勢として、マイカー通勤はやむを得ない場合の例外的なものであることを明確にしていれば、マイカー通勤中の事故に関し、会社は、使用者責任・運行供用者責任を回避することができます。したがって、通勤車両への保険内容は、従業員個人の問題であるとする考え方もあるでしょう。しかし、「事故が発生した場合の責任及び賠償をめぐっての被害者との対立が、事実上の問題として被用者の多くが属する企業周辺の地域社会の企業に対するイメージを損ね、その社会的評価に影響を与えることは否定しがたい」と指摘し、通勤車両へ任意保険を付保することを義務づけた就業規則の内容を合理的なものと判断した判例があります（最高裁昭53.12.12）。
（許可の有効期間）	マイカー通勤の許可には有効期間を設け、有効期間の更新時に車両の状態や保険内容が適正であるかの確認をします。この場合、有効期間中に、強制保険・任意保険の契約期間が切れてしまわないように配慮します。
（通勤手当の支給）	マイカー通勤者への通勤手当は、公共交通機関通勤の場合（通勤定期代）の代替として支給することを明確にします。基準もなく、漫然とガソリン代や駐車料金の実費支給を繰り返していると、会社がマイカー通勤を推奨しているように捉えられかねません。
（駐車場所の指定）	通勤車両の駐車場をマイカー通勤者に任せておくと、事業所周辺での違法駐車や迷惑駐車が起こりやすくなります。また、違法駐車が常態化してくれば、会社そのものが違法行為を認め

2　前項の駐車場内の損害に関し、会社は一切関知せず、また責任を負わない。

（通勤車両の業務使用）

第32条　通勤車両を含むマイカーを業務のために使用することは、これを禁止する。ただし、会社は、業務上の必要からやむをえないと判断した場合には、必要な範囲内において、通勤車両（原動機付自転車を除く。）に限り、これを業務のために使用することを許可することができる。

2　前項の許可を受けようとする者は、通勤車両を業務上使用しようとする都度、あらかじめ、所属長を通じて、通勤車両業務使用申請書（様式第８号）によって安全運転管理者に申請し、その許可を受けなければならない。

3　第１項の許可は、次に掲げる場合に限り、与えるものとする。

⑴　自宅から主たる勤務地以外の事業所へ直行する場合

⑵　前号の事業所から自宅へ直帰する場合

⑶　事業所間を移動する場合

4　第１項の許可については、第25条第２項及び第27条の規定を準用する。また、許可の取消しについては、第25条第４項の規定を準用する。

（通勤車両の業務運行報告）

第33条　通勤車両を業務に使用する者は、前条第２項の申請に係る事由がやんだときには、速やかに、運転日誌を記入しなければならない。

2　前条の許可を受けて通勤車両を業務に使用する場合における許可の有効期間は、１年間とする。

（通勤車両使用時の事故発生の報告等）

第34条　第26条の規定は、通勤途上に交通事故が発生した場合において、これを準用する。

条文の見出し／キーワード	作成基準の解説
	ていると判断されてしまいます。
（通勤車両の業務使用）	通勤車両の業務使用は、原則として禁止し、許可がある場合に限り使用を許可します。
（通勤車両の業務運行報告）	マイカーの運転だと気持ちが緩んでしまい、公私混同が起こりがちです。社有車の場合以上の厳しい業務運行管理が必要です。
（通勤車両使用時の事故発生の報告等）	マイカーでの事故といえども最終的に会社が責任を負う可能性はあるのですから、事故報告等の手順も社有車と同様の規定を適用します。

第８章　損害賠償等

（損害賠償の請求）

第35条　会社は、次の各号に該当する事故があったときは、運転者又は運転者に運転を指示した者に対して、当該事故により会社が被った損害の程度に応じて損害賠償を請求することができる。

⑴　業務車両の運転中又は通勤車両による通勤中における故意又は重大な過失による事故

⑵　この規程に定める許可を受けず、無断で業務車両を運転した場合に発生した事故

⑶　この規程に定める許可を受けず、無断でマイカーを、通勤又は業務のため運転した場合に発生した事故

２　前項で定める場合に、事故を発生させた者が、当該事故により会社が被った損害について賠償を行った場合（行うことを確約した場合を含む。）であっても、就業規則に定める懲戒処分を免れるものではない。

条文の見出し／キーワード	作成基準の解説
（損害賠償の請求）	1．いわゆる物損事故の場合、民法715条の使用者責任の問題が生じますが、従業員が業務中に事故を起こしたとなれば、ここでいう「事業の執行」に当たることになります。

> ➢　民法715条（使用者等の責任）
> 1　ある事業のために他人を使用する者は、被用者がその事業の執行について第三者に加えた損害を賠償する責任を負う。ただし、使用者が被用者の選任及びその事業の監督について相当の注意をしたとき、又は相当の注意をしても損害が生ずべきであったときは、この限りでない。
> 2　使用者に代わって事業を監督する者も、前項の責任を負う。
> 3　前二項の規定は、使用者又は監督者から被用者に対する求償権の行使を妨げない。

条文の見出し／キーワード	作成基準の解説
求償の制限	2．従業員の業務中の事故が、従業員の重大な過失（飲酒運転、過労・居眠り運転）の場合であっても、会社が使用者責任を負うことになりますが、会社が第三者からの損害賠償を従業員の代わりに支払った場合には、会社は従業員に対して求償権を行使することができる旨規定されています。しかし、判例では、この求償権の行使については、制限的にしか認められていません。例えば、「使用者が、その事業の執行につきなされた被用者の加害行為により、直接損害を被り又は使用者としての損害賠償責任を負担したことに基づき損害を被った場合には、使用者は、その事業の性格、規模、施設の状況、被用者の業務の内容、労働条件、勤務態度、加害行為の態様、加害行為の予防若しくは損失の分散についての使用者の配慮の程度その他諸般の事情に照らし、損害の公平な分担という見地から信義則上相当と認められる限度において、被用者に対し右損害の賠償又は求償の請求をすることができる」とし、タンクローリーの運転者への求償を4分の1に制限した判例があります（茨石事件　最高裁昭51.7.8）。すなわち、会社は、労働契約に基づき、社用車を使用して従業員に業務に服することを命じている以上、従業員の過失で事故が発生することは、予期できる範囲の問題であり、損害の負担は公平に分担すべきという考え方です。

（会社の免責）

第36条　前条第１項各号の事故又は私用運転中の事故については、会社は一切責任を負わない。

（懲　戒）

第37条　この規程の違反は、就業規則に定める懲戒処分の対象とする。

（改　廃）

第38条　この規程の改廃は、総括責任者が、安全運転管理者の意見を斟酌して起案し、取締役会の決議による。

条文の見出し／キーワード	作成基準の解説
従業員の過失事故の場合の修理費の負担	3．前述の判例の考え方に立てば、仮に従業員の過失により、社有車が壊された場合であっても、修理費の全額を従業員に負担させることはできません。もちろん、損害の程度に応じて一定割合の額を負担してもらうこと自体は問題ありません。ただし、損害の程度にかかわらず、一定額の費用負担を定めることは、労基法16条（賠償予定の禁止）に抵触する可能性があります。 ➢　労働基準法16条（賠償予定の禁止） 使用者は、労働契約の不履行について違約金を定め、又は損害賠償額を予定する契約をしてはならない。
（会社の免責）	前述のとおり、このように規定したとしても、100％プライベートな運転中であれば別ですが、会社の責任がすべて免責となることが保障されるわけではありません。ただし、原則として、この規程に反するような運転による事故は、従業員本人にも責任があることを会社の姿勢として示しておくことは有効な手段です。従業員に対する十分な戒めとなるでしょう。
（懲　戒）	車両を運転させ業務に従事させることは、労働契約の内容の一つです。車両管理規程は、就業規則と連動するものとして、その違反については、就業規則の懲戒処分の対象となることを定めておきます。
（改　廃）	改廃に当たっては、安全運転管理者の意見を斟酌します。

様式第１号

車両管理台帳

車両番号	所属・担当者	車名・鍵番号	購入又はリース			車検・登録・車体番号	車検有効期間	自動車保険			車両保管場所（料金）	備　考
			年月日	会社・担当者	価格/条件			自賠責保険会社名	任意保険（会社名・内訳・期間）			
		（　　年式） No.	・　・	TEL		車検No. 登録No. 車体No	・　・ ・　・ ・　・			・　・ ・　・ ・　・		
		（　　年式） No.	・　・	TEL		車検No. 登録No. 車体No	・　・ ・　・ ・　・			・　・ ・　・ ・　・		
		（　　年式） No.	・　・	TEL		車検No. 登録No. 車体No	・　・ ・　・ ・　・			・　・ ・　・ ・　・		
		（　　年式） No.	・　・	TEL		車検No. 登録No. 車体No	・　・ ・　・ ・　・			・　・ ・　・ ・　・		
		（　　年式） No.	・　・	TEL		車検No. 登録No. 車体No	・　・ ・　・ ・　・			・　・ ・　・ ・　・		
		（　　年式） No.	・　・	TEL		車検No. 登録No. 車体No	・　・ ・　・ ・　・			・　・ ・　・ ・　・		
		（　　年式） No.	・　・	TEL		車検No. 登録No. 車体No	・　・ ・　・ ・　・			・　・ ・　・ ・　・		
		（　　年式） No.	・　・	TEL		車検No. 登録No. 車体No	・　・ ・　・ ・　・			・　・ ・　・ ・　・		

	氏　名	所　属	選任日	車両番号	指定修理工場名	摘　要
安全運転管理者			・　・		（　　）	
補　助　者			・　・		（　　）	
			・　・		（　　）	

定期点検整備記録簿

様式第２号

定期点検整備記録簿

登録番号又は車番	確認済

年　　月　　日実施

点検箇所			点検項目	所見
運転席での点検	ブレーキ・ペダル		踏みしろ、ブレーキのきき	
	駐車ブレーキ・レバー（パーキング・ブレーキ・レバー）		引きしろ（踏みしろ）	
	原動機（エンジン）		※かかり具合、異音	
			※低速、加速の状態	
	ウィンド・ウォッシャ		※噴射状態	
	ワイパー		※拭き取りの状態	
	◎空気圧力計		空気圧力の上がり具合	
	◎ブレーキ・バルブ		排気音	
エンジン・ルームの点検	ウィンド・ウォッシャ・タンク		※液量	
	ブレーキのリザーバ・タンク		液量	
	バッテリ		※液量	
	ラジエータなどの冷却装置		※水量	
	潤滑装置		※エンジン・オイルの量	
	△ファン・ベルト		※張り具合、損傷	
車の周りからの点検	灯火装置、方向指示器		点灯・点滅具合、汚れ、損傷	
	タイヤ		空気圧	
			□ディスク・ホイールの取付状態	
			亀裂、損傷	
			異状な摩耗	
			※溝の深さ	
	◎エア・タンク		タンク内の凝水	
	◎（ブレーキ・ペダル）		※（踏みしろ、ブレーキのきき）	
点検実施者名				
運行可否の結果				

1　※印の点検項目は、自動車の走行距離や運行時の状態などから判断した適切な時期に行えばよいものです。
2　◎印の点検箇所は、エア・ブレーキが装着されている場合に点検してください。
3　△印の点検箇所は、「自家用乗用など」に分類される自動車にあっては、定期点検の際に実施するなどしてください。
4　□印の点検項目は、「大型車」の場合に点検してください。
5　点検終了後は、安全運転管理者（又は整備管理者）に結果を報告し、安全運転管理者は点検結果を確認し車両の運行可否を決定し、確認の押印等をしてください。

凡例	該当なし	／	良好	✓	交換	×	調整	A	清掃	C
	省略	P	分解	○	修理	△	締付	T	給油	L

運転日誌

様式第３号

運 転 日 誌

車 両 No.	
車両運転者	

（　　　年　　　月分）

日/曜日	行き先・目的/走行距離	同乗者	使用時間帯															給油
			8	9	10	11	12	1	2	3	4	5	6	7	8	9	10	
1日（ ）	Km Km																	ℓ
2日（ ）	Km Km																	ℓ
3日（ ）	Km Km																	ℓ
4日（ ）	Km Km																	ℓ
5日（ ）	Km Km																	ℓ
6日（ ）	Km Km																	ℓ
7日（ ）	Km Km																	ℓ
8日（ ）	Km Km																	ℓ
9日（ ）	Km Km																	ℓ
10日（ ）	Km Km																	ℓ
11日（ ）	Km Km																	ℓ
12日（ ）	Km Km																	ℓ
13日（ ）	Km Km																	ℓ
14日（ ）	Km Km																	ℓ
15日（ ）	Km Km																	ℓ

様式第３号－２（裏面）

日/曜日	行き先・用途	同乗者	使用時間帯															給油
			8	9	10	11	12	1	2	3	4	5	6	7	8	9	10	
16日( )	Km																	
	Km																	ℓ
17日( )	Km																	
	Km																	ℓ
18日( )	Km																	
	Km																	ℓ
19日( )	Km																	
	Km																	ℓ
20日( )	Km																	
	Km																	ℓ
21日( )	Km																	
	Km																	ℓ
22日( )	Km																	
	Km																	ℓ
23日( )	Km																	
	Km																	ℓ
24日( )	Km																	
	Km																	ℓ
25日( )	Km																	
	Km																	ℓ
26日( )	Km																	
	Km																	ℓ
27日( )	Km																	
	Km																	ℓ
28日( )	Km																	
	Km																	ℓ
29日( )	Km																	
	Km																	ℓ
30日( )	Km																	
	Km																	ℓ
31日( )	Km																	
	Km																	ℓ

記入例

	○○社訪問 80Km	なし																

車両修理依頼・報告書

様式第４号

車両修理依頼・報告書

承認印	総務部長

年　月　日

部　課

運行責任者　㊞

運　転　者　㊞

修理工場名

車　種		登録 No.	
修理予定日			
修理箇所	整　備		
	エンジン関係		
	電気関係		
	板金関係		
	その他		
概算費用	円（決裁：　済　・　未　）		
備考（故障原因等を記入すること）			

運転者台帳

様式第５号

運　転　者　台　帳

（所属部門：　　　　）

（フリガナ） 氏　　名		生 年 月 日	年　月　日 生	写 真 貼 付
入　　社 年 月 日	年　月　日	運転者に選任された年月日	年　月　日	
現 住 所	TEL（　　）			

運転免許	免許の種別		交付年月日	年　月　日	免許番号	公安員会第　　号
				年　月　日		公安員会第　　号
				年　月　日		公安員会第　　号
	免許の条件等		その他特記事項			

通勤方法及び所要時間	1．徒　歩 分	2．自転車 分	3．バ　ス 分	4．電車など 分	5．自家用車 分	住宅の状況	1.自宅　2.間借り 3.アパート等 4.借上げ社宅 5.実家
自宅等への連絡方法	ＴＥＬ（　　）						

運転者に対する指導の実施状況

特別指導	初任指導実施年月日	年　月　日	年　月　日
	適齢指導実施年月日	年　月　日	年　月　日
	事故惹起者指導実施年月日	年　月　日	年　月　日

告示指導	年　月　日	年　月　日	年　月　日	年　月　日
	年　月　日	年　月　日	年　月　日	年　月　日

適性診断の受診状況

義務診断	初任診断受診年月日	年　月　日	年　月　日
	適齢診断受診年月日	年　月　日	年　月　日
	事故惹起者受診年月日	年　月　日	年　月　日

一般診断	年　月　日	年　月　日	年　月　日	年　月　日
	年　月　日	年　月　日	年　月　日	年　月　日

運転者の健康状況

定期健康診断の実施状況	年　月　日	年　月　日	年　月　日	年　月　日
	年　月　日	年　月　日	年　月　日	年　月　日
	年　月　日	年　月　日	年　月　日	年　月　日

交通違反・事故歴

発生年月日	登録番号	交通違反	人身事故	物　損	有責・無責	処理方法
年　月　日					有・双・無	
年　月　日					有・双・無	
年　月　日					有・双・無	
年　月　日					有・双・無	

採用前における事業用自動車の運転経歴

年　月　日 ～　年　月　日まで　　　　に勤務
年　月　日 ～　年　月　日まで　　　　に勤務
年　月　日 ～　年　月　日まで　　　　に勤務
年　月　日 ～　年　月　日まで　　　　に勤務

退職年月日	年　月　日	理　由	
備　考			

（退職者は３年間保存）

交通事故報告書

様式第6号

交通事故報告書

代表取締役　○○○○様

年　　月　　日

報告者1　　　　　　　　　　㊞

報告者2　　　　　　　　　　㊞

（当社に関する事項）

車両運転者氏名		所属	
登録番号又は車番			
発生日時			
事故発生場所			
被害の程度			
会社一時負担金			
保険による賠償金			
相手方よりの賠償金			
本人負担額			

（相手方情報）

氏名		年齢	
住所・勤務先等の連絡先	TEL（　　　）		
被害の程度			
車種・番号等			
相手方への会社一時負担金			
当社負担金（差引）			
相手方への本人負担額			

示談内容	
備考	
事故の発生状況（必要に応じて図解）	
具体的な再発防止策	

社長確認済		総務部長確認済		所属長確認済		安全運転管理者	

自家用車両通勤申請書

様式第７号

自家用車両通勤申請書

マイカー使用により通勤したく許可をお願いいいたします。

提出日　　年　　月　　日

<table>
<tr><td>所属</td><td></td><td rowspan="2">勤務地</td><td rowspan="2" colspan="2"></td><td>申請者印</td><td>所属長印</td><td>安全運転管理者印</td></tr>
<tr><td>氏名</td><td></td><td rowspan="2"></td><td rowspan="2"></td><td rowspan="2"></td></tr>
<tr><td>期間</td><td colspan="4">年　月　日 ～　　年　月　日　（最長１年）</td></tr>
<tr><td>申請理由</td><td colspan="7">□期間満了による更新 □今回新規、転勤、転居 ⇒ 必要な場合マイカー通勤手当申請（下欄）も記入</td></tr>
<tr><td colspan="2">車　種</td><td colspan="2">ナンバープレート</td><td>免許種別</td><td colspan="3">免許証番号</td></tr>
<tr><td colspan="2"></td><td colspan="2"></td><td></td><td colspan="3"></td></tr>
<tr><td rowspan="4">任意保険</td><td>区　分</td><td colspan="2">契約金額</td><td rowspan="2">契約期間</td><td colspan="3" rowspan="2">自　　年　月　日～
至　　年　月　日</td></tr>
<tr><td>対　人　（無制限）</td><td colspan="2"></td></tr>
<tr><td>対　物　（無制限）</td><td colspan="2"></td><td>証書ナンバー</td><td colspan="3"></td></tr>
<tr><td>搭乗者障害（1,000万以上）</td><td colspan="2">万円</td><td>契約保険会社</td><td colspan="3"></td></tr>
<tr><td rowspan="2">マイカー通勤手当申請</td><td rowspan="2">居住所から事業所までの走行距離を確認しましたので、以下のとおり申告いたします。
＿＿＿＿＿＿＿ Km
（小数第１位まで）
今回変更あり？
□なし
□あり
⇒転勤、転居以外の理由で距離を延長することはできません。
（新ルート等の実現による短縮はいつでも可）</td><td>居住所</td><td colspan="5">現在の住所をご記入ください。</td></tr>
<tr><td>運転経路</td><td colspan="5">居住所から事業所までの運転経路（道路名、交差点名等キーワード記載。図示も可。）</td></tr>
</table>

誓　約　書

自家用車両による通勤に関し以下のとおり誓約いたします。

誓約者名＿＿＿＿＿＿＿＿＿＿印

記

1．往復の安全運転を十分に心掛け、時間のゆとりのある出勤と帰路も道義的乗車を行います。
2．乗用は通勤に限り、在社中は勿論のこと出・退勤途次も個人所有の車両を業務に用いることはしません。
3．指定駐車位置へ正しい駐車を行います。
4．個人所有の車両を会社において洗車はしません。
5．任意保険については会社の指導に従います。
6．自動車事故、車両損傷などは、一切個人の責任において解決します。
7．会社の都合により許可の取消しがあったときは、何時でもその指示に従い、異議を申しません。
8．自家用車両による通勤を止めた場合は、その旨届け出ます。
9．その他車両管理規程に定められた条項を遵守します。

以上

通勤車両業務使用申請書

様式第８号

通勤車両業務使用申請書

年　　月　　日

通勤に使用するマイカーを業務に使用したく、許可をお願いいたします。

所属		勤務地		申請者印	所属長印	安全運転管理者印
氏名						
期間	年　月　日 ～　　年　月　日（最長１年）					
申請理由	□期間満了による更新 □今回新規、転勤、転居					

車 種	ナンバープレート	免許種別	免 許 証 番 号

任意保険	区 分	契 約 金 額	契 約 期 間	自　年　月　日～ 至　年　月　日
	対 人　（無制限）			
	対 物　（無制限）		証書ナンバー	
	搭乗者障害（1,000万以上）	万円	契約保険会社	

担当業務	
使用予定	使用頻度：　（ 週 ／ 月 ）　日程度 運転時間：　１回につき　時間程度
主要移動先	

誓　約　書

自家用車両の業務使用に関し、以下のとおり誓約いたします。

誓約者名　　　　　　　　　　　　印

記

1．往復の安全運転を十分に心掛け、時間のゆとりのある運行により道義的乗車を行います。
2．乗用は申請した業務（申請のある場合は、通勤を含む）に限り、その他の目的で個人所有の車両を業務に用いることはしません。
3．指定駐車位置へ正しい駐車を行います。
4．個人所有の車両を会社において洗車はしません。
5．任意保険については会社の指導に従います。
6．自動車事故、車両損傷などは、一切個人の責任において解決します。
7．会社の都合により許可の取り消しがあったときは、何時でもその指示に従い、異議を申しません。
8．自家用車両による業務を行わなくなった場合は、その旨届け出ます。
9．その他車両管理規程に定められた条項を遵守します。

以上

13

借上社宅管理規程

【参考資料】

○労務研究所『福利厚生』2017年3月下旬号 No.2220

○国土交通省住宅局市街地建築課マンション政策室『平成25年度マンション総合調査結果報告書』

第1章　総　則

（目　的）

第1条　この規程は、○○株式会社（以下「会社」という。）が、その従業員の居住のために提供する住宅（以下「社宅」という。）の管理運営に関する事項について定めるほか、社宅に入居する従業員（以下「入居者」という。）が遵守すべき事項等を定めるものである。

（借上社宅）

第2条　会社は前条の社宅を提供するため、民間の賃貸住宅を、会社の名義で借り上げるものとする。

2　前項の契約手続は会社が行うことを原則とする。ただし、特別の事情がある場合には、入居申込等の一部の手続（契約の締結を除く。）を入居希望者に代行させることがある。

3　第1項の民間の賃貸住宅に係る賃料（以下「住宅賃料」という。）は、会社が家主に直接支払うものとする。

4　入居者は、毎月会社に対し、第11条に定める使用料を支払わなければならない。

5　前項の使用料は、労使協定に基づき、入居者の月例給与から控除する。ただし、休業又は休職等により賃金が支給されず、又は減額されているため、控除することができない場合は、入居者は、当該使用料を会社の指定する口座に直接振り込むこととする。

（社宅の管理運営）

第3条　社宅の管理及び運営は、総務部が担当するものとし、総務部長が統括する。ただし、メンテナンス等、日常の管理運営を専門の業者に委託することがある。

条文の見出し／キーワード	作成基準の解説
（目　的）	借上社宅管理規程は、借上社宅制度の利用の公平性とトラブル防止のためのルールを定めます。
（借上社宅）	1．住宅費用に関する会社補助には、次の３通りがあります。 ①　社有社宅を提供 ②　民間住宅を会社が借り上げ提供 ③　本人が民間住宅を賃借 これらの制度がある場合に、本人（赴任者）が何らかの賃借料を負担するとしている会社は、①では約３割、②では約６割、③では約８割となっているようです。 2．借上社宅の場合は、住宅契約者は会社であり、従業員に対して給与天引きによる社宅貸与となります。
労使協定	3．給与天引きを行う場合には、労基法24条に基づく労使協定を締結します。
民間の賃貸住宅	4．「公営住宅」を借上社宅とすることを認めてしまうと、公営住宅の趣旨や賃料等のバランスの問題もあるため、一般的には「民間」の賃貸住宅を対象とします。
（社宅の管理運営）	社宅の管理・運営、賃貸上のトラブルなどには企業の担当者が対応することになります。

第2章　入居手続

（入居資格）

第4条　社宅への入居資格は、当該各号に定めるところによる。

⑴　勤続▼年以上であること。

⑵　配偶者又は同居する扶養家族（健康保険の被扶養者とする。以下同じ。）がいること。

⑶　社命により転勤し、通勤可能区域内に自宅を持たない者であること。

2　前項の入居資格を満たさない従業員であっても、会社が必要と認めた場合は、社宅へ入居することができる。

（入居の申込み）

第5条　社宅への入居を希望する従業員は、「社宅入居申込書」（様式第１号）に必要事項を記入のうえ、所属長を経由して、総務部まで申し込むものとする。

（審　査）

第6条　総務部長は、前条の社宅入居申込書の内容を審査のうえ、社宅の入居の可否を決定する。

2　前項の場合において、総務部長は、自宅保有又は取得予定の有無を確認し、自宅保有者等の場合は、社宅の貸与を必要とする理由を確認するとともに、次項の方法により、当該従業員に、社宅の使用に当たって法令の定め及びこの規程に反しないことを誓約させるものとする。

3　社宅へ入居することとなった従業員は、直ちに「社宅入居誓約書」（様式第２号）を会社に提出しなければならない。

（社宅使用期間）

第7条　社宅の使用期間は、10年を上限とする。ただし、異動により他の社宅に転居する場合は、異動前における社宅の使用期間は通算しない。

条文の見出し／キーワード	作成基準の解説
（入居資格）	1．社宅の入居資格に「男性のみ」「女性のみ」と規定することはできません。 2．入居者を独身者や単身赴任者に限定する場合もあります。 ➢ 改正雇用の分野における男女の均等な機会及び待遇の確保等に関する法律の施行について（平成18年10月11日　雇児発第1011002号） 独身者に対する住宅の貸与が男性のみに限られるものとされている場合には差別解消のための措置が必要であり、具体的には、男子寮や世帯用住宅に女性独身者を入居させるようにすること。独身者に対する住宅の貸与が女性のみに限られている場合についても同様であること。 住宅の貸与に関し、例えば、女性について男性と異なる年齢、勤続年数等の入居条件を設定することは、「性別」を理由とした差別的取扱いに該当するものであること。
（入居の申込み）	手続は書面によることを明確にします。
（審　査）	入居の審査及び入居の可否の決定は、会社が行うことになります。入居決定者には、誓約書の提出を義務づけます。
（社宅使用期間）	借上社宅には入居期限を設けている場合が多いようです。この場合、住宅資金の貸付制度を設ける会社もあります。

第3章　費用及び使用料等

（社宅の規模基準）

第8条　社宅の規模基準は、入居者の人数に応じて、別表第1に定めるところによる。

（住宅賃料の上限）

第9条　社宅として利用する住宅賃料の上限は、家族数及び居住地域に応じて別表第2に定めるところによる。

2　住宅賃料が別表第2の上限額を超えるときは、当該超える額（以下「超過額」という。）は、入居者が会社に支払う使用料に加算するものとする。

3　前項にかかわらず、入居者ごとの扶養家族等の状況等を鑑みて、当該上限額を緩和することがある。ただし、以降これを慣行とはみなさない。

条文の見出し／キーワード	作成基準の解説

（社宅の規模基準）

入居者の人数に応じた間取りの基準を定めます。

（住宅賃料の上限）

1．従業員間の不公平をなくすため、入居者数、地域ごとに区分を設け、社宅水準に上限を設けます。社宅水準は、①住宅賃料（家賃）、②面積、③住宅賃料（家賃）と面積の組合せで設定します。通常住宅賃料は、面積に比例するため、モデル規程では、住宅賃料のみに上限を設定するシンプルな方法としました。他のモデルを設計する場合は、次の統計資料を参考にしてみてください。

2．社有社宅の住宅賃料の相場は、次のようになります（労務研究所『福利厚生』 2017年3月下旬号 No.2220）。

➤ 借上社宅の基準賃借料調べ（2017年）

家族数別の基準賃借料　（単位：円）

区　分	都市平均	首都圏	京阪神
平　均	107,700	131,500	115,000
単身	77,000	91,700	82,500
2人	104,800	128,400	111,800
3人	111,800	138,500	119,900
4人	122,000	149,600	129,800
5人以上	125,000	152,100	131,400

職階別の基準賃借料　（単位：円）

区　分	都市平均	首都圏	京阪神
平　均	123,600	150,100	133,300
一般・係長	110,100	132,500	119,300
課長	125,900	156,500	136,000
部長	140,400	174,500	150,900

住宅規模別の基準賃借料　（単位：円）

区　分	都市平均	首都圏	京阪神
平　均	103,900	120,100	108,100
1DK等	67,600	80,300	72,400
2DK等	93,500	108,700	98,400
3DK	116,600	131,800	118,800
4DK等	130,900	152,800	133,700

3．なお、借上社宅制度ではなく、住宅手当を支給している企

（諸費用の負担）

第10条　次の各号に掲げる社宅の諸費用に関する会社及び入居者負担の区分は、当該各号に定めるところによる。

⑴　共益費…全額入居者の負担とする。

⑵　仲介手数料…上限金額までは会社が負担する。超過部分は入居者の負担とする。

⑶　敷金…会社が負担する。

⑷　礼金…賃料の上限相当額の２か月分までは会社が負担する。これを超える額は入居者の負担とする。

⑸　敷引…会社が負担する。

2　前項以外の社宅の諸費用に関する会社及び入居者負担の区分は次のとおりとし、そのつど会社と入居者が協議のうえ決定する。

⑴　会社負担……社宅の推持管理に必要な費用

⑵　入居者負担…居住に関して日常的な支出に係る費用

（使用料）

第11条　社宅の使用料は、次の算式による額とする。

住宅賃料×30％　＋　超過額　＋　共益費

2　月の途中入居、途中退去の場合で１か月に満たない入居期間があるときは、その月の使用料は暦日に応じた日割計算による。

3　使用料に100円未満の端数が出る場合は、これを切り捨てる。

条文の見出し／キーワード	作成基準の解説

業の場合の家賃補助額（住宅手当の額）の現状は、次のとおりです。

➢ 住宅手当支給企業割合及び労働者一人平均支給額

企業規模・産業	住宅手当支給割合	労働者一人平均支給額
1000人以上	59.1%	19,333円
300～999人	59.7%	17,818円
100～299人	55.3%	15,832円
30～99人	41.4%	14,359円
製造業	45.6%	14,178円

調査出所：2014年調査『就労条件総合調査（厚生労働省）』参照

（諸費用の負担）

共益費

1．共同住宅などで、入居者がともに利益を受けている外灯・エレベーターなど共用部分の維持・管理のために支出する費用のことをいいます。

仲介手数料

2．契約を仲介した不動産会社に支払う手数料のことをいいます。家賃の1か月分（共益費・管理費などは含まない）が上限とされています。

敷金

3．不動産の賃借人が賃料の支払いの保証のために賃貸人に預けておく金銭のことをいいます。賃借人に債務の未払いがない限り賃貸借契約の終了の際に返還されます。一般的に、全額会社負担とする会社が多いようです。

礼金

4．建物の賃貸借契約を結ぶ際に賃借人から賃貸人に交付される一時金のことをいいます。ただし、法的根拠はなく、契約終了後も賃借人への返還義務はありません。一般的に、全額会社負担とする会社が多いようです。

敷引

5．入居時に預かった敷金のうち、一定額を補修費等に充て退去時に差し引くというものであり、主に関西や九州で多くみられる慣習のことをいいます。 地域慣習によるため、全額会社負担とする会社がほとんどのようです。

（使用料）

1．役職による区分を導入する場合や、社宅の入居年数により、料率を段階制にしているケースもみられます。ただし、自己負担額があまりに少ないと給与として課税されるおそれがあるため、注意が必要です。

2．首都圏における基準賃借料と借上社宅使用料の関係は次のとおりです。

条文の見出し／キーワード	作成基準の解説

（2017年、百円／戸）

区　分	基準賃借料（A）	借上社宅使用料（B）	（B）／（A）（%）
家族数別平均	1,374	280	20.4
単身	938	185	19.7
2人	1,242	252	20.3
3人	1,334	278	20.8
4人	1,453	305	21.0
5人以上	1,501	319	21.3
職階別平均	1,468	304	20.7
一般・係長	1,329	271	20.4
課長	1,493	308	20.6
部長	1,584	333	21.0

注1　基準貸借料と借上社宅使用料（超過分を除く）が対応する事例を集計
注2　家族数別平均と職階別平均はサンプル数が異なる
注3　家族数別平均は単身を除く、職階別平均は4人家族の場合
調査出所：2017年3月下旬号　福利厚生No.2220

経済的利益（フリンジベネフィット）

3．社宅を従業員に貸与する場合、借家の本来の家賃と会社が従業員から徴収する使用料の差額は、従業員の経済的利益になります。この経済的利益については、所得税については、従業員から1か月当たり一定額の使用料（国税庁の定める賃貸料相当額）以上を徴収していれば給与として課税されず、社会保険料については、都道府県ごとに定められた標準価額以上の使用料を徴収していれば、その対象となりません。

> ➤　小規模な住宅の場合の国税庁の定める賃貸料相当額
> 次の①～③の合計額
> ①　（その年度の建物の固定資産税の課税標準額）×0.2%
> ②　12円×（その建物の総床面積（㎡）／3.3㎡）
> ③　（その年度の敷地の固定資産税の課税標準額）×0.22%
> （小規模な住宅とは、耐用年数が30年以下の場合は床面積132㎡以下、30年を超える場合は床面積99㎡以下の住宅）

社会保険料の対象となる場合

4．社会保険料の対象となる報酬は、通貨で支給されるものだけではなく、通貨以外の現物で支払われるものについても一定のものは報酬に当たるとされます。住宅については、住宅の貸与によって受ける利益が報酬に該当します。

5．具体的には、都道府県ごとに定められた1畳当たりの1か月の金額を基に、報酬となる標準価額を算出します。住宅の貸与を受けている者から住宅賃貸料が控除されている場合

（火災保険）

第12条　会社は、借上社宅の火災又は損傷を担保するため、借家人賠償責任保険に加入する。

2　前項の保険料は会社負担とする。ただし、入居者が前項の保険内容を上回る保険に加入するときは、上回る保険料は入居者負担とする。

条文の見出し／キーワード	作成基準の解説

で、控除額が標準価額未満の場合は標準価額と控除額との差額が報酬に該当します。

> ➢　社会保険の標準価額算出方法
> 例）東京都で12畳の住宅を貸与する場合（平成30年4月1日現在）
> 1人1か月当たりの住宅利益の額：畳1畳につき2,590円
> 2,590円×12畳＝31,080円　→　当該住宅の標準価額
> 31,080円－使用料＝社会保険料の報酬に該当する額
>
> その他の都道府県の1畳1か月当たりの標準価額
> ・愛知県：1,470円　・大阪府：1,620円　・福岡県：1,310円

労働保険料の対象となる場合

6．社宅の利益を受ける者との均衡を図るために、入居者以外の従業員に対して定額の手当（以下「均衡手当」といいます）を支給する場合は、賃借料が賃金として労働保険料の対象となることがあります。しかし、入居者以外の従業員に均衡手当を支給しない場合は、賃借料が賃金として労働保険料の対象となることはありません。

> ➢　住宅の貸与としての現物給与（労基法コメンタール）
> 住宅の貸与は、原則として福利厚生施設と解する（したがって、賃金と解しない。）。ただし、住宅の貸与を受けない者に対して定額の均衡給与が支給されている場合には、住宅貸与の利益が明確に評価され、住居の利益を賃金に含ませたものとみられるので、その評価額を限度として住宅貸与の利益は賃金であると解される。

借地借家法との関係

7．使用料が低額な場合は、社宅の使用関係は賃貸借ではなく、雇用関係に伴う特殊な契約関係であって借地借家法の適用はないとするのが判例の考え方です。逆に世間相場並み（概ね7～10割程度）の使用料を徴収する場合は、借地借家法が適用され、明渡しの申入れは6か月前に行わなければならず、明渡し理由として正当な事由が求められます。

（火災保険）

1．①入居者の名義で保険加入をして保険料を入居者が負担する場合、②法人名義加入で保険料会社負担とする場合があります。

2．入居者負担の場合は、会社の業務負荷は少ないですが保険未加入が懸念されます。一方で、会社負担の場合、業務負荷

第４章　入居者の義務等

（入居者の義務）

第13条　入居者は、この規程及び別に定める規則を遵守して円滑な社宅の運営管理に協力するとともに、他の社宅入居者及び近隣住民とのコミュニティを尊重して快適な住環境を維持するように努めなければならない。

（同居人の制限）

第14条　入居者は、その者の配偶者及び扶養家族のほかは、会社の許可なく同居させてはならない。

2　同居人に異動があった場合は、そのつど会社に届け出なければならない。

（遵守事項）

第15条　入居者は、社宅が従業員の居住のため提供する施設であることをよく理解し、次の各号の事項を遵守しなければならない。

⑴　社宅を居住目的以外に使用しないこと。

⑵　社宅を会社の許可なく第三者に転貸しないこと。

⑶　社宅を民泊施設として利用するなど、不特定の第三者に宿泊させないこと。

⑷　会社の許可を得ることなく、定められた以外の者を同居させないこと。

2　入居者は、社宅を善良なる管理者の注意をもって使用し、次の各号の事項を遵守しなければならない。

⑴　家屋、設備及び付帯備品を破損しないこと。

⑵　会社の許可なく増改築、模様替え、施設及び敷地の現状を変更すること。

⑶　火災の予防には万全の注意を払うこと。

⑷　敷地内に危険物及び公序良俗に反する物を持ち込むこと。

⑸　過失により家屋、設備及び付帯備品を破損したときは、速やかに会社に届け出ること。

3　入居者は、社宅に居住するに当たり、会社の信用を失墜させることなく、次の各号の事項を遵守しなければならない。

条文の見出し／キーワード	作成基準の解説
	が発生しますが保険未加入のリスクは回避できます。費用については、包括契約締結の対応によりコスト削減も可能です。
（入居者の義務）	規程を遵守し、他の入居者や近隣住民とのコミュニティを尊重する努力義務を定めます。
（同居人の制限）	同居人について定めます。配偶者及び扶養家族以外は会社の許可制とすること、同居人の異動は届け出ることを義務化します。
（遵守事項）	１．社宅賃貸借契約の条件を遵守し、トラブルのない住環境を維持するための規定です。 ２．トラブルを未然に防ぐように、トラブルが発生しやすいケースを挙げて注意喚起します。

> ➢　平成25年度マンション総合調査（国土交通省）
> 【居住者間のマナーをめぐるトラブルの具体的内容（重複回答）】
> 　第1位　違法駐車（40.1%）
> 　第2位　生活音（34.3%）
> 　第3位　ペット飼育（22.7%）
> 　第4位　共用部分への私物放置（18.4%）
> 　第5位　バルコニーの使用方法（13.1%）
> 　第6位　専有部分のリフォーム（5.9%）

３．本規定に違反したときは、退去させることも明確にします。

⑴　円満な隣人関係を営むこと。
⑵　社宅の風紀秩序を維持すること。
⑶　常識の範囲で生活音の発生を防ぐこと。
⑷　廃棄物は地方公共団体又は家主が指定した場所及び方法で処理すること。
⑸　入居者が所有する車両は、家主が指定した場所に駐車又は駐輪すること。
⑹　入居者が所有する私物は社宅の共用部分へ放置せず、自室又は家主が指定した場所に保管すること。
⑺　ペットの飼育の可否は、当該住宅の入居条件に従うものとし、飼育する場合には、内装の損傷防止、衛生管理、騒音防止等に留意すること。
⑻　その他家主が定める禁止事項に違反しないこと。

4　前三項各号のいずれかに違反する場合は、会社は、直ちに社宅からの退去を命ずる。この場合において、入居者は、これを拒むことはできない。また、退去事由が懲戒事由に該当するときは、退去をもって懲戒処分は妨げられない。

（長期不在）

第16条　入居者が１か月以上社宅を不在にするときは、会社に通知しなければならない。

2　入居者が前項の通知を怠り、正当な理由なく３か月以上社宅を不在にしたときは、会社は直ちに社宅からの退去を命ずる。入居者は、これを拒むことはできない。また、退去をもって懲戒処分は妨げられない。

第５章　退去手続

（退　去）

第17条　入居者が次の各号の一に該当したときは退去とする。
⑴　従業員としての身分を失ったとき。
⑵　自己都合により転居するとき。
⑶　第４条に定める入居資格を失ったとき。
⑷　当該社宅からの通勤可能区域外に転勤を命じられたとき。
⑸　第15条の遵守事項に違反し、会社から退去を命じられたとき。
⑹　第16条の通知義務を怠り、会社から退去を命じられたとき。
⑺　その他会社から退去を命ぜられたとき。

2　前項にかかわらず、会社が認めた場合であって、入居者又はその遺族（以下「入居者等」という。）が社宅に対する権利義務の一切を承継することを家主が承諾し、敷金及び礼金等を負担することを入居者又はその遺族が同意したときは、引き続き居住するこ

条文の見出し／キーワード	作成基準の解説
（長期不在）	長期不在の場合の会社への通知義務を定めます。
（退　去）	1．退去の他に、入居者等が引き続き利用する場合の取扱いも定めます。
遺族の範囲	2．遺族の範囲は、根拠となる法律により異なります。社宅は賃貸借契約に基づくため、民法上の遺族の範囲とすることが適切であると考えます。

➢ 民法における遺族の範囲
- 6親等内の血族
- 配偶者
- 3親等内の姻族

➢ 労働基準法における遺族の範囲
① 配偶者（事実婚を含む）
② 子、父母、孫及び祖父母で、労働者の死亡当時生計維持関係にあった者又は同居していた者

とができる。この場合において、入居者又はその遺族は、社宅として使用していた民間の賃貸住宅に係る会社と家主との賃貸借契約期間終了の日の翌日から、新たに当該家主との間で賃貸借契約を締結するものとする。

（退去期限）

第18条　社宅の退去期限は、その事由に応じて次の各号に掲げるとおりとする。ただし、入居者等からの申出により特別の理由があると会社が認めた場合は、退去期限延長の承認をすることができる。

⑴　前条第１項第１号の場合は、退職の区分に応じて次のとおりとする。

①　自己都合退職の場合…退職の日から１か月以内

②　私傷病により休職期間が満了した場合…退職の日から３か月以内

③　死亡退職の場合…退職の日から３か月以内

④　業務上の傷病により退職した場合…退職の日から６か月以内

⑤　定年退職の場合又は嘱託社員契約終了の場合…退職の日から３か月以内

⑥　懲戒解雇の場合…退職の日から14日以内

⑵　前条第１項第２号の場合…転居先が決定した日から１か月以内

⑶　前条第１項第３号の場合…入居資格喪失の日から３か月以内

⑷　前条第１項第４号の場合…発令の日から１か月以内

⑸　前条第１項第５号から第７号の場合…退去を命ぜられた日から14日以内

2　前項第１号から第３号までの退去期限の延長の承認は、入居者等から具体的な退去計画を求め、これを審査し、真にやむを得ない事情があると認められるものについてのみ相当の期間に限りこれを行うものとする。

（退去義務不履行の場合の措置）

第19条　退去期限経過後なお社宅に入居している入居者等（以下「退去未了者」という。）に対しては、退去期限経過後直ちに文書をもって社宅を退去することを請求し、退去未了理由を聴取し、退去計画書を提出させるものとする。

2　退去未了者のうち特に悪質と認められる者に対しては、直ちに退去するよう勧告するとともに、退去しない場合には、訴えを提起する旨の文書を、内容証明郵便により送付するものとする。

3　前項による文書を送付した後３月を経過してもなお社宅を退去しない者に対しては、会社は、退去を請求するための訴訟を提起するものとする。

条文の見出し／キーワード	作成基準の解説
	③　①②がいない場合、子、父母、孫及び祖父母で、労働者の死亡当時生計維持関係になく、同居もしていなかった者、並びに兄弟姉妹
（退去期限） 従業員が退去命令に応じなかった場合	１．退去期限は、退去事由ごとに定めます。 ２．従業員が退去命令に応じない場合は、借上社宅管理規程違反を理由に譴責などの懲戒処分にします。懲戒処分をしても立ち退かない場合は、懲戒解雇処分として従業員の身分を喪失させ、社宅からの退去を求めます。
（退去義務不履行の場合の措置）	退去義務が履行されなかったときの措置についても明確に規定しておきます。

（退去手続）

第20条　社宅を退去するときは、退去日の２週間前までに社宅退去届を会社に提出しなければならない。

2　入居者は、退去日までに社宅内を清掃し、すべての私物を搬出しなければならない。

3　入居者は、会社の指示に従い、電気、ガス、水道、電話回線等の使用停止手続を行い、すべての料金を精算しなければならない。

（原状回復義務）

第21条　入居者が社宅を退去するときは、家主の点検を受け、必要が認められるときは入居時の状態に原状を回復させなければならない。

2　原状回復に係る費用は、原則として、入居者が全額を負担しなければならない。

3　借上げ社宅の原状回復工事費は、原則として、その実費を入居者が負担するものとし、敷金、礼金等との相殺で会社が立て替えて支払った場合は、退職の場合を除き、翌月分の賃金等から同額を控除する。また第18条第１項第２号の居住換えの場合も同様とする。ただし、原状回復費用の精算が「敷金等から一定額を差し引くことにより精算される方式（敷引契約）」の場合は、別表第３に定める金額を入居者が負担するものとする。

4　契約終了時に敷金（保証金を含む。）のうち一定の金額を返還しない旨の特約条項（敷引契約等）のある賃貸借契約を結んだ場合の原状回復に係る費用については、当該契約内容に従うものとする。

＜別例：敷引金があるにもかかわらず、さらに原状回復費用の負担がある場合＞

4　社宅の賃貸借契約において、契約終了時に敷金（保証金を含む。）のうち一定の金額を返還しない旨の特約条項（敷引契約等）がある場合は、別表第３に定める金額を入居者が負担するものとする。この場合、入居者の退去時における原状回復負担費用は、実費と別表第３による負担額を比べ、どちらか安いほうの額を負担するものとする。

（賃貸借契約の終了）

第22条　社宅として使用していた民間の賃貸住宅に係る会社と家主との賃貸借契約期間は、入居者が退去を完了した日の属する月の末日をもって終了するものとする。

条文の見出し／キーワード	作成基準の解説
（退去手続）	社宅を退去するときは、一定の期日までに社宅退去届を会社に提出することを義務化します。
（原状回復義務）	1．国土交通省が定める「原状回復をめぐるトラブルとガイドライン」によれば、原状回復とは「賃借人の居住、使用により発生した建物価値の減少のうち、賃借人の故意・過失、善管注意義務違反、その他通常の使用を超えるような使用による損耗・毀損を復旧すること」と定義し、その費用は賃借人負担としました。そして、いわゆる経年変化、通常の使用による損耗等の修繕費用は、賃料に含まれるものとしました。 2．入居時・退去時における損耗等の有無など物件の状況をよく確認しておくことや、契約締結時において、原状回復などの契約条件を当事者双方がよく確認することが必要です。
（賃貸借契約の終了）	1．会社と家主との間の賃貸借契約期間終了を明確化します。 2．退去完了しないまま賃貸借契約を終了させると、住宅の賃借権を有しないにもかかわらず従業員が当該住宅に居住し続けることになり、家主に対し明渡義務を履行していない状態となってしまうおそれがあります。
賃貸借契約終了後も従業員が居住し続けた場合	3．社宅として使用していた物件に係る賃貸借契約が終了しても従業員が居住し続けた場合には、会社は、家主に対し、明渡義務を履行していないことになるため、会社は当該従業員が退去するまでは、家主に対し賃貸借契約に基づく使用損害

（立退き料又は転居料）

第23条　退去するに当たり、入居者は、立退き料又は転居料等いかなる名目であっても、金銭等を会社に請求することはできない。

第6章　雑　則

（立入り点検）

第24条　会社は、社宅の保全又は運営管理上必要な場合は、あらかじめ入居者に通知して社宅に立入り調査、点検をすることができる。ただし、緊急を要する場合で入居者に通知することができない場合はこの限りでない。

2　前項の他、ガス、水道、電気などの保全、及びその他立入り点検が必要なときは、入居者は管理会社等の求めに応じて立入り点検を受けなければならない。

（弁　償）

第25条　入居者が、故意又は過失により社宅を破損し、若しくは滅失させた場合は、会社はその修復に要する費用を入居者に負担させることがある。

（改　廃）

第26条　この規程の改廃は、総務部長が起案し、取締役会の決議による。

条文の見出し／キーワード	作成基準の解説
	金（通常賃料の２～３倍）を支払わなければなりません。
（立退き料又は転居料）	退去に関して会社に金銭を請求することができないことを規定します。
（立入り点検）	社宅の保全又は運営管理上必要な場合は、立入り点検を行えることを規定します。緊急を要する場合は、通知をせずに立入り点検ができることも規定しておきます。
（弁　償）	故意又は過失の場合の損害は、費用を入居者に負担させるための規定です。
（改　廃）	この規程は、レベル１の規程とし、総務部長が起案し、取締役会の決議をもって改廃します。

別表第１　社宅の規模基準

入居者数の上限（本人を含む）	間取り
１人（独身者）	１DKまで
１人（単身赴任者）	２DKまで
２人から３人まで	３DKまで
４人	３LDKまで
５人以上	４LDKまで

別表第２　住宅賃料の上限

人数 地域	１人	２人	３人	４人
東京	85,000円	100,000円	115,000円	130,000円
大阪・名古屋	70,000円	83,000円	96,000円	110,000円
福岡	62,000円	72,000円	82,000円	92,000円
その他	58,000円	68,000円	78,000円	88,000円

別表第３　敷引契約の原状回復費用

社宅の区分	退去時原状回復費用
１K・１DK	60,000円
１LDK・２DK	90,000円
２LDK・３DK	130,000円
３LDK以上	180,000円

社宅入居申込書

様式第１号

社宅入居申込書

年　　月　　日

株式会社○○○○
代表取締役社長
○○○○　　様

借上社宅管理規程第５条の規定に基づき、社宅への入居を申込みいたします。

<table>
<tr><td>所　属</td><td colspan="3"></td><td rowspan="2">勤務地</td><td colspan="2" rowspan="2"></td></tr>
<tr><td>氏　名</td><td colspan="3"></td></tr>
<tr><td>入居理由</td><td colspan="6">□　入社　　□　転勤（赴任予定年月日：　　　年　　月　　日）
□　結婚　　□　その他（　　　　　　　　　　）</td></tr>
<tr><td rowspan="3">現在の
状況</td><td colspan="6">□　自己所有　　□　賃貸住宅　　□　社宅　　□　実家
□　その他（　　　　　　　　）</td></tr>
<tr><td>間取り</td><td colspan="2">（　　　㎡）</td><td>家　賃</td><td colspan="2">円／月
（管理費を除く）</td></tr>
<tr><td>通勤
経路</td><td colspan="2">□　公共交通機関
（　　駅　～　　駅）
□　マイカー
□　その他
（　　　　　　）</td><td>通　勤
時間</td><td colspan="2"></td></tr>
<tr><td>希望社宅</td><td colspan="6">□　単身者向け　　□　ファミリー向け　　□　特に希望なし
□　その他（　　　　　　　　　　）</td></tr>
<tr><td rowspan="6">同居家族</td><td colspan="2">氏　名</td><td colspan="2">続　柄</td><td>年　齢</td><td>職業の有無・年収</td></tr>
<tr><td colspan="2"></td><td colspan="2"></td><td></td><td></td></tr>
<tr><td colspan="2"></td><td colspan="2"></td><td></td><td></td></tr>
<tr><td colspan="2"></td><td colspan="2"></td><td></td><td></td></tr>
<tr><td colspan="2"></td><td colspan="2"></td><td></td><td></td></tr>
<tr><td colspan="2"></td><td colspan="2"></td><td></td><td></td></tr>
<tr><td>入居
希望日</td><td colspan="6">年　　月　　日</td></tr>
<tr><td>備　考</td><td colspan="6"></td></tr>
</table>

社宅への入居に関し、社宅入居誓約書に署名をし、誓約内容について遵守します。

氏名　　　　　　　　　　　　　印

社宅入居誓約書

様式第２号

社宅入居誓約書

株式会社○○○○
代表取締役社長
　　○○○○　　様

社宅への入居に関し、以下のとおり誓約いたします。

記

1．円満な隣人関係を営むよう努めます。
2．会社の許可なく第三者に転貸しません。
3．会社の許可を得ることなく、定められた以外の者を同居させません。
4．社宅を居住目的以外に使用しません。
5．廃棄物は地方公共団体又は家主が指定した場所及び方法で処理します。
6．火災の予防には万全の注意を払います。
7．家屋及び設備を大切に扱い、破損しないよう留意します。
8．増改築、模様替え、施設及び敷地の現状変更を行いません。
9．居住中に社宅を改変したとき、又は著しく汚損させたときは、退去の際に自己の費用にて原状回復します。
10. 故意又は過失により社宅を破損し、若しくは滅失させ、会社からその修復に要する費用を求められたときは、その費用を全額負担します。
11. 退去することになったときは、借上社宅管理規程に基づき、速やかに社宅を引き渡します。
12. 退去するに当たり、立退き料又は転居料等いかなる名目でも、金銭等を会社に請求しません。
13. その他家主が定める規則を遵守し、禁止事項に違反しません。
14. 前各項の誓約事項及びその他規定を違反したことにより懲戒処分を受けた場合は、会社の命令に従い社宅から退去します。

以上

年　　月　　日

誓約者名＿＿＿＿＿＿＿＿＿＿＿＿＿＿印

14

社内貸付規程

【参考資料】

○民法

○所得税法

○労働基準法（以下「労基法」）

（目　的）

第１条　この規程は、○○株式会社（以下「会社」という。）の就業規則に定める従業員が災害、傷病及びその他の私生活環境の変化等により臨時の出費を必要とする場合に、会社が従業員に対し資金を貸し付けることができる制度（以下「社内貸付制度」という。）を設けることにより、従業員の私生活の安定を図り、もって社業の安定的な発展に寄与することを目的とする。

（貸付金の種類）

第２条　貸付金の種類は、次の各号に掲げるとおりとする。

⑴　災害傷病時貸付金…災害又は傷病で臨時に多額の生活資金が必要となった場合の貸付金

⑵　生活資金貸付金…冠婚葬祭、転居等に伴い生活資金が必要となった場合の貸付金

⑶　教育資金貸付金…子女の進学等に伴い資金が必要となった場合の貸付金

⑷　通勤車両購入貸付金…通勤に車両の使用が必要な場合であって、車両を購入するために資金が必要となった場合の貸付金

⑸　臨時貸付金…前各号に定める貸付金のほか、会社が必要と認めたときに貸し付ける貸付金

（貸付条件）

第３条　貸付金を貸し付ける条件は、別表に定めるとおりとする。

（貸付金限度額）

第４条　貸付金の限度額は、別表に定めるとおりとする。

２　貸付金につき、その返済が終わる前にさらに同一種類の貸付けを受けようとする場合、未返済貸付残額を含め、別表に定める当該種類の貸付限度額を上限とする。

３　貸付金につき、その返済が終わる前にさらに異なる種類の貸付けを受けようとする場合、貸付限度額は、貸付金の種類ごとに別枠とする。

（貸付金返済期間）

第５条　貸付金の返済期間は、別表に定めるとおりとする。

（貸付利率）

第６条　貸付金の利率は、その下限を年▼％とし、毎年▼月▼日に定める。ただし、第２条第１号の貸付金は無利息とする。

条文の見出し／キーワード	作成基準の解説
（目　的）	社内貸付規程は、従業員の「私生活の安定」を図るものであり、あくまでも会社が「任意に」行うものであるとの位置づけを明らかにしています。会社は、法律上、社内貸付を強制されることはなく、また、社内貸付を得ることは従業員の権利でもありません。お金が関わることだけに、この点は明確にしておくことをお勧めします。
（貸付金の種類）	貸付金の種類を明らかにしています。
（貸付条件）	各貸付金に係る諸条件を別表に記載しています。
（貸付金限度額）	各貸付金に係る限度額を別表に記載しています。
（貸付金返済期間）	各貸付金に係る返済期間を別表に記載しています。
（貸付利率） 利率の決定	1．第１項から第３項は、やや複雑な規定になっていますが、これは所得税法上、利率の優遇が「経済的利益」に当たるとの判断を避けるために、このような規定にしています。

2　会社は、貸付金の利率を定めるに際し、会社の借入金残高に係る年間平均借入利率が年▼％を上回る場合は、その年間平均借入利率に近似した利率を貸付金の利率とする。

3　前項にかかわらず、貸付金の利率の上限は、貸付けを行った日の属する年の前年の11月30日を経過する時における日本銀行法第15条第１項第１号の規定により定められる商業手形の基準割引率に年４％の利率を加算した利率（その利率に0.1％未満の端数があるときは、これを切り捨てる。）とする。

4　貸付金の利率は、固定利率とし、第１項本文により変更された利率は変更後に新たに貸し付けるものにのみ適用する。

条文の見出し／キーワード	作成基準の解説
	2．つまり、会社が従業員に低利で貸付を行うと、「国が定めた利率（又は金融機関からの借入がある場合はその利率）」と「会社が定めた利率」との差額が給与として課税されるおそれがあります。
	3．したがって、このモデル規程では左のとおりとしましたが、具体的な利率の決定に当たっては、必ず所轄の税務署に出向き、事前に税務署の了解を得ておくようにしてください。
利率の決定に係る通達等	4．参考までに、国税庁のホームページにあるタックスアンサー「No.2606　金銭を低い利息で貸し付けたとき」（http://www.nta.go.jp/taxanswer/gensen/2606.htm）では以下のとおりとされています。

> ➤　No.2606　金銭を低い利息で貸し付けたとき
> [平成30年4月1日現在法令等]
> 役員又は使用人に低い利息で金銭を貸し付けた場合、平成29年中に貸付けを行ったものについては、その利率が年1.6%以上であれば、原則として、給与として課税されません。しかし、1.6%に満たない利率で貸し付けを行った場合、次の(1)から(3)に該当する場合を除き、1.6%の利率と貸付けている利率との差額が、給与として課税されることになります。
> (1)　災害や病気などで臨時に多額の生活資金が必要となった役員又は使用人に、合理的と認められる金額や返済期間で金銭を貸し付ける場合
> (2)　会社における借入金の平均調達金利など合理的と認められる貸付利率を定め、この利率によって役員又は使用人に対して金銭を貸し付ける場合
> (3)　1.6%の利率と貸し付けている利率との差額分の利息の金額が1年間で5,000円以下である場合
> ただし、会社などが貸付けの資金を銀行などから借り入れている場合には、その借入利率を基準として計算します。
> （例）　銀行から3%の利率で借り入れた資金を1.5%の利率で貸し付けた場合、1.6%との差ではなく、3%と1.5%との差である1%分の利息の金額が給与として課税されます。
> （省略）
> （所法36、所基通36－15、36－28、36－49、平22改正措法附則58、平22改正措令附則14、平22改正措規附則7）

条文の見出し／キーワード	作成基準の解説
固定利率	5．ここでは固定利率としています。貸付時に元利均等払いで利息を含めた返済額を確定するため、事務の繁雑を防ぐ観点から、利率は固定としたほうが運用しやすいでしょう。また、利率が変更されても、遡及的に適用されることはない旨明示しています。

（貸付資金）

第7条　会社が貸付金のために用意する資金の額は、年度予算において決定する。

2　社内貸付制度は、福利厚生のために行うものであるから、原則として前項の予算内でのみ執行するものとする。

3　第１項の予算の額を超えて資金貸付けを執行することが必要であると会社が認めるときは、予算修正の手続をもってこれを行わなければならない。

（貸付けの申込み）

第8条　貸付けを希望する者（以下「貸付希望者」という。）は、所定の申請書類を総務部に提出しなければならない。

2　貸付希望者は、事前に想定することが困難な急を要する事由が生じた場合を除き、相当期間の猶予（▼週間前までに）をもって貸付けの申込みをしなければならない。

（貸付申込みの審査）

第9条　前条の申込みがあった場合、総務部長はこれを審査するものとし、速やかにその内容を審査するように努めなければならない。ただし、社内貸付制度は、福利厚生のために行うものであるから、会社は審査の遅滞による責めを一切負わないものとする。

2　総務部長は、貸付けの可否を決定し、貸付希望者に通知する。

3　総務部長は、貸付けの審査をするに当たっては、必要に応じ、貸付希望者に対し資料の提出又は説明を求めることができる。

（貸付けの方法）

第10条　前条の審査により貸付けが可とされた場合は、直後の給与支払日に、貸付けの申込みをした者があらかじめ指定する銀行口座（ただし、本人名義の口座に限る。）に貸付金を振り込むものとする。

2　会社は、前項の振込みを実施する前に貸付けの申込みをした者との間に金銭消費貸借契約を締結するものとする。

3　会社は、前項の契約締結時に月々の返済額を記載した返済額表を交付する。

条文の見出し／キーワード	作成基準の解説
（貸付資金）	1．貸付制度を定めても、そのための資金が手当できなければ絵に描いた餅にすぎません。通常、年度予算の決定は取締役会（取締役会設置会社の場合）の決議によるものと思われますが、会社の実態に合わせて規定してください。 2．社内貸付制度は、会社が任意に提供する福利厚生制度にすぎないものであり、従業員の権利ではないことから、会社が逆ざやを抱えてまで貸付のために資金を借り入れることがないように歯止めをかけるための規定です。 3．どうしても従業員に貸したいという場合のために規定しましたが、２項の「原則として」を削除し、３項も削除することも差し支えないと考えます。なお、予算の修正手続は通常取締役会の決議によるものと思われます。
（貸付けの申込み）	1．ここでは申込窓口を総務部としました。 2．駆け込み的に社内貸付制度を利用するのではなく、計画的に利用してもらいたいとの意図を反映させた条文です。
（貸付申込みの審査）	1．総務部長が審査を放置しないことを求めるとともに、あくまでも社内貸付制度が福利厚生制度にすぎないことを再度明記しています。 2．２項、３項は総務部長による審査の手続について記載しています。
（貸付けの方法）	1．貸付けの方法は、銀行口座に振り込む方法によるものとしています。 2．規程だけでなく、合意を表す書面として個別に金銭消費貸借契約書を交わすべきです。この場合、印紙税に注意してください（第１号文書に該当します）。 3．返済額表はなくても差し支えありませんが、借入者と会社の便宜を図るために追加しました。

（貸付金の返済方法）

第11条　貸付金は、元利均等払いで返済するものとし、貸付けの翌月の給与から控除する。

2　貸付けを受けた者（以下「借入者」という。）が、貸付金の弁済が完了しないうちに退職する場合は、会社は貸付金の残額について給与及び退職金から控除することができる。

3　給与及び退職金からの控除に当たっては、あらかじめ従業員の過半数を代表する者との間で労使協定を締結する。

条文の見出し／キーワード	作成基準の解説
（貸付金の返済方法）	1．貸付金の返済方法は元利均等払いとしています。賃金控除に係る事務処理の手間を考慮すれば、やはり元利均等方式ということになるでしょう。
	2．退職金についても将来相殺ができるように、賃金控除協定内に記載しておくようにしてください（13条解説7.参照）。退職金制度がない会社については、「及び退職金」を削除してください。
賃金からの控除（相殺）	3．労基法24条では、賃金の全額払いの原則を定めており、貸付金の返済方法を給与からの控除とする場合には労使協定が必要となります。
前借金相殺の禁止	4．労基法17条では、前借金と賃金との相殺を禁止しています。この規定は、金銭貸借関係と労働関係とを完全に分離し、金銭貸借関係に基づく身分的拘束関係の発生を防止することを趣旨とするものです。
	5．同条にある「前借金その他労働することを条件とする前貸の債権」（以下「前借金」といいます）を「後で支払われる賃金で弁済することを条件として労働者が使用者から受けるすべての借入金」と考えれば、このモデル規程にある貸付金もすべて「前借金」となり、賃金と相殺することが許されないことになります。
	6．しかし、学説の通説や解釈例規（昭22.9.13発基17号、昭33.2.13基発90号）では、「前借金」について、「労働の強制ないしは身分的拘束の手段となるようなもののみを指し、使用者が友誼的な立場から行う金融はそれにあたらない」（菅野和夫『労働法』第11版補正版236頁）とされており、このモデル規程にある貸付金もこちらに該当することになります。
	➢ 労基法17条の趣旨 労働者が使用者から人的信用に基づいて受ける金融、弁済期の繰上げ等で明らかに身分的拘束を伴わないものは、労働することを条件とする債権には含まれない。 昭22. 9.13発基17号、昭33. 2.13基発90号
賃金から控除できる額	7．賃金から貸付金の返済額を控除（相殺）できるとしても、一定の限度があります。

（遅延損害金）

第12条　借入者は、貸付金の返済を履行しなかった場合には、支払うべき金額に対し、履行しなかった期間につき年14.6％の割合の損害金を支払うものとする。ただし、利息等については、損害金を付さないものとする。この場合の計算方法は、年365日の日割計算とする。

条文の見出し／キーワード	作成基準の解説
	8．まず、従業員の個別の同意に基づく場合には、この同意は「厳格かつ慎重に」行わなければなりません。すなわち、「労働者がその自由な意思に基づき右相殺に同意した場合においては、右同意が労働者の自由な意思に基づいてされたものであると認めるに足りる合理的な理由が客観的に存在する」ことが要求されるからです（日新製鋼事件 最二小判平２.11.26)。すなわち、「合理的な理由が客観的に存在」していなければなりません。 9．これに対して、従業員の個別の同意に基づかない場合、つまり賃金控除協定に基づいて会社から一方的に相殺の意思表示をする場合（通常の相殺＝法定相殺）は、賃金額の４分の３に相当する部分（ただし、賃金等の額が標準的な世帯の必要生計費を勘案して政令で定める額（現在33万円とされています）を超えるときは、政令で定める額に相当する部分）については賃金からの控除ができないこととされています（民法510条並びに民事執行法152条及び同施行令２条参照)。 10．退職金の場合は、４分の３に相当する部分は、控除対象となりません（9.の「必要生計費を勘案して政令で定める額」の規定は設けられていないことから、４分の１は控除できます)。 11．なお、繰り返しになりますが、「前借金その他労働することを条件とする前貸の債権」(労基法17条）と賃金との相殺は、許されません。したがって、独自に貸付金の種類を追加するときは、その性質が身分的拘束を伴うようなものにならないようにくれぐれも注意してください。
（遅延損害金）	通常、会社は給与からの控除により返済を受けるため、遅延損害金が発生する場面は少ないものと思われますが、何らかの事情により返済が受けられない場合に備えて、遅延損害金を定めています。

（期限の利益喪失）

第13条　借入者が次の各号のいずれかに該当した場合は、借入者は会社から通知催告等を受けずとも、会社に対する一切の債務について期限の利益を失い、直ちに借り入れた額を弁済しなければならない。

⑴　破産手続開始又は民事再生手続開始の申立てがあったとき。

⑵　前号のほか、借入者が債務整理に関して裁判所の関与する手続を申し立てたとき、若しくは弁護士等へ債務整理を委任したとき、又は欠勤が続き音信不通になる等自ら支払を停止したと認められる事実が発生したとき。

⑶　借入者の給与又はその他の借入者の資産に対し、差押、仮差押又は仮処分の命令がなされたとき。

⑷　借入者が退職したとき。

2　借入者について次の各号の事由が一つでも生じた場合には、会社からの請求によって、借入者は会社に対する一切の債務について期限の利益を失い、直ちに債務を弁済しなければならない。

⑴　借入者が会社に対する債務の一部でも履行を遅滞したとき。

⑵　借入者がこの規程に違反したとき。

⑶　借入者が会社に提出する書類に虚偽の内容があることが判明したとき。

⑷　前条各号に準じるような債務者の責任財産に対する保全措置を必要とする相当の事由が生じたと客観的に認められるとき。

3　前項の場合において、借入者が住所変更の届出を怠る、又は借入者が会社からの請求を受領しないなど、借入者の責めに帰すべき事由により、請求の意思表示が延着し又は到達しなかった場合には、意思表示が通常到達すべき時に期限の利益が失われたものとみなす。

条文の見出し／キーワード	作成基準の解説
（期限の利益喪失） 期限の利益	1．「期限の利益」とは、貸付けを受けた者が、約定した期限が到来するまでの間は弁済をしなくてもよいという債務者の利益をいいます。
	2．「期限の利益」を喪失するということは、直ちに弁済期が到来するということです。すなわち、借入者は直ちに全額を弁済しなければならなくなります。
	3．従業員の中にもいろいろな人がいます。多額の借金を負っているような人は、目先のことで頭がいっぱいになっていますので、会社から貸付けを受けてすぐに行方をくらましたとしてもおかしくはありません。
	4．１項は、「当然喪失条項」を定めています。借入者について、一定の条件に該当すれば自動的に「期限の利益」が失われることになる条件を記載しています。
	5．２項は、「請求喪失条項」を定めています。一定の条件に該当し、かつ、会社が借入者に期限の利益の喪失を請求することで、借入者の期限の利益が失われるという条件を記載しています。
	6．３項は、会社からの請求が、借入者の責めに帰すべき事由（転居届の不提出など）により届かなかったり、借入者が請求を受領しなかった場合に２項の効力を発生させることができないとなると不当なため、この規定を追加しています。
退職する場合の貸付金と退職金との相殺	7．これについても、賃金と同様となります。退職金制度を備えている会社では、退職金も労基法24条に定める賃金に該当することから、賃金の全額払いの原則の適用を受けます。したがって、モデル規程11条３項に定める労使協定が必要になります。
	8．また、相殺するためには、退職者の期限の利益を喪失させる必要があります。本条１項４号の定めは、相殺のために必要になります（金銭消費貸借契約書にも定めておくべきです）。
保証人	9．このモデル規程は、保証人をとらないことを前提にして作成しています。しかし、債権者である会社側からすれば、保証人をつけたほうが有利なのは当然のことです。保証人をとる場合は、別途、会社・保証人間で「保証契約」を締結する

（返済期限の繰上げ）

第14条　借入者は、返済期限を繰り上げて返済することができる。ただし、第10条第２項の契約書及び同条第３項の返済額表に記載された利息も同時に返済しなければならない。

2　返済期限を繰り上げる場合は、所定の手続により総務部長に申し出るものとする。

（改　廃）

第15条　この規程の改廃は、総務部長が起案し、取締役会の決議による。

条文の見出し／キーワード	作成基準の解説
	必要があります。民法446条２項及び３項により、保証契約は書面又は電磁的記録で締結しなければならないこととされていますので注意してください。
（返済期限の繰上げ）	借入者による返済の繰上げを認めています。ただし、繰上返済された金銭が、元金に充当されるのか、利息に充当されるのかといった面倒な議論を避け、残高管理・計算を容易にするため、利息も同時に返済させることとしています。
（改　廃）	この規程は、レベル１の規程とし、総務部長が起案し、取締役会の決議をもって改廃します。

貸付条件

別表

貸付条件

種　類	貸付条件	貸付金限度額	貸付金返済期間	貸付利率
災害傷病時貸付金	① 勤続１年以上の従業員であること。 ② 災害又は傷病で臨時に多額の生活資金が必要となったこと。 ③ ②の事実を疎明する文書を添付すること。 ④ 過去に社内貸付を受けたことがある場合、当該貸付金の返済につき延滞の記録がないこと。 ⑤ その他会社が要求する事項に応じること。	150万円まで	３年以内	無利息とする。
生活資金貸付金	① 勤続１年以上の従業員であること。 ② 冠婚葬祭、転居等に伴い生活資金が必要となったこと（資金使途が遊興費でないと認められること）。 ③ ②の事実を疎明する文書を添付すること。ただし、会社の配転命令に伴う転居であって、現住所からの通勤が困難な場合はこの限りではない。 ④ 過去に社内貸付を受けたことがある場合、当該貸付金の返済につき延滞の記録がないこと。 ⑤ その他会社が要求する事項に応じること。	30万円まで	１年以内	第６条（貸付利率）のとおりとする。
教育資金貸付金	① 勤続１年以上の従業員であること。 ② 子女の進学又は転校に伴って資金が必要となったこと（資金使途が稽古事や入塾等にあたらないこと）。 ③ ②の事実を疎明する文書を添付すること。ただし、会社の配転命令により従業員が転居した場合で、子女も転校することとなった場合はこの限りではない。 ④ 過去に社内貸付を受けたことがある場合、当該貸付金の返済につき延滞の記録がないこと。 ⑤ その他会社が要求する事項に応じること。	150万円まで	３年以内	第６条（貸付利率）のとおりとする。

通勤車両購入貸付金	① 勤続１年以上の従業員であること。 ② 通勤に車両の使用が必要な場合であって、車両を購入するために資金が必要となったこと。 ③ 車両管理規程に定めるマイカー通勤の許可要件を満たしていること。 ④ 過去に社内貸付を受けたことがある場合、当該貸付金の返済につき延滞の記録がないこと。 ⑤ その他会社が要求する事項に応じること。	150万円まで	３年以内	第６条（貸付利率）のとおりとする。
臨時貸付金	① 勤続１年以上の従業員であること。 ② その他会社が要求する事項に応じること。 ③ 具体的な条件は、会社がその都度定めるものとする。	状況に応じて会社がその都度定める。	状況に応じて会社がその都度定める。	状況に応じて、第６条（貸付利率）の範囲内で会社がその都度定める。

15

タイムカード及び労働時間管理規程

【参考資料】

○労働基準法（以下「労基法」）

○労働契約法（以下「労契法」）

○労働時間の適正な把握のために使用者が講ずべき措置に関するガイドライン（平29.1.20）（以下「適正把握ガイドライン」）

（目　的）

第１条　会社は、労働基準法の理念に従い、また、業務の円滑な運営に配慮しつつ、すべての従業員の健康を考慮し、従業員１人ひとりについてその労働時間を適正に把握するため、タイムカード、ICカードの利用の標準化及び適切な労働時間把握の指針を明確にし、労働時間の適切な管理を行う目的でこの規程を定める。

（適用範囲等）

第２条　この規程でいう従業員とは、正社員、嘱託員、契約社員、パートタイマー等、その呼称を問わず、会社と雇用契約があるすべての者をいい、この規程は、管理監督者、裁量労働制対象労働者を問わずすべての従業員（高度プロフェッショナル制対象労働者を除く。）に適用する。

２　高度プロフェッショナル制対象労働者については、この規程中、「労働時間」を「健康管理時間」に読み替えて適用する。

条文の見出し／キーワード	作成基準の解説
（目　的）	1．労働時間の適正な把握のために会社が講ずべき措置を具体的に明らかにし、労使ともに適切な労働時間管理ができるよう、この規程を定めるものです。 2．厚生労働省が定める適正把握ガイドラインにおいて、労働時間を適正に把握し、適切な管理の促進を図ることが求められていることから、この規程は適正把握基準及びガイドラインを踏まえて定められています。

> ➢ 適正把握ガイドラインについて
>
> 労働基準法上、使用者（使用者から労働時間を管理する権限の委譲を受けた者を含む。以下同じ。）には、労働時間の管理を適切に行う責務があるが、一部の事業場において、自己申告制（労働者が自己の労働時間を自主的に申告することにより労働時間を把握するもの。以下同じ。）の不適正な運用により、労働時間の把握が曖昧となり、その結果、割増賃金の未払いや過重な長時間労働の問題も生じている。このため、これらの問題の解消を図る目的で、本基準において労働時間の適正な把握のために使用者が講ずべき具体的措置等を明らかにしたものであり、使用者は、ガイドラインを遵守すべきものであること。
>
> ➢ 適正把握ガイドライン（1 趣旨）
>
> 労働基準法においては、労働時間、休日、深夜業等について規定を設けていることから、使用者は、労働時間を適正に把握するなど労働時間を適切に管理する責務を有している。
>
> しかしながら、現状をみると、労働時間の把握に係る自己申告制（労働者が自己の労働時間を自主的に申告することにより労働時間を把握するもの。以下同じ。）の不適正な運用等に伴い、同法に違反する過重な長時間労働や割増賃金の未払いといった問題が生じているなど、使用者が労働時間を適切に管理していない状況もみられるところである。
>
> このため、本ガイドラインでは、労働時間の適正な把握のために使用者が講ずべき措置を具体的に明らかにする。

条文の見出し／キーワード	作成基準の解説
（適用範囲等） 労働時間の把握と管理	1．適用の範囲を明らかにします。 2．適正把握ガイドラインでは、その対象労働者を「本ガイドラインに基づき使用者（使用者から労働時間を管理する権限の委譲を受けた者を含む。以下同じ。）が労働時間の適正な把握を行うべき対象労働者は、労働基準法第41条に定める者及びみなし労働時間制が適用される労働者（事業場外労働を行う者にあっては、みなし労働時間制が適用される時間に限る。）を除く全ての者であること。」として、管理監督者や裁量労働制対象労働者を「労働時間の把握が必要となる労働者」

（定　義）

第3条　この規程における用語の定義は、次の各号に掲げるところによる。

⑴　始業時刻…会社の指揮命令に基づく業務を開始すべき基本の時刻のことをいう。

⑵　終業時刻…時間外勤務の命令がない限り、会社の指揮命令に基づく業務を終了すべき時刻をいう。

⑶　所定労働時間…第５条で定める始業時刻から終業時刻までの時間から休憩時間を除いた時間をいう。

⑷　実労働時間…会社の指揮命令に基づく業務を実際に行った時間をいう。

⑸　所定外労働…いわゆる残業全般をいい、会社の所定労働時間を超える労働をいう。

⑹　時間外労働…１週間につき40時間又は１日につき８時間を超える労働をいう。

⑺　所定休日…会社が定める休日をいい、法定休日のほか法定休日以外の休日（以下「法定外休日」という。）を含むものをいう。

⑻　法定休日…１週間のうち１回又は４週間のうち４日確保されるべき休日をいい、原則として、毎週日曜日とする。

⑼　休日出勤…会社の休日（法定休日及び法定外休日）における労働をいう。

条文の見出し／キーワード	作成基準の解説
	の範囲から外しています。しかし、この適用除外者に関しても同ガイドラインは、「本ガイドラインが適用されない労働者についても、健康確保を図る必要が あることから、使用者において適正な労働時間管理を行う責務があること。」として、健康配慮の観点から、広い意味での「労働時間管理」を要求しています。 　本モデル規程は、健康配慮の観点も含むものであり、原則すべての従業員を対象とした規程となります。
すべての労働者を対象とした労働時間の客観的な把握	3．労働安全衛生法が改正され、2019年４月１日から、管理監督者を含むすべての従業員（高度プロフェッショナル制対象労働者を除く。）を対象として、労働時間の把握について、タイムカードによる記録、パーソナルコンピュータ等の電子計算機の使用時間の記録等の客観的な方法その他の適切な方法によらなければならないことが義務づけられます。また、高度プロフェッショナル制対象労働者についても、その健康管理時間については、タイムカードによる記録、パーソナルコンピュータ等の電子計算機の使用時間の記録等による健康時間管理が必要です。
（定　義）	1．労働時間には、さまざまな側面があるため、定義規定は重要です。
所定労働時間と所定外労働	2．「所定労働時間」とは、労働契約上の労働時間（就労義務のある時間）のことです。一般的には、始業時刻から終業時刻までの時間数から休憩時間を除いた時間とされています。 3．所定労働時間と法定労働時間（労基法32条の労働時間）の長さが同一でない場合、「所定外労働」（残業）と「時間外労働」を区別することは重要です。１日の所定労働時間が８時間であり、法定労働時間と一致している会社の場合、「残業＝時間外労働」となります。 4．また、９時出勤、昼休憩１時間、退社17時の会社であれば所定労働時間は７時間であり、所定内である７時間を超える勤務があれば「所定外労働（残業）」となります。労基法上は、所定外労働が法定内で収まっている残業（法内超勤）の賃金については、通常の労働契約によるものとされ、割増賃金の

⑽　休日労働…休日出勤のうち、法定休日における労働をいう。

条文の見出し／キーワード	作成基準の解説
	支払は義務づけていません。
育介法の「所定外労働の制限」	5．事業主は、3歳に満たない子を養育する従業員又は要介護状態にある対象家族の介護をする従業員であって、労使協定による適用除外者以外の従業員が当該子を養育するため又は当該対象家族を介護するために請求した場合においては、原則として、所定労働時間を超えて労働させることはできなくなります。
時間外労働	6．所定外労働のうち、法定労働時間を超えるものを「時間外労働」といいます。変形労働時間制を採用していない場合、1日8時間、1週40時間を超える所定外労働が時間外労働になります。
育介法の「時間外労働の制限」	7．事業主は、36協定による時間外労働をすることができる場合において、小学校就学の始期に達するまでの子を養育する従業員又は要介護状態にある対象家族の介護をする従業員であって一定のものが当該子を養育するため又は当該対象家族を介護するために請求したときは、原則として、制限時間（1月について24時間、1年について150時間をいう。）を超えて時間外労働をさせてはなりません。この場合、制限時間までの時間外労働（残業）をさせることは可能となるため、理論上、従業員は、5．の「所定外労働の制限」と6．の「時間外労働の制限」を重複して請求することはできないことになります。
休日出勤	8．「休日出勤」は、法律上の用語ではありませんが、モデル規程では、会社の休日（法定休日のほか、法定休日以外の休日（土曜日、祝日など）の労働）を総称した用語として位置づけています。
休日労働	9．「法定休日」とは、原則として1週につき少なくとも1回与える休日のことです（週休制）。例外的に、4週間を通じて4日以上与える休日も法定休日となります（変形休日制）。
	10．「休日出勤」のうち、法定休日に労働させる場合を「休日労働」とし、法定外休日に労働させる場合と区別することは、割増賃金の観点からも重要です。

（労働時間の管理）

第4条　従業員の労働時間は会社が管理するものとし、会社は、会社が行う通常業務に対して、従業員の所定労働時間が適正なものであるかを常に確認をしていかなければならない。

2　前項の目的を達成するため会社は、部課等の長を労働時間管理責任者として指名する。

3　労働時間管理責任者は、従業員の労働時間を適切に管理しその健康の確保を考慮しなければならない。

条文の見出し／キーワード	作成基準の解説
	➢ 労基法35条（休日） 1　使用者は、労働者に対して、毎週少くとも１回の休日を与えなければならない。 2　前項の規定は、４週間を通じ４日以上の休日を与える使用者については適用しない。
変形休日制	11．労基法では、休日の曜日を具体的に特定することまでは求めていないことから、「変形休日制」を採用する場合、対象期間（４週間）における休日総数のみを就業規則で定めて、具体的な休日の位置は、当該対象期間までに従業員に周知する方法を採ることができます。この場合において、休日の配置の仕方によって１週間の所定労働時間が40時間を超えない（例えば、１日所定８時間の会社で、少なくとも毎週２回は休日を配置するというルールのもとで、就業規則では月間休日総数のみを定める）のであれば、「変形労働時間制」には該当せず、就業規則の定めで足り、労使協定の締結は不要です（ちなみにこの場合は、週休制の原則（労基法35条１項）も守られるため、厳密にいえば労基法が想定する変形休日制（労基法35条２項）とは異なるものです）。
	12．変形休日制の対象期間は、「４週間」と限定されています。したがって、３週間単位の変形休日制や１か月単位の変形休日制は認められません。そこで、休日が配置されない週が生じる前提で、「毎月１日を起算日とする１か月において４日以上を休日とする」と定めたとしても、月末の29日～31日は、対象期間に含まれないことになるため注意が必要です。なお、このように定めた場合、対象期間と次の対象期間との間に間隔が空くことになりますが、起算日を明らかにしているのであれば必ずしも違法とはなりません。
（労働時間の管理）	1．適正把握ガイドラインによれば、「使用者（会社）は、労働時間を適正に把握するため、労働者の労働日ごとの始業・終業時刻を確認し、これを記録すること」とあります。すなわち、労働時間の適正な把握とは、単に１日何時間働いたかを把握するだけではなく、労働日ごとの始業時刻や終業時刻（業務の終了時刻）を使用者が確認・記録し、これに基づいて何時間働いたかを把握・確定する必要があります。

4 従業員は、労働時間管理責任者の指示に従い、会社が定める所定労働時間内に自らの責任のもとに業務を完了することができるよう、最善かつ効率的な方法を工夫しながら、集中して業務を遂行していかなければならない。

条文の見出し／キーワード	作成基準の解説

2．業務は、所定労働時間内に完了すべきであることを明確にします。

労働時間管理責任者

3．人事担当役員、各部門長、事業所長等労務管理を行う責任者は、労働時間が適正に把握されているか、過重な長時間労働が行われていないか、労働時間管理上の問題点があればどのような措置を講ずべきかなどについて、常に把握、検討するものとします。

> ➢ 適正把握ガイドライン
> 事業場において労務管理を行う部署の責任者は、当該事業場内における労働時間の適正な把握等労働時間管理の適正化に関する事項を管理し、労働時間管理上の問題点の把握及びその解消を図ること。

安全配慮義務

4．適切に労働時間を管理し、従業員の健康を確保することは、重要な企業の安全配慮義務です（労契法５条）。

> ➢ 労契法５条
> 使用者は、労働契約に伴い、労働者がその生命、身体等の安全を確保しつつ労働することができるよう、必要な配慮をするものとする。

5．安全配慮義務は、長時間労働や過重労働により引き起こされる身体的な健康障害だけではなく、メンタル面の問題にも関わってくる問題です。安全配慮義務を怠ることにより、従業員に損害が及んだ場合は、会社に重大な損害賠償が求められることもあります。

> ➢ システムコンサルタント事件（最高裁第二小　平12.10.13）
> ソフト開発会社でシステムエンジニアとしての業務に従事していたA（男性・33歳）は、自宅で倒れ、直ちに病院に緊急搬送されたが、脳幹部出血により死亡した。亡くなる前の月も、またその前の月も100時間以上の所定外労働時間が記録され、特に直前１週間での労働時間は73時間超（週40時間の倍近く）と著しく過重労働であった。裁判所は、「使用者としては、労働者の健康管理をすべて労働者自身に任せ切りにするのではなく、雇用契約上の信義則に基づいて、労働者の健康管理のため安全配慮義務を負うというべきである」と示し、3,200万円の損害賠償責任を認めた。

（所定労働時間及び休憩）

第５条　従業員の始業、終業及び休憩の時間は、勤務する事業所の区分により次表のとおり定める。ただし、業務上の都合、季節又は災害その他の事由により時間を変更することがある。

条文の見出し／キーワード	作成基準の解説
	➢ 電通事件（最高裁第二小　平12.3.24） 新入社員のB（男性・24歳）は、ラジオ局に配属され企画立案などの業務に携わっていたが、長時間残業・深夜勤務・休日出勤などの過重労働が続いた結果、うつ病になり、自宅で自殺した。裁判所は、会社の安全配慮義務について、Bが恒常的に著しい長時間労働に従事していること、その健康状態が悪化していることを認識しながら、その負担を軽減させるような措置を取らなかったとして、会社責任を認めた。最終的に、会社が約１億6,800万円を支払うとの内容で和解が成立した。
長時間労働と会社役員の責任	６．上記最高裁判決のほか、基本給（19万4,500円）に、「80時間の時間外労働」を組み込み残業時間がこれに満たないときは給与を減額するという給与体系を取っていた居酒屋チェーンの従業員（男性・24歳）が入社後４か月で心機能不全により死亡した事件の１審判決では、裁判所は「（会社は）労働者の労働時間について配慮していたものとは全く認められない」とし、さらに「取締役は（中略）労働者の安全に配慮すべき義務を負い、それを懈怠して労働者に損害を与えた」と言明。会社法429条１項の「責任を負うと解するのが相当」としました。更に２審の高裁判決では、現行の労働環境下で「（役員は）現実に従業員の多数が長時間労働に従事していることを認識していた（中略）にもかかわらず、控訴人会社にこれを放置させ是正するための措置を取らせていなかった」として、民法709条の「不法行為責任」もあるとしました（大庄事件　大阪地裁平23.5.25）。
	➢ 会社法429条１項（役員等の第三者に対する損害賠償責任） 役員等がその職務を行うについて悪意又は重大な過失があったときは、当該役員等は、これによって第三者に生じた損害を賠償する責任を負う。 ➢ 民法709条（不法行為による損害賠償） 故意又は過失によって他人の権利又は法律上保護される利益を侵害した者は、これによって生じた損害を賠償する責任を負う。
（所定労働時間及び休憩） 始業及び終業の時刻	１．始業及び終業の時刻は、所定労働時間の起点と終点となる時刻ですので、明確にする必要があります。
事業所ごとに始業及び終業時刻等が異なる場合	２．モデル規程では、すべての事業所ごとの始業・終業時刻等を網羅的に規定しています。就業規則（この規程は就業規則

<table>
<tr><td rowspan="4">(1)</td><td>事業所名</td><td>本社</td></tr>
<tr><td>始業時刻</td><td>午前８時30分</td></tr>
<tr><td>終業時刻</td><td>午後５時00分</td></tr>
<tr><td>休憩時間</td><td>正午～午後１時00分</td></tr>
<tr><td rowspan="4">(2)</td><td>事業所名</td><td>○○工場、△△営業所</td></tr>
<tr><td>始業時刻</td><td>午前８時15分</td></tr>
<tr><td>終業時刻</td><td>午後５時00分</td></tr>
<tr><td>休憩時間</td><td>正午～午後１時00分
午後３時00分～午後３時15分</td></tr>
<tr><td rowspan="4">(3)</td><td>事業所名</td><td>○○物流センター</td></tr>
<tr><td>始業時刻</td><td>午前８時00分</td></tr>
<tr><td>終業時刻</td><td>午後５時00分</td></tr>
<tr><td>休憩時間</td><td>午前10時00分～午前10時15分
正午～午後１時00分
午後３時00分～午後３時15分</td></tr>
</table>

2　パート・契約社員の始業及び終業時間は、本人の希望等を考慮して個別に定める。

3　従業員は、休憩時間を自由に利用することができる。ただし、職場秩序並びに風紀を乱す行為、施設管理を妨げる行為その他服務規律に反する行為を行ってはならない。

条文の見出し／キーワード	作成基準の解説
	の一部となります）は、事業所ごとに定めればよいため、基本的には、このような規定方法は不要かもしれませんが、すべての事業所の異なる労働条件もすべて一本の就業規則に定めれば、就業規則の一括届出が可能となります。
一の事業所で始業及び終業時刻等が異なる場合	3．なお、1つの事業所で複数の始業・終業時刻等がある場合（早番、遅番など）は、すべての始業・終業時刻等のパターンを規定する必要があります。また、変形労働時間制を採用した場合、始業・終業時刻等のパターンを労使協定で定める場合がありますが、この場合は、就業規則に委任規定を置き、監督署へは当該労使協定の写しを添えて就業規則を届け出ることになります（平6.5.31基発330号）。
個人ごとに始業及び終業時刻等が異なる場合	4．パート・契約社員のうち本人の希望等により、勤務態様、職種等の別ごとに始業・終業時刻を画一的に定めないこととする者については、就業規則には、基本となる始業及び終業の時刻を定めるとともに、具体的には個別の労働契約等で定める旨の委任規定を定めることでも差し支えないことになっています。個別の労働契約等で具体的に定める場合は、書面によりその内容を明らかにしておく必要があります（昭63.3.14基発150号、平11.3.31基発168号）。
休憩時間	5．休憩時間は、労働時間が6時間を超える場合は少なくとも45分、8時間を超える場合は少なくとも60分の休憩時間を労働時間の途中に与えなければなりません（労基法34条）。
	6．労基法上は、必ずしも休憩時間を与える時間帯を特定することは求めていませんが、就業規則として従業員に周知する目的があるため、休憩時間として与える時間帯は明示しておくことが望ましいでしょう。
	7．休憩時間は、原則として自由に利用させなければならないと労基法に定められていますが、事業場の規律を保持するうえで必要な制限を加えることは、休憩の目的を損なわない限り差し支えないものとされています（昭22.9.13発基17号）。

（シフト勤務）

第６条　会社は、前条にかかわらず、業務上必要がある場合は、１日の所定労働時間の範囲内で、始業及び終業時刻を変更した勤務（シフト勤務）を命じることができる。この場合において、会社は、１か月を平均して１週間の所定労働時間が40時間以内とする１か月単位の変形労働時間制を採用することができる。

２　シフト勤務を行う場合は、あらかじめシフト勤務に服する者を定め、勤務計画表（各人別の始業及び終業時刻並びに休日を明示した勤務カレンダーをいう。）を作成し、関係者に周知するものとする。

３　勤務カレンダーを作成するに際し基準となる事項については、勤務計画表作成基準に定めるところによる。

（１年単位の変形労働時間制）

第７条　会社は、第５条にかかわらず、あらかじめ繁忙が見込まれる時期又は年については、対象とする従業員の範囲及び起算日を定めて、１年以内の一定期間を単位とする変形労働時間制を採ることがある。この場合、事前に従業員代表と書面による協定を締結し、労働基準監督署に届け出るものとする。

２　前項の場合の労働時間は、変形期間平均１週当たり40時間以内とし、通常は１週48時間、１日10時間を限度とする。ただし、次のすべてを満たす場合に限り、１週52時間、１日10時間を限度として設定することができる。

⑴　１週48時間を超える週は、連続３週までとする。

⑵　変形期間をその起算日から３か月ごとに区分した場合、区分期間ごとに１週48時間を超える週は、３回までとする。この回数算定において、２つの区分期間にまたがる週については、その週の初日の属する区分期間に属するものとする。

３　変形期間の総勤務日数は、その期間が１年の場合には280日以内とし、その他の期間の場合には案分計算による日数以内とする。また、連続して勤務させることのできる日数は、６日を限度とする。ただし、労使協定で特定期間を定める場合には、その期間に限り１週に１日以上の休日を確保するものとする。

４　変形期間を１か月以上の期間ごとに区分する場合には、あらかじめ次の事項を定め、第２区分以降の各期間における所定労働時間及び各日の所定労働時間については、その区分期間の初日の30日前までに、従業員代表の同意を得て書面で定めて通知する。

⑴　最初の区分期間の所定勤務日と各日の所定労働時間

⑵　第２区分期間以降の区分期間ごとの勤務日数及び総所定労働時間数

５　変形期間の中途で、１年単位の変形労働時間制の適用を受け、あるいは適用を解除することとなった者については、その実変形期間における実労働時間を平均し、１週40時

条文の見出し／キーワード	作成基準の解説
（シフト勤務）	1．シフト勤務に係る勤務計画表（勤務カレンダー）は、あらかじめ関係者（従業員、従業員の上司）に周知します。
1か月単位の変形労働時間制を採用した場合の勤務カレンダーの明示	2．1か月単位の変形労働時間制を採用した場合の勤務カレンダーは、「就業規則において各直（グループ）勤務の始業終業時刻、各直勤務の組み合わせの考え方、勤務割表の作成手続及びその周知方法を定めておき、それにしたがって各日ごとの勤務割は、変形期間の開始前までに具体的に特定することで足りる」ものとされています（昭63.3.14基発150号）。この部分を別規程としても構いませんが、就業規則の一部となります。
（1年単位の変形労働時間制）	1．「1年単位の変形労働時間制」とは、法定労働時間として1日8時間、週40時間と決められているところを、1年間を平均して週の労働時間が40時間に収まるように設定すれば、特定の日や週について法定労働時間を超えて働かせることを可能にする制度です（労基法32条の4）。 2．この制度は、1年間における繁忙期に長い労働時間を設定し、閑散期に短い労働時間を設定することにより、効率的に労働時間を配分して年間の総労働時間の短縮を図ることを目的としています。 3．1年単位の変形労働時間制を実施するときには、次の5項目について労使協定を締結する必要があります。 ① 対象従業員の範囲 ② 対象期間及び対象期間の起算日 ③ 法定労働時間を超えた設定をする特定期間 ④ 労働日及び労働日ごとの労働時間 ⑤ 労使協定の有効期間 4．1年単位の変形労働時間制が適用される従業員に対しては、労使協定に基づいた勤務カレンダーを作成します。 5．1年単位の変形労働制が適用される従業員のうち、入社、異動、休職、若しくは退職等の理由がある、又は妊産婦となった従業員が請求したために、対象期間中に変形労働時間制の適用を受け、又は解除することとなった者については、変形労働時間制を適用できなくなり、実労働時間による原則的な

間を超える部分について時間外手当を支給する。

（所定外労働及び休日出勤）

第8条　会社は、業務の都合により所定外労働又は休日出勤を命ずることがある。この場合において、従業員（管理監督者を除く。）について時間外労働及び休日労働が生じるときは、会社はあらかじめ従業員の過半数を代表する者と労使協定（以下「36協定」という。）を締結し、次の各号に掲げる事項を定め、これを所轄労働基準監督署長に届け出たうえで命ずるものとする。

⑴　36協定により労働時間を延長し、又は休日に労働させることができることとされる従業員の範囲

⑵　対象期間（この条の規定により労働時間を延長し、又は休日に労働させることができる期間をいい、1年間に限るものとする。）

⑶　労働時間を延長し、又は休日に労働させることができる場合

⑷　対象期間における１日、１か月及び１年のそれぞれの期間について、労働時間を延長して労働させることができる時間又は労働させることができる休日の日数

⑸　36協定（労働協約による場合を除く。）の有効期間の定め

<⑹　対象期間の起算日>

<⑺　時間外労働及び休日労働を合算した時間数は、１か月について100時間未満でなければならず、かつ２か月から６か月までを平均して80時間を超えてはならないこと>

⑻　限度時間を超えて労働させることができる場合

<⑼　限度時間を超えて労働する従業員に対する健康及び福祉を確保するための措置>

⑽　限度時間を超えた労働に係る割増賃金の率

⑾　限度時間を超えて労働する場合における手続

2　前項第４号にかかわらず、臨時的な業務の必要があるときは、36協定の定めるところにより、１か月及び１年間についての労働時間の延長時間を更に延長することがある。この場合における、更に延長する時間数、延長する場合の手続、当該延長時間に係る割増賃金率等は、36協定に定めるところによる。

条文の見出し／キーワード	作成基準の解説
	労働時間管理を行います。
1年単位の変形労働時間制を採用した場合の勤務カレンダーの明示	6．1年単位の変形労働時間制を採用した場合の勤務カレンダーは、30日前までに、従業員の過半数代表者等の同意を得て通知することとされています。
	7．変形労働時間制に該当しないシフト勤務の場合（週2回の休日が確保されている場合）であっても、当該期間の開始前までに勤務計画表を周知します。
（所定外労働及び休日出勤）	1．36協定の締結について規定した条項です。
	2．法定労働時間を超え、又は法定休日に労働させる場合、36協定の締結及び労働基準監督署長への届出と割増賃金の支払が必要となります。
特別条項付き36協定	3．延長することができる時間については、2019年3月31日（中小企業については2020年3月31日）までは大臣告示で、2019年4月1日（中小企業については2020年4月1日）からは改正労基法36条4項において限度時間が定められています（1か月45時間、年間360時間）。ただし、臨時的事由等（改正労基法5項では「当該事業場における通常予見することのできない業務量の大幅な増加等に伴う」臨時的事由）があれば、所定の要件を満たした「特別条項付き36協定」により、限度時間を超えて延長することが可能となります。ただし、2019年4月1日（中小企業については2020年4月1日）からは、その場合であっても時間外労働の絶対的上限は、720時間となります（「16 時間外労働及び休日労働に関する労使協定書」参照）。
36協定の協定事項	4．2019年4月1日（中小企業については2020年4月1日）からは、36協定の協定事項は、改正労基法36条2項と改正施行規則17条に列挙された内容となります。なお、＜＞内は、2019年3月31日（中小企業については2020年3月31日）までは協定を要しない事項です。
	5．厚生労働省の「過重労働による健康障害防止のための総合対策」によれば、月45時間を超えて時間外労働を行わせることが可能な場合でも、健康障害防止の観点から、実際の時間外労働は月45時間以下にするよう努めなければなりません。

3　所定外労働及び休日出勤については、従業員は、正当な理由なく拒否できない。

4　所定外労働及び休日出勤は、労働時間管理責任者の命令に基づき行うことを原則とするが、従業員が業務の遂行上必要と判断した場合は、事前に労働時間管理責任者に申請し、許可を受けて行うことができる。この場合において、事前に許可を受けることができないときは、事後直ちに届け出てその承認を得なければならない。

5　前各項にかかわらず、時間外労働及び休日労働を合算した時間数は、１か月について100時間未満でなければならず、かつ２か月から６か月までを平均して80時間を超えてはならない。また、時間外労働時間数は、年間720時間を超えてはならない。ただし、新商品の開発等に従事する従業員については、この限りではない。

6　従業員の時間外労働及び休日労働を合算した時間数が80時間を超えたときは、会社は、直ちにその事実を本人に通知するものとし、前項の規定に抵触しないよう適切な措置を講ずるものとする。＜この場合において、会社は、当該事実及び該当者の氏名等の情報を産業医に提供する。＞

条文の見出し／キーワード	作成基準の解説

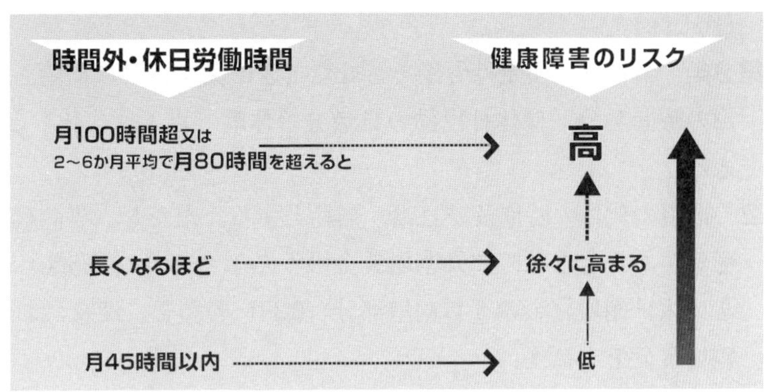

時間外労働等の絶対的上限規制

6．2019年4月1日（中小企業は2020年4月1日）から、36協定で定めるところによって労働時間を延長して労働させ、又は休日において労働させる場合であっても、次の①、②に掲げる時間について、それぞれに定める要件を満たすものとしなければなりません（改正労基法36条6項）。

① 1か月について労働時間を延長して労働させ、及び休日において労働させた時間…100時間未満であること。

② 対象期間の初日から1か月ごとに区分した各期間に当該各期間の直前の1か月、2か月、3か月、4か月及び5か月の期間を加えたそれぞれの期間〔編注：その月を含めて直前2～6か月平均〕における労働時間を延長して労働させ、及び休日において労働させた時間の1か月当たりの平均時間…80時間を超えないこと。

7．また、特別条項を締結した場合であっても、時間外労働時間については、年間720時間までという絶対的上限が設けられます。

労働時間の上限規制の適用除外

8．6.7.の規定は、新たな技術、商品又は役務の研究開発に係る業務に従事する従業員には適用されません（同条9項）。

時間外労働・休日労働を合算した時間数が80時間を超えた場合

9．第6項は、改正安衛法により、2019年4月1日から適用されるルールです。これには、中小企業の適用猶予がありませんので注意してください。なお、<>内のルールは産業医選任の義務のある事業場のみが対象です。

（代　休）

第9条　会社は、所定外労働をさせたとき、又は休日に出勤させたときは、当該所定外労働の時間数分又は休日出勤の日数分の休暇（以下「代休」という。）を与えることができる。

2　前項の代休の時間及び日は、無給とする。ただし、当該代休の付与に当たり、時間外労働があるときは時間外割増賃金のうち割増部分（0.25等）の額を、休日労働があるときは休日割増賃金のうち割増部分（0.35）の額を、深夜における労働があるときは深夜割増賃金を支払う。

（労働時間の確認）

第10条　会社が行う労働時間の管理は、原則として就業規則で定める始業時刻及び終業時刻を基準とし、従業員が行うタイムカード、ICカード、パソコンの使用時間の記録等による入力を確認することによって行うものとする。

2　タイムカード、ICカード、パソコンの使用時間の記録等による入力は、従業員による始業及び終業時刻の申告とみなすものとし、入力前及び入力後の勤務は、これを労働時間として確認しない。ただし、業務遂行上その他やむを得ない事情があると認めるときは、この限りでない。

3　タイムカード、ICカード、パソコンの使用時間の記録等の入力時刻は、あくまでも客観的な記録の基本情報であり、労働時間管理責任者は、必要に応じ残業命令書とこれに対応する報告書等の記録とを突き合わせることにより、労働時間を最終確認するものとする。

条文の見出し／キーワード	作成基準の解説
（代　休）	1．代休とは、休日労働等の事実が生じた後、その代償として休暇を与えることをいいますが、いったん発生した休日労働等の事実を除去することはできません。しかし、従業員に休息を与えるという健康確保措置としての効果があります。労基法上は、代休に対する規定は設けられておらず、代休を与えるかどうかは任意です。労基法上は、法定休日に労働させ、週１回、４週４日の休日が確保されなくなった場合であっても、割増賃金を支払えば36協定の範囲内において違法とはなりません。
	2．所定外労働を行わせた場合に代休の付与により実労働時間の短縮を図ることは従業員の健康確保の観点から望ましい制度です。ただし、ここでいう「代休の付与」とは、法定時間外労働については割増賃金を支払ったうえで代償措置として法定時間外労働時間分の休日を与えるという趣旨であり、割増賃金部分も含めて代休の対象とすること（つまり、代休を与えて割増賃金を支払わないこと）は、違法となります。
代休日の賃金	3．代休日を無給とする（従業員が有する代休日についての賃金債権を消滅させること）ためには、労働契約上の根拠（個別の合意、あるいは就業規則等の規定）が必要と考えられています。
（労働時間の確認）	1．適正把握ガイドラインでは、単に１日何時間働いたかを把握するのではなく、労働日ごとの始業時刻及び終業時刻を客観的に把握するために、タイムカード、ICカード、パソコンの使用時間の記録等により適正に記録することを求めています。
始業・終業時刻の確認及び記録の原則的な方法	➢ 適正把握ガイドライン 使用者が始業・終業時刻を確認し、記録する方法としては、原則として次のいずれかの方法によること。 （ア）使用者が、自ら現認することにより確認し、適正に記録すること。 （イ）タイムカード、ICカード、パソコンの使用時間の記録等の客観的な記録を基礎として確認し、適正に記録すること。
	2．タイムカード、ICカード、パソコンの使用時間の記録等には、IDカード、パソコン入力等が含まれます。

（タイムカード、ICカード、パソコン使用時間の記録等の管理及び入力）

第11条　タイムカード、ICカード、パソコンの使用時間の記録等は、労働時間管理責任者が管理する。

2　従業員は、実作業の開始直前及び実作業の終了直後にタイムカード、ICカード等を入力し、又は業務用PCにログイン・ログアウトしなければならない。

3　労働時間管理責任者は、タイムカード、ICカード、パソコンの使用時間の記録等と各従業員の出勤状況とを毎日照合し、賃金計算期間ごとに整理しなければならない。

4　従業員の実際の出社及び退社の時刻とタイムカード、ICカード、パソコンの使用時間の記録等の入力時刻に差異が認められるときは、労働時間管理責任者は、当該従業員に対し、その理由を聴取し、必要に応じ是正のための指導を行うものとする。

5　第３項の規定による照合及び整理に当たっては、タイムカード、ICカード、パソコンの使用時間の記録等に入力がなく、その理由が明らかでないものについては、無届欠勤として取り扱うものとする。

6　前項の規定により無届欠勤として取り扱われた者で出勤した事実のあるものは、タイムカード、ICカード、パソコンの使用時間の記録等に入力しなかった理由を付し、３日以内にその事実を証明する書類を添えて労働時間管理責任者にタイムカード、ICカード、パソコンの使用時間の記録等の訂正を申し出て、その承認を受けなければならない。

7　労働時間管理責任者は、従業員の休暇の状況等について、休暇等記録票に記録しなければならない。

条文の見出し／キーワード	作成基準の解説

３．タイムカードシステムへの入力前及び入力後に勤務をしてしまうと、タイムカードシステムの記録の客観性が損なわれるだけではなく、記録を超えた労働時間を認定しなくてはならなくなるため、安易に「業務遂行上その他やむを得ない事情」を認めることなく、原則的なタイムカードシステムの運用を維持しなくてはなりません。

労働時間の最終確認

４．タイムカードシステムの客観的な記録を基本情報とし、必要に応じ、勤務状況申告書等との突き合わせを行い、最終確認を行います。

（タイムカード、ICカード、パソコン使用時間の記録等の管理及び入力）

１．タイムカード、ICカード、パソコンの使用時間の記録等の入力は労働時間把握の基本情報となるものですから、日常、適切に入力が行われるよう詳細にルール化する必要があります。

２．実際の出社時刻と実作業の開始時刻、実際の退社時刻と実作業の終了時刻とに差異がある場合には、その理由・原因を究明し、差異が生じないよう是正の措置を講じます。このような措置を講じずに漫然と入力時刻で労働時間を管理していると、在社時間がすべて労働時間であるかのように判断される可能性が生じてきます。従業員は、企業秩序に沿った行動を取る義務があります。

書類の保存義務

３．タイムカード、ICカード、パソコンの使用時間の記録等の労働時間の記録に関する書類は、労基法109条に基づき、３年間保存する必要があります。

４．民間企業における労働時間の把握方法は以下のとおりです。

従業員区分	タイムカード・ICカード	PCのログイン・ログアウト	自己申告制	管理監督者の視認	予め一定時間数を定めている	把握していない	不　明
専門業務型裁量労働制	32.9%	7.3%	40.3%	1.9%	4.5%	1.7%	11.5%

（不正入力等の禁止）

第12条　タイムカード、ICカード、パソコンの使用時間の記録等の入力は、本人自ら行わなければならない。これに違反した者は、就業規則第57条に定める懲戒処分を科すものとする。

2　虚偽の労働時間数を記録することを目的として、実際の始業時刻及び終業時刻と著しく異なる時刻に、タイムカード、ICカード、パソコンの使用時間の記録等の入力を行ってはならない。これに違反した者は、就業規則第57条に定める懲戒処分を科すものとする。

3　タイムカード、ICカード、パソコンの使用時間の記録等の記録その他労働時間に関する記録は、これを改竄するようなことがあってはならない。これに違反した者は、就業規則第57条に定める懲戒処分を科すものとする。

（外勤従業員のタイムカードシステムの取扱い）

第13条　労働時間管理責任者は、従業員に外勤又は外出を命じた場合において当該従業員が自らタイムカード、ICカード等に入力し、又は業務用PCへのログイン・ログアウトすることができないと認めたときは､外出簿によりあらかじめ記録しなければならない。

2　前項の場合であって、客観的に労働時間の把握が困難であるときは、原則として、当該従業員は所定労働時間労働したものとみなす。

（出社入力時刻と始業時刻）

第14条　タイムカード、ICカード等による出社入力時刻又は業務用PCへのログイン時刻が所定の始業時刻前である場合であって、早朝労働について労働時間管理責任者の許可

条文の見出し／キーワード	作成基準の解説

企画業務型裁量労働制	23.3%	11.0%	21.6%	0.6%	1.0%	0.0%	42.6%
フレックスタイム制	39.4%	13.1%	34.6%	2.0%	1.5%	0.0%	9.4%
管理監督者	40.5%	8.7%	33.4%	3.9%	5.6%	4.7%	3.1%
その他	46.1%	6.9%	24.9%	8.3%	5.3%	0.1%	8.4%

資料出所：第11回労働条件分科会事務局提出資料参照

（不正入力等の禁止）

1．従業員は、企業秩序に沿った行動を取る義務があります。

2．不正入力等の行為は、従業員の企業秩序維持義務違反に当たりますので、反省を促し再発を防止するために、厳正に処分する必要があります。

3．懲戒処分を行うためには、就業規則にあらかじめ懲戒処分の種別、及び事由を定めておく必要があります。

（外勤従業員のタイムカードシステムの取扱い）

1．外勤又は外出を命じたことにより、労働者が事業場の外で勤務する場合であって、労働時間の算定が困難な場合には、所定労働時間勤務したものとみなすことができます（労基法38条の２）。

2．ただし、事業場外労働であっても仕事の進行を指揮・監督する立場の上司などが同行していたり、所定労働時間を超える具体的な指示がある場合は、実際の労働時間及び指示のあった労働時間で算定しなくてはなりません。

（出社入力時刻と始業時刻）

早朝労働の命令がないにもかかわらず、始業時刻前に出社した場合には、原則として、労働時間として扱わないことを明確にします。

又は承認若しくは早朝労働命令がないときは、所定の始業時刻から始業したものとして扱う。

2　出社入力時刻が所定の始業時刻後であるときは、当該出社入力時刻から就業したものとして扱う。

（退社入力時刻と終業時刻）

第15条　タイムカード、ICカード等による退社入力時刻又は業務用PCからのログアウト時刻が所定の終業時刻後であって、法定労働時間（8時間）を超える勤務について労働時間管理責任者の許可又は承認若しくは時間外労働命令等がないときは、所定の終業時刻で終業したものとみなす。

2　退社入力時刻が所定の終業時刻前であるときは、当該退社入力時刻を終業時刻として扱う。

（遅刻、早退、私用外出及び欠勤）

第16条　従業員は、やむを得ない理由により始業時刻後に出勤するとき（休暇によるものを除く。）は、所属長にあらかじめその旨を所定の様式により届け出て、許可を受けなければならない。また事前に届け出ることができないときは、事後直ちに届け出て、その承認を得なければならない。

2　従業員は、早退しようとするとき（休暇によるものを除く。）は、その理由及び退社時刻を所定の様式により所属長にあらかじめ届け出て、許可を受けなければならない。また事前に届け出ることができないときは、事後直ちに届け出て、その承認を得なければならない。

3　従業員は、私用により外出しようとするときは、その理由及び帰社時刻を所定の様式により所属長にあらかじめ届け出て、許可を受けなければならない。また事前に届け出ることができないときは、事後直ちに届け出て、その承認を得なければならない。

4　従業員は、やむを得ない事由により欠勤しようとする場合は、その理由及び期間を所定の様式により所属長にあらかじめ届け出て、許可を受けなければならない。また事前に届け出ることができないときは、事後直ちに届け出て、その承認を得なければならない。

5　第1項から前項までの規定により許可を受けたもの又は承認を得たものは、就業規則第38条に基づき、賃金を減額する。

（届　出）

第17条　従業員は、次の場合には、速やかに労働時間管理責任者に届け出なければならない。

(1)　タイムカードシステムへ誤って入力したとき。

条文の見出し／キーワード	作成基準の解説
（退社入力時刻と終業時刻）	残業の命令がないにもかかわらず、終業時刻後も在社していた場合には、原則として、労働時間として扱わないことを明確にします。
（遅刻、早退、私用外出及び欠勤）	1．遅刻、早退、欠勤の手続を規定します。 2．遅刻、早退、欠勤は業務の遂行に影響を及ぼしますので、これを最小限にするため、所定の様式による届出による、事前の申出と許可の励行が必要です。 3．原則的な取扱いをし難く、やむを得ない理由として認めることは、労働慣行として規則に準じた効力を有することとなりますので、これを認める範囲についてある程度基準を設けておくことが望ましいでしょう。
遅延証明書	4．交通機関の事故等の不可抗力の原因により遅刻する場合は、従業員に各交通機関が発行する「遅延証明書」等の提出を求めます。ただし、始業時刻に間に合うことが原則ですので、ぎりぎりに出勤せず時間的に余裕を持った出勤を心がけることも必要です。
（届　出）	タイムカード、ICカード、パソコン使用時間の記録等の入力忘れ等については、速やかに届出をしてもらい、必要な是正を行います。

(2) タイムカードシステムへの入力を忘れたとき。

(労働時間の計算方法)

第18条 時間外労働、深夜労働及び休日労働に係る労働時間の計算は、一賃金計算期間の時間外労働、休日労働及び深夜労働の時間をそれぞれ通算する。

2 事前の許可又は事後の承認に基づかない所定外労働及び休日出勤については、割増賃金の対象としない。また、当該月内に承認が受けられないときは、翌月の支給とする。

3 1か月における時間外労働、休日労働及び深夜労働の各々の時間数の合計に30分未満の端数がある場合は、15分未満の端数を切り捨て、15分以上は30分に切り上げる。

4 遅刻・早退・私用外出控除を行う場合において、遅刻、早退及び私用外出の時間を計算するときは、1回当たりのそれらの時間について、15分未満の端数が生じた場合は15分に切り上げる。

5 前項の規定により生じる賃金の減額は、就業規則第38条の規定の範囲内で行う。

(割増賃金を支払う場合)

第19条 所定外労働をさせた場合において、次の各号に掲げる時間があるときは、就業規則第36条(割増賃金の額)に定めるところにより、時間外割増賃金を支払う。

(1) 1日については、8時間(変形労働時間制により8時間を超える所定勤務時間を定めた週については、その時間)を超えて労働した時間

(2) 1週間については、40時間(変形労働時間制により40時間を超える所定勤務時間を定めた週については、その時間)を超えて労働した時間(前号の時間を除く。)

(3) 変形労働時間制を採用している場合においては、対象期間における法定労働時間の総枠を超えて労働した時間(前号及び第1号の時間を除く。)

2 前項の時間を計算するときは、1日又は1週間の労働時間は実労働時間を用いるものとし、遅刻、早退、私用外出及び欠勤のほか、年次有給休暇(時間単位年休を含む。)、特別休暇の時間を含めない。

3 第1項第2号の1週間は、▼曜日を起算日とする。

(規程の改廃)

第20条 この規程は、関係諸法規の改正及び会社状況及び業績等の変化により必要があるときは、従業員代表と協議のうえ改定又は廃止することがある。

条文の見出し／キーワード	作成基準の解説
（労働時間の計算方法）	1．無許可・無届出の残業（所定外労働、休日出勤）は、労働時間として取り扱わず、割増賃金の対象としないことを明確にします。 2．3項のような時間外労働、休日労働及び深夜労働の端数処理を行うことは、事務処理の簡素化に寄与するものですから、法令違反として取り扱わないこととされています（昭63.3.14基発150号）。
賃金カットと減給の制裁	3．4項のような賃金カット（不就労時間を上回る賃金カット）を労基法91条の減給の制裁の範囲内で行うことは、就業規則に定めておけば可能です。
（割増賃金を支払う場合）	1．労基法の原則に従った割増賃金の支払方法を規定しています。労基法を上回る内容であれば、これと異なる規定方法も可能です。 2．時間外労働は、まず日々の時間外労働から計算し、そこで確定された時間はダブルカウントする必要はありません。ただし、週単位、対象期間単位で先に計算することは、時間外労働が過小に計算されることがあり、違法となります。 3．労働時間計算の根拠を明らかにする趣旨から、週の起算日を明記しておくことが必要です。週の初日を週休日とすると振替休日の対応に便利なため、週休2日制の場合は、土曜日を起算日とするとよいでしょう。 4．モデル規程は、実労働時間主義をとっています。
（規程の改廃）	この規程は、就業規則の一部となりますので、改定する場合は、就業規則の変更と同様の手続が必要になります。

16

時間外労働及び休日労働に関する労使協定書

【参考資料】

○労働基準法（以下「労基法」）

○労働基準法第36条第１項の協定で定める労働時間の延長及び休日の労働について留意すべき事項等に関する指針（以下「36指針」）

※：本モデル協定は、改正後の労働基準法（以下「改正労基法」）に基づき作成しています。施行時期は2019年４月１日（中小企業は2020年４月１日）です。

○○○○株式会社（以下「会社」という。）と会社の従業員代表○○○○は、労働基準法第36条第1項に基づき、法定労働時間を超える労働（以下「時間外労働」という。）及び法定休日における労働（以下「休日労働」という。）に関し、下記のとおり協定する。

※：改正労基法による36協定の協定事項は次のとおりです（下線は改正箇所）。
① 36協定により労働時間を延長し、又は休日に労働させることができることとされる労働者の範囲
② 対象期間（36協定により労働時間を延長し、又は休日に労働させることができる期間をいい、１年間に限るものとする。）
③ 労働時間を延長し、又は休日に労働させることができる場合
④ 対象期間における１日、１か月及び１年のそれぞれの期間について、労働時間を延長して労働させることができる時間又は労働させることができる休日の日数
⑤ 36協定（労働協約による場合を除く。）の有効期間の定め
⑥ 対象期間の起算日
⑦ 改正労基法第36条第６項第２号及び第３号に定める要件を満たすこと
⑧ 限度時間を超えて労働させることができる場合
⑨ 限度時間を超えて労働する労働者に対する健康及び福祉を確保するための措置
⑩ 限度時間を超えた労働に係る割増賃金の率
⑪ 限度時間を超えて労働する場合における手続

条文の見出し／キーワード	作成基準の解説
（労使協定）	1．労働基準法では、原則として、従業員に休憩時間を除いて、１日８時間、１週40時間の法定労働時間を超えて労働をさせてはならないと定められています（労基法32条）。なお、ここでいう時間外労働とは、あくまで法定労働時間を超える労働時間のことであり、会社ごとに定める始業時刻から終業時刻までの所定労働時間を超える労働のことではありません。
	2．労使協定により、法定労働時間を超えて労働時間を延長し、又は休日に労働させることを定め、行政官庁に届け出ることにより、はじめて時間外労働及び休日労働をさせることができるようになります（労基法32条）。
	3．逆に、労使協定の締結をしても届出をしていない場合、災害等による臨時の必要がない限り、会社は従業員に時間外労働及び休日労働を命じることができず、従業員は会社の残業命令に従わなくても責任を負うことがないことになります（昭25.10.10東京地裁　宝製鋼所事件）。
労使協定とは	4．会社と従業員代表者との間に結ばれる一定の労働条件に関する書面による協定を、労使協定といいます。
労使協定の法的効力	5．労働基準法上の労使協定の効力は、その協定に定めるところによって労働させても労働基準法に違反しないという免罰効果をもつものであり、従業員の民事上の義務は、当該協定から直接生じるものではなく、労働協約、就業規則等の根拠が必要とされています（昭63.1.1基発第１号）。
36協定	6．「時間外労働及び休日労働に関する労使協定」は労基法36条に基づく協定であるため、一般的に「36協定（さぶろくきょうてい）」と呼ばれます。
協定当事者	7．36協定の協定当事者は、会社と従業員代表者です。労使協定に署名する会社側の代表は、代表取締役社長とすることが多いですが、支店等の長や、人事部長、総務部長とする場合もあります。
従業員代表者	8．従業員側の協定当事者は、協定を結ぶ事業場に従業員の過半数で組織する労働組合がある場合は、その労働組合が協定当事者になります。その労働組合がない場合は、従業員の過半数代表者が協定当事者になります。
過半数代表者の選出	9．従業員の過半数代表者は、労使協定をする代表者を決める

記

（時間外労働及び休日労働を必要とする場合）

第1条　会社は、次の各号のいずれかに該当するときは、就業規則第▼条の規定に基づき、時間外労働を命ずることができるものとする。

⑴　臨時の受注や納期の変更等により受注が集中し、法定労働時間内の勤務では処理が困難なとき。

⑵　決算及び中間決算等、時季的に業務が集中し、法定労働時間内の勤務では処理が困難なとき。

⑶　業務が輻輳し、法定労働時間内の勤務では処理が困難なとき。

⑷　月末、期末処理、棚卸し等の経理事務等が繁忙なとき。

⑸　その他前各号に準ずる事由が生じたとき。

2　会社は、次の各号のいずれかに該当するときは、就業規則第▼条の規定に基づき、休日労働を命ずることができるものとする。

条文の見出し／キーワード	作成基準の解説
	ことを明らかにしたうえで、「投票」「挙手」「従業員の話し合い」「持ち回り決議」等の従業員の過半数が代表者の選任を支持していることが明らかな民主的な手続により選任しなければなりません。
過半数代表者の要件	10．過半数代表者は、使用者の意向に基づき選出されたものでない必要があります。また、会社は、過半数代表者がその事務を円滑に遂行することができるよう必要な配慮を行わなければなりません。 11．従業員代表者の手続をとれば、だれでも従業員代表者になれるわけではありません。労基法41条２号に規定される管理監督者は従業員代表者にはなれません（平22.5.18基発0518第１号）。
労働時間、休日の適用除外	12．次の従業員には労働基準法で定める労働時間、休日の規定が適用されませんので、時間外労働・休日について定める36協定の適用からも除外されます。ただし、過半数代表者を選出する際の全従業員には含まれます。 ①　農業、水産業従事者 ②　管理監督者、機密の事務を取り扱う者 ③　監視、断続的労働従事者 ④　宿日直勤務者
（時間外労働及び休日労働を必要とする場合）	１．36協定において、時間外労働及び休日労働をさせる必要のある具体的な事由を定めなくてはなりません。 2．時間外労働を必要とする具体的事由と休日労働を必要とする具体的事由は同じとは限りません（通常は異なっているはず）。したがって、別々に協定するのが本来の姿です。つまり、36協定書というのは、「時間外労働に関する労使協定」と「休日労働に関する労使協定」の本来別々の２つの協定を一体にしたものです。 　ところが、多くの会社では、時間外労働を必要とする事由と休日労働を必要とする事由を全く同じものとして協定していないでしょうか。これでは機械的に締結しているのでは、と言わざるを得ません。労使協定を締結するに当たっては、

(1)　季節的繁忙及び顧客の需要に応ずるために業務が集中し、休日労働をしなくては処理が困難なとき。
(2)　イベント参加、会社の主催行事が休日に行われるとき。
(3)　前項各号の業務が月45時間以内の時間外労働で処理できなかったとき。
(4)　その他前各号に準ずる事由が生じたとき。

（時間外労働及び休日労働を必要とする業務の種類及び対象従業員数）

第2条　時間外労働及び休日労働を必要とする業務の種類及び対象従業員数は次のとおりとする。

区　分	業務の種類	対象従業員数
Aグループ	営業一課	5名
	営業二課	7名
	総務課	3名
	経理課	3名
Bグループ（1年単位変形労働時間制適用者）	製　造	20名
	製品検査	3名

（延長時間及び休日労働日数）

第3条　法定労働時間を超えて延長させることができる時間（以下「延長時間」という。）及び休日労働をさせることができる休日は、次のとおりとする。

	延長時間			休日労働
	1日	1か月	1年	
前条Aグループの従業員	5時間	45時間	360時間	1か月に4日以内
前条Bグループの従業員	3時間	42時間	320時間	1か月に2日（第二・四日曜日）

2　前項により、休日労働を命ずる場合の始業及び終業の時刻、休憩時間は次のとおりとし、原則として8時間勤務とする。ただし、業務の進捗状況等により、あらかじめ指定

条文の見出し／キーワード	作成基準の解説
	当該事由を労使で話し合うべきものなのです。機械的に締結することのないよう注意したいものです。 なお、それぞれの事由は、個別具体的なものでなければならず、単に「業務が繁忙のため」といった事由は適切なものとはいえません。
（時間外労働及び休日労働を必要とする業務の種類及び対象従業員数）	1．36協定において、労働時間を延長する必要のある業務の種類区分を細分化して定め、時間外労働及び休日労働が必要となる業務の範囲を明確にしなければなりません。各事業場における業務の実態に即して、業務の種類を具体的に区分する必要があります。 2．労使当事者は、労働時間を延長する必要のある業務区分を細分化することによりその範囲を明確にしなければなりません（36指針）。 3．従業員の人数は、36協定締結時における、各業務の種類区分ごとにカウントします。ところで協定締結後、入社や退職などにより従業員数の変動があることは普通のことですが、若干の従業員の数の変動があったとしても、特段の事情がない限り、当初締結した36協定により時間外労働をさせても差し支えないとされています。ただし、大きな組織改編など協定締結当時に予想できないような状況の変化があった場合には、改めて協定を締結する必要があります。
（延長時間及び休日労働日数）	1．36協定では、法定労働時間を超えて労働させる時間（延長時間）として、1日、1か月、1年の3区分の延長時間を定めなくてはなりません。
1日についての延長時間	2．1日についての延長時間については、設定時間の制限はありません。各事業場における業務の実態に即して、発生する可能性のある労働時間を設定することができます。ただし、危険有害業務として法令で定める業務に従事する者の時間外労働の上限は1日2時間とされています。

して、この休日労働時間を短縮し、又は11時間まで延長することがある。

⑴　始業時刻…午前９時00分

⑵　終業時刻…午後５時30分

⑶　休憩時間…正午から午後１時まで

3　第１項の延長時間は、時間外労働時間数の上限を示すものであり、常に当該時間まで時間外労働を命ずるものではない。通常の延長時間は１日当たり２時間、１か月当たり30時間を目安とする。

4　第１項の休日労働の日数は、休日労働の上限を示すものであり、常に当該日数まで休日労働を命ずるものではない。休日労働は、緊急やむを得ない場合に限るものとし、少なくとも１週間に１回の休日は確保するよう努めるものとする。

5　前各項にかかわらず、時間外労働と休日労働を合算した時間は、１か月100時間未満、２か月から６か月の平均で80時間未満とする。

条文の見出し／キーワード	作成基準の解説

> ➢ 健康上特に有害な業務
> ・坑内での労働、・多量の高熱物体取扱・著しく暑熱な場所の業務、・多量の低温物体取扱・著しく寒冷な場所の業務、・エックス線などの有害放射線に曝される業務、・土石などのじんあい・粉末を著しく飛散する場所の業務、・異常気圧下業務、・さく岩機などの使用による身体の著しい振動業務、・重量物取扱などの重激業務、・ボイラー製造などの強烈な騒音発生場所の業務、・鉛・水銀などの有害物発散場所の業務

限度時間

3．36協定により、労働時間を延長して労働させることができる時間には、限度時間が設けられており、1か月について45時間及び1年について360時間（3か月を超える期間を定めて1年単位の変形労働時間制を採用する場合にあっては、1か月について42時間及び1年について320時間）とされています。

延長時間

4．延長時間は、当該事業場の業務量、時間外労働の動向その他の事情を考慮して通常予見される時間外労働の範囲内において、限度時間を超えない時間に限られます(36条)。つまり、必ずしも限度時間をそのまま延長時間として協定する必要はなく、通常の延長時間を協定することができます。モデル協定は、通常延長時間を30時間としています（3項）。

5．労使当事者は、労働時間の延長をできる限り短くするよう努めなければならないこととすること。また、休日の労働を可能な限り抑制するよう努めなければなりません（適用猶予後の自動車運転業務、建設事業等についても同様）（36指針）。

適用除外

6．新たな技術、商品又は役務の研究開発に係る業務については、専門的、科学的な知識、技術を有する者が従事する新たな技術、商品又は役務の研究開発に係る業務の特殊性が存在します。このため、限度時間(改正労基法36条3項及び4項)、時間外・休日労働協定に特別条項を設ける場合の要件（改正労基法36条5項）、1か月について労働時間を延長して労働させ、及び休日において労働させた時間の上限（改正労基法36条6項2号及び3号）についての規定は、当該業務については適用されません。なお、新たな技術、商品又は役務の研究開発に係る業務とは、専門的、科学的な知識、技術を有する者が従事する新技術、新商品等の研究開発の業務をいいます（改正労基法36条11項、平30.9.7基発0907第1号）。

（対象期間の起算日）

第４条　前条第１項表中の、１か月は賃金計算期間に合わせて毎月Y日から起算する１か月とし、１年は毎年X月Y日から起算する１年間とする。

（年720時間までの特例）

第５条　通常の生産量を大幅に超える受注が集中し、特に納期がひっ迫したときは、過半数代表者に通告し、１か月45時間を超えて時間外労働を命ずることができるものとし、

条文の見出し／キーワード	作成基準の解説
	7．6．の業務に従事する労働者の健康確保措置として、1週間当たり40時間を超えて労働させた場合のその超えた時間が1か月当たり100時間を超えた者に対し、医師による面接指導の実施を労働安全衛生法上義務づけられます。
適用猶予	8．自動車の運転業務については、5年の猶予期間が設けられ、2024年4月1日から改正労基法が適用されます。ただし、年間の時間外労働時間の上限は960時間となります。
	9．建設の事業については、5年の猶予期間が設けられ、2024年4月1日から改正労基法が適用されます。ただし、復興・復旧に係るものについては、①単月100時間未満、②2～6か月平均で80時間以内の規制は適用されません。
	10．2019年3月31日までは適用除外とされている厚生労働省労働基準局長が指定する業務についても、原則として罰則付き上限規制の一般則が適用されます。ただし、鹿児島県及び沖縄県における砂糖製造業のみ2024年3月31日まで適用が猶予されます。
医師の取扱	11．医師については、時間外労働規制の対象ですが、医師法19条1項に基づく応召義務等の特殊性を踏まえた対応が必要であることから、2024年4月1日を目途に改正労基法を適用することとし、医療界の参加の下で検討の場を設け、2年後を目途に規制の具体的な在り方、労働時間の短縮策等について検討し、結論を得ることとされています。
（対象期間の起算日）	1．「対象期間」とは、36協定により労働時間を延長し、又は休日に労働させることができる期間をいい、36協定では、1年間の上限を適用する期間を協定します。したがって、事業が完了し、又は業務が終了するまでの期間が1年未満である場合においても、36協定の対象期間は1年間とする必要があります（平30.9.7基発0907第1号）。この場合、1年について労働時間を延長して労働させることができる時間を適用する期間の起算日を明確にしなければなりません。
（年720時間までの特例）	1．36協定においては、当該事業場における通常予見することのできない業務量の大幅な増加等に伴い臨時的に改正労基法

時間外労働と休日労働の時間を合算した時間は90時間までとする。

⑴　通常予見しがたい大量の受注により業務が集中し、人員不足のため第３条の延長時間内の勤務では処理が困難なとき。

⑵　通常予見しがたい納期変更又は短期間の納期要求等により、人員不足のため第3条の延長時間内の勤務では処理が困難なとき。

⑶　臨時的な生産工程や仕様の変更等により、人員不足のため第３条の延長時間内の勤務では処理が困難なとき。

2　前項の場合において、これを適用することができる月数の限度は、１年間のうち６月とする。

3　第１項の延長時間とは、特別な事情がある場合における時間外労働時間数の上限を示すものであり、常に当該時間まで時間外労働を命ずるものではない。

4　第１項を適用する場合であっても、１年間の延長時間の限度は、720時間とする。

5　会社及び従業員は、常に業務の配分等に注意を払いできる限り第１項に基づく時間外労働が生じないように努めなければならない。また、会社は、従業員の健康を考慮して、１か月当たり60時間を超える時間外労働が生じないように配慮しなければならない。

条文の見出し／キーワード	作成基準の解説
	36条3項の限度時間を超えて労働させる必要がある場合において、限度時間を超える次の時間数を協定することができます（いわゆる「特別条項」、36指針では「年720時間までの特例」。改正労基法36条5項） ① 1か月について労働時間を延長して労働させ、及び休日において労働させることができる時間（100時間未満の範囲内に限る。） ② 1年について労働時間を延長して労働させることができる時間（720時間を超えない範囲内に限る。）
	2．特別条項を適用する月数も合わせて協定します。ただし、1年間に6か月以内に限られます。
通告	3．特別条項を発動するための手続として、会社が一方的に発する「通告」でも差し支えないものとされていますが、実務では、口頭の通告ではなく、通告書を過半数代表者等に手交する等の手続をとる必要があると考えます。
年720時間までの特例の留意事項	4．労使当事者は、年720時間までの特例に係る協定を締結するに当たっては、次の点に留意しなければなりません（36指針）。 ① あくまで通常予見することができない業務量の大幅な増加等の臨時の事態への特例的な対応であるべきであること。 ② 具体的な事由を挙げず、単に「業務の都合上必要なとき」「業務上やむを得ないとき」といった定め方は認められないこと。
	5．特例に係る協定を締結する場合にも、可能な限り原則である月45時間、年360時間に近い時間外労働とすべきとされています（36指針）。
	6．その他の留意事項として次のものがあります（36指針）。 ① 使用者は、特例の上限時間内であっても、労働者への安全配慮義務を負うこと。 ② また、脳・心臓疾患の労災認定基準において、発症前1か月間の時間外・休日労働時間が概ね100時間超、又は2～6か月間の月平均時間外・休日労働時間が概ね80時間超の場合に、業務と発症との関連性が強いと評価されること

（時間外割増賃金率）

第６条　時間外割増賃金率は、月間及び年間の時間外労働に応じて定める次の各号の率とする。

⑴　月間45時間以内の時間外労働…0.25

⑵　月間45時間を超え60時間以内の時間外労働…0.3

⑶　前二号にかかわらず年間360時間を超える時間外労働（前号による割増賃金率の対象となった時間外労働を除き、月間60時間以内の時間外労働に限る。）…0.3

⑷　月間60時間を超える時間外労働…0.5

＜中小企業の場合＞

⑴　月間45時間以内の時間外労働…0.25

⑵　月間45時間を超える時間外労働…0.3

⑶　前二号にかかわらず年間360時間を超える時間外労働（前号による割増賃金の対象となった時間外労働を除く。）…0.3

（代替休暇）

第７条　0.5の時間外割増率が適用される従業員が代替休暇を取得したときは、当該時間外割増率は0.25とする。

２　代替休暇の取扱いについては、別途締結する労使協定による。

（健康福祉確保措置）

第８条　月45時間（以下「限度時間」という。）を超えて時間外労働をさせる従業員については、会社は、次の各号の措置を講ずるものとする。

⑴　労働基準法第36条第１項の協定で定める労働時間の延長及び休日の労働について留意すべき事項等に関する指針第８条第１号の措置…時間外労働が月60時間を超えたと

条文の見出し／キーワード	作成基準の解説
	に留意すること。
（時間外割増賃金率）	1．36協定に特別条項を結ばない場合は、時間外労働に係る割増賃金率を明記する必要はありません。 2．特別条項を締結する場合は、限度時間を超える時間外労働に係る割増賃金率を定めなければなりません。 3．限度時間を超える時間外労働に係る割増賃金率は、法定の割増賃金率（２割５分）を超える率とするよう努力義務が課せられています。モデル労使協定６条２号では、特別延長時間に係る割増賃金率を「0.3」としていますが、必ずしもその率でなければならないわけではありません。0.25を超える率を定める努力義務が課せられていますが、0.25と定めるケースが多いでしょう。 4．割増賃金率については、就業規則の絶対的必要記載事項にあたるため、36協定における割増賃金率の定めとは別に、就業規則（賃金規程）にも割増率を明記しなければなりません。
月間60時間を超える時間外労働	5．労基法37条により、１か月60時間を超える時間外労働については、法定割増賃金率を通常の２割５分から５割に引き上げなければなりません。この規定については、現在、中小企業については、特例により適用が猶予されていますが、2023年3月31日をもってこの猶予措置は撤廃されます。
（代替休暇）	1．事業場で労使協定を締結すれば、１か月に60時間を超える時間外労働を行った従業員に対して、法定割増賃金率の引上げ分（（例）25％から50％に引き上げた差の25％分）の割増賃金の支払に代えて、有給の休暇を付与することができます。 2．従業員がこの有給の休暇を取得した場合でも、25％の割増賃金の支払は必要です。
（健康福祉確保措置）	1．限度時間を超えて労働する労働者に対する健康及び福祉を確保するための措置については、36指針で次の望ましい措置が例示列挙されています。次のいずれか一つ又は複数選択するほか、会社独自の措置を協定することもできます。 ①　労働時間が一定時間を超えた労働者に医師による面接指

き又は２か月連続で限度時間を超えたときであって、本人が希望したときは、医師による面接指導を行う。

⑵　労働基準法第36条第１項の協定で定める労働時間の延長及び休日の労働について留意すべき事項等に関する指針第８条第４号の措置…時間外労働が月80時間を超えたとき又は２か月連続で限度時間を超えたときは、１日の代償休日を与える。

⑶　労働基準法第36条第１項の協定で定める労働時間の延長及び休日の労働について留意すべき事項等に関する指針第８条第６号の措置…限度時間を超えて時間外労働をさせる従業員については、３日間の連続した年次有給休暇の取得を優先して認める。

⑷　労働基準法第36条第１項の協定で定める労働時間の延長及び休日の労働について留意すべき事項等に関する指針第８条第７号の措置…会社は、限度時間を超えて時間外労働をさせる従業員の健康を確保するために、人事課に相談窓口を設置する。

⑸　その他の措置…○月に１回、労働時間等設定改善委員会を開催し、従業員の労働時間の状況について調査・審議する。

2　会社は、前項各号の措置の状況を記録し、その記録を本協定の有効期間中及びその後３年間保存するものとする。

（有効期間）

第９条　本協定の有効期間は、○年○月○日から○年○月○日までとする。

<自動更新規定を加える場合>

２　本協定は、満了日の１か月前までに協定当事者のいずれからも申出がないときは、同一条件をもって１年まで更新するものとする。

条文の見出し／キーワード	作成基準の解説
	導を実施すること。 ② 労基法37条４項に規定する時刻の間（深夜の時間帯）において労働させる回数を１か月について一定回数以内とすること。 ③ 終業から始業までに一定時間以上の継続した休息時間を確保すること（勤務間インターバル）。 ④ 労働者の勤務状況及びその健康状態に応じて、代償休日又は特別な休暇を付与すること。 ⑤ 労働者の勤務状況及びその健康状態に応じて、健康診断を実施すること。 ⑥ 年次有給休暇についてまとまった日数連続して取得することを含めてその取得を促進すること。 ⑦ 心とからだの健康問題についての相談窓口を設置すること。 ⑧ 労働者の勤務状況及びその健康状態に配慮し、必要な場合には適切な部署に配置転換をすること。 ⑨ 必要に応じて、産業医等による助言・指導を受け、又は労働者に産業医等による保健指導を受けさせること。
面接指導	**2**．脳・心臓疾患の発症を予防するため、長時間にわたる労働により疲労の蓄積した従業員に対して、当該従業員の申出により、会社は医師による面接指導を実施することが義務づけられています（安衛法66条の８、66条の９）。 **3**． 従業員の申出により医師の面接指導を行う必要がある長時間労働とは、週40時間を超える労働が１月当たり80時間を超えた場合を指します。 **4**． 週40時間を超える労働が１月当たり80時間を超えた場合であって、従業員からの申出を受けた場合は、努力義務として医師の面接指導を実施しなくてはなりません。
（有効期間）	36協定には、有効期間（原則１年）を定めなければなりません。自動更新の規定を設けることは可能ですが、更新があったその都度、労働基準監督署に届け出なければなりません。本協定の趣旨からは、自動更新ではなく、毎年労使で時間外労働等の状況を確認しながら丁寧に協定を締結すべきと考えます。

以上の協定を証するため、本書２通を作成し、記名押印のうえ協定当事者が各々１通ずつ所持する。

○年○月○日

〇〇〇〇株式会社　従業員代表　〇〇〇〇　㊞

〇〇〇〇株式会社　代表取締役　〇〇〇〇　㊞

条文の見出し／キーワード	作成基準の解説
労使当事者の記名押印	1．労使協定であることを明らかにするため、労使の記名押印を行います。
協定届を協定書とする場合	2．労働基準監督署への届出に際しては、協定届（様式第９号。特別条項付は様式第９号の２）に労使の記名押印のある協定書を添付して行います。この場合において、協定届に労使の記名押印を行い、これをもって協定書に代えるという特例が認められています（昭53.11.20基発642号）。

【参考】時間外労働、休日労働に関する協定届

様式第９号の２（第16条第１項関係）

時間外労働 休日労働 に関する協定届

労働保険番号	□□（都道府県）□（所掌）□□（管轄）□□□□□□（基幹番号）□□□（枝番号）□□□（被一括事業上番号）
法人番号	□□□□□□□□□□□□□

事業の種類	事業の名称	事業の所在地（電話番号）	協定の有効期間
□□□	○○○○株式会社	（〒△△△－△△△△）×××区○○○町 （電話番号：××××－××××）	○年○月○日から ○年○月○日まで

		時間外労働をさせる必要のある具体的事由	業務の種類	労働者数（満18歳以上の者）	所定労働時間（1日）（任意）	延長することができる時間期間：1日 法定労働時間を超える時間数	1日 所定労働時間を超える時間数（任意）	1箇月（①については45時間まで、②については42時間まで） 法定労働時間を超える時間数	1箇月 所定労働時間を超える時間数（任意）	1年（①については360時間まで、②については320時間まで）起算日（年月日）○年○月○日 法定労働時間を超える時間数	1年 所定労働時間を超える時間数（任意）
時間外労働	① 下記②に該当しない労働者	臨時の受注や納期の変更等により受注が集中し法定時間内での処理が困難なとき	営業	12名	8時間	5時間	5.5時間	45時間	55時間	360時間	460時間
		決算及び中間決算等、時季的に業務が集中し、法定時間内での処理が困難なとき	経理	3名	8時間	5時間	5.5時間	45時間	55時間	360時間	460時間
		業務が輻輳し、法定時間内での処理が困難なとき	総務	3名	8時間	5時間	5.5時間	45時間	55時間	360時間	460時間
		その他別添労使協定書のとおり									
	② 1年単位の変形労働時間制により労働する労働者	臨時の受注や納期の変更等により受注が集中し法定時間内での処理が困難なとき	製造	20名	8時間	3時間	3.5時間	42時間	50時間	320時間	420時間
			製造検査	3名	8時間	3時間	3.5時間	42時間	50時間	320時間	420時間
		その他別添労使協定書のとおり									

	休日労働をさせる必要のある具体的事由	業務の種類	労働者数（満18歳以上の者）	所定休日（任意）	労働させることができる法定休日の日数	労働させることができる法定休日における始業及び終業の時刻
休日労働	季節的繁忙及び顧客の需要に応ずるために業務が集中し、休日労働をしなくては処理が困難なとき	営業	12名	土曜、日曜、国民の祝日	1か月に4日以内	始業時刻：午前9時00分 終業時刻：午後5時30分
	その他別添労使協定書のとおり					

上記で定める時間数にかかわらず、時間外労働及び休日労働を合算した時間数は、1箇月について100時間未満でなければならず、かつ2箇月から6箇月までを平均して80時間を超過しないこと。☑
（チェックボックスに要チェック）

様式第９号の２（第16条第１項関係）（裏面）

（記載心得）

1　「業務の種類」の欄には、時間外労働又は休日労働をさせる必要のある業務を具体的に記入し、労働基準法第36条第６項第１号の健康上特に有害な業務について協定をした場合には、当該業務を他の業務と区別して記入すること。なお、業務の種類を記入するに当たつては、業務の区分を細分化することにより当該業務の範囲を明確にしなければならないことに留意すること。

2　「労働者数（満18歳以上の者）」の欄には、時間外労働又は休日労働をさせることができる労働者の数を記入すること。

3　「延長することができる時間」の欄の記入に当たつては、次のとおりとすること。時間数は労働基準法第32条から第32条の５まで又は第40条の規定により労働させることができる最長の労働時間（以下「法定労働時間」という。）を超える時間数を記入すること。なお、本欄に記入する時間数にかかわらず、時間外労働及び休日労働を合算した時間数が１箇月について100時間以上となつた場合、及び２箇月から６箇月までを平均して80時間を超えた場合には労働基準法違反（労働基準法第119条の規定により６箇月以下の懲役又は30万円以下の罰金）となることに留意すること。

（1）「１日」の欄には、法定労働時間を超えて延長することができる時間であつて、１日についての限度となる時間を記入すること。なお、所定労働時間を超える時間数で協定する場合においては、所定労働時間を超える時間数を併せて記入することができる。

（2）「１箇月」の欄には、法定労働時間を超えて延長することができる時間であつて、「１年」の欄に記入する「起算日」において定める日から１箇月ごとについての延長することができる限度となる時間を45時間（対象期間が３箇月を超える１年単位の変形労働時間制により労働する者については、42時間）の範囲内で記入すること。なお、所定労働時間を超える時間数で協定する場合においては、所定労働時間を超える時間数を併せて記入することができる。

（3）「１年」の欄には、法定労働時間を超えて延長することができる時間であつて、「起算日」において定める日から１年についての延長することができる限度となる時間を360時間（対象期間が３箇月を超える１年単位の変形労働時間制により労働する者については、320時間）の範囲内で記入すること。なお、所定労働時間を超える時間数で協定する場合においては、所定労働時間を超える時間数を併せて記入することができる。

4　②の欄は、労働基準法第32条の４の規定による労働時間により労働する労働者（対象期間が３箇月を超える１年単位の変形労働時間制により労働する者に限る。）について記入すること。なお、延長することができる時間の上限は①の欄の労働者よりも短い（１箇月42時間、１年320時間）ことに留意すること。

5　「労働させることができる法定休日の日数」の欄には、労働基準法第35条の規定による休日（１週１休又は４週４休であることに留意）に労働させることができる日数を記入すること。

6　「労働させることができる法定休日における始業及び終業の時刻」の欄には、労働基準法第35条の規定による休日であつて労働させることができる日の始業及び終業の時刻を記入すること。

7　チェックボックスは労働基準法第36条第６項第２号及び第３号の要件を遵守する趣旨のものであり、「２箇月から６箇月まで」とは、起算日をまたぐケースも含め、連続した２箇月から６箇月までの期間を指すことに留意すること。また、チェックボックスにチェックが無い場合には有効な協定とはならないことに留意すること。

8　協定の当事者について、労働者の過半数で組織する労働組合がある場合はその労働組合と、労働者の過半数で組織する労働組合が無い場合は労働者の過半数を代表する者と協定すること。なお、労働者の過半数を代表する者は、労働基準法施行規則第６条の２の規定により、労働基準法第41条第２号に規定する監督又は管理の地位にある者でなく、かつ法に規定する協定等をする者を選出することを明らかにして実施される投票、挙手等の方法による手続により選出された者であつて、使用者の意向に基づき選出されたものでないこと。これらの要件を満たさない場合には、有効な協定とはならないことに留意すること。

9　本様式で記入部分が足りない場合は同一様式を使用すること。この場合、必要のある事項のみ記入することで差し支えない。

（備考）

労働基準法施行規則第24条の２第４項の規定により、労働基準法第38条の２第２項の協定（事業場外で従事する業務の遂行に通常必要とされる時間を協定する場合の当該協定）の内容を本様式に付記して届け出る場合においては、事業場外労働の対象業務については他の業務とは区別し、事業場外労働の対象業務である旨を括弧書きした上で、「所定労働時間」の欄には当該業務の遂行に通常必要とされる時間を括弧書きすること。また、「協定の有効期間」の欄には事業場外労働に関する協定の有効期間を括弧書きすること。

様式第９号の２（第16条第１項関係）

時間外労働・休日労働 に関する協定届（特別条項）

臨時的に限度時間を超えて労働させることができる場合	業務の種類	労働者数（満18歳以上の者）	1日（任意） 延長することができる時間 法定労働時間を超える時間数	1日（任意） 延長することができる時間 所定労働時間を超える時間数（任意）	1箇月（時間外労働及び休日労働を合算した時間数、100時間未満に限る） 限度時間を超えて労働させることができる回数（6回以内に限る）	1箇月 延長させることができる時間及び休日労働の時間 法定労働時間を超える時間数と休日労働の時間数を合算した時間数	1箇月 延長させることができる時間及び休日労働の時間 所定労働時間数を超える時間数と休日労働の時間数を合算した時間数（任意）	1箇月 限度時間を超えた労働に係る割増賃金率	1年（時間外労働のみの時間数。720時間以内に限る。） 起算日（年月日）○年　○月　○日 延長することができる時間 法定労働時間を超える時間数	1年 延長することができる時間 所定労働時間を超える時間数（任意）	1年 限度時間を超えた労働に係る割増賃金率
通常予見しがたい大量の受注により業務が集中し、人員不足のため協定延長時間内で処理が困難なとき	営業	12名			6回	90時間	100時間	30%	720時間	800時間	30%
通常予見しがたい納期変更又は短期間の納期要求等により人員不足のため協定延長時間内で処理が困難なとき	経理	3名			6回	90時間	100時間	30%	720時間	800時間	30%
	総務	3名			6回	80時間	90時間	30%	720時間	800時間	30%
臨時的な生産工程や仕様の変更等により人員不足のため協定延長時間で処理が困難なとき	製造	20名			6回	80時間	90時間	30%	720時間	800時間	30%
	製品検査	3名			6回	80時間	90時間	30%	720時間	800時間	30%
限度時間を超えて労働させる場合における手続	労働者過半数代表者に対する事前通告										
限度時間を超えて労働させる労働者に対する健康及び福祉を確保するための措置	（該当する番号）①　④⑥⑦	（具体的内容）対象労働者へ医師による面接指導、時間外労働が80時間超又は２か月連続の限度時間超代償休日１日付与、連続年次有給休暇優先取得、相談窓口の設置、労働時間等設定改善委員会を開催し、従業員の労働時間を調査・審議									
上記で定める時間数にかかわらず、時間外労働及び休日労働を合算した時間数は、１箇月について100時間未満でなければならず、かつ２箇月から６箇月までを平均して80時間を超過しないこと。☑（チェックボックスに要チェック）											

協定成立年月日　○　年　○　月　○　日

協定の当事者である労働組合（事業場の労働者の過半数で組織する労働組合）の名称又は労働者の過半数を代表する者の　職名　一般職　氏名　○○○○

協定の当事者（労働者の過半数を代表する者の場合）の選出方法（　投票による選挙　）

○　年　○　月　○　日

使用者　職名　代表取締役　氏名　○○○○　㊞

○○　労働基準監督署長殿

様式第９号の２（第16条第１項関係）（裏面）

（記載心得）

1　労働基準法第36条第１項の協定において同条第５項に規定する事項に関する定めを締結した場合における本様式の記入に当たつては、次のとおりとすること。

（1）「臨時的に限度時間を超えて労働させることができる場合」の欄には、当該事業場における通常予見することのできない業務量の大幅な増加等に伴い臨時的に限度時間を超えて労働させる必要がある場合をできる限り具体的に記入すること。なお、業務の都合上必要な場合、業務上やむを得ない場合等恒常的な長時間労働を招くおそれがあるものを記入することは認められないことに留意すること。

（2）「業務の種類」の欄には、時間外労働又は休日労働をさせる必要のある業務を具体的に記入し、労働基準法第36条第６項第１号の健康上特に有害な業務について協定をした場合には、当該業務を他の業務と区別して記入すること。なお、業務の種類を記入するに当たつては、業務の区分を細分化することにより当該業務の範囲を明確にしなければならないことに留意すること。

（3）「労働者数（満18歳以上の者）」の欄には、時間外労働又は休日労働をさせることができる労働者の数を記入すること。

（4）「起算日」の欄には、本様式における「時間外労働・休日労働に関する協定届」の起算日と同じ年月日を記入すること。

（5）「延長することができる時間及び休日労働の時間」の欄には、労働基準法第32条から第32条の５まで又は第40条の規定により労働させることができる最長の労働時間（以下「法定労働時間」という。）を超える時間数と休日労働の時間数を合算した時間数であつて、「起算日」において定める日から１箇月ごとについての延長することができる限度となる時間を100時間未満の範囲内で記入すること。なお、所定労働時間を超える時間数で協定する場合においては、所定労働時間を超える時間数と休日労働の時間数を合算した時間数を併せて記入することができる。

「延長することができる時間」の欄には、法定労働時間を超えて延長することができる時間を記入すること。「１年」にあつては、「起算日」において定める日から１年についての延長することができる限度となる時間を720時間の範囲内で記入すること。なお、所定労働時間を超える時間数で協定する場合においては、所定労働時間を超える時間数を併せて記入することができる。

なお、これらの欄に記入する時間数にかかわらず、時間外労働及び休日労働を合算した時間数が１箇月について100時間以上となつた場合、及び２箇月から６箇月までを平均して80時間を超えた場合には労働基準法違反（労働基準法第119条の規定により６箇月以下の懲役又は30万円以下の罰金）となることに留意すること。

（6）「限度時間を超えて労働させることができる回数」の欄には、限度時間（１箇月45時間（対象期間が３箇月を超える１年単位の変形労働時間制により労働する者については、42時間）を超えて労働させることができる回数を６回の範囲内で記入すること。

（7）「限度時間を超えた労働に係る割増賃金率」の欄には、限度時間を超える時間外労働に係る割増賃金の率を記入すること。なお、当該割増賃金の率は、法定割増賃金率を超える率とするよう努めること。

（8）「限度時間を超えて労働させる場合における手続」の欄には、協定の締結当事者間の手続として、「協議」、「通告」等具体的な内容を記入すること。

（9）「限度時間を超えて労働させる労働者に対する健康及び福祉を確保するための措置」の欄には、以下の番号を「（該当する番号）」に選択して記入した上で、その具体的内容を「（具体的内容）」に記入すること。

① 労働時間が一定時間を超えた労働者に医師による面接指導を実施すること。
② 労働基準法第37条第４項に規定する時刻の間において労働させる回数を１箇月について一定回数以内とすること。
③ 終業から始業までに一定時間以上の継続した休息時間を確保すること。
④ 労働者の勤務状況及びその健康状態に応じて、代償休日又は特別な休暇を付与すること。
⑤ 労働者の勤務状況及びその健康状態に応じて、健康診断を実施すること。
⑥ 年次有給休暇についてまとまつた日数連続して取得することを含めてその取得を促進すること。
⑦ 心とからだの健康問題についての相談窓口を設置すること。
⑧ 労働者の勤務状況及びその健康状態に配慮し、必要な場合には適切な部署に配置転換をすること。
⑨ 必要に応じて、産業医等による助言・指導を受け、又は労働者に産業医等による保健指導を受けさせること。
⑩ その他

2　チェックボックスは労働基準法第36条第６項第２号及び第３号の要件を遵守する趣旨のものであり、「２箇月から６箇月まで」とは、起算日をまたぐケースも含め、連続した２箇月から６箇月までの期間を指すことに留意すること。また、チェックボックスにチェックが無い場合には有効な協定とはならないことに留意すること。

3　協定の当事者について、労働者の過半数で組織する労働組合がある場合はその労働組合と、労働者の過半数で組織する労働組合が無い場合は労働者の過半数を代表する者と協定すること。なお、労働者の過半数を代表する者は、労働基準法施行規則第６条の２の規定により、労働基準法第41条第２号に規定する監督又は管理の地位にある者でなく、かつ法に規定する協定等をする者を選出することを明らかにして実施される投票、挙手等の方法による手続により選出された者であつて、使用者の意向に基づき選出されたものでないこと。これらの要件を満たさない場合には、有効な協定とはならないことに留意すること。

4　本様式で記入部分が足りない場合は同一様式を使用すること。この場合、必要のある事項のみ記入することで差し支えない。

（備考）

1　労働基準法第38条の４第５項の規定により、労使委員会が設置されている事業場において、本様式を労使委員会の決議として届け出る場合においては、委員の５分の４以上の多数による議決により行われたものである旨、委員会の委員数、委員の氏名を記入した用紙を別途提出することとし、本様式中「協定」とあるのは「労使委員会の決議」と、「協定の当事者である労働組合の名称」とあるのは「委員会の委員の半数について任期を定めて指名した労働組合の名称」と、「協定の当事者（労働者の過半数を代表する者の場合）の選出方法」とあるのは「委員会の委員の半数について任期を定めて指名した者（労働者の過半数を代表する者の場合）の選出方法」と読み替えるものとする。なお、委員の氏名を記入するに当たつては、任期を定めて指名された委員とその他の委員とで区別することとし、任期を定めて指名された委員の氏名を記入するに当たつては、労働基準法第38条の４第２項第１号の規定により、労働者の過半数で組織する労働組合がある場合においてはその労働組合、労働者の過半数で組織する労働組合が無い場合においては労働者の過半数を代表する者に任期を定めて指名された委員の氏名を記入することに留意すること。

2　労働時間等の設定の改善に関する特別措置法第７条の規定により、労働時間等設定改善委員会が設置されている事業場において、本様式を労働時間等設定改善委員会の決議として届け出る場合においては、委員の５分の４以上の多数による議決により行われたものである旨、委員会の委員数、委員の氏名を記入した用紙を別途提出することとし、本様式中「協定」とあるのは「労働時間等設定改善委員会の決議」と、「協定の当事者である労働組合の名称」とあるのは「委員会の委員の半数の推薦者である労働組合の名称」と、「協定の当事者（労働者の過半数を代表する者の場合）の選出方法」とあるのは「委員会の委員の半数の推薦者（労働者の過半数を代表する者の場合）の選出方法」と読み替えるものとする。なお、委員の氏名を記入するに当たつては、推薦に基づき指名された委員とその他の委員とで区別することとし、推薦に基づき指名された委員の氏名を記入するに当たつては、労働時間等の設定の改善に関する特別措置法第７条第１号の規定により、労働者の過半数で組織する労働組合がある場合においてはその労働組合、労働者の過半数で組織する労働組合が無い場合においては労働者の過半数を代表する者の推薦に基づき指名された委員の氏名を記入することに留意すること。

17

育児・介護休業規程

育児・介護休業等に関する労使協定

【参考資料】

- ○育児休業、介護休業等育児又は家族介護を行う労働者の福祉に関する法律（以下「育介法」）
- ○育児休業、介護休業等育児又は家族介護を行う労働者の福祉に関する法律施行規則（以下「育介則」）
- ○育児休業、介護休業等育児又は家族介護を行う労働者の福祉に関する法律の施行について（平21.12.28職発1228第４号、雇児発1228第２号。以下「通平21雇児発1228第２号」）
- ○育児・介護休業法のあらまし（厚生労働省都道府県労働局雇用環境・均等部（室））
- ○本様式類については都道府県労働局雇用環境・均等部（室）のHPに掲載されているものを改編。

第1章　総　則

（目　的）

第1条　この規程は、○○株式会社（以下「会社」という。）の従業員の育児・介護休業、子の看護休暇・介護休暇・育児目的休暇、育児・介護のための所定外労働・時間外労働・深夜業の制限及び育児・介護短時間勤務等に関する取扱いについて定めるものである。

（会社が講ずる制度）

第2条　この規程により、会社が講ずる制度の名称と内容は次のとおりとする。

(1)　育児休業…この規程に定めるところにより、1歳に満たない子を養育するためにする休業をいう。ただし、従業員本人の出産日以後の産前産後休業（労働基準法第65条第1項及び第2項の休業をいう。以下同じ。）の期間を除く。この場合において、出産日の翌日から産後6週間を経過した場合であって、本人の請求によって、8週間を経過する前に産前産後休業を終了した場合であっても、8週間を経過するまでは、産前産後休業の期間とみなすものとする。

(2)　パパ・ママ育休プラス…当該従業員と配偶者がともに前号の育児休業をする場合の特例として、1歳2か月に満たない子を養育するため、最長1年間することができる育児休業をいう。

(3)　1歳6か月までの育児休業…一定の要件を満たす場合に、育児休業（パパ・ママ育休プラスの場合を含む。）に後続する子が1歳6か月に達するまでの間にする育児休業をいう。

(4)　2歳までの育児休業…一定の要件を満たす場合に、1歳6か月までの育児休業に後続する子が2歳に達するまでの間にする育児休業をいう。

(5)　子の出生後8週間以内の育児休業…産後休業をしていない従業員が、次号の産休特例期間内に限定して、最初に行う短期の育児休業をいう。

(6)　産休特例期間…次の①、②のいずれかの期間をいう。

①　出産予定日前に当該子が出生した場合にあっては、当該出生の日から当該出産予定日から起算して8週間を経過する日の翌日までの期間

②　出産予定日後に当該子が出生した場合にあっては、当該出産予定日から当該出生の日から起算して8週間を経過する日の翌日までの期間

(7)　子の看護休暇…負傷し、若しくは疾病にかかった小学校就学の始期に達するまでの子の世話又は疾病の予防を図るための当該子の世話をする従業員の申出により、会社が付与する休暇をいう。

(8)　育児目的休暇…小学校就学の始期に達するまでの子を養育する従業員に関して、従

条文の見出し／キーワード	作成基準の解説

（目　的）

1．育介法に定める両立支援措置について規定したものです。

2．育児休業等は、労基法89条に定める就業規則の絶対的必要記載事項の「休暇」に該当します。したがって、この規程は、就業規則の一部をなすものです。

（会社が講ずる制度）

1．会社が講ずるすべての制度を総則において、簡単に定義しておきます。このような条項を置くことで、従業員は、会社の育児休業等の制度の全体像を把握することが可能となります。

育介法が規定する措置（制度）

2．育介法が規定する両立支援措置の全体像は次のとおりです。

<table>
<tr><th colspan="2">区　分</th><th>育児関係</th><th>介護関係</th><th>要件</th></tr>
<tr><td colspan="2">①　休業関係</td><td>育児休業</td><td>介護休業</td><td rowspan="2">申出</td></tr>
<tr><td colspan="2">②　休暇関係</td><td>子の看護休暇
育児目的休暇</td><td>介護休暇</td></tr>
<tr><td rowspan="4">③　所定労働時間等関係</td><td rowspan="3">所定外労働等の制限</td><td colspan="2">所定外労働</td><td rowspan="3">請求</td></tr>
<tr><td colspan="2">時間外労働</td></tr>
<tr><td colspan="2">深夜業</td></tr>
<tr><td>短時間勤務</td><td>育児短時間勤務</td><td>介護短時間勤務</td><td>申出</td></tr>
</table>

申出

3．意思を表示することであり、これにより会社と従業員との労働契約関係に一定の変更を加えることができます。すなわち、申出が適正に行われる限りにおいて、会社の承諾を要せずして、従業員は育児休業等をすることができます。この場合、原則として、会社は申出を拒むことはできません。

請求

4．相手方に対して一定の作為又は不作為を要求することです。すなわち、所定外労働等の制限については、従業員の会社に対する請求を前提に、「事業の正常な運営を妨げる」ことを理由とする会社側の拒否がない限り、請求どおりに一定の期間、所定外労働等が制限されます。

措置義務

5．育児休業等の申出については、従業員は、法律上当然に申

業員の申出に基づく育児に関する目的のために利用することができる休暇（子の看護休暇、介護休暇及び年次有給休暇として与えられるものを除き、出産後の養育について出産前において準備することができる休暇を含む。）

⑼ 介護休業…この規程に定めるところにより、要介護状態にある対象家族を介護するためにする休業をいう。

⑽ 介護休暇…要介護状態にある対象家族の介護その他の世話をする従業員の申出により、会社が付与する休暇をいう。

⑾ 所定外労働の制限…３歳に満たない子を養育する従業員又は要介護状態にある対象家族を介護する従業員の請求により、所定の期間、所定労働時間（就業規則に定める会社の労働時間をいう。）を超える労働を免除することをいう。

⑿ 時間外労働の制限…小学校就学の始期に達するまでの子を養育し、又は要介護状態にある対象家族を介護する従業員の請求により、所定の期間、36協定にかかわらず、時間外労働（労働基準法第32条で定める法定の労働時間を超える労働をいう。）を１か月について24時間、１年について150時間に制限することをいう。

⒀ 深夜業の制限…小学校就学の始期に達するまでの子を養育し、又は要介護状態にある対象家族を介護する従業員の請求により、所定の期間、深夜業を免除することをいう。

⒁ 育児短時間勤務…３歳に満たない子を養育する従業員であって育児休業をしていないものに対して会社が講ずる所定労働時間の短縮措置をいう。

⒂ 介護短時間勤務…要介護状態にある対象家族を介護する従業員であって介護休業をしていないものに対して会社が講ずる所定労働時間の短縮措置をいう。

2 この規程における定義は、次の各号のとおりとする。

⑴ 子…法律上の親子関係がある実子・養子のほか、次の者を含む。

① 特別養子縁組の監護期間中の子

② 養子縁組里親に委託されている子

③ その他これに準ずるもの

⑵ ○歳に満たない…誕生日の前日までをいう。

⑶ ○歳に達する日…○歳の誕生日の前日をいう。なお、雇用保険の育児休業給付金の支給については、その前日（誕生日の前々日）までとする。

⑷ 支給単位期間…育児休業又は介護休業を開始した日から起算した１か月ごとの期間（育児休業終了日又は介護休業終了日を含む場合は、その育児休業終了日又は介護休業終了日までの期間）をいう。

⑸ １歳２か月に達するまで…１歳の誕生日から、誕生日の属する月の２か月後の月における誕生日の応当日の前日までの期間をいう。なお、雇用保険の育児休業給付金の支給については、その前日（応当日の前々日）までとする。

⑹ １歳６か月に達するまで…１歳の誕生日から、誕生日の属する月の６か月後の月に

条文の見出し／キーワード	作成基準の解説
	出をすることができますが、「育児短時間勤務」「介護短時間勤務」に関する従業員の権利は、会社が制度等を設け、当該制度が労働契約の内容となって初めて発生することになります。したがって、育児・介護休業等規程にこれらの措置が規定されていないと、従業員は短時間勤務の申出ができず、会社は、措置義務違反を問われることになります。
子	6．「育児休業」とは、「子」を養育するためにする休業をいいます。ここでいう「子」とは、従業員と法律上の親子関係がある「子」であれば、実子、養子を問いません。もちろん父親、母親のいずれでも育児休業をすることができます。 また、次の関係にある子についても、育児休業の対象となります。 ① 特別養子縁組のための試験的な養育期間にある子を養育している場合 ② 養子縁組里親に委託されている子を養育している場合 ③ 当該従業員を養子縁組里親として委託することが適当と認められるにもかかわらず、実親等が反対したことにより、当該従業員を養育里親として委託された子を養育する場合
○歳に満たない	7．例えば、育児休業は、1歳に満たない子を養育する従業員が申し出ることができるものです。ここでいう「1歳に満たない」といえるかどうかの時点ですが、民法143条に基づく期間の計算（暦日計算）及び年齢計算に関する法律により、1歳に達するのは、いわゆる誕生日の前日の午後12時となるため、その時点前までの間が1歳に満たない状態となります。
○歳に達する日	8．「○歳に達する日」とは「○歳の誕生日の前日」を指します。したがって、育児休業は、原則として、子の1歳の誕生日の前日まで取得が可能です。一方で、雇用保険法では、1歳に達する日の前日を1歳に満たない状態と解釈するため、育児休業給付金は、1歳の誕生日の前々日で打ち切られてしまいます（つまり、育児休業の最終日は育児休業給付金が支給されません）。育児休業給付金に係る最後の支給単位期間は、一律30日分の支給ではなく、日割計算となるため、このようなことも規程に明記しておくことは、トラブル防止のためにも有用と思われます。

おける誕生日の応当日の前日までの期間をいう。なお、雇用保険の育児休業給付金の支給については、その前日（応当日の前々日）までとする。

(7)　２歳に達するまで…１歳６か月の誕生日応当日から２歳の誕生日の前日までの期間をいう。なお､雇用保険の育児休業給付金の支給については､その前日（誕生日の前々日）までとする。

(8)　小学校就学の始期に達するまで…６歳に達する日の属する年度（４月１日から翌年３月31日までをいう。）の３月31日までをいう。

(9)　要介護状態にある対象家族…負傷、疾病又は身体上若しくは精神上の障害により、２週間以上の期間にわたり常時介護を必要とする状態にある次に掲げる者（以下「対象家族」という。）をいう。

①　配偶者（婚姻の届出をしていないが、事実上婚姻関係と同様の事情にある者を含む。以下同じ。）

②　父母

③　子

④　配偶者の父母

⑤　祖父母

⑥　兄弟姉妹

⑦　孫

3　日雇従業員には、この規程は適用しない。

条文の見出し／キーワード	作成基準の解説
支給単位期間	9．育児休業期間中、介護休業期間中は、雇用保険から、雇用継続給付として、育児休業給付、介護休業給付が支給されますが、これらの給付金は、支給単位期間ごとに支給されます。
育児休業給付、介護休業給付の支給額・支給要件	10．それぞれの支給額・支給要件は次のとおりです。 ①　育児休業給付 ＜支給額＞ 支給単位期間当たり、原則として休業開始時賃金日額×支給日数の67％（育児休業の開始から６か月経過後は50％）相当額 ＜支給要件＞ a）　育児休業期間中の支給単位期間ごとに、休業開始前の１か月当たりの賃金の８割以上の賃金が支払われていないこと。 b）　就業している日数が各支給単位期間ごとに10日（10日を超える場合にあっては、就業している時間が80時間）以下であること（休業終了日が含まれる支給単位期間は、就業している日数が10日（10日を超える場合にあっては、就業している時間が80時間）以下であるとともに、休業日が１日以上あること）。 ②　介護休業給付 ＜支給額＞ 支給単位期間当たり、原則として休業開始時賃金日額×支給日数の67％相当額 ＜支給要件＞ a）　介護休業期間中の支給単位期間ごとに、休業開始前の１か月当たりの賃金の８割以上の賃金が支払われていないこと。 b）　就業している日数が各支給単位期間ごとに10日以下であること（休業終了日が含まれる支給単位期間は、就業している日数が10日以下であるとともに、休業日が１日以上あること）。

（証明書類の提出）

第3条　会社は、この規程で定める申出書等を受理するに当たり、必要最小限度の各種証明書の提出を求めることがあり、従業員は、これに協力しなければならない。

2　前項の証明書類は、この規程を運用するに当たっての確認又は育児休業給付金、介護休業給付金の申請等限定された用途でのみ用いるものとする。

第2章　育児休業

（育児休業）

第4条　育児のために休業することを希望する従業員であって、1歳に満たない子（パパ・ママ育休プラスの場合は1歳2か月に満たない子）と同居し、当該子を養育するものは、申出により、育児休業をすることができる。ただし、有期契約従業員にあっては、申出時点において、次のいずれにも該当する者に限り、育児休業をすることができる。

⑴　引き続き雇用された期間が1年以上あること。

⑵　子が1歳6か月に達するまでに労働契約期間が満了し、更新されないことが明らかでないこと。

2　育児休業中の有期契約従業員（前項ただし書に該当する者に限る。）が労働契約を更新するに当たり、引き続き休業を希望する場合には、更新された労働契約期間の初日を育児休業開始予定日として、再度の申出を行わなければならない。

3　第1項にかかわらず、労使協定により除外された次の従業員からの休業の申出は拒むことができる。第6条第1項の1歳6か月（第6条第2項の2歳までの育児休業の申出にあっては2歳）までの育児休業において同じ。

⑴　雇入れ後1年未満の従業員

⑵　申出の日から1年以内（1歳6か月までの育児休業及び2歳までの育児休業の申出をする場合は、6か月以内）に雇用関係が終了することが明らかな従業員

条文の見出し／キーワード	作成基準の解説
（証明書類の提出）	1．育児休業等を取得した従業員は、多くの場合、雇用保険の雇用継続給付である育児休業給付金等を受給すると思います。この申請に当たっては、申請書類にさまざまな証拠書類を添付しなければなりません（例えば、母子健康手帳の写しなど）。会社が代行して届出を行う場合、このような書類を取りそろえておく必要があることから、各種書類の提出について、従業員の協力を求める規定が必要となります。
虚偽の申出の防止	2．従業員の「申出」が要件とされている休業・休暇については、会社は、業務上の都合（経営困難、事業繁忙等）による拒否権を有していません。したがって、その申出を認めるに当たり、当該申出が事実によるものであるかどうか、会社が確実に確認することが必要です。
（育児休業） 1歳に満たない子	1．「1歳に満たない子」の部分は、パパ・ママ育休プラスの場合は、「1歳2か月に満たない子」に読み替えられます。
	2．6条1項の「1歳6か月までの育児休業」の場合は、「1歳6か月に満たない子」、同条第2項の「2歳までの育児休業」の場合は、「2歳に満たない子」を養育する従業員が対象となります。
育児休業をすることができる有期契約従業員	3．期間を定めて雇用される従業員（有期契約従業員）は、次の①②に該当すれば、育児休業をすることができます。 ①　同一の事業主に引き続き1年以上雇用されていること ＜留意点＞ 育児休業申出の直前の1年間について、勤務の実態に即し雇用関係が実質的に継続していることをいいます。契約期間が形式的に連続しているか否かにより判断するものではありません。 ②　子が1歳6か月（2歳までの育児休業の場合は2歳）になる日の前日までに労働契約の期間が満了し、かつ、契約が更新されないことが明らかでないこと

(3)　１週間の所定労働日数が２日以下の従業員

4　育児休業期間中に就業した場合であっても、支給単位期間において、就業した日数が10日（10日を超える場合にあっては、就業していると認められる時間が80時間）以下のときは、育児休業期間として取り扱う。

条文の見出し／キーワード	作成基準の解説

＜留意点＞

育児休業の申出があった時点で労働契約の期間満了や更新がないことが確実であるか否かによって判断されます。

＜②の要件を満たさない場合＞

a）書面又は口頭で労働契約の更新回数の上限が明示されており、その上限まで契約が更新された場合の労働契約の期間の末日が、子が1歳6か月になる日の前日までの間である

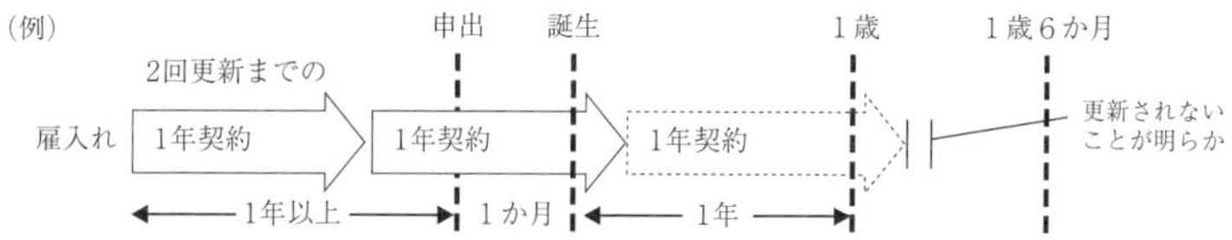

b）書面又は口頭で労働契約の更新をしない旨が明示されており、申出時点で締結している労働契約の期間の末日が、子が1歳6か月になる日の前日までの間である

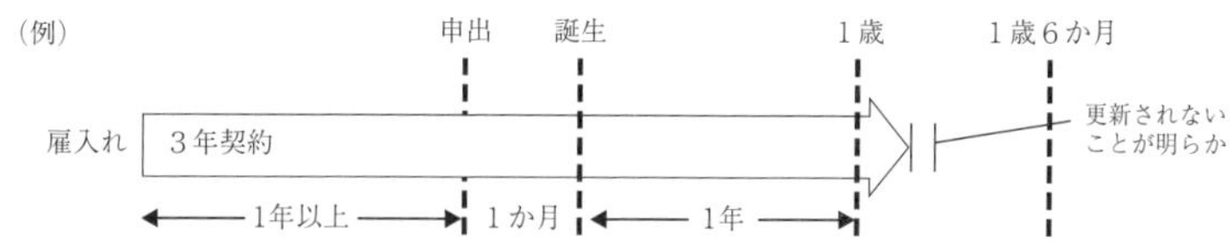

ただし、a）、b）のケースに該当する場合であっても、⑴雇用の継続の見込みに関する事業主の言動、⑵同様の地位にある他の従業員の状況、⑶当該従業員の過去の契約の更新状況等の実態を見て判断することがあります。

実質無期契約とみなされる場合

4．3．①、②に該当するか否かにかかわらず、労働契約の形式上期間を定めて雇用されている者であっても、当該契約が期間の定めのない契約と実質的に異ならない状態となっている場合には、育児休業の対象となります。

労使協定による適用除外

5．平成22年の改正前までは、従業員の配偶者が専業主婦（夫）だったり、育児休業期間中であるときは、労使協定を定めることにより、会社がその育児休業の申出を拒める制度がありましたが、現在は、廃止されています。すなわち、配偶者が専業主婦（夫）や育児休業期間中であっても、育児休業の申出をすることが可能になっています。いわゆる内縁の妻等が常態として子を養育することができる従業員についても、同様です。

6．なお、モデル規程3項に定める適用除外者については、過半数組合・過半数代表者との労使協定により、育児休業申出を拒否することができます。

申出があった場合の会社の義務

7．会社は、3．～6．以外の理由で育児休業申出を拒否することはできません。

（パパ・ママ育休プラス）

第５条　配偶者が従業員と同じ日から又は従業員より先に育児休業をしている場合、従業員は、子が１歳２か月に達するまでの間で、出生日以後の産前・産後休業期間と育児休業期間との合計が１年となるまでの期間を限度として、育児休業をすることができる。ただし、この場合における育児休業開始予定日は、子の１歳の誕生日までの日としなければならない。

（１歳６か月までの育児休業、２歳までの育児休業）

第６条　育児休業中の従業員又は配偶者が育児休業中の従業員は、子が１歳に達する日（パパ・ママ育休プラスの場合にあっては、子が１歳に達する日後の本人又は配偶者の育児休業を終了しようとする日（以下「育児休業終了予定日」という。））において、次のいずれにも該当する場合は、子が１歳６か月に達するまでの間で必要な日数について育児休業をすることができる。なお、育児休業を開始しようとする日（以下「育児休業開始予定日」という。）は、子の１歳の誕生日（パパ・ママ育休プラスの場合にあっては、子が１歳に達する日後の従業員本人又は配偶者の育児休業終了予定日の翌日とする。以下本条において同じ。）とする。

条文の見出し／キーワード	作成基準の解説

（パパ・ママ育休プラス）

1．男性の育児休業の取得促進を図る観点から、両親ともに育児休業をした場合（交替で休業する場合も含みます。）の特例が設けられています。すなわち両親がともに育児休業をする場合であって、次の要件を満たすときは、「子が1歳2か月に達するまで」育児休業を取得することができます。

① 従業員の育児休業開始予定日が、子の1歳到達日の翌日（誕生日）の後でないこと

② 従業員の育児休業開始予定日が、配偶者の育児休業期間の初日より前でないこと

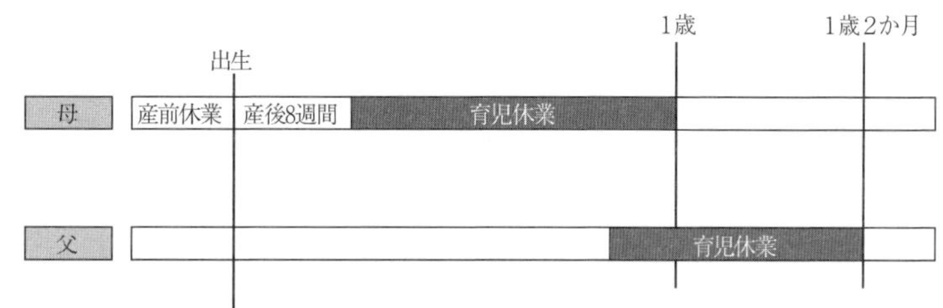

パパ・ママ育休プラスの場合の育児休業期間

2．育児休業ができる期間（女性の場合は、出生日以後の産前・産後休業期間を含みます。）は、1年間となります。

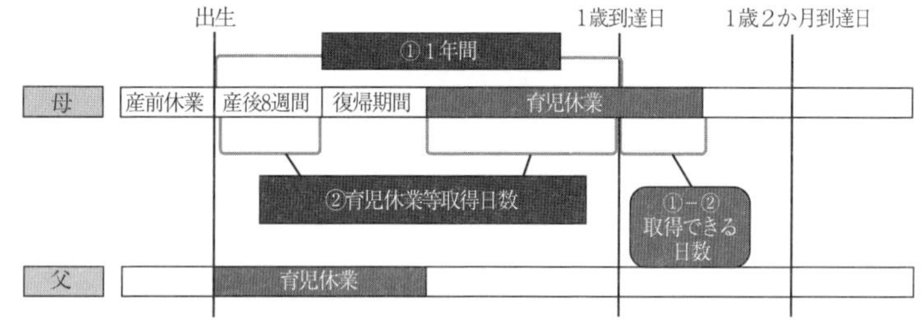

（1歳6か月までの育児休業、2歳までの育児休業）

1歳6か月までの育児休業

1．1歳から1歳6か月までの育児休業は、例外的なものであるため、1歳までの育児休業とは異なり、一定の事情がある場合にのみ認められています。その要件とは、次の①、②の両方を満たすことです。

① 当該申出に係る子について、当該従業員又はその配偶者が、当該子の1歳到達日において育児休業をしている場合

② 当該子の1歳到達日後の期間について休業することが雇用の継続のために特に必要と認められる場合として厚生労働省令で定める場合（次のa)、b)の場合）に該当する場

⑴　従業員又は配偶者が子の１歳の誕生日の前日に育児休業をしていること。
⑵　次のいずれかの事情があるとき。
　①　保育所等（注）に入所を希望しているが、入所できない場合
　②　従業員の配偶者であって育児休業の対象となる子の親であり、１歳以降育児に当たる予定であった者が、死亡、負傷、疾病等の事情により子を養育することが困難になった場合

2　従業員は、その養育する１歳６か月から２歳に達するまでの子について、次の各号のいずれにも該当する場合に限り、会社に申し出ることにより、子が２歳に達するまでの間で必要な日数について、育児休業をすることができる。
⑴　従業員又は配偶者が子の１歳６か月に達する日に育児休業をしていること。
⑵　当該子の１歳６か月到達日後の期間について休業することが雇用の継続のために特に必要と認められる場合として、法令で定める場合に該当するとき（保育所等に入所を希望しているが、入所できない場合等）

3　前項の育児休業の手続等については、１歳６か月までの育児休業に準じて取り扱う。

㈲　児童福祉法第39条第１項に規定する保育所、就学前の子どもに関する教育、保育等の総合的な提供の推進に関する法律第２条第６項に規定する認定こども園及び児童福祉法第24条第２項に規定する家庭的保育事業をいう。

条文の見出し／キーワード	作成基準の解説

合

a)　申出に係る子について、認可保育所における保育の実施を希望し、申込みを行っているが、当該子が１歳に達する日後の期間について、当面その実施が行われない場合

b)　常態として申出に係る子の養育を行っている当該子の親である配偶者であって当該子が１歳に達する日後の期間について常態として当該子の養育を行う予定であったものが次のいずれかに該当した場合

i　死亡したとき。

ii　負傷、疾病又は身体上若しくは精神上の障害により申出に係る子を養育することが困難な状態になったとき。

iii　婚姻の解消その他の事情により常態として申出に係る子の養育を行っている当該子の親である配偶者が申出に係る子と同居しないこととなったとき。

iv　６週間（多胎妊娠の場合にあっては、14週間）以内に出産する予定であるか又は産後８週間を経過しないとき。

配偶者交替

2．モデル規程１項１号が意味することは、子が１歳時点で配偶者と交替して１歳６か月までの育児休業を取得することができる（いわゆる「配偶者交替」）という意味です。

パパ･ママ育休プラスと１歳６か月までの育児休業

3．従業員又は配偶者が子の１歳の誕生日の前日において育児休業をしているときに、一定の要件を満たせば子が１歳６か月に達するまで育児休業をすることができますが、「パパ・ママ育休プラス」の場合には、子の１歳の誕生日以後の育児休業終了予定日において育児休業をしているときに、一定の要件を満たせば子が１歳６か月に達するまで育児休業をすることができます。

4．なお、１歳６か月までの育児休業の開始予定日は、子の１歳の誕生日としなければなりませんが、「パパ・ママ育休プラス」の場合のこの開始予定日は、子の１歳の誕生日以後である従業員又は配偶者の育児休業終了予定日の翌日としなければなりません。

（育児休業の申出の手続等）

第7条 育児休業をすることを希望する従業員は、原則として、育児休業開始予定日の1か月前（1歳6か月までの育児休業及び2歳までの育児休業の場合は、2週間前）までに、「育児休業申出書」（様式第1号）において、育児休業開始予定日と育児休業終了予定日を明らかにして、これを会社に提出することにより申し出なければならない。

2 育児休業の申出は、次のいずれかに該当する場合を除き、一子につき1回（産休特例期間中の育児休業の申出は回数に含めない。）限りとする。

(1) 育児休業をした者が、1歳6か月までの育児休業若しくは2歳までの育児休業の申出をしようとする場合又は1歳6か月までの育児休業をした者が2歳までの育児休業の申出をしようとする場合

条文の見出し／キーワード	作成基準の解説
2歳までの育児休業	5．育介法の改正により、平成29年10月1日から、育児休業の1歳6か月以降の延長が認められることになりました（2歳までの育児休業）。1歳6か月までの育児休業に準じた取扱いとなっています。 なお、厚生労働省労働政策審議会雇用均等分科会の「経済対策を踏まえた仕事と育児の両立支援について」では、その趣旨を次のように説明しています。

（1雇用の継続に特に必要と認められる場合の育児休業期間の延長について）
○　現行育児・介護休業法では育児休業は原則1歳まで、保育所に入れない等の場合は1歳6ヶ月まで認められているものである。1歳6ヶ月に達する後の延長についても、現行規定を踏まえ、「雇用の継続に特に必要と認められる場合」、すなわち「保育所に入れない等の場合」（育児･介護休業法施行規則第6条参照）に限定すべきである。
○　また、1歳6ヶ月に達した後の更なる延長については、緊急的なセーフティネットとしての措置であることが明確になるようにすべきである。
○　なお、特に1歳6ヶ月以降の延長については必要性を見極めることが望ましい。
○　上記のとおり、保育所に入れない等の場合に1歳6ヶ月まで延長できることとした平成16年改正時の議論を踏まえ、今回は、希望する時期より入所が遅れた場合の待機期間のデータ等を参考に、延長の期間としては、最長2歳までと考えられる。
　これは、育児・介護休業法において、育児休業が原則として子供の年齢を基準に構成されていることを踏まえたものである。
○　この制度は、継続就業のために本当に必要な期間として利用されることが望ましい。

条文の見出し／キーワード	作成基準の解説
（育児休業の申出の手続等） 育児休業の申出時期	1．育児休業の申出時期は、原則として、「育児休業開始予定日の1か月前」です。仮にそれよりも短い期間に申出があったとしても、会社は、育児休業開始予定日を申出日の翌日から起算して1か月後の日に変更することが認められています（育介法6条3項）。
育児休業の申出時期の例外	2．この原則に対する例外として、特別の事情があるときは、育児休業開始予定日の1週間前までに申出をすれば休業が可能ですが、その「特別の事情」とは、次のものをいいます。当然に、会社の任意でこれ以外の理由でも1週間前の申出を認めることは可能です。

⑵　配偶者の死亡等特別の事情がある場合

3　育児休業申出書が提出されたときは、会社は速やかに当該申出書を提出した者（以下この章において「申出者」という。）に対し、「〔育児・介護〕休業取扱通知書」（様式第２号）を交付する。

4　育児休業の期間は、次の各号に掲げる日までを限度として、育児休業開始予定日（申出が遅れたときは会社が指定した日）から育児休業終了予定日までの期間とする。

⑴　次の各号以外の育児休業の場合…子が１歳に達する日

⑵　パパ・ママ育休プラスの場合…子が１歳２か月に達する日と休業を開始してから１年（従業員本人の出生日以後の産前産後休業期間の日数及び育児休業をした日数を含む。）を経過した日のうちいずれか早い日

⑶　１歳６か月までの育児休業の場合…子が１歳６か月に達する日

⑷　２歳までの育児休業の場合…子が２歳に達する日

5　申出の日後に申出に係る子が出生したときは、申出者は、出生後２週間以内に会社に「〔育児休業・育児のための所定外労働制限・育児のための時間外労働制限・育児のための深夜業制限・育児短時間勤務〕対象児出生届」（様式第３号）を提出しなければならない。なお、この規定は、第15条（育児のための所定外労働の制限）、第16条（育児のための時間外労働の制限）及び第17条（育児のための深夜業の制限）の請求者並びに第21条（育児短時間勤務）の申出者について準用する。

6　申出者は、育児休業開始予定日の前日までに、「〔育児・介護〕休業申出撤回届」（様式第４号）を会社に提出することにより、育児休業の申出を撤回することができる。

7　育児休業申出撤回届が提出されたときは、会社は速やかに当該届を提出した者に対し、「〔育児・介護〕休業取扱通知書」（様式第２号）を交付する。

8　育児休業の申出を撤回した者は、次条第１項各号に掲げる特別の事情がない限り同一の子については再度申出をすることができない。ただし、休業の申出を撤回した者であっても、第６条第１項各号の事情があるときは、１歳６か月まで（第６条第２項各号の事情があるときは、２歳まで）の育児休業の申出をすることができる。

9　育児休業開始予定日の前日までに、子の死亡等により申出者が育児休業申出に係る子を養育しないこととなった場合には、育児休業の申出はされなかったものとみなす。この場合において、申出者は、原則として当該事由が発生した日に、会社にその旨を通知しなければならない。

条文の見出し／キーワード	作成基準の解説
	①　出産予定日前に子が出生したこと。 ②　育児休業申出に係る子の親である配偶者の死亡 ③　②に規定する配偶者が負傷又は疾病により育児休業申出に係る子を養育することが困難になったこと。 ④　②に規定する配偶者が育児休業申出に係る子と同居しなくなったこと。 ⑤　申出に係る子が負傷、疾病又は身体上若しくは精神上の障害により、２週間以上の期間にわたり世話を必要とする状態になったとき。 ⑥　申出に係る子について、認可保育所における保育の実施を希望し、申込みを行っているが、当面その実施が行われないとき。
育児休業の申出方法	3．育児休業申出は書面で行うことが原則です。口頭での申出は、トラブルの原因となるため、必ず書面を交わすようにしましょう。また、育児休業給付金の支給申請では、育児休業申出書の写しの添付が必要となりますので、口頭の申出だけで行われた休業は、支給対象となりません。 4．書面の形式については、会社が適当と認める場合には、ファックス又は電子メール等でも可能です。この点は、「育児休業の開始予定日・終了予定日の変更の申出」「育児休業の申出の撤回」「育児休業申出後に子が出生した場合の通知」についても同様です。
パパ・ママ育休プラスの場合の申出事項	5．パパ・ママ育休プラスにより１歳を超える子について育児休業をする場合は、育児休業の申出事項として、「従業員の育児休業開始予定日が配偶者の育児休業の初日以降である事実」が加わります。
育児休業取扱通知書	6．育児休業申出があったときは、会社は、速やかに（概ね２週間以内）申出を受けた旨などを記載した「育児休業取扱通知書」を、従業員に交付しなければなりません。この場合の通知の方法は、書面の交付のほか、従業員が希望する場合はファックス又は電子メールによることも可能です。「育児休業の開始予定日・終了予定日の変更の申出」があったとき、「育児休業申出の撤回」があったときも同様です。

（再度の育児休業の申出と出産後８週間以内の育児休業の特例）

第８条　育児休業をしたことがある従業員は、当該育児休業を開始した日に養育していた子については、次の各号に掲げる事情がある場合でなければ、再度の育児休業の申出をすることができない。ただし、最初の育児休業が出産後８週間以内の育児休業であるときは、この限りでないものとし、出産後８週間以内の育児休業の特例として、理由のいかんにかかわらず再度の育児休業の申出を認める。

⑴　当初の申出に係る育児休業期間が新たな育児休業又は産前産後休業の開始により期間途中で終了した場合に、新たな育児休業又は産前産後休業に係る子が死亡又は当該申出をした従業員と同居しないこととなったとき。

⑵　当初の申出に係る育児休業期間が介護休業の開始により期間途中で終了した後に、介護休業に係る対象家族が死亡又は当該申出をした従業員と同居しないこととなったとき。

⑶　配偶者が死亡したとき。

⑷　配偶者が負傷・疾病等により子を養育することが困難な状態となったとき。

⑸　婚姻の解消その他の事情により配偶者が子と同居しないこととなったとき。

⑹　申出に係る子が負傷又は疾病若しくは精神上の障害により、２週間以上の期間にわたり世話を必要とする状態となったとき。

⑺　申出に係る子について、保育所等における保育の実施を希望し、申込みを行っているが、当面その実施が行われないとき。

（育児休業期間の変更等）

第９条　第４条第１項の規定による申出者は、次の各号のいずれかに該当する事由が生じた場合又は生じるおそれのある場合には、「〔育児・介護〕休業期間変更申出書」（様式第５号）を会社に提出することにより、１回に限り、当初の申出に係る育児休業開始予定日とされた日の繰上げを申し出ることができる。なお、育児休業開始予定日とされた日の繰下げは、原則として、認めない。

⑴　出産予定日前に子が出生したこと。

⑵　育児休業申出に係る子の親である配偶者が死亡したこと。

⑶　配偶者が負傷又は疾病により育児休業申出に係る子を養育することが困難になったこと。

⑷　配偶者が育児休業申出に係る子と同居しなくなったこと。

２　前項の申出は、原則として、当初の申出に係る育児休業開始予定日の１週間前までに

条文の見出し／キーワード	作成基準の解説
（再度の育児休業の申出と出産後８週間以内の育児休業の特例）	１．育児休業は、原則として同じ子について１回限りですが、特別の事情があるときは再度の取得が認められます。その「特別の事情」は、モデル規程１号から７号までにあるとおりです。第６号と第７号は、平成22年の改正で加わったものです。
再度の育児休業の取得	２．産休特例期間（原則として、出産後の８週間）にある間に、当該期間中に限って育児休業をした場合には、「特別の事情」がなくても、当該従業員は、再度育児休業をすることができます。
産休特例期間	３．出産後の８週間の期間の計算については、モデル規程２条１項６号にあるように特例が設けられています。 ①　出産予定日前に当該子が出生した場合…出生の日から当初の出産予定日までの日数が８週間に加算されます。 ②　出産予定日後に当該子が出生した場合…当初の出産予定日から出生の日までの日数が８週間に加算されます。

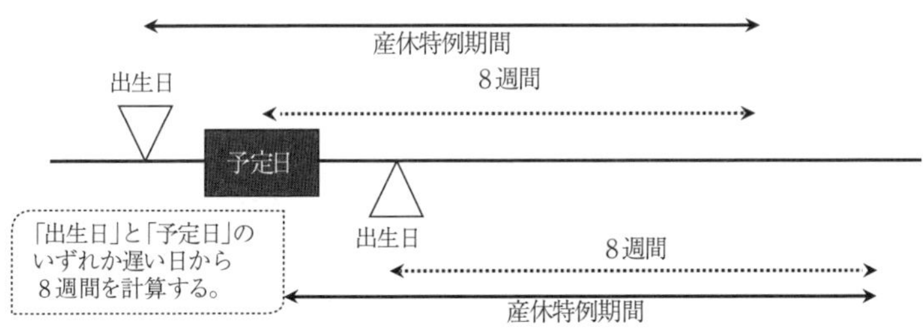

条文の見出し／キーワード	作成基準の解説
（育児休業期間の変更等）	１．いったん申し出た育児休業期間について、まったく変更ができないとすると不都合が生じる可能性があります。そこで、育介法では、一定の要件のもと、育児休業期間の変更を認めることとしています（育介法７条）。
育児休業開始予定日の繰上げ	２．育介法によれば、一定の事由に該当した場合に、１回に限り、認めることとしており、これを規定したものです。なお、育介法では、申出期限については、「休業開始予定日の前日まで」としていますが、モデル規定では、実務上の要請も考慮して、一応「１週間前まで」としてあります。 ３．申出をするかどうかは、従業員の自由です。
育児休業開始予定日の繰下げ	４．これについては、従業員の代替要員の確保等、会社が何らかの措置を進めている可能性があることから、従業員の権利

行わなければならない。ただし、会社がやむを得ないと認めるときは、この限りでない。

3　申出者は、育児休業終了予定日とされた日の１か月前（第６条第１項の１歳６か月までの育児休業及び同条第２項の２歳までの育児休業の場合は２週間前）までに、「〔育児・介護〕休業期間変更申出書」（様式第５号）を会社に提出することにより、１回に限り（第６条第１項の１歳６か月までの育児休業の場合は、第４条第１項に基づく休業とは別に、子が１歳から１歳６か月に達するまでの期間内で１回、第６条第２項の２歳までの育児休業の場合は、第４条第１項及び第６条第１項に基づく育児休業とは別に、子が２歳に達するまでの期間内で１回）、当初の申出に係る育児休業終了予定日とされた日の繰下げを申し出ることができる。ただし、第６項各号に掲げる日を超えることはできない。

4　申出者は、第６項各号に掲げる理由によるほかは、育児休業終了予定日とされた日を繰り上げることはできない。

5　〔育児・介護〕休業期間変更申出書が提出されたときは、会社は速やかに当該申出者に対し、「〔育児・介護〕休業取扱通知書」（様式第２号）を交付する。

6　次の各号に掲げるいずれかの事由が生じた場合には、育児休業期間は、当該事由が生じた日（第６号の場合は、その前日）に終了する。この場合において、第１号及び第２号に該当したときは、当該従業員の復職日は、事由発生の日から２週間以内であって、会社と従業員が話合いのうえ決定した日とする。

⑴　育児休業申出に係る子の死亡、又は子が養子である場合における離縁若しくは養子縁組の取消し

⑵　育児休業申出に係る子と同居しなくなったこと。

⑶　育児休業終了予定日とされた日の前日までに、育児休業申出に係る子が１歳（パパ・ママ育休プラスの場合は１歳２か月、１歳６か月までの育児休業の場合は１歳６か月、２歳までの育児休業の場合は２歳）に達したこと。

⑷　申出者が、負傷、疾病又は身体上若しくは精神上の障害により、当該育児休業申出に係る子が１歳（パパ・ママ育休プラスの場合は１歳２か月、１歳６か月までの育児休業の場合は１歳６か月、２歳までの育児休業の場合は２歳）に達するまでの間、当該子を養育することができない状態になったこと。

⑸　パパ・ママ育休プラスにより子の１歳到達日の翌日以後の日に育児休業をする場合において、従業員の配偶者が育児休業をしていないこと（当該育児休業開始予定日が当該配偶者のしている育児休業期間の初日と同じ日である場合を除く。）。

⑹　申出者について、産前産後休業、介護休業又は新たな育児休業が始まったこと。

7　前項各号の事由が生じた場合には、申出者は、原則として当該事由が生じた日に会社にその旨を通知しなければならない。

条文の見出し／キーワード	作成基準の解説
	としてこれを認めると、会社の負担が増大することも考えられるため、育介法上の規定は存在しません。もちろん、社内ルールで申出を認めることは自由ですが、モデル規程では、これについては認めないことを明確にしています。
育児休業終了予定日の繰上げ	**5**．これについては、**4**.と同様の理由から、育介法上の規定は存在しません。もちろん、社内ルールで申出を認めることは自由ですが、モデル規程では、これについては認めないことを明確にしています。ただし、出産予定日前に子が出生した場合等は、これに連動して育児休業終了予定日が繰り上がることがありますが、これについては、認めることとしています。
育児休業終了予定日の繰下げ	**6**．**2**.と同様に１回に限り変更を認めます。なお、申出期限は、育介法に従い「育児休業終了予定日とされた日の１か月前（第６条第１項の１歳６か月までの育児休業及び同条第２項の２歳までの育児休業の場合は２週間前）まで」としました。また、事由を問わず申出を認めます。

第３章　子の看護休暇・育児目的休暇

（子の看護休暇）

第10条　小学校就学の始期に達するまでの子を養育する従業員は、申出により、負傷し、若しくは疾病にかかった当該子の世話をするために、又は当該子に予防接種若しくは健康診断を受けさせるために、一年度につき５日間（その養育する小学校就学の始期に達するまでの子が２人以上の場合にあっては、10日間）を限度として、子の看護休暇を取得することができる。ただし、労使協定により、子の看護休暇の対象から除外することとされた次の従業員は除く。

⑴　雇入れ後６か月未満の従業員

⑵　１週間の所定労働日数が２日以下の従業員

2　前項の休暇を取得しようとする従業員は、あらかじめ、「〔子の看護休暇・介護休暇〕申出書」（様式第７号）を会社に提出することにより、申し出なければならない。この場合において、緊急かつやむを得ないと認めるときは、電話での申出を認めるものとするが、事後遅滞なくその旨を届け出なければならない。

3　子の看護休暇は、就業規則第21条（年次有給休暇）とは別に付与する休暇とする。ただし、その期間は、無給とする。

4　子の看護休暇は、半日＜又は時間＞を単位として取得することができるものとする。ただし、次の従業員からの半日単位の子の看護休暇の申出は拒むことができる。

⑴　１日の所定労働時間が４時間以下である従業員

⑵　従業員代表との労使協定により除外された、業務の性質若しくは業務の実施体制に照らして、半日単位の子の看護休暇を取得することが困難と認められる業務に従事する従業員

5　従業員代表との労使協定により、勤務時間が９時～17時45分の従業員の半日単位となる時間数は、始業時刻から３時間又は終業時刻までの４時間45分とする。休暇１日当たりの時間数は、７時間45分とする。それ以外の従業員については、半日単位となる時間数は１日の所定労働時間の２分の１とし、始業時刻から連続し、又は終業時刻まで連続するものとする。

（育児目的休暇）

第11条　小学校就学の始期に達するまでの子を養育する従業員は、申出により、育児に関する目的（出産後の養育についての出産前における準備を含む。）のために、一年度に

条文の見出し／キーワード	作成基準の解説
（子の看護休暇）	１．平成22年改正前までは、子の看護休暇の付与日数は、子の人数にかかわらず「一年度につき５日」でしたが、現在は、「子が１人であれば一年度につき５日、２人以上であれば一年度につき10日」です（育介法16条の２）。
子の看護休暇の申出の方法	２．法律上は、子の看護休暇の申出の方法は、書面の提出に限定されておらず、口頭での申出が可能ですが、トラブル回避のため、書面を交わすことをお勧めいたします。仮に緊急やむを得ない事由により、口頭での申出を認めた場合であっても、事後に申出書を提出してもらいましょう。
	３．なお、申出に際しては、会社は、従業員に対し、休暇申出に係る事実を証明することができる書類の提出を求めることができます。
子の看護休暇期間中の賃金	４．子の看護休暇期間中の賃金については、民法536条により、休暇期間中の会社の賃金支払義務は消滅するため、休暇期間中の従業員に対する賃金の支払いは義務づけられているものではありません。当然に、会社の制度として有給とすることは可能です。この点は、次条の育児目的休暇及び14条の介護休暇においても同様です。
子の看護休暇の日の変更	５．育児休業・介護休業と同様に、会社は、経営困難、事業繁忙その他どのような理由があっても、従業員の子の看護休暇申出が適法なものである限り、これを拒否することはできません。また、育児休業・介護休業とは異なり、会社には子の看護休暇を取得する日を変更する権限は認められていません。介護休暇についても同様です。
半日単位の休暇	６．多様な家族形態・雇用形態に対応した育児期の両立支援制度等の整備を計る趣旨から平成28年改正により、子の看護休暇の半日単位の取得が法律上の制度となりました。会社独自の制度として、時間単位の取得を検討してもよいでしょう。
（育児目的休暇）	１．改正により、特に男性の育児参加を促進するため、就学前までの子供を有する従業員が育児にも使える休暇が新設されました（育介法24条１項）。

つき○日間（その養育する子が２人以上の場合にあっては、○日間）を限度として、育児目的休暇を取得することができる。

2　前項の休暇を取得しようとする従業員は、あらかじめ、「育児目的休暇取得申出書」（様式第14号）を会社に提出することにより、申し出なければならない。この場合において、緊急かつやむを得ないと認めるときは、電話での申出を認めるものとするが、事後遅滞なくその旨を届け出なければならない。

3　育児目的休暇は、就業規則第21条（年次有給休暇）とは別に付与する休暇とする。ただし、その期間は、無給とする。

＜※：育介法では当該措置を講ずることは、努力義務とされています＞

第４章　介護休業

（介護休業）

第12条　要介護状態にある対象家族を介護する従業員は、申出により、介護を必要とする家族１人につき、のべ93日間までの範囲内で３回を上限として介護休業をすることができる。ただし、有期契約従業員にあっては、申出時点において、次のいずれにも該当する者に限り、介護休業をすることができる。

⑴　引き続き雇用された期間が１年以上あること。

⑵　介護休業を開始しようとする日（以下「介護休業開始予定日」という。）から93日経過日から６か月を経過する日までに労働契約期間が満了し、更新されないことが明らかでないこと。

2　介護休業中の有期契約従業員（前項ただし書に該当する者に限る。）が労働契約を更新するに当たり、引き続き休業を希望する場合には、更新された労働契約期間の初日を介護休業開始予定日として、再度の申出を行わなければならない。

3　第１項にかかわらず、労使協定により除外された次の従業員からの休業の申出は拒むことができる。

⑴　雇入れ後１年未満の従業員

⑵　申出の日から93日以内に雇用関係が終了することが明らかな従業員

⑶　１週間の所定労働日数が２日以下の従業員

条文の見出し／キーワード	作成基準の解説
	2．具体的には、事業主に対し、小学校就学の始期に達するまでの子を養育する従業員が育児に関する目的で利用できる休暇制度の措置を講ずるよう努めるものとされています。 例）いわゆる配偶者出産休暇、入園式等の行事参加を含めた育児にも使える多目的休暇など（失効年次有給休暇の積立制度を育児目的として使用できる休暇制度として措置することも含みます）
（介護休業） 介護休業の期間	1．平成28年改正前までは、要介護状態ごとに1回しか取得できなかった介護休業ですが、改正により分割取得することができるようになりました。 現在の介護休業の期間は、対象家族1人につき、3回まで、通算して93日を限度として、原則として従業員が申し出た期間となっています。
有期契約従業員の適用除外	2．有期契約従業員は、次の①②に該当すれば、介護休業をすることができます。考え方は、育児休業の場合と同じです。 ①　同一の事業主に引き続き1年以上雇用されていること ②　取得予定日から起算して93日を経過する日から6か月を経過する日までの間に、労働契約（更新される場合には、更新後の契約）の期間が満了することが明らかでないこと
労使協定による適用除外	3．モデル規程3項に定める適用除外者については、過半数組合・過半数代表者との労使協定により、介護休業申出を拒否することができます。
常時介護を必要とする状態	4．「要介護状態」を表す「常時介護を必要とする状態」とは、以下の⑴又は⑵のいずれかに該当する場合であることをいいます。 ⑴　介護保険制度の要介護状態区分において要介護2以上であること。 ⑵　状態①～⑫のうち、2が2つ以上又は3が1つ以上該当

条文の見出し／キーワード	作成基準の解説

し、かつ、その状態が継続すると認められること。

項　目＼状　態	1	2	3
①　座位保持（10分間一人で座っていることができる）	自分で可	支えてもらえばできる	できない
②　歩行（立ち止まらず、座り込まずに5m程度歩くことができる）	つかまらないでできる	何かにつかまればできる	できない
③　移乗（ベッドと車いす、車いすと便座の間を移るなどの乗り移りの動作）	自分で可	一部介助、見守り等が必要	全面的介助が必要
④　水分・食事摂取	自分で可	一部介助、見守り等が必要	全面的介助が必要
⑤　排泄	自分で可	一部介助、見守り等が必要	全面的介助が必要
⑥　衣類の着脱	自分で可	一部介助、見守り等が必要	全面的介助が必要
⑦　意志の伝達	できる	ときどきできない	できない
⑧　外出すると戻れない	ない	ときどきある	ほとんど毎回ある
⑨　物を壊したり衣類を破くことがある	ない	ときどきある	ほとんど毎日ある
⑩　周囲の者が何らかの対応をとらなければならないほどの物忘れがある	ない	ときどきある	ほとんど毎日ある
⑪　薬の内服	自分で可	一部介助、見守り等が必要	全面的介助が必要
⑫　日常の意思決定	できる	本人に関する重要な意思決定はできない	ほとんどできない

（介護休業の申出の手続等）

第13条　介護休業をすることを希望する従業員は、原則として、介護休業開始予定日の２週間前までに、「介護休業申出書」（様式第６号）において、介護休業開始予定日と介護休業を終了しようとする日（以下「介護休業終了予定日」という。）を明らかにして、これを会社に提出することにより申し出なければならない。

2　介護休業申出書が提出されたときは、会社は速やかに当該申出書を提出した者（以下この章において「申出者」という。）に対し、「〔育児・介護〕休業取扱通知書」（様式第２号）を交付する。

3　介護休業の期間は、当該申出に係る対象家族１人につき、介護休業開始予定日（申出が遅れたときは会社が指定した日）から介護休業終了予定日（その日が当該休業開始予定日から起算して93日から当該対象家族についての介護休業日数を控除した日数より後の日であるときは、当該経過する日）までの期間とする。

4　申出者は、介護休業開始予定日の前日までに、「〔育児・介護〕休業申出撤回届」（様式第４号）を会社に提出することにより、介護休業の申出を撤回することができる。

5　介護休業申出撤回届が提出されたときは、会社は速やかに当該届を提出した者に対し、「〔育児・介護〕休業取扱通知書」（様式第２号）を交付する。

6　同一対象家族について２回連続して介護休業の申出を撤回した者については、当該家族について再度の申出はすることができない。ただし、会社が認めた場合には、申し出ることができる。

7　介護休業開始予定日の前日までに、家族の死亡等により申出者が介護休業申出に係る家族を介護しないこととなった場合には、介護休業の申出はされなかったものとみなす。この場合において、申出者は、原則として当該事由が発生した日に、会社にその旨を通知しなければならない。

8　申出者は、介護休業終了予定日とされた日の２週間前までに、「〔育児・介護〕休業期間変更申出書」（様式第５号）を提出することにより、当初の申出に係る介護休業終了予定日とされた日の繰下げを申し出ることができる。この場合において、介護休業開始予定日から変更後の介護休業終了予定日までの期間は、通算93日間の範囲を超えないものとする。

9　申出者は、第11項各号に掲げる理由によるほかは、介護休業終了予定日とされた日を繰り上げることはできない。

10　介護休業期間変更申出書が提出されたときは、会社は速やかに当該申出者に対し、「〔育児・介護〕休業取扱通知書」（様式第２号）を交付する。

11　次の各号に掲げるいずれかの事由が生じた場合には、介護休業は、当該事由が生じた日（第２号の場合は、その前日）に終了する。この場合において、第１号に該当したと

条文の見出し／キーワード	作成基準の解説
（介護休業の申出の手続等） 介護休業の申出方法	1．介護休業申出は書面で行うことが原則です。口頭での申出は、トラブルの原因となるため、必ず書面を交わすようにしましょう。また、介護休業給付金の支給申請では、介護休業申出書の写しの添付が必要となりますので、口頭での申出は、支給対象となりません。書面の形式については、会社が適当と認める場合には、ファックス又は電子メール等でも可能です。この点は、「介護休業の終了予定日の変更の申出」「介護休業申出の撤回」についても同様です。
介護休業取扱通知書	2．介護休業申出があったときは、会社は、速やかに（概ね1週間以内）申出を受けた旨などを記載した「介護休業取扱通知書」を、従業員に交付しなければなりません。この場合の通知の方法は、書面の交付のほか、従業員が希望する場合はファックス又は電子メールによることも可能です。「介護休業の終了予定日の変更の申出」があったとき、「介護休業申出の撤回」があったときも同様です。
介護休業終了予定日の繰下げ	3．介護休業申出をした従業員は、介護休業終了予定日とされた日の2週間前までに申し出ることにより、1回に限り、事由を問わず介護休業終了予定日の繰下げをすることができます（育介法13条）。 4．なお、「介護休業開始予定日の繰上げ」「介護休業開始予定日の繰下げ」「介護休業終了予定日の繰上げ」については、育介法上規定はありませんが、規定することは自由です。

きは、当該従業員の復職日は、事由発生の日から２週間以内であって、会社と従業員が話し合いのうえ決定した日とする。

⑴　対象家族の死亡等介護休業に係る対象家族を介護しないこととなった場合

⑵　申出者について、産前産後休業、育児休業又は新たな介護休業が始まったこと。

12　前項第１号の事由が生じた場合には、申出者は、原則として当該事由が生じた日に会社にその旨を通知しなければならない。

第５章　介護休暇

（介護休暇）

第14条　要介護状態にある対象家族の介護、対象家族の通院等の付添い、対象家族が介護サービスの提供を受けるために必要な手続の代行その他の対象家族に必要な世話を行う従業員は、申出により、一年度につき５日間（要介護状態にある対象家族が２人以上の場合にあっては、10日間）を限度として、介護休暇を取得することができる。ただし、労使協定により、介護休暇の対象から除外することとされた次の従業員は除く。

⑴　雇入れ後６か月未満の従業員

⑵　１週間の所定労働日数が２日以下の従業員

２　前項の休暇を取得しようとする従業員は、あらかじめ、「〔子の看護休暇・介護休暇〕申出書」（様式第７号）を会社に提出することにより、申し出なければならない。この場合において、緊急かつやむを得ないと認めるときは、電話での申出を認めるものとするが、事後遅滞なくその旨を届け出なければならない。

３　介護休暇は、就業規則第21条（年次有給休暇）とは別に付与する休暇とする。ただし、その期間は、無給とする。

４　介護休暇は、半日＜又は時間＞を単位として取得することができるものとする。ただし、次の従業員からの半日単位の介護休暇の申出は拒むことができる。

⑴　１日の所定労働時間が４時間以下である従業員

⑵　従業員代表との労使協定により除外された、業務の性質若しくは業務の実施体制に照らして、半日単位の介護休暇を取得することが困難と認められる業務に従事する従業員

５　従業員代表との労使協定により、勤務時間が９時～ 17時45分の従業員の半日単位となる時間数は、始業時刻から３時間又は終業時刻までの４時間45分とする。休暇１日当たりの時間数は、７時間45分とする。それ以外の従業員については、半日単位となる時間数は１日の所定労働時間の２分の１とし、始業時刻から連続し、又は終業時刻まで連続するものとする。

条文の見出し／キーワード	作成基準の解説
（介護休暇）	1．平成22年の改正において、従来の介護休業に加え、介護のための短期の休暇制度として創設されたものです。これにより、要介護の家族の通院の付き添いなどに対応するため、一年度につき５日（対象者が２人以上の場合は一年度につき10日）の休暇を取得することができるようになっています（育介法16条の５）。
半日単位の休暇	2．介護離職を防止し、仕事と介護の両立を可能とするための制度の整備を計る趣旨から、平成28年改正により介護休暇の半日単位の取得が法律上の制度となりました。会社独自の制度として、時間単位の取得を検討してもよいでしょう。

第６章　育児のための所定外労働の制限等

（育児のための所定外労働の制限）

第15条　３歳に満たない子を養育する従業員が当該子を養育するために請求した場合には、事業の正常な運営に支障がある場合を除き、所定外労働をさせることはない。ただし、労使協定により、所定外労働の制限の対象から除外することとされた次の従業員は除く。

⑴　雇入れ後１年未満の従業員

⑵　１週間の所定労働日数が２日以下の従業員

２　前項に定める所定外労働の制限を請求しようとする従業員は、１回につき、１か月以上１年以内の期間（以下この条において「制限期間」という。）について、制限を開始しようとする日（以下この条において「制限開始予定日」という。）及び制限を終了しようとする日を明らかにして、原則として、制限開始予定日の１か月前までに、「〔育児・介護〕のための所定外労働制限請求書」（様式第８号）を会社に提出しなければならない。この場合において、制限期間は、次条に規定する時間外労働の制限に係る制限期間と重複しないようにしなければならない。

３　請求の日後に請求に係る子が出生したときは、請求書を提出した者（以下この条において「請求者」という。）は、出生後２週間以内に会社に「〔育児休業・育児のための所定外労働制限・育児のための時間外労働制限・育児のための深夜業制限・育児短時間勤務〕対象児出生届」（様式第３号）を提出しなければならない。

４　制限開始予定日の前日までに、請求に係る子の死亡等により請求者が子を養育しないこととなった場合には、請求しなかったものとみなす。この場合において、請求者は、原則として当該事由が発生した日に、会社にその旨を通知しなければならない。

５　次の各号に掲げるいずれかの事由が生じた場合には、制限期間は、当該事由が生じた日（第３号の場合は、その前日）に終了する。

⑴　子の死亡等、制限に係る子を養育しないこととなったとき。

⑵　制限に係る子が３歳に達したとき。

⑶　請求者について、産前産後休業、育児休業又は介護休業が始まったとき。

６　前項第１号の事由が生じた場合には、請求者は原則として当該事由が生じた日に、会社にその旨を通知しなければならない。

条文の見出し／キーワード	作成基準の解説
（育児のための所定外労働の制限）	１．平成22年改正前までは、「勤務時間の短縮等の措置」の中の選択肢の１つであった育児のための「所定外労働の制限」が、独立した制度として義務化されました。これによって、３歳に満たない子を養育する一定の従業員が請求した場合には、その従業員を、所定労働時間を超えて労働させてはならないこととなります（育介法16条の８）。
時間外労働の制限との関係	２．この制限期間は、時間外労働の制限の請求があった場合の制限期間と、一部又は全部が重複しないようにしなければなりません。これに対して、所定労働時間の短縮措置が適用されている期間と重複することは可能です。

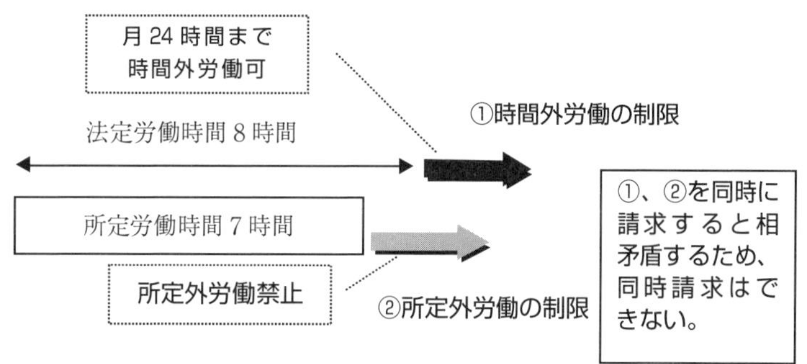

条文の見出し／キーワード	作成基準の解説
事業の正常な運営を妨げる場合	３．「請求」が要件とされている制度（①所定外労働の制限、②時間外労働の制限、③深夜業の制限）については、事業の正常な運営に支障がある場合には、会社は、その請求を拒否することができます。事業の正常な運営を妨げるかどうかの判断は、従業員の所属する事業所を基準として、当該従業員の担当する作業の内容、作業の繁閑、代行者の配置の難易度等を考慮して客観的に判断すべきものです。時間外労働の制限、深夜業の制限についても同様です。
所定外労働の制限の請求方法	４．所定外労働の制限の請求は、一定の事項を会社に通知して行いますが、この通知は、書面によるほか、会社が適当と認める場合には、ファックス又は電子メール等によることも可能です。時間外労働の制限、深夜業の制限についても同様です。

（育児のための時間外労働の制限）

第16条　小学校就学の始期に達するまでの子を養育する従業員が当該子を養育するために請求した場合には、事業の正常な運営に支障がある場合を除き、法定労働時間を超えて延長する労働時間は、１か月について24時間、１年について150時間を限度とする。

2　前項の規定にかかわらず、次のいずれかに該当する従業員は時間外労働の制限を請求することができない。

⑴　雇入れ後１年未満の従業員

⑵　１週間の所定労働日数が２日以下の従業員

3　第１項に定める時間外労働の制限を請求しようとする従業員は、１回につき、１か月以上１年以内の期間（以下この条において「制限期間」という。）について、制限を開始しようとする日（以下この条において「制限開始予定日」という。）及び制限を終了しようとする日を明らかにして、原則として、制限開始予定日の１か月前までに、「〔育児・介護〕のための時間外労働制限請求書」（様式第９号）を会社に提出しなければならない。この場合において、制限期間は、前条に規定する所定外労働の制限に係る制限期間と重複しないようにしなければならない。

4　請求の日後に請求に係る子が出生したときは、請求書を提出した者（以下この条において「請求者」という。）は、出生後２週間以内に会社に「〔育児休業・育児のための所定外労働制限・育児のための時間外労働制限・育児のための深夜業制限・育児短時間勤務〕対象児出生届」（様式第３号）を提出しなければならない。

5　制限開始予定日の前日までに、請求に係る子の死亡等により請求者が子を養育しないこととなった場合には、請求しなかったものとみなす。この場合において、請求者は、原則として当該事由が発生した日に、会社にその旨を通知しなければならない。

6　次の各号に掲げるいずれかの事由が生じた場合には、制限期間は、当該事由が生じた日（第３号の場合は、その前日）に終了する。

⑴　子の死亡等、制限に係る子を養育しないこととなったとき。

⑵　制限に係る子が小学校就学の始期に達したとき。

⑶　請求者について、産前産後休業、育児休業又は介護休業が始まったとき。

7　前項第１号の事由が生じた場合には、請求者は原則として当該事由が生じた日に、会社にその旨を通知しなければならない。

（育児のための深夜業の制限）

第17条　小学校就学の始期に達するまでの子を養育する従業員が当該子を養育するために請求した場合には、事業の正常な運営に支障がある場合を除き、午後10時から午前５時までの間（以下「深夜」という。）に労働させることはない。

条文の見出し／キーワード	作成基準の解説
（育児のための時間外労働の制限）	1．会社は、育児を行う従業員が請求した場合には、会社内で締結・届出をした36協定の内容にかかわらず、１か月24時間、１年150時間を超えて時間外労働をさせることはできません。 2．請求できる従業員は、小学校就学前の子を養育する従業員です。ただし、勤続１年未満の者等は請求できません。この場合の適用除外については、労使協定の締結は不要です。 3．請求は、１回につき、１か月以上１年以内の期間について、その開始の日及び終了の日を明らかにして制限開始予定日の１か月前までに行います。
（育児のための深夜業の制限）	1．会社は、育児を行う従業員が請求した場合には、深夜（午後10時から午前５時まで）において労働させることはできません。 2．請求できる従業員は、小学校就学前の子を養育する従業員

2　前項にかかわらず、次のいずれかに該当する従業員は深夜業の制限を請求することができない。

⑴　雇入れ後１年未満の従業員

⑵　請求に係る子の16歳以上の同居の家族等が次のいずれにも該当する従業員

①　深夜において就業していない者（１か月について深夜における就業が３日以下の者を含む。）であること。

②　心身の状況が請求に係る子の保育をすることができる者であること。

③　６週間（多胎妊娠の場合にあっては、14週間）以内に出産する予定であるか又は産後８週間を経過しない者でないこと。

⑶　１週間の所定労働日数が２日以下の従業員

⑷　所定労働時間の全部が深夜にある従業員

3　第１項に定める深夜業の制限を請求しようとする従業員は、１回につき、１か月以上６か月以内の期間（以下この条において「制限期間」という。）について、制限を開始しようとする日（以下この条において「制限開始予定日」という。）及び制限を終了しようとする日を明らかにして、原則として、制限開始予定日の１か月前までに、「〔育児・介護〕のための深夜業制限請求書」（様式第10号）を会社に提出しなければならない。

4　請求の日後に請求に係る子が出生したときは、申出書を提出した者（以下この条において「請求者」という。）は、出生後２週間以内に会社に「〔育児休業・育児のための所定外労働制限・育児のための時間外労働制限・育児のための深夜業制限・育児短時間勤務〕対象児出生届」（様式第３号）を提出しなければならない。

5　制限開始予定日の前日までに、請求に係る子の死亡等により請求者が子を養育しないこととなった場合には、請求しなかったものとみなす。この場合において、請求者は、原則として当該事由が発生した日に、会社にその旨を通知しなければならない。

6　次の各号に掲げるいずれかの事由が生じた場合には、制限期間は、当該事由が生じた日（第３号の場合は、その前日）に終了する。

⑴　子の死亡等、制限に係る子を養育しないこととなったとき。

⑵　制限に係る子が小学校就学の始期に達したとき。

⑶　請求者について、産前産後休業、育児休業又は介護休業が始まったとき。

7　前項第１号の事由が生じた場合には、請求者は原則として当該事由が生じた日に、会社にその旨を通知しなければならない。

条文の見出し／キーワード	作成基準の解説
	です。ただし、勤続1年未満の者等は請求できません。この場合の適用除外については、労使協定の締結は不要です。 3．請求は、1回につき、1か月以上6か月以内の期間について、その開始の日及び終了の日を明らかにして制限開始予定日の1か月前までに行います。

第７章　介護のための所定外労働の制限等

（介護のための所定外労働の制限）

第18条　要介護状態にある対象家族の介護をする従業員が当該対象家族を介護するために請求した場合には、事業の正常な運営に支障がある場合を除き、所定外労働をさせることはない。ただし、労使協定により、所定外労働の制限の対象から除外することとされた次の従業員は除く。

⑴　雇入れ後１年未満の従業員

⑵　１週間の所定労働日数が２日以下の従業員

2　前項に定める所定外労働の制限を請求しようとする者は、１回につき、１か月以上１年以内の期間（以下この条において「制限期間」という。）について、制限を開始しようとする日（以下この条において「制限開始予定日」という。）及び制限を終了しようとする日を明らかにして、原則として、制限開始予定日の１か月前までに、「〔育児・介護〕のための所定外労働制限請求書」（様式第８号）を会社に提出しなければならない。この場合において、制限期間は、次条に規定する時間外労働の制限に係る制限期間と重複しないようにしなければならない。

3　制限開始予定日の前日までに、請求に係る家族の死亡等により請求書を提出した者（以下この条において「請求者」という。）が家族を介護しないこととなった場合には、請求しなかったものとみなす。この場合において、請求者は、原則として当該事由が発生した日に、会社にその旨を通知しなければならない。

4　次の各号に掲げるいずれかの事由が生じた場合には、制限期間は、当該事由が生じた日（第２号の場合は、その前日）に終了する。

⑴　家族の死亡等、制限に係る家族を介護しないこととなったとき。

⑵　請求者について、産前産後休業、育児休業又は介護休業が始まったとき。

5　前項第１号の事由が生じた場合には、請求者は原則として当該事由が生じた日に、会社にその旨を通知しなければならない。

（介護のための時間外労働の制限）

第19条　要介護状態にある対象家族を介護する従業員が当該家族を介護するために請求した場合には、事業の正常な運営に支障がある場合を除き、法定労働時間を超えて延長する労働時間は、１か月について24時間、１年について150時間を限度とする。

2　前項の規定にかかわらず、次のいずれかに該当する従業員は時間外労働の制限を請求することができない。

⑴　雇入れ後１年未満の従業員

条文の見出し／キーワード	作成基準の解説
（介護のための所定外労働の制限）	１．日常的な介護ニーズに対応するため、平成28年改正により介護終了までの期間について請求することのできる権利として新設された制度です。 ２．当該事業主に引き続き雇用された期間が１年未満の従業員等は、労使協定により除外できます。 ３．１回の請求につき１月以上１年以内の期間で請求でき、事業の正常な運営を妨げる場合には事業主は請求を拒否できます。 ４．「要介護状態」「対象家族」の定義は、介護休業の場合と同様です（以下同じ）。
（介護のための時間外労働の制限）	１．会社は、要介護状態にある対象家族を介護する従業員が請求した場合には、会社内で締結・届出をした36協定の内容にかかわらず、１か月24時間、１年150時間を超えて時間外労働をさせることはできません。 ２．１.の請求は、勤続１年未満の者等は請求できません。この場合の適用除外については、労使協定の締結は不要です。 ３．請求は、１回につき、１か月以上１年以内の期間について、

(2)　1週間の所定労働日数が2日以下の従業員

3　第1項に定める時間外労働の制限を請求しようとする従業員は、1回につき、1か月以上1年以内の期間（以下この条において「制限期間」という。）について、制限を開始しようとする日（以下この条において「制限開始予定日」という。）及び制限を終了しようとする日を明らかにして、原則として、制限開始予定日の1か月前までに、「〔育児・介護〕のための時間外労働制限請求書」（様式第9号）を会社に提出しなければならない。この場合において、制限期間は、前条に規定する所定外労働の制限に係る制限期間と重複しないようにしなければならない。

4　制限開始予定日の前日までに、請求に係る家族の死亡等により請求書を提出した者（以下この条において「請求者」という。）が家族を介護しないこととなった場合には、請求しなかったものとみなす。この場合において、請求者は、原則として当該事由が発生した日に、会社にその旨を通知しなければならない。

5　次の各号に掲げるいずれかの事由が生じた場合には、制限期間は、当該事由が生じた日（第2号の場合は、その前日）に終了する。当該制限の事由が消滅した場合には、直ちに制限期間を終了する。

(1)　家族の死亡等、制限に係る家族を介護しないこととなったとき。

(2)　請求者について、産前産後休業、育児休業又は介護休業が始まったとき。

6　前項第1号の事由が生じた場合には、請求者は原則として当該事由が生じた日に、会社にその旨を通知しなければならない。

（介護のための深夜業の制限）

第20条　要介護状態にある対象家族を介護する従業員が当該対象家族を介護するために請求した場合には、事業の正常な運営に支障がある場合を除き、深夜に労働させることはない。

2　前項にかかわらず、次のいずれかに該当する従業員は、深夜業の制限を請求することができない。

(1)　雇入れ後1年未満の従業員

(2)　請求に係る対象家族の16歳以上の同居の家族等が次のいずれにも該当する従業員

①　深夜において就業していない者（1か月について深夜における就業が3日以下の者を含む。）であること。

②　心身の状況が請求に係る対象家族の介護をすることができる者であること。

③　6週間（多胎妊娠の場合にあっては、14週間）以内に出産する予定であるか又は産後8週間を経過しない者でないこと。

(3)　1週間の所定労働日数が2日以下の従業員

(4)　所定労働時間の全部が深夜にある従業員

3　第1項に定める深夜業の制限を請求しようとする従業員は、1回につき、1か月以上

条文の見出し／キーワード	作成基準の解説
	その開始の日及び終了の日を明らかにして制限開始予定日の１か月前までに行います。
（介護のための深夜業の制限）	１．会社は、要介護状態にある対象家族を介護する介護する従業員が請求した場合には、深夜（午後10時から午前５時まで）において労働させることはできません。 ２．１.の請求は、勤続１年未満の者等は請求できません。この場合の適用除外については、労使協定の締結は不要です。 ３．請求は、１回につき、１か月以上６か月以内の期間について、その開始の日及び終了の日を明らかにして制限開始予定日の１か月前までに行います。

６か月以内の期間（以下この条において「制限期間」という。）について、制限を開始しようとする日（以下この条において「制限開始予定日」という。）及び制限を終了しようとする日を明らかにして、原則として、制限開始予定日の１か月前までに、「〔育児・介護〕のための深夜業制限請求書」（様式第10号）を会社に提出しなければならない。

4　制限開始予定日の前日までに、請求に係る家族の死亡等により請求書を提出した者（以下この条において「請求者」という。）が家族を介護しないこととなった場合には、請求しなかったものとみなす。この場合において、請求者は、原則として当該事由が発生した日に、会社にその旨を通知しなければならない。

5　次の各号に掲げるいずれかの事由が生じた場合には、制限期間は、当該事由が生じた日（第２号の場合は、その前日）に終了する。

⑴　家族の死亡等、制限に係る家族を介護しないこととなったとき。

⑵　請求者について、産前産後休業、育児休業又は介護休業が始まったとき。

6　前項第１号の事由が生じた場合には、請求者は原則として当該事由が生じた日に、会社にその旨を通知しなければならない。

第８章　育児短時間勤務

（育児短時間勤務）

第21条　従業員（１日の所定労働時間が６時間以下である者を除く。次条において同じ。）であって、その３歳に満たない子を養育するものは、申出により、育児短時間勤務制度を利用することができる。ただし、労使協定により、育児短時間勤務の対象から除外することとされた次の従業員は除く。

⑴　雇入れ後１年未満の従業員

⑵　１週間の所定労働日数が２日以下の従業員

⑶　業務の性質又は業務の実施体制に照らして、所定労働時間の短縮措置を講ずることが困難と認められる次の業務に従事する従業員

①　○○工場○○部門の従業員（交替制勤務のため）

②　△△工場△△部門の従業員（流れ作業方式による製造業務であるため）

③　□□支店の総務及び経理業務に従事する従業員（従業員数が少なく代替要員の配置が困難であるため）

2　前項第３号による適用除外者については、会社は次のいずれかの措置を代替措置として講ずる。

⑴　始業及び終業時刻の繰上げ又は繰下げ（時差出勤）

⑵　フレックスタイム制

条文の見出し／キーワード	作成基準の解説
（育児短時間勤務）	1．平成22年の改正により、育児に係る所定労働時間の短縮措置が義務化されました。これにより、３歳未満の子を養育する従業員であって育児休業をしていない従業員（１日の所定労働時間が６時間以下の者を除きます）は、会社に申し出ることにより、所定労働時間を短縮することができます。
短時間勤務の場合の所定労働時間	2．ここでいう短時間勤務には、その所定労働時間を１日当たり６時間とする制度を含めなければなりません。例えば、「５時間」「６時間」「７時間」の選択制にすることも可能です。この点は、次条の介護短時間勤務の場合も同様です。
困難業務従事者	3．モデル規程１項３号①～③の従業員（困難業務従事者）については、労使協定の締結により、短時間勤務の適用除外とすることができます。ただし、これらの者については、２項１号から４号までのいずれかの措置を講ずる必要があります。なお、これら４つの措置は、会社としてすべて講ずる必要はなく、いずれか１つのみを講ずることとしても構いません。

(3)　事業所内託児施設の設置又はベビーシッターの費用負担等
(4)　子が３歳に達するまでの育児休業

3　育児短時間勤務制度を利用する従業員の１日の所定労働時間は、次の各号のいずれかから本人が選択した時間とする。

(1)　５時間
(2)　６時間
(3)　７時間

4　育児短時間勤務期間中の始業及び終業の時刻は、育児の状況を勘案し、個人ごとに定める。

5　第１項に定める申出をしようとする従業員は、制度の利用を開始しようとする日及び利用を終了しようとする日を明らかにして、原則として、制度の利用を開始しようとする日の１か月前までに、「育児短時間勤務申出書」（様式第11号）を提出することにより、会社に申し出なければならない。申出書が提出されたときは、会社は速やかに申出者に対し、「〔育児・介護〕短時間勤務取扱通知書」（様式第13号）を交付する。その他の手続等は、育児休業に準ずるものとする。

6　申出の日後に申出に係る子が出生したときは、申出書を提出した者は、出生後２週間以内に「〔育児休業・育児のための所定外労働制限・育児のための時間外労働制限・育児のための深夜業制限・育児短時間勤務〕対象児出生届」（様式第３号）を提出しなければならない。

7　１歳に満たない子を育てる女性従業員については、第１項に加えて就業規則第27条（育児時間）に基づき、１日２回（１回当たり30分）の育児時間の請求をすることができる。

第９章　介護短時間勤務

（介護短時間勤務）

第22条　従業員であって、要介護状態にある対象家族を介護するものは、申出により、当該対象家族１人につき、利用開始の日から３年の間で２回までの範囲で、会社の所定労働時間を、１日当たり６時間とする介護短時間勤務制度を利用することができる。ただし、労使協定により、介護短時間勤務の対象から除外することとされた次の従業員を除く。

(1)　雇入れ後１年未満の従業員
(2)　１週間の所定労働日数が２日以下の従業員

2　介護短時間勤務期間中の始業及び終業の時刻は、介護の状況を勘案し、個人ごとに定める。

条文の見出し／キーワード	作成基準の解説
（介護短時間勤務）	１．働きながら要介護状態にある対象家族を介護することを容易にするため、要介護状態にある対象家族を介護する従業員について、次のいずれかの措置を講じなければなりません。モデル規程は、このうち①を採用したものです。 ①　短時間勤務制度 ②　フレックスタイム制 ③　始業・終業時刻の繰上げ・繰下げ ④　従業員が利用する介護サービスの費用の助成その他これに準ずる制度
	２．介護短時間勤務等については、平成28年改正前は、介護休

3　第１項に定める申出をしようとする従業員は、利用を開始しようとする日及び利用を終了しようとする日を明らかにして、原則として、制度の利用を開始しようとする日の２週間前までに、「介護短時間勤務申出書」（様式第12号）を提出することにより、会社に申し出なければならない。申出書が提出されたときは、会社は速やかに申出者に対し「〔育児・介護〕短時間勤務取扱通知書」（様式第13号）を交付する。その他の手続等は、介護休業に準ずるものとする。

第10章　休業等の期間中の待遇

（賃金等の取扱い）

第23条　基本給その他の月毎に支払われる賃金の取扱いは次の各号に規定するとおりとする。

(1)　育児休業（パパ・ママ育休プラス、１歳６か月までの育児休業、２歳までの育児休業を含む。）又は介護休業をした期間…就業した時間を除き、無給とする。

(2)　子の看護休暇若しくは育児目的休暇の日又は時間…就業しなかった時間につき、無給とする。

(3)　介護休暇の日又は時間…就業しなかった時間につき、無給とする。

(4)　深夜業の制限の適用を受けた期間…深夜の時間帯に所定労働時間があるときは、１日当たりの不就労時間につき就業規則に定める欠勤等の場合の時間割計算の規定に基づき控除した後の賃金を支払う。

(5)　育児短時間勤務、介護短時間勤務制度を利用した期間…１日当たりの短縮時間につき就業規則に定める欠勤等の場合の時間割計算等の規定に基づき控除した後の賃金を支払う。

2　賞与については、賞与算定対象期間中の就業した期間について日割り計算した額を休業終了後の最初の支給日に支給する。ただし、就業した期間がないときは、支給しない。

3　前項の場合において、短時間勤務をした期間については、当該期間は通常の勤務をしたものとして取り扱う。

4　定期昇給は、育児休業又は介護休業の期間中は行わないものとし、当該休業期間中に定期昇給日が到来した者については、復職後に昇給させるものとする。

5　退職金の算定に当たっては、育児休業又は介護休業をした期間並びに短時間勤務をした期間は、通常の勤務をしたものとして勤続年数を計算するものとする。

6　年次有給休暇の権利発生のための出勤率の算定に当たっては、育児休業又は介護休業の期間は、出勤したものとして取り扱う。

条文の見出し／キーワード	作成基準の解説
	業と通算して93日の範囲内で取得可能とされていましたが、平成28年改正により、介護休業とは別に、利用開始から３年の間で２回以上の利用が可能とされました。
（賃金等の取扱い） 育児休業等に関する定めの周知等の措置	会社は、育児休業及び介護休業に関して、あらかじめ、次に掲げる事項を定めるとともに、これを従業員に周知させるための措置を講ずるよう努めなければなりません（育介法21条）。 ①　従業員の育児休業及び介護休業中における待遇に関する事項 ②　育児休業及び介護休業後における賃金、配置その他の労働条件に関する事項 ③　子の死亡等により育児休業が終了した場合及び対象家族の死亡等により介護休業が終了した場合における取扱いに関すること。 ④　事業主が立替払いした社会保険料の従業員負担分についての決済方法に関すること。

（育児休業等期間中の待遇）

第24条　社会保険の被保険者資格は、産前産後休業及び育児休業期間中であっても継続する。この場合において、産前産後休業及び育児休業期間中の社会保険料は、会社が保険者等に申出をすることにより、その全額が免除となる。

2　住民税の扱いについては、会社と当該従業員との間の協議により、次のいずれかの方法を選択することができる。

(1)　特別徴収を普通徴収に切り替え、会社は源泉徴収を行わない。

(2)　従業員が休業前に休業期間中に係る住民税を会社に一括で支払う。

3　財形貯蓄については、産前産後休業及び育児休業期間中は、その払込みを中止する。ただし、払出し又は解約は、当該期間中であっても行うことができる。

4　従業員が返済中の貸付金については、その返済は、産前産後休業及び育児休業期間中は、これを猶予する。ただし、貸付利息の扱いについては、別途協議する。また、育児休業期間中は、会社は、新たな貸付けは行わないものとする。

（介護休業期間中の待遇）

第25条　社会保険の被保険者資格は、介護休業期間中であっても継続する。

2　介護休業により賃金の支払われない月における社会保険の被保険者負担分保険料及び毎月の賃金より控除されるべきものがある場合は、各月に会社が立て替えて支払い、当該立替金額については、当該従業員が、会社が指定する日までに支払うものとする。

3　前項のほか、住民税、労使協定に定める控除金等は、各月に会社が立て替えて支払い、当該立替金額については、当該従業員が、会社が指定する日までに支払うものとする。

（復　職）

第26条　育児休業期間又は介護休業期間が終了したときは、直ちに復職するものとし、育児休業終了日又は介護休業終了日の翌日より勤務を命ずる。

2　育児休業期間後又は介護休業期間後の勤務は、原則として、育児休業期間開始前又は介護休業期間開始前の部門及び職務で行うものとする。ただし、会社は、組織の変更等やむを得ない事情がある場合には、部門及び職務の変更を行うことがある。この場合は育児休業期間終了予定日又は介護休業期間終了予定日の１か月前に正式に決定し通知する。

3　復職後の賃金額は、原則として、育児休業前又は介護休業前の賃金額を下回らないものとする。

条文の見出し／キーワード	作成基準の解説
（育児休業等期間中の待遇）	会社は、あらかじめ、育児休業及び介護休業中の待遇に関する事項を定め、これを周知しなければなりません（育介法21条）。「育児休業及び介護休業中の待遇に関する事項」には、育児休業及び介護休業期間についての賃金その他の経済的給付、教育訓練の実施等が含まれます。
（介護休業期間中の待遇） 社会保険料の立替え	会社が介護休業期間中に社会保険料の従業員負担分を立て替え、復職後に賃金から控除する制度については、著しい高金利が付される等により当該貸付けが労働することを条件としていると認められる場合を除いて、一般的には労基法17条（前借金相殺の禁止）には抵触しませんが、労基法24条により、賃金控除に係る労使協定の締結が必要です。モデル規程では、会社と従業員との一般的な金銭貸借契約とし、個別に請求書を交付し、支払ってもらうようにしてあります。
（復　職） 雇用管理等に関する措置	1．会社は、育児休業・介護休業後における就業が円滑に行われるようにするため、従業員の配置その他の雇用管理、育児休業又は介護休業をしている従業員の職業能力の開発及び向上等に関して、必要な措置を講ずるよう努めなければなりません（育介法22条）。
休業終了後の原職復帰	2．「子の養育又は家族の介護を行い、又は行うこととなる労働者の職業生活と家庭生活との両立が図られるようにするために事業主が講ずべき措置に関する指針」では、「育児休業及び介護休業後においては、原則として原職又は原職相当職に復帰させることが多く行われているものであることに配慮すること」と指摘しています。

第11章　雑　則

（従業員への通知）

第27条　会社は、この規程に定める制度について、労使協定に基づき、従業員の申出又は請求を拒むときは、その旨を従業員に通知するものとする。

（育児休業等に関する定めの周知等の措置）

第28条　会社は、本規程を従業員に周知させるための措置（従業員若しくはその配偶者が妊娠し、若しくは出産したこと又は従業員が対象家族を介護していることを知ったときに、当該従業員に対し知らせる措置を含む。）を講ずるほか、従業員が育児休業申出又は介護休業申出をしたときは、当該従業員に対し、個別にこの規程及び法令に定める育児休業等に関する制度を明示するものとする。

（育児休業等に関するハラスメントの防止）

第29条　すべての従業員は、この規程に定める制度の申出・利用に関して、当該申出・利用をする従業員の就業環境を害する言動を行ってはならない。

2　前項に該当する言動を行ったと認められる従業員に対しては、就業規則第11条（あらゆるハラスメントの禁止）に基づき、厳正に対処する。

3　本条に関し相談をしたこと、又は事実関係の確認に協力したこと等を理由として、会社は、人事異動、人事評価・教育等の場における成績評価、単位認定等について、相談者又は情報提供者等に不利益な取扱いは行わない。

条文の見出し／キーワード	作成基準の解説
不利益取扱の禁止	3．会社は、従業員が育児休業・介護休業・子の看護休暇・介護休暇の申出をし、又はこれらの休業等をしたことを理由として、当該従業員に対して解雇その他不利益な取扱いをしてはなりません（育介法10条ほか）。
（従業員への通知）	育児休業等の申出を拒む場合の手続（モデル規程では、本人への通知）は、労使協定にも定めておく必要があります（育介則８条）。
（育児休業等に関する定めの周知等の措置）	1．会社は、従業員又はその配偶者が妊娠･出産したことを知った場合、家族を介護していることを知った場合に、当該従業員に対して、個別に育児休業・介護休業等に関する定めを周知するように努めることが規定されました（育介法21条）。 2．1．の規定は、プライバシーの保護の観点から、従業員が自発的に知らせることを前提としています。あわせて､パパ･ママ育休プラス等の制度について周知することが望ましいものとされています。
（育児休業等に関するハラスメントの防止）	1．職場において、上司又は同僚による育児休業等の制度又は措置の申出・利用に関する言動により就業環境が害されること（「育児休業等に関するハラスメント」）を防止するため、会社は、従業員からの相談に応じ、適切に対応するために必要な体制の整備その他の雇用管理上必要な措置を講じなければなりません。 2．対象となる従業員は、パートタイマー、契約社員などの有期契約従業員を含む、すべての男女従業員です。また、派遣労働者については、派遣元事業主のみならず、派遣先事業主も自ら雇用する従業員と同様に、措置を講ずる必要がありま

（給付金の支給手続）

第30条　育児休業又は介護休業に伴う雇用保険法に基づく給付金の支給手続は、原則として、会社が行う。

2　前項の規定は、本人の希望に基づき当該本人が支給手続を行うことを妨げるものではない。

（支給手続への協力）

第31条　前条の手続に関し、従業員は、期限までの申請書への記載及び各種証拠書類の収集に協力しなければならない。この場合において、本人の過失により、当該給付金が不支給となったときは、会社はその責めは負わない。

条文の見出し／キーワード	作成基準の解説
	す。 3.「職場における育児休業等に関するハラスメントの行為者については、厳正に対処する旨の方針・対処の内容を就業規則等の文書に規定し、管理・監督者を含む労働者に周知・啓発すること」が指針で求められています。
（給付金の支給手続）	1. 雇用保険法施行規則の一部を改正する省令が、平成28年2月16日に施行され、雇用継続給付の申請は原則として、事業主を経由することとなりました。これにより、雇用継続給付の申請を行う事業主は、番号利用法上は『個人番号関係事務実施者』として取り扱うことになっています。 2. この改正前は、雇用継続給付の申請は本人が行うことを原則とし、労使協定を締結した場合に限り、会社（事業主）が従業員（被保険者）に代わって、代理人として、公共職業安定所に支給申請書等の提出をすることができるものとされていました（実際には会社経由が多数）。 この方式の場合、平成28年1月からの個人番号の利用開始に伴い、公共職業安定所が会社から個人番号の提供を受ける場合には、①代理権の確認、②代理人としての身元（実在）確認、③申請者本人の個人番号確認が必要となるという問題が生じました。公共職業安定所の窓口でこれら①～③の確認をする場合、会社の負担も大きく、情報漏えいのリスクも考えられました。そこで､雇用継続給付の支給申請については、原則として、会社を経由して公共職業安定所に支給申請書等の提出を行うこととする改正が行われたものです。 なお、従業員が希望する場合には、従業員自身が支給申請することも可能です。
（支給手続への協力）	公共職業安定所への支給申請に当たっては、会社は各種証拠書類も窓口に提出しなければなりません。また、これが揃っていないと、従業員は給付金が受けられないなどの不利益を被る可能性があります。そこで本条では、各種書類の記載、証拠書類の取り揃えなどについて、協力を求める規定としました。

（相談窓口）

第32条　この規程に関する相談又は苦情は、総務部に設置する相談窓口が、これに対応する。

（法令との関係）

第33条　この規程の措置に関して、この規程に定めのないことについては、育児・介護休業法その他これに関連する法令の定めるところによる。

（改　廃）

第34条　この規程は、関係諸法規の改正及び会社状況並びに業績等の変化により必要があるときは、従業員代表と協議のうえ改定することがある。

条文の見出し／キーワード	作成基準の解説
（相談窓口）	1．会社は、従業員から苦情の申出を受けたときは、苦情処理機関に対し当該苦情の処理をゆだねる等その自主的な解決を図るように努めなければなりません（育介法52条の２）。
苦情処理機関	2．育介法でいう「苦情処理機関」とは、「事業主を代表する者及び当該事業所の労働者を代表する者を構成員とする当該事業所の労働者の苦情を処理するための機関」ですが、必ずしもこれによらなければならないということではありません。モデル規程のように、総務部等に苦情窓口を設置する等の方法でも構いません。
（法令との関係）	育介法そのものが、極めて精緻に規定されているため、その内容をすべてモデル規程に盛り込んでしまうと読みにくくなってしまうため、一般的な規定のみ取り入れています。万が一のレアケースが生じた場合に備え、雑則にこのような規定（バスケット条項）を置くことで、措置義務違反等を問われることを防止します。
（改　廃）	1．モデル規程は、育介法に定める最低ラインのみしか規定していません。ワーク・ライフ・バランスの観点からこれを上回る水準への改定が考えられます。そして、改定後の措置の実施を推進するため、一般事業主行動計画を策定するとよいでしょう。
一般事業主行動計画	2．次世代育成支援対策推進法に基づき、企業が従業員の仕事と子育ての両立を図るための雇用環境の整備や、子育てをしていない従業員も含めた多様な労働条件の整備などに取り組むに当たって、①計画期間、②目標、③目標達成のための対策及びその実施時期を定めるものです。従業員101人以上の企業には、行動計画の策定・届出、公表・周知が義務づけられています。

育児休業申出書

様式第１号

育児休業申出書

殿

［申出日］　　　　年　　月　　日
［申出者］所属
　　　　　氏名

私は、育児・介護休業規程（第７条）に基づき、下記のとおり育児休業の申出をします。

記

1　休業に係る子の状況	(1)　氏名	
	(2)　生年月日	
	(3)　本人との続柄	
	(4)　養子の場合、縁組成立の年月日	年　月　日
	(5)　(1)の子が、特別養子縁組の監護期間中の子・養子縁組里親に委託されている子・養育里親として委託された子の場合、その手続が完了した年月日	年　月　日
2　1の子が生まれていない場合の出産予定者の状況	(1)　氏名 (2)　出産予定日 (3)　本人との続柄	
3　休業の期間	年　月　日から　年　月　日まで （職場復帰予定日　　年　月　日）	
4　申出に係る状況	(1)　1歳までの育児休業の場合は休業開始予定日の1か月前、1歳を超えての休業の場合は2週間前に申し出て	いる・いない→申出が遅れた理由 〔　　　　　　　〕
	(2)　1の子について育児休業の申出を撤回したことが	ない・ある→再度申出の理由 〔　　　　　　　〕
	(3)　1の子について育児休業をしたことが ※　1歳を超えての休業の場合は記入の必要はありません。	ない・ある 再度休業の理由 〔　　　　　　　〕
	(4)　配偶者も育児休業をしており、規程第6条に基づき1歳を超えて休業しようとする場合	配偶者の休業開始（予定）日 年　月　日
	(5)　(4)以外で1歳を超えての休業の申出の場合	休業が必要な理由 〔　　　　　　　〕
	(6)　1歳を超えての育児休業の申出の場合で申出者が育児休業中でない場合	配偶者が休業　している・していない

〔育児・介護〕休業取扱通知書

様式第２号

〔育児・介護〕休業取扱通知書

殿

年　　月　　日

会社名

あなたから　　年　　月　　日に〔育児・介護〕休業の〔申出・期間変更の申出・申出の撤回〕がありました。育児・介護休業規程（第７条、第９条、第13条）に基づき、その取扱いを下記のとおり通知します（ただし、期間の変更の申出があった場合には下記の事項の若干の変更があり得ます。）。

記

1　休業の期間等	(1) 適正な申出がされていましたので申出どおり　　年　　月　　日から　　年　　月　　日まで休業してください。職場復帰予定日は、　　年　　月　　日です。 (2) 申し出た期日が遅かったので休業を開始する日を　　年　　月　　日にしてください。 (3) あなたは以下の理由により休業の対象者でないので休業することはできません。 （　　　　　　　　　　　　　　　　　　） (4) あなたが　　年　　月　　日にした休業申出は撤回されました。 (5)（介護休業の場合のみ）申出に係る対象家族について介護休業ができる日数はのべ93日です。今回の措置により、介護休業ができる残りの回数及び日数は、（　　）回（　　）日になります。
2　休業期間中の取扱い等	(1) 休業期間中については給与を支払いません。 (2) 所属は　　　　課のままとします。 (3)・（育児休業の場合のみ）あなたの社会保険料は免除されます。 ・（介護休業の場合のみ）あなたの社会保険料本人負担分は、　　月現在で1月約　　円ですが、休業を開始することにより、　　月からは給与から天引きができなくなりますので、月ごとに会社から支払い請求書を送付します。指定された日までに下記へ振り込むか、　　　に持参してください。 振込先： (4) 税については市区町村より直接納税通知書が届きますので、それに従って支払ってください。 (5) 毎月の給与から天引きされる社内融資返済金がある場合には、支払い猶予の措置を受けることができますので、　　　　　に申し出てください。
3　休業後の労働条件	(1) 休業後のあなたの基本給は、　級　　号　　　　　円です。 (2)　　年　　月の賞与については算定対象期間に　　日の出勤日がありますので、出勤日数により日割りで計算した額を支給します。 (3) 退職金の算定に当たっては、休業期間を勤務したものとみなして勤続年数を計算します。 (4) 復職後は原則として　　　課で休業をする前と同じ職務についていただく予定ですが、休業終了1か月前までに正式に決定し通知します。 (5) あなたの　年度の有給休暇はあと　　日ありますので、これから休業期間を除き　　年　　月　　日までの間に消化してください。 次年度の有給休暇は、今後　　日以上欠勤がなければ、繰り越し分を除いて　　日の有給休暇を請求できます。
4　その他	(1) お子さんを養育しなくなる、家族を介護しなくなる等あなたの休業に重大な変更をもたらす事由が発生したときは、なるべくその日に　　　　　　課あて電話連絡をしてください。この場合の休業終了後の出勤日については、事由発生後２週間以内の日を会社と話し合って決定していただきます。 (2) 休業期間中についても会社の福利厚生施設を利用することができます。

（注）上記のうち、１(1)から(4)までの事項は事業主の義務となっている部分、それ以外の事項は努力義務となっている部分です。

〔育児休業・育児のための所定外労働制限・育児のための時間外労働制限・育児のための深夜業制限・育児短時間勤務〕対象児出生届

様式第３号

〔育児休業・育児のための所定外労働制限・育児のための時間外労働制限・育児のための深夜業制限・育児短時間勤務〕対象児出生届

殿

［申出日］　　　　年　　月　　日
［申出者］所属
　　　　　氏名

私は、　　年　　月　　日に行った〔育児休業の申出・所定外労働制限の申出・時間外労働制限の申出・深夜業制限の申出・育児短時間勤務の申出〕において出生していなかった〔育児休業・所定外労働制限・時間外労働制限・深夜業制限・育児短時間勤務〕に係る子が出生しましたので、育児・介護休業規程（第７条、第15条、第16条、第17条及び第21条）に基づき、下記のとおり届け出ます。

記

１　出生した子の氏名

２　出生の年月日

〔育児・介護〕休業申出撤回届

様式第４号

〔育児・介護〕休業申出撤回届

殿

［申出日］　　　　年　　月　　日
［申出者］所属
　　　　　氏名

私は、育児・介護休業規程（第７条及び第13条）に基づき、　年　　月　　日に行った〔育児・介護〕休業の申出を撤回します。

〔育児・介護〕休業期間変更申出書

様式第５号

〔育児・介護〕休業期間変更申出書

殿

［申出日］　　　　年　　月　　日
［申出者］所属
　　　　　氏名

私は、育児・介護休業規程（第９条及び第13条）に基づき、　　年　　月　　日に行った〔育児・介護〕休業の申出における休業期間を下記のとおり変更します。

記

1　当初の申出における休業期間	年　　月　　日から 年　　月　　日まで
2　当初の申出に対する会社の対応	休業開始予定日の指定 ・　有　→　指定後の休業開始予定日 年　　月　　日 ・　無
3　変更の内容	(1)　休業〔開始・終了〕予定日の変更 (2)　変更後の休業〔開始・終了〕予定日 年　　月　　日
4　変更の理由 （休業開始予定日の変更の場合のみ）	

（注）１歳以降に開始する育児休業及び介護休業に関しては休業開始予定日の変更はできません。

介護休業申出書

様式第６号

介護休業申出書

殿

［申出日］　　　年　　月　　日
［申出者］所属
　　　　　氏名

私は、育児・介護休業規程（第13条）に基づき、下記のとおり介護休業の申出をします。

記

1　休業に係る家族の状況	(1) 氏名	
	(2) 本人との続柄	
	(3) 介護を必要とする理由	
2　休業の期間	年　月　日から　年　月　日まで （職場復帰予定日　年　月　日）	
3　申出に係る状況	(1) 休業開始予定日の２週間前に申し出て	いる・いない→申出が遅れた理由 〔　　　　　　　　〕
	(2) １の家族について、これまでの介護休業をした回数及び日数	回　　　日
	(3) １の家族について介護休業の申出を撤回したことが	ない・ある（　回） 既に２回連続して撤回した場合、再度申出の理由 〔　　　　　　　　〕

〔子の看護休暇・介護休暇〕申出書

様式第７号

〔子の看護休暇・介護休暇〕申出書

殿

〔申出日〕　　　年　　月　　日
〔申出者〕所属
　　　　　氏名

私は、育児・介護休業規程（第10条及び第14条）に基づき、下記のとおり〔子の看護休暇・介護休暇〕の申出をします。

記

		〔子の看護休暇〕	〔介護休暇〕
1　申出に係る家族の状況	(1) 氏名		
	(2) 生年月日		
	(3) 本人との続柄		
	(4) 養子の場合、縁組成立の年月日		
	(5) (1)の子が、特別養子縁組の監護期間中の子・養子縁組里親に委託されている子・養育里親として委託された子の場合、その手続が完了した年月日		
	(6) 介護を必要とする理由		
2　申出理由			
3　取得する日	一日　・　半日	年　月　日　時　分から 年　月　日　時　分まで	
4　備　　考	年　月　日～　年　月　日（１年度）の期間において 育児　対象　人　日 （取得済日数・時間数　日　時間 今回申出日数・時間数　日　時間 残日数・残時間数　日　時間）	介護　対象　人　日 （取得済日数・時間数　日　時間 今回申出日数・時間数　日　時間 残日数・残時間数　日　時間）	

（注１）当日、電話などで申し出た場合は、出勤後速やかに提出してください。
　　３については、複数の日を一括して申し出る場合には、申し出る日すべてを記入してください。

（注２）子の看護休暇の場合、取得できる日数は、小学校就学前の子が１人の場合は年５日、２人以上の場合は年10日となります。半日単位で取得できます。
　　介護休暇の場合、取得できる日数は、対象となる家族が１人の場合は年５日、２人以上の場合は年10日となります。半日単位で取得できます。

〔育児・介護〕のための所定外労働制限請求書

様式第８号

〔育児・介護〕のための所定外労働制限請求書

殿

［請求日］　　　　年　　月　　日
［請求者］所属
　　　　　氏名

私は、育児・介護休業規程（第15条、第18条）に基づき、下記のとおり〔育児・介護〕のための所定外労働の制限を請求します。

記

		〔育児〕	〔介護〕
1　請求に係る家族の状況	(1) 氏名		
	(2) 生年月日		／
	(3) 本人との続柄		
	(4) 養子の場合、縁組成立の年月日		／
	(5) (1)の子が、特別養子縁組の監護期間中の子・養子縁組里親に委託されている子・養育里親として委託された子の場合、その手続が完了した年月日		／
	(6) 介護を必要とする理由	／	
2　育児の場合、1の子が生まれていない場合の出産予定者の状況	(1) 氏名 (2) 出産予定日 (3) 本人との続柄		
3　制限の期間	年　　月　　日から　　年　　月　　日まで		
4　請求に係る状況	制限開始予定日の１か月前に申出をして いる・いない→請求が遅れた理由 〔　　　　　　　　　　　　　　　　〕		

〔育児・介護〕のための時間外労働制限請求書

様式第９号

〔育児・介護〕のための時間外労働制限請求書

殿

〔請求日〕　　　　年　　月　　日
〔請求者〕所属
　　　　　氏名

私は、育児・介護休業規程（第16条、第19条）に基づき、下記のとおり〔育児・介護〕のための時間外労働の制限を請求します。

記

		〔育児〕	〔介護〕
1　請求に係る家族の状況	(1) 氏名		
	(2) 生年月日		
	(3) 本人との続柄		
	(4) 養子の場合、縁組成立の年月日		
	(5) (1)の子が、特別養子縁組の監護期間中の子・養子縁組里親に委託されている子・養育里親として委託された子の場合、その手続が完了した年月日		
	(6) 介護を必要とする理由		
2　育児の場合、1の子が生まれていない場合の出産予定者の状況	(1) 氏名 (2) 出産予定日 (3) 本人との続柄		
3　制限の期間	年　月　日から　年　月　日まで		
4　請求に係る状況	制限開始予定日の１か月前に請求をして いる・いない→請求が遅れた理由 〔　　　　　　　　　　　　　〕		

〔育児・介護〕のための深夜業制限請求書

様式第10号

〔育児・介護〕のための深夜業制限請求書

殿

〔請求日〕　　　　年　　月　　日
〔請求者〕所属
　　　　　氏名

私は、育児・介護休業規程（第17条、第20条）に基づき、下記のとおり〔育児・介護〕のための深夜業の制限を請求します。

記

<table>
<tr><td></td><td></td><td>〔育児〕</td><td>〔介護〕</td></tr>
<tr><td rowspan="6">1　請求に係る家族の状況</td><td>(1) 氏名</td><td></td><td></td></tr>
<tr><td>(2) 生年月日</td><td></td><td></td></tr>
<tr><td>(3) 本人との続柄</td><td></td><td></td></tr>
<tr><td>(4) 養子の場合、縁組成立の年月日</td><td></td><td></td></tr>
<tr><td>(5) (1)の子が、特別養子縁組の監護期間中の子・養子縁組里親に委託されている子・養育里親として委託された子の場合、その手続が完了した年月日</td><td></td><td></td></tr>
<tr><td>(6) 介護を必要とする理由</td><td></td><td></td></tr>
<tr><td>2　育児の場合、1の子が生まれていない場合の出産予定者の状況</td><td colspan="3">(1) 氏名
(2) 出産予定日
(3) 本人との続柄</td></tr>
<tr><td>3　制限の期間</td><td colspan="3">年　　月　　日から　　年　　月　　日まで</td></tr>
<tr><td>4　請求に係る状況</td><td colspan="3">(1) 制限開始予定日の1か月前に請求をして
いる・いない→請求が遅れた理由
〔　　　　　　　　　　　　　　　　〕
(2) 常態として1の子を保育できる又は1の家族を介護できる16歳以上の同居の親族が
いる・いない</td></tr>
</table>

育児短時間勤務申出書

様式第11号

育児短時間勤務申出書

殿

［申出日］　　　　年　　月　　日
［申出者］所属
　　　　　氏名

私は、育児・介護休業規程（第21条）に基づき、下記のとおり育児短時間勤務の申出をします。

記

1　短時間勤務に係る子の状況	(1) 氏名	
	(2) 生年月日	
	(3) 本人との続柄	
	(4) 養子の場合、縁組成立の年月日	
	(5) (1)の子が、特別養子縁組の監護期間中の子・養子縁組里親に委託されている子・養育里親として委託された子の場合、その手続が完了した年月日	
2　1の子が生まれていない場合の出産予定者の状況	(1) 氏名 (2) 出産予定日 (3) 本人との続柄	
3　短時間勤務の期間	年　　月　　日から　　年　　月　　日	
	※　　時　　分から　　時　　分まで	
4　申出に係る状況	(1) 短時間勤務開始予定日の1か月前に申し出て	いる・いない→申出が遅れた理由 〔　　　　　　　　　　　　〕
	(3) 1の子について短時間勤務の申出を撤回したことが	ない・ある 再度申出の理由 〔　　　　　　　　　　　　〕

（注）3－※欄は、従業員が個々に労働する時間を申し出ることを認める制度である場合には、必要となります。

介護短時間勤務申出書

様式第12号

介護短時間勤務申出書

殿

［申出日］　　　　年　　月　　日
［申出者］所属
　　　　　氏名

私は、育児・介護休業規程（第22条）に基づき、下記のとおり介護短時間勤務の申出をします。

記

1　短時間勤務に係る家族の状況	(1) 氏名	
	(2) 本人との続柄	
	(3) 介護を必要とする理由	
2　短時間勤務の期間	年　月　日から　年　月　日まで	
	※　時　分から　時　分まで □毎日　□その他［　　　］	
3　申出に係る状況	(1) 短時間勤務開始予定日の２週間前に申し出て	いる・いない→申出が遅れた理由 〔　　　〕
	(2) １の家族について最初の介護短時間勤務を開始した年月日、及びこれまでの利用回数	〔最初の開始年月日〕 年　月　日 〔回数〕 回
	(3) １の家族について介護短時間勤務の申出を撤回したことが	ない・ある（　回） →既に２回連続して撤回した場合、再度申出の理由 〔　　　〕

(注) ２-※欄は、従業員が個々に勤務しない日又は時間を申し出ることを認める制度である場合には必要となります。

〔育児・介護〕短時間勤務取扱通知書

様式第13号

〔育児・介護〕短時間勤務取扱通知書

殿

年　　月　　日

会社名

あなたから　　年　　月　　日に〔育児・介護〕短時間勤務の申出がありました。育児・介護休業規程（第21条及び第22条）に基づき、その取扱いを下記のとおり通知します（ただし、期間の変更の申出があった場合には下記の事項の若干の変更があり得ます。）。

記

1　短時間勤務の期間等	・適正な申出がされていましたので申出どおり　　年　　月　　日から　　年　　月　　日まで短時間勤務をしてください。 ・申し出た期日が遅かったので短時間勤務を開始する日を　　年　　月　　日にしてください。 ・あなたは以下の理由により対象者でないので短時間勤務をすることはできません。 （　　　　　　　　　　　　　　　　　　） ・今回の措置により、介護短時間勤務ができる期限は、　　年　　月　　日までで、残り（　　）回になります。
2　短時間勤務期間の取扱い等	(1)　短時間勤務中の勤務時間は次のとおりとなります。 始業（　　時　　分）　　終業（　　時　　分） 休憩時間（　　時　　分～　　時　　分（　　分）） (2)（産後1年以内の女性従業員の場合）上記の他、育児時間1日2回30分の請求ができます。 (3)　短時間勤務中は原則として所定時間外労働は行わせません。 (4)　短時間勤務中の賃金は次のとおりとなります。 1　基本賃金 2　諸手当の額又は計算方法 (5)　賞与の算定に当たっては、短縮した時間に対応する賞与は支給しません。 (6)　退職金の算定に当たっては、短時間勤務期間中も通常勤務をしたものとみなして計算します。
3　その他	お子さんを養育しなくなる、家族を介護しなくなる等あなたの勤務に重大な変更をもたらす事由が発生したときは、なるべくその日に　　　　　　　課あて電話連絡をしてください。この場合の通常勤務の開始日については、事由発生後2週間以内の日を会社と話し合って決定していただきます。

育児目的休暇取得申出書

様式第14号

育児目的休暇取得申出書

殿

［申出日］　　　年　　月　　日
［申出者］所属
　　　　　氏名

私は、育児・介護休業規程（第11条）に基づき、下記のとおり育児目的休暇取得の申出をします。

記

1．取得日
　　年　　月　　日（　　曜日）から　　年　　月　　日（　　曜日）まで　　日間

（注1）当日、電話などで申し出た場合は、出勤後すみやかに提出してください。

育児・介護休業等に関する労使協定

○○株式会社（以下「会社」という。）と会社の従業員代表○○○○は、会社における育児休業及び介護休業等並びに雇用保険の給付手続に関し、下記のとおり協定する。

記

（育児休業の申出を拒むことができる従業員）（※１）

第１条　会社は、次の従業員から１歳（育児・介護休業規程第６条第１項及び第２項に定める要件に該当するときは、１歳６か月又は２歳）に満たない子を養育するための育児休業の申出があったときは、その申出を拒むことができるものとする。

⑴　雇入れ後１年未満の従業員（**※２**）

⑵　申出の日から１年（育児・介護休業規程第６条第１項及び第２項の申出にあっては６か月）以内に雇用関係が終了することが明らかな従業員

⑶　１週間の所定労働日数が２日以下の従業員

（介護休業の申出を拒むことができる従業員）

第２条　会社は、次の従業員から介護休業の申出があったときは、その申出を拒むことができるものとする。

⑴　雇入れ後１年未満の従業員

⑵　申出の日から93日以内に雇用関係が終了することが明らかな従業員

⑶　１週間の所定労働日数が２日以下の従業員

（子の看護休暇の申出を拒むことができる従業員）

第３条　会社は、次の従業員から子の看護休暇の申出があったときは、その申出を拒むことができるものとする。

条文の見出し／キーワード	作成基準の解説

（※１）育介法により、期間を定めて雇用される者であって次の要件を満たさない者については、労使協定の必要なく育児休業の申出ができないとしています。

> ➢ 期間を定めて雇用される者で、育児休業の申出ができる者の要件
> ① 当該事業主に引き続き雇用された期間が１年以上である者
> ② その養育する子が１歳６か月に達する日までに、その労働契約（労働契約が更新される場合にあっては、更新後のもの）が満了することが明らかでない者

なお、労使協定により育児休業の申出を拒むことができる従業員には、正社員も含まれます。

（※２）雇入れ後１年未満か否かは、育児休業を申し出た時点で判断します。したがって、例えば産後休業終了時点で雇入れ後１年を経過していなかったとしても、その後勤続満１年が経過した時点で育児休業の申出ができることになります。

(1) 雇入れ後6か月未満の従業員（※3）
(2) 1週間の所定労働日数が2日以下の従業員

（介護休暇の申出を拒むことができる従業員）

第4条 会社は、次の従業員から介護休暇の申出があったときは、その申出を拒むことができるものとする。
(1) 雇入れ後6か月未満の従業員
(2) 1週間の所定労働日数が2日以下の従業員

（子の看護休暇、介護休暇の半日取得について）

第5条 会社は、次の従業員から半日単位の子の看護休暇又は介護休暇の申出があったときは、当該従業員が第3条又は第4条に該当しない場合であっても、その申出を拒むことができるものとする。
(1) 長時間の移動を要する遠隔地で行う業務であって、半日単位の子の看護休暇又は介護休暇を取得した後の勤務時間又は取得する前の勤務時間では処理することが困難な業務に従事する従業員
(2) 流れ作業方式や交替制勤務による業務であって、半日単位の子の看護休暇又は介護休暇を取得する者を勤務体制に組み込むことによって業務を遂行することが困難な業務に従事する従業員

2 対象となる従業員は、勤務時間9時～17時45分の従業員とする。

3 取得の単位となる時間数は、始業時刻から3時間又は終業時刻までの4時間45分とする。

4 休暇1日当たりの時間数は、7時間45分とする。

（育児・介護のための所定外労働の制限の請求を拒むことができる従業員）

第6条 会社は、次の従業員から育児・介護のための所定外労働の制限の請求があったときは、その請求を拒むことができるものとする。
(1) 雇入れ後1年未満の従業員
(2) 1週間の所定労働日数が2日以下の従業員

条文の見出し／キーワード	作成基準の解説
	（※３）育児休業、介護休業の申出を拒むことができる従業員として、「雇入れ後１年未満の従業員」が定められていますが、子の看護休暇、介護休暇については、「雇入れ後６か月」とされているため、注意が必要です。労基法上年次有給休暇が取得できる従業員は、子の看護休暇、介護休暇の申出もできるということです。

（育児短時間勤務の申出を拒むことができる従業員）

第7条　会社は、次の従業員から育児短時間勤務の申出があったときは、その申出を拒むことができるものとする。

(1)　雇入れ後１年未満の従業員

(2)　１週間の所定労働日数が２日以下の従業員

(3)　業務の性質又は業務の実施体制に照らして、育児短時間勤務措置を講ずることが困難と認められる次の業務に従事する従業員（※4）

①　○○工場○○部門の従業員（交替制勤務のため）

②　△△工場△△部門の従業員（流れ作業方式による製造業務であるため）

③　□□支店の総務及び経理業務に従事する従業員（従業員数が少なく代替要員の配置が困難であるため）

2　前項第３号による適用除外者については、会社は育児・介護休業規程に定める代替措置を講ずる。（※5）

（介護短時間勤務の申出を拒むことができる従業員）

第8条　会社は、次の従業員から介護短時間勤務の申出があったときは、その申出を拒むことができるものとする。

(1)　雇入れ後１年未満の従業員

(2)　１週間の所定労働日数が２日以下の従業員

条文の見出し／キーワード	作成基準の解説

（※４）業務の性質又は業務の実施体制に照らして、制度の対象とすることが困難と認められる業務について、次のように例示されています（育介法指針第２ 九(3)）。

> ①　業務の性質に照らして、制度の対象とすることが困難と認められる業務
> 例えば、国際路線等に就航する航空機において従事する客室乗務員等の業務
> ②　業務の実施体制に照らして、制度の対象とすることが困難と認められる業務
> 例えば、労働者数が少ない事業所において、当該業務に従事しうる労働者数が著しく少ない業務
> ③　業務の性質及び実施体制に照らして、制度の対象とすることが困難と認められる業務
> （イ）流れ作業方式による製造業務であって、短時間勤務の者を勤務体制に組み込むことが困難な業務
> （ロ）交替制勤務による製造業務であって、短時間勤務の者を勤務体制に組み込むことが困難な業務
> （ハ）個人ごとに担当する企業、地域等が厳密に分担されていて、他の労働者では代替が困難な営業業務

上記例示に当てはまらない業務はすべて困難と認められる業務に該当しないものではなく、また、当てはまればすべて困難と認められる業務に該当するものではないとされており、あくまで総合的に勘案する必要があります。

（※５）１項３号による適用除外者に対して講じる代替措置は、次の各号に掲げるいずれかの方法により講じなければならないとされています（育介則74条２項）

> ①　労働基準法第32条の３に定めるフレックスタイム制を設けること。
> ②　１日の所定労働時間を変更することなく始業又は終業の時刻を繰り上げ又は繰り下げる制度を設けること。
> ③　労働者の３歳に満たない子に係る保育施設の設置運営その他これに準ずる便宜の供与を行うこと。

（従業員への通知）（※６）

第９条　会社は、第１条から第８条までのいずれかの規定により従業員の申出又は請求を拒むときは、その旨を従業員に通知するものとする。

（有効期間）（※７）

第10条　本協定の有効期間は、○年○月○日から○年○月○日までとする。ただし、有効期間満了の１か月前までに、会社、従業員代表のいずれからも申出がないときには、更に１年間有効期間を延長するものとし、以降も同様とする。

以上の協定を証するため、本書２通を作成し、記名押印のうえ協定当事者が各々１通ずつ所持する。

○年○月○日

○○株式会社　従業員代表　○○○○　㊞
○○株式会社　代表取締役　○○○○　㊞

条文の見出し／キーワード	作成基準の解説
	（※6）当該労使協定で定める事由により申出等を拒むときは、その旨を従業員に通知しなければなりません。 （※7）この労使協定については、有効期間の定めについて、法定の定めはありません。しかし、有効期間の定めを置かない場合の労使協定の効力は、契約の原則により、労使双方の合意がなければ解約できないと解釈されています。したがって、定期の見直しができるよう有効期間を定めておくのが実務上有効な方法です。

18

通勤手当支給規程

【参考資料】

○給与制度研究会監修、日本人事行政研究所編集『諸手当質疑応答集　第12次全訂版』学陽書房

（目　的）

第１条　この規程は、○○株式会社（以下「会社」という。）の従業員の通勤手当の支給の細則について定めるものである。

（通勤の原則）

第２条「通勤」とは、従業員が勤務のため、その者の住居と会社との間を往復することをいう。

２　徒歩により通勤するものとした場合の通勤距離及び自動車等（自動車、自動二輪車、自転車その他会社が認めた交通用具をいう。以下同じ。）の使用距離は、一般に利用しうる最短の経路の長さによるものとする。

３　前項の距離の計測は、会社が指定する経路検索アプリケーションを用いて行う。

（通勤手当支給対象者の範囲）

第３条　通勤手当は、次に掲げる従業員（従業員の住居から勤務地までの距離が２キロメートル以上の者に限る。）に支給する。

⑴　通勤のため交通機関を利用してその運賃を負担することを常例とする従業員

⑵　自動車等を使用することを常例とする従業員

⑶　通勤のため交通機関を利用してその運賃を負担し、かつ、自動車等を使用することを常例とする従業員

２　前項第２号、第３号に該当する者は、あらかじめ、自動車等の使用につき、会社の許可を受けなければならない。この場合において、自動車等を使用しなければ通勤が困難となる事情が認められないときは、自動車等の使用は認めず、前項第１号に該当するものとして通勤手当を支給する。

３　１か月以上の欠勤者及び休職者には、通勤手当は支給しない。

条文の見出し／キーワード	作成基準の解説
（目　的）	通勤手当は、労基法上の「賃金」にあたり、就業規則に必ず記載しなければなりません。本規程は、その細則という位置づけになります。
（通勤の原則）	1．「通勤」と「距離」の考え方を定義します。
通勤とは	2．「通勤」とは、従業員が勤務のため、その者の住居と会社との間を往復することをいいます。通勤手当の額の算出基準は、「距離」と「運賃」が重要なものとなるため、公共交通機関を用いる場合には、経路や方法が適正である必要があり、規程で最も重要なルールとなります。
距離の算定	3．通勤距離は、公共交通機関を用いる場合のほか、徒歩や自動車利用による場合にも重要な要素であり、一般に利用しうる最短の経路の長さによることを規程で明らかにします。また、経路計測については、最近ではアプリケーションを用いる例が増えていますが、その場合は、アプリケーションを統一するルールも設けておきます。
経路検索アプリケーション	4．代表的な経路検索アプリケーションには、次のようなものがあります。 ①　『乗換案内』（ジョルダン株式会社） ②　『駅すぱあと』（株式会社ヴァル研究所） ③　『NAVITIME』（株式会社ナビタイムジャパン）
（通勤手当支給対象者の範囲）	通勤手当の支給対象者は、交通機関等を利用した従業員としています。徒歩通勤の場合は支給しません。ちなみに、徒歩通勤の場合の通勤手当は、全額課税です。また。たとえ交通機関を使ったとしても通勤距離が片道２km未満の場合も、全額課税となるため、通勤手当の支給を行わないのが一般的です。従業員のさまざまな交通手段を想定したきめ細かな規定が必要となります。

（交通機関に係る通勤手当の月額の算出の基準）

第4条　交通機関に係る通勤手当の月額は、運賃、時間、距離等の事情に照らし最も経済的かつ合理的と認められる通常の通勤の経路及び方法により算出するものとする。ただし、その額が、所得税法に定める非課税限度額<別例：▼▼▼円>を超えるときは、非課税限度額<別例：▼▼▼円>を通勤手当の月額とする。

2　前項の通勤の経路又は方法は、往路と帰路とを異にし、又は往路と帰路とにおけるそれぞれの通勤の方法を異にするものであってはならない。ただし、労働時間が深夜に及ぶためこれにより難い場合、交通スト、天災事変により交通機関の不通が生じた場合等正当な事由がある場合は、この限りでない。

条文の見出し／キーワード	作成基準の解説

（交通機関に係る通勤手当の月額の算出の基準）

運賃の基準

非課税限度額

1．運賃については、交通機関使用に要する額は、運賃、時間、距離等の事情に照らし最も経済的かつ合理的と認められる通常の通勤の経路及び方法により算出すること等を明らかにします。

2．モデル規程では、通勤手当の額は、非課税限度額を超えない範囲としています。非課税限度額を超える通勤手当を支給しても問題はありませんが、非課税限度額の範囲で支給するのが一般的です。

① 交通機関又は有料道路を利用		150,000円（※1）
② 自動車や自転車などの交通用具を使用	通勤距離が片道55Km以上	31,600円
	通勤距離が片道45Km以上55Km未満	28,000円
	通勤距離が片道35Km以上45Km未満	24,400円
	通勤距離が片道25Km以上35Km未満	18,700円
	通勤距離が片道15Km以上25Km未満	12,900円
	通勤距離が片道10Km以上15Km未満	7,100円
	通勤距離が片道2Km以上10Km未満	4,200円
	通勤距離が片道2Km未満	全額課税
③ 交通機関を利用している者に支給する通勤用定期乗車券		150,000円（※1）
④ 交通機関又は有料道路を利用するほか、交通用具も使用		150,000円（※2）

（※1）「1か月当たりの合理的な運賃等の額」（運賃相当額）であることが必要です。新幹線鉄道の料金等は、運賃相当額に含まれますが、グリーン料金は含まれず、全額課税対象です。

（※2） 運賃相当額と距離比例額の合計で150,000円が非課税限度額となります。

交通機関又は有料道路を利用した場合の非課税限度額

3．2.の表にあるとおり、現在のところ「150,000円」とされています。会社が支給する手当の上限額は、必ずしもこれに合わせる必要はありません。なお、国家公務員の場合の上限額は、「55,000円」とされています。

4．いわゆる正社員に支給されている通勤手当に係る上限額の設定の状況は次のとおりです。

規定がある	39.3%
規定がない	56.2%

条文の見出し／キーワード	作成基準の解説

不　明	4.5%

資料出所：2014年調査『労働政策研究・研修機構調査シリーズNo127』参照

5．また、いわゆる正社員に支給されている通勤手当の支給額（月額：支給総額／実支給者数）及び通勤手当は、次のとおりです。

（%）

企業規模別	5000円未満	5000～10000円未満	10000～15000円未満	15000～20000円未満	20000～30000円未満	30000～40000円未満	40000円以上	平均（円）
300人以上	5.1	29.2	40.9	16.1	6.6	2.2	0.0	12616
100～300人未満	9.2	34.3	31.4	18.1	4.8	1.6	0.6	11773
30～100人未満	12.0	33.1	31.8	14.0	6.8	1.7	0.5	11600
30人未満	11.9	28.0	29.4	15.9	10.7	2.9	1.1	12677

資料出所：2014年調査『労働政策研究・研修機構調査シリーズNo127』参照

通勤経路が複数ある場合

6．複数の通勤経路がある場合、そのいずれも一般的に利用されており、かつ所要時間や運賃などの利用条件を総合的に判断して不合理な点がなければ、現に従業員が利用している通勤経路を「経済的かつ合理的」と認めることが適当です。

日によって通勤手段が異なる場合

7．日によって通勤手段が異なる場合は、年間を通じて主として用いる通勤の方法を原則的な通勤手段として決め、それに係る通勤手当を支給します。

夜学に通っている場合

8．夜間に大学等に通学しているために通学用定期券を利用して通勤する場合は、その定期券の価額を5条の1か月定期代相当額とすることが適当です。

往路と帰路とが違う場合

9．基本的に往路と帰路は、同一であるほうが望ましいといえます。「買い物に便利だから」等の理由で異なる経路を認めることは管理上好ましくありません。あくまでも通勤というのは業務に付随する行為であって、私的行為が混在することを会社が容認することは問題があります（当然、通勤途上の私的行為中の事故については労災保険からの給付の対象外に

（交通機関に係る通勤手当の月額）

第５条　通勤の経路及び方法のうち、交通機関に係る通勤手当の月額は、原則として、１か月定期代相当額（定期券を発行しない交通機関の場合は、回数乗車券等の通勤○回分の額）とする。

（新幹線鉄道に係る通勤手当の特例）

第６条　次の各号のいずれかに該当したときは、前条の額は、運賃、特急料金、時間、距離等の事情に照らし最も経済的かつ合理的と認められる新幹線鉄道を利用する場合にお

条文の見出し／キーワード	作成基準の解説
	なります)。したがって、労働時間が深夜又は早朝に及ぶこと等社会通念上やむを得ないと認められる事由によって通勤経路及び方法について往路と復路を異にすることを余儀なくされるような正当な事由がある場合に限り、異なる経路を認めることとします。例えば、「電車の運行時刻が不便な場合」などは、ここでいう「正当な事由」に該当するでしょう。
(交通機関に係る通勤手当の月額)	1．通勤手当の月額は1か月定期の金額としています。3か月や6か月の定期もありますが、この場合には、一括で支払うのではなく、月按分して毎月支払うほうが給与支払事務の軽減となります。
現物給与	2．通勤手当は労基法上の賃金に当たりますが、「賃金は、通貨で、直接労働者にその全額を支払わなければならない」と定められています。通勤定期券の現物供与は、通貨以外のもので支払うことに当たるため、労働協約に別段の定めがない場合は、通勤定期券の現物供与をすることはできません（労基法24条）。したがって、労働組合がない場合及び労働組合があってもそれに加入していない従業員には通勤定期券の現物支給はできないことになります（昭63.3.14基発150号）。
平均賃金	3．3か月や6か月ごとに通勤定期券代相当額を支給する場合、その通勤手当は各月分の賃金の前払いとして認められますので、月按分して毎月割り当てられた金額を平均賃金の算定基礎に加えることになります（昭33.2.13基発90号）。
割増賃金算定基礎	4．通勤手当は、割増賃金の算定基礎となる賃金から除外できる項目の1つとされています。ただし、労基法で通勤手当とみなされるのは「労働者の通勤距離又は通勤に要する実際費用に応じて算定される手当」とされていますので、一定額までは距離にかかわらず一律に支給する場合は労基法上の通勤手当とみなされず、割増賃金の算定基礎に算入しなければならないため、注意が必要です（労基法37条）。
(新幹線鉄道に係る通勤手当の特例)	1．新幹線通勤は、特例として規定します。新幹線通勤をしなければならない特別な事情を個別に判断します。
新幹線通勤の基準	2．国家公務員給与法では、転勤により、通常の通勤の経路及

ける通勤の経路及び方法により算出することができる。

(1)　勤務地の変更を伴う転勤者で、家庭の事情により新幹線通勤がやむを得ないものと会社が認める場合（通勤距離60キロメートル以上又は通勤時間90分以上を目安とする。）

(2)　新幹線鉄道の利用により通勤時間が30分以上短縮される場合

(3)　新幹線鉄道の利用により得られる通勤事情の改善が合理的であると会社が認める場合

（自動車等に係る通勤手当の月額）

第７条　通勤の経路及び方法のうち、自動車等に係る通勤手当の月額は、次に掲げる従業員の区分に応じ、当該各号に定める額を支給する。

(1)　自動車等の使用距離（以下「使用距離」という。）が片道２キロメートル以上10キロメートル未満である従業員…▼▼▼円

(2)　使用距離が10キロメートル以上15キロメートル未満である従業員…▼▼▼円

(3)　使用距離が15キロメートル以上25キロメートル未満である従業員…▼▼▼円

(4)　使用距離が25キロメートル以上35キロメートル未満である従業員…▼▼▼円

(5)　使用距離が35キロメートル以上45キロメートル未満である従業員…▼▼▼円

(6)　使用距離が45キロメートル以上55キロメートル未満である従業員…▼▼▼円

(7)　使用距離が55キロメートル以上である従業員…▼▼▼円

２　前項各号の距離の計測は、会社が指定する経路探索アプリケーションを用いて行う。

（交通機関と自動車等を併用する者に係る通勤手当の月額）

第８条　第３条第１項第３号の従業員に支給する通勤手当の月額は、第５条の額（第６条は適用しない。）及び第７条の額の合算額とする。ただし、その額が、▼▼▼円を超えるときは、▼▼▼円を通勤手当の月額とする。

＜別規定＞

第８条　第３条第１項第３号の従業員に支給する通勤手当の月額は、第５条の額（第６条は適用しない。）及び第７条の額のうち、いずれか高い額とする。

（支給の始期及び終期）

第９条　通勤手当の支給は、従業員に支給事由が生じた場合においてはその事由が生じた日の属する月の翌月（その日が月の初日であるときは、その日の属する月）から開始する。ただし、第11条の規定による届出が、これに係る事実の生じた日から15日を経過し

条文の見出し／キーワード	作成基準の解説

び方法による場合は、長時間の通勤時間を要することとなる職員であって、新幹線鉄道等を利用しないで通勤するものとした場合における通勤距離が60km以上又は通勤時間が90分以上であるもの等の通勤困難者について、新幹線鉄道等の利用により通勤時間が30分以上短縮されること等の要件を満たす場合に、これを認めています。なお、支給額は、定期券額の２分の１です。

（自動車等に係る通勤手当の月額）

自転車や自動車などの交通用具を使用した場合の非課税限度額

1．自動車等による通勤の場合、距離、経路計測で使用するアプリケーションを統一する規定を設けておきます。
2．自動車等を使用した場合の非課税限度額は、次のとおりです。

通勤距離（片道）	金　額
55Km以上	31,600円
45Km以上55km未満	28,000円
35Km以上45km未満	24,400円
25Km以上35km未満	18,700円
15Km以上25km未満	12,900円
10Km以上15km未満	7,100円
2Km以上10km未満	4,200円
2km未満	全額課税

（交通機関と自動車等を併用する者に係る通勤手当の月額）

交通機関と自動車等を併用する場合の通勤手当は、それぞれの合算額、又はいずれか高い額とします。

（支給の始期及び終期）

1．通勤手当の支給は、1か月を単位とし行うとした規定です。１か月単位とすることで給与計算事務の負担軽減を優先する考え方です。

日割計算

2．一般的には日単位の日割りは行われていません。モデル規

た後にされたときは、その届出を受理した日の属する月の翌月（その日が月の初日であるときは、その日の属する月）から行うものとする。

2　通勤手当の支給は、通勤手当の支給を受けている従業員の退職の日又は支給事由が消滅した場合においてはその事由の生じた日の属する月（これらの日が月の初日であるときは、その日の属する月の前月）をもって終わる。

3　通勤手当は、これを受けている従業員にその額を変更すべき事由が生ずるに至った場合においては、その事由の生じた日の属する月の翌月（その日が月の初日であるときは、その日の属する月）から支給額を改定する。この場合において、第１項ただし書の規定は、通勤手当の額を増額して改定する場合における支給額の改定について準用する。

（通勤定期券の払戻し）

第10条　通勤手当を支給される従業員について、次の各号に定める事由が生じた場合には、不要となった期間の通勤定期券の運賃の払戻し額を会社に返納させるものとする。

(1)　通勤経路若しくは通勤方法を変更し、又は通勤のために負担する運賃等の額に変更があったことにより、通勤手当の額が改定されるとき。

(2)　退職するとき。

(3)　月の途中において休職、育児休業、介護休業その他の事情により２か月以上にわたって通勤しないとき。

（届出義務）

第11条　通勤手当の支給を受けようとする者は、所定の届出書に通勤の経路及び方法並びに運賃等を記入して会社に届け出なければならない。

2　通勤経路に変更が生じたときは、直ちに、所定の届出書に新たな通勤の経路及び方法並びに運賃等を記入して会社に届け出なければならない。

条文の見出し／キーワード	作成基準の解説
	程は、15日単位の日割りとしました。
出勤日が１日もない場合	３．出勤日が１日もない場合は、12条により通勤手当を不支給とします。また、出勤しないこととなってから、定期券の有効期間内に出勤しないことが明らかである場合は、定期券の払戻し額を返還させます。
（通勤定期券の払戻し）	通勤手当の支給事由が消滅した場合、又は通勤経路が変更されて従前の定期券が不要となった場合は、通勤定期券の払戻しを行い、払戻し額を返還させます。通勤定期券の払戻し額は、定期券の解約をする場合と、有効期間内に新たな定期券を購入する場合で異なります。

➢ 定期券の解約の場合

１か月使用後　定期運賃－（１か月運賃＋払戻手数料）
２か月使用後　定期運賃－（１か月運賃×２＋払戻手数料）
３か月使用後　定期運賃－（３か月運賃＋払戻手数料）
４か月使用後　定期運賃－（３か月運賃＋１か月運賃＋払戻手数料）
５か月使用後　定期運賃－（３か月運賃＋［１か月運賃× 2］＋払戻手数料）

➢ 新たな定期券を購入する場合の払戻し（期間変更又は紛失後に発見）

定期運賃－（使用した旬数×定期運賃の日割額×10＋払戻手数料）
旬数の単位は、10日を基準とする単位です。1旬に満たない日の端数は、1旬に切り上げます。なお、ひと月の日数が30日でない月の月末をまたいで旬を計算する場合、1旬が10日とはなりません。
例：1月10日を基準日とする1旬…1月10日～1月19日（10日間）
2月25日を基準日とする1旬…2月25日～3月4日（8日間）
8月25日を基準日とする1旬…8月25日～9月4日（11日間）
（基準日の数字の1の位の数から1を減じた数字に当たる応当日になる）

条文の見出し／キーワード	作成基準の解説
（届出義務）	通勤手当に関する事項は、従業員自身による書面での届出義務があることを明確にします。

（不支給の場合）

第12条 従業員が、出張、休暇、欠勤その他の事由により、月の初日から末日までの期間の全日数にわたって通勤しないこととなるときは、当該月の通勤手当は、支給しない。

（会社による確認）

第13条 会社は、現に通勤手当の支給を受けている従業員について、その者が通勤手当の支給要件を満たしているかどうか及び通勤手当の月額が適正であるかどうかを当該従業員に定期券等の提示を求め、又は通勤の実情を実地に調査する等の方法により、随時、確認するものとする。

2 前項の確認により、通勤手当の支給に過払いがあると認めるときは、会社はその差額を返納させるものとし、過払いを生じさせた事情によっては、就業規則第57条の懲戒処分の対象とする。

（規程の改廃）

第14条 この規程は、関係諸法規の改正及び会社状況及び業績等の変化により必要があるときは、従業員代表と協議のうえ改定又は廃止することがある。

条文の見出し／キーワード	作成基準の解説
（不支給の場合）	通勤手当は1か月間にわたり通勤しない場合は、支払わないことを規定します。
（会社による確認）	1．通勤手当の不正受給等を防止するため、会社に通勤手当に関する事項の調査権があることを明確にした規定です。
過払金の返還	2．不正受給が発覚した場合には、過払い分を遡って返金させます。この場合、賃金の過払いに当たり、賃金控除に関する労使協定の規定があれば、給与からの控除も可能です。虚偽申告等、不正の程度に応じ懲戒処分を検討することになります。
（規程の改廃）	この規程は、就業規則の一部となりますので、改定する場合は、就業規則の変更と同様の手続が必要になります。

19

国内出張旅費規程

【参考資料】

○国家公務員等の旅費に関する法律(以下「旅費法」)

○旅行業務に関する標準マニュアルVer.2-0(2008年11月　各府省等申し合せ　2016年12月改定)

○ITを活用した内部管理業務の抜本的効率化に向けたアクションプラン（資料２　旅費業務に関するガイドライン）（平成20.5.30　内閣府）

○旅費法令研究会『旅費法詳解 第８次改訂版』学陽書房

○旅費法令研究会『公務員の旅費法質疑応答集 第６次改訂版』学陽書房

○労務行政研究所『労政時報』2014年６月13日第3868号

第1章　総　則

（目　的）

第1条　この規程は、○○株式会社（以下「会社」という。）の従業員が、会社の業務上の必要により国内出張する場合に支給する旅費に関して定めるものである。

2　従業員が出張のため旅行した場合には、この規程に定めるところにより、旅費を支給する。

条文の見出し／キーワード	作成基準の解説

（目　的）

1．従業員が、会社の業務のため旅行した場合にその費用を弁償しようとするものです。

2．役員の出張旅費は、従業員のものとは別に定めておくとよいでしょう。

旅費の支給

3．会社は、出張のための旅行を命じた以上、所要の旅費を支給して、職務遂行に支障を生じないようにすることが必要です。

4．旅費の支給方式は、大きく次の2通りに分けることができます。

方　式	内　容	メリット	デメリット
実費方式	出張者が提出する証拠書類に基づいて支給額を定める	・実費弁償という旅費の原則に沿っている	・証拠書類の絶対確保が難しい ・出張者や事務担当者の手数が増大
定額方式	個々の旅費種目について標準的な実費額を基礎として計算された定額を支給する	・手続が簡単であり、事務経費を考えると比較的経費が節約できる	・標準額の決定が困難 ・実費が標準額と大幅に食い違っている場合に調整が必要

出張旅費規程の必要性

5．「領収証どおりに払っていれば出張旅費規程はいらない」という考えもありますが、人数あるいは出張回数が少ないうちはそれでもよいでしょう。しかし、従業員が使用した費用が、本当に業務のために必要とされた費用であるかどうかの判定は、結構難しいものです。極端な例でいうと、出張中、情報収集のため新聞を購入したとして領収証があったとしても、実際にはサッカーの試合結果を知るために買ったのかもしれないのです。領収証によって支払う方法は、証拠書類の確保が絶対条件で、いたずらに出張者や担当者の手数を増加させるだけでなく、濫用の弊害もあり、やたらと細かい領収証を提出してくる従業員とそうでない従業員で差が生じてしまう事態が生じます。したがって、定額方式のよさも取り入

（定　義）

第2条　この規程において、次の各号に掲げる用語の意義は、当該各号に定めるところによる。

(1)　出張…従業員が業務のため一時その勤務地を離れて旅行することをいう。

(2)　国内出張…本邦（本州、北海道、四国、九州及びこれらに附属の島の存する領域をいう。以下同じ。）における旅行をいう。

(3)　国外出張…本邦と外国（本邦以外の領域をいう。以下同じ。）との間における旅行及び外国における旅行をいう。

(4)　外出…概ね行程８キロメートル未満、かつ５時間未満の出張をいう。

(5)　在勤地…勤務地から半径８キロメートル以内の地域をいう。

(6)　赴任…新たに採用された従業員がその採用に伴う移転のため住所若しくは居所から勤務地に旅行し、又は転勤を命ぜられた従業員がその転勤に伴う移転のため旧勤務地から新勤務地に旅行することをいう。

2　国外出張については、国外出張旅費規程に定めるところによる。

条文の見出し／キーワード	作成基準の解説
	れつつ規程を整備することが必要となります。
旅費法とは	6．「国家公務員等の旅費に関する法律」（以下「旅費法」）は、国家公務員等に対し支給する旅費に関し諸般の基準を定めた法律です。費用節約と事務の簡素化から定額方式（実費との差額が大きい場合は実費方式）を採用しており、旅費の種類、金額等が詳細に規定されているため、規程を整備する場合の参考となります。モデル規程は、旅費法をベースにしつつ、民間会社でも運用しやすいようにカスタマイズして作成したものです。
	7．昨今の経路検索ソフト等の情報化の進展に伴い、旅行に要した実費の確認が容易になっていることや、ICカードや旅行パック商品の普及等から「定額方式」の合理性が減少し、むしろ実費との差額が生じ不公平になる問題も生じています。したがって、定額方式による額を上限として、適度に実費方式を織り交ぜていくという方法が検討されています。モデル規程は、あくまでもたたき台ですから、各会社ならではのアイデアを加えていってください。
（定　義） 出張	1．出張の定義を定めておきます。モデル規程では、業務の一環として日常的に行われる外出と出張を区別しています。
国内出張	2．旅行が国内で完結する出張です。すなわち、出発地、目的地すべてが本邦内である場合です。旅費法でいう「内国旅行」のことです。
国外出張	3．旅行が本邦と外国の間及び外国内で完結する出張です。したがって、海外赴任者が本邦外を旅行する場合は、すべて国外出張となります。旅費法でいう「外国旅行」のことです。
在勤地	4．旅費法の定義をそのまま用いています。この場合、「8キロメートル」とは半径距離を指しています。しかし、同心円で境界づけることは、実務上困難な場合があるので、多少柔軟な運用が行われています。この辺りは、各会社においてルールを策定するとよいでしょう。
赴任	5．赴任に際して交通費等の負担を行う場合には、出張旅費規程に定めておくとルールが明確になります。

（出張命令）

第3条　出張のための旅行は、所属長の発する出張命令によって行う。ただし、業務の一環として日常的に行われる外出の場合には､適宜口頭によりこれを命ずることができる。

2　所属長は、電子メール、電話、郵便等の通信による連絡手段によっては業務の円滑な遂行を図ることができない場合で、かつ、予算上旅費の支出が可能である場合に限り、出張命令を発することができる。

3　所属長は、出張命令を発し、又はこれを変更するには、「出張命令簿」（様式第１号）に当該出張に関する事項の記載又は記録をし、これを当該出張者に提示してしなければならない。ただし、出張命令簿に当該旅行に関する事項の記載又は記録をし、これを提示するいとまがない場合には、所属長を代理する者に出張命令手続を委任することができる。

4　前項ただし書の規定により出張命令簿を提示しなかった場合には、できるだけ速やかに出張命令簿に当該出張に関する事項の記載又は記録をし、これを当該出張者に提示しなければならない。

（出張命令の変更）

第4条　業務上の必要又は天災その他やむを得ない事情により、出張命令を受けた従業員が当該出張命令に従って旅行することができない場合には、あらかじめ所属長に出張命令の変更の申請をしなければならない。

2　前項の規定により出張命令の変更をするいとまがない場合には、出張した後速やかに出張命令簿に記載された内容の変更について申請をしなければならない。

3　外出の場合は、前二項の申請は、口頭で行うことができる。

（出張計画）

第5条　出張（外出の場合を除く。次条において同じ。）をしようとする従業員は、出張計画及び旅程等を記載した「出張計画書」（様式第２号）に「旅程表」（様式第３号）を添付して、所属長に提出しなければならない。

2　出張計画は、目的が明確なものでなければならない。

3　旅程は、最も効率的に目的を遂行でき、かつ、最も経済的な経路及び方法によるものでなければならない。

4　所属長は、出張計画及び旅程等が適切なものであるかの確認を行い、不適切な場合は変更を命ずるものとする。

条文の見出し／キーワード	作成基準の解説
（出張命令）	1．出張は、会社の命令によるものであることを明らかにします。また、命令権者も明らかにします。 2．出張命令の要件は次の２点です。命令権者は、これらの要件について適切に判断できる者である必要があります。 ①　通信による連絡手段によっては業務の円滑な遂行を図ることができないとき。 ②　予算上旅費の支出が可能であること。
（出張命令の変更）	出張命令の変更は、命令権者自身の裁量に基づいて行われる場合と、従業員の申請による場合がありますが、本規定は後者を定めたものです。
（出張計画）	1．出張内容が適切なものであるかどうかを、会社があらかじめ確認できるよう、出張計画書を提出させます。 2．路程の計算等は、この出張計画書に基づき行い、旅費の概算払いを行います。

（出張報告）

第6条　出張を終えた従業員は、２週間以内に、出張中の業務内容等を記載した「出張報告書」（様式第４号）を所属長に提出しなければならない。

2　前項の出張報告書を提出しない従業員については、会社は、旅費の精算は行わず、概算払の旅費がある場合であっても、これを返還させるものとする。

3　外出の場合は、日報の調製をもって出張報告に代えるものとする。

（出張中の労働時間）

第7条　出張中は、通常の労働時間労働したものとみなす。ただし、出張中の労働時間の管理が可能な場合であって、所定労働時間を超えて労働したことが明らかな場合は、現に労働した時間を労働時間とする。

2　出張中において休日に労働した場合、出張終了後、２週間以内に代休を与えることがある。ただし、移動日（旅行中に業務に従事していない日をいう。）については、この限りでない。

第２章　旅費の計算等

（旅費の種類）

第8条　この規程により支給する旅費の種類は、鉄道賃、船賃、航空賃、車賃、日当、宿泊料、移転料及び着後手当とする。

2　鉄道賃は、鉄道旅行について、路程に応じ実費額等により支給する。

3　船賃は、水路旅行について、路程に応じ実費額等により支給する。

4　航空賃は、航空旅行について、路程に応じ実費額等により支給する。

5　車賃は、陸路（鉄道を除く。以下同じ。）旅行について、実費額又は路程に応じ１キロメートル当たりの定額により支給する。

6　日当は、業務のため、目的地内を巡回するときに要する諸雑費について、出張の日数

条文の見出し／キーワード	作成基準の解説
（出張報告）	1．出張中の業務が適切に行われたかどうかを、会社が確認できるよう、出張報告書を提出させます。 2．出張報告書の提出期限を「２週間以内」としたのは、旅費の精算期間と合わせたためです（12条参照）。 3．出張報告を行わない場合の旅費の不支給を定めておきます。
（出張中の労働時間）	1．出張には移動時間が多く含まれ、労働時間の把握が困難である場合が多いため、原則として、事業場外の労働にかかるみなし労働時間制（所定労働時間のみなし）を適用します（労基法38条の２）。 2．出張中の休日はその日に旅行する等の場合であっても、原則として、休日労働には該当しません。ただし、業務に従事した場合は、休日労働になります。ここでいう業務には、別段の指示がある場合における物品の監視等が含まれます（昭23.3.17基発461号）。 3．モデル規程では、出張中に休日労働があった場合の代休付与を規定しています。当然にこれとは別に割増賃金の支払が必要となります。なお、「移動日」については、これらの措置は不要です。
（旅費の種類）	1．旅費の種類と各旅費に関する一般的な支給条件を定めておきます。以下、旅費法による概要と支給基準を示します。モデル規程は、これらの基準を参照しています。
鉄道賃	2．鉄道に乗車して旅行する費用に充てる旅費であり、旅客運賃、急行料金、特別車両料金及び座席指定料金をいい、その額は、路程に応じて計算されます。
船賃	3．船舶に乗船して旅行する費用に充てる旅費です。
航空賃	4．航空機等に搭乗して旅行する費用に充てる旅費であり、国内旅行の場合は現に支払った旅客運賃が支給され、外国旅行

に応じ１日当たりの定額により支給する。

7　宿泊料は、出張の夜数に応じ一夜当たりの定額により支給する。

8　移転料は、赴任に伴う住所又は居所の移転が行われた場合に要する諸費用について、路程等に応じ定額により支給する。

9　着後手当は、赴任に伴う住所又は居所の移転が行われた場合に要する諸雑費について、定額により支給する。

（旅費の区分）

第９条　国内出張に係る旅費は、「在勤地外旅費」及び「在勤地内旅費」に区分する。

（旅費の計算の原則）

第10条　旅費は、最も経済的な通常の経路及び方法により旅行した場合の旅費により計算する。ただし、業務上の必要又は天災その他やむを得ない事情により最も経済的な通常の経路又は方法によって旅行し難い場合には、その現によった経路及び方法によって計算する。

2　旅費に係る経路の起算地は、原則として、居住地の最寄り駅とする。ただし、会社又は他の勤務場所から直接出張する場合その他やむを得ない事情がある場合は、それぞれ

条文の見出し／キーワード	作成基準の解説
	の場合は役職に応じた旅客運賃が支給されます。なお、運賃として徴収される航空保険特別料金なども航空賃として支給します。
車賃	5．車賃とは、鉄道以外で陸路を利用して旅行した場合（軌道、バス等による旅行の場合）に、その旅行に要する費用に充てるため支給する旅費であり、定額を支給します。ただし、業務上の必要又は天災その他のやむを得ない事情により定額の車賃で旅行の実費を支弁することができない場合（軌道、バス、タクシー等の公共交通機関を利用した場合で定額を超える場合）には、実費額を支給することができます。この場合、運賃表又は領収書等により支給額の確認を行います。
日当	6．業務のため、目的地内を巡回する場合の交通費及び諸雑費を賄う旅費であり、1日当たりの定額が支給されます。鉄道100km未満、水路50km未満又は陸路25km未満の旅行の場合における日当の額は、半額となります。
宿泊料	7．旅行中の宿泊費及び宿泊に伴う諸雑費を賄う旅費であり、一夜当たりの定額が支給されます。
移転料	8．赴任に伴う居住所の移転が行われた場合に支給される旅費（いわゆる引越代）であり、距離区分等に応じた定額が支給されます。
着後手当	9．採用又は転勤により居住地の移転が行われた場合に新居住地に到着後の諸雑費に充てるために支給される旅費であり、日当及び宿泊料を基準に定額で支給されます。
（旅費の区分）	概ね日帰りの出張が可能な地域を「在勤地」として区分し、旅費の取扱いを別にしておくとよいでしょう。
（旅費の計算の原則） 最も経済的な通常の経路及び方法	1．経路の決定は、「最も経済的な通常の経路及び方法」によることとなりますが、これは、「通常の経路（鉄道、航空、船舶等の様々な交通手段のうち社会一般の者が利用する経路）及び方法（往復切符、通し切符等を含む。）」によって場合の選択肢の中で、「最も経済的な」ものをいいます。
最も経済的な	2．「最も経済的な」とは、最も安価なものに限らず、時間コストも含め判断すべきものです。したがって、当該旅行にお

の場所における最寄り駅を起算点とする。

3　旅費に係る経路の終着地は、原則として、居住地の最寄り駅とする。ただし、前項ただし書きの場合は、居住地に直帰する場合を除き、それぞれの場所における最寄り駅を終着点とする。

4　経路の距離数は､「旅程表」（様式第３号）に従い､会社が指定する路線検索アプリケーションを使用して計算する。ただし､会社の指定する旅行会社が旅程を作成したときは、この限りでない。

5　パック商品を利用するときは、その選定については、特定の代理店・WEBサイトの中から、できるだけ複数のパック商品の情報を比較検討し、原則として、その中で最も安価なものを選ぶものとする。

6　パック商品は次の各号のいずれもの要件を満たす場合に利用することができる。

(1)　宿泊施設は、宿泊に特化した宿泊施設（いわゆるビジネスホテル）であること。

(2)　パック商品の料金から第24条の宿泊料を除いた額が、この規程により支給される交通費相当額を下回ること。

（路線検索アプリによる経路選択）

第11条　路線検索アプリによる経路選択については、出張に係る業務時間に照らして適切な出発時刻又は到着時刻を設定した上で検索し、路線検索アプリに代表的に表示される経路（以下「代表経路」という。）のうち、最も金額の安価な経路（以下「最安経路」という。）を選ぶものとする。ただし、次の各号のいずれかに該当する場合は、会社の判断で路線検索アプリによる最安経路以外の経路を選択することができる。

(1)　最安経路に比べて、乗り換え回数が少ない等、交通の遅延等により経路変更や取消･変更料の発生の危険性が低い経路

(2)　最安経路に比べて、移動時間の短縮が可能である経路

(3)　最安経路が航空機を用いない経路である場合において、最安経路によると出発地から出張先までの旅行時間に４時間程度以上を要するときの、航空機を用いる経路

(4)　最安経路では日帰りができない場合において、日帰りが可能となる経路

(5)　特割利用等により最安経路よりも安価となる経路

(6)　その他路線検索アプリによらないことが合理的であると判断した場合の当該経路

条文の見出し／キーワード	作成基準の解説
	ける業務の内容・日程及び当該旅行に係る旅費総額を勘案して決定されるものです。 つまり、旅行の内容・日程を確定させ、その条件の下で、社会通念上「通常の経路及び方法」のうち、「最も経済的なもの」を選択することになります。
パック商品の利用	3．出張スケジュールを早期に確定すれば、パック商品の利用が可能となります。その選定については、なるべく複数のパック商品の情報（HPやパンフレット等）を比較検討し、原則安いものを選ぶことになりますが、出張者が多様なパック商品の情報からより安価なものを検索・選定をすることに多大な時間を要してしまっては本末転倒です。出張が多い会社では、旅行代理店等にアウトソーシングを行うことにより、業務の効率化と旅費の節減を実現することを検討してもよいでしょう。
（路線検索アプリによる経路選択）	1．最初の勤務地への到着予定時刻、最終勤務地からの出発予定時刻等を基準として経路検索（安い順）を行い、そこに表示された「通常の経路及び方法」のうち、原則最も安価なものを選択し、それ以外を選択する場合はその理由を記載し、その検索結果を旅程表に添付するとよいでしょう。 2．検索ソフトを活用して経路検索を行う場合、社会通念上、次のような検索結果は「通常の経路及び方法」から除外しても構いません。 ①　他の経路及び方法に比べ著しく時間コストがかかるもの （例）特急料金・航空賃の支給が認められる同一経路を結ぶ高速バス ②　他の経路及び方法に比べ乗換回数が多い等、交通の遅延等により経路変更等（取消変更料等の発生）の危険性が高いもの （例）安価であるが、複数の路線を乗り継ぐ経路（事実上の迂回ルート）等 3．経路検索ソフトに表示されないバス等の交通手段についても、WEBサイト等により時刻表等が入手できる場合には、それらにより旅程表を作成してもよいでしょう。

（私事滞在の場合等の経路）

第12条 私事のために居住地以外の地に滞在する者が、その場所から直接出張する場合については、当該滞在地から出張した場合と居住地から出張した場合を比較し、より安価な旅費を支給する。

（出張日数）

第13条 旅費計算上の出張日数は、出張のために現に要した日数による。ただし、天災その他やむを得ない事情により要した日数を除く。

（旅費の請求及び精算）

第14条 旅費（概算払に係る旅費を含む。）の支給を受けようとする場合、又は概算払に係る旅費の精算をしようとする場合には、「旅費（概算・精算）請求書」（様式第５号）に必要な書類を添えて、これを経理担当者に提出しなければならない。この場合において、必要な資料の全部又は一部の提出をしなかった者は、提出しなかったことにより、その旅費の必要が明らかにされなかった部分の金額の支給を受けることができない。

2 概算払に係る旅費の支給を受けた場合は、当該出張を完了した後、２週間以内に、旅費の精算をしなければならない。

3 会社は、前項の規定による精算の結果過払金があった場合には、所定の期間内に過払金を返納させるものとする。

（上司随行）

第15条 社長その他の役員に随行し、職務上必要と認められたときは、日当以外の旅費は、上位者と同等とする。

2 他社の役員に随行し、職務上必要と認められたときは、前項の規定を準用する。

条文の見出し／キーワード	作成基準の解説
（私事滞在の場合等の経路）	出張前に私事旅行をしているケースです。つまり、旅行命令の時点で滞在の事実がある場合又は予定がある場合でその滞在地より直ちに出張に出る場合を想定しています。
（出張日数）	出張日数は、旅行の経路とともに旅費計算上の二大要素であり、実際の旅行日数に基づき計算します。ただし、暴風雨、出水等による交通機関の不通で滞在した日数等は除くこととします。
（旅費の請求及び精算）	1．旅費の支払方法には、次の３通りがあります。 ①　確定払…自費等で旅費を一時立て替えて出張し、出張終了後にその旅費を請求し確定額で支払を受ける。 ②　概算払…出張前に概算額で旅費を請求し支払を受ける。 ③　精算…概算払を受けた者が出張終了後に旅費を精算請求し、支払又は返納する。
旅費の請求等に必要な書類の不提出	2．このような場合には、使途が不明確な支出を行うことはできないため、その部分について旅費を不支給とすることを定めます。
旅費精算の期間	3．精算手続の遅延と旅費残額の使い込みを防止するため、旅費精算の期間に制限を設けます。旅費法では、「２週間」とされているため、モデル規程はこれに従いましたが、もっと短い期間を定めても構いません。
（上司随行）	従業員が社長等に随行し、専ら秘書的用務に従事するため出張する場合に適用するいわゆる「随行旅費」の規定です。

第3章　旅費の区分及び額

（在勤地外旅費）

第16条　在勤地外の出張の旅費は、鉄道賃、船賃、航空賃、車賃、日当及び宿泊料とする。

（在勤地内の旅費）

第17条　在勤地内の出張の旅費は、原則として、鉄道賃及び車賃とする。ただし、業務の必要上又は天災その他やむを得ない事情により宿泊する場合に限り宿泊料を支給することができる。

（鉄道賃）

第18条　鉄道賃の額は、次の各号に定めるところによる。

(1)　鉄道を利用した場合…運賃の額

(2)　急行料金を徴する列車を運行する鉄道を利用した場合…運賃、急行料金の額

(3)　座席指定料金を徴する客車を運行する鉄道を利用した場合…運賃、急行料金、座席指定料金の額

2　前項第2号の急行料金は、普通急行列車を運行する線路による出張で片道50キロメートル以上のもの、特別急行列車を運行する線路による出張で片道100キロメートル以上のものに該当する場合に限り支給する。ただし、別表第1に掲げる路線については、会社が必要と認める場合には、距離数にかかわらず特別急行料金を支給する。

3　第1項第3号の座席指定料金は、普通急行列車又は特別急行列車を運行する線路による出張で片道100キロメートル以上のものに該当する場合に限り支給する。

4　第1項に定めるほか、部長以上の職務にある者が特別車両料金を徴する客車を運行する鉄道を利用した場合には、特別車両料金の額を加算して支給することができる。

5　外出の場合の鉄道賃は、IC乗車券により支給する。この場合は、第12条（旅費の請求及び精算）の手続を要しない。

条文の見出し／キーワード	作成基準の解説

（在勤地外旅費）

国内出張旅費のうち、在勤地外旅費として支給する種目を掲げておきます。それぞれの詳細は以降の条で規定します。

（在勤地内旅費）

在勤地
1．当該事業場の属する市町村をその範囲とすることが一般的です。「近接地」と称することもあります。

外出
2．旅費法では、旅行行程８km未満、かつ５時間未満の場合は、「外出」扱いとなり、交通費実費のみが支給されるため、モデル規程でもこれに合わせています。

（鉄道賃）

1．鉄道賃の中に「寝台料金」が含まれていませんが、車中宿泊の場合は、宿泊料を支給することになります。

急行料金
2．旅費法によれば、急行料金については、普通急行料金は片道50km以上、特別急行料金は片道100km以上の場合に限り支給するのが、原則です。

包括協議路線
3．しかし、特別急行料金については、100kmに満たない場合でも、

① 別表第１の356路線については、鉄道旅行（途中駅で乗下車する場合を除く）において、業務上の必要その他やむを得ない事情により、旅行命令権者が特別急行列車を利用して旅行する必要があると認めた場合

② 特別急行列車を利用すれば用務地での前泊又は後泊が不要となるなど経済的な旅行となる場合又は特に緊急を要する業務のため特別急行列車を利用して旅行する必要がある場合であって、旅行命令権者が適当と認めた場合

についても支給が可能とされています。①は、一般に特別急行列車を利用することが「通常の経路」と同等であると認められる路線であるため、その利用について別途協議して定めた路線（包括協議路線）につき、特例を認めているものです。

割引制度の活用
4．経費節減の観点から、旅行目的に支障のない限り、通し切符、往復割引切符等の積極的な活用を図るとよいでしょう。

JR割引等の例
5．JRの割引制度には、次のようなものがあります。

（船　賃）

第19条　船賃は、フェリー等を利用した場合の、現に支払った運賃による。

（航空賃）

第20条　航空賃の額は、現に支払った運賃による。

2　航空機の利用は、出発地から出張先までの旅行時間に４時間程度以上を要する場合であって、次に掲げる事由がある場合その他業務上の必要その他やむを得ない事情があると認めるときに、その利用を認める。

⑴　鉄道等の手段と比較して、航空機を利用することが安価な場合

⑵　航空機を利用することにより旅費総額が安価となる場合

条文の見出し／キーワード	作成基準の解説
	①　途中下車（通し切符） 途中下車とは、旅行途中（乗車券の区間内）でいったん駅の外に出ることをいいます。一部例外（片道100km以内、大都市近郊区間内のみ利用等）を除き、乗車券は、後戻りしない限り何回でも途中下車することができるため、分割して乗車券を購入する場合と比べ安価となります。 ②　往復割引乗車券 往復乗車券は、片道の営業キロが601キロ以上で、「ゆき」、「かえり」の運賃がそれぞれ1割引になります。 ③　乗り継ぎ割引 特定の駅（東海道・山陽新幹線の停車駅（東京・品川除く）等）で、新幹線から在来線の特急・急行列車にその日のうちに乗り継ぐ場合、在来線の特急・急行料金、指定席料金が半額になります（在来線から新幹線に乗り継ぐ場合も同様であり、乗継は在来線乗車日の翌日でも可です）。
東海道・山陽新幹線のぞみ号の利用	6．のぞみ号の利用は、一般的に「最も経済的な通常の経路及び方法」と考えられます。
外出の場合の旅費	7．いわゆる「外出」の場合の鉄道賃は、会社が購入したIC乗車券を手交する方法が考えられます。
（船　賃）	一般的に出張で船舶を利用する例は少ないため、簡素な規定にしましたが、フェリーの利用等が多い会社については、具体的な運用を定めておいてもよいでしょう。その場合には、高速艇を利用した場合の特別急行料金、特別船室料金の扱いを規定しておきます（旅費法では、原則として、支給しないことになっています）。
（航空賃）	1．最近は、航空料金が安くなっていることもあり、利用の機会が増えてきていますが、モデル規程では、国内出張の移動手段は、鉄道を原則とし、航空機の利用について要件を設けています。
航空機の利用要件	2．航空機の利用要件として、距離要件（例えば、1,000km以上）を設けている会社もありますが、一律に距離で区切ってしまうと、例えば、900kmの移動については、鉄道を使わなけれ

(3) 航空機を利用することにより、日帰りが可能となる場合

3 航空機を利用した従業員は、「旅費(概算・精算)請求書」(様式第5号)に、航空賃の支払を証明するに足る資料を添付しなければならない。

(マイレージ等の利用)

第21条 1年間で、国内線特典航空券(往復)に交換可能なマイル以上が貯まる見込みがある場合であって、発生したマイレージの活用による経費節減が見込まれる場合には、会社は、従業員に、社用マイレージカードの作成を求めることができる。社用マイレージカードを作成した従業員は、原則として、出張によって生じたマイレージを私用のマイレージに登録することはできない。

2 所属長は、従業員の出張終了後、適時に、社用マイレージカード残高等を確認するものとし、特典交換可能なマイレージが貯まっている者に対し、次回以降の出張でマイレージを使用することが可能であることを伝達する。

3 会社は、出張経費削減を目的に、航空会社が提供する法人向けプログラム(利用実績に応じ、一定期間に一度、旅行券、アップグレード券、ギフトカード券を特典として提供するプログラム)を活用することができる。ただし、アップグレード券については、この規程で搭乗が認められていないクラスへのアップグレードに利用することはできない。

(車　賃)

第22条 車賃の額は、次の各号に定めるところによる。

(1) バス、軌道、ケーブルカー等を利用した場合…運賃の額

(2) タクシーを利用した場合…運賃の額。ただし、著しく高額な場合は、その一部を本人負担とすることができる。

2 外出の場合の車賃(バス利用の場合に限る。)は、IC乗車券又は回数券により支給する。この場合は、第14条(旅費の請求及び精算)の手続を要しない。

3 タクシーの利用は、次に掲げる事由がある場合、その他業務上の必要又は天災その他

条文の見出し／キーワード	作成基準の解説
	ばならず、出張者への負担が大きくなってしまいます。出張者への負担軽減の趣旨から、その要件は「時間」で区切ったほうがよいでしょう。
航空賃の支払を証明するに足る資料	3．航空料金は、割引制度の多様化に伴い、同一路線であっても、複数の価格が存在することから、旅費支給に当たっては、証拠書類を添付させます。ここでいう「支払を証明するに足る資料」とは、領収書、搭乗半券・搭乗レシート等が該当することとなります。
	4．国内線における特別座席（スーパーシート等）の利用に要する経費については、原則支給しません。
（マイレージ等の利用）	マイレージサービスは、個人の搭乗記録（航空チケットの半券）をもとにマイレージを加算する仕組みのため、法人契約ができません。そこで会社がマイレージを管理しようとする場合には、本条のような規定が必要です。このように経費精算の都度、マイルを報告させる方法のほか、航空券は、原則として会社が購入し、現物を支給するようにする方法もあります。
（車　賃）	1．定期的に一般旅客営業を行っているバス、軌道、ケーブルカー等を利用して陸路旅行を行うのが通常の経路である場合、車賃を支給することができます。
タクシーの利用	2．タクシーを利用する場合には、「業務上の必要又は天災その他やむを得ない事情」を明確にしておきます。

やむを得ない事情があると認めるときのみ、その利用を認める。この場合において、その理由について旅程表（様式第３号）で証明することが可能であるときは、旅程表の備考欄にその旨を記載しなければならない。

(1)　公共の交通機関がなく、徒歩による移動が困難な場合

(2)　業務の緊急性や時間的な制約により、タクシー以外の公共の交通機関による移動では、業務に支障をきたす場合

(3)　出張の目的又は用務の内容等により、タクシーを利用することが合理的である場合

（日　当）

第23条　日当の額は、別表第２の定額による。

2　前項の規定にかかわらず、次の場合は、日当を減額する。ただし、業務上の必要又はその他やむを得ない事情により宿泊した場合は、この限りでない。

(1)　鉄道100km未満、水路50km未満又は陸路25km未満の出張の場合の日当は半額とする。

(2)　出発地を午後出発した場合及び出張の出発地に正午までに帰着した場合は、その日の日当は半額とする。

(3)　宿泊料金に昼食代を含む出張の場合の日当は半額とする。

(4)　出張先で昼食が供される出張の場合の日当は半額とする。

(5)　その他日当を減額することについて合理性があると認める場合の日当は半額とする。

3　外出の場合、外勤者が本来職務のため旅行するときは、原則として、日当は支給しない。

条文の見出し／キーワード	作成基準の解説
(日　当)	１．旅費法における日当は､「昼食代相当」と「市内交通費相当」で構成され、その額は、宿泊料の約20％を目安とすることとされています。
	２．旅費法における日当には、距離による上限が設けられています。例えば、鉄道400km未満の移動の場合は、１日が上限となり、仮に２日かかったとしても１日分しか支給されません（旅費法８条）。
半日当	３．⑴は、いわゆる「半日当」の規定です。基本的に旅費法に従っています（旅費法20条２項）。
	４．⑵について、旅費法では、出発日・帰着日ともに１日として計算しますが、モデル規程では、午後出発、午前帰着の場合は、半日当としました。
旅費法の日当額の調整	５．⑶及び⑷は、旅費法における日当の減額調整の規定に従っています。次のような場合は、日当額の調整を行います。 ①　全行程で社用車等を利用するなど交通費実費が伴わない方法による出張の場合、又は、出張期間中における移動の伴わない日程の場合…半日当 ②　午前のみ又は午後のみの出張など昼食を要しないことが明らかな場合、又は、出張先等において昼食の提供があった場合（いずれも他の諸雑費が必要でない場合）…半日当 ③　上記①及び②の条件を満たす場合…日当を支給しない ④　自動車運転手等の業務で引き続き８時間未満の場合…日当を支給しない（ただし、昼食代の弁償が必要な場合、または宿泊を伴う場合は半日当とする）
旅費法における日当の額	６．旅費法における日当の額は次のとおりです。

条文の見出し／キーワード	作成基準の解説

区　分		金　額
内閣総理大臣等	内閣総理大臣 最高裁判所長官	3,800円
	その他の者	3,300円
指定職の者		3,000円
7級以上		2,600円
6級以下3級以上		2,200円
2級以下		1,700円

民間企業における日当の額

7．通常の日帰り出張（早朝出発、時間外〈深夜〉帰着を除く）における「日当」の支給状況は次のとおりです。

（単位：%、（　）内は社）

産業・規模	合計	（支給する企業＝100）支給する	全員一律同額	（区分の内訳　支給区分がある・複数回答）支給区分がある	役職・資格による	左区分平均	目的地までの距離による	左区分平均	目的地までの所要時間による	左区分平均	出張地域による	左区分平均	その他による	左区分平均	無回答	支給しない	その他
調査計	100.0 (174)	86.8	22.5	77.5	85.5	3.7	23.1	3.0	5.1	2.3	10.3	2.0	2.6	4.4	6.0	10.3	2.9

（注）1．その他の内訳
・条件により食事補助科＋日当の一部を支給　・一般職・監督職のみ支給　・休日のみ支給　・現在は不支給として運用
・半日は支給なし
2．支給区分があるときのその他による区分の内訳
・出発から帰着までの時間　・用務時間、休日・平日による区分
出所：産労総合研究所「2017年度　国内・海外出張旅費に関する調査」による図表を一部修正

8．通常の日帰り出張（早朝出発、時間外〈深夜〉帰着を除く）における日当の平均支給額（距離・時間・地域区分がない場合）は次のとおりです。

条文の見出し／キーワード

作成基準の解説

（単位：円、（　）内は社）

産業・規模	社　長	専　務	常　務	取締役	部長クラス	課長クラス	係長クラス	一般社員
調査計	4,621 (84)	3,624 (79)	3,317 (80)	3,079 (84)	2,491 (106)	2,309 (106)	2,076 (104)	1,954 (107)

出所：産労総合研究所「2017年度　国内・海外出張旅費に関する調査」

9．通常の宿泊出張（早朝出発、時間外〈深夜〉帰着を除く）における「日当」（1日分）の支給状況は次のとおりです。

（単位：%、（　）内は社）

産業・規模	合計	（支給する企業＝100）												支給しない	その他	無回答
		支給する	全員一律同額	（区分の内訳　支給区分がある・複数回答）									無回答			
				支給区分がある	役職・資格による	左区分平均	目的地までの距離による	左区分平均	出張地域による	左区分平均	その他による	左区分平均	無回答				
調査計	100.0 (174)	91.4	26.4	73.0	90.5	3.7	7.8	2.3	7.8	2.1	6.0	2.3	2.6	0.6	5.7	1.7	1.1

（注）1. その他の内訳
・帰着日に日当支給、その他の日は宿泊代を含む　・現在は不支給として運用　・滞在費として一括支給
2. 支給区分があるときはその他による区分の内訳
・貴社日が午前の場合は半額　・午後出発、午前帰着は減額　・出発時間（午前／午後）　・滞在日数等　・出張日（平日／休日）

出所：産労総合研究所「2017年度　国内・海外出張旅費に関する調査」による図表を一部修正

10．通常の宿泊出張（早朝出発、時間外〈深夜〉帰着を除く）における「日当」（1日分）の平均支給額（全地域一律の場合）は次のとおりです。

（宿泊料）

第24条　宿泊料の額は、宿泊先の区分に応じた別表第３の定額による。<別例：別表第３の額を上限とした実費を支給する。>

2　前項にかかわらず、自宅宿泊等、宿泊料を必要としない場合は、宿泊料は支給しない。

条文の見出し／キーワード	作成基準の解説

（単位：円、（　）内は社）

産業・規模	社　長	専　務	常　務	取締役	部長クラス	課長クラス	係長クラス	一般社員
調査計	4,799 (101)	4,042 (97)	3,759 (98)	3,518 (101)	2,809 (130)	2,593 (130)	2,337 (129)	2,222 (130)

出所：産労総合研究所「2017年度　国内・海外出張旅費に関する調査」

11．宿泊出張における「宿泊料」の支給区分は次のとおりです。

（単位：％、（　）内は社）

産業・規模	合計	全員一律同額	（区分の内訳　区分を設けている＝100・複数回答）						無回答
			支給区分がある	役職・資格による	左区分平均	出張地域による	左区分平均	無回答	
調査計	100.0 (174)	18.4	73.6	76.6	3.5	53.9	2.4	1.6	8.0

出所：産労総合研究所「2017年度　国内・海外出張旅費に関する調査」による図表を一部修正

12．宿泊出張の宿泊料の平均支給額（全地域一律の場合）は次の通りです。

（単位：円、（　）内は社）

産業・規模	社　長	専　務	常　務	取締役	部長クラス	課長クラス	係長クラス	一般社員
調査計	14,242 (38)	12,561 (38)	12,272 (39)	11,784 (38)	9,870 (47)	9,291 (46)	8,929 (45)	8,723 (48)

出所：産労総合研究所「2017年度　国内・海外出張旅費に関する調査」

（宿泊料）

旅費法における宿泊料の額

1．旅費法における宿泊料の額は次のとおりです。地域差を考慮して、地域ごとに2区分設けられています。

この場合は、出張先以外の自宅宿泊等に係る追加的な交通費は本人負担とする。

3　宿泊費と運賃がセットになっているパック旅行商品を利用した場合は、パック旅行代金から宿泊料定額を差し引いた額を運賃とみなして鉄道賃、船賃、航空賃及び車賃の額を調整する。

4　車中泊等、固定宿泊施設に宿泊しない場合の宿泊料については、旅程にかかわらず、宿泊料は支給しない。ただし、やむを得ない事由があると会社が認めたときは、この限りでない。

5　第１項にかかわらず、研修施設等に宿泊し、研修費用に宿泊料が含まれる場合又は宿泊料が廉価である場合は、宿泊料を支給せず、又は実費額とする。

（在勤地外の同一地域内旅行の旅費）

第25条　在勤地外の出張目的地における同一市区町村内における旅行については、鉄道賃及び車賃は支給しない。ただし、業務の必要上その他やむを得ない事情により、同一市区町村内における鉄道賃及び車賃を要する場合で、その実費額が、当該出張について支給される日当額の２分の１に相当する額を超える場合には、その超える部分の金額に相当する額の鉄道賃又は車賃を支給する。

条文の見出し／キーワード	作成基準の解説

区　分		金　額	
		甲地方	乙地方
内閣総理大臣等	内閣総理大臣 最高裁判所長官	19,100円	17,200円
	その他の者	16,500円	14,900円
指定職の者		14,800円	13,300円
７級以上		13,100円	11,800円
６級以下３級以上		10,900円	9,800円
２級以下		8,700円	7,800円

ここでいう甲地方とは、「埼玉県さいたま市」「千葉県千葉市」「東京都特別区」「神奈川県横浜市・川崎市・相模原市」「愛知県名古屋市」「京都府京都市」「大阪府大阪市・堺市」「兵庫県神戸市」「広島県広島市」「福岡県福岡市」をいいます（旅費法支給規程14条、15条）。

パック旅行の場合の宿泊料

２．旅費法の運用では、基本的にパック旅行の場合は、パック料金について先に宿泊料定額に充当し、残額を交通費（鉄道賃等）と考えます。すなわち、宿泊料は定額を支給し、交通費を減額支給すると考えます。

（在勤地外の同一地域内旅行の旅費）

１．旅費法によれば、在勤地外の同一市町村内（東京都においては特別区域内）の地域を旅行する場合には、日当により交通費を支弁するものとされているため、鉄道賃及び車賃は支給されません。ただし、鉄道100km、水路50km、陸路25km以上の旅行をする場合は、交通費が支給されます。モデル規程では、実費が半日当を上回った場合にその差額を支給することとしました。

在勤地外の同一地域内旅行の例

２．具体的には、次のような場合が考えられます。

①　東京から大阪に出張した者が、大阪市の区域内を旅行する場合

②　用務先から同じ市町村内に存在する宿泊先まで旅行する場合

第４章　研修旅費

（研修旅費）

第26条　研修受講のために支給する旅費は、鉄道賃、航空賃、車賃、日当及び宿泊料とする。

2　宿泊料の支給については、第24条（宿泊料）第５項の規定を準用する。

3　日当の支給については、別表第２の定額の半額を支給する。

第５章　転勤に伴う旅費

（転勤に伴う旅費）

第27条　転勤に伴う旅行については、鉄道賃、船賃、航空賃、車賃及び日当を支給するほか、次の各号に掲げる旅費を当該各号に掲げる趣旨に基づき支給する。

(1)　移転料…赴任に伴う居住所の移転が行われた場合の荷造運送費として支給する。

(2)　着後手当…赴任に伴う居住所の移転が行われた場合の新居住地に到着後の諸雑費として支給する。

＜規定例１：定額支給の場合＞

（移転料）

第28条　赴任する従業員本人の移転料の額は、次の各号に定める額とする。

(1)　赴任の際扶養親族を移転する場合…旧在勤地から新在勤地までの路程に応じた別表第４の定額による額

(2)　赴任の際扶養親族を移転しない場合（赴任の際扶養親族を移転しないが赴任を命ぜられた日の翌日から１年以内に扶養親族を移転する場合を含む。）…前号に規定する額の２分の１に相当する額

2　前号の従業員が同居かつ扶養する親族に係る移転料（以下「扶養親族移転料」という。）の額は、扶養親族１人ごとに、次の各号に規定する額とする。

(1)　配偶者については、その移転の際における従業員相当の鉄道賃、船賃、航空賃及び車賃の全額並びに日当、宿泊料及び着後手当の３分の２に相当する額。

(2)　18歳未満の子女については、前号に規定する額の３分の１に相当する額。ただし、当該手当の対象となる親族は２人を上限とする。

条文の見出し／キーワード	作成基準の解説
（研修旅費）	研修期間中の旅費は、通常の出張と異なる基準で定めておくのがよいでしょう。
（転勤に伴う旅費）	転勤の場合、通常の出張時に発生するもの以外にも費用が発生するため、その費用の支給を規定しています。一般的には、転居に伴う荷物運送費や新居にて物品を購入するための諸雑費が考えられます。
（移転料）	１．移転料の額は、扶養親族を伴って転居する場合の引越代を元に金額が定められています。単身での移転の場合は、半額となります。 ２．業務の都合や家族の事情（適当な社宅がすぐに見つからなかった、子どもの進学時期の関係等）で、家族別々に転居することがやむをえない事情も考えられます。そのような場合には、単身での転居の際に移転料の半額を、残る家族が転居する場合（１回に限ります）に残りの半額を支給できるように規定しておきます。
勤務地の移転	３．勤務地が移転し、そこで勤務する従業員全員が転居せざるを得ない場合があります。このような場合は、出張旅費規程の適用範囲外と考えますが、一般的には、出張旅費規程の移転料に準じた額を会社が費用負担することが多いと思われま

3　前号の規定により、扶養親族移転料を計算した結果、当該旅費の額に円位未満の端数を生じたときは、これを切り捨てるものとする。

4　従業員が赴任を命ぜられた際、単身で移転してきた後に、当該従業員が同居かつ扶養する親族を呼び寄せる場合の移転料の額は、第２項による額とする。ただし、当該従業員が赴任を命ぜられた日の翌日から１年以内に呼び寄せる親族に限るものとする。

5　従業員が赴任を命ぜられた日において胎児であった子を移転する場合は、扶養親族移転料の額の計算については、その子を赴任を命ぜられた日における扶養親族とみなして、第２項第２号の規定を適用する。

6　赴任地より帰任する場合は、第１項及び第２項に準じて移転料を支給する。ただし、退職等従業員の都合で帰任する場合は、移転料を支給しない。

＜規定例２：実費支給の場合＞

（移転料）

第29条　移転料は、次の各号に定める額を上限として、家財等の荷造運送費用及び運送保険料の実費額を支給する。

⑴　単身の場合…50,000円

⑵　親族を帯同させる場合…100,000円

2　移転料は、会社の指定する運送業者によりあらかじめ見積もりをとるものとし、適正な費用であることを会社が承認した場合に支給するものとする。なお、次の各号の費用については、移転料の支給対象物から除外する。

⑴　ピアノ等の大型楽器、及び美術品等の運搬費

⑵　自家用車等の運搬費

⑶　ペット、植木、庭石等の運搬費

⑷　不用品等の廃棄費用

⑸　電化製品等の工事費用

3　赴任地より帰任する場合は、第１項に準じて移転料を支給する。ただし、退職等従業員の都合で帰任する場合は、移転料を支給しない。

4　あらかじめ赴任期間が定められており、当該期間終了後に帰任することが明らかな場合は、赴任前の持家管理費及び残留家財の保管費について、実費額等により支給することがある。この場合に会社が負担する管理費は、原則として必要最低限の範囲に限るものとし、具体的な負担額等については、その都度協議して決定する。

（着後手当）

第30条　着後手当の額は、次の各号に定める額とする。

⑴　新在勤地に到着後直ちに新たな自宅に入居する場合
…別表第２の日当定額の１日分に相当する額による。

条文の見出し／キーワード	作成基準の解説
	す。
(着後手当)	1．旅費法における着後手当の額は次のとおりです（旅費法24条、運用方針）。 ①　旅行者が新在勤地に到着後直ちに職員のための国設宿舎又は自宅に入る場合…日当定額の２日分及び宿泊料定額の

⑵　前号以外の場合で赴任に伴う移転の旅程が100キロメートル未満の場合
…別表第２の日当定額の２日分及び赴任に伴い住所又は居所を移転した地の存する地域の区分に応じた宿泊料定額の２夜分に相当する額による。

⑶　第１号以外の場合で赴任に伴う移転の旅程が100キロメートル以上の場合
…別表第２の日当定額の４日分及び赴任に伴い住所又は居所を移転した地の存する地域の区分に応じた宿泊料定額の４夜分に相当する額による。

２　着後手当は、新規採用従業員の赴任及び退職者の帰任の場合は支給しない。

（帰省旅費）

第31条　帰省旅費の額は、当該従業員と赴任先において同居かつ扶養する親族が実家又は本拠地に帰省する場合、当該帰省にかかる旅費について第18条から第22条に定める旅費に従い支給する。

２　前項の支給対象となる帰省は、＜全国○○会議に併せて＞一年度につき２回までとする。

第６章　雑　則

（旅費の調整）

第32条　特別の事情や性質により、この規程による旅費を支給したときに、不当に出張の

条文の見出し／キーワード	作成基準の解説
	2夜分に相当する額 ②　赴任に伴う移転の路程が鉄道50km未満の場合…日当定額の3日分及び宿泊料定額の3夜分に相当する額 ③　赴任に伴う移転の路程が鉄道50km以上100km未満の場合…日当定額の4日分及び宿泊料定額の4夜分に相当する額 ④　赴任に伴う移転の路程が鉄道100km 以上の場合…日当定額の5日分及び宿泊料定額の5夜分に相当する額 2．もともとは、新居住地に到着後新住居を見つけるまでのホテル等の宿泊料や近所への挨拶等に要する費用に充てるためのものです。社宅等が完備している会社では削除を検討してもよいでしょう。
（帰省旅費）	1．転勤をしている従業員が帰省する際の旅費について規定しています。ここでは、単身赴任の場合だけでなく、家族赴任の場合も帰省旅費の対象としています。単身赴任者の帰省に関しては、支給対象回数を増やしてもよいでしょう。 2．帰省旅費は、本来従業員自身が支払うべき費用を会社が支払っているという性質上、職務遂行上の必要性を伴わない限り、賃金とみなされることになり、所得税の対象となり、社会保険料の算定基礎にも含める必要があります。ただし、次の2点を満たしていれば、通常の旅費として取り扱って差し支えないことになっています。 ①　職務遂行上必要性が認められる。 ②　旅費の額が非課税とされる旅費の範囲を著しく逸脱していない。
（旅費の調整）	減額調整と増額調整を規定しています。

実費を超えた旅費を支給することとなる場合においては、その実費を超えることとなる部分の旅費を支給しないことができる。

2　前項の場合において、通常必要としない旅費を支給することとなる場合においても、同様とする。

3　この規程による旅費により出張することが、当該出張における特別な事情や性質により困難である場合には、これらの事情等を考慮し、必要と認められる限度において増額調整をすることができる。

（改　廃）

第33条　この規程は、関係諸法規の改正及び会社状況及び業績等の変化により必要があるときは、従業員代表と協議のうえ改定又は廃止することがある。

条文の見出し／キーワード	作成基準の解説
（改 廃） 民間企業における日当等の見直し	1．労務行政『労政時報』第3868号（平成26年６月13日）によれば、昨今の厳しい経済情勢を反映し、国内出張については33.6％、国外出張については44％の企業が、調査直近３年間に費用を削減したことが明らかになっています。いずれについても「出張回数の削減」として出張自体を減らしているとのことですが、削減内容としては、国内出張については「日当の見直し」「テレビ会議の導入・活用」、国外出張については「ディスカウントチケットの利用」を挙げています。
旅費法の見直し	2．旅費法については、行政の内部事務の効率化の観点から見直しが進められており、その動向に注目しておくとよいでしょう。

「旅費業務の効率化に向けた改善計画」
平成28年7月29日　内閣府 旅費・会計等業務効率化推進会議決定
http://www.cas.go.jp/jp/seisaku/ryohi_kaikei/pdf/20160729siryou1.pdf

別表第１　特別急行料金にかかる包括協議路線

区間				
函館～八雲	八雲～洞爺	札幌～美唄	札幌～砂川	札幌～滝川
札幌～白老	札幌～苫小牧	札幌～追分	岩見沢～旭川	滝川～旭川
旭川～白滝	旭川～士別	旭川～名寄	旭川～美深	東室蘭～苫小牧
東室蘭～南千歳	遠軽～北見	名寄～音威子府	幌延～南稚内	幌延～稚内
郡山～白石蔵王	郡山～米沢	郡山～那須塩原	福島～仙台	福島～赤湯
福島～かみのやま温泉	福島～山形	福島～新白河	仙台～くりこま高原	仙台～一ノ関
仙台～浪江	古川～一ノ関	古川～水沢江刺	古川～北上	一ノ関～新花巻
一ノ関～盛岡	水沢江刺～盛岡	盛岡～二戸	盛岡～八戸	盛岡～大曲
盛岡～角館	八戸～野辺地	八戸～青森	八戸～新青森	三沢～青森
青森～鷹ノ巣	青森～大館	山形～新庄	大曲～雫石	秋田～東能代
秋田～鷹ノ巣	秋田～象潟	秋田～田沢湖	秋田～角館	八郎潟～鷹ノ巣
東能代～弘前	羽後本荘～鶴岡	羽後本荘～酒田	越後湯沢～直江津	越後湯沢～高崎
直江津～長岡	直江津～見附	長岡～新潟	新潟～村上	東京～小田原
東京～湯河原	東京～小山	東京～熊谷	東京～八街	東京～成東
東京～横芝	東京～八日市場	東京～茂原	東京～上総一ノ宮	東京～大原
東京～上総湊	東京～大貫	東京～青堀	東京～君津	東京～木更津
東京～滑河	東京～佐原	新横浜～熱海	新横浜～三島	小田原～新富士
小田原～静岡	熱海～静岡	熱海～伊豆急下田	新宿～大月	三鷹～大月
三鷹～塩山	三鷹～山梨市	立川～塩山	立川～山梨市	立川～石和温泉
立川～甲府	八王子～塩山	八王子～山梨市	八王子～石和温泉	八王子～甲府
八王子～竜王	八王子～韮崎	大月～韮崎	大月～小淵沢	甲府～富士
甲府～塩尻	甲府～富士宮	上野～小山	上野～石岡	大宮～宇都宮
大宮～高崎	大宮～新前橋	大宮～前橋	大宮～安中榛名	小山～那須塩原
高崎～佐久平	高崎～上田	北千住～足利市	北千住～太田	浅草～太田
柏～水戸	柏～勝田	いわき～相馬	軽井沢～長野	錦糸町～成東
錦糸町～横芝	錦糸町～八日市場	錦糸町～旭	錦糸町～滑河	錦糸町～佐原
千葉～八日市場	千葉～銚子	大網～安房鴨川	大原～海浜幕張	御宿～海浜幕張
勝浦～海浜幕張	上総興津～海浜幕張	上総興津～蘇我	安房小湊～海浜幕張	安房小湊～蘇我
安房鴨川～蘇我	館山～木更津	館山～五井	館山～海浜幕張	館山～蘇我
富浦～五井	富浦～海浜幕張	富浦～蘇我	岩井～海浜幕張	保田～海浜幕張
浜金谷～海浜幕張	三島～静岡	新富士～掛川	静岡～浜松	豊橋～名古屋
豊橋～水窪	名古屋～米原	名古屋～飛騨金山	岐阜～下呂	岐阜～飛騨萩原
米原～武生	米原～鯖江	米原～福井	米原～京都	高山～富山
敦賀～芦原温泉	敦賀～京都	武生～小松	武生～金沢	鯖江～金沢
福井～松任	福井～金沢	芦原温泉～金沢	芦原温泉～高岡	小松～高岡
小松～富山	小松～七尾	金沢～富山	金沢～滑川	金沢～魚津
金沢～黒部	金沢～七尾	金沢～和倉温泉	富山～糸魚川	上諏訪～信濃大町

区間				
塩尻～中津川	塩尻～長野	木曽福島～多治見	松本～長野	安中榛名～長野
佐久平～長野	京都～日根野	京都～関西空港	京都～綾部	京都～福知山
京都～西舞鶴	新大阪～海南	新大阪～和歌山	大阪～柏原	姫路～岡山
姫路～豊岡	相生～岡山	上郡～鳥取	岡山～福山	岡山～新見
岡山～多度津	岡山～観音寺	岡山～伊予三島	岡山～善通寺	岡山～琴平
岡山～阿波池田	岡山～三原	岡山～大原	新倉敷～三原	新尾道～広島
新見～米子	松阪～紀伊長島	松阪～尾鷲	多気～尾鷲	串本～紀伊田辺
紀伊田辺～和歌山	湯浅～天王寺	二条～綾部	二条～福知山	二条～東舞鶴
二条～西舞鶴	園部～西舞鶴	福知山～豊岡	福知山～網野	鳥取～米子
倉吉～松江	米子～鳥取大学前	松江～大田市	出雲市～江津	出雲市～浜田
大田市～浜田	大田市～益田	益田～新山口	児島～伊予三島	高松～観音寺
高松～川之江	高松～伊予三島	高松～阿波池田	高松～大歩危	高松～板野
高松～池谷	高松～徳島	高松～阿南	高松～勝瑞	坂出～川之江
坂出～伊予三島	坂出～阿波池田	宇多津～阿波池田	丸亀～新居浜	多度津～新居浜
川之江～今治	伊予三島～今治	新居浜～伊予北条	新居浜～松山	伊予西条～松山
壬生川～松山	今治～伊予大洲	松山～八幡浜	松山～卯之町	松山～宇和島
阿波池田～高知	阿波池田～徳島	阿波池田～阿波川島	土佐山田～須崎	高知～窪川
須崎～中村	栗林～徳島	栗林～勝瑞	屋島～徳島	徳島～日和佐
徳島～牟岐	三原～広島	広島～徳山	新岩国～新山口	新山口～新下関
新山口～津和野	新山口～小倉	小倉～博多	小倉～二日市	小倉～鳥栖
小倉～杵築	折尾～中津	博多～筑後船小屋	博多～荒尾	博多～玉名
博多～佐賀	博多～肥前山口	博多～肥前鹿島	博多～武雄温泉	博多～有田
博多～行橋	博多～日田	博多～天ヶ瀬	鳥栖～玉名	鳥栖～上熊本
鳥栖～熊本	鳥栖～武雄温泉	鳥栖～早岐	鳥栖～佐世保	久留米～熊本
久留米～天ヶ瀬	久留米～豊後森	久留米～由布院	羽犬塚～熊本	筑後船小屋～熊本
筑後船小屋～新八代	熊本～新水俣	熊本～出水	熊本～新鳥栖	熊本～豊後竹田
熊本～人吉	八代～人吉	新八代～出水	新八代～川内	新水俣～鹿児島中央
出水～鹿児島中央	鹿児島中央～都城	鹿児島中央～西都城	鹿児島～西都城	新鳥栖～諫早
新鳥栖～武雄温泉	新鳥栖～早岐	新鳥栖～佐世保	佐賀～諫早	佐賀～浦上
佐賀～佐世保	肥前山口～諫早	肥前山口～長崎	肥前鹿島～長崎	中津～別府
中津～大分	柳ヶ浦～別府	宇佐～大分	別府～佐伯	大分～佐伯
大分～日田	大分～天ヶ瀬	大分～豊後森	大分～宮地	佐伯～延岡
佐伯～日向市	延岡～宮崎	延岡～南宮崎	延岡～宮崎空港	南延岡～宮崎空港
日向市～宮崎	日向市～南宮崎	宮崎～西都城	南宮崎～国分	新水前寺～豊後竹田
宮地～三重町				

別表第２　日当（国内）

区　分	日　当 （１日につき）
役員	○○○円
部長、課長	○○○円
上記以外の者	○○○円

別表第３　宿泊料の額（国内）

区　分	宿泊料（１夜につき）	
	政令指定都市	それ以外
役員	○○○円	○○○円
部長、課長	○○○円	○○○円
上記以外の者	○○○円	○○○円

別表第４　移転料

区　分	移転料額
鉄道50キロメートル未満	○○○円
鉄道50キロメートル以上100キロメートル未満	○○○円
鉄道100キロメートル以上300キロメートル未満	○○○円
鉄道300キロメートル以上500キロメートル未満	○○○円
鉄道500キロメートル以上1000キロメートル未満	○○○円
鉄道1000キロメートル以上1500キロメートル未満	○○○円
鉄道1500キロメートル以上2000キロメートル未満	○○○円
鉄道2000キロメートル未満	○○○円

様式第１号

出　張　命　令　簿

No.

所属部門		住所（又は居所）	
役職		氏名	

命令年月日	用務	用務先	旅行期間	旅行命令権者の認印	旅行者の認印	経理課長印	概算払		精算払		備考
							年月日	金額	年月日	金額	
			自　年　月　日 自　年　月　日　日間					円		円	
			自　年　月　日 自　年　月　日　日間								
			自　年　月　日 自　年　月　日　日間								
			自　年　月　日 自　年　月　日　日間								
			自　年　月　日 自　年　月　日　日間								
			自　年　月　日 自　年　月　日　日間								
			自　年　月　日 自　年　月　日　日間								
			自　年　月　日 自　年　月　日　日間								
			自　年　月　日 自　年　月　日　日間								
			自　年　月　日 自　年　月　日　日間								

備考　１．本様式は、使途に従い不用の文字は抹消して使用すること。
２．旅行命令等を変更の場合には、変更後の旅行命令等の備考欄に旅行命令等の変更の事実及び変更前の旅行命令等の発令年月日を記載すること。
３．必要があるときは、各欄の配置に所要の変更を加えることその他所要の調整を加えることができる。
４．電磁的記録により作成する場合における認印は、氏名又は名称を明らかにする措置であって各部門長が定めるものをもって当該認印に代えることができる。

出張計画書

様式第２号

出　張　計　画　書

年　　月　　日

総務部長　様

次のとおり出張を計画していますから、よろしくご承認お願いします。

所　属　部　門：
出 張 者 氏 名：

出張期間	月　　日～　　月　　日	日間
主な訪問先	（行程は別添の「旅程表」のとおり）	
目的（できるだけ具体的に）		
訪問先会社名及び住所・連絡先・面会者等		
同行者氏名及び団体名		
備考		

部門長確認

様式第３号

旅　程　表

業　務　名		所属部門		□ パック利用　□ 定期券利用 □ 直行　□ 直帰 □ 交通費調整
期　　間		氏　　名		

日　程	出発時刻		到着時刻	出発地（出発箇所）	経路（種別）	到着地	検索条件	通勤定期利用区間（交通費不要区間）	用務地	用務先	宿泊地	交通費	（同一市内交通）	区　分	備　考
		～					□出発 □到着	□有 （　　）					□パック □特急包括 □直行直帰		
		～					□出発 □到着	□有 （　　）					□パック □特急包括 □直行直帰		
		～					□出発 □到着	□有 （　　）					□パック □特急包括 □直行直帰		
		～					□出発 □到着	□有 （　　）					□パック □特急包括 □直行直帰		
		～					□出発 □到着	□有 （　　）					□パック □特急包括 □直行直帰		
		～					□出発 □到着	□有 （　　）					□パック □特急包括 □直行直帰		
		～					□出発 □到着	□有 （　　）					□パック □特急包括 □直行直帰		
		～					□出発 □到着	□有 （　　）					□パック □特急包括 □直行直帰		
		～					□出発 □到着	□有 （　　）					□パック □特急包括 □直行直帰		
		～					□出発 □到着	□有 （　　）					□パック □特急包括 □直行直帰		

出張報告書

様式第４号

部　門	氏　名

出　張　報　告　書

訪問先社名	要　件	面会者	出発　年　月　日　時 帰着　年　月　日　時

説明報告

フォローアップ・備考

様式第５号

旅費（概算・精算）請求書

経理課長 殿	請求者	所属部門	役職	氏名	旅行氏名権者印
				㊞	

概算額	精算額	追給額	返納額
円	円	円	円

年月日	出発地	経路	到着地	宿泊地	鉄道賃					船賃					航空賃	車賃		日当		宿泊料	
					路程	運賃	急行料金	特別車両料金その他	計	路程	運賃	特別船室料金	寝台料金その他	計		定額	実費額	日数	定額	夜数	定額
					km	円	円	円	円	km	円	円	円	円	円	km	円	日	円	日	円
合計																km 円					

支度料	定額	既給額	差引額	上記のとおり旅費を請求します。 平成　　年　　月　　日 上記の金額を領収しました。 平成　　年　　月　　日 氏名　　　　㊞	備考
	円	円	円		
		円			

備考
1．本様式は、使途に従い不用の文字は抹消して使用すること。
2．航空賃の欄に限っては省略することができる。
3．必要があるときは、各欄の配置に所要の変更を加えることその他所要の調整を加えることができる。
4．電磁的記録により作成する場合における認印は、氏名又は名称を明らかにする措置であって各事業所の長が定めるものをもって当該認印に代えることができる。

20

国外出張旅費規程

【参考資料】
※「19　国内出張旅費規程」と同じです。

第1章　総　則

（目　的）

第1条　この規程は、○○株式会社（以下「会社」という。）の従業員が、会社の業務上の必要により国外出張する場合に支給する旅費に関して定めるものである。

2　従業員が出張のため旅行した場合には、この規程に定めるところにより、旅費を支給する。

（定　義）

第2条　この規程において、次の各号に掲げる用語の意義は、当該各号に定めるところによる。

(1)　出張…従業員が業務のため一時その勤務地を離れて旅行することをいう。

(2)　国外出張…本邦（本州、北海道、四国、九州及びこれらに附属の島の存する領域をいう。以下同じ。）と外国（本邦以外の領域をいう。以下同じ。）との間における旅行及び外国における旅行をいう。

(3)　国内出張…本邦における旅行をいう。

2　国内出張については、国内出張旅費規程に定めるところによる。

（出張命令）

第3条　出張のための旅行は、所属長の発する出張命令によって行う。

2　所属長は、電子メール、電話、郵便等の通信による連絡手段によっては業務の円滑な遂行を図ることができない場合で、かつ、予算上旅費の支出が可能である場合に限り、出張命令を発することができる。

3　所属長は、出張命令を発し、又はこれを変更するには、「出張命令簿」（様式第1号）に当該出張に関する事項の記載又は記録をし、これを当該出張者に提示してしなければならない。ただし、出張命令簿に当該旅行に関する事項の記載又は記録をし、これを提示するいとまがない場合には、所属長を代理する者に出張命令手続を委任することができる。

4　前項ただし書の規定により出張命令簿を提示しなかった場合には、できるだけ速やかに出張命令簿に当該出張に関する事項の記載又は記録をし、これを当該出張者に提示しなければならない。

（出張命令の変更）

第4条　業務上の必要又は天災その他やむを得ない事情により、出張命令を受けた従業員

条文の見出し／キーワード	作成基準の解説
（目　的）	1．従業員が、会社の業務のため旅行した場合にその費用を弁償しようとするものです。 2．役員の出張旅費は、従業員のものとは別に定めておくとよいでしょう。
（定　義） 出張	1．出張の定義を定めておきます。
国外出張	2．旅行が本邦と外国の間及び外国内で完結する出張です。したがって、海外赴任者が本邦外を旅行する場合は、すべて国外出張となります。旅費法でいう「外国旅行」のことです。
（出張命令）	1．出張は、会社の命令によるものであることを明らかにします。また、命令権者も明らかにします。 2．出張命令の要件は次の２点です。命令権者は、これらの要件について適切に判断できる者である必要があります。 ①　通信による連絡手段によっては業務の円滑な遂行を図ることができないとき。 ②　予算上旅費の支出が可能であること。
（出張命令の変更）	出張命令の変更は、命令権者自身の裁量に基づいて行われる場合と、従業員の申請による場合がありますが、本規定は後者

が当該出張命令に従って旅行することができない場合には、あらかじめ所属長に出張命令の変更の申請をしなければならない。

2　前項の規定によりやむを得ない事情により出張命令の変更を申請することができない場合には、所属長の代理とする上司に仮申請をしたうえで、出張した後速やかに所属長に出張命令簿に記載された内容の変更について申請をしなければならない。

（出張計画）

第5条　出張をしようとする従業員は、出張計画及び旅程等を記載した「出張計画書」（様式第２号）に「旅程表」（様式第３号）を添付して、所属長に提出しなければならない。

2　出張計画は、目的が明確なものでなければならない。

3　旅程は、最も効率的に目的を遂行でき、かつ、最も経済的な経路及び方法によるものでなければならない。

4　所属長は、出張計画及び旅程等が適切なものであるかの確認を行い、不適切な場合は変更を命ずるものとする。

（出張報告）

第6条　出張を終えた従業員は、２週間以内に、出張中の業務内容等を記載した「出張報告書」（様式第４号）を所属長に提出しなければならない。

2　前項の出張報告書を提出しない従業員については、会社は、旅費の精算は行わず、概算払の旅費がある場合であっても、これを返還させるものとする。

（出張中の労働時間）

第7条　出張中は、通常の労働時間労働したものとみなす。ただし、出張中の労働時間の管理が可能な場合であって、所定労働時間を超えて労働したことが明らかな場合は、現に労働した時間を労働時間とする。

2　出張中において休日に労働した場合、出張終了後、２週間以内に代休を与えることがある。

第２章　旅費の計算等

（旅費の種類）

第8条　この規程により支給する旅費の種類は、鉄道賃、船賃、航空賃、車賃、日当、宿泊料、支度料及び渡航手数料とする。

2　鉄道賃は、鉄道旅行について、路程に応じ実費額等により支給する。

条文の見出し／キーワード	作成基準の解説
	を定めたものです。
（出張計画）	1．出張内容が適切なものであるかどうかを、会社があらかじめ確認できるよう、出張計画書を提出させます。 2．路程の計算等は、この出張計画書に基づき行い、旅費の概算払を行います。
（出張報告）	1．出張中の業務が適切に行われたかどうかを、会社が確認できるよう、出張報告書を提出させます。 2．出張報告の提出期限を「２週間以内」としたのは、旅費の精算期間と合わせたためです（14条参照）。 3．出張報告を行わない場合の旅費の不支給を定めておきます。
（出張中の労働時間）	モデル規程では、出張中に休日労働があった場合の代休付与を規定しています。当然にこれとは別に割増賃金の支払が必要となります。なお、国外出張である点を考慮し、「移動日」についても代休を与えることにしています。
（旅費の種類）	1．旅費の種類と各旅費に関する一般的な支給条件を定めておきます。以下、旅費法による概要と支給基準を示します。モデル規程は、これらの基準を参照しています。
航空賃	2．航空機等に搭乗して旅行する費用に充てる旅費であり、外

3　船賃は、水路旅行について、路程に応じ実費額等により支給する。
4　航空賃は、航空旅行について、路程に応じ実費額等により支給する。
5　車賃は、陸路（鉄道を除く。以下同じ。）旅行について、実費額等により支給する。
6　日当は、業務のため、目的地内を巡回するときに要する諸雑費について、出張の日数に応じ１日当たりの定額により支給する。
7　宿泊料は、出張の夜数に応じ一夜当たりの定額により支給する。
8　支度料は、本邦から外国への及び外国相互間の出張又は赴任について、定額により支給する。
9　渡航手数料は、外国への出張又は赴任に伴う雑費について、実費額により支給する。

（旅費の計算）

第9条　旅費は、最も経済的な通常の経路及び方法により旅行した場合の旅費により計算する。ただし、業務上の必要又は天災その他やむを得ない事情により最も経済的な通常の経路又は方法によって旅行し難い場合には、その現によった経路及び方法によって計算する。
2　国外出張旅費は、原則として、居住地の最寄りの空港を起算地として計算する。ただし、会社又は他の勤務場所から直接出張する場合その他やむを得ない事情がある場合は、それぞれの場所における最寄りの空港を起算地とし、当該空港までの日本国内の経路に係る旅費は、国内出張旅費規程に定めるところによる。
3　旅費に係る日本国内の経路の起算地は、原則として、居住地の最寄り駅とする。ただし、前項ただし書きの場合は、それぞれの場所における最寄り駅を起算点とする。
4　国外出張旅費は、原則として、第２項の空港を終着地として計算する。ただし、会社又は他の勤務場所に直接帰着する場合その他やむを得ない事情がある場合は、それぞれの場所における最寄りの空港を終着地とし、当該空港からの日本国内の経路に係る旅費は、国内出張旅費規程に定めるところによる。
5　旅費に係る日本国内の経路の終着地は、原則として、居住地の最寄り駅とする。ただし、前項ただし書きの場合は、それぞれの場所における最寄り駅を終着点とする。

条文の見出し／キーワード	作成基準の解説
	国旅行の場合は役職等に応じた旅客運賃が支給されます。なお、運賃として徴収される航空保険特別料金なども航空賃として支給します。
日当	3．国外出張の場合は、出張者の負担等も考慮して、国内出張の場合よりも高めで定額を設定するケースが多いでしょう。
宿泊料	4．旅行中の宿泊費及び宿泊に伴う諸雑費を賄う旅費であり、一夜当たりの定額が支給されます。海外宿泊費については、専門の調査機関がデータを公表しているため、参考にするとよいでしょう。
支度料	5．国外出張においては国内出張とは異なる準備・携行品等を要することからこれらの費用に充てるため支給する旅費です。プライベートの海外旅行が一般化したことから、廃止する会社も増えてきていますが、モデル規程では、残してあります。各社の実態に合わせてください。
渡航手数料	6．国外出張特有の出費に充てるため支給される旅費です。旅券の交付手数料等の実費弁償です。
（旅費の計算） パック商品の利用	出張スケジュールを早期に確定すれば、パック商品の利用が可能となります。その選定については、なるべく複数のパック商品の情報（HPやパンフレット等）を比較検討し、原則安いものを選ぶことになりますが、出張者が多様なパック商品の情報からより安価なものを検索・選定をすることに多大な時間を要してしまっては本末転倒です。出張が多い会社では、旅行代理店等にアウトソーシングを行うことにより、業務の効率化と旅費の節減を実現することを検討してもよいでしょう。

6　経路の距離数は、「旅程表」（様式第３号）に従い計算する。ただし、会社の指定する旅行会社が旅程を作成したときは、この限りでない。

（出張日数）

第10条　旅費計算上の出張日数は、出張のために現に要した日数による。ただし、天災その他やむを得ない事情により要した日数を除く。

（日当及び宿泊料の決定）

第11条　１日の出張において、日当又は宿泊料について定額を異にする事情が生じた場合には、額の多いほうの定額による日当又は宿泊料を支給する。

（出発日・帰着日の日当）

第12条　出発日及び帰着日の日当については、別表第１における丙地方の日当を支給する。

（機中泊）

第13条　航空路上で機中泊した場合は、業務上の必要又は天災その他やむを得ない事情がない限り、宿泊費を支給しない。

（旅費の請求及び精算）

第14条　旅費（概算払に係る旅費を含む。）の支給を受けようとする場合、又は概算払に係る旅費の精算をしようとする場合には、「旅費（概算・精算）請求書」（様式第５号）に必要な書類を添えて、これを経理担当者に提出しなければならない。この場合において、必要な資料の全部又は一部の提出をしなかった者は、提出しなかったことにより、その旅費の必要が明らかにされなかった部分の金額の支給を受けることができない。

2　概算払に係る旅費の支給を受けた場合は、当該出張を完了した後、２週間以内に、旅費の精算をしなければならない。

3　会社は、前項の規定による精算の結果過払金があった場合には、所定の期間内に過払金を返納させるものとする。

（上司随行）

第15条　社長その他の役員に随行し、職務上必要と認められたときは、日当以外の旅費は、

条文の見出し／キーワード	作成基準の解説
（出張日数）	出張日数は、旅行の経路とともに旅費計算上の二大要素であり、実際の旅行日数に基づき計算します。ただし、暴風雨、出水等による交通機関の不通で滞在した日数等は除くこととします。
（日当及び宿泊料の決定）	定額を異にする地域にまたがって旅行した場合の規定です。地域によって定額が異ならない制度を設ける場合には不要の規定です。
（出発日・帰着日の日当）	地域によって定額が異なる制度を設けた場合、出発日及び帰着日の日当については、出張先地域を基準とせず、一律に丙地方（一番日当が低額の地方）を適用することにしています。
（機中泊）	機中泊の場合は、日当は支給しても、宿泊費は支給しないことが一般的です。
（旅費の請求及び精算）	１．旅費の支払方法には、次の３通りがあります。 ①　確定払…自費等で旅費を一時立て替えて出張し、出張終了後にその旅費を請求し確定額で支払を受ける。 ②　概算払…出張前に概算額で旅費を請求し支払を受ける。 ③　精算…概算払を受けた者が出張終了後に旅費を精算請求し、支払又は返納する。
旅費の請求等に必要な書類の不提出	２．このような場合には、使途が不明確な支出を行うことはできないため、その部分について旅費を不支給とすることを定めます。
旅費精算の期間	３．精算手続の遅延と旅費残額の使い込みを防止するため、旅費精算の期間に制限を設けます。旅費法では、「２週間」とされているため、モデル規程はこれに従いましたが、もっと短い期間を定めても構いません。
（上司随行）	従業員が社長等に随行し、専ら秘書的用務に従事するため出張する場合に適用するいわゆる「随行旅費」の規定です。

上位者と同等とする。
2　他社の役員に随行し、職務上必要と認められたときは、前項の規定を準用する。

第３章　旅費の区分及び額

（国外出張の旅費）
第16条　国外出張の旅費は、鉄道賃、船賃、航空賃、車賃、日当、宿泊料、支度料及び渡航手数料とする。

（鉄道賃）
第17条　鉄道賃の額は、次の各号に定めるところによる。
(1)　鉄道を利用した場合…運賃の額
(2)　急行料金を徴する列車を運行する鉄道を利用した場合…運賃、急行料金の額
(3)　座席指定料金を徴する客車を運行する鉄道を利用した場合…運賃、急行料金、座席指定料金の額
2　急行及び座席指定車両の利用は、当該国の交通事情等を踏まえ、会社が必要と認める場合に限り支給するものとする。
3　第１項に定めるほか、部長以上の職務にある者が特別車両料金を徴する客車を運行する鉄道を利用した場合には、特別車両料金の額を加算して支給することができる。

（船賃、航空賃及び車賃）
第18条　船賃の額は、現に支払った運賃による。
2　航空賃の額は、次の各号に規定する運賃による。
(1)　運賃の等級を３以上の階級に区分する航空路による出張の場合には、次に規定する運賃
　役員及び部長以上の職務にある者については、最上級の運賃
　上記以外の職務にある者については、最上級の直近下位の級の運賃
(2)　運賃の等級を２階級に区分する航空路による出張の場合には、上級の運賃
(3)　運賃の等級を設けない航空路による出張の場合には、その乗車に要する運賃
3　車賃の額は、現に支払った運賃による。

（日　当）
第19条　日当の額は、別表第１の定額による。

条文の見出し／キーワード	作成基準の解説
（国外出張の旅費）	国外出張の旅費には、「支度料」「渡航手数料」という種目が加わります。
（鉄道賃）	海外における鉄道料金の実態を調べることは困難ですし、規程を整備するためにそのような労力を用いることは本末転倒です。国内旅費に準じた扱いとし、レアケースについては、その都度協議するのがよいでしょう。
（船賃、航空賃及び車賃）	1．海外での旅行は、航空機の利用が一般化しており、また、鉄道等の利用よりも経済的なケースが多いため、国外出張旅費の中心となります。
航空賃	2．国際便では、座席がクラス分けされているため、職位によっていずれの等級の座席を利用できるかを規定することが考えられます。
車賃	3．海外での車の利用については、さまざまなケースが考えられ、適正な定額を定めることが困難であることから、実費支給を原則とします。
（日　当）	1．海外旅費については、各国によって事情が違うため、実費よりも定額のほうが運用しやすいかもしれません。
旅費法における海外日当の額	2．旅費法における海外日当の額は次のとおりです。地域差を

（日当の調整）

第20条　前条の規定にかかわらず、次の各号に掲げる場合は、当該各号に定めるとおり日当を調整する。

⑴　出張期間中における移動の伴わない日程については、通常の日当の半額とする。

⑵　用務が午前のみ又は午後のみで昼食を要しないことが明らかな場合、若しくは出張先等において昼食の提供があった場合は、通常の日当の半額とする。

⑶　前二号の要件をともに満たす場合は、日当を支給しない。

⑷　その他日当を減額することについて合理性があると認める場合の日当は半額とする。

（宿泊料）

第21条　宿泊料の額は、別表第１の定額による。＜別例：別表第１の額を上限とした実費を支給する。＞

2　宿泊費と運賃がセットになっているパック旅行商品を利用した場合は、パック旅行代金から宿泊料定額を差し引いた額を運賃とみなして鉄道賃、船賃、航空賃及び車賃の額を調整する。

3　車中泊等、固定宿泊施設に宿泊しない場合の宿泊料については、運行旅程にかかわらず、宿泊料は支給しない。ただし、やむを得ない事由があると会社が認めたときは、この限りでない。

条文の見出し／キーワード	作成基準の解説

考慮して、地域ごとに４区分設けられています。宿泊料についても同じ区分を用います。

区　分		金　額			
		指定都市	甲地方	乙地方	丙地方
内閣総理大臣等	内閣総理大臣 最高裁判所長官	13,100円	11,100円	8,900円	8,100円
	国務大臣等	10,500円	8,700円	7,000円	6,300円
	その他の者	9,400円	7,900円	6,300円	5,700円
指定職の者		8,300円	7,000円	5,600円	5,100円
７級以上		7,200円	6,200円	5,000円	4,500円
６級以下３級以上		6,200円	5,200円	4,200円	3,800円
２級以下		5,300円	4,400円	3,600円	3,200円

（日当の調整）

日当を全額支給する必要がないと考えられる場合等の調整規程を設けます。

旅費法における海外宿泊料の額

旅費法における海外宿泊料の額は次のとおりです。

区　分		金　額			
		指定都市	甲地方	乙地方	丙地方
内閣総理大臣等	内閣総理大臣 最高裁判所長官	40,200円	33,500円	26,900円	24,200円
	国務大臣等	32,200円	26,800円	21,500円	19,300円
	その他の者	29,000円	24,200円	19,400円	17,400円
指定職の者		25,700円	21,500円	17,200円	15,500円
７級以上		22,500円	18,800円	15,100円	13,500円
６級以下３級以上		19,300円	16,100円	12,900円	11,600円
２級以下		16,100円	13,400円	10,800円	9,700円

地域区分

２．地域区分は概ね次の通りです（旅費法支給規程16条～19条）。

（支度料）

第22条　支度料の額は、出張期間に応じた別表第２の定額による。

2　外国に出張を命ぜられた者が、過去において支度料の支給を受けたことがあるものである場合には、その者に対し支給する支度料の額は、前項の規定にかかわらず、同項の規定による額から、その出張を命ぜられた日から起算して過去３年以内に支給を受けた支度料の合計額を差し引いた額の範囲内の額による。

3　前二項の規定にかかわらず、出張期間が15日未満の出張の場合、別表第２の出張期間１か月未満の定額の２分の１に相当する額とする。また、会議の出席等、海外での滞在が比較的短期であり、国外出張に必要な用品を改めて購入する必要がないと認めるときは、支度料は支給しない。

条文の見出し／キーワード	作成基準の解説

外国旅行　各都市・地域区分					
地域区分		指定都市	甲	乙	丙
北米地域		ロサンゼルス、ニューヨーク サンフランシスコ、ワシントン	○		
欧州地域	西欧	ジュネーブ、ロンドン、パリ	○		
	東欧	モスクワ		○	
中近東地域		アブダビ、ジッダ クウェート、リヤド	○		
アジア地域	東南アジア 韓国・香港	シンガポール		○	
	南西アジア・中国				○
中南米地域					○
大洋州地域				○	
アフリカ地域		アビジャン			○
南極地域					○

（支度料）

１．支度料は、国外出張特有の旅費ですが、縮小又は廃止する会社も見受けられます。もともとは、旅費法制定時（昭和25年）において、外国において日本国民としての品位と体面を維持するのに必要な支度を整えさせるための費用にあてるため支給される旅費として設定されたものです（旅費法令研究会『旅費法詳解』第８次改訂版82頁より）。

支度料の調整

２．過去に支度料の支給を受けて国外出張をした従業員は、改めて用品等を支給する必要がないため、調整規定を設けます。なお、第１項中「過去３年」とあるのは、旅費法では「過去１年」とされています。海外旅行が一般化した現状を考慮して、旅費法より長い期間で規定しました。

３．国外出張が短期の場合の調整規定を設けます。国際会議出席等の場合は、３泊５日程度（概ね長めの国内出張と同程度）で帰着することになると思いますが、そのような場合は、支度料は不支給とします。

４．旅費法によれば、留学の場合の支度料は、３万円が上限とされています。従業員を留学に出すことがある会社は、参考にしてください。

（渡航手数料等）

第23条　渡航手数料の額は、予防注射料、旅券の交付手数料及び査証手数料、外貨交換手数料、空港旅客サービス施設使用料並びに入出国税等の実費額による。

2　国外出張者については、会社は、会社を受取人として海外旅行保険を付保するものとし、その費用を会社が負担する。

第4章　赴任旅費等

（海外転勤に係る赴任旅費等）

第24条　海外転勤に係る手続及び赴任旅費の支給等については、海外転勤取扱規程に定めるところによる。

第5章　雑　則

（旅費の調整）

第25条　特別の事情や性質により、この規程による旅費を支給したときに、不当に出張の実費を超えた旅費を支給することとなる場合においては、その実費を超えることとなる部分の旅費を支給しないことができる。

2　前項の場合において、通常必要としない旅費を支給することとなる場合においても、同様とする。

3　この規程による旅費により出張することが、当該出張における特別な事情や性質により困難である場合には、これらの事情等を考慮し、必要と認められる限度において増額調整をすることができる。

（改　廃）

第26条　この規程は、関係諸法規の改正及び会社状況及び業績等の変化により必要があるときは、従業員代表と協議のうえ改定又は廃止することがある。

条文の見出し／キーワード	作成基準の解説
（渡航手数料等）	１．日当の構成要素に含まれない諸費用の出費に充てるため支給するものです。旅費法における「旅行雑費」のことです。
（海外旅行保険）	２．海外旅行保険は、海外旅行中に生じた傷病に係る治療費をはじめとして、持ち物の破損・盗難や、旅行中に起こりがちな賠償事故や万が一の補償もカバーする保険で、海外で想定されるさまざまなリスクを包括的に補償するものです。
（海外転勤に係る赴任旅費等）	海外転勤に係る手続は、国内の転勤とは異なる手続がさまざまあります。したがって、赴任旅費も含めて、海外転勤の手続については、別に定めるのがよいでしょう。
（旅費の調整）	減額調整と増額調整を規定しています。
（改　廃）	関係諸法規の改正によるほか、社会や経営状況の推移により、変更があり得るという前提を周知します。

別表第１　日当及び宿泊料の額

区　分	日　当（１日につき）			
	指定都市	甲地方	乙地方	丙地方
役員	○○○円	○○○円	○○○円	○○○円
部長・課長	○○○円	○○○円	○○○円	○○○円
上記以外の者	○○○円	○○○円	○○○円	○○○円

区　分	宿泊料（１夜につき）			
	指定都市	甲地方	乙地方	丙地方
役員	○○○円	○○○円	○○○円	○○○円
部長・課長	○○○円	○○○円	○○○円	○○○円
上記以外の者	○○○円	○○○円	○○○円	○○○円

指定都市・甲地方・乙地方・丙地方

区　分	支　給　地　域
指定都市	シンガポール、ロサンゼルス、ニューヨーク、サンフランシスコ、ワシントン、ジュネーブ、ロンドン、モスクワ、パリ、アブダビ、ジッダ、クウェート、リヤド、アビジャン
甲 地 方	北米地域（指定都市を除く。） 欧州地域（指定都市を除く。） 中近東地域（指定都市を除く。）
乙 地 方	指定都市、甲地方及び丙地域以外の地方
丙 地 方	アジア地域（指定都市、及び本邦を除く。）、中南米地域、アフリカ地域（指定都市を除く。）、南極地域

別表第２　支度料

区　分	出　張　期　間		
	１か月未満	１か月以上２か月未満	３か月以上
役員	○○○円	○○○円	○○○円
部長、課長	○○○円	○○○円	○○○円
上記以外の者	○○○円	○○○円	○○○円

様式第１号

出 張 命 令 簿

No.

所属部門		住所（又は居所）	
役職		氏名	

命令年月日	用務	用務先	旅行期間	旅行命令権者の認印	旅行者の認印	経理課長印	概算払		精算払		備考
							年月日	金額	年月日	金額	
			自 年 月 日 自 年 月 日　日間					円		円	
			自 年 月 日 自 年 月 日　日間								
			自 年 月 日 自 年 月 日　日間								
			自 年 月 日 自 年 月 日　日間								
			自 年 月 日 自 年 月 日　日間								
			自 年 月 日 自 年 月 日　日間								
			自 年 月 日 自 年 月 日　日間								
			自 年 月 日 自 年 月 日　日間								
			自 年 月 日 自 年 月 日　日間								
			自 年 月 日 自 年 月 日　日間								

備考
1．本様式は、使途に従い不用の文字は抹消して使用すること。
2．旅行命令等を変更の場合には、変更後の旅行命令等の備考欄に旅行命令等の変更の事実及び変更前の旅行命令等の発令年月日を記載すること。
3．必要があるときは、各欄の配置に所要の変更を加えることその他所要の調整を加えることができる。
4．電磁的記録により作成する場合における認印は、氏名又は名称を明らかにする措置であって各部門長が定めるものをもって当該認印に代えることができる。

出張計画書

様式第２号

出　張　計　画　書

年　　月　　日

総務部長　様

次のとおり出張を計画していますから、よろしくご承認お願いします。

所　属　部　門：
出 張 者 氏 名：

出張期間	月　　日～　　月　　日	日間
主な訪問先	（行程は別添の「旅程表」のとおり）	
目的（できるだけ具体的に）		
訪問先会社名及び住所・連絡先・面会者等		
同行者氏名及び団体名		
備考		

部門長確認

様式第３号

旅　程　表

業　務　名		所属部門		□ パック利用 □ 直行　□ 直帰 □ 交通費調整
期　　間		氏　　名		

日　程	出発 時刻		到着 時刻	出発地 （出発箇所）	経路 （種別）	到着地	検索条件	用務地	用務先	宿泊地	交通費	出張先での 移動手段	区　分	備　考
		～					□出発 □到着					□パック □空路 □陸路		
		～					□出発 □到着					□パック □空路 □陸路		
		～					□出発 □到着					□パック □空路 □陸路		
		～					□出発 □到着					□パック □空路 □陸路		
		～					□出発 □到着					□パック □空路 □陸路		
		～					□出発 □到着					□パック □空路 □陸路		
		～					□出発 □到着					□パック □空路 □陸路		
		～					□出発 □到着					□パック □空路 □陸路		
		～					□出発 □到着					□パック □空路 □陸路		

出張報告書

様式第４号

部　門	氏　名

出　張　報　告　書

訪問先社名	要　件	面会者	出発　　年　　月　　日　　時 帰着　　年　　月　　日　　時

説明報告

フォローアップ・備考

旅費（概算・精算）請求書

様式第５号

旅費（概算・精算）請求書

経理課長　殿	請求者	所属部門	役職	氏名	旅行氏名権者印
				㊞	

概算額	精算額	追給額	返納額
円	円	円	円

年月日	出発地	経路	到着地	宿泊地	鉄道賃					船賃					航空賃	車賃		日当		宿泊料	
					路程	運賃	急行料金	特別車両料金その他	計	路程	運賃	特別船室料金	寝台料金その他	計		定額	実費額	日数	定額	夜数	定額
					km	円	円	円	円	km	円	円	円	円	円	km	円	日	円	日	円
合計																km 円					

支度料	定額	既給額	差引額	上記のとおり旅費を請求します。 年　月　日 上記の金額を領収しました。 年　月　日 氏名　㊞	備考
	円	円	円		
			円		

備考
1. 本様式は、使途に従い不用の文字は抹消して使用すること。
2. 航空賃の欄に限っては省略することができる。
3. 必要があるときは、各欄の配置に所要の変更を加えることその他所要の調整を加えることができる。
4. 電磁的記録により作成する場合における認印は、氏名又は名称を明らかにする措置であって各事業所の長が定めるものをもって当該認印に代えることができる。

21

慶弔見舞金規程

【参考資料】

○国家公務員共済組合法（以下「組合法」）

○日本郵政共済組合HPの「共済マニュアル」（以下「共済マニュアル」）

○文部科学省共済組合HP

○労務行政研究所『労政時報』2017年７月28日第3934号（以下「労政時報」）

（目　的）

第1条　この規程は、従業員の慶弔禍福に際し支給する慶弔見舞金について定める。

条文の見出し／キーワード	作成基準の解説
（目　的）	1．結婚祝金、死亡弔慰金、災害見舞金等の恩恵的給付は、原則として、労基法上の「賃金」に該当しません（昭22.9.13発基17号）。しかし、結婚手当等であっても、労働協約、就業規則、労働契約等によってあらかじめ支給条件の明確なものは、労基法上の賃金に該当します。したがって、モデル規程のような慶弔見舞金規程を設けた場合は、これに従って支給される慶弔見舞金は、労基法上の賃金であることから、就業規則の絶対的必要記載事項に該当することになります。結果として、慶弔見舞金規程そのものが、就業規則の一部として取り扱われることになります。 2．なお、慶弔見舞金が労基法上の賃金に該当する場合であっても、労働保険料の算定基礎に含まれる賃金には該当しません。
適用範囲	3．規程の適用範囲として非正規社員を除外するケースも多いですが、モデル規程はパートタイマーも含めて適用することとしています。会社の一員として慶弔の意を表し、従業員に帰属意識を持ってもらうために非正規社員にも慶弔見舞金を支給するという考え方を表しています。
支給額	4．民間の慶弔見舞金については、法律の定めがないため、「いくら払ったらよいか」という問題は悩ましいものです。支給額は会社ごとの考え方によるため、世間相場もあってないようなものです。そこで本書では、直近の調査による企業平均額を紹介するとともに、公務員に対する慶弔見舞金の額を定めた国家公務員給与法等による公務員に対する支給額も紹介することにします。
導入企業割合	5．9割以上の会社で慶弔見舞金制度を設けています。

（%）

	規模計	1000人以上	300～999人	300人未満
制度あり	89.8	81.1	90.5	97.8
制度なし	10.2	18.9	9.5	2.2

資料出所：2017年調査『労政時報　第3934号』参照

（受給手続・届出）

第2条　従業員が、この規程の定めるところにより慶弔見舞金を受けようとする場合は、所定の様式によって、会社に届け出なければならない。

2　従業員は、前項の届出に際し、事実を確認できる書類を添付しなければならない。ただし、会社が認めた場合は、添付を省略できるものとする。

（支給事由の範囲）

第3条　慶弔金及び見舞金を支給する場合は、次の各号のとおりとする。

⑴　本人の結婚

⑵　本人又は配偶者の出産

⑶　本人及び家族の死亡

⑷　災害見舞金

⑸　その他必要と認めるとき。

（結婚祝金）

第4条　従業員が結婚したときは、次の各号に定める勤続年数の区分に応じて、当該各号に定める額の結婚祝金を支給する。

⑴　勤続１年未満の者…10,000円

⑵　勤続１年以上３年未満の者…30,000円

⑶　勤続３年以上の者…50,000円

2　結婚祝金は、再婚までを対象とし、その後の結婚は対象としない。

3　結婚祝金を請求する従業員は、結婚祝金請求書に、結婚を証明する書類（結婚届受理証明書の写しなど）を添えて提出しなければならない。

条文の見出し／キーワード	作成基準の解説

（受給手続・届出）

1．手続は書面によることを明確にします。

2．事実を確認できる書類は、原則として、必要最低限のものを求めることとします。

（支給事由の範囲）

労務行政研究所の調査によれば、慶弔見舞金の支給状況は、次のようになります（労政時報）。

> ➢ 慶弔見舞金の支給実態
> 各種見舞金を支給する企業の割合
> ・結婚祝金：（初婚の場合）93.5%、（再婚の場合）75.2%
> ・出産祝金：88.3%
> ・弔慰金：（本人死亡）99.6%、（配偶者死亡）98.3%
> （子供死亡）96.5%、（本人父母死亡）98.3%
> ・災害見舞金：84.7%

（結婚祝金）

1．結婚祝金の相場は、次のようになります。

➢ 本人結婚祝金（初婚の場合）

（%）

1万円未満	-
1万円台	6.3
2万円台	16.0
3万円台	41.3
4万円台	2.9
5万円台	27.7
6万円台	2.4
7万円台	0.5
8万円台	1.0
9万円以上	1.9
平均（円）	36,500
最高（円）	180,000
最低（円）	10,000

条文の見出し／キーワード	作成基準の解説

➢ 再婚の祝金

(%)

	初婚と同額	初婚とは異なる額
1万円未満	-	5.2
1万円台	5.6	51.7
2万円台	10.3	31.0
3万円台	49.5	5.2
4万円台	2.8	3.4
5万円台	28.0	1.7
6万円台	2.8	-
7万円以上	0.9	1.7
平均（円）	34,991	19,586
最高（円）	70,000	75,000
最低（円）	10,000	5,000

資料出所：2017年調査『労政時報　第3934号』参照

共済組合(短期給付)の結婚手当金

2．公務員の場合は、共済組合から短期給付の附加給付として「結婚手当金」という名称で80,000円が支給されています。

結婚

3．2.の共済組合の結婚手当金における「結婚」とは、届出をした場合のほか、届出はしていないが、事実上婚姻関係と同様の事情にある場合も含んでいます。また、組合員同士が結婚したときは、両方の組合員に支給しています。

結婚を証明する書類

4．基本は、「結婚届受理証明書の写し」を添えてもらうのがよいでしょう。ただし、事実上婚姻関係と同様の事情にある従業員に支給する場合は、次のような証明書類が考えられます（共済マニュアル）。

① 従業員の申立書（婚姻関係２名の住所・氏名・生年月日・印、婚姻関係に入った年月日を明記）

② 成人２名の申立書（証明者の住所・氏名・生年月日・印、夫婦関係が成立した具体的な時期、夫婦関係が確認できた具体的な事実（例：結婚式に参列した、生活の様子から夫婦確認できた等を記載した申立書）

③ 住民票（同居していることを確認するため）

④ 戸籍抄本（重婚していないことを確認するため。従業員と内縁の配偶者の２人分）

（出産祝金）

第5条　従業員又はその配偶者が出産したときは、出産祝金として15,000円を支給する。

（弔慰金）

第6条　従業員が死亡したときは、次の各号に定める区分に応じて、当該各号に定める額の弔慰金を支給する。

(1)　従業員が業務上の事故等により死亡した場合…300,000円

(2)　従業員が業務に起因しない事由により死亡した場合…200,000円

2　前項により弔慰金を支給する場合は、社長名をもって弔電を発信する。次条においても同様とする。

条文の見出し／キーワード	作成基準の解説

（出産祝金）

出産祝金の相場は、次のようになります。

➢ 本人出産祝金（第１子の場合）

（%）

1万円未満	15.2
1万円台	51.5
2万円台	18.7
3万円台	9.6
4万円以上	5.1
平均（円）	18,884
最高（円）	300,000
最低（円）	3,000

資料出所：2017年調査『労政時報　第3934号』参照

（弔慰金）

1．本人死亡による弔慰金の相場は、次のようになります。

➢ 本人死亡弔慰金

弔慰金充当のための保険に加入している場合		弔慰金充当のための保険に加入していない場合	
平均（円）	2,246,453	平均（円）	229,921
最高（円）	18,000,000	最高（円）	3,000,000
最低（円）	50,000	最低（円）	20,000

資料出所：2017年調査『労政時報　第3934号』参照

➢ 業務上死亡の場合

	一律定額支給の企業	勤続年数に応じて支給する企業				
		満１年	満5年	満10年	満20年	満30年
最高額	35,000,000円	20,000,000円	20,000,000円	20,000,000円	22,000,000円	23,000,000円
最低額	50,000円	20,000円	50,000円	50,000円	100,000円	100,000円
中位額	1,000,000円	100,000円	150,000円	200,000円	250,000円	250,000円

（家族弔慰金）

第７条　従業員の家族（次の各号に掲げるものに限る。）が死亡した場合の弔慰金は、次の各号に定める区分に応じて、当該各号に定める額とする。

⑴　配偶者の死亡の場合…50,000円

⑵　子の死亡の場合…30,000円

⑶　父母又は同居する義父母の死亡の場合…30,000円

２　家族弔慰金を請求する従業員は、家族弔慰金請求書に、家族の死亡を証明する書類（死亡診断書、火葬許可証の写し、死亡届の記載事項証明書の写しなど）を添えて提出しなければならない。

条文の見出し／キーワード	作成基準の解説

➢ 業務外死亡の場合

	一律定額支給の企業	勤続年数に応じて支給する企業				
		満1年	満5年	満10年	満20年	満30年
最高額	8,000,000円	4,000,000円	4,000,000円	8,000,000円	8,000,000円	8,000,000円
最低額	50,000円	20,000円	20,000円	20,000円	20,000円	20,000円
中位額	300,000円	70,000円 80,000円	100,000円	200,000円	200,000円	300,000円

2016年調査　日本実業出版社調べ

共済組合（短期給付）の弔慰金

2．公務員の場合は、本人が水震火災その他の非常災害により死亡したときは、標準報酬の月額に相当する金額の弔慰金が支給されています（組合法70条）。

3．なお、通常の死亡の場合は、埋葬料附加金として50,000円が支給されます。

非常災害

4．2.における「非常災害」とは、洪水、津波などの水害、地震、火災、崖崩、台風などの主として自然現象による天災をいいますが、その他の予測し難い事故、例えば列車の脱線事故なども含まれます（共済マニュアル）。

（家族弔慰金）

1．家族の死亡による弔慰金（家族弔慰金）の相場は、次のようになります。

➢ 社員の親族が死亡の場合

	配偶者	子ども	本人父母
平均（円）	51,474	28,730	26,078
最高（円）	200,000	150,000	80,000
最低（円）	10,000	5,000	5,000

資料出所：2017年調査『労政時報　第3934号』参照

共済組合（短期給付）の家族弔慰金

2．公務員の場合は、被扶養者が水震火災その他の非常災害により死亡したときは、標準報酬の月額の100分の70に相当する金額の家族弔慰金が支給されています（組合法70条）。

3．なお、通常の死亡の場合は、家族埋葬料附加金として50,000円が支給されます。

（災害見舞金）

第8条　従業員が居住する住宅が非常災害（盗難を除く。）により住居や家財に損害を受けたときは、災害見舞金として、次の各号に掲げる損害の程度に応じて、当該各号に定める額を支給する。

⑴　住居及び家財の全部が焼失し、又は滅失したとき…300,000円

⑵　住居及び家財の２分の１以上が焼失し、又は滅失したとき…150,000円

⑶　住居又は家財の損害が前号に準ずるものと認めるとき…100,000円

2　災害見舞金を請求する従業員は、災害見舞金請求書に、市区町村長、消防署長又は警察署長の証明を受け、被害状況が確認できる書類（「り災証明書」又は「非常災害に関する証明書」の写し等）を添えて提出しなければならない。

3　第１項の「住居」とは、従業員の所有権の有無にかかわらず、現に従業員が生活の本拠として会社に届け出ている住所の建造物をいう。

4　第１項の「家財」とは、住居以外の社会生活上必要な一切の家財（従業員又は被扶養者の所有に係るものに限るものとし、不動産、現金、預貯金、有価証券等を除く。）をいう。

条文の見出し／キーワード	作成基準の解説

（災害見舞金）

1．災害見舞金の相場は、次のようになります（労政時報）。

➢ 災害見舞金（全損失、半損失）

金　額	全損失	半損失
平均（円）	152,118	84,167
最高（円）	1,000,000	500,000
最低（円）	10,000	10,000

資料出所：2017年調査『労政時報　第3934号』参照

➢ 世帯主の場合

	持ち家の場合			借家の場合		
	全焼・全壊	半焼・半壊	床上浸水・一部破壊	全焼・全壊	半焼・半壊	床上浸水・一部破壊
最高額	1,000,000円	500,000円	150,000円	1,000,000円	500,000円	100,000円
最低額	10,000円	10,000円	5,000円	5,000円	5,000円	5,000円
最多回答額	100,000円	50,000円	30,000円	50,000円	30,000円 50,000円	10,000円
平均額	119,000円	64,190円	34,978円	93,000円	50,417円	27,242円

➢ 非世帯主の場合

	持ち家の場合			借家の場合		
	全焼・全壊	半焼・半壊	床上浸水・一部破壊	全焼・全壊	半焼・半壊	床上浸水・一部破壊
最高額	500,000円	200,000円	90,000円	500,000円	200,000円	90,000円
最低額	5,000円	5,000円	3,000円	5,000円	5,000円	3,000円
最多回答額	50,000円	30,000円	10,000円	50,000円	20,000円	10,000円
平均額	69,940円	38,229円	21,360円	59,848円	32,785円	18,783円

2016年調査　日本実業出版社調べ

共済組合（短期給付）の災害見舞金

2．公務員の場合は、非常災害（盗難は除きます）によって住居や家財に損害を受けたときは、次のとおりその損害の程度に応じて災害見舞金が支給されます（組合法71条）。

（重複支給の取扱い）

第９条　第３条に規定する支給事由の範囲について、同一の事実について２名以上の受給

条文の見出し／キーワード	作成基準の解説

➢ 災害見舞金の支給額

共済組合の災害見舞金の額の算定は、損害の程度により住居、家財のそれぞれにつき別々に算定し、その支給月額を合算することになっていますが、その合算の月数は３か月分が限度とされています。

災害見舞金の額は、次により算定します。

［標準報酬の月額　×　損害の程度に応じた月数］。

損害の程度	月数
1　住居及び家財の全部が焼失し、又は滅失したとき 2　住居及び家財に前号と同程度の損害を受けたとき	3月
1　住居及び家財の2分の1以上が焼失し、又は滅失したとき 2　住居及び家財に前号と同程度の損害を受けたとき 3　住居又は家財の全部が焼失し、又は滅失したとき 4　住居又は家財に前号と同程度の損害を受けたとき	2月
1　住居及び家財の3分の1以上が焼失し、又は滅失したとき 2　住居及び家財に前号と同程度の損害を受けたとき 3　住居又は家財の2分の1以上が焼失し、又は滅失したとき 4　住居又は家財に前号と同程度の損害を受けたとき	1月
1　住居又は家財の3分の1以上が焼失し、又は滅失したとき 2　住居又は家財に前号と同程度の損害を受けたとき	0.5月

また､浸水により平家屋（家財を含む。）が受けた損害については､損害の程度の認定が困難なときに限り、次の外形的標準により判定します

浸水の程度	月数
床上　30センチメートル以上	0.5月
床上　120センチメートル以上	1月

非常災害

３．２.の「非常災害」とは、洪水、津波、地震、落雷、地割れ、竜巻、台風、雪崩などの自然現象による災害のほか、客観的にみて、社会通念上予測し難い不慮の事故も含まれます。例えば、火事や自動車が住居に衝突したときや、暴動事件により住居を破壊されたときのような人為的な災害により損害を受けた場合も含まれます。ただし、盗難による損害は、災害には含まれません（共済マニュアル)。

（重複支給の取扱い）

慶弔見舞金のうち、結婚祝金は従業員本人に対して支給する

資格がある場合には、結婚祝金を除き、役職上位にある者１名に支給する。ただし、役職が同じ場合は年齢が上の者を優先する。

（規程の改廃）

第10条　この規程は、関係諸法規の改正及び会社状況及び業績等の変化により必要があるときは、従業員代表と協議のうえ改定又は廃止することがある。

条文の見出し／キーワード	作成基準の解説
	もの、それ以外のものは従業員の家族単位に対して支給するものとして、慶弔見舞金の受給権を有する従業員が複数存在する場合は、重複支給しないように定めます。
（規程の改廃）	この規程は、就業規則の一部となりますので、改定する場合は、就業規則の変更と同様の手続が必要になります。

索　引

あ

い

う

え

お

か

き

こ

さ

し

す

せ

そ

た

ち

つ

て

と

ふ

へ

め

も

や

ゆ

よ

り

れ

ろ

わ

欧字

CD-ROMのご使用にあたって

1　使用環境

この CD-ROM を、快適に使用するためのパソコンの環境は、以下のとおりです。

ＣＰＵ	Pentium Ⅳ以上推奨
メモリ	64MB以上
ディスプレイ	800×600ドット以上
ＯＳ	Microsoft Windows 7、8、10
アプリケーション	Microsoft Word 2007以降

※　上記以外の環境のパソコンでの動作については確認していません。

※　OSやソフトウェアの環境により、書式設定にズレが生じることがございます。あらかじめご了承ください。

※　ファイルを保存する場合、メニューバーの［ファイル］から［名前を付けて保存］を選択し、保存先をハードディスクドライブ等に変更する必要がございます。

2　使用承諾

万一、本 CD-ROM を使用することによって、何らかの損害やトラブルがパソコンおよび周辺機器、インストール済みのソフトウエアなどに生じた場合でも、著者および版元は一切の責任を負うものではありません。

このことは、本 CD-ROM を開封した段階で承諾したものとします。

3　使用方法

①　CD-ROM をドライブにセットします。

②「コンピュータ」の中に、本CD-ROMの割り当てられた horei という名のアイコンが表示されますので、ダブルクリックします。

③　本書の規程１～21を収録した書式ファイルが表示されます。ご使用になるファイルをダブルクリックしてください。

なお、本 CD-ROM をご使用になる場合は、Microsoft Word がインストールされていることが前提となります。

4　使用上の留意点

本 CD-ROM 内の書式ファイルは本書掲載のものをベースとしており、法改正の内容等を踏まえた注意事項・別例条項等についても収録しています。各会社の実態に合わせて、適宜削除・修正等してご使用ください。

ナビゲーションウィンドウのご利用方法

【留意事項】

本書のCD-ROMはナビゲーションウィンドウを搭載しています。

1、**2**のナビゲーションウィンドウ機能は、マイクロソフト社のWord2010以降のバージョンよりお使いいただける機能です。**3**～**8**のスタイル機能はそれ以外のWord（一部を除く）でもご利用いただけます。

※「スタイル」、「レベル」、「ナビゲーションウィンドウ」等の機能及びWordの操作方法についてのご質問については、下記のマイクロソフト社のホームページをご覧いただくか、Wordのマニュアルをご覧ください。
（http://office.microsoft.com/ja-jp/word-help/VA101825265.aspx）。

※Wordの操作方法は、ご使用のパソコンの環境等によって異なる場合があります。

【操作方法】

1　ナビゲーションウィンドウ内をクリックすることにより、本文中の任意の場所までカーソルをジャンプさせることができます。

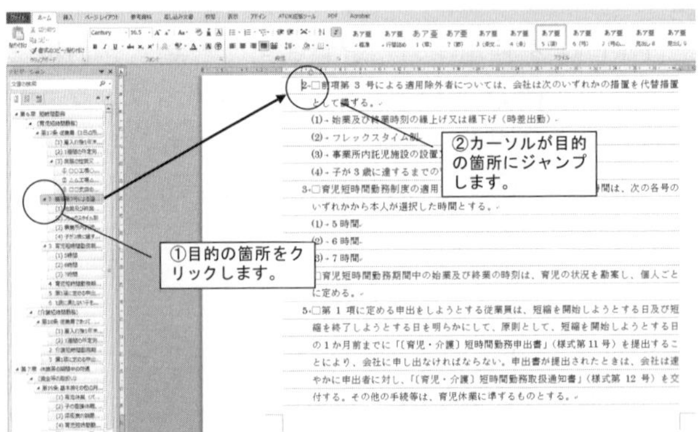

2　ナビゲーションウィンドウをドラッグすることにより「条」、「項」、「号」などを並べ替えることができます。

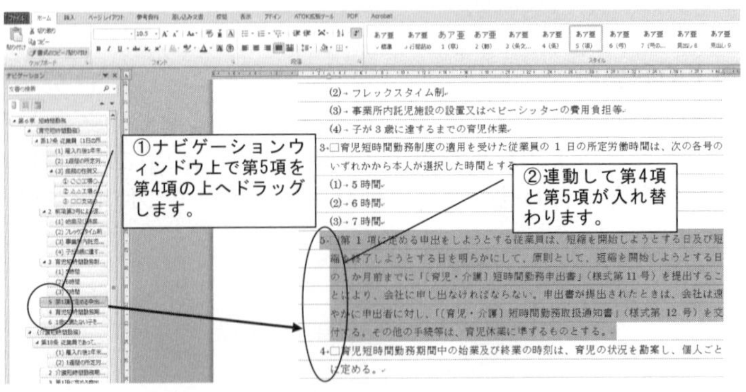

3　オリジナルのスタイルでは、各条文の間は１行間隔を空ける設定になっていますが、これを詰める設定に変更することができます。

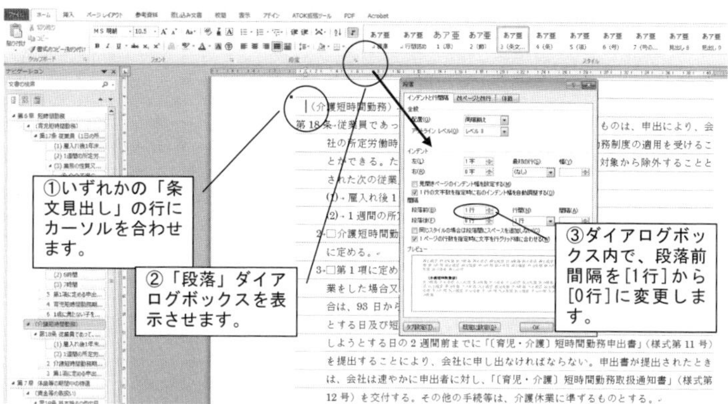

4　選択していた行の上部が詰まったことを確認し、スタイル名［3（見出し)］を右クリックし、［選択箇所を一致するように**3**（見出し）を更新する（P)］を選択すると、すべての間隔を詰めることができます。

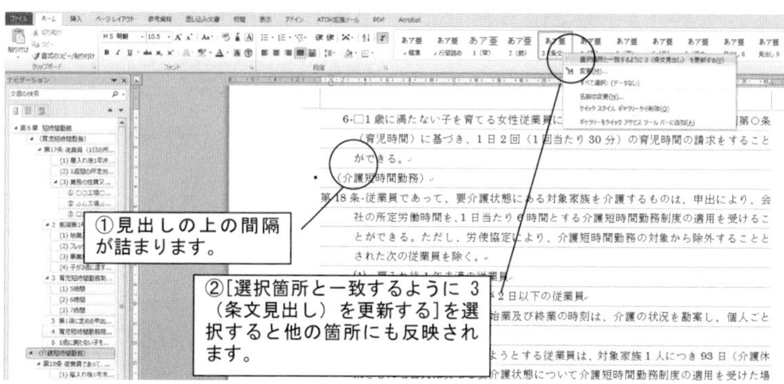

5　もとに戻すときは、まず［**3**（見出し)］のスタイル名を右クリックし、［変更（M)］を選択します。

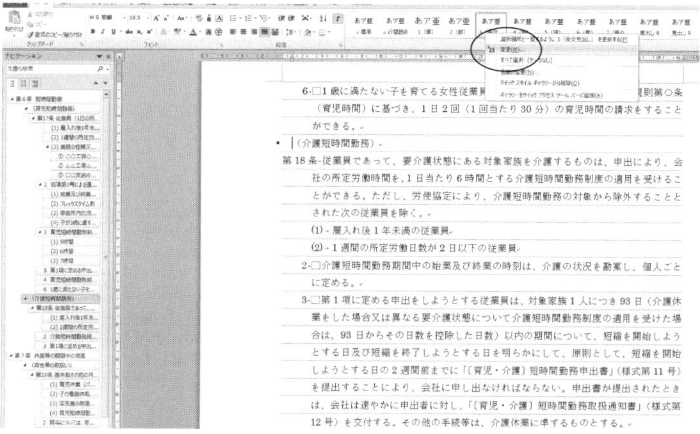

6　次に［書式（O）］⇒［段落（P）］の順で選択していきます。

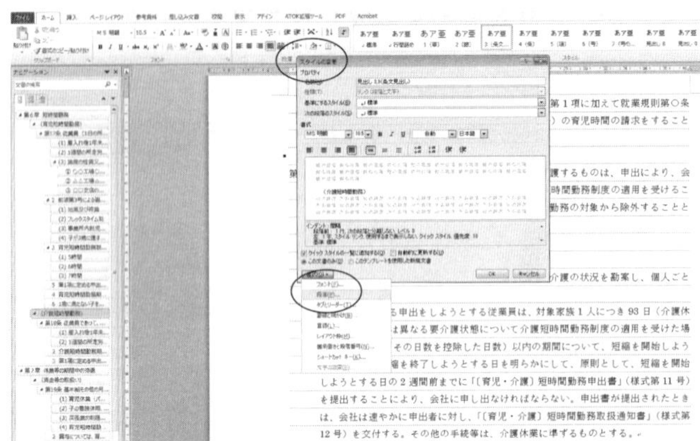

7　［段落］のダイアログボックス内で［段落前（B）］の設定を［0行］から［1行］に変更し、［OK］をクリックすると、各条文の間隔を空けることができます。

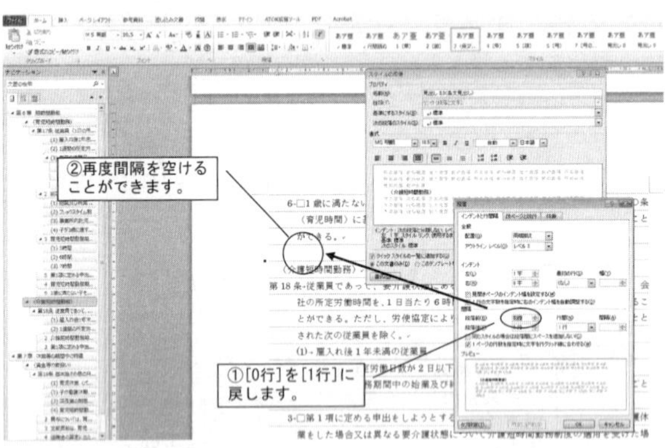

8　［段落］のダイアログボックス内でインデント設定を変更することにより、自由に配字を変更することができます。

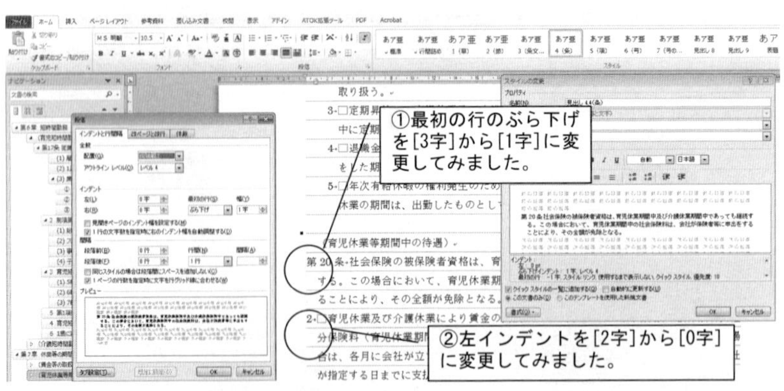

著者・監修者

●著者

岩﨑　仁弥（いわさき　きみや）

調和ある働き方と共鳴する職場作りを目指す日本で最初の職場マイスター、（株）リーガル・ステーション代表取締役、NAC社会保険労務士事務所主席コンサルタント、特定社会保険労務士、行政書士

関西大学社会学部（産業心理学専攻）を卒業。人事・総務部門で10年間勤務した後、講師業に転身。平成16年より『ビジネスガイド』『ＳＲ』『社労士Ｖ』（いずれも日本法令）の３誌で執筆を開始。どこよりも早い法改正情報を切り札に社会保険労務士を対象とするセミナー講師という独自分野を築く。「難しい法律も原理を押さえれば理解は簡単」をモットーに、制度の趣旨や時代背景から説き起こす「納得させる」語り口が好評である。特に法改正に関する説明には定評があり、主要法令の改正のつどセミナーは満席となり、アンケート結果による「わかりやすさ度」は93％を超える。

働き方改革の先駆けとして、どこよりも早く「多様な正社員対応就業規則」を開発。現在は、コンサルタント業務を志向する社会保険労務士たちのコミュニティ『次世代３号業務アカデミー』を主宰するほか、人事評価制度・社内諸規程の整備などの企業実務でも実績を上げている。

著書の『（７訂版）リスク回避型就業規則・諸規程作成マニュアル』（日本法令）は、日本で最も売れている就業規則本。その他の主な著書として、『よくわかる「多様な正社員制度」と就業規則見直しのポイント』、『（３訂版）社内諸規程作成・見直しマニュアル』、『（６訂版）労働時間管理完全実務ハンドブック）』（以上、日本法令）がある。

（URL）https://3aca.jp/
　　　　http://www.legal-station.jp/
（Facebook Page）http://www.facebook.com/legal.station
（メールマガジン）2025年の働き方を考える『職場マイスター』のメールマガジン
（週１回程度発行）http://legal-station.jp/mailmagazine/　からお申し込みできます。

●監修者

ＴＭＩ総合法律事務所

■ 所在地　東京都港区六本木６－10－１ 六本木ヒルズ森タワー 23階
電話 03－6438－5511

■ 代表者　弁護士　田中　克郎

■ 人員構成　日本国弁護士417名、日本国弁理士80名、外国法事務弁護士５名、外国弁護士27名、顧問４名、マネジメントオフィサーズ３名、事務員352名、の計888名から成る。（平成31年２月１日現在）

■ 業務内容　国内外におけるM&A取引、ファイナンス、労務、争訟、知的財産その他の法律業務並びに国内外における特許、商標等の出願業務を主要業務とする。

■ 設立年月日　平成２年10月

3訂版 社内諸規程作成・見直しマニュアル
CD-ROM付

平成25年5月1日　初版発行
令和元年5月20日　3訂初版
令和4年12月20日　3訂3刷

日本法令®

〒101-0032
東京都千代田区岩本町1丁目2番19号
https://www.horei.co.jp/

検印省略

著　者　岩﨑仁弥
監修者　TMI総合法律事務所
発行者　青木健次
編集者　岩倉春光
印刷所　日本制作センター
製本所　国宝社

（営業）　TEL　03(6858)6967　Eメール　syuppan@horei.co.jp
（通販）　TEL　03(6858)6966　Eメール　book.order@horei.co.jp
（編集）　FAX　03(6858)6957　Eメール　tankoubon@horei.co.jp

（バーチャルショップ）　https://www.horei.co.jp/iec/
（お詫びと訂正）　https://www.horei.co.jp/book/owabi.shtml
（書籍の追加情報）　https://www.horei.co.jp/book/osirasebook.shtml

※万一、本書の内容に誤記等が判明した場合には、上記「お詫びと訂正」に最新情報を掲載しております。ホームページに掲載されていない内容につきましては、FAXまたはEメールで編集までお問合せください。

ISBN 978-4-539-72663-1

続々リニューアル！ 主要 SJS 1

ビジネス書式・文例集 随時更新

社労士業務, 人事・労務管理業務に必要な各種申請・届出様式や, ビジネス文書・契約書・内容証明等をダウンロードできます (Word, Exce, PDF 形式。収録書式：2,000以上)。キーワード検索のほか, 提出先別・事例別・申請月別でも検索可能です。

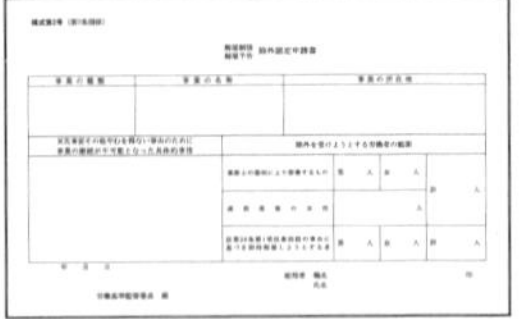
Wordファイル版

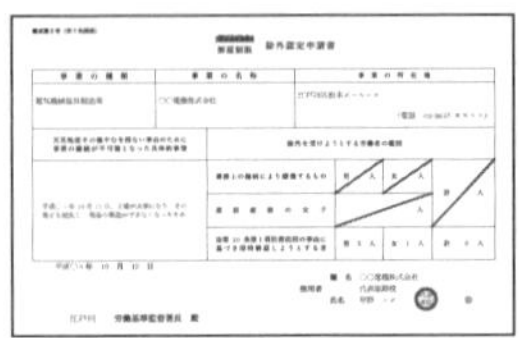
PDFファイル版

未払い残業代リスク簡易診断システム

これまでの未払い残業代請求訴訟の傾向を踏まえた4大リスクに着目した質問に答えると, 自動的に発生していると考えられる未払い残業代が算出されます。印刷・保存が可能なので, そのままコンサルツールとして利用できます。

社労士業務必携シート 2022年4月新項目追加！

6訂版まで版を重ねた名著『社労士業務必携マニュアル』をデータ化！1項目ごとにWordファイルでまとめたため, 必要項目を刷りだしてファイリングしたり, タブレット等を利用して顧客に説明したりする際にとても便利です。全104シート, 使い方解説動画付き。(監修・制作　ご存知平八会)

厚生労働省最新資料（労働・雇用・派遣・年金・医療保険等） 毎週更新

厚労省から毎日のように公表される莫大な資料のうち, 社会保険労務士の実務に影響の大きなものを抽出して掲示しています。

業務関連ニュースを満載したメールマガジン「SJS Express」 毎週配信

社労士業務や人事・労務関連業務に影響のある最新ニュース, 法改正情報, 厚労省関連情報, 当社の新商品, セミナーのご案内等をいち早くお届けします（原則として週一回配信）。

SJS Hot Topics 毎日更新

①法律・政省令・通達等の改正動向や手続きの最新情報, ②労務関連施策の動向やパブコメ情報, ③パンフレット・リーフレット等の最新情報を, コンパクトなニュース記事としてほぼ毎日提供しているSJSオリジナルコンテンツです。

社労士事務所だより（記事・ひな形）の配信 毎月更新

季節にあわせた数種類の事務所だよりのひな形と, タイムリーな記事10本を更新しています。ひな形と記事を選んだら, あとはお好みで貴事務所の案内を載せる等ご自由に作成いただけます。(A4判・B5判の Word 文書形式)

就業規則・労務書式バンク 2022年7月新規程&書式追加！

写真の各書籍の就業規則・各種規程の条文データおよび, 労務書式（労働条件通知書, 社内書式, 契約書）がダウンロードできます（労務書式は順次追加予定）。

私がSJSをお薦めする理由

畑中 義雄　先生（有限会社人事・労務）

利用頻度が高いのは, やはり書式や規程のひな形です。人事の基本的な書式などは自分のストックの中にありますが, 社内告知文書や社外への要望書など, 人事や管理部門で必要な文書などが, シンプルな形で多くあるので, アレンジしてすぐに使うことができます。労働判例のデータベースで過去の判例が検索できるのも助かっています。

これだけ使えて 2,520 円 / 月（税込）

3大サービス

<ベーシック会員・プレミアム会員共通>

営業・業務支援ツール　随時更新

社労士業務に必要な業務書式や営業用書式などを Word, Excel, PowerPoint 等のデータで提供しています。

労働判例データベース　2021年9月リニューアル！

SJS 会員サイトから第一法規株式会社提供の判例データベース『D1-Law.com 判例体系（労働法）』に接続し，労働にかかわる1万4,000件以上の判決文を検索できます。フリーワード検索ほか各種検索機能が充実しています。

ビジネスガイド Web 版　毎月更新

毎月10日の発売日より前に PC，タブレット，スマートフォンで読むことができます。2002年以降の2万ページ以上のすべてのバックナンバー記事（PDF形式）に加え,Web版のみに掲載されている掲載記事関連情報の閲覧もできます。記事タイトルや著者名といったキーワードから検索して読みたい記事を選ぶことができます。

実務解説動画　随時更新

日本法令実務研究会（○○ゼミ）の，初回1時間分を無料でご視聴いただけます。レジュメ（PDFデータ）もダウンロードすることができます。

ビジネスガイド定期購読（1年間）　毎月お届け

多くの社会保険労務士，企業の人事・労務担当者にご愛読いただいている実務誌『ビジネスガイド』の最新号を毎月お届けします。
労働・社会保険の手続きに関する改正情報，人事・労務に関する裁判例の動向，法改正で必要となる就業規則の見直し方法，助成金・奨励金の新設・改廃情報，人事・賃金制度の設計実務など，幅広い情報を掲載しています。

年に3回セミナー（動画）受講するなら絶対お薦め！

プレミアム会員限定サービス＋4

さらにこれだけ使えて 7,012 円 / 月（税込）

顧問先重要書類受渡保管庫

当サービスは，顧客や貴事務所の重要書類を安全，確実に保管・受渡できる（最大999件の共有フォルダ作成可。フォルダごとの ID・パスワードの発行，アクセス権限の設定可）サービスです。

セミナー＆セミナー動画商品の無料受講【3回分】

日本法令主催の実務セミナーのうち，お好きなものを選んで会員期間のうちに3回，無料で受講できます。お申込み時点で未開催のセミナーに加え，開催後に見逃し配信中のセミナー動画＆レジュメセット商品からもお選びいただけますので，対象商品は優に100を超えます（一部対象外のセミナーもございます）。

『開業社会保険労務士専門誌 SR』Web 版　2・5・8・11月更新

最新の法令・実務を踏まえたコンサルティング，業域拡大・新規獲得による営業拡大，事務所経営に関する情報とノウハウが満載の季刊『SR』が，バックナンバーを含め創刊号から8,000ページ以上の記事をすべて読むことができます。
記事タイトルや著者名といったキーワードから検索して読みたい記事を選ぶことができます。

ミニセミナーアーカイブ＆プレゼンレジュメ　随時更新

SJS の新サービスである会員限定 Web ミニセミナーの過去分を視聴できます。また，社労士にとってよくあるプレゼンテーション用のレジュメデータが利用できます。

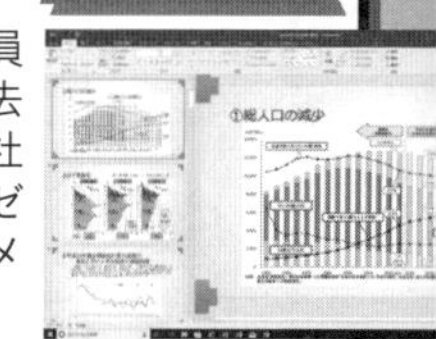

私がSJSをお薦めする理由

諸星 裕美　先生（オフィスモロホシ社会保険労務士法人）

新着記事では，すぐに具体的な内容にアクセスできるので，とても助かります。また必要な書式の参考例を入手できたり，欲しいと思える書籍も割引になるなど恩恵を受けています。送られてくるビジネスガイドは，事務所全員に回覧するようにし，業務に必要な号は必要に応じて，自分の手元に置くなどして，常に参考とするようにしています。

れだけじゃない！！　会員特典・お申込方法等は次ページをご覧ください

さらに!! 会員特典

★書籍・雑誌の割引販売

弊社発行の書籍、雑誌のすべて（在庫のあるものに限ります）を 2 割引でご購読いただけます。

★様式・CD-ROM の割引販売

弊社が発売している様式、CD-ROM 等を原則として 2 割引でご購入いただけます。

★弊社主催・共催セミナーの割引受講

弊社主催または共催のセミナーを特別価格にて受講いただけます。

★「社労士市場」における割引販売

弊社と提携している各メーカーの業務関連ソフト等を、特別価格にてご購入いただけます。

★プロフィール掲載（希望者のみ）

当サイト内の「社労士紹介ページ」にご自分のプロフィール等を掲載することができます（掲載期間は会員期間と同じ 1 年間。開業社労士の方のみ掲載可能）。会員専用ページ（マイページ）内で随時更新することができます。

会員期間中は無制限に利用できます。

年会費

ベーシック会員　税抜 **27,500** 円（税込 30,250 円）

プレミアム会員　税抜 **76,500** 円（税込 84,150 円）

会員加入資格

どなたでもお申し込みいただけます。ただし、「社労士紹介ページ」への掲載は、開業社会保険労務士の方に限らせていただきます。なお、法人にてご利用いただく場合は、ご担当者様個人とのご契約とさせていただきます。

申込方法

新規申込の場合

SJS ホームページ（https://www.horei.co.jp/sjs/）からお申し込みください。

ビジネスガイド定期購読会員から SJS 会員に変更する場合

ビジネスガイド定期購読料金と SJS サイト年会費の相殺を行いますので、SJS 会員担当にご連絡ください。

お問合せ先　㈱日本法令 SJS会員担当

✉ sjs@horei.co.jp　☎ 03-6858-6965 平日 9:00～12:00 13:00～17:30